Preiswert durch Europa

Der Interrail-Reiseführer

interconnections

Telefonvorwahlen

Belgien **+32.** Brüssel 02, Brügge 050, Antwerpen 03

Bosnien **+387.** Sarajewo 033

Bulgarien **+359.** Sofia 02, Warna 052

Dänemark **+45.** keine Ortsvorwahl

Deutschland **+49.** Berlin 030, Hamburg 040, München 089, Köln 0221

Finnland **+358.** Helsinki 09, Turku 02, Rovaniemi 016

Frankreich **+33.** keine Ortsvorwahl

Griechenland **+30.** keine Ortsvorwahl

Großbritannien **+44.** London 020, Oxford 01865, Edinburgh 0131, Glasgow 0141

Irland **+353.** Dublin 01, Kilkenny 056, Cork 021, Galway 091

Italien **+39.** keine Ortsvorwahl

Kroatien **+385.** Zagreb 01, Split 021, Dubrovnik 020

Mazedonien **+389.** Skopje 02, Ohrid 046

Luxemburg **+352.** keine Ortsvorwahl

Niederlande **+31.** Amsterdam 020, Den Haag 070

Norwegen **+47.** keine Ortsvorwahl

Österreich **+43.** Wien 01, Salzburg 0662, Innsbruck 0512

Polen **+48.** Warschau 022, Krakau 012, Danzig 058

Portugal **+351.** keine Ortsvorwahl

Rumänien **+40.** Bukarest 021, Sibiu 0269, Brasov 0268

Schweden **+46.** Stockholm 08, Göteborg 031, Malmö 040

Schweiz **+41.** keine Ortsvorwahl

Serbien **+381.** Belgrad 01

Slowakei **+421.** Pressburg 02

Slowenien **+386.** Ljubljana 01, Bled 04

Spanien **+34.** keine Ortsvorwahl

Tschechien **+420.** keine Ortsvorwahl

Türkei **+90.** Istanbul 0212

Ungarn **+36.** Budapest 01, Keszthely 083

Bei Auslandsgesprächen fällt die Anfangs-Null der Ortsvorwahl weg. **Billig** ins Ausland, z.B. für *Mami-mir-geht´s-gut*-Durchsagen, telefoniert man aus Frankreich, Griechenland, Irland, Österreich, Portugal, Ungarn.

Preiswert durch Europa

Der Interrail-Reiseführer

Wolfgang T. Klein

interconnections
Georg Beckmann

www.interrailers.net ***Alles fur den Interrailer***

Für Amélie Sarah und Milan Leon

Impressum
Wolfgang T. Klein
Preiswert durch Europa
Der Interrail-Reiseführer
8. Auflage 2011
ISBN 978-3-86040-040-1

Verlag interconnections
Schillerstraße 44, D-79102 Freiburg/Breisgau
T. 0761/700 650, Fax 0761/700 688
www.interconnections.de

Design Umschlag, Illustrationen & Satz: Anja Semling

DANKESCHÖN

Aloha, ihr wilden Interrailistas da draußen! 1001 Dank für Eure vielen witzigen, spannenden, bunten Briefe und Mails. Am liebsten hätte ich jedes Mal gleich wieder den Rucksack gepackt, und natürlich gibt´s weiterhin ein **Freibier** für alle, die ich inflagranti irgendwo mit diesem Führer in der Hand erwische.

Leserbriefe kamen von: **Achim Wyschoradsky** (Schmitten), **Adrian Soergel** (Überlingen), **Alexander Duplang** (Gutweiler), **Alexandra Kienast** (Bielefeld), **André Füchsel** (Dresden), **Andrea Mikula** (Esslingen), **Andreas Jägers** (Kaarst), **Andreas Lotter** (Poligny/F), **Andreas Schiebel** (Dürrwangen), **Anja Jöckel** (Hamburg), **Anja Schneeberger** (Siegen), **Anna Braun** (Lenbach/A), **Anna-Lena Pelzer** (Boppard), **Anna-Maria Knoll** (Stuttgart), **Anne Schönbeck** (Hespe), **Annette Bury** (Bad Bellingen), **Armin Rebmann** (Rottenburg), **Barbara Bitschnau** (Innsbruck/A), **Bastian Gerst** (Berlin), **Bastian Zapf** (Münsingen), **Benjamin P. Sticher** (Luzern/CH), **Bianca Dürr, Björn Kruggel** (Marseille/F), **Boris Bliß** (Ettenheim), **Britta Reinhardt** (Wiggensbach), **Carmen Rapp** (Geislingen), **Caspar Honegger** (Adliswil/CH), **Christian Gallinger** (Frankfurt), **Christian Polt** (Wien/A), **Christian Roth** (Dortmund), **Christine Hildebrandt** & **Michael Milvich** (Schwetzingen), **Christoph Ammann, Claudio Reiff** (Gröbenzell), **Clemens Jauch** (Kiel), **Constanze Adolf** (Seelze), **Cordelia Imig** (Marburg), **Cornelia Eckstaedt** (Dortmund), **Cornelia Salzmann** (Merklingen), **Daniel Wrede** (Hannover), **Daniela Ecker** (Wien), **David Wolff** (Berlin), **Deborah Stelberg** (Bergisch-Gladbach), **Dejan Marentic** (SLO), **Dietmar Fisser** (Lohne), **Edith Oosenbrug** (Langnau/CH), **Egon Minikus** (St. Gallen/CH), **Elisabeth Behrendt** (Isernhagen), **Elke Schmid** (Bern/CH), **Elke Zuern** (New York), **Emanuel Barth** (CH), **Emanuel Frass** (Salzburg/A), **Erik Eschmann, Falko Sprenger** (Stockach), **Ferdinand Leikam** (Augsburg), **Flo, Flo Schneider** (Kempten), **Florian Evenbye** (Schweinfurt), **Florian Renner** (Stockach), **Frank Bernshausen** (Kaiserslautern), **Frank Grieshaber** (Halstenbek), **Frédéric Lanquetin** (Paris/F), **Griseldis Wedel** (Düsseldorf), **Holger Kretzschmar** (Leipzig), **Holger Schaffeld, Hubert Haltmayer** (Thannhausen), **Imke Högden, Jacqueline Abry** (Luzern/CH), **Jens Gorke** (Wiener Neudorf/A), **Joachim Biegansky** (Dresden), **Johannes Irion** (Merzhausen), **Jonathan Morgenbesser** (Wien/A), **Judith Anke** (Stuttgart), **Jürgen Frick** (Balzers/FL), **Julia Horn** (Heidelberg), **Julia Tiemann** (Bielefeld), **Julian Welzel** (Köln), **Juliane Schneider, Juliane Straub** (Friedrichshafen), **K. Weber** (Eisingen), **Karin Nord** & **Andreas Rosczyk** (Immenstaad), **Karl Akbari** (Heidelberg), **Katharina Pallmer** (Karlsbad), **Katrin Sommer** (Kassel), **Katja Venzin** (Dietikon/CH), **Kerstin Janus** (Siegen), **Kristin Popp, Lara Spendier** (Hannersdorf/A), **Lavinia Brancaccio** (Neapel/I), **Lena Mumenthaler** (Luzern/CH), **Lühr-Martin Lemkau** (Cadenberge), **Malte Peters** (Reichelsheim), **Malte Sunderkötter** (Örlinghaus), **Manuela Dröge** (Ottenstein), **Manuela Stiffler** (Davos/CH), **Marc Lavie** (Lyon/F), **Marco Friedrich** (Senftenberg), **Marina Meierle** (Raitenbuch), **Markus Mezger** (Oberursel), **Marie Storbeck** (Wiesbaden), **Martin Mois** (Dortmund), **Mathias Schmelter** (Dresden), **Matthias Heusser** (Roggwil/CH), **Meike Völker** (Schwetzingen), **Melanie Miedler** (Geislingen), **Michael Bär** (Pfaffenhofen), **Michael Claushallmann** (Köln), **Michael Grandel** (Puchheim), **Michael Holzer, Michael Modl** (München), **Michael Stoll** (Bad Bellingen), **Miriam Geitz, Muriel Bendel** (Luzern/CH), **Nadine Werno** (Schmelz), **Nadja Krebs, Natascha Schwellnus** (Flensburg), **Nico Ghielmetti** (Igis/CH), **Nina Decker** (Malaga), **Nina Kneiphof, Oliver Gruden** (Berlin), **Patrick Haim** (Bad Wigaun/A), **Philipp Albrecht, Ralph Majer** (Gaildorf), **Renate Herter, Roger Winzeler, Sabine Mildenberger** (Herrigheim), **Sabine Hochhaus** (Heiligenhaus), **Salman Kurt** (Kusadasi/TK), **Samuel G. Rohr** (Luzern/CH), **Sebastian Winn** (Goslar), **Sergei Melcher** (Münster), **Simon Bleidiesel** (Hamm), **Simone Stach, Sonja Feltrucco** (Cadenberge), **Sonja Martens** (Köln), **Stefan Keller** (Vira Gambarogno/CH), **Stefan Simroth, Stefan Treutlein** (Weißenburg), **Stefanie Neuber** (Weisenbach), **Steffi Müller, Stephan Struggl** (A), **Stephan Winking** (Essen), **Steve Nicoll** (Belfast/NIR), **Tanja Geitz** (Nentershausen), **Teresa Binder** (St. Pölten/A), **Thomas Mair** (Immenstadt), **Thomas Schneuwels** (Gurmels/CH), **Thomas Weber** (Aalen), **Thorben Grosser** (Echternach/LUX), **Tim Geideck, Tim Leichter, Timo Jakobi, Tobias Polzin** (Dortmund), **Trygve Gräntzdörffer** (Bardowick), **Ulrike Denck** (Weißenburg), **Ulrike Müller** (Jena), **Ulrike** & **Simone Tanzer** (Grafenau), **Ursula Herget** (Nürnberg), **Usho Enzinger** (Füssen), **Vassilios Rodis** (Lippstadt), **Verena Kutschera** (Kassel), **Vincent Venus** (Berlin), **Wenche Berger** (Oslo), **Wolfram Schnabel** (Dresden).

INHALT

EINLEITUNG

Falls eine Angabe nicht (mehr) stimmt: bitte mir schnell mailen, an tok7@gmx.net. Jede Zuschrift wird geprüft und in die nächste Auflage eingebaut – Ehrensache.
PS. „Jeder sollte einmal etwas Derartiges erleben. Auch wenn die Füße wehtaten, wir mal Stress hatten oder keine Lust mehr: alles gehörte mit zum unbeschreiblichen Gefühl, wie schön die Länder dieser Erde sind." (Ulrike & Simone Tanzer)

Willkommen zur neuen Auflage von »Preiswert durch Europa«.

Lasset uns jauchzen und frohlocken! Trotz Rumsfeld, Krise, Bohlen – das Alte Europa sieht jünger denn je aus. Darum erstmal einen Toast auf einen herrlichen, jederzeit bereisenswerten Kontinent, auch im 19. Lebensjahr dieses Reiseführers.
Wieder floss viel Rotwein Railerkehlen hinab, wieder wurden herbe Schaffner bekehrt und derbe Zuschläge verflucht, wieder haben viele Interrailer schöne Erfahrungen gesammelt und Menschen, Länder, Abenteuer genossen. Damit uns das Ticket erhalten bleibt, nur drei dezente Hinweise: Packt auch Geduld & Feingefühl in den Rucksack. Lasst Euch auf fremde Kulturen ein. Geht sorgsam mit der Welt um (wir haben nur eine). Jetzt aber – ab ins Vergnügen Europa.

GEBRAUCHSANWEISUNG

Dieser Führer wendet sich an Europabummler mit schmalem Geldbeutel, er will vor Ort von Nutzen sein, auch ohne bunte Bilder (die stehen zur Genüge online). Dafür kommen Ziele mit dem gewissen Etwas zu ihrem Recht, wo die Fahrt selbst schon zum Abenteuer wird. Schließlich bleibt (auch) der Weg das Ziel.
Preise und **Zeiten** beziehen sich auf Juni-Sep, mit saisonalen Schwankungen ist zu rechnen. Entfernungsangaben gelten für die Bahn, wo vorhanden.
Kurz & knackig. Als erste Anlaufstelle stehen im Serviceteil jedes Landes dessen **Verkehrsämter** und ihre Webseiten. **Tourist Offices** am Ort liefern dazu aktuelle Stadtpläne, Broschüren & Auskünfte.
Das **Internet** verändert sich (und die Welt) im ICE-Tempo, jede Metropole hat heute WiFi-Zonen satt. Als Ergänzung werden Cybercafés genannt, die schon eine Weile im Geschäft sind. Aktuelle Liste bei netcafes.com.
Wo **Stadtbus, Tram, Metro** hilfreich sind, haben wir sie aufgelistet, samt ÖPNV-Pässen. Wer davon Gebrauch macht, spart Zeit und Geld. An radfreundlichen Orten werden **Radvermieter** genannt, aber auch, wo man gut zu Fuß rumkommt. Extra Mühe wird auf Verkehrsmittel mit dem Kick gelegt: Roller in Rom, Kanus in Stockholm, antike Trams in Lissabon, preiswerte Seilbahnen o.ä. europaweit.
Schlafen, essen, feiern. Ausgesucht wurden Zeltplätze, Herbergen, Pensionen; Restaurants, Bars & Clubs, die das Interrailbudget nicht sprengen. Preisangaben für Dz/3z

gelten pro Zimmer, im Schlafsaal (Dm) pro Person.

Anschauen. Wer sich nicht zu viel vornimmt, hat mehr vom Tag. ***Besternte Orte & Sehenswürdigkeiten sollen das Zurechtfinden erleichtern und entsprechen *meinem* Geschmack. Umso besser, wenn jeder eigene Schmankerl entdeckt.

Hin & weg. Die Fahrtdauer per Bahn Boot Bus wird in Stunden angegeben, z.B. (4½); Verspätungen sind zumal im Süden und Osten nicht unbekannt. Genannt werden **Preise zweiter Klasse,** erstklassig wird´s, indem man etwa 50% hinzu addiert. **Zeitangaben** gelten werktags von Juni-Sep, im Outback herrscht am Sa/So und von Sep-Mai oft weniger Betrieb.

Als Kursbuchgenießer fahnde ich gern nach **Zügen ohne teure Zuschläge** und nach klugen Umsteigeverbindungen, wo der Bahncomputer die Beine streckt. Das spart v.a. in Frankreich, Italien und Spanien viel Geld.

Schlaftipps. In diesem Rahmen tauchen erschwingliche Nachtzüge auf, die mind. schlaftaugliche 8 Std unterwegs sind. Das spart im lahmen Osten viel Zeit, im teuren Süden und Norden viel Logisgeld. Wer einen Teil davon in Liegewagen investiert, kann am Ziel vor anderen Railern das beste Hostel herauspicken.

SONDERINTERESSEN

Jeder Mensch hat ein Rad ab. Besonders häufig tritt diese schöne Eigenschaft bei Bahnreisenden auf. Wer´s nicht glaubt, packe als ***Reiselektüre **Abenteuer Eisenbahn** oder **Der alte Patagonien-Express** ein, beide von Paul Theroux (der drei Räder ab hat).

Um unterschiedlichen Menschen gerecht zu werden, habe ich **Ländersammlern** den Weg nach Andorra, San Marino, Liechtenstein aufgezeigt; nach schnuffligen **Schnauferln** gespäht; **Bonbons** wie Schaufelraddampfer, Kanalbikes, Kanustrecken nicht ausgespart. Hauptsache, sie sind per Bahn erreich- und bezahlbar.

Nur *eine* Heldentat wird ignoriert: der Streckenrekord mit Interrail. Dass jemand 30 Tage lang Highspeed-Strecken abrast, um im Guinnessbuch eine Zeile abzukriegen, finde ich so schwachsinnig wie DSDS.

Und wo fehlt mein Rad? Mehr denn je halte ich Reisen für eine **romantische Sache.** Nix gegen Thalys, Eurostar, AVE. Natürlich müssen wichtige Menschen mit Echtweltallergie schnell wie im Flug von A nach B gelangen, am besten hinter getönten Scheiben. Eigentlich ist aber kein Film schöner als eine Bahnfahrt durch Graubünden oder die Rhodopen. Also sind mit Bedacht Züge genannt, mit denen sich **reisen** lässt, ohne Top-Zuschlag, aber mit Stopps an den richtigen Stellen.

ABKÜRZUNGEN

Bhf – Bahnhof, *Dm* – Dorm (Schlafsaal), *Ez/Dz/3z* – Einzel/Doppel/Dreibettzimmer, *F* – Frühstück, *h* – Uhr, *JH* – Jugendherberge, *Jh.* – Jahrhundert, *n* – nördlich, *ö* – östlich, *P* – Person, ^{R} – Reservierpflicht, *s* – südlich, *stdl.* – stündlich, *tgl.* – täglich, *u/in* – umsteigen in, *w* – westlich, ^{Z} – Zuschlag. Für **Wochentage** stehen die ersten beiden, für **Monate** die ersten drei Buchstaben.

Jede Zahl, jede Uhrzeit und jeder Preis wird ohne Gewähr mitgeteilt.

HIN & WEG

INTERRAIL: DIE STORY

Am Anfang war Interrail, die begnadete Erfindung der fröhlichen 70er Jahre. Damals glaubte mancher noch, man könne diese Welt verbessern. Heute ist **er** Deutschlehrer, die **Welt** zeigt wenige Anzeichen der Besserung, doch **DAS TICKET,** die Revolution auf der Schiene, ist putzmunter. Dabei hat Interrail auf seinem langen Marsch über die Grenzen sein Gesicht schon oft geliftet.

1972. Willy Brandt macht die SPD zur 45%-Partei, Olympische Spiele in München.

Zum 50. Geburtstag der Internationalen Eisenbahn-Union erfunden, ist Interrail zunächst Leuten unter 21 Jahren vorbehalten. Es gilt einen Monat lang in 21 Ländern, inklusive DDR und Jugoslawien! Vom heutigen Bestand fehlen nur Tschechien, Slowakei, Rumänien, Bulgarien und die Türkei.

1976. Nadia Comaneci-Olympiade in Montreal, FJS-Strauß wird fast Bundeskanzler.

Auch Hippies werden nicht jünger, also wird das Alterslimit auf 23 erhöht.

1979. Sowjets marschieren nach Afghanistan, Nato beschließt „Nachrüstung".

Nächste Erhöhung: 26 Jahre. Noch kostet der Kontinent ohne Osteuropa 420 DM.

1983. Helmut Kohl genschert sich auf den Thron, Ronald Reagan wird nicht erschossen.

Es folgt ein Intermezzo mit drei Varianten: Interrail, IR+Schiff und IR-Flexi. Fröhlich bescheißen alle, bis der Feldversuch im Labor Europa abgebrochen wird.

1986. Toni Schumachers Arsch räumt Battiston ab, Tschernobyl geht hopps.

Der Preis steigt auf 444 DM, drei Jahre später auf 510 DM, fürs Globalticket wohlgemerkt, weil noch keiner in Zonen denkt, sondern nur in Blöcken.

1990. Deutschland gewinnt Fußball-WM, Helmut Kohl sieht blüünde Landschaftmpf.

Plötzlich versenkt sich der Block mit Vornamen Ost selbst, und Osteuropas Länder mühen sich auch um Krümel vom Tourismuskuchen. Dafür entlassen sie ihre Jugend auf die große Bahnsause. Stärker als zu hippsten Hippiezeiten werden Stadtparks im Süden von Lärm- und Fäkalienproduzenten belagert. Cafébesitzer von Nizza bis Sintra rümpfen die Nase, weil immer mehr Jugendliche ihren Rucksack ablegen, eine Coke bestellen („ohne Eis") und dann ewig den besten Terrassentisch besetzen. Zwar sind das nicht nur Interrailer, aber der Ärger bleibt: lädierte Abteile, Berge von Dreck, volle Polizeiwachen wegen Taschendiebstahls.

1992. Dream-Team-Olympiade in Barcelona, Vier-Lover-Jahr für Lady Diana.

Wieder bedroht die Preis-Frage das Erfolgsmodell Interrail. Die Verteilung der IR-Einnahmen sorgt in Südeuropa für böses Blut. Anderen Staatsbahnen steht das Wasser Oberkante Unterlippe, denn der Kapitalismus hat gesiegt, nun wird die Welt entstaatlicht. Aber ach, Herr Bahnchef musste ja nie auf Wirtschaftlichkeit achten. Nun soll er´s? Also Preis herauf: von 510 auf 580 DM.

1994. Kohl gewinnt schon wieder eine Wahl, Brasilien wieder eine Fußball-WM.

Bevor Interrail neue Eifersüchteleien wecken kann, startet die **zweite Revolution: Die Zone lebt.** Warum soll ein Benutzer für mehr zahlen als nur jene Region, die er tatsächlich bereist? Die Zonenwirtschaft sieht verwirrend aus, lässt viele Railer aber billiger wegkommen als früher. Wer in Amsterdam, Paris, Barcelona chillen und dann Marokko inhalieren will, war bisher mit 580 DM dabei. Ebenso ein Lapplandfreak, der zur Einstimmung durch Ir- und Schottland pirschte. Jetzt kaufen sie sich zwei Zonen und zahlen je 500 DM. Für drei/alle Zonen sind 560/630 DM fällig. Wer aber nur eine Zone kauft, darf nur 15 Tage lang reisen.

1998. Kohl gewinnt diesmal keine Wahl und Brasilien keine WM, wg. Frankreich.

Es folgt die **dritte Revolution: Jeder darf.** Immer öfter kehren die Kids der Deutschlehrer aus den Ferien heim und jubilieren, wie toll Europa doch sei. Immer mehr Deutschlehrer wollen es nun nochmals probieren, wie einst mit Gitarre und Keks in der Tasche. Und man weiß, welche Sprengkraft ein Haufen Deutschlehrer entwickelt, der dasselbe will. So servieren Europas Bahnen erstmals IR über 26: jeder darf jetzt! Jugendliche kostet der Spaß für eine/alle Zonen 378/650 DM, Erwachsene zahlen 30% mehr.

2004. Drei von vier Deutschen sind im Nebenjob Jammerlappen, der Vierte hortet Aktien und sorgt dafür, dass die Anderen ihren Hauptjob verlieren.

In Washington regiert texanische Idiotie, auch im IR-Europa wird für schnellen Profit viel Gutes zerstört. Jede Bahn dreht am Preisschräubchen, hinzu kommen Bosheiten wie kürzere Geltungsdauer bei gleichem Preis. Seit der Umstellung auf den Euro 2002 zahlten Jugendliche für eine/alle Zonen 198/351 € Nach der herben Eröhung 2004 (global 399 €) platzt vielen Railern der Kragen, online setzt ein Proteststurm ein. Selbst verschworene Interrailer merken, dass sie mit Ryanair & Easyjet billiger wegkommen. So folgt 2005 die Sensation: Erstmals sinkt der Ticketpreis (global 385 €).

2007. Deutschland wird Weltmeister, aber bloß im Handball. Konzerte rund um den Globus retten das Weltklima, trotz Bush.

Im 36. Jahr wirft Interrail wieder alle Regeln um, für die **vierte Revolution: Werd' flexibel!** Nun gibt es vier Reisedauern, 29 Länderpässe, Interrail auch in der ersten Klasse usw. Nebenbei landet *Scanrail,* Europas zweitbester Bahnpass, im Jenseits. Und alles nur, um die notorischen Nörgel-Bahnen aus Spanien, Italien & Griechenland bei der Stange zu halten. Die setzen dafür, unbemerkt im Wust neuer Preisangaben, durch, dass das Globalticket 399 €(Erwachsene 599 €) kostet.

2010. Bush raus, Blocher weg, Haider tot – anstatt aufzuatmen, ächzt die Welt aber noch nach der Krise.

Der Preis bleibt stabil, Interrail-Europa ist fast komplett: Auf dem Festland fehlen nur Albanien (kaum Bahnbetrieb) und die GUS-Länder. Im Baltikum bewegt sich was, in naher Zukunft ist aber mit keinem weiteren IR-Zugang zu rechnen.

Hat DAS TICKET, das bisher sieben Millionen Europäern auf die Schienen hob, seine Krise überwunden? 1978ff fanden sich europaweit 300.000 Käufer pro Jahr, 1991 mit dem Wegfall des Eisernen Vorhangs gar 400.000, doch die Preisexplosion 1992 schockt alle: pro Jahr griffen nur noch 120.000 Jugendliche zu Interrail. Erst seit 1998 das Alterslimit geknackt wurde, findet es jährlich wieder 140.000 Kunden.

Laut Bahn AG war seit 1972 jeder fünfte Railer ein Deutscher. Wenn dieser Reiseführer einen bescheidenen Teil dazu beiträgt, ist es gut. Denn eines ist für mich in Stein gemeißelt: **Interrail ist der geilste Bahnpass der Welt!**

INTERRAIL: SO GEHT´S

Jeder, der seit über sechs Monaten in einem IR-Land wohnt, kann sich den Interrailpass besorgen: online (bahn.de), in Bahnhöfen und Reisebüros mit Fahrkartenverkauf. Er wird persönlich ausgestellt und ist nicht übertragbar, daher ist beim Kauf die Reisepassnummer anzugeben. Der Globalpass bietet Interrail wie es früher war, plus zwei kürzeren Flexi-Varianten (die Spielart erster Klasse, für Menschen über 26, kostet 35% mehr als der zweitklassige Pass).

Globalpass zweiter Klasse für Jugendliche (<26)/Erwachsene:
5 Tage innerhalb von 10 Tagen 159/249 €
10 Tage innerhalb von 22 Tagen 239/359 €
22 Tage 309/469 €
Ein Monat 399/599 €

Die Länderpässe ersetzen seit 2007 Euro Domino, dessen Grundidee aber bleibt: ein Land ausführlich & flexibel zu erforschen. Auch hier wird die Zahl der Reisetage innerhalb eines Monats im voraus bestimmt. Nach 19 Uhr begonnene Fahrten zählen zum Folgetag, also kosten Nachtzüge nur „einen Tag". Im Interrailreich bieten nur Bosnien und Montenegro keinen eigenen Länderpass.

Länderpass zweiter Klasse für Jugendliche (<26)/Erwachsene:
Deutschland, Frankreich, Großbritannien, Norwegen, Schweden:
drei Tage 125/189 €, vier Tage 139/209 €, sechs Tage 175/269 €, acht Tage 194/299 €
BeNeLux, Finnland, Griechenland, Irland, Italien, Österreich, Schweiz, Spanien:
drei Tage 71/109 €, vier Tage 90/139 €, sechs Tage 123/189 €, acht Tage 149/229 €
Dänemark, Griechenland, Kroatien, Polen, Portugal, Rumänien, Ungarn:
drei Tage 45/69 €, vier Tage 58/89 €, sechs Tage 77/119 €, acht Tage 90/139 €
Bulgarien, Mazedonien, Serbien, Slowakei, Slowenien, Tschechien, Türkei:
drei Tage 32/49 €, vier Tage 45/69 €, sechs Tage 64/99 €, acht Tage 77/119 €
Im Wohnsitzland zahlt man für Fahrten zur Grenze und zurück die Hälfte.

Zuschläge pervertieren die Interrailidee, darauf versteht sich besonders Spaniens *Renfe*. Auch in Edelfegern wie *X2000* (Schweden), *CIS* (Italien) oder *Thalys* (Benelux) legen Railer 8-20 € drauf. Und so sehr der Kanaltunnel unsere Phantasie reizt: Interrail gilt nix im *Eurostar*.
Mit Interrail sind viele Busse, Fähren und Privatbahnen billiger. Das IR-Faltposter der Bahn listet wichtige **Ermäßigungen** auf. Bisweilen ist der Rabatt auf bestimmte Klassen beschränkt und/oder eine Reservierung erforderlich.

KURSBUCH & INTERNET

Interrailers Liebling: Bei Thomas Cook (thomascookpublishing.com) bestellt man das legendäre **European Timetable** (ca. 18 €), das seit 1873 monatlich neu aufgelegt wird! Minutiöser macht´s keiner. Weitere Schmöker versendet die **Kursbuchstelle St. Gallen** (timetables.ch), das beliebte Auslandskursbuch der Deutschen Bahn fiel aber 2009 dem Internet zum Opfer.

Webseiten örtlicher Bahnen stehen beim jeweiligen Land. **reiseauskunft.bahn.de** nennt fast alle Verbindungen europaweit: ideal zur Vorbereitung. **interrailnet.com** (Seite des Zusammenschlusses aller beteiligten Bahnen) verrät u.a. alle IR-Ermäßigungen und zuschlagpflichtigen Züge, ist aber unübersichtlich und nicht immer aktuell. **railpassenger.info** enthält die Charta des Personenverkehrs (Rechte des Bahnreisenden), samt Beschwerdestellen aller Bahnen in Europa.
interrailers.net bietet sagenhaft viele Bahn- und Reise-Infos quer durch Europa, plus das ausführlichste deutschsprachige Forum. Alles recherchiert von Railern für Railer. Hier steht, wie es ist und nicht wie es ursprünglich sein sollte.

VOR DER ABREISE

Beim Planen der Route ist ein gesunder Kompromiss zwischen Großstadttreiben, Naturerleben und Strandvergnügen nötig. Nach heißen Tagen in Rom, Barcelona, Paris sollte man gemütliche Pausen oder Bahnfahrten einlegen.
Generell muss der **Reisepass** noch länger als sechs Monate gelten. Ins Marschgepäck gehören auch **Impfpass** und **EU-Führerschein.** Erstmals seit der Steinzeit ist Interrail-Europa **visafrei!** Zollbestimmungen erfragt man in Verkehrsämtern; innerhalb der EU gelten großzügige Regeln, die selten kontrolliert werden.

Planen. Alle Dokumente kopieren und die erste Kopie zuhause deponieren, die zweite im eigenen Gepäck, die dritte bei Mitreisenden. In Europa genügt eine Verlustbestätigung der Polizei für die problemlose Weiterreise.
Wenig Gepäck, wenig Sorgen. Bei der Klamottenwahl denkt man kurz über Jahreszeit, Reiseziel und sportliche Absichten nach. Nie sollten warmer Pulli und Regenjacke fehlen, ansonsten braucht es wenig, denn Waschsalons warten überall. Auch hilfreich: **Thermarest** und **Badeschlappen,** weil nicht jede Hostel-Matratze oder Dusche über jeden Zweifel erhaben ist. Wer eine **Digitalkamera** besitzt, lässt in Internetcafés alle Bilder auf CDs brennen und leert dann die Speicherkarte.

Nicht vergessen: Taschenmesser (mit Korkenzieher), Taschenlampe, Klebeband, Reisewecker, Vorhängeschloss, Umhängetasche für Einkäufe. Und den wichtigsten Gegenstand im All, ein Handtuch – in memoriam Douglas Adams.
Selbst kochen? Die Versorgungslage ist überall ordentlich. Je östlicher, desto enger wird es für Vegetarier. Campinggeschirr und Besteck wiegen wenig und sind oft nützlich. „Benutzt Stechkartuschen oder nehmt genug Schraubkartuschen mit, da sie z.B. in Spanien und Portugal kaum zu bekommen sind." (Malte Peters)
Zelt? Leicht bepackt zu sein ist in der Regel wichtiger als die Unabhängigkeit von Hostels: lieber einmal 30 € draufzahlen als 30 Tage lang drei Kilo rumschleppen. Im Süden ist Regen rar, Camping also auch ohne Zelt okay. Zur Sicherheit checkt man meteoblue.com.

FINANZEN

Werft nicht zu Reisebeginn mit Geld um Euch, das dicke Ende kommt bestimmt! Wechselkurse stehen in Landeskapiteln, Tageskurse nennt xe.com. Europaweit gewinnt die **EC-Karte;** gute Kurse ohne Wartezeit am Bankomat gleichen die Bankgebühr spielend aus. Dazu gibt es kaum noch einen Ort, wo mit der **Kreditkarte** nichts anzufangen ist. AmEx,

Visa und Mastercard sind europaweit akzeptabel und leisten Ersatz binnen 24 Std. „Ohne Kreditkarte ist man aufgeschmissen. Telefonische Buchungen werden oft nur mit Karte angenommen. Es lohnt sich, eine nur für dieses Abenteuer zu beantragen." (Timo Jakobi)
Wer auf **Reiseschecks** setzt, bewahrt die Kaufbestätigung getrennt auf; bei Verlust ist eine Erstattung (bis zu 72 Std) in großen Städten möglich. Mit Schecks dackelt man zu Thomas Cook bzw. AmEx oder zahlt 3-10% Gebühren.

Planen. Stets zwei Tagesrationen in bar parat haben, eine davon gut versteckt. Größere Anschaffungen per Karte bezahlen. Dokumente immer in Brusttasche oder Bauchgurt stecken. Gegen Diebe hilft ein Glöckchen am Rucksack.
Für Studi-Ermäßigungen wird meist die **International Student Identity Card** (isic.org) gefordert, sie gilt 16 Monate (Sep bis Dez des Folgejahres) und kostet 12 € Ordentliche Reisebüros reichen dazu den *Benefits Guide,* der einige der 32.000 Rabatte nennt, die in 118 Ländern winken, von Zug, Flug, Fähre bis zu Museen.
Jungen Reisenden ohne ISIC-Anrecht hilft **Euro<26** (euro26.org). Für 15 €warten ein Jahr lang 100.000 Rabatte, bis auf Frankreich, Norwegen, Türkei ist ganz IR-Europa dabei. 2009 haben 20 Teilnehmerländer die Altersgrenze auf <30 erhöht ...
Auch mit der **JH-Karte** winken ein paar Vergünstigungen, etwa in Museen, Bädern, Fähren. Liste auf hihostels.com.
„Für alle <18: Nehmt eine Bestätigung der Eltern mit, dass ihr allein übernachten dürft. Einige Campingplätze lassen euch sonst nicht rein." (Juliane Schneider)

GESUNDHEIT

Gerade für Reisende ist Gesundheit das wichtigste Gut. Weil sie nicht vor fremdländischen Keimen gefeit sind, sollten sie schon **vor Reiseantritt** aktiv werden, bei ihrer Krankenkasse den Versicherungsschutz im Gastland (Zusatzversicherung oder Krankenschein) klären und beim Hausarzt die Tetanusimpfung auffrischen.

> **Reiseapotheke:** Pflaster & elastische Binden. Kohletabletten/Imodium. Mückenschutz. Wundsalbe. Aspirin.

93 Prozent aller Reisekrankheiten melden sich im Darm. Wer es bei **Durchfall** nicht zu einer Apotheke schafft, labt sich an Salzstangen und lauer Coke. Vorsicht mit Obst & Gemüse, das nicht selbst gewaschen oder geschält ist! Fleisch, Fisch und Eier sollten gekocht oder gebraten sein. **Viel trinken,** aber nur aus Flaschen mit Originalverschluss, und nicht zum Essen selbst: die Magensäure will Keime unverdünnt angreifen, bevor sie ins Gedärm krabbeln. Auch auf Reisen braucht der Körper Vitamine.
Jede Haut muss langsam an die **Sonne** gewöhnt werden. Bitte also nie die heilige Dreifaltigkeit verachten: Hut, Schutzcreme und Sonnenbrille.

KRIMINALITÄT

Ortsfremd, unbeweglich, dazu übermüdet oder überfeiert: Rucksackreisende sind eine leichte Beute für **Taschendiebe.** Sie können in jeder Stadt auftreten, fühlen sich in Barcelona, Rom & Athen aber besonders wohl. Also minimieren wir die Zeit in voller Montur auf die Busfahrt vom Bhf zum Hostel; während der Hostelsuche kuschelt sich der Rucksack gern ins Schließfach am Bhf.

Tipps gegen Diebe: Gepäck deutlich mit Adresse beschriften, im öffentlichen Raum (auch Bus & Bahn) nicht im toten Blickwinkel ablegen. Wertsachen nie in Außenfächer packen oder frei am Körper tragen. Gedränge meiden. Ein Glöckchen am Griff meldet, wenn das Gepäck Beine bekommt.

Botschaften & Konsulate stellen im Notfall einen Ersatzpass aus; beraten bei einer Verhaftung; bezahlen Anrufe, mit denen Geld angefordert wird (nicht die Rückfahrt selbst); und strecken die Klinikkosten vor (die später zu erstatten sind). Kein Konsulat ist aber für maßlose Herzlichkeit gegenüber Interrailern bekannt.
Man sagt, unter Railern gebe es ein paar **Kiffer.** Wegen Straffreiheit pilgern sie gern nach Amsterdam; dort retten aber immer mehr Hardliner die Welt, indem sie *Coffieshops* drangsalieren. 2002 hat die Schweiz den Kauf von Haschisch zum Eigengebrauch legalisiert. Generell steigt die Toleranz bei diesem Thema, je weiter nördlich ein Land liegt. Keine gute Idee ist öffentliches Kiffen dagegen v.a. in der Türkei und Griechenland.

SCHLAFEN

Nach der Ankunft holt man im Verkehrsamt (meist am Bhf) einen Stadtplan, klärt Lage & Busanbindung der Quartiere und lässt anrufen oder vermitteln.

Reservieren! Überall kann man von einer Unterkunft aus die nächste buchen, online oder telefonisch (sicherer). Wem es an Sprachkenntnis fehlt: Ho(s)telpersonal tut das gern für gute Gäste. Wer mit Handy reist, sichert sich ein Bett schon von unterwegs. Wer nicht vorbucht, muss unter Umständen stundenlang suchen.

Vor die Nacht in einer **Jugendherberge** haben die Götter des glücklichen Reisenden den Erwerb der JH-Karte gesetzt. Sie gilt ab Oktober 16 Monate lang und kostet 21 €, <26 Jahren 12,50 € Das Deutsche JH-Werk findet man auf jugendherberge.de, die übrigen JH-Verbände & ihre Häuser auf hihostels.com.
Für **Herbergen** spricht das enge Miteinander mit anderen Reisenden und der Preis. Stets hat´s auch eine Küche oder einen Raum, in dem man Gaskocher benutzen darf. Da oft zentraler gelegen und weniger reglementiert, aber allzeit partybereit, werden unabhängige **Hostels** immer beliebter; buchen über hostelworld.com oder hostelz.com. „Wer jeweils am Vortag bei Hostels oder Campingplatz anruft, nach dem Preis und Weg vom Bhf fragt, spart viel Zeit & Ärger." (Juliane Schneider)
Pensionen sind etwas teurer als Hostels, liegen meist günstiger, bieten aber selten Küche oder Kontakt zu anderen Railern.
Zeltplätze stehen allüberall in Hülle und Fülle, am Mittelmeer oft als Kleinstädte mit reichem Freizeitangebot. Hier wird rund um die Uhr geruch- und geräuschvoll gelebt. Viele Plätze liegen ab vom Schuss (= Bhf) und lohnen nicht die Anfahrt, wenn man nur eine Nacht bleibt.
Wild? Beim Übernachten am Bhf oder Strand stellen oft Diebe die Romantik in Frage. Dabei ratzt es sich auch **im Zug** passabel: im Sitz (wer´s kann), auf dem Boden (Kollisionsgefahr mit Nachtschaffner!) oder komfortabelst im Liegewagen für 10-20 € Zuschlag, in Osteuropa weniger, mit Weckdienst serienmäßig.

Frei! Warum für ein Bett bezahlen, wenn Du im Nachbarhaus frei unterkommst? Wie Facetten einer Stadt sehen, die kein Berufs-Guide zeigt? Europäer, die freies Übernachten in ihrer Wohnung bieten oder Dich gerne durch ihre Stadt führen, stehen z.B. auf couchsurfing.com. Der hospitalityclub.org hat gar 250.000 Mitglieder, davon allein in London 2500.

TOP5: INTERRAIL-TIPPS

Ein Schnelldurchlauf für alle, die keine Zeit hatten, dieses Kapitel zu lesen:

1. **Holt Euch das European Timetable** von Thomas Cook. Damit lässt sich überall und jederzeit die nächste Strecke planen.
2. **Packt Kreditkarte,** Handy, Reisepass, JH-Ausweis ein, dazu genug Unterwäsche – und sonst fast nix.
3. **Bucht unterwegs** die Betten für ein, zwei Nächte im voraus, am besten unter Mithilfe des Personals im aktuellen Hostel.
4. **Organisiert die Weiterfahrt** schon bei der Ankunft in einem Bhf: Zug wählen, Platzkarte kaufen, Zuschlag klären.
5. **Bleibt cool,** wenn was schief läuft. Jedes Jahr erleben Hunderte von Interrailern kleine Dramen, alle kommen in der Regel heil zurück.

„Alles in allem war ich von Interrail sehr begeistert. Ich würde aber nicht nochmals so viele Städte in eine Tour packen, sondern mehr Zeit für Landschaft und Wandern lassen.“ (Lara Spendier)

„Verdopple Dein Budget, schmeiß die Hälfte aus Deinem Rucksack, und Du wirst eine tolle Reise haben.“ (Stefan Zahl)

Zeit

Alle Interrail-Länder zählen zur Mitteleuropäischen Zeitzone (MEZ), außer Großbritannien, Irland, Portugal (MEZ **minus** eine Std) bzw. Finnland, Rumänien, Bulgarien, Griechenland, Türkei (MEZ **plus** eine Std). Von Oster-So bis Ende Okt gilt europaweit die Sommerzeit.

BELGIEN

✆ 0032. 30.528 qkm. 10,7 Millionen Ew. BIP 27.871 €/Ew. belgien-tourismus.de für Wallonien & Brüssel, flandern.com für Flandern.

Eine staatgewordene Identitätskrise. Nach den Wahlen 2007 stand Belgien ein halbes Jahr ohne Regierung da, weil jeder Bewohner dieses Landes vor allem Flame oder Wallone ist, sodann Europäer, zuallerletzt Belgier. Dabei hätte er einigen Grund, stolz zu sein, denn seit dem 12. Jh. schufen Handel und Handwerk ansehnliche Habitate, und die Begehrlichkeiten der Franzosen & Spanier bis zu Belgiens Unabhängigkeit 1830 konnten die prächtigen Spuren dieser Zeit nicht tilgen. Das Image heute lebender Belgier ist (Stichworte Dutroux, Korruption, Vlaams Blok) nicht das beste. Ihre Gastfreundschaft aber ist über jeden Zweifel erhaben.

☺**Sparen.** In keinem Land haben **hospitalityclub.org** und andere Kontaktbörsen für kostenloses Übernachten anteilig mehr Mitglieder. Kein anderes Land kriegt eine Sache wie **use-it.be** besser hin: Junge Ureinwohner von Brüssel, Brügge & Antwerpen sammeln online für junge Reisende Infos über ihre Städte. Nutze es!

Serviceteil

Belgien-Tourismus: Cäcilienstr. 46, 50667 Köln, T. 0221/277 590.

Botschaften in Brüssel: D: 8 rue Jacques de Lalaing, T. 02/787 1800. A: 5 place du Champ de Mars, T. 289 0700. CH: 26 rue de la Loi, T. 285 4350.

Euro-Land. Banken öffnen Mo-Fr 9-16h (oft mit Mittagspause) und nehmen fette Gebühren bei Reiseschecks. Als Reiseland ist B knapp billiger als seine Nachbarn.

✆ Polizei & Notruf 112.

Bahn & Bike

Brüssel ist ein Zentrum teurer Tempo-Feger à la *Thalys* (thalys.com) und *Eurostar* (eurostar.com). Der Normalpreis im *Th* nach Paris, Amsterdam, Köln beträgt 65/39/39 € (<25 halber Preis), Interrailer zahlen „nur" die Reservierung von 26/26/22 € Gottseidank gibt es aber auch ^R^freie Verbindungen.

Auslandszüge nach Brüssel-Midi (in Std) von **London** ^ZR^*ES* fast stdl. 7-20h (2½). **Amsterdam** ^Z^frei stdl. 6-22.46h (3), teils mit u/in Rotterdam. **Köln** ^ZR^*ICE* 8.44h, 14.44h, 19.44h (2lll), sechs ^R^*Th* 7-18h (2lll). **Paris**-Nord ^R^*Th* stdl. 6.40-21.40h (1½). **Avignon** ^ZR^*TGV* 6.11h, 9.18h, 13.40h, 14.16h (5). **Luxemburg** *IC* stdl. 5-21h (3). **Basel** ^Z^*EC* 6.38h, 12.54h, 15.54h (7).

☺**Sparen.** *Thalys* mag keine Interrailer? Dann mögen Interrailer keinen *Thalys!* Von Brüssel **thalysfrei nach Paris** zu gelangen, wird immer kniffliger. Tüftlervarianten ab Bhf Midi: mit *IC* 8.09h, 15h, 17.13h nach Charleroi Sud, später u/in Jeumont und Aulnoye, an Paris-Nord 12.50h, 19.50h, 21.14h – oder mit Billig-*TGV* (^Z^3 €) 7.31h, 10.21h, 11h, 12h, 15h, 16h, 20.36h nach Marne la Vallée-Chessy (2 Std), dort alle 15 min *RER* nach Paris-

Gare de Lyon (40 min). Die Bäckerei vorm Bhf Aulnoye und die Wiese jenseits der Gleise kennt jeder Spar-Railer.

Société Nat. des Chemins de fer Belges. Das 4000 km-Netz ist dicht genug, der Stundentakt zuverlässig. Keine Durchquerung dauert länger als 4 Std, also entfallen Schlaf- oder Speisewagen. Fast jeder *EC* hat mit Ausland zu tun, erst dann sind Zuschläge fällig und Reservierungen (3 €) möglich. In jedem Bhf liegen Einzelfahrpläne (frei) und der Gesamtplan *Indicateur* (4 €) aus, dazu gibt es oft Gepäcklager (2 €/Stück), selten Schließfächer (2 €/24 Std), fast nie Läden. Also deckt man sich vor der Abfahrt im Supermarkt ein.

Als 100 km-Tarif üblich sind 8-12 €, je länger, desto weniger. Am Sa/So wird´s 40%, für Gruppen 60% billiger. Im Zug nachlösen kostet 3 € extra, Schwarzfahrer sind mit 30 € dabei. Das muss nicht sein: Jedermann hat mit dem **RailPass** (73 €) im Jahr zehn Inlandsfahrten frei; für Menschen <26 heißt diese Zehnerkarte **Go Pass** (50 €), und das Schönste daran: Beide Pässe sind frei ausleihbar! **Benelux Tourrail** (139 €, <26 99 €) verschafft an fünf Tagen binnen eines Monats freie Fahrt landesweit, auch in den Niederlanden und Luxemburg; zu haben ist er nur an Bhfen in *BeLux*, nicht in *Ne*. Auch der **Interrail-Länderpass** (drei/vier/sechs/acht Tage 109/139/189/229 €, <26 Jahren 71/90/123/149 €) gilt in ganz Benelux. **Bahnauskunft:** T. 02/528 2828. b-rail.be.

Zuschläge für Interrailer: *Thalys* 22-26 €. *ICE* 4 €. Den *Eurostar* (Z65 €) umgeht man dank der Fähren Calais-Dover; siehe Großbritannien.

Fahrräder sind prima für dieses flache Land. 23 Bahnhöfe vermieten Touren- und MTBs für 10/18 € pro Tag (Interrail-Rabatt), oft auch Tandems. Die Kaution (12 €) wird bei Rückgabe an einem anderen Bhf einbehalten. Viele Verkehrsämter und Radhäuser vermieten ebenfalls. Mitnahme ins In/Ausland (4/9 €) ist von jedem Bhf aus und in jedem Zug außer *TGV* und *Thalys* möglich. Die *D*-Züge Köln-Aachen-Brügge eignen sich für Radmitnehmer, zumal der Versand abgeschafft ist.

Tipps für Radtouren gibt jedes Verkehrsamt, Anmietbahnhöfe nennt die Broschüre *Trein & Fiets* von SNCB. Im topfebenen Flandern säumen Radwege jede Straße, oft entlang kleiner Kanäle. Bei uns wollte der nette Rad-Geber im Bhf Brügge nix von Aufpreis für Tandem wissen.

Schlafen & essen

Camping. Auf den 850 Zeltplätzen kommen zwei P mit Zelt gut für 8-14 € unter.

Hostel. Jugendherbergen schließen meist um 23h, nach drei Nächten droht bei akuter Überfüllung der Rauswurf. Fürs Bett zahlt man 12-15 €, Schlafsäcke sind okay. Info für Flandern: vjh.be, für Wallonien: laj.be.

Hotel. Ein-Stern-Hotels (ab 40 €) sind oft billiger als Hostels, ohne Kennenlern-Faktor, aber stets mit gutem F. In ähnlicher Preislage gibt es immer mehr **B&Bs.**

Essen. Belgien nimmt Ernährung ernst. Günstige **Tagesmenüs** gibt es nur mittags, abends sind Restaurants teuer. Schleckermäuler jubeln über Waffeln (oft mit Früchten), Backwaren & Pralinen. Hiesige Pommes sind die besten.

Trinken. Die **Barauswahl** befriedigt höchste Ansprüche. Und diese Biervielfalt! *De Biertempel* in Brüssel brüstet sich mit 250 Sorten, auch Kirsch, Erdbeer, Weißderteufel. Railer helfen, dass Belgien weltweit den Bierkonsum pro Kopf anführt.

BRÜSSEL

✆ 02. 316 km n von Paris. 1,07 Mio Ew. brusselsinternational.be.
Mitten im Kunterbunt aus Alt & Neu steht der feinste Platz in Benelux, dahinter lauern Diplomatie und EU. Ansonsten gibt´s Grau in allen Tönen, logieren tut man besser in Brügge. Brüssel/Bruxelles ist durchweg zweisprachig, also habe ich die Straßennamen gemischt. Angaben **ab Grand´place** (350m w vom Bhf Centrale).
Brüssel-Frust: „Der Bhf Midi stinkt, davor stehen abends Nutten so weit das Auge reicht, die Tourist Info schließt 20h, Bus und U-Bahn fahren abends nur spärlich." (Teresa Binder)

Kurz & knackig

Tourist Info: im Rathaus (Grand´place. T. 513 8940. 9-18h) und Bhf Midi (Thalys-Halle. 8-20h, Okt-Apr -17h).
Internet: easyEverything (place de Brouckère 9. 400m n. 8-23h. 1-3 €/Std) und Navigator (Pont de la Carpe 12. 300m w. U Bourse).
Waschsalon: Lavoir La Chapelle (rue Haute 5. 500m s, hinter der JH Bruegel).
ÖPNV. STIB-Kioske (stib.be) am U-Bhf Rogier, Porte de Namur & Midi bieten Infos. Einheitstickets (1,40 €) für Bus & Tram gibt es auch an Bord, für die gemütliche Metro im U-Bhf, Fünfer/Tageskarten (6/4 €) nur in U-Bhfen und Verkehrsamt. Nach 24h sind Taxis unverzichtbar; wer an Standplätzen keins findet, ruft Taxi Orange (T. 513 6200).

☺**Sparen.** Interrailer können auf Bus oder Metro fast verzichten, denn einer der zehn Bahnhöfe liegt stets in der Nähe. Am günstigsten: Chapelle und Centrale.

Schlafen & feiern

Keiner der acht Zeltplätze liegt für Railer diskutabel.
Herbergen. Keine sieht großartig aus, jede vermietet Räder und hat Einheitspreise: Dm (meist Etagenbetten) 20 € (<26 Jahren 19 €), Ez/Dz 34/49 € (31/45 €), ohne JH-Karte plus 3 €/P, immer mit F.
Bruegel (rue Saint Esprit/Heilige Geestst. 2. 500m s. U Chapelle. T. 511 0436. vjh.be) ist ordentlich. 135 Betten, 4er-Dm. Bar, Sonnenterrasse, vier Etagen, Fahrstühle, einchecken bis 16h, Torschluss 24h.
Jacques Brel (rue Sablonnière/Zavelput 30. 1200m nö. U Botanique. T. 218 0187. laj.be) wirkt unpersönlicher. 171 Betten, 3-10er-Dm. Cafe, Terrasse, offen bis 1h.
Génération Europe in Molenbeek (rue de l´Elephant/Olifantst. 4. 1400m nw. 500m von U Comtes de Flandres. T. 410 3858. laj.be) spart sein Pathos für den dämlichen Namen. 162 Betten, nüchtern, neu.
Hostels. Sleep Well (rue Damier/Dambordst. 23. 800m nö. U Rogier. T. 218 5050. sleepwell.be) ist ein Klassiker. 176 Betten mit F, 4-8er-Dm 15-18 €, Ez/Dz/3z 31/46/60 € (in Star-Qualität mit Bad 43/62/88 €), erste Nacht plus 5 €/P. Zentral, sauber, Mozart im Hintergrund, Stadttouren, dicht 11-15h, kein Torschluss.
Vincent van Gogh (rue Traversière/Dwarsst. 8. 1500m nö. U Botanique. T. 217 0158. chab.be) verteilt 228 Betten übers geräumige Haus. Dm 18-21 €, Ez/Dz/3z 33/52/78 €. Moderne Küche, große Schließfächer, Bar, Alterslimit 18-35, Wäscheladung 5 €, dicht 10-14h, Rezeption 7-2h, für Gäste immer offen. Tipp!
„Sleepwell ist okay, van Gogh macht mehr Spaß, weil mehr los ist." (Jonathan Morgen)

Ausgehen. Günstig isst man im Quartier Grec hinter der Grand´Place, später zieht man nordwärts ins Charakter-Café **Mort Subite** (Montagne aux Herbes Potagères 7. 300m nö) oder westwärts zur Börse (300m w). Gewinner hier: das Grunge-Blues-Sports-Café **Bizon** (Pont de la Carpe 7. 18-3h), der jugendgestilte Jazzschuppen **Archiduc** (Antoine Dansaert 6. 16-5h) und die barsatte place St-Gery.

Termine. Der **Jazz Marathon** legt am letzten Mai-Wochenende los. **Ommegang** (Anfang Juli) ist eine aufwändige Prozession à la Renaissance auf der Grand´Place. Hier wird zu geraden Jahren auch der berühmte Blumenteppich (Aug) aufgezogen, und regelmäßig gibt es auf dem schmucken Platz freie Freiluftkonzerte. Alle Veranstaltungen nennt das trockene ***Bulletin*** (2,50 €, im Verkehrsamt).

Anschauen

Altstadt. Ums Herz der Stadt, die ****Grand´Place**, stapeln sich gotische Gildenhäuser und Renaissance-Bürgerpaläste, vormittags setzt ein Blumenmarkt die Duftmarken. Elegant gibt sich das Rathaus, frivol sein Hinterteil **Männeken Piss** (rue de l´Étuve). Das **Stadtmuseum** (Maison du Roi. Di-Fr 10-17h, Sa/So -13h. 3/2 €) erzählt Erstaunliches auch zu diesem pieselnden Lustobjekt japanischer Touristen.

Unter 70 weiteren Museen findet sich für jeden Geschmack etwas, selbst für Freunde des Nähzeugs. Im **Centre Belge de la Bande Dessinée** (Zandst. 20. 700m nö. cbbd.be. Di-So 10-18h. 7,50/6 €) nahe Sleep Well kommen Tintin-Freunde auf ihre Kosten, wiederum in edlem Jugendstilhaus. Lesesaal voll witziger Alben.

Kunstberg. Reizvoll ballt sich die Schönheit am **Mont des Arts** (kunstberg.com. 600m sö. U Centrale), der in Königspalast und den spazier- wie skulpturstarken Warande-Stadtpark ausläuft. Im **Museé des Beaux-Arts** (rue de la Régence 3. 10-17h. 5/3,50 €) dominieren flämische Meister von Breughel bis van Dyck, ein Trakt gilt der Moderne, Ergänzungen liefert das benachbarte Palais des Beaux-Arts.

Seit Juni 2009 kümmert sich das ****Musée Magritte** (place Royale 1. Di-So 10-17h, Mi -20h. 8/2 €) um den Nachlass des surrealen Pinsel-Renés. Karten online buchen, wenn das Anfangs-Gedränge anhält.

Und jetzt MIM! Das ****Musée des Instruments de Musique** (Montagne de la Cour/Hofberg 2. Di-So 10-17h. 5/4 €) gibt mit 1500 Exponaten weltweit den Ton an. Dank Audioguide hörens-, wg. Art Nouveau auch sehenswert.

Atomium. Um den Restklotz der Expo 1958 stehen Modelle europäischer Ruhmesbauten (4 km n. 10-18h. 9/6 €). Jahrelang degenerierte das 150-milliardenfach vergrößerte Modell eines Eisen-Atoms zum Schandfleck, dann verpasste ihm die Stadt 2005 eine Fassadenpolitur. Jetzt besser? Metro 1A bis Heysel.

Tour. Le Bus Bavard (T. 673 1835. busbavard.be) erzählt auf Stadtfahrten und Rundgängen (15-20/8-14 €, JH-Rabatt) fast jeden Fr-So, was andere verschweigen. Das Programm umfasst 30 Themen, alles auf französisch.

Hin & weg

Bhfe. Nord, Centrale und Midi/Zuid sind gleichwichtig (Auskunft 7-21h, Zugverbindung alle 15-30 min). **Centrale** beleidigt das Auge, ist aber mittendrin, was auch Brüssels halbseidenes Milieu schätzt.

Züge. Vom Bhf Midi (in Std) nach **Antwerpen** alle 10-20 min 5-23.46h (3/4). **Brügge** stdl. 6-23h (3/4). **London** ZR*ES* fast stdl. 6-20.26h (2 1/2). **Amsterdam** Zfrei stdl. 6-22.46h (3), teils u/in Rotterdam, fünf ZR*Th* 8.25-20.25h (2 3/4). **Köln** ZR*ICE* 6.25h, 13.28h, 16.28h (2lll), sechs ZR*Th* 8.28-19.28h (2lll). **Paris**-Nord R*Th* stdl. 6.40-21.40h (1 1/2). **Luxemburg** *IC* stdl. 5.36-21.36h (3).

FLANDERN

Sehenswertes steht sich in vielen Altstädten die alten Füße platt. Wer hier bestaunt, wozu ein Bürgertum ohne Steuerfesseln möglich war, wird fast zum FDP-Wähler. Wenn diese Guido-Sekte nicht so wäre, wie sie ist.

***BRÜGGE

✆ 050. 97 km w von Brüssel. 117.000 Ew. brugge.be.

Eine Puppenstube! Dank Flanderns Tuchmacher im 12.-15. Jh. zur reichen Handelsstadt aufgestiegen, blieb Brügge so gut im Saft, dass man sich wie im Museum vorkommt. Ein verzwirbeltes Netz von Kanälen, Brücken, Gassen hält vor gotischen Prachtbauten inne. Das lockt Heerscharen von Touristen ins „Venedig des Nordens", Rekordwerte erreicht das Geschiebe von Juni-Aug. Angaben ab **Markt** (1200m n vom Bhf).

Tourist Info: im Bhf (7-20.30h) und im Zentrum (Burg 11. 100m ö. T. 448 686. 10-19h), mit Zimmervermittlung & Schließfächern.

Waschsalons: neben den Hostels Snuffel (7-22h) und Bauhaus.

Internet: Cybercafé (Langestraat 145), Coffee Link (Mariastraat 38. 500m s) und Happyrom (Ezelstraat 8. 400m nw. je 3-4 €/Std).

Bikes: am Bhf (8-21.30h) und bei Fietsen Popelier (Mariastraat 26. 450m s. 6/9 € pro halben/ganzen Tag). In der kompakten Altstadt ist alles prima zu erlaufen.

Schlafen. Zelten würde ich mir schenken, wg. Atmosphäre. Beide Plätze liegen blöd, zu **Camping Memling** (Veltemweg 109. 3 km ö. T. 355 845. camping-memling.be) fährt immerhin Bus 11 ab Bhf. Zwei P mit Zelt 14 €, 4er-Hütte 37 €, 4er-Chalets 63 € (Juli/Aug 90 €).

Keines der acht (!) Hostels in dieser kleinen Stadt liegt „schlecht", ihre Preise ähneln sich, also wird Lautstärke zu einem Kriterium. Mehrere Hostels haben Musikbars unter ihrem Dach. Das ist gut, um Einheimische kennen zu lernen, aber ein Martyrium, wenn man obendrüber zu schlafen versucht.

Die etwas sterile **JH Europa** (Baron Ruzettelaan 143. 2 km sö. T. 352 679. vjh.be) schließt um 23h. 208 Betten, Dm 16-19 €. Bus 2/20 bis Wantestraat.

Snuffel (Ezelstraat 49. 500m nw. T. 333 133. snuffel.be) ist gemütlich, zentraler, frisch herausgeputzt. 60 Betten, enge 4-12er-Dms mit Dusche 15-17 €, Dz 36 €, F und Bettzeug frei. Küche, günstige Menüs, Bar mit Happy Hour, Schließfächer, Bikes ab 6 €, freie Stadtführung. Bus 3/13 ab Bhf.

Auch ins **Bauhaus** (Langestraat 133-137. 900m ö. T. 341 093. bauhaus.be) sollte nur, wen eine laute Bar nicht stört. 170 Betten, 4-8er-Dm mit Bettzeug und F 14-16 €, Dz ohne/mit Dusche 36/42 €, Fr-So plus 2 €/P, Juni-Sep plus 1 €/P. Gutes Abendessen, jährlich neue Bikes, bis 4h offen. Bus 6/16 ab Bhf.

De Passage (Dweerstraat 26. 400m sö. T. 340 232. passagebruges.com) lädt Reisende mit Gitarre zum Vorspielen. 50 Holzbetten, Dm mit Bettzeug 15 €, F 5 €, Dz mit Bad und F 45-60 €, Mahlzeiten im kosmopolitischen Grand Café 5-10 €, Nachtzugang mit Code. Bus 16 ab Bhf.

Feiern. Ohne Studenten fehlen entsprechende Kneipen; darüber helfen die Hostelbars hinweg. **Lotus** (Wapenmakerstraat 5. 100m ö. Mo-Sa 11-15h) hat prima vegetarische Tagesmenüs ab 7 € **Brugs Beertje** (Kemelstraat 5. 200m sw) ergänzt den Abend mit 300 Biersorten. Im **Cactus Club** (St Jakobsstraat 33. 100m nw) gibt´s world-musikalisch was auf die Ohren.

Planen. In punkto Essen, Trinken, Shoppen geht nix über use-it.be. Hier verraten Einheimische versteckte Bars, billige Restos, romantische Parks – und wo Brügges schlimmste Touri-Fallen stehen.

Anschauen. Museen und Belfried öffnen Di-So 9.30-17h. Ermäßigung heißt: <26 oder >60 Jahre. Im Verkehrsamt wartet ein **Museumspass:** fünf Stücker für 15 €
Der 83m hohe ****Belfried** (5/3 €) am Markt ist Brügges Wahrzeichen. Wer die 366 Stufen im Turm bewältigt, genießt Rundblick & Glockenakustik zur vollen Stunde. Das Trio bezaubernder Museen am Dijver (300m s) besteht aus **Gruuthuse** (#17. 6/4 €) mit buntem Kunsthandwerk, **Arentshuis** (#16) mit belgischen Spitzen und **Groeninge** (#12. Kombi 8/5 €) mit flämischen Meistern seit der Renaissance.
Das gediegene **Hospitaalmuseum** (Mariastraat 38. 400m s. 8/5 €) im 800 Jahre alten Krankenhaus zeigt u.a. die Hauptwerke von Hans Memling, dem frühen Porträtisten der Mürrischen. In der **Liebfrauenkirche** (13. Jh.) ums Eck strahlt Michelangelos „Madonna mit Kind". Durch den **Beginenhof** (Wijngaardplein. 700m s), ein weißes Renaissance-Ensemble für alleinstehende Frauen, darf jeder frei spazieren. ****Grachtentouren** (6 €) ab Dijver bieten tolle Motive.

Touren. Alternativ mit Niveau: ****Quasimodo** (T. 370 470. quasimodo.be) fährt für 55/45 € (inkl. Lunchpaket) von 9-17h zu Flanderns Schlachtfeldern, an die Küste, zu süßen Überraschungen und in belgische Biergeheimnisse. Vorbuchen!

Hin & weg. Vom Bhf nach Brüssel und Ostende halbstdl. bis 22.54h (53/13 min).

Ausflug: OSTENDE

22 km w. Wem in Brügge nach Strand zumute ist, der hüpfe nach Ostende. Vom Hafenort (wenig zu sehen) bimmelt die Küstentram **De Lijn** alle 15-30 min bis 23h zu frisierten Badeorten wie Blankenberge, Zeebrugge, Knokke (34/42/60 min).

ANTWERPEN

✆ 03. 60 km n von Brüssel. 472.000 Ew. visitantwerp.be.
Einen auf dicke Hose macht Belgiens zweitgrößte Stadt seit 1291 (Stadtrecht), dank Scheldehafen, Tuchhandel und Diamantenmafia. Tourgruppen erfreuen sich schmaler zweistöckiger Häuser mit dem Mundgeruch von Mittelalter. Belgier bejubeln Antwerpen als ihr Mode-Musik-und-Glamour-Zentrum. Besser auf Backpacker eingerichtet ist aber Brügge.

Angaben ab **Grote Markt** (1 km w vom Bhf).

Tourist Info: im Bhf (Level 0) und am Grote Markt (#15. T. 232 0103. je 9-17.45h).

Internet: 2Zones (Wolstraat 15. 200m nö. 11-24h) und Cybercafé (Korte Koepoort 9. 100m nö. je 3-5 €/Std).

Bikes: im Bhf (9-21h) und an der Schelde bei De Windroos (Steenplein 1a. 150m w. 12 €/Tag). In der Stadt selbst ist alles prima zu erlaufen.

Schlafen. Zum **Camping Vogelzang** (Vogelzanglaan 9. 3 km s. T. 238 5717) gelangt man mit Tram 2 bis Bouwcentrum. Zwei P mit Zelt 6-8 €, Rezeption 9-20h.
Zur unauffälligen **JH Op Sinjoorke** (Eric Sasselaan 2. 3 km s. T. 238 0273. vjh.be) fahren Tram 2 (Hoboken) und Bus 27 (Zuid) vom Bhf bis Bouwcentrum. 122 Betten, 4-12er-Dm 16 €, Dz 44 €. Bar, Parklage beim Expogelände.
Im Caféviertel beim Bhf liegt das saubere **New International Youth Hotel** (Provinciestraat 256. 1300m sö. T. 230 0522. youthhotel.be). 8/4er-Dm mit F und Bettzeug 19/21 €, <26 Jahren 15 €, Ez/Dz/3z 34/49/70 €, mit Bad 50/61/79 €.
Heksenketel (Pelgrimsstraat 22. 100m s. T. 226 7164. heksenketel.org) ist eigentlich *das* Folkcafé der Stadt (oft Proben und Konzerte), dazu gibt es nun auch ein wunderliches, wunderbares Hostel mit viel Seele und in bester Lage beim Dom. Geräumige Dm mit Bad 15 €, dazu alles, was ein Backpacker begehrt. Tipp!

Anschauen. Der prächtige gotische **Liebfrauendom** (10-17h. 2 €) wird vom 120m-Turm überragt, im Hauptschiff hängen vier der bekanntesten Rubens-Werke. Auch das Rathaus am benachbarten Grote Markt ist einen zweiten Blick wert.
Alle folgenden Museen öffnen Di-So 10-17h (je 6 €, <26 1 €, <19 frei). Wer viel sehen will, hat mit der **Museum Card** (20 €) 48 Std lang alles frei, inkl. ÖPNV.
Das ****Rubenshuis** (Wapper 9. 550m sö) bildet den Auftakt für elf Gebäude, in denen der Meister Pinselstriche hinterließ. Im ohnehin sehenswerten **Plantin-Moretus-Haus** (Vrijdagmarkt 22. 200m s) findet man auch antike Druckerpressen und erste Globen. Im **Museum voor Schone Kunsten** (Leopold de Waelplaats. 1100m s) hängen zudem 2500 Gemälde aus 800 Jahren. Garantiert Rubens-frei ist nur das edle **FotoMuseum** (Waalsekaai 47. 1100m sw. 6/4 €).
In der **Festung Steen** steht ein mäßiges Schiffsmuseum (Steenplein. 4 €), davor legen Rundfahrten durch den riesigen **Scheldehafen** los, z.B. mit *Flandria* ausführlich 11h und 14h (2½ Std, 12 €), flotter 11.30h, 13h, 14.30h und 16h (1 Std, 5 €).

Girl´s Best Friends? Das **Diamantenmuseum** (Koningin Astridplein 19. Do-Di 10-17.30h. 6/4 € inkl. Audioguide) zeigt hübsche Stücke, und Diamantschleifer bitten zur Vorführung. „Ein Highlight meiner Reise" (Nico Ghielmetti). Anschließend warten Juweliersauslagen an der Pelikanstraat.

Hin & weg. Im Bhf Berchem (Tram 8 ins Zentrum) starten die teuren *Thalys* nach Paris und Amsterdam. Vom sehenswerten Bhf Centraal nach **Brüssel** & **Brügge** halbstdl. 6-23h, **Amsterdam** *ICs* stdl. 6.27-21.27h (¾/1¼/2 Std).

BOSNIEN

☎ 00387. 51.129 qkm. 4,5 Millionen Ew. BIP 5854 €/Ew. bhtourism.ba/ger.
Willkommen! Auch wenn es seit 2006 zum erlauchten Interrailkreis gehört: Bosnien und Herzegowina ist nicht ein weiteres Fahr-hin-und-hab-Spaß-Land. Wer BuH besucht und den Geschichten seiner Menschen lauscht, wird Serben gegenüber bald sehr befangen sein. Serben (heute 36% der Bevölkerung) waren die Urheber des Krieges 1992-95, seine Haupttäter und kurzfristig auch die Nutznießer; „Gewinner" sind im Rückblick nicht zu erkennen. Was sie damals den muslimischen Bosniaken (50%) antaten, ist eines „zivilisierten" Europas unwürdig. Remember Srebrenica!

Schmankerl! **Bahn:** jede Strecke ist urig, aber Bihac – Bosanski Novi durch grüne Täler und die kühne Una-Schlucht zählt zu Europas schönsten. **Kultur:** Kontakte mit Menschen in Sarajewo. **Natur:** Rafting auf Neretwa und Una.

Warnung: Minen!

In Bosnien droht Gefahr durch Landminen, auch rund um Sarajewo. Laut UN sind 800.000 Minen noch nicht entschärft; diese Gebiete sind mit Absperrband und Schildern markiert, allerdings ist nicht jedes Minenfeld identifiziert. Bis heute sterben bei Minenunfällen jährlich 10-20 Bosnier. Daher vier Grundregeln:
Bleibe auf asphaltierten Wegen. Meide verlassenes Gelände oder beschädigte Gebäude. Wandere oder radle nur in ortskundiger Begleitung. Konsultiere bei Spezialfragen das **Mine Action Centre** in Sarajewo (T. 033 253 800. bhmac.org).

Serviceteil

Kein Verkehrsamt im Ausland. Infos über bhtourism.ba/ger oder die Botschaft: Ibsenstr. 14, 10439 Berlin, T. 030/8147 1210.
Botschaften in Sarajewo: D: Skenderija 3, T. 033 565 300. A: Dzidzikovac 7, T. 033 668 337. CH: Josipa Stadlera 15, T. 033 275 850.
100 Konvertibile Mark = 51 €. Bosniens „Mark" war einst an die D-Mark gebunden und ist es heute an den Euro. Bankomaten stehen in jeder größeren Stadt, ebenso Banken (Mo-Fr 8-20h, Sa 9-13h), die Reiseschecks annehmen. Kreditkarten helfen selten weiter, Euro werden gern gesehen. Pro Tag kommt man mit 20-30 € gut aus.
☎ Notruf 94, Polizei 92.
Schlafen & frieren. Es gibt noch keine Zeltplätze und nur in Sarajewo einige Hostels. Dafür treten in jeder größeren Stadt **Pensionen** für 10-20 €/P in reicher Zahl auf. Bosnien ist Übergangsgebiet von mediterranem zu kontinentalem **Klima.** Von Juni-Sep ist es in der Herzegowina heiß, dagegen werden in Sarajewo selbst Sommernächte frisch. Der Winter gerät dank Fallwinden aus dem Landesinneren eiskalt, dann laden viele Gebirgszüge *(planina)* um 2000m zum Skifahren ein.

Bahn & Bus

Züge nach Sarajewo von **Zagreb** R8.55h, 21.55h, **Budapest** R9.45h (9/12 Std).

Sei ein Pionier, nutze als einer der ersten Interrailer Bosniens dürftiges, aber vorhandenes Bahnangebot! Zuschläge gibt´s nicht, das Zugtempo lässt viiiel Zeit zum Gucken: wenige Städte, saftige Berglandschaften, kaum mal 1 km nur gradaus.

ZBH und ZRS. Viele Strecken wurden im Krieg arg beschädigt. Seit 1999 gibt es wieder zuverlässige Verbindungen, anfangs gesichert von SFOR-Truppen, nun beschwerdefrei auch zwischen der *Föderation BuH* und ihrer frechen Abspaltung *Republika Srpska*. Deren Bahngesellschaften, Zeljeznice Bosne i Hercegovine und Zeljeznice Republike Srpske, bedienen drei Hauptstrecken:
Das *****Unska-Gleis** schlängelt sich einspurig durch die Una-Schlucht: von Bihac nach Bosanski Novi (Novi Grad) 4h, 9.44h, 15h (2 Std), *zurück* 5.12h, 12h, 17.15h. Von B. Novi geht´s 17h via Sisak nach Zagreb (112 km. 2¾ Std), *zurück* 8.57h. Ein Gleis führt von Bihac über Knin an die Adria, bisher passagierzuglos.
Übers ****Nord-Süd-Gleis** (elektrifiziert) rattert der Budapest-*IC* durch die Föderation (Doboj) nach Sarajewo. Von Sarajewo weiter durch 83 Tunnels nach Mostar und Ploce (Kroatien) 7h, 18.18h (135/196 km. 3/4 Std. 9/11 €), *zurück* 6h, 17h.
Das **Ost-West-Gleis** durch die Serbenrepublik verknüpft die vorgenannten Strecken: je fünf Züge zwischen Bosanski Novi und Banja Luka (102 km. 2 Std) und zwischen Banja Luka und Doboj (110 km. 2½ Std).
Der Fahrplan ist auf Werktätige getrimmt, mit Morgenzügen (ca. 5h und/oder 7h), gelegentlich Mittagspausierern, immer Büroschließern (16h) und oft Abendbummlern (19h). Alle Züge sind Lendenwackler ohne Komfort, dafür fördert die EU eine Bahn-Erneuerung bis 2020, samt dem Erwerb spanischer *Talgos!*
Die Tarife beider Bahnen sind mickrig: 5-6 € pro 100 km, kein Bahnpass, kein Interrail, weil sich die Bahnen auf keinen Abrechnungsmodus einigen können. **Bahninfo** in Sarajewo: Musala 2, T. 033 618 448. Kein Online-Fahrplan.
Busse. Bosniens Bahn sieht auch deshalb so mau aus, weil ihr im bergigen Land private Busse den Rang ablaufen. Nicht alle wirken TÜV-gerecht, aber die Preise sind unschlagbar (Sarajewo - Mostar 6-8 €) und man erreicht jeden Landeswinkel.

**SARAJEWO

✆ 033. 496 km sö von Zagreb. 311.000 Ew. sarajevo-tourism.com.
Wer diese Stadt besucht, sei gewappnet für Details jenes Grauens, das (meist) Serben während der Belagerung 1992-95 über (meist) friedfertige Muslime brachten. Sie bombardierten den geschäftigen Marktplatz oder nahmen vollbesetzte Trams auf der *Snipers Alley* ins Visier. Dieser Krieg kostete allein in Sarajewo 10.513 Zivilistenleben. Bis auf ein paar Vorzeige-Kasper, denen in Den Haag der Prozess gemacht wurde, sitzen die Mörder bis heute unbehelligt hinterm Hügel in Pale.
Die wieder aufgebaute Stadt, die sich über 15 km durchs Tal der Miljacka zieht, besticht durch unglaubliche Energie, ungezählte Straßencafés und eine orientalisch anmutende Altstadt. Der Sarkasmus ihrer Bewohner schreckt vor nix zurück. Vorerst bleibt Sarajewo das

einzige Landesziel mit Backpacker-Infrastruktur und leidlichen Verbindungen. Erster Anlaufpunkt ist die **Fußgängermeile Ferhadija,** auf der zwischen dem grünen Trg Oslobodenje, der Gazi Husrev Bey-Moschee und den Markthallen rund um die Bascarsija-Moschee bis in die Nacht der Bär steppt. Angaben ab **Sebiljbrunnen/Bascarsija** (2 km ö vom Bhf).

Kurz & knackig

Tourist Info: im Zentrum (Zelenih beretki 22. 400m sw. T. 220 724. 9-20h, So -16).
Gepäcklager: im Busbhf (Put zivota 8. 7-21h. 0,25 €/Std).
Waschsalon: Higijena (Josipa Stadlera 14. 200m nw).
Internet: Café Click und Easy Net (beide Kundurdziluk. 200m w. 9-24h. 2 €/Std).
ÖPNV. JKP Gras (gras.co.ba) betreibt von 6-23h ein effizientes Netz von 13 Bus-, sechs Tram- und fünf Trolleylinien. Fahrscheine ergattert man am Kiosk (0,90 €) oder an Bord (1 €), Tageskarten (3 €) nur am Kiosk. Zur Ergänzung düsen Minibusse auf festen Linien in die Vororte. **Taxen** sind so billig, dass Grüppchen damit gern ihre Ausflüge planen: Grundgebühr 1 € plus 0,50 €/km. Zuverlässig sind Sarajevo Taxi (T. 1515) und Samir i Emir (T. 1516).

Schlafen

Hostels. Wer abends was erleben will, logiere im „Türkischen Viertel" Bascarsija (Tram 1/2/3/5 vom Bhf). In bester Lage steht rund um den taubenumtosten Sebiljbrunnen eine Handvoll akzeptabler Herbergen. Torschluss ist ein Fremdwort.
Ob Lage, Ausstattung oder Gastgeber: alles am **Posillipo Hostel** (Besarine cikma 5. 35m n) ist erste Sahne. Geräumige Ez-5z 15-17 €/P, herzlich, sauber, keine Küche, aber Preiswert-Resto, Bar. Ausgeschildert ab Tram-Halt Bascarsija.
Die **Agentur Ljubicica** (Mula Mustafe Baseskije 65. 20m nw. T. 535 829 und 232 109. hostelljubicica.net) vermittelt Privatzimmer für 16-30 € in der Altstadt, betreibt aber auch selbst ein Hostel. 80 Betten, Dm 12-15 €, Ez/Dz ab 16 €/P. Küche, Lounge, Internet, weniger sauber, mehr party-orientiert, mitten im Nachtleben.
Wem ein Fußmarsch nichts ausmacht, der wird das **Haris Hostel** (Mejdan 29. 900m ö. T. 232 563. hyh.ba) im Altstadtbezirk Vratnik lieben. 16 Betten, 5/6er-Dm 13 €, viele Annehmlichkeiten, viel Herz, Terrasse mit Aussicht, Bikes, gute Tagestour 15 €, freier Transfer vom Haris-Büro (Kovaci 7. 50m nö) beim Sebiljbrunnen.
Auch **Sartour** (Mula Mustafe Baseskije 63/3. 40m nw. T. 238 680. sartour-hostel-sarajevo.ba) dirigiert Gäste von der zentralen Agentur in die unzentrale, einfache Herberge (Hadzisabanovica 15). 30 Betten, 4-8er-Dm 10 €, Ez/Dz mit Balkon 12/24 €. Terrasse, Garten, keine Küche, wenig Party, Nachtruhe 24-6h.

Anschauen

Termine. Sarajewo genießt jeden Sommertag, turbulent geraten die **Altstadtnächte** im Juli (bascarsijskenoci.ba) mit 40-50 mal Klassik, Rock, Folk, Tanz, Theater; und das **Filmfestival** Ende Aug (sff.ba), zu dem auch mal Depardieu anreist.

Bascarsija. Unterm Kopfsteinpflaster im Türkischen Viertel pocht das Herz dieser Stadt, die lange eine wichtige Station zwischen Abend- und Morgenland war. Von uralter Toleranz zeugt das Zentrum, wo auf engstem Raum an/hinter der Ferhadija die Gotteshäuser vierer Religionen stehen. Für die Errichtung der serbisch-orthodoxen Kathedrale (1868/72) spendete der damalige Sultan 500 Golddukaten. Die katholische Kirche St. Ante (1889) hatte gerade extensive Renovierungen hinter sich, als sie im „Bürgerkrieg" stark beschädigt wurde. Dagegen erlebte die **Alte Synagoge,** errichtet 1581 nach der Flucht sephardischer Juden aus ganz Europa, ihre schlimmsten Zerstörungen unter den Nazis (heute Jüdisches Museum).

Gazi-Husrev-Bey (1531), eine von zwölf Stadtmoscheen, gilt als Bosniens wichtigstes islamisches Gebäude, und als ältestes mit einem Kuppeldom. Ihr idyllischer Hof ist, neben den vielen Cafés *the place* für Leutegucken und Kontakteknüpfen.

Wie osmanische Kaufmannsleute um 1800 lebten, zeigt das **Svrzo-Haus** (Glodzina 6. 300m n. Di-So 10-15h. 1 €). Wo deren Nachkommen starben, zeigen „Sarajewo-Rosen" im Asphalt der Fußgängerzone; jede markiert einen Granateneinschlag mit Todesopfern. Die Rosen am **Markale-Markt** sind von besonderer Bedeutung. Als serbische Truppen diesen Markt zum ersten Mal bombardierten (Feb 1994), kamen 44 Zivilisten um; die Welt brummelte kurz, vergaß aber wieder. Beim zweiten serbischen Beschuss (Aug 1995) wurde es der Nato zu bunt. Sie intervenierte nach 1000 Tagen Zögern und beendete damit Sarajewos Leidenszeit.

Zmaja od Bosne. Da in Reichweite der Heckenschützen auf den Hügeln ringsum, galt der 7 km-Boulevard von der Altstadt zum Flughafen 1992-95 als **Snipers Alley.** Im knallgelben Holiday Inn hockten Medienleute aus aller Welt, berichteten hautnah und bekoksten sich in ihrem Zynismus. Gegenüber erzählt das **Geschichtsmuseum** (9-14h. 2,50 €) von diesem Krieg, aber auch von glücklicheren Epochen in Bosnien.

Im romanisch gestylten **Nationalmuseum** daneben (zemaljskimuzej.ba. Di-So 10-14h, Mi - 19h. 2,50 €) kommen v.a. Ethno- und Archäologen auf ihre Kosten, sein Botanischer Garten stiftet Seelenfrieden.

Tunel. Meistbesuchte „Attraktion" (jährlich 100.000 Touristen) ist der **Dobrinja-Tunnel** im Vorort Butmir (12 km w) hinter Ilidza. Zu Kriegsbeginn 1992 gruben bosnische Freiwillige rund um die Uhr einen 720m langen, 1,50m breiten und ebenso hohen Stollen zur „sicheren" UN-Zone am Flughafen. Während der dreijährigen Belagerung wurde er zur Rettung für die von der Welt vergessene Stadt. Da als einziger Zugang vor serbischer Artillerie geschützt, passierten ihn tgl. 20 Tonnen Lebensmittel. Zu begehen sind heute noch 30m des Tunnels und ein Museum (9-19h. 2,50 €). Taxi ab Altstadt etwa 8 €, oder Tram 3 bis Ilidza, dann 40 min zu Fuß.

Sport. Viel Lob erntet der Wintersport rund um Sarajevo. Immerhin fanden auf **Jahorina** (1913m. 25 km sö) und **Bjelasnica** (2067m. 30 km sw) schon die Winterspiele 1984 statt. Die Stars damals hießen Matti Nykänen (Schnapsnase), Kati Witt (Kufenmaus) und Vutschko (Maskottchen). An diese Spiele erinnert das schräge **Olympic Museum** im Zetra-Eisstadion (Alipasina. okbih.ba).

Hin & weg

Vom Bhf (Put zivota 2) nach **Mostar** & Ploce 7h, 18.18h (3/4 Std, 9/11 €). **Zagreb** 10.27h, 21.20h (9 Std, 26 €). **Budapest** 7h (12 Std, 48 €).

Vom Busbhf (Put zivota 8. centrotrans.com) nach **Mostar** stdl. 6-20h (3 Std. 6-8 €). **Split** 7h, 10h, 14.30h, 21h (4/7 Std. 15/19 €). **Dubrovnik** 8h, 9.30h (5 Std. 22 €). **Zagreb** 6.30h, 12.30h, 22h (8 Std. 27 €). Vom serbischen **Busbhf Lukavica** (Srpskih vladara) nach **Belgrad** sieben, Podgorica vier Busse (je 6 Std. 18/15 €).

BULGARIEN

✆ 00359. 110.994 qkm. 7,6 Millionen Ew. BIP 9493 €/Ew. bulgarien.info (privat).

Ach Bulgarien, Du Land, das als Diaabend in Volkshochschulen nicht mal die Saalmiete einspielt. Interrailer stecken Dich achselzuckend ein, weil sie nach Istanbul wollen. Aber hey, auch rund um die Rhodopen gibt die Landschaft sich Mühe. Auch hier wurde wilde Geschichte geschrieben, 500 Jahre lang im Dienste der Osmanen, zuletzt 45 Jahre lang von Betonköpfen, die mit präparierten Regenschirmen morden ließen. Während diese Betonköpfe eher unschöne Soz-Klötze, bizarre Soz-Denkmäler & marode Infrastruktur hinterließen, bietet Bulgarien einige der wildesten, urwüchsigsten Naturplätze im Interrailreich, praktisch noch ohne ausländische Besucher. Und so freut man sich eines sonnigen Tages in Rila zwischen all den freundlichen Menschen, dass viele Railer nur denken: Ach Bulgarien.

Schmankerl! Bahn: durch die Karl-May-mäßige Ischkarschlucht zwischen Sofia und Mezdra (1½ Std. Züge stdl. 6-23h). **Kultur:** Freskengucken in Rila. **Natur:** Wandern in den Bergen hinter Rila.

Serviceteil

BulgarienInfo: Eckenheimer Landstr. 101, 60318 Frankfurt, T. 069/295 284.

Botschaften in Sofia: D: Frederic Joliot Curie 25, T. 02/918 380. A: Tsar Oswobitel 13, T. 932 9032. CH: Tschipka 33, T. 942 0100.

100 Lewa = 51 € (Kurs an den Euro gebunden). Geldautomaten stehen landesweit üblich, Reiseschecks nur bei Banken. Abgesehen von Sterne-Hotels (Ausländerpreise) ist Bulgarien mit das billigste Interrailland.

✆ Notruf 150, Polizei 166.

Bahn & Bike

Auslandszüge nach Sofia (in Std, **alle** R) von **Belgrad** 8.40h, 21h (9). **Budapest** 23.25h (18). **Bukarest** 10.30h, 19.30h (11). **Thessaloniki** 6.15h, 17.39h, 0.04h (6-7). **Istanbul** 21h (15).

Bâlgarski Dârzhavni Zheleznitsi. Nur im Landesinneren ist das 4294 km lange Netz dicht geknüpft. Züge sind pünktlicher geworden, seit der PC Einzug hielt. Eilig haben es nur die R*Ekspresi (Ex)* von Sofia ans Meer: im Schnitt 80 km/h. *Brzi voz* heißt schneller als er ist, *putnicheski* bleibt zu meiden. Fahrpläne gibt es in kyrillischer, Fernverbindungen auch in lateinischer Schrift. In jedem Bhf spricht mind. ein Angestellter englisch. Bahn-Info in Sofia: T. 02/981 1110. bdz.bg.

Seit 2004 gilt ein **Tarifsystem** voller Variablen, generell bleibt die Bahn billig: 10/100/500 km kosten etwa 0,50/3/11 €. Für Sofia-Warna (514 km) zahlt man im Bus 16 €, Schnellzug (9 Std) 12 €, *Ex* (7 Std) 15 €, *hin/rück* plus 50%. Mit ISIC winken 30% Rabatt, mit Jugendkarte (10 €) ein Jahr lang 50%. Damit sich **Interrail BG** (drei/vier/sechs/acht Tage

49/69/99/119 €, <26 Jahren 32/45/64/77 €) gegenüber dem Jugendrabatt rentiert, müssten Jugendliche tgl. 600 km fahren. Bulgarien spielt auch beim günstigen **Balkan Flexipass** mit (siehe Griechenland).

Aufwachen! Bulgariens Nachtzüge (stets auch Sitzabteile) sind sehr attraktiv. Saubere Schlaf- und Liegewagen werden nach Warna und im Transit eingesetzt. Zugezahlt wird im Liegewagen 5 €, im Schlafwagen zweiter Klasse/Einzelabteil 9/12 €, etwas mehr als in Norwegen die Kissenbezugmiete. Vorbuchen!

Interrailer müssen nie reservieren, stets ist ein Sitzplatz frei. Platzkarten für *Ex* (max. 1 €, ohne Interrail Pflicht) und Busse holt man am Tag vor der Abfahrt.

🚲 **Bikes** werden nur in Ferienzentren vermietet. Die Straßen sind oft holprig, abseits der Hauptrouten aber kaum befahren. Wer sein Rad bringt, kann es in jedem Fernbus und Zug mit Gepäckabteil (außer *Ex*) für 2 €befördern. Ersatzteile einpacken.

Schlafen

Bulgarische Gastfreundlichkeit überwältigt jeden. Oft werden Besucher zu allem möglichen eingeladen, auch zum Übernachten im Hause des Gastgebers.

Am Rande jeder Stadt stehen spartanische **Zeltplätze** ab 5 €, oft mit Hütten ab 10 € Wild campen ist so beliebt wie verboten, Ratzen im Bhf dagegen üblich. Private **Hostels** (Bett ab 10 €) treten seit 1998 auf, auch mehrere JHs sind in dieses Lager gewechselt, stets findet man Küchen, oft auch Mahlzeiten und Kaffee für wenige Cents. Schade an **Privatzimmern** (10-15 €) ist nur, dass es mit Fremdsprachen oft hapert. Pech für Alleinreisende: Im **Hotel** wird pro Zimmer (ab 20 €) abgerechnet.

SOFIA

✆ 02. 405 km ö von Belgrad. 1,22 Millionen Ew. 569m üNN. sofia.bg/en.

Das sieht angestaubt aus? Immerhin kann Sofia als eine der wenigen Metropolen nachweisen, schon vor 3000 Jahren besiedelt gewesen zu sein. Es bleibt eine Offenbarung für Leute, die das Nebeneinander von Ungleichzeitigem mögen: sozialistische Plattenbauten, prenzlberghafte Innenstadt, herber Verfall neben Hyper-Glasfassaden, Monumental-Ministerien und kuschlige Gartenrestaurants.

Vermutlich ist Sofia Europas ruhigste und grünste Millionenstadt. Orientierungspunkt ist der Hauptplatz **ploschtad Sweta Nedelia** im Fadenkreuz mehrerer Boulevards, u.a. Maria Luiza zum Bhf (1800m. Tram 1/2/7) und Witoscha (Fußgängerzone, viele Trams) zum Skater/Jugendtreff am ploschtad Bulgaria.

National Info Center: Sweta Sofia 1 (20m sw. T. 987 9778. Mo-Fr 9-18h).

Schließfächer: im Bhf-UG (5-24h).

💻 **Internet:** zig Cybercafés im Zentrum; in der Hauptpost (General Gurko 6, Ecke Diakon Ignati. 300m sö. 7-20.30h); und in allen Hostels.

🚌 **ÖPNV.** Die 21 Tram- und 220 Buslinien verkehren 5-24h, elf Trolleylinien bis 1h. *Bileti* (0,35 €) und *abonamentna* (1,50 €/Tag) gibt es an dürftig markierten Kiosken oder beim Fahrer. Kontrolliert wird oft, schwarzfahren kostet 4 € Private Minibusse *(marshrutki)* laufen dem ÖPNV den Rang ab, die U-Bahn bringt Reisenden wenig. Zuverlässige **Taxen** tragen die Aufschrift „91280" oder „OK Taxi", hier zahlt man schlappe 0,50 €pro km.

Schlafen. **Camping Wrania** (9 km sö. T. 973 6213) stinkt nach Lage und Zustand ab. Zelten 4 €, Bungalow-Dz 25 €. Bus 213 ab Bhf bis Tsarigradsko, dann Bus 5/6.

Mittlerweile nennen sich 15 Absteigen **"Hostel".** Nur die Guten (siehe unten) bewahren Gepäck auf, haben Küche, heiße Duschen, freies Internet, Waschmaschinen (3 €/Ladung) und bleiben rund um die Uhr offen. Im Sommer neigen manche zum Überbuchen.

Die beste Lage & Atmosphäre hat das warmherzige **Art Hostel** (Angel Kantschew 21a. 600m s. T. 987 0545. art-hostel.com). 10/4er-Dm 11/14 €, Ez/Dz 26/36 €. Harte Matratzen, junge Kunst, schönes Hinterhof-Gärtchen, laute Kellerbar, prima Billigresto hintendran. Tram 1/7 vom Bhf bis Witoscha (5. Halt). Freak-Tipp!

Mehr Komfort bietet das hochgelobte **Hostel Mostel** (blvd Makedonia 2a. 500m sw. T. 0889/223 296. hostelmostel.com). 6-9er-Dm mit All-you-can-eat-F 10-12 €, Matratzenlager 8 €. Außer dem Namen ist alles sonnig, sauber, sicher. Leute hilfsbereit, Küche modern, Ausflüge preiswert. Tram 6/9/12 vom Bhf bis ploschtad Makedonia (4. Halt). Profi-Tipp!

Red Star (Angel Kantschew 6-3°. T. 0889/138 298. geocities.com/redstarhostel) verteilt Buchungen gern auf befreundete Hostels, da schnell voll: 16 Betten (keine Etagen), geräumige 4-7er-Dm mit F und Balkon 9-11 €, sonnige Ez/Dz/3z mit TV 27/29-36/36-42 €. Gute Matratzen, genug Badezimmer, Fahrräder.

Eher einem einfachen B&B im Hochhaus gleicht das **Sofia Hostel** (Positano 16. 600m sw. T. 989 8582. hostelworld.com). 16 Betten in zwei Dm, mit F 9-11 €, nur eine Dusche. Sauberer Familienbetrieb mit Kräutertee, Handlesen, Filmnächten und Blick auf die Berge. Tram 1/7 vom Bhf bis Sheraton (vierter Halt).

Privatzimmer ab 16 €/P vermitteln Agenturen im Bhf Tsentralna (6-22h) und Radost Tour (blvd Witoscha 37. 400m sw. T. 988 2631) beim Kino Reks.

Mo nie! Folgender Rundgang lässt sich (ohne Besichtigungszeiten) gut in 3 Std abhaken, allerdings sind die meisten Sehenswürdigkeiten am Mo geschlossen.

Rundgang. Man beginne an der schön bekuppelten, reich ausgemalten **Kathedrale Sweta Nedelia** (1856-63). An dieser Stelle pulsierte schon das Herz von **Serdica** (2. Jh.), das Kaiser Konstantin fast zur Hauptstadt seines Oströmischen Reiches ernannt hätte. *Imagine,* Byzanz läge dann in Bulgarien. Im Hof hinterm Sheraton-Hotel wirkt die **Rotunde Sweti Georgi** (4. Jh.) mit ihren römischen Fresken illuminati-mysteriös.

200m n, am blvd Maria Luisa, jenseits vom angesnobbten **Kaufhaus TsUM** (10-21h), ist Sofias letzte Moschee im Einsatz: **Banja-Bashi** (1576. 0,50 €). Im prächtigen **Mineralbad** (1911) dahinter hatten schon die Römer ihre heiße Freude; nach Abschluss der Restaurierung wird dies wohl eine Top-Attraktion. Auf der anderen Boulevardseite machen die **Halite-Markthallen** (1909) auch Railer satt.

Den immensen **Ploschtad Battenberg,** lieblos als Auto-Parkmeile genutzt, krönt der **Zarenpalast** (1873), in dem man sich in Seelenruhe umschauen kann, weil er die vielseitige **Nationalgalerie (Di-So 10-18h. 3 € - schöne Eintrittskarte) und das mäßige **Ethnographische Museum** (Di-So 10-17h. 1,50 €) beherbergt.

Den meisten Staub wirbelt 100m w vom Palast das ****Archäologische Museum** (Di-So 10-18h. 5 €) auf; in der einstigen Großen Moschee (1496) wird den Thrakern viel Prominenz eingeräumt. Nach viel Frust mit seiner slawischen & osmanischen Vergangenheit baut Bulgarien gern dieses mysteriöse Volk, das den Balkan bis zur Ankunft der Römer 7000 Jahre

lang beherrschte, in sein Nationalerbe und -gefühl ein. Viel Gold & Bronze, viele Ikonen, alles engl. erklärt.
Die wuchtige ****Alexandr Newski-Kathedrale** (1892-1912. 7-19h. frei) am Newskiplatz (500m ö) ist wohl das reizvollste orthodoxe Bauwerk auf dem Balkan, ihre Krypta (Di-Sa 10-17h. 2 €) hängt voller 1a-Ikonen. In ihrem Schatten ruht die Namenspatronin der Stadt: die ziegelrote **Basilika Sweta Sofia** (6. Jh. 7-19h. frei). Die Osmanen machten sie zur Moschee, bis beim Beben 1858 das herabstürzende Minarett die Söhne des Imams erschlug; daraufhin gab man den Moscheeplan auf.
Witoscha. Zwei Top-Sights (beide 9.30-17.30h. je 5 €) liegen 10 km s des Zentrums, am Fuße der 2290m hohen Witoschaberge. Die ****Kirche von Bojana** (Bojansko esero. zählt wegen ihrer Fresken von 1259 zum Welterbe. Das ****Nationale Geschichtsmuseum** (Witoshko Lale/Ringstraße) unternimmt Klimmzüge vom Thrakergold zum Millenium, und da in der Residenz von Ex-Diktator Schiwkow untergebracht, lernt man auch viel über Sofias sozialistische Zeiten. Die Anreise ist diffizil (Bus 64/107 bzw. 63/111, Minibus 21), Hostels helfen aber gern weiter.
✈**Hin & weg.** Vom Bhf Tsentralna (in Std) nach **Warna** ZR*IC* 7h (7), R*P* 9.55h, 10.40h, 13.25h, 21.10h, 23.13h (8-9). **Belgrad** & **Budapest** 11.55h, 21.20h (9/18). **Bukarest** 7.45h, 19.30h (10). **Thessaloniki** 7h, 17h, 22.40h (6-7). **Istanbul** 19.10h (13). Beide Busbhfe liegen sö vorm Bhf.

Ausflug: ***RILA-KLOSTER

120 km s von Sofia, 16 km ö vom Dorf Rila. Vor 1100 Jahren gegründet, ähnelt das berühmte Kloster einem (un)orthodoxen **Comic im Freien.** Die Anlage mit 1200 Fresken ist frei zugänglich (6-22h), in der Hauptkirche finden tgl. Gottesdienste statt, das Museum (8.30-16.30h. 3 €) erklärt sich (landesunüblich) auch in Englisch, die Berge hinter Rila sind wie geschaffen für Wanderungen.
Wegen komplizierter Anreise von Sofia (Zug bis Dupnitsa/2 Std, dort Minibusse zum Kloster/1 Std) bucht man Rila besser als **Tagestour** über ein Hostel (15-20 €).

WARNA

☎ 052. 543 km nö von Sofia. 357.000 Ew.
Wenn Dick & Dünn im Juli/Aug ans Meer drängen, platzt Warna aus allen Nähten. Als „Stadt am Wasser" *Odessos* vor 2600 Jahren von den Griechen gegründet, hat es ihnen wie den Römern kolossale Andenken bewahrt. Zur entspannten Atmosphäre trägt auch ein fettes Sommerfestival (Mai-Okt!) bei.
Tourist Info: im Kiosk neben dem Hauptplatz Nezawisimost (Musala 3. T. 654 518. Mo-Fr 9-19h). **Gepäcklager** im Bhf.
Bankomaten & Wechselstuben stehen an jeder zweiten Ecke, **Cybercafés** auch schon fast, z.B. Internet Doom (ul 27 Iuli 13. 1 €/Std).
Waschsalon: beim Rathaus (Opalchenska 23. 3 €/Ladung. 8-20h).
Schlafen. Die ersten drei **Hostels** liegen 10 bzw. 5 min n vom Bhf, und kaum 15 min w vom Hauptstrand.
Charmant hält **YoHo** (Ruse 23-2°. T. 0887/601 661. yohohostel.com) die Balance zwischen gemütlicher Enge, Chaos, Professionalität & nettem Personal. 25 Betten, 4er-Dm mit F 10-12 €, Dz 24-28 € Küche, TV-Ecke, Internet frei, Bikes, viele Aktivitäten, als einziges

Hostel ganzjährig. Gute Lage hinter Flohmarkt, Opernhaus und Nezawisimost-Platz.
Wer´s zentral braucht, an der Fußgängerzone Knjas Boris I: **Flag Varna** (Sheinowo 2-1°. T. 0897/408 115. varnahostel.com) steht von Mai-Sep offen. Dm mit F 9-12 €. Küche, gute Duschen, viel Action, inkl. Bungee, Go-karting, Karaoke.
Ein Witz ist das **Varna Hostel** (Dunav 16-3°. T. 977 645. hostelworld.com) in Bhfsnähe. Im einsturzbereit wirkenden Haus wurden je zwei Etagenbetten (11-13 €) in so winzige Zimmer gezwängt, das keine zwei Leute drin stehen können. Küche & Personal okay, Klo mit Aussicht.
Gut, aber weit weg: **Gregorys** im Vorort Swesdiza (Fenix 82. 6 km sw. T. 379 909. hostel-varna.com) überzeugt bei Ausstattung & Atmo, wenn man nix gegen Brits und ihr Trinkverhalten hat. 16 Betten, Dm mit F 11 €, Dz 28 €. Zelten 6 €/P. Gute Touren, Strand-Shuttle, Gepäcklager, Okt-Apr dicht. Vom Bhf Warna freie Abholung (7-22h), Bus 36 (stdl. 6-21h. 0,40 €) oder Taxi (3-4 €).
Benitour (blvd Maria Luiza 7. T. 637 540. benitour-eng.borsabg.com) vermittelt 2-6er-Apartments für 10-20 €/P und Villen außerhalb des Zentrums ab 50 €.
Viele der Campingplätze am hübschen **Cap Galata** (5 km s. Bus 17 ab blvd Botew) haben auch Hütten für 18-30 €. Dagegen bietet die **Goldküste** zwischen Sweti Konstantin und Zlatni Pjasatsi (8 bzw. 18 km n) alles, was man von einem in 50 Jahren gewachsenen Tourismusziel erwarten darf – nix für Klaustrophobe, zugebaut wie Cote d´Azur, bloß ohne Charme!
Rundgang. Wer genug vom Strand hat, findet andere braungebrannte Gesellen in den ****Römischen Thermen** (Khan Krum. Di-So 10-17h. 2 €). Mehr römische Ruinen & Marmorpracht gibt´s auf dem Balkan kaum noch.
Alte Gemälde, moderne Kunst, Funde aus einer Totenstadt und 6500 Jahre alter Goldschmuck bringen das **Archäologische Museum** (blvd Maria Luiza 41. Di-So 10-17h. 4 €) zum Überquellen: über 100.000 Objekte in 39 Räumen.
Halb Warna trifft sich sommers im 8 km (!) langen **Primorskipark,** auch wg. Aqua-, Terra- & trickreichem Delphinarium. Während des Festivals wird auf Primorskis Freibühne geopert, gejazzt, volksgetanzt. Wer die Sonne nicht scheut, findet am sauberen **Stadtstrand** nix auszusetzen. Auch hier winkt Nachtleben satt.
Hin & weg. Vom Bhf (600m s der Altstadt) (in Std) nach **Sofia** ZR*IC* 8h (7), R*Ps* 9h, 11h, 12.40h, 22.30h, 23h (8-9). **Bukarest** mit u/in Ruse R*Ds* 8.50h, 17.30h (9/12).

DÄNEMARK

✆ 0045. 43.094 qkm. 5,5 Millionen Ew. BIP 28.666 €/Ew. visitdenmark.com.
Dänen lügen nicht, wenn sie von ihrem verinselten Land schwärmen. Wer es flott durchquert, um Schweden oder Norwegen zu erreichen, tut ihnen unrecht. Zwischen ihren kleinen Naturwundern sind dänische Jungs und Mädels besonders herzlich, eine Art Südländer des Nordens. Danish dynamite eben.

Serviceteil

VisitDenmark: Glockengießerwall 2, 20095 Hamburg, T. 01805 326463.
Botschaften in Kopenhagen: D: Stockholmsgade 57, T. 3545 9900. A: Sölundsvej 1, T. 3929 4141. CH: Amaliegade 14, T. 3314 1796.
100 Kronen DKr = 13,50 € (Kurs fixiert). Banken öffnen Mo-Fr 9-16h, Wechselstuben teils bis 22h. EC- und Kreditkarte sind voll dänemarktauglich.
✆ Polizei & Notruf 112.

Bahn, Boot & Bike

Auslandszüge nach Kopenhagen (in Std) von **Malmö** alle 20 min (½). **Stockholm** ZR*X2000* stdl. 5.21-18.21h (5), teils u/in Malmö. **Göteborg** Zfrei stdl. 5.42-18.42h (4). **Hamburg** ZR*ICE* 7.25, 9.28h, 13.27h, 17.28h (5).

Zuschläge für Interrailer: *ICE* nach Hamburg 4 €, *X2000* nach Stockholm 7 €

Danske Statsbaner. Mit 2344 km ist alles gut erschlossen. In DSB-Regie fahren auch Kopenhagens S-Bahnen und viele Fähren, z.B. Rödby-Puttgarden und Helsingør-Helsingborg. Zwischen Städten regiert bis 23h der Stundentakt, meist per *IC* mit Minibar. Reservieren ist nur in *IC* und *InterCityLyn* möglich. Den **Bahntarifen** liegt ein Zonensystem zugrunde. 2003 übernahm *Arriva* elf DSB-Strecken, ohne Folgen für Interrailer. **Interrail DK** (drei/vier/sechs/acht Tage 69/89/119/139 €, <26 Jahren 45/58/77/90 €) ist neben *CPH-Cards* der einzige Bahnpass im Land.
Bahninfo: T. 7013 1415. dsb.dk.

Fähren. Selbst auf Jütland ist kein Ort über 55 km vom Meer entfernt. Weil jede Binnenfähre zum Verkehrsverbund gehört, ist sie mit Interrail ***frei.***

Bikes. Dänemark ist ein Spitzenland für Radtouren: topographisch verträglich, spaßorientiert und nie langweilig. Tourentipps hat jedes Verkehrsamt, das Heft *Cykel medlagning* fast jeder Bhf. Vermietet wird im Bhf Kopenhagen, in einigen JHs und Radläden ab 8 €/Tag. In fast allen Zügen ist die Mitnahme möglich (in *IC* und *Lyn* im Sommer Platzkarte nötig), in Privatbahnen nur jenseits der *rush-hour*. Im Fernverkehr und auf Fähren zahlt man 2-8 €, ins Ausland 11 €

Schlafen

Zeltplätze (6-10 €/P, teils plus 3 €/Zelt) sind prima ausgestattet, mit Kühlschrank und Leih-Gaskocher, viele vermieten auch einfache 2-6er-Hütten (30-60 €).

Die 107 **Jugendherbergen** (danhostel.dk) sind bis Sep gut gefüllt. Ein Bett im 4er-Dorm kostet 12-20 €, das üppige F-Buffet 4-6 €. Wer ohne JH-Karte ankommt, zahlt 3 € extra oder kauft eine Gästekarte (20 €). Überall gibt es Küchen, Töpfe, Decken; Bettzeug ist für 5 € zu mieten. Kopenhagen kennt keinen Zapfenstreich, andere JHs schließen von 12-16h und ab 22h. **Sleep-Ins,** in fast jeder Stadt zu finden, haben drei Vorteile: kein Torschluss, kein Ausweis, zwanglose Kontakte.

**KOPENHAGEN

367 km nö von Hamburg. 1,6 Mio Ew. visitcopenhagen.dk.

Auf Anhieb schließt man diese Metropole ins Herz. Belebte Plätze, feine Schlösser, gemütliche Kneipen, überall Fahrräder, hilfsbereite Menschen: schon wegen Kopenhagen (dänisch København) lohnt sich eine Dänemarktour. Und Christiania bleibt ein Mekka der Kiffer. Angaben ab **Hbf** (Hovedbanegård).

Kurz & knackig

Auskunft, Hostelbuchung, freies Internet, Kneipe, Postlager, Radtouren: **Use it** (Rådhusstræde 13. useit.dk) war seit 1972 die Mutter aller Infocenter für junge Reisende. Im Dez 2007 ließ der konservative Stadtrat es schließen. Danke, Frønde!

Tourist Centre: beim Bhf (Vesterbrogade 1. 100m n. T. 7022 2442. 9-20h, So -18h). Seine Hotelvermittlung (Ez/Dz ab 40/70 €) kostet für Anrufer 7 €, für Besucher 14 € Gebühr (!), online (visitcopenhagen.com) ist sie frei.

Waschsalons: beim Bhf (Colbjørnsensgade 18. 200m w) und in vielen Hostels.

Internet: frei in jedem Hostel und bei Use it.

☺**Sparen.** Okay für Vielgucker: Mit der **CPH-Card** (copenhagencard.com. 24/72 Std 30/60 €, <15 Jahren 15/30 €) sind der ÖPNV bis Roskilde und 60 Schauplätze frei, u.a. Museen, Tivoli, Zoo. **Interrail** sichert freie Fahrt in S-Bahn und *ICs,* nicht in Metro oder Bussen.

ÖPNV. Busse bedienen ab Rådhuspladsen (300m n) ein feines Netz von 5-0.30h, die Cheflinien durchgehend. Die prima **S-Bahn** fächert, teils unterirdisch, bis 0.30h in zehn Linien vom Hbf aus. Die beiden Linien der neuen **U-Bahn** nützen v.a. Pendlern und Flugpassagieren. Info: T. 3613 1415, moviatrafik.dk. Das **Zweizonenticket** (2,80 € reicht für Innenstadt) kauft man im Bus beim Fahrer (nur Kleingeld) oder in der S-Bahn an Haltestellen. Wer Abknipsen vergisst, ist mit 90 € dabei. **Klippekort** (zehn Fahrten, zwei Zonen, 18 €), **24-Std-Pass** (alle Zonen, 16 €) und **FlexCard** (eine Woche, zwei/drei Zonen, 27/34 €) gibt es an HT-Bhfen und Kiosken. Kinder zahlen je 50%.

Fahrräder mietet man im Cykelcenter (Reventlowsgade 11. 10m w. copenhagen-bikes.dk) oder Cykelbjørs (Gothersgade 157. bei Schloss Rosenborg. cykelboersen.dk): dreigängig 10 €/Tag, 45 €/Woche.

Frei. Im Zentrum kriegt man von Apr-Nov an 110 Ständern für 20 Dkr Pfand bunte **Citybikes** (bycyklen.dk). Die Idee ist so beliebt, auch bei f** Vandalen, dass man oft ein Weilchen sucht. Wer damit jenseits der (auf jedem Bike markierten) Innenstadt erwischt wird, zahlt 135 €Strafe. Abschließen ist auch verboten.

Schlafen & feiern

Hier opfert man lieber ein paar Kronen extra, als jottwedee zu logieren. Use It und Tourist Centre vermitteln gerne. Angegeben sind Busse (N = Nachtbus) ab Rådhuspladsen, viele Linien halten aber auch am Bhf.

Camping. Zum erweiterten Stadtgebiet gehören sieben Plätze. **Absalon** (Korsdalsvej 132. 9 km w. T. 3641 0600. camping-absalon.dk) ist weitläufig & komfortabel. 9 €P, 3-6 €Zelt, 12-qm-Hütten mit Küchenzeile 30-50 €, ganzjährig, Rezeption 8-22h. 600m vom S-Bhf B Bröndbyöster (hier Supermarkt), Bus 123/6A.

Charlottenlund (Strandvejen 144. 12 km n. T. 3962 3688. campingcopenhagen.dk) hat dafür sein Fort am Meer. 13 €P, 3-4 €Zelt. Mai-Sep, Rezeption 12-18h. 20 min vom S-Bhf Charlottenlund, Bus 14/85N fast bis zur Tür.

Hostels. Nur die ersten beiden liegen zentral, ansonsten bemüht man Bus (nachts rar) oder S-Bahn (nachts null). Wer ohne Schlafsack auftaucht, mietet Bettzeug für einmalig 3-5 € Jedes Hostel bietet Küche, Internet, TV-Zimmer, Schließfächer und null Torschluss. Die Hippie-Legende (1971) Sleep-In in Østerbro wurde 2006 von Amts wegen geschlossen.

City Public Hostel (Absalonsgade 8. 600m w. T. 3331 2070. citypublichostel.dk) nimmt seinen Namen ernst: mittendrin, gemeinnützig, kaum Privatsphäre. 199 Betten, Dm mit 66 (!) Betten 18 €, gemischte 12-30er-Dm 21-23 €, Frauen-Dm 23 €, nur Mitte Mai-Ende Aug. Bus 6A/26.

Auch **Sleep-In Fact** (Valdemarsgade 14. T. 3379 6779. sleep-in-fact.dk) liegt im Herzen des multikulturellen Vesterbro. Zwei 40er-Dm in renovierter Fabrik, Bett mit F 14-17 € Terrasse, Sportcenter, Tischfussball frei, Bikes, Rezeption 7-12h und 15-3h, nur Juni-Aug. Bus 6A/26.

Sleep In Heaven (Struenseegade 7. 5 km nw. T. 3535 4648. sleepinheaven.com) schlummert im ruhigen Wohnviertel Nørrebro, n der Ågade. 90 Betten, 3-14er-Dm 18-22 €, F 6 €, Bettzeug 6 € Bar, Cafeteria, Innenhof, ganzjährig. Sonderlob für die Website! Bus 250S vom Bhf bis Kapellvej (zweiter Halt).

Herbergen. Kopenhagens JHs haben das angestaubte Regelwerk, Schließzeiten u.ä. hinter sich gelassen. Jede bietet Internet, überschaubare Schlafsäle (4-6 Betten) und „Familienzimmer" (2-6 Betten). Ohne JH-Karte blecht man 4 €Nacht extra. Dank KeyCard kann jeder jederzeit heimkehren, Weckappelle sind unbekannt.

Seit 2005 in Langebro, ist das **Danhostel City** (Andersens blvd 50. T. 3311 8585. danhostel.dk) Europas größte und am wenigsten zu übersehende JH: 1020 Betten, Dm mit Bad 18-27 €, Ez-4z komplett 72-108 € Modern, zentral, Aussicht.

Amager (Vejlandsallé 200. 4 km sö. T. 3252 2908. copenhagenyouthhostel.dk) schaut hinter seinen Fahnen wie ein Obi-Gartencenter aus und bietet auch fast soviel. 528 Betten, 5er-Dm 20 €, Dz/3z/4z 57/75/75 €, mit Bad 68/105/105 € Feb-Nov. Bus 30/4A, dann 20 min.

Bellahøj (Herbergsvejen 8. 5 km s. T. 3828 9715. youth-hostel.dk) ist ein fein ausgestatteter Billigklotz im Sozialghetto. 250 Betten, Dm 20 €, 3z/4z/5z komplett 72/80/98 € Oft Pfadfinder, März-Dez. Bus 2A/11/82N bis Fuglsang, dann 10 min.

Im schönen **Danhostel Lyngby** (Rådvad 1. 15 km n. T. 4580 3074. lyngbyhostel.dk) herrscht mehr Ruhe, weil das fünfstöckige, denkmalgeschützte Schulhaus (1917) im weitläufigen Park um 23h dicht macht. 94 Betten, 4-8er-Dm 20 €, Dz/3z 54/66 €, F und Bettzeug je

7 €. S-Bahn A/B bis Lyngby, dann Bus 182/183.

Hotels. Mehrere Preis-Tipps liegen rechts vom Hbf, denn Vesterbro ist auch Rotlichtbezirk, aber harmlos. **Saga** (Colbjörnsensgade 18-20. T. 3124 4944. sagahotel.dk) nimmt für akzeptable Ez/Dz mit F und TV 54-74/70-100 €.

Essen. Pizzaläden und Imbisse sind gerecht verteilt, z.B. in der Fußgängerzone Østergade. An der Vesterbrogade w vom Rathausplatz gehen Gaumen billig auf Weltreise: mexika-, jorda-, japa-, afrikanisch. Nyhavn und die anderen Straßen rund um Kongens Nytorv (1500m nö) werden abends zum Riesentresen.

Feiern. Im weitläufigen, dunkel designten **Vegakomplex** (Enghavevej 40. 1 km sw. vega.dk) in Vesterbro tanzten schon Bowie und Björk, regelmäßig legt Fatboy Slim auf. Laut MTV ist dieser dreiteilige *Natklub* (Halle des Volkes, kleiner Saal für Newcomer-Bands, Club mit Lounge-Bar und trendigem Tanzvolk) „Europas bester Auftrittsort". 21-2h, Do-Sa -5. Bis 1h frei, danach 7 €, bei Konzerten mehr.

Schluck. Brauereitouren ziehen uns nach Valby ins **Carlsberg Centre** (Gamle Carlsbergvej 11. visitcarlsberg.dk. Di-So 10-17h, Do -19.30h. Tour 8 €, inkl. zwei Kostproben: Carlsberg, Tuborg oder Jacobsen. Bus 18/26 bis Valby Langgade.

Anschauen

Slotsholmen. Umgeben von Kanälen, strahlt Schloss **Christiansborg** dänisches Understatement aus. Dabei wurde seit 1167 ständig aufgebaut, zerstört, erweitert, der Mode angepasst und zweimal alles fast abgefackelt. Heute sitzt die Regierung darin, das Parlament debattiert (Führung stdl. 10-16h. frei), die königliche Familie bittet zur Audienz, der Oberste Gerichtshof tagt, und es gibt sogar noch Ruinen aus großen Dänenzeiten (10-16h. 3 €). Gute Schlossführung in engl. (11/13/15h. 5 €).

Altstadt. Gegenüber von Slotsholmen, im **Nationalmuseum** (Stormgade. Di-So 10-17h. 5 €) am Frederiksholmskanal, fesseln Frühgeschichte und Eskimoleben.

Seit 1898 pendelt das **Rådhus** (10-15h. Führung 4 €) zwischen nordischer Gotik und lombardischer Renaissance. Wer auf Gemälde im Inneren verzichtet, blickt zumindest vom 105m-Turm und auf seine Weltuhr aus 15.448 Einzelteilen.

Die ****Ny Carlsberg Glyptotek** (Andersens Blvd. Di-So 10-16h. 4 €, Mi/So und ISIC ***frei***) zeigt altägypt-, griech-, etrusk- und römische Kunst, dazu Impressionisten und eine der weltweit schönsten Gauguin-Kollektionen.

Am noblen Kongens Nytorv finden sich berühmte Cafés, Staatstheater und noch ein Barockschloss: **Charlottenborg** beherbergt die Kunstakademie (10-17h. 3 €).

Tivoli. Als Walt Disney noch gar nicht geboren war, tobte hier schon Europas erster (1843) und berühmtester Vergnügungspark (tivoli.dk. 11-24h, Fr/Sa -0.30h. 12 €, Kombi für alle Fahrgeschäfte 27 €). Das 8-ha-Karree zwischen Bhf und Rathausplatz steckt voller Gärten, Spiele, Kultur (Theater, Oper, Rock), Fressstände, uralter Karussells und neuester Hightech-Adrenalinbomben. Dazu *ah!t* und *oh!t* man Mi/Sa 23.30h zum Feuerwerk. Konzerte jeden Fr 22h ***frei,*** oft mit richtig guten Bands. Irgendwie macht der Tivoli fast allen Spaß.

N der Altstadt. Im schmucken Schloss **Rosenborg** (Øster Voldgade. 10-16h. 8 €) öffnet das Königshaus seine Schatullen, heraus kommt ansehnliches Geziesel und goldiges Geschmeide. Die Botanischen Gärten gegenüber muss man nicht gesehen haben, den Markt am **Israelsplads** schon eher: Obst/Gemüse tgl., Flöhe Sa 7-14h.

Das **Statens Kunstmuseum** (Sølvgade 48. Di-So 10-17h, Mi -20h. ***frei)*** zeigt erstklassige Gemälde und Skulpturen; viele dänische Meister des 19. Jhs.

Grün. Auch Schlossverächtern wird was geboten. Im **Botanischen Garten** (Gothersgade 128. 8.30h-18h, Tropenhäuser 10-15h. ***frei)*** am S-Bhf Nørreport verlaufen sich Frischverliebte zwischen Sümpfen, Dünen und Heidebiotopen. Singles verlustieren sich im einzigen Alpengarten n von Garmisch.

Im Langboot mit zig Touristen K´hagens **Kanäle** durchpflügen ist *cheesy*, bei Sonnen- oder abends Kerzen-Schein dennoch schön. Abfahrt: Nyhavn 2 bzw. Gamlestrand 26 (stdl. 9-21h. 8 €). Amateurhafter und herziger ist die einstündige Hafen/Kanalrunde mit den blauen **Netto Bådene** (Apr-Okt halbstdl. 10-17h. 5 €) ab Holmenskirche und Nyhavn.

Und das Kifferviertel **Christiania?** Wurde 1971 zum Freistaat ausgerufen, war schon oft nur einen Lungenzug von der Räumung entfernt, wird heute als Muster alternativen Lebens Tourgruppen gezeigt: 15h ab Badmans Trade 43. Keine Fotos!

Minus. Zur verloren wirkenden Statue der **Kleinen Meerjungfrau** (3 km nö) ist der Weg so lang wie dort dann das Gesicht ihres Bewunderers: läppisch. **Believe-it-or-Not** (Rådhuspladsen. 10 €) müht sich um Unglaubliches (?) wie den größten Mann. Ähnlich banal wirken das Sexmuseum (Kobmagerstrøget) und beim Tivoli die **Holographic World** (7 €) und **Mme Tussauds Kabinett** (Andersens blvd 22. 10 €). Wer aufs Budget achtet, schenkt sich auch den **Zoo** in Frederiksberg (9 €).

Frei. Diese Stadt ist teuer genug. Gönnen wir uns also drei feine Freiheiten.

Zulu Sommerbio (zulu.tv2.dk/sommerbio) zeigt im Juli/Aug fast allabendlich an diversen Plätzen Open-Air-Filme: viel Programmkino, aber auch Rocky Horror.

Im **Fälledparken** steigt an jedem Juliabend der *Summerdance in the Park*. Tagsüber trifft man sich zum Kicken, Frisben, Skateboarden. Oft freie Konzerte.

Der **Amager-Strand** (4 km sö) zählt zu Europas hässlichsten – was von seinen Besucherinnen niemand behauptet. Der 5 km lange künstliche Sandstreifen mit Lagune ist Kopenhagens einziges Beach, also gibt es reichlich B-volley, B-soccer und B-watching. Bus 12 ab Rathaus.

Hin & weg

Vom Hbf nach Humlebaek (wg. Louisiana), Helsingør, Roskilde und **Malmö** alle 20-30 min, nachts stdl. (40/55/22/35 min). **Århus** stdl. 5-22h, Hobro -20h, **Frederikshavn** -19h (3/4/6 Std). **Stockholm** R*X2s* stdl. 5.23-18.23h (5), teils u/in Malmö. **Göteborg** Rfrei stdl. 5.23-18.23h (4). **Hamburg** Z*ICEs* 7.26h, 11.26h, 15.26h, 17.26h (5). Fähren siehe Schweden.

SEELAND

Von Kopenhagen nach Helsingør erschließt die Bahn die dänische Riviera.

LOUISIANA. 34 km n von Kopenhagen liegt eine Perle unter Europas *****Kunstgalerien** (louisiana.dk. Di-Fr 11-22h, Sa/So -18h. 12/11 €, <18 frei). Skulpturen im Park, Gemäldesäle und moderne Kunst sind durch Glasgalerien verbunden. 800m vom Bhf Humlebaek.

HELSINGØR. 44 km n von Kopenhagen war Hamlet zuhause. In den Gassen Sten, Strand und St. Olai (mit fescher Kirke) schnuppert man Mittelalter. Schloss **Kronborg** (10-

17h. Führung 5 €) wurde 1585 im Renaissancestil am Sund erbaut, so groß wie die strategische ist seine dramatische Bedeutung: hierhin verortete Shakespeare seinen schussligen Dänenprinzen. Das Kombiticket gilt auch fürs Marinemuseum (Knochenschnitzerei, Flaschenschiffe). Über den **Øresund** hält Helsingør Tuchfühlung mit dem schwedischen Helsingborg: Fähren alle 20-40 min (20 min), Bhf am Hafen.

ROSKILDE. 31 km w von Kopenhagen wird Geschichte greifbar in dieser alten Bischofsstadt (45.000 Ew. visitroskilde.com). Im edlen **Dom** (800m n vom Bhf. 9-17h. 4 €) ruhen alle dänischen Könige, viele der 38 Gräber wirken wie Kleinkunst aus Stein. Im ****Vikingeskibsmuseet** (Vindeboder 12. 10-17h. 14/11 €, <17 frei) lagern fünf Wikingerschiffe, die um 990 vor Roskilde sanken. Auch die Altstadt strahlt Erhabenheit aus. Das ändert sich Ende Juni, wenn zum dreitägigen **Roskilde-Festival** 100.000 bunte Menschen aus aller Damen Länder einfallen. Züge nach Kopenhagen halbstdl. 5-1h (22 min).

**ÅRHUS

340 km w von Kopenhagen. 280.000 Ew. visitaarhus.com.

Fast so toll wie Kopenhagen. Der Dänen zweitgrößte Stadt beherbergt in ihren alten Mauern eine bedeutende Uni, viele Radler und auffällig vorbildliche Radwege. Angaben ab **Bhf** (1200m sw vom Zentrum).

Turistbureau: Banegårdspladsen 20 (20m n. T. 8731 5010. Mo-Fr 9-18h, Sa -13h).

> ☺**Sparen.** Den **Århus-Pass** (16/20 € für ein/zwei Tage) verkauft jedes Logis & Verkehrsamt. Damit sind Stadtbusse (Tageskarte 8 €) und Regionalzüge, elf Museen, **Zen-Garten,** Eishalle, alle Schwimmbäder und der Aufstieg im Rathausturm frei.

Schlafen. **Camping Blommehaven** (Ørneredevej 35. Højbjerg. 4 km s. T. 8627 0207. blommehaven.dk) oberhalb der Bucht ist ein Waldidyll im Fadenkreuz vieler Radwege. 9 €/P, 25 Hütten, Terrassen, eigener Strand, Apr-Okt. Bus 6/19 ab Bhf.

Das **Danhostel** (Marienlund 10. Risskov. 5 km nö. T. 8616 7298. danhostel.dk) im Ex-Tanzsaal umgibt sich mit Strand, Wald, Lagerfeuer und lieben Leuten. 156 Betten, Dm 16 €, Ez/Dz/3z 60 €, mit Bad 66 €. Bus 6/9 bis Marienbord.

Das **City Sleep-In** (Havnegade 20. 1100m nö. T. 8619 2055. citysleep-in.dk) im Ex-Matrosenheim beim Hafen wirkt etwas schlampig. 12er-Dm 19 €, Dz 54-61 €, F 9 €, Bettzeug 7 €. Küche, Billard, TV-Raum.

Feiern. Im **Huset/VoxHall** (Vesterallé 15. 900m nw. 20-2h) kommt jeder Musikstil live vor, plus Theatercafé mit Schummerlicht. Zum zehntägigen **Århus Festival** mischen sich Jazz, Sport, Theater und Straßenkunst; wer Anfang Sep nach DK reist, fange hier an!

Den Gamle By. Für den Idealfall eines Freilichtmuseums (Viborgvej 2. 1500m nw. 9-18h, Sep-Juni 10-17h. 12/6 €) wurden 75 Häuser aus allen Landesteilen Bålken für Bålken hergetrågen. Freiwillige „leben" darin das Mittelalter vor, abends streift man frei durch die alten Gassen. Bus 3/14/25 ab Dom.

Altstadt. Im **Dom** (Bispetorvet. 9.30-16h. frei) prangen etliche Kostbarkeiten, samt romanischer Kapelle. Im **ARoS Museet** (Arosallé 2. Di-So 10-17h, Mi -22h. 12/10 €) finden moderne Installationen reichlich Platz, auch der Blick von der Dachterrasse ist zu loben. Den Universitetsparken schmückt u.a. das **Naturhistorisk Museet** (Wilhelm-Meyers-Allé 210. 2400m n. Bus 1/3/11. 10-16h. 7/5 €).

Jütlands beste Sammlung zur Frühgeschichte liegt im weitläufigen Landsitz ****Moesgard**

(Hojbjerg. 10 km s. Bus 6 halbstdl. ab Bhf. 10-17h. 8/7 €), inkl. Grauballe, dem Ötzi des Nordens.

→**Hin & weg.** Vom Bhf (in Std) stdl. nach **Kopenhagen** bis 23h (3), Hobro und **Frederikshavn** bis 22h (1/3). Hamburg ^Z*ICEs* 7.53h, 14.11h (5).

HOBRO

90 km n von Århus. 14.000 Ew. visithobro.dk.

Hartnäckig mischt sich Hobro seit anno 980 in die Diskussion, wo wohl Dänemarks schönste Stadt steht. Eingebettet im langen Mariagerfjord, ist das Tor zum Himmerland für seine Wikingerburg bekannt.

Turistbureau: Store Torv, Adelgade 30 (T. 9657 6613. Mo-Fr 9-18h, Sa 10-13h).

Schlafen. Camping Gattenborg (Skivevej 35. 900m w. T. 9852 3288) genießt die Aussicht auf Stadt & Fjord. 10 €/P plus 3,50 €/Zelt, Mär-Sep.

Und wann liegt schon mal eine **JH** (Amerikavej 24. 2 km vom Bhf. T. 9852 1847. danhostelhobro.dk) fast an der Fußgängerzone? 108 Betten, Dm mit Bad 27 €, Ez/Dz/3z mit Bad 50/61/68 €, F 7 €, Bettzeug 6 €. TV-Lounge, Wäldchen, Grillplatz, ganzjährig prima.

Wickie. Für die Wikinger spielte ****Fyrkat** (3 km sw. Mai-Aug 10-17h, Sep -15h. 8 €, <17 frei) eine Hauptrolle: Winterlager fürs Heer, Drillplatz für Seemänner. Die Burschen verbanden noch Strategie mit Stil, die Lage ist traumhaft (kein Vergleich mit heutigen Kasernen). Alle Stücke im **Hobro-Museum** (Vestergade. Mai-Sep 11-16h. 4 €) stammen aus Fyrkats Nachbarschaft.

Züge stdl. nach Århus 6-1h, Kopenhagen -22h, Frederikshavn -23h (1/3/2 Std).

FREDERIKSHAVN

226 km n von Århus. 27.000 Ew. frederikshavn-tourist.dk.

Wie es sich für eine Drehscheibe des Fährkehrs gehört, gibt es ein Turistburo (Hochsteg ab Fährterminal. T. 9842 3266), ein **Danhostel** (Buhlsvej 6. 2 km n der Fähre. T. 9842 1475. Dm 14 €, Ez/Dz/3z 48 €) und einen **Zeltplatz** (bei JH). Wer nach Norwegen will, decke sich *mit allem* im Supermarkt am Fährterminal ein!

Bangsbo. Im **Landsitz Bangsbo** (3 km sw. 10-17h. 6 €, <18 frei) von 1700 zeigt ein genüsslich eklektisches Museum u.a. ein Wikingerschiff, Galionsfiguren, Pferdewagen und dokumentiert den Widerstand gegen die Nazis. Sein märchenhafter Wildpark taugt prima für Picknicks. Bus 3 ab Rathausplatz.

→**Hin & weg.** Bhf und Busbhf liegen 800m n vom Terminal der Fähren nach Oslo & Larvik. Züge stdl. nach Hobro und Århus 5-23h, Kopenhagen -20h (1/3/6 Std).

FINNLAND

✆ 00358. 338.145 qkm. 5,3 Millionen Ew. BIP 27.865 €/Ew. visitfinland.de.

Wälder, Seen & Moore, soweit das Auge reicht, dazwischen verloren wirkende Örtchen: Finnland legt keinen großen Wert auf Mikrowelle. Architektur und Städtebau achten aufs Wohlbefinden der Leute, ins Staunen gerät man lieber im Angesicht der kleinen und großen Naturwunder.

Der Zahl unserer Leserbriefe nach wird Finnland selten von Interrailern heimgesucht (angesichts der mühevollen Anreise nachvollziehbar), also haben wir das Finnlandkapitel aufs Nötigste eingedampft. Weitere Infos holt man in Helsinki ein.

Serviceteil

Visit Finland: Nymphenburgerstr. 20a, 80335 München, T. 089/5426 4713.

Botschaften in Helsinki: D: Krogiuksentie 2-4, T. 09/458 580. A: Keskuskatu 1a, T. 171 322. CH: Uudenmaankatu 16a, T. 649 422.

€-Land. Banken öffnen 9-16.15h. Fin ist minimal günstiger als Nor oder Swe.

✆ **Ambulanz, Polizei & Feuerwehr 112.**

Fähren, Bahn & Bike

Überland? Hartnäckige Landratten schaffen´s per Zug und Bus über Stockholm, Luleå, Haparanda und Kemi nach Suomi; siehe Gällivare/Schweden.

Fähren. Täglich pendeln *Silja* (tallinksilja.com) und *Viking* (vikingline.de) von Stockholm nach Turku bzw. Helsinki (etwa 11/16 Std). Mit *Viking* kostet die Deckpassage nach Turku 18 € (nachts 38 €), nach Helsinki je nach Tageszeit & Wochentag 36-62 €, im billigsten Bett (Q3-Innenkabine) plus 15-30 €. Rabatte: **Interrail** 50%, ISIC 20%, Ende Aug-Mitte Juni generell 20-40%. Fahrräder sind für 7 € dabei. Auf *Siljas* Rennstrecke Rostock-Helsinki kosten Ruhesessel 98 € (Nebensaison 75 €), mit *Finnlines* (finnlines.com) kommt man kaum unter 200 € von Travemünde nach Helsinki.

Valtionrautatiet Yhtymä Oy. Finnlands Bahnnetz (5660 km) kapituliert am Polarkreis. Etwa die Hälfte ist elektrifiziert, bis auf den Raum Helsinki geht´s eingleisig zu, und zwar auf russischer Breitspur, was für Komfort sorgt. Im gut erschlossenen Süden (Helsinki/Turku/Tampere) regiert der Stundentakt, Anschluss zu Fähren ist gewahrt. Zwei bis fünf *ICs* (120 km/h im Schnitt) befahren tgl. die Hauptstrecken. Schnell, aber seltener ist der *Pendolino S* (max. 200 km/h). Liegewagen gibt es nicht, teure Schlafwagen (2-3 Betten) nur nach Rovaniemi.

Da heftig subventioniert, ist Bahnfahren **recht günstig.** Für 100 km zahlt man 7-9 €, als Junior (6-16) oder Senior (>65) die Hälfte. Je weiter, desto billiger wird´s, z.B. von Helsinki nach Turku 18 €, Rovaniemi 62 € (200/900 km). Während mit **Interrail FIN** (drei/vier/sechs/acht Tage 109/139/189/229 €, <26 Jahren 71/90/123/149 €) Zuschläge

offen bleiben, gilt der ebenfalls flexible **Finnrailpass** (drei/fünf/zehn Tage innerhalb eines Monats 131/175/237 €) in jedem Zug.
Bahninfo: T. 09/707 3519. vr.fi.

Zuschläge für Interrailer: *S/Pendolino* 6-13 €, *IC* 3-7 €. Wer's im Bhf zahlt, hat die Platzkarte (nirgendwo Pflicht) dabei.

Fahrrad. Abartige Distanzen, unberechenbares Wetter, fiese Mücken: Wer noch Bock auf Bike hat, findet endlos Radwege und um die Seenplatte schöne Touren. Vermieter (oft in JHs) kassieren ab 10/50 € pro Tag/Woche. Alle *ICs,* Nachtzüge (vorher buchen), S-Bahnen um Helsinki (nach 9h) und viele Regionalzüge nehmen Räder mit. Der Bahnversand kostet 8 €, die Mitnahme im Schaffnerabteil 4-8 €.

Schlafen & essen

Camping. Die 350 Plätze (camping.fi) liegen wunderbar, zur guten Ausstattung tragen oft Hütten für 2-6 Personen (25-60 €) bei. Gen Norden werden die Plätze rarer. Wildes Zelten ist kein Zuckerschlecken, da viele Gebiete sumpfig & mückig sind.

Hostel. Die 133 Jugendherbergen von SRM (srmnet.org) reichen von Holzhütten am See bis zu Uniheimen. Sie haben immer Dz/4z, oft Küchen, Internet, Kanus, Fahrräder, selten Schlafsäle. Je nach Ausstattung zahlt man 12-30 €, ohne JH-Ausweis 2,50 € mehr. In der Regel stehen JHs von 7-10h und 17-23h allen offen.

Hotel. Hier geht fast nix unter 70 €. Freie Hotelverzeichnisse hat jede Tourist Info.

Essen ist teuer, guter Fisch bleibt Spitzenlokalen vorbehalten. Also stopfen sich junge Finnen an *Grilli* mit Würstchen und Burgern (2-4 €) voll. Restaurants servieren reichhaltige Mittagsmenüs ab 7 €. Bier (na ja) und Beerenliköre (Souvenir) werden zu Fantasiepreisen in Spezialläden verkauft, die natürlich *Alko* heißen: Mindestalter 20. Für Kulinariker ist Finnland ein Kulturschock.

Nachtleben findet nur bis 1h, Fr/Sa manchmal bis 3h statt. Dann steht jede Stadt Kopf, fast jeder Finne hat einen in der Krone. Torkelnde Gestalten, finstere Blicke: so sieht Leben unter der Mitternachtssonne aus.

**HELSINKI

✆ 09. 555.000 Ew. 1117 km von Moskau. visithelsinki.fi.
Was spricht für den Trip in die lebhafte Hauptstadt? Tolle Museen, architektonische Gegensätze, gemütliche Parks, lebhafte Wochenenden. Unter der Woche breitet sich abends Langeweile aus. Angaben ab **Bhf.**

Kurz & knackig

Helsinki-Info: im Zentrum (Pohjois-esplanadi 19. 600m sö. T. 3101 3300. 9-20h, Sa/So -18h), mit *Helsinki this week* (frei).
Finnland-Info: Mek (Etelä-esplanadi 4. 700m sö. T. 010/605 8000. Mo-Sa 9-18h).
Jugend-Info: Kompassi (Malminkatu 28. Kamppi. T. 3108 0080. kompassi.lasipalatsi.fi. Mo-Fr 11-16h).
Internet: unter 15 Cybercafés öffnet die **Mbar** im Lasipalatsi Centre (Mannerheimintie

22. 150m sw. 9-24h, Mi-Sa -2h) am längsten. Verkehrsämter und visithelsinki.fi haben Karten der **WLan-Hotspots** (auch in Bussen & Trams). In jeder finnischen Stadtbücherei ist der Internetzugang frei.

☺**Sparen.** Mit der **Helsinki-Card** (helsinkicard.com. 24/48/72 Std für 33/45/55 €, <16 13/16/19 €) sind alle Verkehrsmittel, 50 Museen und viel Sehenswertes frei, inkl. Zoo, Audio City Tour, Suomenlinna-Fähre und Pihlajasaari-Booten.

ÖPNV. Bis 23h sind viele Busse, S- und U-Bahnen unterwegs. Fahrscheine kosten an Bord 2,50 €, am Automaten oder per Handy 2 €, für Nachtbusse (2-4.30h) 4 €, Tourist Tickets für einen/drei/fünf Tage 7/14/21 €. Umsteigen ist 90 min lang frei, Schwarzfahrer sind mit 80 € dabei. Auskunft bei HKL im Bhf (hel.fi/hkl).
Tram 3T/3B zwischen Kaivopuisto & Eläintarha (alle 10-16 min von 6-1.30h) dreht den schönsten Stadtkringel, auch am Bhf vorbei; für die 1-Std-Runde holt man sich im Verkehrsamt einen eigenen Sightseeingprospekt (auch in dt.).
City Bikes findet man innenstadtweit an 25 Radständern für 2 € Kaution. Mehrgang-Räder für 15-20 €/Tag vermieten alle JHs und Greenbike (Bulevardi 32. T. 5040 4040. 10-19h). Helsinki ist eine prima Radstadt, auch wg. 900 km Radwegen.

Schlafen & feiern

Camping. Alle Plätze liegen weit außerhalb. Billig und ordentlich ist nur **Rastila** (Karavaanikatu 4. 11 km ö. T. 3107 8517. hel.fi/rastila), hier findet jeder sein Ding: Zelten auf Rasen 10 € plus 5 €/P, 2/4er-Hütten (8/12 qm) mit Mikrowelle 45/64-70 €, Blockhütten (33 qm) mit 4+2 Betten, Küche, Bad und Terrasse 124 €, Cottages (58 qm) mit 6+2 Betten, allem Komfort und eigener Sauna 187 €.
Dazu betreibt Rastila das **Sommerhostel Karavaani** mit Küche, Lounge und Sauna: 12er-Dm 19 €, Ez/Dz/3z/4z mit Bettzeug 30/55/75/90 €. Bikes ab 15 €/Tag, Kajaks ab 25 €, Grillplätze, Terrassen-Café. U Vuosaari bis Rastila (18 min).
Herbergen. Jede der genannten JH öffnet ganzjährig, keine hat Sperrstunde. Mit JH-Karte oder ISIC wird´s **2,50 € billiger.** An der Rezeption besorgt man das Verzeichnis aller JHs im Lande, inkl. Lageplan. Weitere Herbergen siehe srmnet.org.
Nach Lage und Atmosphäre überzeugt das **Hostel Erottajanpuisto** (Uudenmaankatu 9. 700m s. T. 642 169. erottajanpuisto.com) zwei Ecken sw vom Hauptplatz. 120 Betten, 6-8er-Dm 25 €, Ez/Dz/3z 50/70/84 €, inkl. Bettzeug, F 6 €. Alle Räume mit Waschbecken und TV, sauber, freundlich, dritte Etage, kein Aufzug. Tipp!
Das spartanische **Stadion Hostel** (Pohjoinen Stadiontie 3b. 1500m n. T. 477 8480. stadionhostel.com) versteckt 162 Betten unter der Tribüne des Olympiastadions. 9-12er-Dm 20 €, Ez/Dz/3z/4z mit Bettzeug 38/47/70/90 €, F-Buffet im Café Stadion 6 €. Die Dorms sind von 12-16h dicht, das Haus schließt aber nur 3-7h. Tram 3B ab Bhf oder 3T/7A ab Mannerheimintie bis Aurora Hospital.
Viele Vorzüge vereint das **Eurohostel** (Linnankatu 9. 1200m ö. T. 622 0470. eurohostel.fi) auf Katajanokka, im Hochhaus 300m ö vom Fährhafen. 255 Betten, Dm 25 €, Ez/Dz/3z ab 41/50/75 €, inkl. Bettzeug und Morgensauna (bis 9.30h). F-Buffet 7 €. Küche, Resto, Waschsalon, W-Lan 5 €/Tag, Gepäcklager. Tram 4 ab Mannerheimintie bis Vyökatu (siebter Halt).
Auch das elegante Studi-Wohnheim **Satakunta** (Lapinrinne 1a. 850m w. T. 6958 5233.

srmnet.org) präsentiert Zipfel vom Reiseglück. 71 Räume mit Kühlschrank, Telefon und teils Balkon, 5-10er-Dm 23 €, Ez/Dz/3z 45/65/84 €, inkl. F-Buffet, Bettzeug und Abendsauna. Küche, Snacks. U Kamppi.

Ausgehen. Tagsüber schnuppert halb Helsinki Seeluft in den Cafés am **Kaivopuisto-Park** (2 km s), hier spaziert es sich schön am Wasser entlang. Abends sieht man sich an der **Pohjois-esplanadi,** zu ihren Spots zählen Happy Days (mit Roulette & Restos bis 1h) und Café Esplanadi (#37, mit Belle Epoque und Mega-Salaten). Eine weitere Partystraße ist die **Eerikinkatu** (500m sw), in deren #11 Aki und Mika Kaurismäki ziemlich schräge Bars betreiben: Corona mit Billard, Moskowa für Breschnew-Nostalgiker und Dubrovnik für schummrige Gigs.

Anschauen

Rundgang. Der **Senatsplatz** (Senaatintori. 500m ö) mit **Weißem Dom** (9-24h), Universität und neoklassizistischer Bibliothek ist als Gesamtkunstwerk dem Baumeister von St. Petersburg zu verdanken. Der Regierungspalast von 1757 war Helsinkis erster Steinbau. Am **Marktplatz** (Kauppatori. Markt 6.30-18h, mit Zeltcafé) stehen Rathaus und **Präsidentenpalais** (Mo-Sa 10-16h), das in Abwesenheit des Chefs zu besichtigen ist. Die **Alte Markthalle** (Eteläranta. Mo-Fr 8-18h, Sa -16h) überrascht Feinschmecker u.a. mit Spezereien aus Lappland.

Kirchen. **Uspenski** (Mi-Fr 9-16h, Sa -14h, So 12-15h. frei) auf Katajanokka ist das prächtigste Exemplum außerhalb Russlands, obwohl nur 15.000 Helsinkisten orthodox glauben; tolles Kirchenfest im Aug. Die **Temppeliaukion** (Lutherinkatu 3. 800m w. 10-20h, Sa/So -18h. frei) wurde in den Felsen gegraben, das Gedrängel ist so überwältigend wie die Dachverkleidung aus einem einzigen Kupferdraht.

Museen. Alle Museen sind mit Helsinki Card oder <18 frei. Das stolze ****Nationalmuseum** (Mannerheimintie 34. 700m nw. Di/Mi 11-20h, Do-So 11-18h. 7/4 €, Di ab 17.30h ***frei)*** präsentiert historische Eckdaten Finnlands. Tram 4/10.

In der Nachbarschaft kontrastieren Alvar Aaltos Meisterwerk **Finlandia Talo** (Mannerheimintie 13. Mo-Fr 8-17h. Führung 6/4 €) mit Konzerten und das reichlich schräge **Stadtmuseum** (Sofiankatu 4. 9-17h) mit Geschichtsfilmen. Das „Straßenmuseum" davor ist rund um die Uhr in Betrieb.

Das **Ateneum** (Kaivokatu 2. 80m sö. Di-So 10-18h, Mi/Do -20h. 8/6 €) versammelt finnische Malkunst der letzten 200 Jahre.

Im **Naturhistorischen Museum** (Pohjoinen Rautatiekatu 13. 300m w. Di-So 10-16h. 5/2,50 €, Do 16-18h ***frei)*** bestaunt man kolossale Dinos und kleinere Skelette.

Musen. Die ganze Stadt ist stolz aufs **Opernhaus** (Helsinginkatu 58. 1200m nw. Führung Mo-Fr 9-16h, 8/5 €), im Verkehrsamt ward es uns als *fabulous* gepriesen. Zum dreiwöchigen **Helsinki Festival** im Aug/Sep gibt sich alles die Ehre, was einen finnischen Namen in Musik, Tanz, Film hat, dazu steigen am So Konzerte im Kaivopuistopark.

Grün. Das **Sibeliusdenkmal** im Sibeliuspark (2 km nw) ist ein stählerner Birkenwald aus Orgelpfeifen mit viel Natur und Wasser drumrum. Bus 24, Tram 3T.

Auf ****Seurasaari** entführt ein gutes Freilichtmuseum (5 km nw. Mai-Sep 11-17h. 5/4 €, <18 frei) zwischen Scheunen, Windmühlen & Kirchen in die Vergangenheit. Boot ab Marktplatz oder Bus 24 ab Erottaja zur Holzbrücke.

Das Inselchen **Pihlajasaari** verschreibt sich dagegen der puren Erholung, mit Cafés und Strand. Tram 3T zockelt zum Amüsierpark **Linnanmäki** (Tivolikuja), der von Mai-Aug seine Pforten erst 22h schließt.

Heureka! Zur „Stadt der Wissenschaften" in Tikkurila (10-19h. 16 €, mit einem/zwei Filmen 20/24 €, ISIC 11/14/16 €) fahren alle 20 min die Lokalzüge K, I, R, H und Z ab Helsinki. Ideal auch als Radlziel. Überall darf man anfassen und mitmachen, fast stdl. laufen „Superfilme" (z.B. Vulkane, Tiefsee, Käferwelt) im ultramodernen Planetarium.

Hin & weg

Vom sehenswerten Bhf Helsinki u.a. nach Rovaniemi *ZICs* 7.30h, 10h, 13h (9½ Std), 19.30h, 22.30h (12 Std).

ROVANIEMI

✆ 016. 36.000 Ew. 900 km n von Helsinki. visitrovaniemi.fi.

Schon die Fahrt hierher hat was: Allmählich nimmt die Vegetation ab, dünne Birken leisten Pionierarbeit. In Lappland drängeln sich zwei Personen pro qkm, in Deutschland 222. Dafür modellierten Gletscher eine Arena der 190.000 Seen, und keiner gleicht dem anderen! Lappland gehört dem Liebhaber weiter Horizonte, seine größte Stadt, im Zweiten Weltkrieg fast völlig zerstört, hat die etwas anderen Sehenswürdigkeiten im Programm und die etwas anderen Mitbürger: Lordi, Sieger beim Eurovision-Contest 2006, stammt aus Rovaniemi.

Wann kommen? Mitternachtssonne 6. Juni-7. Juli, fünftägiges Folklorefest Jutajaiset Ende Juni, Laubfärbung im Sep, schönste Polarlichter im Okt und Feb/März.

Tourist Info: Lordi´s Square, Maakuntakatu 29 (T. 346 270. 9-18h, Sa/So -13h), mit Infos, Wanderungen, Radtouren und Booten auf dem Ounasjoki.

Schlafen. Unter den Zeltplätzen am besten: **Ounaskoski** (Jäämerentie 1. 500m s. T. 345 304) hat viel Platz am Ufer des Kemijoki. Juni-Aug 24 Std offen.

Hostel Rudolf (Koskikatu 41. rudolf.fi) ist einzigartig unter Europas JHs. Bett im Dz/3z mit Bettzeug, Bad und TV 24 €, EZ 40 € Reizvolle Lage, nüchternes Design, weder Küche noch Personal (!) im Haus, Check-in und F (11 €) im Hotel Santa Claus (600m s. Korkalonkatu 29. T. 321 321). Hier bucht man frühzeitig vor, da sonst nur Gästehäuser oder Hotel-Dz ab 60 €drohen.

Anschauen. In Alvar Aaltos *****Arktikum** (Pohjoisranta 4. 9-19h, Sep-Juni -18h. 12/8 €) findet man zwischen Grünflächen, Konzertsaal und Bibliothek die ultimative Lappland-Ausstellung, aufgeteilt in Arctic Centre und Provinzmuseum. Finnenmesser gibt es danach günstig auf dem Lappenmarkt.

Zu **Forstmuseum** (Metsämuseontie 7. 4 km s. Di-So 12-18h) und **Freiluftmuseum** (Pöykkölä. Di-So 12-16h) am Kemijoki fahren Bus 3/6 ab Hallituskatu. Seit Marketing-Fuzzis beschlossen, Rovaniemi zur Heimat des Weihnachtsmannes zu erklären, santaclaust es hier das ganze Jahr über. Als Tourifalle entpuppt sich am Polarkreis in Napapiiri das **Santa Claus Village** (8 km n. Bus 8/11), hier kann man dem Nikolaus eine reinhauen.

✈**Hin & weg.** Vom **Bhf** nach Helsinki *ZICs* 7.15h, 10h, 12.50h (9½ Std), 18h, 21.10h (12 Std). Vom **Busbhf** nach Sodankylä (wg. Wandern im Kekkonen-NP, Filmfest im Juni) acht Busse, *So* vier Busse (2 Std. 22/11 €), nach Tromsö (wg. Nordkap) 11.30h (9 Std. 95 €); Tarife siehe matkahuolto.info.

FRANKREICH

✆ 0033. 547.026 qkm. 62,5 Millionen Ew. BIP 26.313 €/Ew. franceguide.com.
Kein zweites Bahnland in Europa wartet mit so vielfältigen Landschaften auf. Dazu sorgte eine lange, turbulente Geschichte dafür, dass allenthalben Schlösser, Paläste, Museen, Galerien, Türme zu bestaunen sind. Auch aus Railersicht wird *la France* immer attraktiver: flotte Verbindungen, hohe Zugqualität, dichtes Netz, erschwinglicher TGV-Zuschlag.

Schmankerl! Bahn: Nizza – Digne (tgl. viermal), Nizza – Marseille (stdl.), Nîmes – Clermont-Ferrand (tgl. zweimal, 5 Std). **Kultur:** Paris. **Natur:** in der Provence das *Savoir Vivre* üben.

Serviceteil

Maison de la France: Zeppelinallee 37, 60325 Frankfurt, T. 0900/157 0025. Lugeck 1-2, 1010 Wien, T. 0900/250 015. Rennweg 42, 8021 Zürich, T. 044 217 4600.
Botschaften in Paris: D: IIX/13-15 ave Franklin Roosevelt, T. 01 5383 4500. A: VII/6 rue Fabert, T. 01 4063 3063. CH: VII/142 rue de Grenelle, T. 01 4955 6700.
€-Land. Schecks und EC-Karte bereiten überall Freude. Frankreich ist nicht billig, außer beim Grundbedarf Baguette, Käse, Wein (nicht mehr Zigaretten).
✆ Notruf 15, Polizei 17.

Bahn & Bike

Auslandszüge. Frankreich ist **das** Interrail-Transitland, doch *Thalys, Eurostar* und diverse neue Gattungen machen die Sache teuer.

Zuschläge für Interrailer: ^{R}*TGV* national 3-10 €, nach Luxemburg 3 €, Deutschland & Schweiz 5 € (Reservieren Pflicht). ^{R}***Teoz*** Paris-Toulouse und Bordeaux-Nizza 3 € ^{R}***Thalys*** nach Brüssel 26 €, Köln 29 €, Amsterdam 33 € ^{R}***Talgo*** Montpellier-Barcelona 10 € ^{R}***Riviera*** Nizza-Mailand 5 € ^{R}***Artesia*** Paris-Turin und Lyon-Mailand 10 € ^{R}***Eurostar*** nach London ab 75 € ***Corail***-Nachtzüge 6 € Im *TrainHotel/Elipsos* nach Spanien kriegen Passinhaber ein paar Prozente.

Von Paris-Gare du Nord (in Std) nach **London** ^{ZR}*ES* stdl. 7.13-21.13h (2½), oder etwa stdl. über Calais (6-9). **Brüssel** ^{ZR}*Th* stdl. 7-22h (1½). **Köln** ^{ZR}*Th* zweistdl. 7-19h (4).
„Der *Eurostar* lässt sich innerhalb Frankreichs wie ein *TGV* benutzen (Platzkarte 3€). Das ist praktisch für Calais-Frethun – Paris, und so kann man auch mal Eurostar fahren." (Karl Akbari)
Schlag den Zuschlag. Nach **Brüssel** bleibt ^{Z}frei nur die Bummelverbindung über Aulnoye und Charleroi (siehe Belgien per Bahn) oder von Paris-Nord nach Douai ^{Z}*TGV* zehnmal 7.22-20.52h (1¼), u/nach Lille-Flandres etwa stdl. 6.30-19.49h (½), u/nach Gent und Antwerpen stdl. 8-22h (1/1¾).

Von Paris-Gare de l´Est nach **Luxemburg** ^{Z}*TGV* 7.09h, 8.39h, 14.09h, 16.09h, 18.39h (2). **Frankfurt** ^{Z}*ICE* 7h, 13h, 17h, 19h (4). **München** ^{Z}*TGV* 15.24h (6), ^{Z}*CNL* 20.20h (11). **Basel** ^{Z}*TGV* 6.24h, 8.24h, 12.24h, 17.54h (3½).

Von Paris-Gare de Lyon ^{Z}*TGV* nach **Lausanne** 8h, 13h, 16h, 18h (4). **Genf** zweistdl. 7.10-19.10h (3½). **Mailand** 7.42h, 13.50h, 15.24h (7). Von Gare de Bercy teure ^{Z}*TrainHotels* nach **Florenz** 18.52h (12), **Mailand** & **Venedig** 20.33h (9/13).

Schlag den Zuschlag. Auch nach **Spanien** gibt es kaum ^{Z}freie Verbindungen, und es wird von Auflage zu Auflage dünner ...

Von Paris-Gare de Lyon (in Std) nach **Portbou** ^{Z}*TGV* mit u/in Perpignan 8.20h, 11.20h, 13.20h (7). Montpellier nach Portbou 11.55h, 15.09h, 17.10h (3). Portbou nach **Barcelona** etwa stdl. 7-20.36h (2½).

Von Paris-Gare d´Austerlitz nach **Barcelona** ^{Z}frei 10.25h mit u/in Narbonne und Portbou (12½).

Von Paris-Montparnasse nach **Irún** ^{Z}*TGVs* 7.15h, 10.10h, 10.50h, 15.50h (5½). Von Irún nach **San Sebastián** zweistdl. 8.15-22h (¼), **Madrid** ^{Z}*Alaris* 8.25h, 16.20h (6½), **Salamanca** und **Lissabon** ^{ZR}*Est* 22h (7/13).

Société Nat. des Chemins de Fer Français. Europas zweitbeste Bahn, gleich nach der SBB. Die SNCF führt angenehme Züge flott über ein Netz von 24.000 km und reitet oft mit Ideen voraus: Tickets per EC-Karte, Entschädigung bei Verspätung, Cabine 8. Beim Wagenzustand ist alles möglich, von pieknobel bis ziemlich angeranzt, und als gute Französin hält die SNCF auch nix von engen Korsetts. Während die deutsche Bahn schöne Stundentakt aufstellt (und Fahrgäste toben, sobald er nicht eingehalten wird), lässt die SNCF beim Fahrplan Phantasie walten.

Schema. Stark vereinfacht gesagt, gilt ab Großstädten: **Abfahrten Mo-Fr** morgens (6-9h) halb- oder stdl., tagsüber nur gegen 12h und 14h, abends (16-20h) stdl., später erratisch, u.U. ein Nachtzug; **Sa** bis 9h normal, abends dünn, früh Schluss; **So** oft erst ab 9h, tagsüber dünn, abends viel bis 22h.

TGVs schwärmen von Paris in sieben Richtungen aus, einige zischen s oder ö knapp an Paris vorbei, damit entfällt der Bahnhofwechsel. Die erste Baureihe (1981) ist orange, angestaubt, ^{Z}**frei.** Der *Atlantique* (1990) ist blau, leise, schön. Der zweistöckige Duplex (1998) nach Süden bietet Beinfreiheit, weniger Komfort als ICE, aber bis zu 300 km/h. Jeder zweite *TGV* gehört zum **Nivel I,** hier reicht die Platzkarte (3 €). In Nivel II/III kommen Zuschläge ins Spiel, das macht z.B. Paris-Marseille 10/13 €teurer.

Trains Corail (früher *D/E)* erledigen ^{Z}frei den Rest, meist zwischen *TGV*-losen Provinzstädten. Dazu gibt es *ECs* ins Ausland und Luxusfeger mit eigenem Tarifdschungel, wie eurostar.com und thalys.com. Platzkarten sind in fast allen Namenszügen und *TGVs* Pflicht, im *Corail* am Fr und So von/nach Paris ratsam.

Schlag den Zuschlag. Wer´s eilig, aber nicht dicke hat, nehme einen der oft leeren Provinz-Provinz-*TGV,* die Paris umfahren (Nivel I). RERs (mit Interrail frei) brauchen von Paris je 1 Std zu den Bhfen Massy, Charles de Gaulle oder Marne la Vallée Chessy.

Frankreichs ausgezeichnetes Netz an **Nachtzügen** erfreut jeden Kassenwart. Alle führen

Schlaf/Liegewagen und Ruhesessel (2. Klasse), teils auch alte Abteil- und Großraumsitze. Da ZRfrei, sind gerade **Ruhesessel** *(sleeperette)* reizvoll; kein Nachtzug führt mehr als zwei dieser Wagen, also reserviert man. Pro **Liege** im 6er-Abteil zahlt man 14 €inkl. Bettzeug. Im Schlafwagen kosten echte **Betten** im T3/T2-Abteil plus 40/48 € Nachtzüge mit Nachnamen wie *Palombe Bleue* zählen zur Komfortgeneration von 1998: so teuer wie die alten, aber mit Bordkit und Wasserflasche im Liege-, mit Einladung zum Präsidenten im Schlafwagen.
Regionale **Kursbücher,** lokale *horaires* (frei) und *Timetable Eurail* gibt es am Bhf. Ein Gesamtkursbuch wagt die SNCF aber nicht; zu bunt geraten Sonderzeiten, Ausschlusstage, Kurswagen. Immerhin nennt **sncf.com** alle Verbindungen.
Und so geht´s: Fahrschein, Platzkarte & Zuschlag werden **vorm** Einsteigen im orangenen *composteur* am Bahnsteig gestempelt. Wer dies vergisst, wende sich sofort an den Schaffner, der sie dann frei abtackert. Im Zug sind nur Zuschläge nachlösbar, **nicht** Fahrscheine. Wer ohne erwischt wird, zahlt fett drauf. Ausgenommen sind Bahnpässe.
Der Normalpreis setzt sich aus Grundtarif (3 €bei Kurzstrecke, 17 €ab 450 km) und km-Tarif (1-1,60 €) zusammen. Damit keiner durchblickt, gibt es elf Sondertarife **Découverte.** Pro Fahrt ist nur ein Rabatt möglich. Je 25-50% spart man mit **Carte 12-25** (49 €/Jahr) für Jugendliche, **Carte senior** (56 €/Jahr) für Ü60er oder **Carte escapade** (85 €/Jahr) ab 200 km, wenn ein *Sa* zwischen Hin- und Rückfahrt liegt. Wer 30-60 Tage vorher bucht, zahlt 50%. **Interrail** kostet für drei/vier/sechs/acht Tage binnen eines Monats 189/209/269/299 €, <26 Jahren 125/139/175/194 €
SNCF-Auskunft in D: T. 0180/500 9073. in F (dt.): T. 08 9235 3536 (0,34 €/min). Fahrplan & Last-Minute-Tickets: sncf.com. TGV-Angebote: tgv-europe.de.
Tour de France. City- oder Mountainbikes mietet man in 30 Bahnhöfen für 12-18 €/Tag, ab drei Tagen 9-14 € Bei Zahlung mit Kreditkarte entfällt die Kaution. Ins Ausland wird nicht versendet, dafür ist die Mitnahme (Selbstverladung) in Fernzügen mit Radpiktogramm, Regionalzügen und *RER* (außer Mo-Fr 6-9h, 16-19h) frei, in einigen Nachtzügen und *TGVs* möglich (10 €, mit Platzkarte). Siehe Broschüre *Guide Train & Vélo.*

Schlafen & essen

Camping. Bei Zeltplätzen (ffcc.fr) reicht das Angebot von der Blumenwiese am Wildbach in der Auvergne bis zur Planstadt am Atlantik. Die Sternchenzahl verrät genug über Ausstattung und Preislage. Solange es nicht Strand sein muss, kommen zwei Leute plus Zelt mit 12-20 €davon. Liebenswürdige *camping à la ferme* im Outback (nicht immer am Bauernhof) gibt es ab 8 €

Hostel. Die 220 **Jugendherbergen** (fuaj.org), meist mit Küche, öffnen 7-10/17-22h, in Paris länger. Ein Bett kostet 11-18 €, in Paris mit F bis 25 €, ohne JH-Karte plus 3 € Im Sommer wird jeder nach drei Nächten rausgeworfen. Unabhängige **Hostels** führen in Paris längst das Regiment, andernorts folgen sie zaghaft.

Hotel. Unter sechs Kategorien ist natürlich die sternlose am billigsten, wer zu zweit oder gar dritt reist, kommt im einfachen Hotel oft preiswerter unter als im Hostel. Bescheid sagen örtliche *Offices du Tourisme* und private *Syndicats d´Initiatives.* Wo *Accueil de France* dransteht, ist auch Zimmervermittlung drin.

Essen. Ein *petit déjeuner* bietet selten mehr als Croissant, Butter, Marmelade & Kaffee. Das *déjeuner* gibt es mittags bis 14h. Ein *dîner* umfasst viele Gänge bis 22h, dabei wird dem Weine tüchtig zugesprochen. Später imbisst man nur *souper.*

***PARIS

1458 km nö von Madrid. 2,3 (Großraum 11) Mio. Ew. 30m üNN. parisinfo.com.
Diese Stadt hat immer Hochsaison. Wer einmal hier war, freut sich aufs nächste Mal. Oder auch nicht: „Zu laut, zu viele Autos, zu teuer, zu arrogant, zu dreckig." (Tobias Polzin) „Laut, dreckig und von Touristen überströmt. Im Sommer trifft man kaum Franzosen, man muss weit vom Zentrum weg, um noch nette Ecken zu finden. Selten eine Stadt gesehen, in der man so schnell so viel Geld loswird." (Julian Welzel)
Paris bedeckt nur halb so viel Fläche wie Berlin oder London. Dass man sich gut zurechtfindet, ist aber auch dem selbsternannten Kaiser Napoleon III. zu verdanken, der 1860-70 viele Gassendickichte opferte, natürlich mit militärischen Hintergedanken. So entstanden Prachtboulevards, an denen sich der Geldadel niederließ.

Arrondissement. Unter Napoleon III. wurden alle Stadtteile nach Schneckenart im Uhrzeigersinn durchnumeriert. Diese Nummer steht hier vor jeder Adresse.

Kurz & knackig

Offices du Tourisme: Paris-Besuche sollten in einem der sieben OTs beginnen, die Auskunft zu allem & jedem erteilen, Zimmer vermitteln (3 €), ÖPNV- und Museenpässe verkaufen, Ausflüge, Shows und Themenparks buchen. Sammelnummer T. 08 9268 3000 (0,34 €/min). Veranstaltungskalender T. 01 4720 8898.
OT-Büros: **Gare de Lyon** (alle RERs. Mo-Sa 8-18h); **Gare du Nord** (RERs B-D, M4/5 Gare du Nord. 8-18h); am **Eiffelturm** (RER C Champ-de-Mars, M6 Bir-Hakeim. 11-18.40h); am **Louvre** (M1/7 Palais Royal. 10-18h); an der **Oper** (IX/11 rue Scribe. M3/7/8 Opéra. 9-18.30h); beim **blvd Haussmann** (I/25 rue des Pyramides. M7/14 Pyramides. 10-19h); und am **Montmartre** (XVIII/21 place du Tertre. M12 Abbesses. 10-19h).
Internet: zu zig Cybercafés gesellt sich neuerdings die **Milk-Kette** mit sechs riesigen Standorten (Opera, Les Halles/31 bd Sebastopol, Bastille, Pantheon, Montparnasse, St Michel. milklub.com): rund um die Uhr, halbe/eine/zwei Std 3/4/7 €
ÖPNV. RATP (T. 08 3668 7714. ratp.fr) betreibt Busse, Trams und Métros: alles prima und billig dazu. Die Île-de-France ist in sechs Zonen aufgeteilt. Paris selbst, also jede Métro, gehört zu **Zone 1.** Vier Zonen sind nur für Ziele außerhalb nötig, z.B. nach Versailles; Interrailer erledigen das aber per RER.
Busse taugen nur für Kurzstrecken, weil das Liniennetz kompliziert ist; ab 21h fahren sie eingeschränkt bis 1h, dann übernehmen **Noctambusse** ab Hôtel de Ville bis 5.30h stdl. in alle Richtungen (2 €). **Bus 72** dreht tagsüber die feinste Runde.
Métros (14 Linien) halten einen flotten Takt von 5.30-0.30h, in Stoßzeiten alle drei min. Seit 2008 rüstet RATP nach und nach auf Züge einer neuen Generation um, die ein Drittel weniger Strom braucht; zudem werden sie von 100 auf 70 km/h gedrosselt. Die nächste der 320 Haltestellen liegt stets näher als 500m. Pro Bahnsteig hält nur eine, nach ihrer Endstation benannte Linie. Wer im U-Labyrinth drin ist, darf 2 Std lang beliebig umsteigen, bewahrt den Fahrschein aber bis zur Rückkehr in die Oberwelt, sonst drohen fiese Strafen. Interrail gilt nicht in der Métro.
RER. Die S-Bahnen der SNCF decken alle Zonen ab und sind **für Interrailer frei,** außer RER A komplett und B südlich der Gare du Nord. Die nötige *Contremarque de Passage* gibt es am Schalter gegen IR-Vorlage. Und wer mal drin ist im System...

Einheitstickets für Bus, Tram, Métro, RER und Montmartre Funiculaire kosten 1,60 €, als Zehnerheft 12 €. Alle folgenden Pässe werden in großen U-, RER- und Bahnhöfen verkauft. Der Tagespass **Mobilis** (für jedermann) belohnt Aktive, da man ohne Überlegen überall hinkommt: zwei/vier/sechs Zonen 6/10/17 €. **Paris Visite** kostet für ein/zwei/drei/fünf Kalendertage mit drei Zonen 9/15/20/29 € und verschafft so viele Rabatte und Freitickets (z.B. Seineboote), dass man mit deren Abfeiern mehrere Tage verbringt. Am Sa/So der Sieger: **Ticket Jeunes** sichert für 3,30 €/Tag am Wochenende in den Zonen 1-3 freie Fahrt für alle <26. Obwohl nicht übertragbar, fahren viele Besucher mit der Wochen-**Carte Orange** (17 € für Zone 1+2, Mo-So) am besten. Kinder (4-11) zahlen stets 50%.

Taxi. Nachts freut man sich über 500 Taxistände oder bestellt ein Taxi Bleu (T. 01 4936 1010). Der Preis ist heiß: Grundgebühr 2 €, plus 0,60 €/km (von 21-7h und So ganztägig 1 €), plus 0,90 €/Rucksack, plus 0,70 € ab Bhf, plus 10% Trinkgeld.

Bikes. Wer die Konkurrenz mit herrischem Autoverkehr nicht scheut, mietet Räder bei **Roue Libre** (I/95 rue Rambuteau. M7 Les Halles, T. 08 1044 1534. pro Std/Tag 3/12 €, Wochenende/Woche 20/40 €). In OTs gibt es dazu frei die Karte *Paris à Vélo*. – Seit 2007 hat auch Paris sein Modell des Bikesharing, natürlich musste **Velib** (velib.paris.fr) gleich Europas größtes Netz sein: 1500 Mietstationen (auch an fast jedem U-Bhf), über 20.000 Mietbikes, erste 1/2 Std frei, später exponentiell teuer, Kurz-Abo *courte durée* 1/5 € für einen Tag/Woche. **Großartig!**

Schlafen

Fast alle Bahnhöfe, auch Gare de Lyon, sind von 0-4h dicht. Es gibt für diese Zeit keinen Wartebereich, und vor dem Bhf isses nie gemütlich.

Camping. Zwischen Seen und Straßenstrich liegt der einzige Zeltplatz auf Stadtgebiet: **Bois de Boulogne** (XVI/allée du Bord de l'Eau. T. 01 4524 3081. mobilhome-paris.com). Zwei P mit Zelt 18 € (Sep-Juni 16 €), dank freier Platzwahl verliert die Rezeption jede Kontrolle über die Anwesenden; bezahlt wird im voraus... Mietwohnmobile mit 4 Betten 81-106 € (Sep-Juni 67-95 €). Ab M1 Porte Maillot (Ausgang André Maurois) halbstdl. Bus 244 bis 20h, Minibusse bis 1h (2 €).

Hostels. Die Adresse ist von untergeordneter Bedeutung; jedes der über 30 Hostels liegt unweit der nächsten Métro und damit max. 20 min vom Edlen Schönen Guten entfernt. **Keines ist perfekt,** wenn's um Ausstatttung, Lautstärke, Sicherheit, Sauberkeit *und* Freundlichkeit des Personals geht – viel hängt von der Tagesform ab. Überall gilt: keine **Wertsachen** ungesichert rumliegen lassen! **BVJs** und einige andere trennen Jungs/Mädels, auch wenn die sich noch so lieb haben. Nur in **AJs** braucht man eine JH-Karte. Vorbuchen geht in Pariser JHs nicht.

I/Louvre. **BVJ Louvre** (20 rue JJ Rousseau.T. 01 5300 9090. bvjhotel.com) versteckt Etagenbetten zwei Ecken hinter Monas Rücken. 4-10er-Dm mit F 29 €, Dz 62 €. Frisch renoviert, mäßig belüftet, selten leise, aber Top-Gegend auch für Restos & Shopping. M1 Louvre.

IV/Marais. Der Jugendverband **MIJE** (T. 01 4274 2345. mije.com) betreibt drei bezaubernde ***Hostels in vorrevolutionären Adelsvillen: 182, 130 bzw. 106 Betten, hohe Decken, heiße Duschen, Reisen mit Stil! Jeweils 4-8er-Dm mit tüchtigem F 30 €, Ez/Dz/3z 49/72/96 €, plus 2,50 € Mitgliedschaft, nur 18-30 Jahre, Torschluss 1h. Fourcy (6 rue Fourcy) ist am größten, Fauconnier (11 rue du Fauconnier) kommt der Seine am nächsten, Maubuisson (12 rue des Barres) im Ex-Kloster wirkt am feinsten. Alle M1 St Paul.

V/Quartier Latin. Gut zum einquartieren, weil viel Schönes und noch mehr Kneipen vor der Tür liegen. Als Veteran (1987) wird **Young & Happy** (80 rue Mouffetard. T. 01 4535 0953. youngandhappy.fr) seinem Namen meist gerecht. 4-8er-Dm mit F 24-26 €, Dz 56 €. Von 11-16h & ab 2h dicht. M7 Monge. Tipp!

BVJ Quartier Latin (44 rue des Bernardins. T. 01 4329 3480. bvjhotel.com) hat weniger Qualitäten, liegt aber gut und ist ruhiger. 4-6er-Dm 29 €, Ez/Dz 45/66 €. Modern-kühl eingerichtet, TV-Lounge, Rezeption 24 Std. M10 Maubert Mutualité.

IX/Gare du Nord. Wer gerne Leute kennenlernt und nicht früh ins Bett muss, mag **Woodstock** (48 rue Rodier. T. 01 4878 8776. woodstock.fr). Dm mit F 22 € (Okt-Mär 19 €), Dz 50 € (44 €). Küche, gemütliche Bar bis 2h, Tischfußball, Gepäcklager, viele Infos, wenige Duschen, von 11-16h dicht, Torschluss 2h. M2 Anvers. Tipp für Raucher!

XI/Bastille. Die schmale, fünfstöckige **Auberge des Jeunes** (XI/10 rue Trousseau. T. 01 4700 6200. aijparis.com) ist ein Preishammer. 4er-Dm mit F 21 € (Sep-Jun 19 €), Dz 48 € (42 €). Max. 35 Jahre, ein Bad pro Etage, nicht allzu sauber, kleiner Essbereich, von 10-15h dicht, kein Torschluss. M1 Bastille, M8 Ledru Rollin. „Wenn voll, vermittelt die AIJ Gäste an die schlechtesten Hotels der Stadt, inkl. bröckelndem Deckenputz." (Holger Schaffeld) „In der Bar gegenüber kann man prima feiern, mit herzlichen, fremdsprachenfesten Franzosen." (Michael Bär)

XI/Belleville. Die schöne **AJ Jules Ferry** (8 bd Jules Ferry. T. 01 4357 5560. fuaj.org) liegt im lebhaften Viertel 900m nö des Centre Pompidou, mit Blick auf Sacre Coeur. 99 Betten, Dm (teils getrennt) mit F 23 €, ohne JH-Karte plus 3 €. Von 10-14h dicht, nachts offen. 200m von M3/5/8/9/11 République.

XII/Gare de Lyon. **Blue Planet** (5 rue Hector Malot. T. 01 4342 0618. hostelblueplanet.com) ist ein Familienbetrieb, der Wert auf Sicherheit legt. 90 Betten, Dm 25 € inkl. F (Croissant und Getränk aus dem Automaten). Kleine Küche, kleine Terrasse, TV-Wand, Gepäcklager, E-Schlüssel, Videoüberwachung, Rezeption 24 Std. Neben M Gare de Lyon.

XV/Im Südwesten. **Three Ducks,** unter Einheimischen bekannt als Trois Canards (6 place Étienne Pernet. T. 01 4842 0405. 3ducks.fr) erfreut mit flippiger Atmo und Innenhof. 120 Betten mit F, 4-8er-Dm 24-26 € (Okt-Apr 19-21 €), Dz/3z 56/84 € (50/69 €). Küche, Gepäcklager, Bikes, Touren, karge Nachtruhe. M8 Commerce.

XX/Beim Père Lachaise. Die **AJ d'Artagnan** (80 rue Vitruve. T. 01 4032 3456. fuaj.org) ist perfekt ausgestattet. Gemischte Dm mit F 23 €, ohne JH-Karte 26 €. Größte JH im Lande: 435 Betten auf sieben Etagen, Schließfächer, Kino, Bar 20-2h, Zimmer 10-14h dicht, Gebäude immer offen. 5 min von M3 Porte de Bagnolet.

Bei Hotels beweist Paris seinen Ruf als Stadt für Verliebte: Dz sind kaum teurer als Ez. Bei 50-70 € mit Dusche tummeln sich zig sternlose Hotels. Hier folgen Angebote aus Ecken, die auch drumrum viel bieten. Mehr auf eurocheapo.com/paris.

IV/Marais. **Rivoli** (44 rue de Rivoli. T. 01 4272 0841) ist billig, freundlich, heiß begehrt. 29 Zimmer, Ez/Dz 30-42/40-50 €. Keine Kreditkarte, keine Mail, anrufen!

Auch der Familienbetrieb **Herse d'Or** (20 rue St-Antoine. T. 01 4887 8409. parishotelherseor.com) ist denkbar einfach, achtet im Detail aber auf Alt-Pariser Charme. Ez/Dz/3z 55-59/70-89/110-119 €, online billiger. Beide M1 Hôtel de Ville.

V/Quartier Latin. **Médicis** (214 rue St Jacques. T. 01 4354 1466) steht an der Fußgängerzone zwischen Waschsalons, Tibet- und Arab-Restos. Simpelste Ez/Dz/3z ab 22/38/50 € M Luxembourg.
Bessere, hellere Räume, teils mit Aussicht und coolem Mobiliar, hat das **Commerce** (14 rue Montagne Sainte Genevieve. T. 01 4354 8969. commerceparishotel.com) für 39/49-69/69 € M10 Maubert-Mutualité. Tipp!

Anschauen

☺**Sparen.** Den **Paris Museum Pass** (zwei/vier/sechs Tage 32/48/64 €) für über 60 Schauplätze, inkl. Louvre, gibt´s in U-Bhfen, Verkehrsämtern und beteiligten Stätten – ein Segen gegen Warteschlangen. Seit Apr 2009 sind die nationalen **Museen** ***frei*** für EU-Bürger <26 (Ausweis) und für alle <18.
Freier Eintritt für jedermann am ersten *So* im Monat: **Okt-Mär** Arc de Triomphe, Panthéon, Conciergerie, Sainte-Chapelle, Notre-Dame-Turm; **ganzjährig** u.a. ND-Krypta, Louvre und die Museen Centre Pompidou (Art Moderne), Delacroix, Guimet, Hébert, Orangerie, Orsay, Picasso und Rodin.

RECHTES SEINE-UFER. Beginnen wir also auf der Avenue des **Champs Élysées,** dem Laufsteg der Welt, der 2 km langen Prachtmeile voller Fastfood, Duft- und Autohäuser. An ihrem oberen Ende funkelt der weltgrößte Kreuzungsstern zwölfer Alleen: **L´Étoile,** auch VIII/Place Charles de Gaulle (M1/2/6 Étoile).
Mit dem **Arc de Triomphe** darauf lobte Kaiser Napoleon I. sich 1806 selbst, seine Sammlung zur Geschichte des Bogens (Fotos, Marken, Orden, Textilien) ist weniger spannend als das Aussichtsdeck in 49m Höhe (10-22.30h. 8/5 €, <18 frei).
I/Zentrum. Am anderen Ende münden die Elysischen Felder auf die **Place de la Concorde** (M1/8 Concorde). Wo anno 1793 Ludwig XVI., sein Weib Marie Antoinette und weitere 1342 Sünder geköpft wurden, steht seit 1829 der Obelisk von Luxor (13. Jh. *vor* Chr.). Ö davon leitet die Picknickstätte **Jardin des Tuileries** zum Louvre hin, in ihrer ****Orangerie** (Mo/Mi-So 10-17h. 8/5 €, <18 frei) leuchten Monets *Nympheas* und Cezannes Provencehappen.
Im *****Louvre** (M1/7 Palais Royal) am Cours Napoléon lächelt Leonardos *La Gioconda,* auch als meine Lisa bekannt. Für eine der größten Kunstsammlungen plane man einen halben Tag ein, aber nicht Sa/So! Führungen (auch dt., 5-7 €) beginnen unter der Glaspyramide, hier gibt´s auch Audioguides (5 €). Im Nordflügel zeigt das **Musée des Arts Décoratifs** (Mi-So 12-18h. 7/4 €) viel Jugendstil. Auch wer auf Sparkurs reist: Louvre muss sein!

Louvre-Tipps. **Eingänge** Pyramid & Carrousel Mo/Do/Sa/So 9-18h, **Mi/Fr 9-22h,** Passage Richelieu 9-18h, Porte des Lions 9-17.30h. **Eintritt** inkl. Musée Delacroix 9 €, nach 18h 6 €, <18 und EU-Bürger <26 **jederzeit** ***frei.*** Um die Warterei zu umgehen, kauft man Karten vorher online, über T. 08 9268 4694 oder landesweit u.a. bei FNAC. Da sie ganztägig gelten, picknickt man zwischendurch in den Tuilerien.

II/Beaubourg. N vom Louvre, vorbei an Palais Royal & Comédie Française, spaziert man zum präpostmodernen Konsumtempel **Les Halles.** Zwischen Gauklern und Tourgruppen plustert sich hier ein exzentrischer Klotz von Richard Rodgers & Renzo Piano auf: Das

****Centre Pompidou** (M11 Rambuteau) trägt seine Innereien nach draußen, um drin Platz zu schaffen für moderne Kunst aller Facetten, von Picasso bis zu Brancusis Studio, von Präsenz-Bib bis Selbstdarstellerbühne (Mo/Mi-So 11-21h, Do -23h. Kombiticket inkl. Panoramadeck 10-12/8-9 €, <18 und EU-Bürger <26 ***frei).***

IV/Marais. Wer durch Pompidous mausgraues Nachbarviertel nach Osten wandert, landet im feinen Emporkömmling Marais mit futterreicher Fußgängerzone. 300m ö ruht die **Place des Vosges** (M8 Chemin Vert): schönste der Stadt, älteste der Renaissance (1605), chicste für Kunstgalerien. Im sö Eck der 36 symmetrischen Gebäude lebte 1832-48 Victor Hugo, worüber uns ein Museum berichtet (Di-So 10-17h. 4/3 €).

Was bald herüberlärmt, ist der Verkehr um die **Place de la Bastille.** Viel Geschichte, nix zu sehen außer zweitklassiger Opéra. Lieber schlägt man sich von Hugo aber 500m nw zu Pablo durch. Im ****Musée Picasso** (III/5 rue de Thorigny. M1 St Paul. Mo/Mi-So 9.30-18h. 9/7 €, EU<26 ***frei)*** hängt auch, was der Meister sammelte – viel Braque, Cézanne, Matisse usw.

XVIII/Montmartre. Nach der Pleite gegen die Preußen 1871 auf dem Protzhügel im Künstlerviertel errichtet, ist **Sacré Coeur** (M2 Anvers. 6-22.30h. frei) neben dem Eiffelturm *das* Wahrzeichen von Paris. Zur Aussicht vom Dom gelangt man via Krypta (10-17.45h. 5 €), die als ewiger Jagdgrund für die Pariser Bischöfe dient. Wenn die Tourgruppen abends abziehen, erobern Backpacker die Szene; den *vin rouge* für die allabendliche Party auf der Schier-Endlos-Treppe nicht vergessen!

Auf der café-seligen **Place du Tertre** 150m w der Treppe treffen sich spezielle Zeitgenossen, in den Gassen drumrum steckt das „wahre" Paris – sagen Pariser.

500m sw überrascht **Pigalle** (M2/12 Pigalle) mit Moulin Rouge und nackten Tatsachen in der Großen Mausefalle: Sex-Revues für Kegelvereine ab 60 €

200m n der M2 Blanche bekam der ****Cimetière de Montmartre** (rue Caulaincourt. 8-17h, Sa/So -21h) die Hälfte aller Promi-Leichen ab, u.a. Heine, Zola, Stendhal, Degas, Truffaut. Der Rest schlummert 2 km ö der Bastille im armseligen Off (M2/3 Père Lachaise). Alle kommen wegen Jim Morrison oder Oscar Wilde zum Friedhof *****Père Lachaise** (XX/bd de Menilmotant. 8-18h), die meisten lassen Piaf & Proust in Ruhe.

XIX/Cité des Sciences. Im Parc de la Villette (M5 Porte de Pantin) am nö Eck der Périphérique präsentiert die *****Cité** (30 ave Corentin-Cariou. Di-So 10-18h. 8/6 €, Di-Fr ab 15h mit ISIC 3 €) Spektakel zum Anfassen: Wissenschaften, Umwelt, Gesundheit, Weltraum, interaktive Spiele, Planetarium (plus 3 €), Aquarium, 3D-Kino, Jugendabteilungen (5 €). Schon die Größe und Konstruktion der Anlage sind überwältigend. Mind. 4 Std einplanen!

XII/Bois de Vincennes. Im sö Bogen der Périphérique blüht die zweite grüne Lunge der Stadt. Zum 9-qkm-Park im englischen Stil gehören der **Zoo,** eine Rennbahn, Ruderboote auf dem Lac Daumesnil (M8 Porte Dorée) und tiefer im Osten das **Château de Vincennes** (M1. 10-17h. frei) mit gotischem Donjon. Schon fast an der Marne liegt die karibische Ergänzung **Jardin Tropical** (RER A Nugent).

Liebevoll geriet auch das **Musée des Arts d'Afrique et d'Océanie** (293 ave Daumesnil. M8 Porte Dorée. Mo/Mi-So 10-17.30h. 6/4 €).

ÎLE DE LA CITÉ. Auf der Insel (M4 Cité) zwischen Marais und Quartier Latin ward Paris in vorrömischer Zeit geboren. Dessen älteste Brücke **Pont Neuf** führt zum Palais de Justice (4 bd du Palais), darin empfängt die gotische **Sainte Chapelle** (1248) mit berühmten Hinterglasmalereien und die **Conciergerie** (14. Jh.) mit Stories von Luxus und Terror (beide 9.30-18h. 6/4 €, Kombi 9/5 €, EU<26 frei).

Quasimodo ist lange weg, sein Arbeitsplatz **Notre Dame** (13. Jh. 8-18.45h. frei. Führung 12h, frei) beeindruckt aber wie damals mit grandiosem Portal, drei Rosettenfenstern und düsterem Hauptschiff. Im erkletterwürdigen, 69m hohen **Nordturm** (10-17.30h. 6/4 €) kommt man Quasimodo denkbar nahe. „ND ist ganz nett, hätte aber im Vergleich zu irgendeiner italienischen Dorfkirche keine Chance, da zu schlicht." (Bastian Gerst)

LINKES SEINE-UFER. S der Cité beginnt die pralle Lebenslust. Schon St Séverin, die zweitälteste Kirche der Stadt, lässt sich von Straßencafés umgeben.

V/Quartier Latin. Im berühmten Viertel links des V/bd St Michel (M Luxembourg) wird jeder satt und stößt im **Panthéon** (10-17.45h. 7/5 €) auf die Fundamente französischen Nationalstolzes. Indirekt ist die Sorbonne, gegründet 1253, für den Quartiersnamen verantwortlich. Bis zur Revolution durften Studis ihre Profs hier nur lateinisch anreden. *Si tacuisses ...*

Wer sich im Bois de Vincennes englisch erholt hat, bestaunt 500m w der Sorbonne im **Jardin du Luxembourg** (M Luxembourg) die maniriert-französische Art, mit Gepflänz umzugehen. Im Palais du Luxembourg (1609) tagt heute der Senat.

800m weiter w erschließt Europas schnellster Aufzug im **Tour Montparnasse** (M4/6/12 Montparnasse) eine Paris-Aussicht *mit* Eiffelturm; Etage 56 steht dem werten Publikum offen (9.30-23.30h. 11/8 €).

VII/Faubourg St Germain. In den 1970ern wurde ein Ex-Bhf gegenüber der Tuilerien (Verbindungsbrücke) mit viel Charme umgebaut, seither landen im ****Musée d'Orsay** (RER C Orsay. Di-So 9.30-18h, Do -21.45h. 8/5,50 €, EU<26 ***frei)*** all die Gemälde, Skulpturen, Fotos, Möbel von 1848-1914, die für den Louvre zu jung, fürs Centre Pompidou zu alt sind.

500m w davon erhebt sich das mächtige **Hôtel des Invalides** (M13 Varenne), in dessen Dom seit 1861 der Leichnam Napoléons I. ruht, umzingelt vom unüberschaubaren **Musée de l'Armée** (10-18h. 7/5 €).

Feingeister erfreut eher nebendran das ****Musée Rodin** (79 rue Varenne. Di-So 9.30-17.45h. 6/5 €, EU<26 ***frei)*** mit Onkel Augustes Lebenswerk; Gebäude und Gärten (9-18.45h. 1 €) sind auch für Skulpturbanausen sehenswert.

VII/Eiffelturm. Dieser Turm am quai Branly (M6/RER Champ de Mars) ist nie zu übersehen, abends bei Flutlicht wirkt er aber am schönsten. Für Gustave Eiffels kühne Konstruktion wurden 10.000 Tonnen Eisen verschweißt, dafür war sie bei ihrer Eröffnung zur Weltausstellung 1889 mit 324m das höchste Bauwerk der Welt. Was müssen die alten Zylinderköpfe damals gestaunt haben!

Eiffel-Tipps. Zu den Plattformen in 57m, 115m bzw. 276m Höhe führen drei Aufzüge (9-0.45h, Sep-Juni -23.45h, letzte Auffahrt 23h. 13 €, <24 Jahren 10 €). Zu Fuß geht´s nur bis Plattform II (9-0.45h, Sep-Juni -18.30h. 4,50/3,50 €). Eine Gipfelfahrt lohnt nur an klaren Tagen und abends ohne Tourgruppen. Aufregend ist auch der Abstieg zu Fuß.

Jenseits der Seine versammelt das **Palais de Chaillot** (M6/9 Trocadéro) hinter Kolonnaden drei Museen, darunter das umfassende Anthropologenwerk **Musée de l'Homme** (Mo/Mi-So 10-17h. 6/4 €). Am häufigsten genossen wird aber die Aussicht von den Palaisterrassen, auf Parkanlagen, Seine und Herrn Eiffel sein´ Turm.

Hin & weg

Auch wenn jeder der sechs **Bahnhöfe** (alle 0-4h dicht) seine Métro-Station hat, ist für den Transfer eine Std einzuplanen. Bahnauskunft in dt. T. 08 9235 3536.

Schlag den Zuschlag. Um *TGV* kommt man kaum herum; Zuschlag mit Interrail 3 €, *Mo-Fr*

7-10/16-19h und *Fr/So* abends bis 10 € ^{Z}**freie** *TGVs* siehe Disneyland, ^{Z}**freie** Schnellzüge siehe Bhf Austerlitz. Unter voyages-sncf.com/dynamic stehen alle Verbindungen zum jeweiligen Ziel, inkl. Fahrpreis. (Zeitangaben in Std)

Ab Gare du Nord (X/rue de Dunkerque. M4/5, RER B/D/E) nach **Calais**-Ville ^{Z}freie *RE* mit u/in Boulogne 7.07h, 10h, 14.19h, 17h (3½), mit Anschlussbus zur Fähre; ^{Z}*TGV* meist mit u/in Hazebrouck achtmal 8-19h (2½). **Douai** wg. Brüssel ^{Z}*TGV* zehnmal 7-20.52h (1¼). ^{Z}*Eurostar* und ^{Z}*Thalys* nach London, Brüssel, Köln.

Ab Gare de l´Est (X/bd de Strasbourg. M4/5/7) ^{Z}*TGV* nach **Strassburg** stdl. 6.24-20.24h (2½), Luxemburg, Frankfurt, Basel siehe Serviceteil.

Ab Gare de Lyon (XII/bd Diderot. M1/14, RER A/D) ^{Z}*TGV* nach **Lyon** halbstdl. 6-21h (2). **Avignon, Marseille, Nîmes, Montpellier** stdl. 6.20-20.20h (2½/3/3/3½), ^{Z}frei nur mit u/in Dijon und Lyon (9-10). **Cannes** und **Nizza** stdl. 7.46-18.42h (5/5½), ^{Z}frei nicht unter 13 Std! **Perpignan** zweistdl. 7.20-17.20h (5).

Ab Gare d´Austerlitz (XIII/bd de l´Hopital. M5/10, RER C) ^{Z}frei nach **Tours** stdl. 6-23h (2½). **Toulouse** durch die **Auvergne 7.54h, 10.25h, 14h, Fr-So 16.47h (6½). **Perpignan** 10.25h (8½). **Nimes** mit u/in Clermont-Ferrand 10.25h (je 10).

Ab Gare Montparnasse (XV/bd de Vaugirard. M4/6/12/13) ^{Z}*TGV* nach **Rennes** stdl. 7-21h (2). **Bordeaux** stdl. 6.20-20.30h (3½). **Toulouse** 6.20h, 8.20h, 11.20h, 14.10h, 17.20h (5). **Biarritz** und **Irún** 7.25h, 10.10h, 12.15h, 15.50h (5/5½).

Ab Gare St. Lazare (IIX/13 rue Amsterdam. M3/12/13/14) ^{Z}frei nach Caen, Cherbourg, Le Havre zweistdl. 7-20.39h (2/3/2).

Schlaftitz ab Austerlitz: ^{Z}*NZ* nach Cannes & Nizza 22.25h (10/10½). Perpignan & Portbou 21.56h (9½/10½). Toulouse 22.56h (8). Biarritz und Irún 23.10h (7½/8). Liegewagen plus 16 € – ^{Z}*EN* nach Barcelona 20.32h (12½). Madrid 19.46h (13½).

Ausflug: VERSAILLES

17 km w von Paris-Montparnasse. Diese Stadt im Grünen (87.000 Ew. versailles-tourisme.com) hat schon einiges aus vorrevolutionärer Zeit zu bieten. Richtig durchgeknallt ist aber erst das berühmte *****Schloss.**

OT: n vom Bhf Rive Gauche (2bis ave de Paris. T. 01 3924 8888. 9-19h, Okt-Mär 9-18h, So/Mo 11-17h).

Chateau. Der Inbegriff größenwahnsinniger Absolutisten. Im 17. Jh. war so was eben noch möglich (Di-So 9-18.30h, Nov-Mär -17.30h). Ab Entrée A sind Staatsgemächer, Königinnensuite und der berühmte Spiegelsaal inbegriffen (Eintritt 13,50 € inkl. Audioguide, ab 15h 10 €). Wer mehr sehen will, etwa den Königstrakt, bucht bei Entrée C/D die einstündige Führung (4 € plus Eintritt). Relativ am ruhigsten geht es hier **Mi/Do** zu.

Mag bis heute keiner **Marie-Antoinette?** Jedenfalls entfleucht man in ihrem Besitztum *(domaine)* mühelos der Masse Mensch (Di-So 12-18.30h, Nov-Mär -17.30h). Dabei wären ihre romantischen Nebenschlösser **Grand** und **Petit Trianon** andernorts eine Top-Attraktion (Kombi 10 €, Nov-Mär 6 €, iPod-Guide 3 €).

Die symmetrischen ****Parks** stehen bis Sonnenuntergang frei, außer Sa/So im Sommer, wenn ab 15h alle Brünnlein springen (Grandes Eaux Musicales 8/6 €). So richtig ins Zeug werfen sich Musik, Licht & **Feuerwerk** dann am Sa-Abend im Sommer (Grandes Eaux

Nocturnes 20/16 € inkl. Schlossöffnung bis 21h). Am Grand Canal mieten frisch Verliebte Ruderboote, E-Bikes (!) und Segways (!!).

☺**Sparen.** EU-Bürger <26 und alle <18 dürfen ***frei*** in alle Anlagen. Für alle anderen gilt: Mit dem **Museum Pass** (s. Paris) sieht man alles, umsonst und ohne Warterei. Im **Passeport Versailles** (20 €, Fr/Sa 25 €) inkl. sind Schloss, Domaine de Marie-Antoinette, Parks, Audioguide (dt.) und Grandes Eaux Musicales *(Sa/So)*. Am **ersten *So*** der Monate Nov-März ist freier Einlass.

✈**Hin & weg.** RER C4 von Paris-Austerlitz zum Bhf Rive Gauche (500m sö vom Schloss) alle 15-30 min bis 0.30h (40 min).

Ausflug: DISNEYLAND

30 km ö von Paris. Im kindgerechten Wunderland tief in der Champagne gibt es alles: Wilde Loops, Karibikpiraten, Sternenreise, 360-Gradkino oder Raddampfer. Was nervt: Warteschlangen und Ami-Getue. „Ich war herb enttäuscht. Die Attraktionen sind lahm, Essen & Trinken erbärmlich und dazu sauteuer." (Jens Gorke) „Wir haben´s echt nett gefunden." (Teresa Binder)

Info: Geöffnet 10-23h, Sep-Juni -18/20h. Tageskarte inkl. aller Attraktionen 51 €, Nov-Apr 41 €. Menüs ab 20 €, Hamburger ab 3 €, Hotel-Dz 50-160 €.

✈**Hin & weg.** RER A von Gare de Lyon nach **Marne la Vallée-Chessy** (50m vom Disneytor) alle 15 min 5-24h (40 min. 6 €, auch für Interrailer). Von hier ^{R}*TGV* (in Std) nach **Brüssel** 9.20h, 12.20h, 16h, 18.30h, 20h (2), **Avignon** & Marseille 7h, 11.39h, 14h, 17h (3/3½), **Montpellier** 7.47h, 10h, 16h, 18.21h (4), **Bordeaux** 8h, 9h, 14h, 19.27h, 20h (4).

BRETAGNE

Wer die Bretonen heimsuchen will, jagt Stoßseufzer gen SNCF-Himmel. Jede Bimmelbahn drängt zum Renngleis Paris-Brest, lässt aber den Nachbarort außer Acht. Dafür rasen *TGV* ab Montparnasse stdl. 7-21h nach Rennes (2 Std). **Rennes** kommt pompös daher, bietet aber gute Verbindungen und Infos (OT Bretagne: pont du Nemours. T. 02 9933 2233).

Zuschlag? ^{Z}freie *TGV* nach Rennes **ab Marne-la-Valle-Chessy**/Disneyland 8.54h, 16h, 18.40h, **ab Massy** (14 km vor Montparnasse) 9.27h, 10.46h, 19h (je 2 Std).

***SAINT-MALO

81 km n von Rennes. 52.000 Ew. saint-malo.fr.

Die "steinerne Krone über den Fluten" (Flaubert) schlägt in der Bretagne alle Besucherrekorde. Von hohen Mauern eingeschlossen, vom Meer umzingelt, nimmt St Malo mit seiner strengen Altstadt (Intramuros) selbstbewusst diesen Rang ein. Dank ordentlicher Strände und der Nähe zum Mont St Michel auch gut als Basislager für Ausflüge. Angaben ab **Kathedrale** (1200m w vom Bhf).

OT: beim Busbhf (espl. St Vincent. 300m ö. T. 08 2513 5200. 9-19.30h, So -18h).

Cybercafé: vorm Bhf (26 bd des Talards. Mo-Fr 9-18h, Sa -12h. 3 €/Std).

🚲 **Bikes:** am Bhf und bei Diazo Vélo (47 quai Duguay Trouin. 800m nö).

Schlafen. Der **Camping Cité d'Alet** an der Corniche vor St Servan (Allée Gaston Buy. 2 km s. T. 02 9981 6091) ist wegen des grandiosen Blicks oft voll. Zwei P mit Zelt 13 €, ganzjährig, Bus 12 bis Station Aleth.

Im Sommer ist kaum an billige Hotels zu denken. Doch es gibt ja das moderne Gruppenlager **Centre Varangot** (37 ave du Père Umbricht. 3 km nö. T. 02 9940 2980. centrevarangot.com). 242 Betten, 3-6er-Dm mit F 17-20 €, ohne JH-Karte plus 3 € Stets offen, viel Sport, abends Disco. 150m vom Strand, 1800m vom Bhf, Bus 2/5 bis AJ.

Wenn's Altstadt sein soll: Das schnufflige **Hôtel Armoricaine** (6 rue du Boyer. 100m sw. T. 02 9940 8913. hotel-armoricaine.com) liegt wenige Schritte vom Strand Bon Secours. 19 saubere Dz/4z 46-60/80 €, F 7 €, lebhafte Brasserie.

Party. Jeden Abend wird am Strand **Bon Secours** vor der Altstadt gefeiert. In Malo und Michel fällt allerdings Strandratzen ins Wasser: Tidenhub bis zu 17 Meter.

Intramuros. Gibt wahrlich was zu sehen in dieser von der **Kathedrale St Vincent** (11. Jh.) dominierten Altstadt. Also beginnt man die Runde auf der **Stadtmauer.** Das tolle **Château** (300m n) errichteten die Herzöge der Bretagne im 15. Jh., das Musée de la Ville (10-12/14-18h. 6/3 €) im Schloss erzählt dazu die Geschichte.

Fürs **Aquarium Intramuros** (place Vauban. 250m n) wurden 120 Becken in die Stadtmauer gebaut, bescheidener ist das Exotarium gegenüber (9-22h, Sep-Juni 10-19h. 5/4 € bzw. 4/3 €). In Sachen große Grätenträger setzt aber **Le Grand Aquarium** (ave Général Patton. 2 km sö. 10-19h, Juli/Aug -20/22h. 16 €, <15 10 €) neue Standards: „Sauteuer, aber voll toll" (Teresa Binder). Bus 5 ab Bhf bis Madeleine.

Baden. Jeder Strand hat seine Kundschaft. Der winzige Bon Secours lümmelt unter der Stadtmauer, die Grande Plage (600m ö) am Isthmus wird von Wellenbrechern gesäumt, Bas Sablons (1500m s) vor St Servan ist wg. Hafennähe leicht lädiert. Zu den hübschen Stränden von **Dinard** (8 km w), Sommerfrische reicher Engländer, führt eine aufklappbare (!) Straße.

✈ **Hin & weg.** Züge nach **Rennes** Zfrei stdl. 6-20h (1 Std), dort u/nach Paris. Busse stdl. nach Dinard 6-19h, **Mont St Michel** 10-16h (12/55 min. 4/10 €); Busbhf neben OT, fast alle Busse halten auch am Bhf.

**MONT ST-MICHEL

43 km ö von St Malo. 54 Ew.

Dieses Sahnehäubchen lässt man sich trotz widriger Anbindung nicht entgehen. Innerhalb der Stadtmauern führt seit 700 Jahren nur eine Gasse hoch, die kitschgesäumte **Grand Rue.** Zu Recht trägt das Gedränge den Namen *La Merveille*. Die bessere Infrastruktur für junge Leute bietet Pontorson (8 km s, mühelos per Bus).

Planen. Im Sommer erinnert das besinnungslose Geschiebe an Tokios U-Bahn bei Büroschluss. Je nach Gezeiten kommt man also frühmorgens oder spätabends.

OT: porte de l'Avancée (T. 02 3360 1430. 9-19h), und in Pontorson. **Bikes** in Pontorson im Bhf und bei Motoculture (1bis rue du Couesnon. 10-12 €/Tag).

Schlafen. Zeltplätze bedrängen die D976 zum Berg hin. Am nächsten liegt **Camping Mont St Michel** (2 km vor MSM. T. 02 3360 0933), mit Gras und Schatten. Zwei P mit Zelt 12 €, Bungalow-Dz mit Bad 44 € Feb-Mitte Nov. Am Berg selbst kosten Betten nicht unter 40 €

In **Pontorson** gegenüber vom Bhf gibt es Dz ab 24 €u.a. im **Hôtel Arrivée** (14 rue Tizon. T. 02 3360 0157). Die **JH Centre Duguesclin** (21 bd Patton. 700m w vom Bhf/Bus. T. 02 3360 1865. ville-pontorson.fr) verteilt 50 Betten über zehn Räume. Dm 11,50 €, mit F 15 € Anmelden 16-21h, kein Torschluss, Apr-Sep.

Mont. Der Ort klammert sich an einen Felsbrocken vor der Küste, die Landverbindung taucht bei Flut gern unter. In der wundervollen **Abtei** (9-16.30h. 8/5 €) sollte man die Führung (1 Std. frei) nicht auslassen. Michels Außenmauern spendieren feine Aussichten, vor Spaziergängen holt man aber die Gezeitentabelle im OT.

Hin & weg. Von **Rennes** (in Std) *TER*-Züge nach Pontorson 9h, 12.55h, 16h (1), *CB*-Busse zum Mont 9.45h, 11.30h, 12.30h, 17.30h, 18.30h (1½). Von **Pontorson** *TER*-Züge nach Rennes 9.36h, 16.30h, 19h (1), *STN*-Busse (T. 02 3358 0307) neun, Sa/So sechsmal zum Mont (¼). Vom **Mont St-Michel** *CB*-Busse nach St Malo fünfmal 6-16h (1), zum Bhf Rennes 7h, 9.30h, 14h, 15.30h, 16.45h (1½).

AQUITANIEN & LANGUEDOC

Basken, Römer, Mauren, Spanier, Gascogner, Engländer: der Schmelztiegel n der Pyrenäen konnte gar nicht anders, als sich dem fahrenden Volk zu verschreiben.

BORDEAUX

581 km sw von Paris. 744.000 Ew. 18m üNN. bordeaux-tourisme.com.

Typische Stadt für den zweiten Blick. Der erste erkennt nämlich nur Bischof, Hafen, Industrie oder Europas größten Kiesplatz, wo bis 1792 das Stadtschloss stand. Sobald die Dreckfassaden aber einen Kärcher abkriegen, tritt Eleganz zutage: Bürgerpaläste in warmen Gelbtönen, Balkons voll schmiedeeiserner Kunst. Viele Railer schenken sich Bordeaux, um mehr Zeit in San Sebastián oder am Meer zu haben. Angaben ab **Place de la Comèdie** (2500m nw vom Bhf St Jean).

OT: im Bhf (T. 05 5691 6470. 9-12/13-18h, So -15h) und im Zentrum (12 cours du 30 Juillet (20m n. 9-19h).

Internet: Cyberstation (23 cours Pasteur. 600m s. 11-2h, So -24h).

Bikes: am Bhf und bei Bord'Eaux Velo (quai Louis XVIII. 400m nö. 10-14 €/Tag).

Schlafen. Camping Gravières (place Corréjean. 10 km sö. T. 05 5687 0036) liegt schattig und weitläufig nahe der Garonne in Villenave. Zwei P mit Zelt 12 €, Bus B ab place Victoire.

Von der designstarken **JH Barbey** (22 cours Barbey. 2 km sö. T. 05 5633 0070. auberge-jeunesse-bordeaux.com) sind es 10 min zur Fußgängerzone Ste Catherine. 108 Betten (Etagen), 2-8er-Dm mit Dusche, F und Bettzeug 22 € Küche für alle 18-21.30h, SB-Cafeteria, TV-Lounge, dicht von 2-5h, max. drei Nächte, ganzjährig. Vom Bhf 8 min, oder Bus 16/35 bis Meunier.

Bordeaux hat viele **Hotels** für dünner Betuchte. Ez/Dz/3z um die 25/33-40/45 €bieten an der rue Huguerie (300m nw) u.a. **Touring** (#16. T. 05 5681 5673), **Huguerie** (#67. T. 05

5681 2369) und **Studio** (#26. T. 05 5648 0014) mit drei spartanischen Häusern. Tram C (Les Aubieres) vom Bhf bis Quinconces.
Fürs gute **La Boëtie** (4 rue de la Boëtie. T. 05 5681 7668) meldet man sich 100m entfernt im Hotel Bristol (14 ter Place Gambetta) an. 3z mit Bad für ein/zwei/drei P 27/32/39 €, „echt in Ordnung, sehr zentral". (Marie Storbeck)

Planen. Dauerausstellungen in Museen sind frei, Sonderthemen kosten je 5/2,50 €

Rundgang. Proportionen und Freiräume verleihen der **Kathedrale St André** (11. Jh. 400m sw) majestätische Züge, der 50m-Belfried **Tour Pey-Berland** verschafft dazu den Überblick (place Jean Moulin. 10-18.30h. 5/3,50 €). Die Geschichte-Lektion Résistance wird im **Centre Jean Moulin** (48 rue Vital Carles. Di-So 14-18h. frei) dahinter eindrücklich ergänzt.
Rund um die Kathedrale warten die besten Ausstellungen. Das ****Musée d´Aquitaine** (20 cours Pasteur. Di-So 11-18h. frei) zeichnet die Geschichte der Region und ihrer Bauern, Seefahrer, Händler nach. In zwei Flügeln um den Jardin de la Mairie widmet sich das **Musée des Beaux-Arts** (20 cours d´Albret. Mo/Mi-So 11-18h. frei) der Mal- und Bildhauerei seit 1450. Ums Eck schlummern die **Arts Décoratifs** (39 rue Bouffard. Mo/Mi-So 14-18h. frei) im Bürgerhaus voller Jugendstil.
Von der Kathedrale geht´s in die Fußgängerzone. Das **Quartier St Pierre** glänzt mit fratzenhaften Maskaronen; das Grand Théâtre (place de la Comèdie. Di-Sa) mit Säulenumgang nach antiken Vorbildern; und Notre Dame mit barock überladener Jesuitenfassade. Auf dem **Marché des Capucins** öffnen die Bars um 1h, wenn das Ballett der Zwischenhändler dem Höhepunkt zutreibt.
Die Esplanade des Quinconces (200m n) mit pompösem Girondistendenkmal nennt sich „Europas größter Platz", dahinter kommen im grandiosen ****Musée d´Art Contemporain CAPC** (7 rue Ferrère. Di-So 11-18h, Mi -20h. Führung Sa/So. frei) Zeitgenossen zu ihrem Recht.

Wein. Weltruhm besitzt Bordeaux als Weinmetropole. Das Bordelais begann schon vor 2000 Jahren mit der Ausfuhr, heute springen jährlich 500 Millionen Flaschen raus. Alles weitere im **Maison du Vin** (3 cours du 30 Juillet. 20m n. 10-16h), auch über tägliche **Touren zu verschiedenen Chateaux (5 Std. 25 €).

Hin & weg. Vom Bhf St Jean (in Std) nach **Paris**-Montparn. ^{Z}*TGV* etwa stdl. 6-20h (3½). **Arcachon** stdl. 7-21.48h (1). **Biarritz** & Irún 7h, ^{Z}10.25h, 12.19h, ^{Z}13.15h, 14.27h, ^{Z}15.28h, 16.37h, ^{Z}18.11h, ^{Z}21.30h (2/2½). **Lourdes** ^{Z}11.16h, ^{Z}13.15h, ^{Z}17.42h, 18.28h, ^{Z}21h (2½). **Toulouse** meist ^{Z}*TGV* etwa stdl. 7-21.40h (2-2½). **Montpellier** & Marseille 6.10h, 10.10h, 15h, 16.38h, 0.45h (4½/6-7).

**ARCACHON

59 km sw von Bordeaux. 12.000 Ew. arcachon.com.
Sonne, Seeklima, Sandspaß: hier wird die Gesundheit aufpoliert. Zu unterscheiden sind aber drei Standorte. **Arcachon,** das Städtchen am flachen Bassin d´Arcachon, lockt gehobenes Bürgertum an, und zwar reichlich im Sommer. **Cap Ferret** auf der vorgelagerten Sand-

zunge, die dem Bassin den Blick aufs Meer versperrt, besteht v.a. aus Ferienwohnungen; die Ruhe stört nur der kleine Train *touristique*. **Pyla-sur-Mer** und die Strände s davon wurden längst von Backpackern gekapert.
Railer bleiben bis zum Endhalt Gare d´Arcachon sitzen, von hier fahren **Baia-Busse** (baia-cobas.fr) stdl. & billig (1 €, 10er-Karte 8 €) wichtige Regionalziele an.
OT: links vom Bhf (espl Georges Pompidou. T. 05 5752 9797. 9-18.30h).
Bikes: Dingo-Velo (1 rue Grenier. T. 05 5683 4409. dingo-velo.com. 9.30-24h. MTBs 13/48 €pro Tag/Woche) hat auch Tandems, Triplos, Tricycles usw.

Côte d´Argent. Am endlosen Sandstreifen schäumt der Atlantik mit Getöse aus. Einzig das Becken von Arcachon durchbricht die schnurgerade, naturgeschützte Küste. Zwischen all den Zeltplätzen und Kiefernwäldern hat sich eine stolze Zahl malerischer Seen niedergelassen, diese Etangs erschweren nun die Entscheidung: Salzig oder süß?

Schlafen/Arcachon. Die Zeltplätze ö vom Ort gucken aufs Bassin, Abatilles (1200m w vom Bhf. T. 05 5683 2415) an der Mündung nimmt pauschal 25 €für 1-3 P mit Zelt. Die Hotels **Le St-Christaud** (8 allée de la Chapelle. T. 05 5683 3853. hotel-saintchristaud.com) und **Les Mimosas** (77 ave de la République. T. 05 5683 4586. mimosas-hotel.com) haben jeweils 300m vom Bhf nüchterne Dz für 40-85 €.
Schlafen/Cap Ferret. Am Cap träumen drei Campings den Atlantik an; zwei P mit Zelt 10-14 €, alle sauber und ruhig. Ein **Country Hostel** (87 ave de Bordeaux. T. 05 5660 6462. fuaj.org. Anmeldung 8-13/18-21h) plaziert 60 Betten à 11-14 €auf die Spitze der Landzunge: von Arcachon aus so nah und mit Bus doch so fern. Immerhin Pendelfähre ab Arcachon oder Arcachonzug bis Biganos/Facture, dann Bus ab Biganos/Rathaus ans Cap.
Schlafen/Pyla. Da dezent billiger als die Konkurrenz, stecken die fünf Zeltplätze an der Düne (8 km s) voller Railer; zwei P mit Zelt 14-30 €, nur Mai-Sep. Alle liegen herrlich weich unter Kiefern, und Bus 1 fährt ab Bhf Arcachon stdl. 6.45-19.45h hin (1 €). Trampen ist aber auch easy.
qzqq**Camping Petit Nice** (route de Biscarosse. s von Pyla. T. 05 5622 7403. petitnice.com) ist windgeschützt und gleich am Meer. Man zeltet auf der Düne oder unter Kiefern: zwei P mit Zelt 17-20 €(Juli/Aug 32 €), Pool, Basketball, Tennis, Parties. „Dieser Zeltplatz ist ein Traum." (Teresa Binder) „15 Bike-min s gibt es prima Wellen für Boogie Boarding, der Strand ist nicht halb so überfüllt wie in Arcachon." (Bastian Zapf)
Action. Pyla und Arcachon bieten das komplette Sportprogramm, von Dünenreiten, Sandboarding, Kayak, Motorbooten, Tauchen bis Ringelpiez am Lagerfeuer. Wer Europas höchste **Sanddüne Pyla** (114m) bewundert hat, inspiziert im Port de Larros den Tagesfang oder auf dem waldigen Hügel s vom Ortskern die **Ville d´Hiver**, eine elegante Winterfrische der Vorkriegszeit. Im **Aquarium** (2 rue Prof. Jolyet. 9-20h) tummeln sich grimmige Muränen, Tropenfische und Archäologen.

Termine. Ganz Arcachon ist zu Triathlon (Juni) und Surffest (Juli) auf den Beinen.

Hin & weg. Für halbwegs schnelle Züge gen Süden muss man nach **Bordeaux:** *TER* etwa stdl. 6-22.26h (50 min); Z*TGV* 13.33h, 17.08h weiter nach Paris (4 Std).

BIARRITZ

209 km s von Bordeaux. 30.000 Ew. biarritz.fr.

Da schwingen Erinnerungen an Kaiser, Könige, Mättressen der Belle Epoque mit. Tempi passati! Nur imperiale Aura, fürstliche Preise und wilde Wellen sind geblieben. Heute ist Biarritz ein Fall für goldene Surferboys aus aller Welt, aber auch beim Tauchen, Rafting, Pelota und Radeln kommt man gut ins Schwitzen. Von Sep-Juni werden Betten 20-30% billiger.

OTC: am Bhf (8.30-20.45h, Juni-Sep) und im Ort (1 square d´Ixelles. T. 05 5922 3710. 9-18h, Sa/So 10-17h).

Internet: u.a. im OTC und Génius Informatique (60 ave Édouard VII. 8 €/Std).

Bikes: bei Takamaka (11 ave de la Marne. T. 05 5924 1184. 15 €/Tag), außerdem Surfbedarf, Rafting, Kayak, Seadoo, Quads.

Schlafen. Camping Biarritz (28 rue d´Harcet. 3 km sw. T. 05 5923 0012. biarritz-camping.fr) bietet schattigen Dreisterne-Komfort 10 min vom Meer. Zwei P mit Zelt 17-20 € (Jul/Aug 24 €), geöffnet Mai-Sep. Bus 9 bis Camping.

In beiden JHs (und den meisten übrigen Quartieren) geht im Juli/Aug **nix ohne Vorbuchung.** Ausweich-Tipp: der Nachbarort „Saint-Jean de Luz ist entspannter als Biarritz und mindestens genauso schön. Verhältnismäßig wenige Touristen und tolle Campingplätze." (Michael Bär)

Die großartige **JH Gazte Etxea** in Anglet (19 route des Vignes. T. 05 5958 7000. fuaj.org) im Pinienwald 5 min vom Strand hat sogar einen keltischen Pub! 96 Betten, Dm mit F 15 €, ohne JH-Karte 18 €, Zelten 6 €/P. 5 km nö vom Bhf Bayonne, Bus 1/2/3/5/6 bis Mairie de Bayonne, dort Bus 7 bis Les Sables. Bus 9 von/nach Biarritz.

Näher, aber nur halb so gut ist die **JH Aintziko Gazte Etxea** in Biarritz (8 rue Chiquito de Cambo. T. 05 5941 7600. fuaj.org). Dm mit F 16 €, ohne JH-Karte 19 €, Mahlzeiten 8 € Rezeption 18-22h. 500m vom Bhf Negresse, Bus 2/9.

Zentrale Hotel-Dz für 48-68 € gibt es u.a. im **La Marine** (1 rue Goélands. T. 05 5924 3409. hotel-lamarine-biarritz.com). Für Grüppchen reizvoll ist das **Hotel Palym** (6-7 rue du Port Vieux. T. 05 5924 2583. le-palmarium.com) beim Alten Hafen. 28 solide Dz (taugen für 4 Personen) 40-60 €, teils mit Bad und/oder Balkon. Skurril möbliert, Pizzeria/Bar mit Terrasse, 100m vom Strand.

Rundgang. Das glanzvolle **Musée de la Mer** (9.30-19h, Jul/Aug -24h! 8/5 €, Audioguide 3 €) mit ausführlichem Aquarium und Haibecken blickt vom Pointe Atalaye auf den „Fels der Jungfrau". Diesen **Rocher de la Vierge** zu besteigen gehört zur Tradition. Der Weg führt über einen Metallsteg zum Rest jenes Hafens von Napoleon III., der den Stürmen zum Opfer fiel.

Das Casino Bellevue (1887) an der Grande Plage wird auch als Residenz genutzt. Im enormen Hôtel du Palais rechts davon vergnügte sich einst Frau Kaiserin. Von der Plage Miramar blinkt der 44m hohe **Leuchtturm** (10-12/14-19h) herüber.

Surf. Bus 9 pendelt ab place Clemenceau zur Plage d´Anglet: 4 km vom Paradies für Wellenreiter. Lang/Kurz/Bodyboards gibt´s bei Takamaka (15 €/Tag. s. Bikes).

Hin & weg. Vom Bhf im Quartier Négresse (3 km s. Bus 2/9) nach **Irún** Z10.26h, Z12.17h, Z15h, Z20h, 20.14h (½ Std). **Lourdes & Toulouse** 6.26h, 9h (2/4) oder u/in Bordeaux. **Bor-**

deaux 7h, 11.33h, 16.31h, 19.30h (2), **Bordeaux** & **Paris**-Montparn. ZTGV 8.26h, 10h, 11h, 14.34h, 17.53h (2/5). **Paris**-Austerlitz 23h (8).

LOURDES

154 km ö von Biarritz. 15.300 Ew. 211m üNN. lourdes-infotourisme.com.

Jeder muss Lourdes mal erlebt haben. 1858 soll einer 14-jährigen grenzdebilen Analphabetin, Bernadette Sobirous, die Heiligejungfraumariamuttergottes in einer Grotte beim verschlafenen Landnest erschienen sein. Dass dies ein Wunder war, hat der Papst persönlich bestätigt. Schwester Bernadette starb 20 Jahre später in endgültiger Umnachtung und stieg 1933 in die vatikanische Heiligenliga auf. Ihr Städtchen gab sich fortan dem Segen der Wallfahrerei der A-Klasse hin.

OT: place Peyramale (800m sw vom Bhf. T. 05 6242 7740. 9-19h). ISIC interessiert hier nicht, Rabatt gibt´s nur <12 Jahren.

Schlafen. Auf der Wiese am Bach knacken wird toleriert. Die elf Zeltplätze der Region (meist 30-100 Plätzchen) öffnen zumeist Apr-Mitte Okt. Ihr kleinster, **Camping de la Poste** (26 rue Langelle. T. 05 6294 4035), liegt am günstigsten; zwei P mit Zelt 10 €, Aufpreis für Warmwasser. **Moulin de Monge** (28 ave Jean Moulin. T. 05 6294 2815. camping-lourdes.com) glänzt bei der Ausstattung; zwei P mit Zelt 18 €, 4/6er-Mobilhome 59/67 € (Juli-Aug 70/82 €), Park, Pool, Sauna.

Lourdes besitzt **276 Hotels,** das ist bei 15.300 Ew die höchste Hoteldichte der Welt – hoppla, ein Wunder! **Centre** (18 ave Maransin. T. 05 6294 7974. hotelducentre-lourdes.com) und **Aast** (28 ave Maransin. T. 05 6294 1046. hotel.aast.free.fr) haben elf bzw. 21 ansehnliche Ez/Dz/4z für 32/35/46 € Im freundlichen **Marguerite Marie** (81b rue de la Grotte. T. 05 6294 2527. hotelmargueritemarie.com) kann man vorbeipilgernden Schäfchen zujubeln; Dz mit Taufbecken 33-45 €

Dank Bahn überlegenswert sind zwei JHs. Zum **Logis Gaston Marsans** in Pau-Gelos (39 km w von Lourdes. Base de Plain Air. T. 05 5935 0999. ldjpau.org) fährt Bus 1 vom Bhf Pau (2 km, bis Mairie Gelos). Zur **FJT** in Tarbes (21 km ö. 88 rue d´Alsace. T. 05 6238 9120. fjt-tarbes.fr) fährt Bus 1 vom Bhf Tarbes (2 km, bis Abondance). 10 bzw. 58 Betten, Dm je 16 €, anmelden 17-21h bzw. 8-23h.

Sakrament! Wer was über Bernadettes Wunderlichkeiten erfahren will, kriegt in der **Salle Bernadette** (ave Mgr Schoepfer. 14/16.30/18.30/20.30h. 7/5 €) einen mitreißenden Film (auch in dt.) ab. Das Haus ihrer Familie, **Moulin Lacade** (2 rue Bern. Soubirous. 9-12/14-19h. 1 €) inkl. ihrem Schlafzimmer (und Souvenirladen!) ist ebenso zu bestaunen wie ein Wachsmuseum zu ihrem Leben. Um das Mirakel Lourdes aber aus göttlicher Warte zu betrachten, empfiehlt sich die **Festung** (9-18h. 5 €) auf einem Felssporn, den schon die Römer berannten.

Berge. Auch Ketzer können genießen, dass Lourdes in Wanderentfernung der großartigen Zentral-Pyrenäen liegt. Einen feinen Vorgeschmack bietet der **Pic du Jer** überm Ort: per Sessellift (10-18h (Jul/Aug -20h) alle 20 min. 9 €) ab ave Francis Lagardère in 6 min auf 1000m Höhe, oder zu Fuß durch magische Pinienwälder. Oben belohnen uns ein ***Panorama, eine Grotte mit *Son et Lumière* (3,50 €) und eine **MTB-Abfahrt (Bike 18 €).

Hin & weg. Vom Bhf (800m ö der Heiligkeiten) (in Std) nach **Pau, Tarbes & Toulouse**

zweistdl. bis 18h (1/2/1/4/2). **Biarritz** 8h, 15.54h, 18.11h (2). **Bordeaux** & **Paris** *ZTGV* 7.45h, 11.16h, 14.55h, 17h (2 1/2/6), 22.20h (-/9).

TOULOUSE

333 km ö von Biarritz. 437.000 Ew. ot-toulouse.fr.

Die Enkelin des römischen Tolosa an der Garonne besteht fast nur aus Kirchen, Kreuzgängen, Turmhäusern – *la ville rose* eben, die Stadt der roten Ziegelsteine. Doch heute reifen im liebenswerten Herz des Midi Airbus und Ariane heran. Und wer preiswert abfeiern will: Die Blättchen *Intramuros* (frei in Bars) und *Toulouse by Night* (frei im OT) verraten, wann und wo. 99.000 Studis sorgen für die nötige Infrastruktur. Angaben ab **place du Capitale** (800m sw vom Bhf Matabiau).

OT: sq Charles de Gaulle (80m ö. T. 05 6111 0222. 9-19h, So -17h).

Internet: Resomania (85 rue Pargaminieres. 200m w. 9-24h. 4 €/Std).

Schlafen. Der **Camping le Rupé** (21 chemin du Pont de Rupé. 6 km nw. T. 05 6170 0735) hat einen Nachteil: Bus 59 ab place Jeanne d´Arc (bis Rupé) stellt den Dienst um 19.20h ein, danach bleibt nur das Taxi (ca. 10 €). Zwei P mit Zelt 12 €

Statt JHs öffnet ganzjährig die vorzügliche **Residence Jolimont** (2 ave Yves Brunaud. 500m vom Bhf. T. 05 3430 4280. residence-jolimont.com). 90 Betten, Dm mit F-Buffet 17 € Neu, nüchtern, mit Küche, Cafeteria & allen Annehmlichkeiten. U Jolimont.

Nach skeptischen Blicken auf die Hotels beim Bhf gehen wir in die rue Caffarelli (300m nö), unter deren *Cheapies* ragt **Boreal** heraus (#20. T. 05 6162 5721. hotel-boreal.fr). 20 Zimmer, Ez/Dz/3z mit Bad ab 55/65/75 €, mit City Pass minus 30%!

Geräumig, teils gar mit Kamin, sind die Zimmer im **Croix Baragnon** (17 rue Croix-Baragnon. 800m sw. T. 05 6152 6010. hotelcroixbaragnon.com). Ez/Dz/3z/4z 40/50/60/65 € Alles schnuffig hier, und dazu im lebhaften Teil der Altstadt.

Nouvel Horizon (298 ave de Grande Bretagne. 3 km w. T. 05 3450 1800. atel-hotels.com) am Jardin de Barry liegt so dezentral, dass man trotz guter Ausstattung wenig zahlt. 2-4er-Aptm mit Bad 45-75 € Bus 14 ab Bhf (25 min) hält vor der Tür.

☺**Sparen.** Toulousefans kriegen mit dem **City Pass** (10 €) ein Jahr lang einen Sack voll Ermäßigungen, z.B. je 10% in Cité de l´Espace und A380-Führung. Oder sie greifen zum **Passeport:** drei/sechs Museen für 6/9 € Am ersten *So* des Monats und <18 sind fast alle der 14 Stadtmuseen frei.

Altstadt. Wie ein Dan-Brown-Schauplatz wirkt die romanische **Basilika St Sernin** mit achteckigem Turm aus dem 12. Jh. (200m n. 8-18h. Führung 6 €). Im Wasserturm w der Pont Neuf zeigt die ****Galerie Château d´Eau** (500m sw. Di-So 13-19h. 3 €) Fotokunst von Weltrang. Das **Musée des Augustins** (21 rue de Metz. 200m s. 10-18h, Mi -21h. 3 €) liefert dazu schöne Bilder und Steine.

Der Festkalender rankt sich um **Festival Garonne** (Juli) mit Musik & Theater, **Musique d´Été** (Juli/Aug) mit wilderen Tönen und **Son 31** (Okt) mit World Jazz.

Über den Wolken. Die ****Cité de l´Espace** (5 km sö, neben der A61. 9.30-19h, 22/19 € Sep-Juni Di-So 9.30-17h, 20/16 € Audioguide 4/3 €) ist so interaktiv-engagiert, dass nach 3-5 Std jeder als Raumfahrtfan rauskommt. Bus 37 von Jolimont (Métro A) bis Endhalt. Wer die Stratosphäre ungern verlässt, bucht lang im voraus unter T. 05 3439 4200 (taxiway.fr) eine **Airbus 380-Führung** (1½ Std. 14/11 €, inkl. Concorde 19/14 €) durch jene Hallen, in denen der Langstrecken-Vogel aus dem Ei schlüpft. Kamera verboten, Boeing soll selber spionieren.

Hin & weg. Vom Bhf Matabiau (in Std) nach **Bordeaux** & **Paris** Zfrei neunmal bis 20.19h (2/-), Z*TGV* 6h, 9.12h, 13.40h, 17.40h (2/5). **Lourdes,** Biarritz & **Irún** 6h, 10h, 14h, 16.30h (2/4/4½). **Carcassone** stdl. 6-19.36h (1). **Portbou** 8.10h, 13h, 17h, 18.23h (3½). **Montpellier** & **Marseille** 7h, 11h, 13h, 16.50h, 18.50h (2½/4).

**CARCASSONNE

91 km ö von Toulouse. 45.000 Ew. 111m üNN. carcassonne.org.

Hoho, auch das Mittelalter gab sich bei Skylines ordentlich Mühe! Jede Militärmacht seit Jesus hinterließ ihre Spuren, dennoch ist die zauberhafte Festungsstadt (Cité) über der Aude komplett erhalten, was im Sommer 200.000 Touristen goutieren. Man kommt sich vor, als ob die Mauren vor den Mauern lauern.

OT: im Viertel Bastide (28 rue du Verdun. 800m w der Cité. T. 04 6810 2430. 9-19h, So -12h).

Internet: Alerte Rouge (73 rue Verdun. 10-23h. 5 €/Std).

Schlafen. Jeder erfreut sich der fröhlichen **JH Cité** (rue du Vicomte Trencavel. T. 04 6825 2316. fuaj.org) in der Altstadt. 120 Betten, Dm mit *all-you-can-eat*-F 16 €, ohne JH-Karte 19 €. Terrasse, Bar, einchecken 15-23h, kein Torschluss. Vom Bhf Bus 4, der Fahrer sagt, wann man aussteigen muss, dann Bus 2 über die Brücke in die Cité. Hier lacht uns das Glück des Südens – nicht verschmähen!

Einfach, aber gut: das **Hotel Astoria** (18 rue Tourtel. beim Bhf. T. 04 6825 3138. astoriacarcassonne.com) hat 23 Ez/Dz für 32/44-58 €, mit Bad -/52-68 €, F 5 €.

Von außen Mittelalter, innen schmuckloser 70er-Stil: **Notre Dame de l'Abbaye** (103 rue Trivalle. 200m nö der Cité. T. 04 6825 1665. abbaye-carcassonne.com) steckt im Ex-Kloster. Massenlager mit Etagenbetten und F/HP 16/25 €. Nüchterne Ez/Dz/3z 34/36/- €, mit Bad 44/51/64 €(Sep-Mai jeweils plus 8€), F 4 €.

Le Cathare (53 rue Jean Bringer. T. 04 6825 6592) im uralten Bastide-Kloster hat das Zeug zum Kult-Hotelchen. Elf Zimmer mit Dusche 36-48 €, F 5 €. Kaminfeuer, Midi-Küche, liebenswerter Gastgeber.

Cité. Heute knipsen Japaner jenen Doppelring von **Stadtmauern** (12. Jh.), innerhalb derer nur noch 220 Menschen wohnen. Alle anderen (Hufschmiede, Barmixer, Rucksackträger) sind Darsteller der Castingshow „Frankreichs nächstes Mittelalter". Bei Flutlicht wirken die 52 Cité-Türme wie Harry Potters Hexenhüte.

Alt & Neu. Herz der Cité ist die **Basilika St-Nazaire** (9-12/14-18h. frei), um die im Juli das **Festival de la Cité** steigt. Den Rundgang über die 3 km langen Mauern (10-18.30h. 8 €, EU <26 frei) ergänzen Audioguides, Führungen, Lapidarium und Hochglanzfilmchen. Im **Musée de la Chevalry** (porte d'Aude. Di-So 10-19h. 6 €) hängt dazu der komplette Ritterbedarf.

Auch durchs neu-alte Viertel **Bastide St-Louis** begleiten uns Audioguides (3 €, im OT) oder Stadtführer (5 €). Ins **Château Comtal** (12. Jh.) kommt man nur mit Führung (5/4 €).

Midi. Herrliche Touren führen in die **Corbières** und entlang des Canal du Midi. Zwischen

Weinbergen & Waldhügeln dösen Dörfchen in der Mittagshitze, von einsamen Kuppen blicken Schlösser auf die Kurven der Aude. **Evasion2Roues** (85 allée Iéna. 300m nw der Bastide. T. 04 6811 9040. Di-Sa 9-19h) hat dazu den Untersatz: Bikes 15 €/Tag, Tandems 30 €/Tag, Rad mit E-Motor 5 €/Std.

✈Hin & weg. Vom Bhf (2 km n der Cité) Zfrei nach **Toulouse** stdl. 6-18.33h (45-65 min). Anschlusszüge s. dort.

MONTPELLIER

127 km sw von Avignon. 251.000 Ew. 27m üNN. ot-montpellier.fr.

Hinter den grusligen Ferienfabriken von Grande Motte und Cap d´Agde wartet eine reizende Zwischenetappe. Auch weil Studis ein Viertel der Bevölkerung in der Hauptstadt des Languedoc ausmachen und im Sommer Horden von Sprachschülern andocken. Wermutstropfen: viele Taschendiebe, keine rundum prickelnde Preiswert-Unterkunft. Angaben ab **place de la Comédie** (400m nw vom Bhf).

OT: klein im Bhf, groß an der Esplanade (30 allée Jean de Lattre de Tassigny. 150m nö. T. 04 6760 6060. 9.30-19.30h, Sa/So -18h).

Internet: Dimension IV (11 rue des Balances. 10-1h. 4 €/Std).

Bikes: an 50 Mietstationen dank Velomagg (T. 04 6722 8787. 1 €/4 Std, 2 €/Tag).

Schlafen. Zum **Camping Oasis** (route de Palavas. 4 km s. T. 04 6715 1161. oasis-palavasienne.com) entert man Bus 17 bis Oasis. Gut aber teuer: zwei P mit Zelt 22-29 €. Apr-Sep. Die **JH** (2 impasse la Petite Corraterie. 800m n. T. 04 6760 3222. fuaj.org) liegt prima in der Altstadt beim Ursulinenkonvent, über rue ècoles Laiques. 90 Betten, 2-5er-Dm mit F 16 €, ohne JH-Karte 19 €. Anmelden 8-24h, alles alt und etwas gammelig. Tram Mosson bis Louis Blanc.

Hotel Majestic (4 rue du Cheval Blanc. 120m sw. T. 04 6766 2685) beschränkt sich aufs Nötige. 24 ruhige Zimmer, Ez/Dz/3z ab 24/31/39 €, mit Bad -/38-50/46-58 €, F 4 €. Mit Bad, TV und teils abenteuerlichem Regal kommen ums Eck die 15 Zimmer des **Étuves** (24 rue des Étuves. 110m sw. T. 04 6760 7819. hoteldesetuves.fr) daher. Ez/Dz 33-45/37-45 €, F 5 €.

Cosmos (7 rue du Général Campredon. ab rue André Michel. 400m sw. T. 04 6792 4397. pagesperso-orange.fr/hotel.cosmos) schwelgt im „Oma macht ein Hotel auf"-Look. Ez/Dz/3z ab 23/29/37 €, mit Dusche 28/35-40/43-50 €, F 4 €.

Esprit. Montpellier ist eine selbstbewusste Stadt des Geistes. Zwischen ruinösen Römerresten sorgen acht Hochschulen für Nachtleben & Toleranz. Deren erste ward 1289 gegründet, 1529 war darin ein Herr Michel Nostradamus immatrikuliert. Seit jeher studieren hier Araber, Juden & Christen gemeinsam, damit war Montpellier seiner Zeit um Jahrhunderte voraus.

Altstadt. Die ovale Place de la Comédie *(l´Oeuf* für Eingeweihte) glitzert vor weichem Marmor und Straßencafés. Gegenüber der reich verzierten Oper legt die Esplanade los, hinter ihren Baumreihen zeigt das ****Musée Fabre** (39 bd Bonne Nouvelle. 300m n. Di-So 10-18h, Mi -21h. 6/4 €) Meister des 16.-19. Jhs im Ex-Jesuitenkolleg – mit 9200 qm eines der größten & bedeutendsten im Lande.

Im **Musée Languedocien** (7 rue Jacques Coeur. 100m n. Mo-Sa 15-18h. 6/3 €) tragen

Archäologen & Regionalisten ihre Preziosen herbei.
Verwinkelte Gässchen führen w vom Ei durch die kneipenreiche Altstadt zur **Promenade du Peyrou** (1 km w). Unter ihren Aquäduktbögen brilliert am Sa ein Flohmarkt, und 150m n davon erblüht seit 1593 Frankreichs ältester **Botanischer Garten** (bd Henry IV. Di-So 12-20h. frei) – ideal gegen Hitzekollaps.

Festival. Früh setzte diese kluge Stadt auf die Karte *Events*. Vier von 30 Beispielen: **Fise** ist eine fünftägige Pfingstparty des Fun-Sports: Bmx, Skating, Inlines, Konzerte. Zum dreiwöchigen **Montpellier Danse** (Jun/Jul) schnüren Europas Top-Choreographen ihr Tütüü. Beim dreiwöchigen **Festival de Radio France** (Juli) gibt´s an die 200 Termine: Symphonie, Jazz, Lyrik, E-Musik. Und zum zehntägigen **Cinemed** (Okt/Nov) laufen 250 Kinofilme aus Mittelmeerländern.

Baden. Viele Wünsche erfüllt der 20 km-Strand zwischen Sète und Agde (27/50 km sw), die Bahn zieht stdl. 6-22h über den Lido zwischen Lagune und *la mér*.
✈Hin & weg. Vom Bhf (in Std) nach **Nîmes** alle 15-30 min bis 21h (½). **Avignon** & **Marseille** stdl. 7-20h (1/1½). **Toulouse** & **Bordeaux** 7.44h, 9h, 11h, 14.13h, 16h, 18h (2½/4½). **Paris**-Lyon ᶻ*TGV* stdl. 6-19.23h (3½). **Barcelona** s. Serviceteil.

NÎMES

50 km ö von Montpellier. 144.000 Ew. 40m üNN. ot-nimes.fr.
Souvenirs der Römerzeit, bestens erhalten, versammelt Nîmes auf engem Raum. Dabei wird leicht übersehen, dass diese angenehme Stadt auch heutigen Baumeistern gern den Weg weist. Zu Pfingsten und Weinlese (Sep) steigen wilde Férias.
OT: beim Maison Carrée (6 rue Auguste. T. 04 6658 3800. 8-20h, So 10-18h).
Internet: Netgames (25 rue de l´Horloge. neben MC. 3 €/Std).
Schlafen. Die **JH Cigale** (257 chemin de l´AJ. 4 km nw vom Bhf. T. 04 6668 0320. fuaj.org) ist ein Wonneproppen im Park. 80 Betten, 4er-Dm 13 €, ohne JH-Karte 16 €, Dz 32/38 €, F 3 € Küche, Garten, Bikes 12 €/Tag, Rezeption 8-1h, immer offen. Bus I Richtung Ales bis Stade. Tipp!
Im **Hôtel des Arenès** (4 bd des Arenès. T. 04 6667 2305. brasserie-arenes.com) fühlt sich jeder wohl, und die Lage ist eh´ erste Sahne. Elf fesche Ez/Dz/3z teils mit Bad und Arenablick 40-50 €(Okt-Apr 30-40 €).

☺Sparen. Der **Pass "Nimes Romaine"** (10/8 €) gilt in allen Römerstätten.

Römer. Ende des 1. Jhs. für 24.000 Spektatoren errichtet, diente die zweigeschossige, 133m lange ****Arena** (9-19h, Okt-Mär -17h. 8/6 €) im Mittelalter als Elendsquartier für 2000 Nimrods; heute erlebt sie Konzerte, Theater und in den Ferías vor Pfingsten auch allabendlich Stierkämpfe.
Im ebenso prächtig erhaltenen **Maison Carrée** (10-19.30h, Nov-Feb -17h. 5/4 €) ging es immer hoch her: Forum unter Augustus, dann Tempel, Konsulnbüro, Stall, Wohnhaus, Kirche, heute Museum, davor moderne Kunst. Frei zu bewundern sind die Römerwerke **Castellum,** Dianatempel, Augustustor und der Aristokratenpark **Jardins de la Fontaine** (je 7.30-22h, Okt-Mär -18.30h), den man aus dem **Tour Magne** (9-19h, Okt-Mär -17h. 3/2,50

€) überblickt, einem 32m-Turm der Kelten.

Museen. Und wenn´s regnet? Das Planetarium und drei Museen (zeitgenössische Kunst, schöne Künste, Stierkampf) nehmen je 5,50/4 €Eintritt, drei andere (Archäologie, Naturgeschichte, Alt-Nîmes) sind frei. Alle öffnen Di-So 10-18h.

→**Hin & weg.** Vom Bhf (8 min zur Arena) nach **Montpellier** 25 min, Züge siehe dort. In Nîmes zweigt die schönste Bahnstrecke im Lande ab: auf dem ****Cevennen-Gleis** nach Clermont-Ferrand (Heimat der Michelinmännchen) *RE* 8h, 13.12h (5½), dort weiter nach **Paris**-Gare de Lyon R*Teoz* 16.29h, 19.29h (3½ Std).

Ausflug: **PONT DU GARD

23 km nö von Nîmes. Über den Gard führt **der Aquädukt** schlechthin. Anno 19 v. Chr. von Augustus´ Schwiegersohn in Auftrag gegeben, leitete er 20.000 Kubikmeter Wasser von der Eure-Quelle bei Uzès nach Nîmes. Das Info Centre am Westufer (T. 08 2090 3330. pontdugard.fr) hat auch Kajaks (15 €/Tag).

Sur le pont. Genial an der Wasserleitung ist, dass sie trotz winzigen Gefälles (34 cm pro km) funktioniert. Wer auf der obersten Etage in 49m Höhe entlang schlendert, sollte schwindelfrei sein. Im Gard kann man tatsächlich noch baden.

→**Hin & weg.** Busse vom Bhf Nîmes oder Avignon nach **Remoulins** (800m ö vom Pont. 3-5 €). Schöner reist man mit Bikes der JH Nîmes auf Nebenstraßen an.

PROVENCE

Hierher! Zum Kräuterriechen, Zikadenlauschen, Boulespielen, Platanenumarmen.

**AVIGNON

230 km s von Lyon. 86.000 Ew. 30m üNN. ot-avignon.fr.

Was waren das für Jahre, als 1309-77 sieben Päpste hier thronten, prunkten und herumhurten! Als Rom rebellierte, fand diese Zeit ein ebenso jähes Ende wie die berühmte Brücke. Im Juli/Aug wird vor dem Papstpalast aber altes Format erreicht, wenn das dreiwöchige **Festival** (Tickets: T. 04 9014 1460. festival-avignon.com) eine ganze Region in Schwingung versetzt. Zu anderen Zeiten strotzt die Perle der Provence einfach vor Atmo. Angaben ab **Place de l'Horloge** (1300m n vom Bhf).

OT: am Bhf und an der Hauptstraße (41 cours Jean Jaurés. 900m s. T. 04 9082 6511. 9-18h, So 10-17h).

Internet: Cyberdrome (68 rue Guillaume Puy. 1100m sö. 7-1h. 5 €/Std).

Bikes. Provence Bike (52 bd St Roch. T. 04 9027 9261) und Holiday Bikes (20 bd St Roch. T. 04 3276 2588), beide beim Bhf, vermieten Citybikes, Trek-MTBs, Tandems (9/15-25/25 €pro Tag) und Motoroller (20-40 €).

Seit Juli 2009 hat Avignon sein **Bikesharing** (T. 0810 456 456. velopop.fr) mit 200 silbernen Einfachst-Rädern für Kurztrips. Entnahme & Rückgabe rund um die Uhr an 17 Stationen, erste ½ Std frei, jede weitere ½ Std 1 €

Schlafen. Vier Campingplätze liegen im ruhigen Park auf der langen Rhôneinsel Barthelasse (700m w. Bus 10 ab Bhf). Alle blicken ungestört auf den Palast, den man von den ersten beiden (ganzjährig) via Pont Daladier in 15 min erreicht.

Pont d'Avignon (T. 04 9082 6350. camping-avignon.com) und **Bagatelle** (T. 04 9086 3039. campingbagatelle.com) haben 300 bzw. 230 Plätze. Backpacker 5-7 €, zwei P mit Zelt und Auto 22 bzw. 18 € (Okt-Mär 10 bzw. 12 €), jeweils cooler Pool und treffliche Ausstattung.

Auch die **Auberge Bagatelle** (siehe Camping) erfreut sich der Vorzüge von Barthelasse. 180 Betten, 4-8er-Dm 17 € (Juli 18 €), Ez/Dz mit F 35-37/40-45 € (Juli plus 3 €). Keine JH, spartanisch, nicht allzu sauber, Zugang zu allen Camping-Annehmlichkeiten.

Vollends am anderen Ufer, in Villeneuve, empfängt das **YMCA** (7bis chemin de la Justice. T. 04 9025 4620. ymca-avignon.com) Gruppen aus aller Welt. 143 Betten, Ez/Dz/3z/4z 25/32/38/50 €, mit Bad 36/46/56/56 €, F 5 €. Für Notfälle.

In der Altstadt gibt's nur **Hotels** (Jul/Aug vorbuchen), große Dichte herrscht an der rue Agricol Perdiguier (900m s). Im liebevollen **du Parc** (#18. T. 04 9086 7155. perso.modulo-net.fr/hoduparc) kosten 14 hübsche Ez/Dz 29-36/36-47 €. **Splendid** (#17. T. 04 9086 1446. avignon-splendid-hotel.com) hat raffiniertere Ez/Dz/3z mit Dusche für 40/59/70 €. **Colbert** (#7. T. 04 9086 2020. lecolbert-hotel.com) erobert sogar zwei Sterne; mit Bad & TV 55-65/80-84 € (Juli plus 20%).

Angenehme Hotels bietet auch die rue Joseph Vernet (500m w). **Mignon** (#12. T. 04 9082 1730. hotel-mignon.com) nimmt für seine 16 zauberhaften Zimmerchen 44-54/62-80 €.

Altstadt. Der caféreiche Cours Jean Jaurès führt vom Bhf schnurstracks vor den monströsen ****Papstpalast** (9-20h, Aug -21h, Okt-Jun -19h. 11/9 € inkl. Audioguide (auch dt.), Kombi mit Bénézetbrücke 13/10 €). Dessen gotische Hallen, bis zu 48m langen Säle und kargen Kapellen sind weitgehend leergeräumt, wenig spiegelt noch den Glanz vergangener Tage.

Um 1310 als Residenz der Bischöfe entstanden, diente das **Petit Palais** später als Pferdestall und Gewerbeschule. Heute dokumentiert es religiöse Malerei bis zur Renaissance (Mo/Mi-So 10-13h, 14-18h. 6/3 €, <18 und So frei). Der Park auf dem **Rocher des Doms** (300m n) blickt ungehindert auf Rhône, Ventoux und die Alpilles; das ist so sehenswert wie die **Kathedrale Notre Dame** nebendran, und jeweils frei.

Aus der Sammlung eines Arztes entstand das **Musée Calvet** (65 rue Jos. Vernet. 500m sw. Mo/Mi-So 10-18h. 5/3 €). Nun hängen in der Patriziervilla deutsche, spanische, flämische Meister vom 16.-20. Jh. und eine ägyptische Katzenmumie.

Sur le pont. St Bénézet (Zeiten wie Papstpalast. 4/3 €) kennt jeder! Geblieben sind ein Kapellchen und vier der einst 22 Bögen, die Rhône schleppte den Rest hinfort. Nachts pflückt die Polizei Brückenkletterer von der Wand, es sei denn ...

Vom Bhf Centre (in Std) Zfrei nach **Orange,** Nîmes, Montpellier, **Marseille** stdl. 6-20h (¼/½/1¼). **Barcelona** 6h, 13.27h, 16h mit u/in Portbou oder Montpellier (6-7). **Lyon** etwa stdl. 6-19.36h (2¾).

Vom Bhf TGV (10 km ö. Bus halbstdl. 6-22.35h ab Bhf Centre, Interrail gilt nicht) Z*TGV* nach **Marseille** stdl. 6-23h (½). **Toulouse** 20.14h (3). **Nizza** zweistdl. 7.41-16.46h (3). Lyon & **Paris** stdl. 6-20h (1/2¾). **Genf** 16.45h, 19.46h (3).

**ORANGE

28 km n von Avignon. 45.000 Ew. 34m üNN. ville-orange.fr.

Wer die einzige echte Farbenstadt im IR-Reich auslässt, verpasst ultraschräge Bahnsteige, einen Triumphbogen und das schönste ***Amphitheater der römischen Welt. Seine Akustik ist noch so erlesen, dass seit 1869 darin die **Chorégies** (Ende Juli. Festival-Info T. 04 9034 2424) abgehalten werden, mit Opern, Tragödien und Symphonie von Weltrang.

OT: vor dem Amphitheater (cours Aristide Briand. T. 04 9034 7088. 9-19h).

Schlafen? Avignon bietet mehr Auswahl und Nachtleben, während Orange um 22h die Bürgersteige hochklappt. Wenn´s aber sein muss: Das zentrale, charmante Hotelchen **L'Herbier** (8 place aux Herbes. T. 04 9034 0923. lherbierdorange.com) hat Ez/Dz/3z für 37/42-50/55 €und eine Terrasse *sur la place*.

Theater! Im Sommer steigen auf der Amphibühne vor 8000 Zuschauern Theaterabende oder Konzerte; Sting und Pink Floyd waren schon da (Theater & Museum 9-19h, Sep-Mai - 17.30. 8/6 € inkl. Audioguide). Wen dieser Preis hart trifft, der schlägt den Weg aller Europabummler ein: links am Phitheater vorbei, im ersten Gässchen nach Stufen suchen, die die **Colline St Eutrope** rechts erklimmen, zum 1a-Aussichtsfels hart an der Kante überm Theater.

Siesta. Der zerzauste **Park St Eutrope** ist ideal für Päuschen: Ventouxblick, Zikadengebrüll, Einsamkeit. Und was dort hinten dampft, ist das AKW von Marcoule.

Hin & weg. Vom Bhf (800m zum Theater. Bus 2) bis Avignon stdl. 7-21h (15 min).

Ausflug: MORNAS

Eine Festung mal **ganz für sich** haben? Ohne Japanergruppen oder Rucksackstapel? Voilà, Mornas (2200 Ew. 10 km n von Orange) steht in keinem anderen Führer. Den meisten ist wohl der 15 min-Anstieg zu steil, der im charmanten Dörfchen loslegt. Oben lungert eine geräumige, weitgehend ruinierte Burg am Abgrund (9-18h. 4/2 €).

Château. Jeder spielt hier Entdecker-auf-eigene-Faust oder lässt sich von Studenten aus dem Mittelalter führen.

Hin & weg. Von/nach Orange und Avignon bis 22h (12/30 min).

MARSEILLE

351 km s von Lyon. 806.000 Ew, Großraum 1,6 Mio Ew. marseille-tourisme.com.

Wo viel Industrie, dort viele Wähler für den Proto-Faschisten Le Pen. Marseille lag da lange vorn. Für frischen Wind sorgt aber der riesige Hafen, und dank des neuen *TGV*-Gleises lassen sich immer mehr Hightech-Firmen samt ihrer vergoldeten Mitarbeiter nieder. In keiner französischen Stadt ist derzeit mehr in Bewegung, und das bleibt vorerst so, weil Marseille 2013 Europas Kulturhauptstadt wird. Angaben ab **Vieux Port** (Métro. 1 km sw vom Bhf) am w Ende der Canebière.

OTCM: im Bhf (UG. Mo-Sa 10-17h) und am Vieux Port (4 La Canebière. T. 04 9113 8900. 9-19h, So 10-17h).

Internet: InfoCafé (1 quai de Rive Neuve. 120m s. 9-22h, So 14-19h), eine Bar mit Hafenblick und 50 PCs für 4 €/Std.

Schlafen. **Camping Bonneveine** (T. 04 9173 2699) neben der JH ist sauber und goldrichtig.

Beide **JHs** (ohne JH-Karte plus 3 €) liegen in Vororten, sind aber bis 23h passabel erreichbar; später rechnet man ab Altstadt mit 8-12 € fürs Taxi. Die moderne **JH Bonneveine** (47 ave J. Vidal. Impasse du Docteur Bonfils. 5 km s. T. 04 9117 6330. ajmarseille.org) liegt am Beginn der Calanques-Steilküste, 200m vom Strand weg. 150 Betten auf zwei Etagen, 4-8er-Dm mit F 18 €, Dz 42 €. Rezeption 7-12.30/14-22h, Torschluss 1h. M2 bis RP Prado, dann Bus 44 bis place Louis Bonnefons; nach 21h Bus 583 ab place de la Bourse (Vieux Port).

Die dreistöckige **JH Château du Bois Luzy** in Montlivet (Allées des Primevères. 5 km nö. T. 04 9149 0618. fuaj.org) krönt einen Aussichtshügel. 90 Betten, Dm 12-15 €. Prima Küche, Rezeption 17-23.30h, danach Licht aus! Ab Canebière Bus 6 bis Marius Richard (200m von der JH) oder Bus 8 bis Bois Luzy (400m).

Cigale & Fourmi (19 rue Théophile Boudier. T. 04 9140 0512. cigale-fourmi.com) im Stadtteil Mazargues ist durchdachter als die JHs. Dm 15 €, Dz 35 €, Studios 45 €. Küche, freie Räder, Bootstouren in den Calanques. M2 bis RP du Prado, dann Bus 21 (nach 21h ab Bhf N521) bis Obélisque, dann bd de la Concorde, am Ende links in ave Zola, rechts in rue de la Tour, dann rue Boudier.

In manchen 40 €-Hotels beim Bhf bleiben Gäste nur ein Stündchen. Seriöser ist das **Terminus** (1 place des Marseillaises. T. 04 9190 7059. hotel-beaulieu-marseille.com). 33 Zimmer, Ez/Dz/3z 40/45/- € mit Bad, TV, WiFi 50/65-70/90 €, Gepäcklager frei.

Von den standardisierten Charakterlos-aber-praktisch-Häusern liegt **Etap Vieux Port** (46 rue Sainte. 300m s. T. 04 9154 7373. etaphotel.com) am besten. 147 klimatisierte Dz/3z mit TV 57 € – das ist für drei Leute kaum mehr als in JHs.

☺**Sparen.** Mit dem **City Pass** (ein/zwei Tage 20/27 €) sind 14 Museen, das Chateau d'If (inkl. Boot dorthin), Bus/Metro und die albernen „Touristenzüge" frei. Zu sehen wäre viel, v.a. aus Marseilles griechisch-römischen Zeiten. **Alle Museen** öffnen Di-So 11-18h, Okt-Mai 10-17h, **Eintritt stets 2/1 €.**

Rundgang. Entlang der Prachtallee **Canebière** vom Alten Hafen zur Reformierten Kirche tobt das Nachtleben in vielen Schattierungen. Bis in die 80er galt Marseille – Stichwort *French Connection* – als eine Weltmetropole des Verbrechens, seine **Bar du Téléphone** (2 km s vom Vieux-Port) z.B. erlebte am 3. Oktober 1978 das größte Bandenmassaker aller Zeiten: zehn Tote, verfilmt 1980 mit Daniel Duval.

Auffällig im algerisch geprägten **Quartier Panier** n vom Alten Hafenbecken ist die neobyzantinische Kathedrale Marie Majeure. Das **Musée des Docks Romains** (place Vivaux) in Le Panier verdankt seine Existenz einer deutschen Bombe, die 1943 unterirdische Römeranlagen freilegte. Im Centre de la Vieille Charité (2 rue de la Charité. U Joliette) erfreut das **Musée d'Arts Africains, Océaniens et Amérindiens** nicht nur Ethnologen.

Im **Quartier d'Opéra** n der Canebière, innerhalb des Einkaufs-Centre Bourse (rue de Bir Hakeim. 200m nö), stößt man aufs **Musée d'Histoire de Marseille** (Mo-Sa 12-19h) mit viel Rom und Resten eines gesunkenen Kaufmannsschiffes im 2. Jh.

Das grandiose **Palais Longchamp** (bd Claude Philippon. U1 Cinq-Avenues) ward 1862 als

„Hymne ans Wasser" errichtet, nachdem Marseilles Wasserversorgung durch den Kanal zur Durance gesichert war. In seinem Kolonnadenbogen stecken gleich zwei außergewöhnliche Museen: **Beaux Arts** und **Histoire Naturelle.** Hinterher wird frische Luft geschnappt, in den Palastgärten mit Zoo.
Sehenswert auch s vom Alten Hafen die Krypta & Katakomben der **Wehrabtei St Victor** (11.-14. Jh.).

Château d´If. Unter Franz I. errichtet, wurde die **Knast-Insel** (9.30-18h. 5/3,50 €, EU<26 frei) vor Marseille durch Alexandre Dumas berühmt, der den *Grafen von Montecristo* hier schmachten ließ. Boote ab Quai de la Fraternité (Alter Hafen) etwa stdl. 9-17h (20 min. hin/rück 8 €).

→**Hin & weg.** Vom **Bhf St Charles** (Taschendiebe!) (in Std) nach **Avignon** ^{Z}frei stdl. 7-20.25h (1¼). **Paris** ^{Z}frei 7h, 9h, 11h mit u/in Lyon & Dijon (9½), ^{Z}*TGV* stdl. 5.28-19.28h (3¼). **Nîmes, Montpellier** & **Toulouse** teils ^{Z}frei stdl. 6.14-18.18h, ^{Z}*TGV* 19.32h (alle 1/1½/4). **Bordeaux** zweistdl. 6.14-16.15h (6). **Cassis, Cannes** & **Nizza** stdl. 7-22h, teils ^{Z}frei (1/2/2½).

Schlaftipps: ^{Z}*NZ* nach Luxemburg 23.21h (9½), Bordeaux & Irún 0.10h (8/11).

CÔTE D´AZUR

Prächtige Hotelpaläste, pralle Casinos, luxuriöse Shops, laszive Schnösel. Aber es gibt auch viel Geschichte und 66 Museen zwischen Monaco und Marseille. Wer was davon sehen will, kommt per **Museumspass** (11/33 € pro Tag/Woche, in OTs) frei rein. Meist sind kleine Orte den großen vorzuziehen, bloß Nizza schlägt alles.

***CASSIS

22 km sö von Marseille. So war die Cote d´Azur wohl, bevor sie vom Tourismus überrollt wurde. Mit wenigen Schritten entkommt man im liebreizenden Cassis (12.000 Ew. cassis.fr) dem Trubel am Hotspot „Alter Hafen" und findet etliche Strände voll cooler Leute. Die **Calanques** sind ohnehin großartig, und das Cap Canaille (399m) ist angeblich Europas höchste Meeresklippe.

OT: am Hafen (quai des Moulins. T. 08 9225 9892. 9-18h, So 10-12.30h).

Schlafen. Drei **Zeltplätze** umzingeln die lauschige Bucht von Cassis. Die Öko-JH **Calanques/Green Hostel** (La Fontasse. Abzweig von D559 6 km w von Cassis. T. 04 4201 0272. fuaj.org) fordert Tramper heraus. 60 Betten, Dm 11,50 €, mit F 15 €. Küche, Regenzisterne statt Dusche, Solarstrom, Mülltrennung (in Frankreich!), pure Ruhe, wenig Party, März-Dez. 7 km vom Bhf, 4 km vom Bus. **Kletterer** wissen, warum sie die Klippen hinter der JH zu ihrem Paradies erwählt haben.

→**Hin & weg.** Vom **Bhf Cassis** (2 km n) stdl. nach Toulon (hier TGV-Anschluss) bis 23.35h, Marseille bis 22h (25/30 min).

ST. TROPEZ

131 km sö von Marseille. Die schönen Menschen von Trop´ (19.000 Ew. saint-tropez.fr) konnten bisher schnöde Züge von ihrem Heiligtum fernhalten. Dennoch mosert manch

ergrauter Playboy, man könne vor lauter Massen **die schönen Mädchen** im Jachthaf nicht mehr sehen. Also geben wir ihm den Blick frei und präsentieren unsere Vorzüge lieber an der hübschen **Plage de Tahiti** (3 km sö).

OT: quai Jean Jaurès (T. 04 9497 4521. 9.30-22.30h).

Mädels! Hier hocken seit 1956 jene Kerle, vor denen euch Oma immer gewarnt hat. „Sehenswert, aber lieber im Frühjahr, sonst gehört man zum Club der neidischen Nicht-Jachtbesitzer." (Ulrike & Simone Tanzer)

Port Grimaud. Ins Nachbarnest (7 km von Trop´) sind es per Bus 15 min, falls nicht Stau herrscht wie eigentlich meistens. Im kanaldurchsetzten Bungalownest ist die zweite Liga der Jetsetter beim Blasenblubbernlassen zu beobachten.

Küstenstraße. Zelte plätzen zuhauf an der N98 bis **Fréjus** (31 km n von Trop´. frejus.fr), wo wir wieder aufs Gleis Marseille-Nizza stoßen. Bus 10 fährt vom Bhf St Raphael zur romantischen, ruhigen **JH Fréjus** (627 Chemin du Counillier. T. 04 9453 1875. fuaj.org) im Pinienwald: 106 Betten, Dm mit F 14 €, tgl. Bus zum Meer. In Fréjus selbst bieten sich 27 Hotels, 18 Gästehäuser und 28 Campings an.

✈ **Hin & weg.** Vom **Busbhf St Tropez** (sw Ortsende) mit Sodetrav etwa zweistdl. bis 19.20h auf **Strecke nach Lavandou und **Bhf Toulon** (1/2¼ Std); St Maxime und **Bhf St Raphaël** (¾/1½ Std).

CANNES

189 km ö von Marseille. 67.000 Ew. cannes.fr.

Wer vor dauergewellten Pudeln in Seitenstraßen flüchtet, tut bereits den ersten Schritt, das andere Gesicht einer Stadt zu entdecken, die bis 1946 ein harmloses Fischerdorf war, dann die Filmfestspiele abbekam und seither jeden Sommer Schick & Mick sonder Zahl anzieht. Angaben ab **Bhf** (500m nö vom Alten Hafen).

OT: klein am Bhf (Mo-Sa), groß an der Croisette im scheußlichen Palais des Festivals (500m s. T. 04 9339 2453. 9-20h).

Internet: Mondego (15 square Merimée. gegenüber OT. 4 €/30 min).

Bikes: Alliance Loca (19 rue des Frères Pradignac. 500m sö. T. 04 9338 6262. MTBs und Roller 15/25 € pro Tag).

Planen. Zum zwölftägigen Filmfestival (Mitte Mai) ist alles ratzeputz belegt, vor jeder Kultstätte sieht man nur Rücken schubsender Paparazzi, viele Quartiere, auch im Umland, hauen 20-80% auf ihre Preise. Hallo Railer, weiträumig meiden!

Camping. Das Luxus-Getue geht so weit, dass Cannes jeden Versuch, ein Hostel zu etablieren, nach kurzer Zeit kleinkriegt. Bleibt also Zelten – oder Nizza.

Le Ranch (Chemin Saint-Joseph. T. 04 9346 0011. leranchcamping.fr) im Viertel Cannet liegt auf einem bewaldeten Hügel, 2 km vom Strand, 800m von Palestre. Zwei P mit Zelt 23 €, schmucklose Dz/3z/4z 50/60/70 €. Bus bis 20.30h vom/zum Hotel de Ville (15 min. 1,50 €).

Parc Bellevue (67 ave Maurice Chevalier. 5 km w. T. 04 9347 2897. parcbellevue.com) macht sich in La Bocca locka. Zwei P mit Zelt 20 €, Wohnmobile wochenweise ab 250 €

Großer Pool, selten Busse. Weitere Zeltplätze liegen 8 km w beim Bhf La Napoule-Plage oder ö erst hinter Antibes.

Rundgang. Einmal die grandi-endlose ****Croisette** beehren! Hotelpaläste teilen den Strand unter sich auf, aber es gibt einen öffentlichen Streifen beim Palais des Festivals, mit Gratisduschen und Belegungsfaktor 24. Wer spazieren will, geht unter Pinien durch **La Californie** am ö Ende der Croisette oder zum schmucken **Vieux Port:** hier ankern die Pudelbesitzer.

Danach hilft nur der Bootsausflug zu den eukalyptigen, pinienduftenden **Lérins-Inseln.** Ste Marguerite hat feine Pfade, St Honorat ein Zisterzienserkloster, sie liegen 12 bzw. 20 min s von Cannes. Hin/rück mit CMC (T. 04 9338 6633) ab Altem Hafen je 8 €, Kombi 12 €

Hin & weg. Vom **Bhf Cannes** (in Std) Zfrei halbstdl. nach **Nizza** bis 0.09h (3/4), St Raphaël und **Marseille** bis 23h (1/2/2), **Paris** 21.33h (10). Fernzüge siehe Nizza.

**NIZZA

38 km ö von Cannes. 363.000 Ew. nicetourism.com.

Nizza schmückt sich mit seinem verblichenen Glanze. Überall schimmert noch jene Pracht durch, von der Fitzgerald träumte. Trotzdem hält es für Backpacker mehr bereit als die noblen Nachbarn. Wer im Sommer preiswerte Betten braucht, sichert sie bis 11h. „Unbedingt auf nen Hügel gehen und Nizza von oben begutachten. Nice!" (Nico Ghielmetti) Angaben ab **Bhf Ville** (1100m n der Promenade).

OTC: am Bhf (8-19h) und 5 promenade des Anglais (T. 04 9387 0707. 9-18h).

Schließfächer: im Bhf (5.30-1h, auch Duschen & Café).

Internet: Webstore (12 rue de Russie. 500m s. 10-19h. 5 €/Std).

Bikes: Nicea (9 ave Thiers. 10m sw. T. 04 9382 4271) und Holiday Cycles (34 ave Auber. 30m s. T. 04 9316 0162. je 13 €/Tag).

Schlafen. Camping ohne Auto entfällt hier.

Die wunderbare **JH Mont Boron** (route Forestière de Mont Alban. 4 km ö. T. 04 9389 2364. fuaj.org) glänzt mit Hanglage und Panoramablick. 56 Betten, 6-8er-Dm 17 €. Rezeption 7-12/17-24h, Torschluss 24h. Gäste können Gepäck bis 12h abgeben, aber erst um 17h ins Dorm. Bus 15/17 vom Bhf bis Sunbus, dann Bus 14 (letzter um 20h) bis Mont Alban. Tipp!

Besser für Unternehmungslustige liegt die **JH Les Camelias** (3 rue Spitalieri. 500m s. T. 04 9362 1554. fuaj.org) in einem alten Hotel. 136 Betten, Dm mit gutem F 22 €, ohne JH-Karte 25 €. 5 min vom Bhf, ultra-freundliches Personal, ganzjährig immer offen.

Pausenlos offen bleibt auch **Patricks Backpackers** (32 rue Pertinax, erste Etage. 150m ö. T. 04 9380 3072. chezpatrick.com), gegenüber McDonald´s. 22 Betten, 4-6er-Dm 24 €, Dz 55 € (Okt-Mär 17/40 €). Alle Annehmlichkeiten, alles klein und sauber, prima Stimmung, leider oft voll. Rezeption 14-22h. 15 min vom Strand.

Die **Villa St. Exupéry** (22 ave Gravier. 3 km n. T. 0800 307 409/frei in F. vsaint.com) ist eines dieser Hostels, von denen jeder vor der Reise an Regentagen träumt. 4-6er-Dm mit Bad und sattem F (bis 10.15h) 30 €, Ez/Dz/3z mit Bad, WiFi und teils Balkon 70/80/105 €. Party-Zentrum am Hang, Park, Aussicht, Bar, tolle Räume, Internet frei (zehn PCs), große Lounge. Bus 1/2/23 vom Bhf bis St Maurice bzw. Gravier; wer sich ankündigt, wird vom Villa-Bus abgeholt.

Zentraler? Die nette **Brigitte Baurens** (3 rue Rouget de Lisle. 500m nö. T. 06 8449 9916. perso.orange.fr/hotel.nice) hat drei große Zimmer im Herzen der Stadt: Dz/3z 50/60 €

Vierte Etage, Aufzug, gepflegt, hell, top ausgestattet, 8 min vom Bhf, 20 min vom Strand. „Wir kamen sogar in ihrer Wohnung unter und durften ihr Bad, Küche und WC mitbenutzen." (Lara Spendier)
Mehr Komfort? Wir sind ja in Nizza! Das klassizistische **Hotel Belle Meuniere** (21 ave Durante. 100m s. T. 04 9388 6615. bellemeuniere.com) ist ein bezaubernder Familienbetrieb. 3-5er-Dm inkl. F 17 €, mit Dusche 20-22 €, nur <35 Jahre. Dz/3z/4z für alle, mit F 48-52/45-57/72-76 €, F 3 € Großer Garten, Terrasse, tolle Atmosphäre. „Duschen kostet 2 €, Duschzeit reicht für zwei P". (Holger Schaffeld)
Altstadt. In **Vieux Nice** herrscht italienische Atmo hinter dem Quai des États-Unis. Von seiner place St François windet sich ein Pfad zum **Parc du Château.** Aus 92m blickt man auf den Olympiahafen, in dem erlesene Menschen auf erlesenen Jachten vor Anker liegen. Bei Tag und Nacht wird danach die **Promenade des Anglais** abspaziert, deren Cafés sich die noble Lage bezahlen lassen.
Museen. Zu den Spitzenmuseen am Hang in Cimiez (2 km nö) fährt Bus 15 ab place Massena. Das ****Musée Matisse** (164 ave des Arènes de Cimiez. Mo/Mi-So 10-18h. 4/2,50 €) umfasst alle Schaffensperioden eines erfüllten Lebens (1869-1954), zu den Nachbarn zählen das Musée Archéologique, römische Bäder und das ruinierte Amphitheater. Unterwegs zeigt das **Musée Chagall** (16 ave Docteur Ménard. 600m nö. Mo/Mi-So 10-18h. 7/5 €) den berühmten Zyklus zum Alten Testament; ab hier Gratis-Bus rauf nach Cimiez.
Im spektakulären **Musée d'Art Moderne** (Promenade des Arts. 1200m sö. Di-So 10-18h. *frei)* oberhalb Vieux Nice toben sich Op & Pop aus. Bus 3 bis Garibaldi.

Zaren. Un-orthodoxe Überraschung an der ave Nicholas II: mit sechs Zwiebeltürmen entführt die **Russische Kathedrale** (600m w. 8-12/14.30-18h. 3 €) in die Zarenzeit, als Nizza noch Lieblingsdomizil der russischen Haute-volée war. Kein Einlass mit unziemlicher Kleidung.

Baden. Der Strand an der Promenade des Anglais ist ellenlang, aber teils privat und stets kieselig. Wer's weicher braucht, drückt kurz die Zugbank bis Beaulieu (feiner Kies. 5 km ö) oder zur Villenversammlung am Cap Ferrat.
Hin & weg. Vom **Bhf Ville** (in Std) ^{Z}frei nach **Monaco,** Cannes, **Marseille** stdl. 6-23h (¼/¾/2½). **Avignon** & **Paris** ^{Z}*TGV* stdl. 6.39-17.41h (3/5½), ^{Z}frei nur mit u/in Marseille. **Toulouse** & **Bordeaux** ^{Z}frei 10h, 13.36h (6/8). **Mailand** ^{R}*ECs* 10h, 18h (5). **Genf** ^{Z}*TGV* 13.29h (6).

Ausflug: KIEFERNBAHN

Der Schmalspur-Abstecher (trainprovence.com) von **Nizzas Süd-Bhf** (rue Alfred Binet. 400m n vom Bhf Ville) durch die Seealpen nach Digne besitzt ganz eigenen Charme. Im ersten Abschnitt, durchs wilde Var-Tal, sitzt man links. Das CFP-Bähnchen schaukelt über bemooste Schwellen durch Dörfchen, die in grimme Schluchten abzugleiten drohen. Unterwegs wird 30 mal kurz und in **Annot,** nach 87 km, 3 min lang gerastet: für Wanderer zum Ein/Aussteigen, für Mensch zum Knipsen, für Lok zum Schnaufen.
In **Digne**, nach 151 km, endet die CFP-Herrlichkeit. SNCF-Busse fahren nach St Auban (Züge nach Aix), durch die Alpes de Provence und über den Verdon, dessen Schluchten bald flussabwärts beginnen. Oberhalb des Verdon bietet die Sommer-JH **La Palud** (T. 04 9277 3872) von Apr-Sep 53 Betten ab 16 €

✈**Hin & weg.** Von **Nice-Sud** 6.25h, 8.50h, 12.55h, 17.15h; von **Digne** 7.29h, 10.55h, 14.25h, 17.30h (3½ Std. 18 €, Interrail 9 €).

MONACO

✆ 00377. 16 km ö von Nizza. 32.000 Ew. visitmonaco.com.

Kein Pflaster zum Wurzelnschlagen, aber nett zum Beschnuppern. Im bergigen Fürstentum ohne Grenzübergänge, seit 1297 unter Grimaldi-Knute, tummeln sich auf 2 qkm viele jener Armleuchter, die montags zu Kerner einfliegen und dienstags aufs Solidarprinzip ein goldenes Häufchen setzen: Ätsch, ich lebe **steuerfrei!**

Monacos begehrte **Carte de Séjour** besitzen z.B. Schiffer, Joop, Becker. Da aber jeder beweisen muss, dass er jährlich mind. 183 Tage hier verbringt, empfehlen Steuerberater, einen *Monsieur Lumière* einzustellen. Der pirscht mal durch die Wohnung, knipst ´n paar Lichter an und ruft ´nen Kumpel an. Das reicht der Polizei als Anwesenheitsbeleg und hält 200 Monegassen in Lohn und Brot.

☺**Sparen?** Rucksäcke fühlen sich wohler in Nizza oder im Gepäcklager am Bhf. Wer aber seine Nerzstola dabei hat – raus damit, hier ist der Ort dafür.

Direction du Tourisme: beim Casino (2a bd des Moulins. T. 9216 6166. 8-20h).

Cybercafé: stilecht nur im Stars´n´Bars (6 quai Antoine I. Di-So 11-2h), mit Pulp Fiction-Resto, oft Promis und Internet für 12 €/Std!

Schlafen? Nix da! Bei **Hotels** beginnt der Spaß ab 85 € und hört bei 5000 € noch nicht auf. Und das **Centre Jeunesse Princesse Stéphanie** nimmt keine Reisenden mehr auf; also keine Schowi-Scherze mehr. Schade.

Rundgang. Schon der aus dem Berg gehauene **Bahnhof** (ave Prince Pierre) erschlägt jeden: alles aus Marmor und unglaublich sauber. Von hier stolziert man runter zum **Hafen,** dessen Jachten im nächsten James Bond auftauchen könnten. In den Cafés am Kai erwartet wohl niemand Mensapreise.

Das gesparte Geld investieren wir lieber im *****Musée Océanographique** (ave St Martin. 9.30-19.30h. 13/6 €) am Hang hinter der Kathedrale, zum Aquarium mit 90 Becken gehört auch ein netter Park. Ebenso wenig zu verachten: der **Fürstenpalast** (Staatsräume Apr-Okt 9-18h. 7/3,50 €) oben am Berg (Monaco-Bus 2 bis Endhalt) kann es prunkmäßig mit Buckingham aufnehmen – zumal die Grimaldis, wie man hört, längst reicher sind als die etwas sonderlichen Windsors. Gibt sogar einen Wachwechsel hier, tgl. auf die Minute genau 11.55h (frei).

Für ein spektakuläres Panorama übers Fürstentum schwitzt man sich dann hinauf an die Staatsgrenze, hier quillt der **Jardin Exotique** (7/3,50 €. Bus 2 ab OT bis Endhalt) mit 7000 Kakteen & Fettblattgewächsen fast über.

Monte Carlo. Wer feiste Schlitten & knappe Parkkunst sehen will, dreht die Runde ums **Casino** (Einlass tgl., Spielhallen 10 €, *dress code).* Abends ist dies *der* Ort, um all die Gsichter aus *Gala* anzutreffen, oder zumindest ein paar *Gala*-Leser. Der erfrischende **Japanische Garten** (ave Princesse Grace. 9h bis Sonnenuntergang. frei) beim Grimaldi-Forum am Meer wurde eigens vom Shinto-Priester gesegnet.

✈**Hin & weg.** Vom Bhf Monte Carlo bis 23h mehrmals stdl. nach **Nizza** & **Ventimiglia** (16/22 min).

GRIECHENLAND

✆ 0030. 131.957 qkm. 11,2 Millionen Ew. BIP 23.480 €/Ew. visitgreece.gr.

Natürlich ist Hellas eine Anhäufung von Ruinen aus ruhmreicheren Zeiten. Wo es aber nichts zu sehen gibt, gibt es viel zu erleben: Gastfreundschaft nach alter Sitte. Wer reif ist für die Insel, kommt auch auf dem Festland nie zu kurz: heißes Nachtleben, schöne Strände und mäßige Preise, außer wenn die Olympischen Spiele ins Land der Dopingraketen kommen. Doch damit ist bis 2104 nicht mehr zu rechnen, Zeus sei Dank.

Schmankerl! **Bahn:** rauf nach Kalavrita. **Natur:** rund um die Peloponnes. **Kultur** für eine Woche: Peloponnes, zwei Tage Athen, abschließend Meteora.

Serviceteil

Griechische Zentrale für Fremdenverkehr: Neue Mainzer Str. 22, 60311 Frankfurt, T. 069/257 8270. Opernring 8, 1010 Wien, T. 01/512 5317. CH: Löwenstr. 25, 8001 Zürich, T. 044 221 0105.

Botschaften in Athen: D: Karaoli Dimitriou 3, Kolonaki, T. 210 728 5111. A: Vass. Sofias 4, T. 210 725 7270. CH: Iassiou 2, T. 210 723 0364.

€-Land (nachdem die griechische Regierung jahrelang ihren Haushalt getürkt und sich damit in den Euro-Stabilitätspakt gemogelt hat). Banken öffnen Mo-Fr 8-14h, mindestens eine pro Stadt bis 18h. Bankomaten sind flächendeckend zu finden, Reiseschecks und Kreditkarten in Tourigebieten verbreitet. Zur Nebensaison sind Betten (größter Budgetposten) 25% billiger, oft kann man noch mehr rauskitzeln.

ALLE HERLESEN, bitte! Für die Antike gelten einheitliche Regeln. **Akropolis, Archäo-Museum in Athen, Mykene, Epidauros, Nauplion, Olympia, Delphi** u.a. öffnen Mo 12-19.30h, Di-So 8-19.30h (Apr/Nov -18h, Dez-März -16h). Eintritt 6 €, ***frei <18 und mit ISIC,*** am ersten ***So*** Mai/Juni und ***jeden So*** Nov-Apr.

Griechenland ist das einzige Interrail-Land, dessen **Schrift** Ungeübte nicht entziffern können. Zwecks Orientierung besorgt man sich am Domizil **einen** Stadtplan mit „normalen", einen mit griechischen Buchstaben. In Athen ist das unnötig: Alle Schilder (auch Straßen & U-Bahn) und Metro-Ansagen sind zweisprachig.

✆ Polizei/Notruf 112, Tourist Police 171. Es gibt keine Ortsvorwahl, stets ist die zehnstellige Nummer ganz zu wählen.

Hellas per Fähre

Nach Patras schippern 31 Linien (greekferries.gr), für Railer relevant sind zwei davon. Zu den genannten Preisen kommen Hafengebühr (7 €/Strecke), Treibstoffzuschlag (ggf. 10 €) und **Saisonzuschlag** (Juni/Sep 10 €, Juli/Aug 20 €). Alle Angaben online prüfen. Sonderangebote erfragt man im Reisebüro.

Ancona – Patras mit *Superfast* (superfast.com) ganzjährig 13.30h, 18h (21 Std), retour 14.30h, 19h. Deckpassage hin/rück 78/133 € (Sep-Juni 53/90 €), Schlafsessel 108/184 € (77/131 €). Diese Strecke bedienen auch *Anek* (anek.gr) und *Minoan* (minoan.gr).
Bari – Patras via Igoumenitsa mit *Superfast* Mo-Sa 20h, So 12h (15 Std), retour 18h. Deckpassage 75/128 €(Sep-Juni 53/90 €), Schlafsessel 89/151 €(77/131 €).

Frei für Interrailer (Globalticket oder GR-Länderpass) ist auf beiden Strecken die Decküberfahrt. Theoretisch! Praktisch zahlt jeder Hafengebühr und alle Zuschläge. „Superfast ist sehr gut, das Personal sehr freundlich." (Anja Schneeberger)

Fährtipps. Da im Sommer an jeder Fähre Andrang herrscht, reserviert man vorher online (info.athens@superfast.com) oder am Tag der Abfahrt im Hafen, kommt früh an, zahlt Hafengebühr und Zuschläge, deckt sich mit Proviant ein und checkt zwei Std vor der Abfahrt ein. Die ungemütlichen Innenkabinen sind den Aufpreis (ab 70 €) nicht wert. Besser sichert man sich beim Einsteigen eine windgeschützte Ecke an Deck, dann kann die Rotwein-Party starten. WCs sind frei zugänglich, Getränke an Bord teuer.
„Eigentlich mag ich Leute nicht, die schon eine Std vor Ankunft am Fährausgang stehen. Da wir aber zu lange warteten und uns dann durch eine lange Schlange quetschen mussten: lieber etwas zu früh als viel zu spät." (Bernd Speicher)

Hellas per Bahn

Auslandszüge nach Thessaloniki (in Std) von **Istanbul** 8.30h mit u/an der Grenze (14½), 21h direkt (12½). **Belgrad** 7.50h, 22h (14). **Sofia** R7h, R17h (6), R22.40 (7). **Bukarest** R12.16h (17).
Organismós Sidiródromon Éllados. Griechenland ist kein Bahnland. Zwar nennt die staatliche OSE 2584 km ihr Eigen, zählt aber großzügig auch ihre Buslinien dazu. Den Norden quert nur Thessaloniki-Píthio, mit Wildwestfeeling an der türkischen Grenze. Im Osten zweigen vom Gleis Thessaloniki-Athen (nicht elektrifiziert!) ganze drei Stichstrecken ab. Über die Peloponnes führt nur ein Rundkurs, mit Abstechern nach Kalavrita, Olympia und Nafplion. Auf Hauptstrecken herrscht pi-mal-daumen der Zweistundentakt, Anschlüsse sind mäßig berechnet, viele Züge neigen zum Trödeln. Freie Fahrpläne gibt es an jedem Bhf.
Derzeit ausgebaut wird Patras-Athen-Thessaloniki-Idomeni (mazed. Grenze), mittelfristig soll diese **PATHE-Achse** dann zweigleisig elektrifiziert mit 200 km/h befahrbar sein. Die Fahrzeit Athen-Thessaloniki soll damit auf 3½ Std sinken.
Liege/Schlafwagen sind erschwinglich (ab 9/13/20 € im 6/4/2er-Abteil), hängen aber nur an Nachtzügen Athen-Thessaloniki und ins Ausland. Im Einzelfall verschafft man sich Klarheit bei der OSE (callcenterose@newsphone.gr); sofern noch Liegen/Betten frei sind, kann man meist mit dem Schaffner direkt etwas drehen.
Tarife. Von Athen nach Thessaloniki kostet 14 €, nach Patras 7 €, mit Rückfahrt 20% Rabatt. Reisende <26 kriegen von Sep-Juni 25% Rabatt. Hinzu kommen **auch für Interrailer Zuschläge,** dass sich der Balkan biegt: im *IC* 6-28 €, *ICE* (Schnitt 100 km/h) 9-41 € Einundvierzig! Mit einem Sitzplatz darf man ohne Platzkarte kaum rechnen, in *IC* und *ICE* ist sie Pflicht und im Juli/Aug möglichst zwei Tage vorher zu besorgen, auch mit Interrail. Besser als **Interrail GR** (drei/vier/sechs/acht Tage 69/89/119/139 €, < 26 Jahren 45/58/77/90 €) ist die altersunabhängige, nur vor Ort zu erwerbende **Multiple Journey**

Card (10/20/30 Tage 48/72/96 €, bei zwei Reisenden 80/128/177 €, bei drei Reisenden 104/168/231 €), die es gibt.

Der Balkan Flexipass gilt in Bulgarien, Griechenland, Mazedonien, Montenegro, Rumänien, Serbien und der Türkei (hier 1. Klasse!). Er ist nur vor Ort zu kaufen, **offiziell** mit 5/10/15 Tagen binnen eines Monats für 185/306/361 €, <26 Jahren 115/191/229 € In manchen Reisebüros (meist in Bahnhofsnähe) konnten Railer ihn aber **abenteuerlich günstiger** ergattern. Bei Wasteels in Athen gab´s den BFP 2009 für 82/144/172 €, <26 Jahren 49/82/98 € Balkan eben? **Das ist ein Wort!**

OSE-Info: T. 1110 (24 Std, auch engl., wird ja von der EU bezahlt). ose.gr ist nur mit Griechischkenntnissen brauchbar.

Athen-Problem. Seit Jahren wird das OSE-Netz modernisiert, aktuell verbinden **keine Direktzüge** mehr Athen mit der Peloponnes. Dafür wird Athens moderne „S-Bahn" *Proastiakos* allmählich auf den Peloponnes vorangetrieben und soll nach Auskunft eines OSE-Sprechers (Mai 2009) „hoffentlich 2010" Patras erreichen; dann werde die alte Meterspur pö-a-pö zurückgebaut. Bis dahin gilt: Man fährt von Athen Hbf (Larisa) **mit *Proastiakos* bis Kiato** (21 km/eine Station hinter Korinth) und steigt dort auf die alte Peloponnesbahn um. Gegenrichtung: Wer per Fähre **in Patras** ankommt, findet *ICs* nur bis Kiato, dort ab ins *Proastiakos* nach Athen (stdl. bis 22.36h), mit Richtungsangabe Piräus; bitte vorher im Stadtgebiet raus.

Peloponnes-Problem. Auch wenn´s ärgerlich ist: am besten nimmt man hier den *IC*, reserviert und zahlt das deftige *quality supplement*. Quality! In anderen Zügen wird es arg voll, Rucksäcke passen nicht ins Gepäcknetz, Kontrolleure meckern rum. Ohnehin sind zwei von drei OSE-Angestellten schlecht drauf.

Railer-Talk. „Bahnfahren ist ein Abenteuer, aber lustig. Unsere Züge hatten meist Verspätung, bis zu 4 Std. Gerade auf der Peloponnes sollte man mal auf die superbilligen Busse umsteigen und Ausflüge machen." (Kristin Popp) „Bahnfahren kostet hier viel Zeit. Oft wissen nicht mal Bahnangestellte, wie man von A nach B kommt. (Holger Schaffeld) „Auch nachts sind die Züge rappelvoll. Wer schlafen will, muss reservieren. Thessaloniki-Sofia dauert meist 2-3 Std länger als geplant." (Anne Schönbeck)

Bus & Bike

Inlandsbusse bedienen ein dichtes Netz, sind teurer als die Bahn, aber fixer und deshalb oft voll. Fahrplan aller Busse im Athener Verkehrsamt und auf ktel.org/en.

Obwohl sich die Peloponnes für Bikes anböte, gibt es kaum Vermieter, schon gar nicht am Bhf. Kein Schnellzug nimmt Räder mit. Bleibt nur der Versand in Regionalzügen: bis 20 kg 3 €, ins Ausland 9 €

Schlafen & essen

Rauschen. Die Sparlösung bleibt das Übernachten der Strand, hier ist man nie allein. Sagen muss man´s trotzdem: Wild zelten ist offiziell verboten.

Camping. Die 350 vorzüglichen Plätze (panhellenic-camping-union.gr) nehmen 4-8 €pro Zelt und Mensch, das Ende der Nachtruhe wird oft geräuschvoll ab 7h gefeiert. Im Juli/Aug braucht man kein Zelt.

Hostel. Neun Herbergen, davon fünf in Athen, zählen zum JH-Verband. Sie liegen über

Balkanniveau, auch preislich (9-12 €/Bett). Dazu gibt es in Athen eine lebhafte Backpackers-Kultur, und 14 Berghütten, teils über 2000m (Olymp!), reizen als Abstecher fern der Bahn; Buchung über JH in Athen.

❐ **Zimmer.** Betten sind problemlos aufzutreiben, in Hotels aber selten unter 20 €/P. Privatzimmer ab 10 €/P sind die beste Lösung; wer länger bleibt, handelt Rabatt aus. Im Juli/Aug kümmert man sich vormittags ums Quartier.

Essen. Abends wird nach 20h **gegessen,** im Sommer oft bis 24h, mit Groß-Auswahl an Obst, Gemüse, Fisch. Je später der Abend, desto kälter das Angebot und schleppender die Bedienung. In Tourigegenden kommen stets Service & Brot auf die Rechnung – dann eben kein Trinkgeld. Vorsicht mit eisgekühltem Wasser (dafür gibt es ja Bier). Ouzo ist was für seltsame Genießer, der geharzte Retsina nur was für Griechen.

Genießen. Nachtleben ist affeingeil, 111 Festchen und 777 Clubs sorgen für Gaudi. Da meist Eintritt frei, liegen die Verzehrpreise hoch. Wer auf Party verzichten kann: Frühaufstehern bietet G´land leise Leckerbissen, da kommt noch Atmosphäre rüber. Ab 10h ist bei Altertümern die Hölle los, ab 12h wird es affenheiß.

**ATHEN

1267 km s von Belgrad. 789.000 Ew. cityofathens.gr.

Wenngleich Ruiniertes das Auge kaum zur Ruhe kommen lässt: Athen (griech. Athinai) ist keine tote Stadt, abgesehen von der Siesta natürlich. Alles drängt sich um die Plätze Sintagma und Omonia, rechts davon erfreut die Plaka Aug´ und Gaumen. Immerhin lebt jeder dritte Grieche im Großraum Athen. Jahrelang mordeten Industrie & Autoverkehr Athens Luft täglich aufs Neue, hier brachten die Olympischen Spiele 2004 (neben völlig überdimensionierten Stadien) immerhin etwas Linderung. Angaben ab **Sintagma** (U2/3), 2500m sö vom Bhf (U2 Larisa).

Planen. **Stadtplan** am Bhf oder im EOT besorgen, sonst ist man heillos verloren.

Kurz & knackig

EOT: beim Sintagma (Amerikis 2. 150m n. T. 210 331 0561. Mo-Fr 9-16h, Sa -14h). Hier gibt´s begnadet viel Papierkram, auch Fahrpläne aller Stadt/Fernbusse & Fähren. Bitte einstecken, denn so übersichtlich kommt´s nie wieder.

Tourist Police: in Koukaki (Veikou 43. 1500m sw. T. 171. U2 Syngrou-Fix).

Jugendreisebüro: Usit Etos (Filellinon 1), beste unter vielen Agenturen sw vom Sintagma, alle mit Infos, Touren, Bus/Fährtickets.

Gepäcklager: in jedem Hostel, im Bhf und bei Pacific Limited (Nikis 24. 100m sw. Mo-Sa 10-22h. 6 €/Woche).

Waschsalons: in Makryanni (Veikou 3a. siehe Athens Studios), Metaxourghio (Kipselis 24. nahe JH) und Plaka (Angelou Geronta 10. 500m sw).

Internet: PCs hat jedes Hostel, Cybercafés stehen an jedem Plaka-Eck für 2-5 €/Std, bewährt sind Sofokleous (Stadiou 5. 80m nw. 10-22h) und Museum (Patission 46. U1 Viktorias. 9-3h).

Sightseeing-Bus. Genau das fehlte Athen: Die neue Buslinie 400 steuert tgl. 9-21h im 30-min-Takt alle wichtigen Sights an. Eine Rundfahrt dauert 1½ Std, Tickets (5 €, nur an Bord) gelten für 24 Std unbegrenzt auch im ÖPNV-Netz.

ÖPNV. Wer nichts Spezielles vorhat, schafft Athen bis auf Bhf und Busbhf gut zu Fuß. Antike, Hostels und Spaßfaktoren liegen im 30-min-Umkreis vom Sintagma.

U-Bahn. Alle Achtung, die Spiele 2004 haben diese Stadt auch im Untergrund umgekrempelt. Aus der wackligen *Ilektrikos* (eröffnet 1904) erwuchs Europas modernstes, sauberstes (Rauchverbot) und „musealstes" Metro-System (antike Funde in vielen Bhfen). Zu Stoßzeiten herrscht der 3-min-Takt, später sind es 5 min, abends eher 10 min, gegen 0.30h ist Schluss. Linie **1 (grün)** fährt von Piräus über Monastiraki (Plaka), Omonia, Viktoria nach Kifissia. Linie **2 (rot),** erbaut 1988-2000 (!), fährt von Ag. Antonios und Larisa (Bhf) über Omonia, Sintagma, Akropolis nach Daphni (Weinfest). Linie **3 (blau)** von Egaleo über Monastiraki, Sintagma, Evangelismos (Museenviertel) zum Flughafen kam knapp rechtzeitig für die Olympischen Horden.

Busse und Trolleys sind gnadenlos heiß und verbringen von 5-24h so viel Zeit im Stau, dass außer am Startpunkt keine Abfahrtszeiten genannt werden; Aushänge an den Haltestellen melden immerhin den angepeilten Zeittakt... Öko-Plus: seit den Spielen ´04 nutzen viele Busse Naturgas. Nach Piräus fahren stdl. **Nachtbusse,** z.B. 040 ab Sintagma. Bus/U-Pläne holt man am Bhf oder bei EOT.

Seit 2008 gibt es **Einheitsfahrscheine** (0,80/0,50 €, 1½ Std inkl. aller Umstiege). Sie werden an Bord (Bus, Trolley, Tram), an Kiosken oder im U-Bhf gekauft und entwertet, sonst drohen humorlose 48 € Sondergebühr. Daneben hat OASA (T. 185. oasa.gr) Tages- und **Wochenkarten** (3/10 €) im Angebot.

Taxis wären spottbillig, aber viele Fahrer spielen Foul. Normal sind 0,75 € Grundtarif, plus 0,25 € pro km **(Tarif 1)** oder 0,50 € (Tarif 2, von 24-5h), plus 0,30 € pro Rucksack. Wenn die Fahrt am Bhf, Busbhf oder Hafen *losgeht,* kommt 1 € hinzu. Mindestpreis ist 1,50 €

Schlafen

EOT bucht nur für Hotels ab drei Sternen (Ez/Dz ab 50/70 €). Im Bhf werden Reisende von Zimmeranbietern überfallen, deren frechste schon vor Athen zusteigen. Stadtplan studieren, denn viele Häuser sind Straßenlärm ausgesetzt. Im Juli/Aug vorbuchen!

Camping. Viele Plätze bevölkern die Küstenstraße zum Kap Sounion, keiner kommt der Stadt näher als **Athens Camping** (Leoforos Athinon 198. 7 km sw. T. 210 581 4114. campingathens.com.gr) in Peristeri. Groß, schattig, einwandfrei bis auf den Autolärm. 8 €/P plus 5-6 €/Zelt. Bus 873 ab Omonia, 802 ab Piräus.

> **Qual der Wahl.** Wie entscheiden bei zig Hostels & Billighotels? Das Angebot ähnelt sich oft: gemischte Schlafsäle (reine Frauendorms möglich), Internet, Schließfächer, Bar, Küche. Preise sinken ab Sep erheblich. Bettzeug kostet oft 1-2 € extra, lieber vertraut man seinem Schlafsack. Torschluss ist unbekannt, Schönheitspreise kriegt keines der Hostels, also werden Lärm & Lage zu Hauptkriterien.

Hostels. Seit 1995 im Geschäft: die **JH Athens** (Viktoros Hugo 16. 1700m nw. T. 210 523 2540. aiyh-victorhugo.com) wurde 2006 umgemodelt und preislich „angepasst". 140 breite Betten, 3-6er-Dm mit Bad und F 16-20 (Okt-Apr 13-18) €, Dz 52 (42) € Nicht schön, aber praktisch. Hygiene ist ein Thema, wie fast überall in Athen. 250m ö von U2

Metaxourghio. „Falls die JH voll ist: das Hotel Cosmos um die Ecke hat Dz ab 40 €" (Anna Braun)
Erste Trinker-Adresse am Ort: **Athens Backpackers** (Makri 12. 900m s. T. 210 922 4044. backpackers.gr) eröffnete 2004 unter der Akropolis in Makryanni. 70 Betten, helle 4-8er-Dm mit Bad, Balkon und F 24-28 (Okt-Apr 20-24) € Große Küchen, preiswerte Mahlzeiten, klimatisiert, Bar, Grillparties, Dachterrasse, selten sauber, gute Ausflüge & Walking Tours. U2 Akropoli. Party-Tipp!
In der Nähe führen dieselben geschäftstüchtigen Australier die **Athens Studios** (Veikou 3a. T. 210 922 4044. athensstudios.gr). Klimatisierte Apartments mit 4-6 Betten (Etagen), TV-Zimmer (Sat nach England), Küche, Balkon, ADSL und Stil pro P 26-35 (Okt-Apr 22-28) € Waschsalon, Sports-Bar und Internetcafé im Haus.
Wenn´s eine autofreie Partygegend sein soll, dann ab in die Plaka, ins gute **Students & Travellers Inn** (Kithathineon 16. 400m sw. T. 210 324 4808. studenttravellersinn.com). 85 Betten, klimatisierte 3-4er-Dm 21-24 (Okt-Apr 18-21) €, Dz ohne/mit Bad 70/80 (50/54) €, JH-Rabatt. Groß-TV, Reisebüro, viel Nachtlärm.
Monastiraki ist eine echte Alternative zur Plaka. **Zeus** (Sofokleous 27. T. 210 321 1551. zeushostel.com) krönt eine lärmige Spelunkenstraße. 60 Betten, enge 4er-Dm 20 €, Dz/4z ohne Bad 56/70 € Nicht immer sauber, viele Treppen, Dachterrasse für Parties. 500m nw von U1 Monastiraki.
Schnuffelig in Monastiraki: **Tempi** (Eolou 29. 800m w. T. 210 321 3175. tempihotel.gr) ist ein hübsches Familienhotel mit Miniküche, einige der 24 Zimmer blicken auf ein stilles Marktplätzchen. Ez/Dz mit Etagenbad 43/57 €, Dz/3z mit Bad 64/78 €, Nov-März minus 30%. 200m nö von U1 Monastiraki.
Beim Bhf erfüllen viele Hotels eine gewisse Nebenfunktion, Namen wie *Aktion* verraten schon den Zweck: nix für müde Männer. Etwas andere *action* herrscht bei der blau-weißen **Aphrodite** (Einardou 12. 2600m nw. T. 210 881 0589. hostelaphrodite.com) im ruhigen Viertel hinterm Bhf: Bar & Party bis tief in die Nacht. 82 Betten, enge 4-8er-Dm 16-18 €, Ez/Dz 38/52 €, teils klimatisiert und mit Balkon, meist sauber, gute Stadtführung (5 Std), Nov-Feb dicht. U2 Larisa.
„In Dutzenden von Hotels am Omonia-Platz wird man für 10-15 Euro fündig. Sind aber Baracken." (Tim Geideck)

Trinken & feiern

Plaka. *Das* Reizthema für Reisende. Natürlich bietet das Viertel unter der Akropolis Nepp, und „typische" Tavernen sehen anders aus. Aber warum nicht am Mix aus Straßenrestos, Souvenirs und Rucksack-Subkultur erfreuen? Wo sonst kann man die halbe Nacht zwischen Kneipen tingeln? Und doch bei offner Balkontür bis 11h pennen, weil Autos ausgesperrt werden?

In **Kolonaki** (ö hinter Sintagma. U3 Evangelismos) treffen sich Lebemenschen: Galerien mit naiver Kunst, Boutiquen mit teuren Namen, adäquate Bars. In Nebengassen verbergen sich charakterstarke Tavernen, bis 2h trudeln Stammgäste ein.
Um **Thision** (zwischen Akropolis und Aktaiou. U1 Thisio) sprießt ein unprätenziöses Amüsierdreieck: zig Straßencafés, abends auch Musikbars und preiswerte Clubs, kaum ein Touri.

Am **Plateia Viktorias** (U1 Viktorias), mit einem Eis in der Hand, erlebt man Athens Jugendstil: Pferdeschwänze wippen, Schöpfe schniegeln, Vespas knattern.
Nach **Daphni** (7 km w) lockt Juli-Sep Griechenlands größtes Weinfest. Für 6 €Eintritt probiert man Tröpfchen aus allen Ecken des Landes, dazu gibt es Fressbuden mit gesalzenen Preisen und daneben einen rappelvollen Zeltplatz.

Anschauen

Akropolis. Dem berühmtesten Ort der Antike setzt der Mief aus Auto- und Industrieabgasen, den die über Athen festhalten, arg zu. Also schnell hin. Schon der Aufstieg durch die Plaka bereitet Freude. Hinter dem ****Parthenon** (438 v. Chr.) und den sechs Karyatiden, die den Portikus des Erechtheion stemmen, zeigt das Museum, was der böse Lord Elgin 1801 an Friesen & Statuen da ließ (seine Beute steht heute im British Museum, was viele Griechen arg erzürnt). Anlage 8-18h, Mo ab 11h, Museum -17.30h. Ticketschalter unterhalb des Eingangs. Die Eintrittskarte (12 € ***frei*** <18/ISIC) gilt als Kombiticket eine Woche lang auch für Museum, Alte Agora, römisches Forum, Turm der Winde, Zeustempel und Dionysostheater.
„Den Tipp, im Sommer früh raufzugehen, hat inzwischen auch die letzte Tourgruppe gecheckt. Keine Sorge also, es ist immer voll." (Bernd Speicher)

Filopappos. Okay, neuer Tipp. Zum Sonnenuntergang mit Getränken auf den Hügel sw gegenüber Akropolis zu dackeln ist frei & schön. Wenn die Sonne weg ist, legt an der Ostflanke des Filopappos ein „Sound´n´Light"-Getue los, ab 22h gibt eine Volkstanzgruppe auf der Filopapposbühne mächtig Gas (je 5 €). Doch oben auf dem Hügel bleiben wir unbehelligt...

Um die Akropolis. Am nw Fuß des Burgbergs steht der Marktplatz der Antike, die **Alte Agora** (Zeiten wie Akropolis. 4/2 € oder Kombiticket. U1 Monastiraki). Hier pochte vor 2400 Jahren das Herz der Athener Demokratie, hier versammelten sich die freien Bürger zu Gerichts- und Wahlterminen. Von den Prachtbauten, die Herrscher aus aller Welt einst errichten ließen, macht der **Hephaistostempel** am meisten her, da später als christliche Kirche genutzt. In der ****Stoa des Attalos** (Di-So 8.30-15h) entdeckt man ein Museum mit Fundstücken aus 5000 Jahren Stadtgeschichte, z.B. gepflegte Toiletten (heute eine Rarität) und eine „Wahlmaschine" (damit wäre der Vollpfosten George W. Bush zu verhindern gewesen).
Als ein paar Centennien nach Sokrates die Römer kamen, verstanden sie nix mehr von Demokratie. Die Idee des Forums fanden sie aber schick, also setzte Augustus w daneben die **Römische Agora** (Di-So 8-18h. 2/1 € oder Kombiticket. Eingang: Ecke Pelopida/Eolou). Ihr massiv-würdevoller **Turm der Winde** (80 v. Chr.), das besterhaltene antike Bauwerk in Athen, trägt Sonnenuhren an jeder der acht Seiten. Alles ist auch von den Cafés hinterm Zaun gut zu betrachten.
Einst gewaltigster seiner Art, trennt der **Tempel des Olympischen Zeus** (500m s. Di-So 8-18h. 2/1 €) das hellenische Athen von den Ergänzungen in römischer Zeit. Als Hadrian die Sache nach 700 Baujahren vollendete, maß der Tempel 108 mal 43 Meter, ein halbes Fußballfeld! Von einst 104 korinthischen Säulen (je 17m hoch) steht nur noch eine unversehrte Reihe rum. Von außen ist genug zu sehen.
Hinter Zeus sein´ leeren Platz kommt sich das **antike Stadion** (370 v. Chr.) überflüssig vor.

Wer braucht noch eine offene U-Form? Immerhin, Baron de Coubertin zog die olympische Premiere der Neuzeit 1896 hier auf. Tor 2 steht oft offen.

Plaka. Im Viertel nö der Akropolis, Athens einziger großer Fußgängerzone, wird es abends turbulent. In den engen Gassen überdeckt altes Fett alle anderen Gerüche, jeder zweite Stand feiert die Kunst des Überflüssigen: Souvenirs. Am abgasumflorten Sintagma tun Straßencafés, Banken und Airline-Zentralen wichtig, ö davon auch das **Parlamentsgebäude** mit Grabmal des unbekannten Soldaten, das tgl. 11h einen fotogenen **Wachwechsel** erlebt. Dahinter mühen sich die **Nationalgärten** (9-19h. Freiluftkino 21h) mit exotischem Gepflänz um Frischeausgleich.

Kolonaki. Entlang der Leoforos Vassilissis Sofias (n der Nationalgärten) stehen feine Museen. Im ****Benakimuseum** (Koumbari 1. Mo/Mi-So 9-17h, Do -24h. 6 €, *frei* <18, ISIC, jeden Do. U3 Evangelismos) sieht man, was Athens Baumwollbarone so sammelten: griechische Kostüme, chinesische Keramik, byzantinische Ikonen, persischen Schmuck, koptischen Krempel, insgesamt 20.000 Stücke & Stückchen seit der Steinzeit. Café mit Aussicht.

Wer auf eine Insel will, verpasse nicht ö von Benaki das ****Goulandrismuseum** (Neofitou Douka 4. Mo/Mi-So 10-17h, Do -20h. 7/2,50 €, Mo 3,50 €, *frei* <18) mit prä-antiker Kunst der Kykladen, perfekt präsentiert im Marmorpalast. Obwohl 3000 Jahre alt, erinnert vieles an Modigliani.

Ein Blick vom **Lykabethoshügel** (800m nö vom Sintagma) lässt das hypertouristische Getue drumrum vergessen, zumal wenn Athen abends sein Lichterkleid anlegt. Später legen Konzerte im Freilichttheater beim Gipfel los. Für den Anstieg gibt´s die Zahnradbahn ab Plutarhou (9-24h. 2 €) oder einen Pfad ab Loukianou.

N von Omonia. Das beste griechische Museum steht in London und heiße British. Besuchet also das Zweitbeste! Im *****Nationalmuseum für Archäologie** (Patission 44. 8-20h, Mo ab 14h. 7 €, *frei* <19/ISIC) steht all das aus der Antike, was Lord Elgin und Heini Schliemann nicht abschrauben konnten: Skulpturen, Fresken, Tonwaren, der großartige Mykenesaal mit Agamemnons Maske. Wegen dürftiger engl. Erklärungen kauft man im Foyer den guten Führer.

Zum Baden nimmt man den Kap Sounion-Bus (halbstdl. ab Filellinon 18, s vom Sintagma) oder die Piräus-Tram und steigt irgendwo aus. Zunächst sieht man Stadtgewucher, Strandgedränge, Straßencafés, doch bald wird das Wasser klarer und die Sache ruhiger. Wer´s eilig hat: die nächsten zumutbaren Strände liegen in Glifada (Bus 205) und Ano Voulas (Bus 122/149).

Termine. Ballett, Opern & antike Tragödien steigen im Juli/Aug tgl. im Herodes-Atticus-Theater s der Akropolis – interessant. Ohnehin lohnt es, im EOT einen Veranstaltungskalender zu greifen. Darin auch alles Wesentliche zum Athen-Festival (Juni-Sep. greekfestival.gr), Tickets im Festivalbüro (Stadiou 4. 6-18 €).

Hin & weg

Bahnhöfe. In Interrails rückständigster Metropole, mit Bahnhöfen wie Opas Gartenschuppen, überschlagen sich seit 2004 die Ereignisse. Der alte Bhf Larisa (U2 Larisa) wurde zum **Hauptbahnhof** aufgemotzt, sein schmalgespurter Nachbar Peloponissou stillgelegt. Dafür tastet sich die noble, normalgespurte **S-Bahn *Proastiakos*** auf die Peloponnes vor. Noch ist

in Kiato S-Ende, 2010 soll Patras erreicht sein. Platzkarten im Hbf und bei OSE (Filellinon 17. 150m vom Sintagma).
Züge. Vom Hbf (in Std) nach **Paleofarsalos** (wg. Meteora) & **Thessaloniki** ^{Z}frei 9.21h, 14.53h (4/6), ^{ZR}*IC* 7h, 8h, 11h, 13.21h, 16h, 19.28h, 20.39h (3/4-5), ^{R}*D* 23.59h (-/7). Nach **Kiato** *Proastiakos* alle 20-60 Min bis 23h, weiter ab Kiato auf schmaler Spur nach Patras ^{Z}frei 9.40h, 13.45h, 17.45h, 20.51h, 0.42h (2¼), ^{ZR}*ICs* 7.37h, 12.37h, 16.37h, 22.37h (1¾). Die Meterspur nach Argos, Nafplion und Tripoli (wg. Sparta) wird derzeit umgebaut; Busersatz vor Ort.
Busse. Vom Busbhf (Kifission 100. Bus 051 ab Omonia) nach Mykene, Nafplion & Patras stdl. (2/3/3 Std), Sparta achtmal, Epidauros & Olympia dreimal (5/3/5).

PIRÄUS

8 km s vom Sintagma liegt Athens Hafen (177.000 Ew). Ein Bad in seiner Brühe kann sich jeder verkneifen, denn hier starten Fähren zu jeder Insel der Ägäis, während die Jachten ihrer Reeder vor Anker bleiben. Fährauskunft: T. 210 417 2657. Fahrpläne bei EOT Athen. Den ISIC-Rabatt (30%) verschweigt manche Agentur.
Hotel. Wer früh am Boot sein muss (der Hafen ist riesig!): Das **Acropole** (Gounari 7. 50m vom Hafen. T. 210 417 3313. acropole-hotel.gr) bietet Ez/Dz/3z ab 50/60/80 €, Terrasse und Gepäckaufbewahrung.
U1 von/nach Monastiraki und Sintagma bis 0.30h, Nachtbus 040 ab Sintagma.

PELOPONNES

1894 machte die Vollendung des Kanals von Korinth **die** Peloponnes zur „Insel". Hier sind alle Kulturen zu erkunden, die zu Griechenlands einstiger Größe beitrugen, dazu ein Relief voll tiefer Meerbusen, rauer Ebenen und wilder Berge. So malerisch Landschaft und Dörfchen sich geben, so hässlich sind die Städte. **Korinth** (91 km w von Athen, 27.000 Ew) ist ein charmefreier Etappenort, wer „seinen" Kanal bestaunen möchte, steigt 9 km vor Korinth im S-Bhf Isthmos aus.

Planen. Der Umbau der Meterspur bringt den Fahrplan derzeit durcheinander. *ICs* sind trotz Zuschlags (den manche Schaffner vergessen ...) so schnell & bequem wie eine deutsche Bimmelbahn. Busse verkehren s der gedachten Linie Nafplion-Olympia alle Schaltjahre.

***MYKENE

40 km s von Korinth. Das Dörfli (neugriech. Mikínes) ist kaum der Rede wert, umso mehr sind es die Ruinen der Alten. Was Schliemann & Nachfolger da auf der Hochebene der Zikaden hervorkratzten, war seit 2000 v. Chr. bewohnt, von 1600 bis 1050 galt Mykene als führende Stadt im Griechen-Land, u.a. regiert vom Trojasieger Agamemnon. Am besten liest man dazu Christa Wolfs *Kassandra*.
Mittags erreicht das schattenlose Mykene **Schweißrekorde** pro Quadratmeter.
Schlafen. Gleich zwei Zeltplätze sind toll: **Atreus** am w Dorfrand (T. 275 107 6221. Apr-

Okt) nimmt 5 €/P und ab 3 €/Zelt, **Mycenae** beim Dorfkern (T. 275 107 6121. ganzjährig) ist dezent teurer.
Im 1862 erbauten Traditionshotel **Belle Hèlène** (Christiou Tsounta 15. T. 275 107 6255) an der Hauptstraße haben schon Schliemann, Sartre & Henry Miller geratzt (oder Schweinkram gemacht). Acht schöne Ez/Dz mit Etagenbad und F 25-35/38-50 €, Resto, oft Tourgruppen, Georgios Dassis ist ein geschichtskundiger Wirt.

Mykene by night. Höhepunkt eines M-Aufenthaltes ist die Nachtwanderung von Belle Helene rauf zur Festung, möglichst bei Vollmond.

Antike. Die mythenumrankte **Festung** (8-19.30h, Mo ab 12h. 6 €, *frei* <18/ISIC) mit dem Grab des Agamemnon liegt 2 km außerhalb. Busse halten davor, am Parkplatz versorgt man sich mit Wasser. Keine Monumental-Skulptur in Europa ist älter als Mykenes berühmtes **Löwentor**.
Noch außerhalb der Anlage steht auf der linken Seite das **Schatzhaus des Atreus** (8.30-15h. 6 €, Kombi mit Festung 8 €, *frei* <18/ISIC), dessen Portal einen 9m langen Stein trägt, der auf 118 Tonnen geschätzt wird. Kräftige Burschen also, die alten Mykener, respektive ihre Sklaven.
Anschaulichstes der 2500 Exponate im **Mykene-Museum** (8-19.30h, Mo ab 12h. 4 €, *frei* <18/ISIC) ist ein Modell der Festung.

✈**Hin & weg.** Derzeit ist Mykene abgehängt vom Bahnnetz. **Busse** ab Hotel Belle Hèlène nach Athen stdl., Argos & Nauplion viermal (15/45 min, 1/2 €).

**NAUPLION

64 km s von Korinth. Die erste Pelop-Stadt (17.000 Ew. neugriech. Náfplio), die sich den Türken 1822 entzog, ist eine elegante Schönheit – welch Rarität in Hellas. Nachmittags verschmelzen Häuschen, Gässchen und Zitadelle zu warmen Farben.

Domizil. Wer nicht Dauerparty unter Backpackern braucht, hält´s hier gut drei Tage aus, zumal Nauplion als Basis für Mykene & Epidauros taugt. Wichtigster Termin ist das zehntägige Festival mit viel Klassik im Juni.

Tourist Info: gegenüber vom Busbhf (Martiou 25. T. 275 202 4444. 9-13/17-21h), mit guter Broschüre *Nafplion day & night.*

Schlafen. Erste Adresse in der steilen Altstadt am Berg ist der Railerfavorit **Dimitris Bekas** (Efthimiopoulou 26. T. 275 202 4594). Einfache Ez/Dz/3z mit Etagenbad ab 20/26/32 € Traum-Dachterrasse, vom Staikopoulouplatz über Kokinou bis zum Ende rauf, dann links und nochmals 50 Stufen. Es lohnt sich!
Gut in Dimitris´ Nähe sind auch **Pension Acronafplia** (Papanikolaou 34. T. 275 202 4481. pensionacronafplia.gr) und **Hotel Byron** (Platonos 2. T. 275 202 2351. byronhotel.gr). Dz/3z unterschiedlichster Güte in vier Altstadthäusern 33-120 € bzw. stilvoll mit Bad, Marmor, Balkon, Hafenblick 50-70/80 €
Lauffaule bedient das gepflegte **Hotel Economou** (Argonáuton 22. T. 275 202 3955) in der Neustadt. Ez/Dz ab 24/36 €, vom Bhf nach links, nicht den Berg hoch.

Anschauen. Die venezianische ****Palamidi-Zitadelle** (8-19.30h. 4 €, *frei* <18/ISIC) genießt seit 1711 den Blick über Altstadt & Bucht. Gegenüber vom Busbhf beginnt der stressige Aufstieg über 999 Felsstufen. Früh los, mit Wasser & Hut!

Dank mächtiger Mauern ist das **Archäologische Museum** (Sintagma. Di-So 8-15h. 2 €), wiedereröffnet 2009, selbst zur Mittagshitze ein kühler Ort. Darin stehen mykenische Götzen und die berühmte 3500-jährige Bronze-Rüstung von Dendra.

Baden & Trinken. Arvanitia, der Stadtstrand beim Busbhf, ist klein & kieslig. Doch wer dem Uferpfad folgt, stößt bald auf niedliche Nischen. Abends promeniert man dann über die **odos Miaouli** am Wasser; ordentlich ist die Tavernen-Auswahl auch am Staikopoulou nahe Dimitris.

→**Hin & weg.** Noch bleibt Nauplion abgehängt vom Bahnnetz. Busse ab Rand der Altstadt nach Athen stdl. (3 Std), Epidauros *(Asklipiou)* und Mykene je viermal (je ¾ Std, 2 €); möglichst den ersten Bus gegen 10h nehmen.

***EPIDAUROS

30 km ö von Nafplion. Die antike Stätte, als *Asklipiou* bekannt, liegt weit vor dem Dorf *Palea Epidauros;* man folge den Tourbussen. Wer hier ratzen will: Hinterm Theater wird wild gezeltet, im Ort gibt´s Hotel-Dz für 40-80 €, um Palea E. haben sich sechs Zeltplätze (alle Apr-Okt) schöne Ecken ausgesucht, bei **Bekas Camping** am Strand (T. 275 304 1524. bekas.gr) zahlen zwei P mit Zelt 17-19 €

Antike. Morgens ist die Anlage (8-19.30h. 6 €, ***frei*** <18/ISIC) noch in Ruhe zu genießen. Das *****Theater** in außerordentlicher Landschaft fasst 14.000 Zuschauer. Auch nach 2200 Jahren übertrifft seine Akustik viele Konzertsäle, selbst in der obersten Reihe hört man, wenn auf der Bühne ein Streichholz entzündet wird – sofern die Japaner da vorne mal bitte die Klappe halten, hallo!

Der **Asklepiostempel** war das erste Krankenhaus der Antike. Im Museum (8-17h) vor dem Theater erinnern der alte Bärtige und sein Ärztesymbol (Schlange um Äskulapstab) daran. Bemerkenswert auch die Fliesenböden und Kassettendecken.

Theater. Beim ****Festival** (Juni-Mitte Aug. greekfestival.gr) werden Fr/Sa 21h im antiken Halbrund klassische Stücke aufgeführt: dank ausdrucksstarker Mimik leicht zu verstehen. Tickets (6-18 €) gibt´s vor Ort oder im Festivalbüro in Athen.

→**Hin & weg.** Busse nach Athen zweimal, Nauplion viermal (2½/¾ Std. 8/2 €).

SPARTA

64 km s vom Bhf Tripolis. 18.200 Ew.

Olivenalarm! Orangenalarm! Einschlägige Blüten beduften im Apr/Mai jeden Bummel, und im Sommer erfreut man sich der reichen Ernte. Weil die Spartaner **Spartaner** waren und lieber Krieg führten, ruht nun nicht jedes Café unter dorischen Kapitellen; für derlei ist ja Mystra da. Immerhin ist Sparta ordentlich angelegt, als Schachbrett mit Nordsüd- (Paleolougou) und Ostwest-Achse (Likourgou).

Tourist Info: im Rathaus (plateia Kentriki. T. 273 102 4852. Mo-Fr 8-15h).

Schlafen. Ganzjährig überrascht der **Camping Mistras** (Paleolougou. 2500m w. T. 273 102 2724) mit Pool und endlich mal Rasen unter Orangenbäumchen. 4,50 €/P und 3,50 €/Zelt. Mystra-Busse halten vor dem Tor.

Das **Hotel Cecil** (Paleologou 125. am n Ende. T. 273 102 4980) ist ein schlichter, sauberer Familienbetrieb. Klimatisierte Ez/Dz mit Bad, Balkon und TV 32-40/45-55 € **Apollon**

(Thermopilion 84. gegenüber Cecil. T. 273 102 2491) und **Lakonia** (Paleologou 61. T. 273 102 8951) schlagen in dieselbe Kerbe, auch preislich.

Anschauen. Diese Stadt geizt nicht mit Grün. Im kühlen Park zeigt ein **Museum** (1 km n. über Paleolougou) Ruinen, Mosaiken und Bronzefiguren aus alten Tagen. Spartas Spezerei, **Spanferkel am Spieß,** spendiert jede Spelunke am Paleologou.

✈**Hin & weg.** Busse vom Lykourgou (10 Straßen ö vom Zentrum) etwa stdl. bis 18h nach Mystra, Tripolis und Athen ($^1/_4$/1/3$^1/_2$ Std. 1/4/13 €).

Ausflug: ***MYSTRA

5 km w von Sparta, **tolle Morgenwanderung.** Vielen gilt Mystra (Anlage 8-18h. 6 €, *frei* <18/ISIC) als schönster Schauplatz der Peloponnes. Am Fuß des Taigetos lebten in der heimlichen **Hauptstadt des byzantinischen Reiches** (seit 1271) bis zu 40.000 Menschen. Ihr Ruhm ging mit der Eroberung durch die Türken 1460 flöten, ihre Kirchen & Klöster blieben prächtig. Alles strotzt vor Fresken und verzierten Seitenschiffen, auch wenn Wind, Wetter & Vandalen manches in Mitleidenschaft zogen. Oben auf dem Hügel spendiert die Festung feine Panoramen.

Planen. Im Sommer erschlägt die Mittagshitze Unbehütete fast. Morgens erwacht dagegen das **Mittelalter** wieder, wenn man zwischen verlassenen Häusern durch moosige Gässchen wandelt. 2-4 Std einplanen, sittsam kleiden, Wasser mitbringen.

***OLYMPIA

21 km ö von Pírgos. 8900 Ew.

Am Fuße des Kronoshügels, im Schatten von Zypressen und Ölbäumen, fanden seit 776 v. Chr. die Olympischen Spiele statt. Heute dopt sich das unbedeutende Dörfchen mit Tourismus und bezahlt dafür mit Schmonzes. Alles Wichtige liegt an der Hauptstraße (odos Praxitelous Kondíli), auch überteuerte Restos, doch schon der Weg zum Bhf oder den Hügel hinan endet in preiswerten Tavernen. „Ein Tagesausflug reicht wirklich, die Stadt selbst bietet nichts." (Kristin Popp)

Tourist Info: Prax. Kondíli (Richtung Ruinen. T. 262 402 3100. Mo-Sa 8-15h).

Schlafen. Alle drei Zeltplätze öffnen Apr-Okt, sind ausgeschildert und kosten je 5-6 €/P und Zelt. Von einem netten antiken Paar geführt, bietet **Diana** am Hang oberhalb des Dorfes (400m w vom Bhf. T. 262 402 2314) Ruhe, Pool und Schatten pur. Heißes Wasser frei, Mini-Laden, ISIC 10% Rabatt.

Etwas außerhalb, aber lieblich liegt der schattig-schöne **Camping Alphios** (1500m Richtung Flokas. T. 262 402 2951). Großer Pool, Traumblick. Dagegen wirkt der mit Orangenbäumen gespickte **Camping Olympia** am Ortsbeginn (800m w vom Bhf. T. 262 402 2745) weniger gut organisiert.

Keine 200m vom Bhf liegt ein simples **Youth Hostel** (Prax. Kondíli 18. T. 262 402 2580). 50 Betten, Dm 10 € Dusche heiß & frei, JH-Karte unnötig.

Viele Pensionen zeichnen sich durch hohe Preise & Phonstärken aus, leiser wird´s oberhalb der Nationalbank, dort hat **Posidon** (Stefanolou 9. T. 262 402 2567) saubere Ez/Dz mit Bad, teils auch Balkon für 33/40 € Wenn´s dazu klimatisiert sein soll: **Inomaos** (Barelas 2. T. 262 402 2056. hotelinomaos.gr) nimmt 40/55 €

Planen. Was Jahrtausende stehenließen, ist nur morgens in Stille zu genießen. Alles 8-19.30h. Anlage 6 €, inkl. Museum 9 €, ***frei*** <18/ISIC, „mit Überredungskunst zieht sogar Interrail." (Johannes Irion)

Anschauen. Unser Olympia-Motto heißt: **Heiliger Hain, eiliges Bein, weilige Stein´.** Zuerst fallen also rechterhand nach dem Tor die Säulen-Doppelreihen des **Portikus** auf; mehr steht nicht mehr vom Gymnasium. *Hör ich Abiturienten seufzen?* An der Ringerhalle (Palestra) vorbei gelangt man zu Priesterhaus (Theokoleon) und Gästehaus (Leonidaion); einzelne Gemächer sind gut zu erkennen. Der Werkstatt des Phidias dahinter entsprang eines der sieben Weltwunder: die **Zeus-Statue** aus Gold und Elfenbein. Der Zeustempel endlich, auf den wir ständig nach links geschielt haben, verrät viel von seiner einst gewaltigen Ausdehnung. Vor einer Kuppe ruht dann seine Ex: Heras Heiligtum, das älteste auf dem Gelände, aber natürlich bescheidener.

Das **Stadion,** in Zeusens Blickrichtung, ist noch 191,27m lang. Seine Tribünen würde aber kein TÜV mehr für 30.000 Spektatoren freigeben. Während das angrenzende Hippodrom Streitwagen vorbehalten war, stiegen hier die Laufwettbewerbe. Obwohl sie noch weithin beliebt waren, ließ Kaiser Theodosius als konvertierter Christ die Spiele AD 393 verbieten, und sein Sohn befahl die Zerstörung der „heidnischen" Anlage. *Gott sei Dank.*

Das **Museum** (400m n) der Anlage präsentiert viele Meisterwerke, z.B. die Giebel des Zeustempels und den berühmten Hermes des Praxiteles.

✈Hin & weg. Züge nach Pírgos 7.31h, 9.22h, 13.51h, 15.42h (½ Std). **Von Pírgos** nach Olympia 7h, 11.35h, 13.17h, 15.11h. Patras Zfrei 6h, 11h, 15h, 20h (2), Patras und Kiato (wg. Athen) Z*ICs* 8.55h, 12.57h, 17.55h (1½/3½ Std). – Busse nach Tripoli (wg. Sparta) dreimal, Athen viermal (4/5 Std. 11/19 €).

PATRAS

222 km w von Athen. 171.000 Ew.

Wahrlich keine Schönheit, und dennoch war´s Europas Kulturhauptstadt 2006. An Griechenlands zweitgrößtem Hafen kommt aber kein Pelop-Reisender vorbei. Nach der Fährankunft sind die Züge überfüllt & verspätet, also wartet man den nächsten ab oder fährt erst nach Olympia. Angaben ab **Bhf,** an der Hafenachse Othonos Amalias.

Tourist Info: Oth. Amalias, zwischen 28 Octovriou and Astingos (500m n. T. 261 046 1740. infocenterpatras.gr. meist 8-20h). **EOT:** bei der Hafenmeisterei (Iroon Politechniou. 700m n. T. 261 062 0353. 7-19h), für die ganze Peloponnes.

Internet: Netpark (Gerokostopoulou 37. 5-1h. 4 €/Std).

Obacht! Taxifahrer und Fährwerber frönen dem antiken Hobby „Railer übers Ohr hauen". Augen und Ohren also auf Empfang stellen. Und nicht jedem Kellner nachrennen, der Billiges verspricht. Reiseproviant gibt´s preiswert im Dia Supermarkt (Agiou Andreou 29. 100m ö); **am So** kaum Einkaufsmöglichkeiten!

Schlafen. Auch wenn das **Youth Hostel** (Iroon Politechniou 62. 900m n. T. 261 042 7278) mit der Eleganz eines Weltkriegsbunkers daherkommt: Innen ist es erträglich. 60 Betten, Dm 11 €, Gärtchen. Gepäck wird nach dem Checkout bis zur Fährabfahrt gelagert. Bus 6 Richtung Rion.

Moderate, klimatisierte Zimmer mit Lärmpegel bietet das **Hotel Adonis** (Zaimi Kapsali 9.

T. 261 022 4213). Ez/Dz mit TV und F ab 45/50 €, Busstation daneben.

Zeit totschlagen. Wer Aussicht sucht, kraxelt auf die Akropolis und das fidele **Kastro** (800m sö. 8-19h. frei) oder bevölkert die **Cafés** vor dem Bhf. Zum Griechenlandeinstieg oder -ausstand taugt auch die Weinkellerei **Achaïa Clauss** (11-20h. freie Führung mit Weinprobe stdl. 12-17h), hier entströmt u.a. der süße Tropfen *Mavrodaphne*. Bus 7 ab Kolokotroni (400m ö), Zeiten im Verkehrsamt erfragen.

✈**Hin & weg.** Bis mind. 2010 kein Direktzug nach Athen, alles bitte umsteigen in Kiato (siehe oben). **Vom Bhf** (in Std) nach **Diakopto** & **Kiato** ^{Z}frei 3.12h, 8h, 13h, 17h, 20.19h (1/2¼), ^{ZR}*IC* 5.34h, 10.34h, 19.36h (1/1¾). **Pírgos** (wg. Olympia) ^{Z}frei 6.17h, 16h (2), ^{ZR}*IC* 9.30h, 18.34h (1½). **Vom Busbhf** (200m n) nach Athen stdl. 7-22h (3 Std. 13 €); Thessaloniki 8.30h, 15h (8 Std. 22 €) über die Rion-Brücke.

Fährzeiten und Zuschläge s. Serviceteil. Nur in den Hafenbüros von Superfast (Othonos Amalias 12. T. 261 062 2500) und Blue Star (Ferry Center bei Gate 7. T. 261 063 4000) gibt es die „Freikarte" für Interrailer nach Italien.

**DIAKOPTO & KALAVRITA

Planen. In Patras eingelaufen, stürzen viele Interrailer in den nächsten Zug gen Athen und haben dort gleich eine Matschbirne. Besser? Nach der Überfahrt entspannen, in Diakopto raus und anderntags vor den nächsten Railern nach Athen.

Diakopto. 53 km ö von Patras, am IC-Gleis nach Athen. Das liebenswerte 2000-Ew-Nest döst am Korinthengolf. **Hotel Lemonies** (T. 269 104 1229) links vom Bhf, 400m vom Strand, hat zehn schlichte Ez/Dz mit Bad & Balkon ab 28/45 €.

Zahnradbahn. Von Diakopto wackelt fünfmal tgl. eine *****Bimmelbahn** auf 75-cm-Spur (!) in die Berge los (Zeiten unten). Dank badetuchenger Tunnel und schwindelerregenden Brücken bezwingt sie die Schlucht des Vouraikos, nach 23 km (70 min) ist Kalavrita in 740m Meereshöhe erreicht. Dieser Spaß ist mit **Interrail** ***frei,*** Platzkarten (2 €) im Bhf Diakopto.

Auf halber Strecke taucht am linken Hang ****Kloster Megaspilaion** (8-19h) auf, dessen Kupfertür (1800) die Passionsgeschichte als Comicstrip erzählt. Das Kloster liegt 45 min. vom hübschen Wanderer-Bhf Kato Zachlorou (zwei Hotels) in den Bergen und galt als Schmuckkästchen, bis Hitlers Wehrmacht es 1943 zerstörte. Der Landschaft konnten auch die Generäle nix anhaben, und so zuckelt der Zug teils auf Zahnrädern weiter rauf zum Zielort:

Kalavrita. 23 km s von Diakopto. Von Dez-Mär herrscht hier Skitrubel, im Sommer dagegen klappt das stille Bergdorf (5000 Ew. kalavrita.gr) seine Bürgersteige hoch. Dabei böte sich eine Trumpfkarte an: das **Anesis Hotel** am Hauptplatz (80m ö vom Bhf. T. 269 202 3070. anesishotel.gr) hat Ez/Dz mit Bad, teils Kamin & Balkon für 30-45/35-60 €. Stilsicher, modern, einzigartig in seiner Preisklasse.

„Berühmt" ist Kalavrita seit dem **13. Dez 1943,** an den ein Mahnmal erinnert. Als Vergeltung nach einem Anschlag der griechischen Partisanen ließ die Wehrmacht den Ort und 25 Dörfer drumrum zerstören und tötete dann alle männlichen Ortsbewohner über 13 Jahren. Bilanz: 680 Opfer.

Akrata. 12 km ö von Diakopto, chillige Lage an Badebucht. Nur Eilzüge halten in Akrata, das zwei prima Zeltplätze am Wasser hat (Apr-Okt). **Krioneri** (T. 269 603 1405) liegt idyllisch im Aprikosenhain; familiäre Sache, Abholung vom Bhf bei Anruf. **Akrata Beach** (Porrovitsa. T. 269 603 1988. akrata-beach-camping.gr) ist noch besser ausgestattet; 5,50 €/P und 4 €/Zelt, Mietzelt 8 €, viele Dauercamper.

✈Hin & weg. Diakopto liegt 1 Std ö von Patras; Fernzüge siehe dort. Zahnradbahn ab Diakopto zweistdl. 7-15h (70 min), ab Kalavrita zweistdl. 9.30-17.30h.

THESSALIEN

Außer den Klöstern von Meteora werden alle schönen Flecken Nordgriechenlands weiträumig umgleist, auch die chill-tauglichen Chalkidiki sind ohne Auto kein Thema. Und wo ein Badeort wie Litochoron (guter Strand, fünf Zeltplätze, Startpunkt für Olymp) mal am Gleis liegt, hält kein Zug außer zwei Pendlerschüttlern.

Nach **DELPHI?** Per Direktbus vom Athener Busbhf Liossion (11 €); oder Zug von Athen nach Levadia etwa stdl. 7-18h (1½ Std), Bus vom Bhf Levadia zum zentralen Busbhf Levadia (15 min. 1 €), dort Bus nach Delphi (1½ Std. 3 €). Diese Mühe lohnt nur, wenn man der antiken **Orakelstätte** einen halben Tag gönnt. Das Bergdorf Delphi (1500 Ew) bietet 1200m w vom Orakel ein Gepäcklager im Busbhf (2 €/Tag), vier Campingplätze und zig Pensionen.

***METEORA

380 km n von Athen döst eines der würdigsten Sehenswunder im Interrailreich. Auf menhirhaften Felsen schweben 24 Klöster seit dem 14. Jh. in luftiger Höhe! Trotzen mit Byzanz-Dekor der Schwerkraft! Und sind für Bahnfahrer gut zu erreichen!

Kernpunkt des Geschehens, auch dank Gleisanbindung (82 km w von Paleofarsalos), ist **KALAMBAKA** (5000 Ew. 250m üNN). Hier steigen die Tourgruppen ab, es gibt Trubel, eine Tourist Police (Hadzipetrou 10), ein Postamt und an der Straße nach Trikala einen Vespa-Vermieter (Bremsen testen).

Schlafen. Kalambakas Pensionen halten sich preislich nicht zurück. Lob also für den Railertreff **Koka Roka** (Kanari 21. T. 242 302 4554) am Pfad zur Agia Triada. Ez/Dz/3z teils mit Bad 20/33-36/48 €, billige Taverne, Abholung bei Anruf.

Im **Alsos House** (Kanari 5. T. 243 202 4097. alsoshouse.gr) hat man die Kawenzmänner immer im Blick. 4-6er-Dm mit Bad 20-24 €, Ez/Dz mit Bad ab 50/60 €

Andere Privatanbieter harren am Bhf der Kundschaft, auch die fünf Zeltplätze verfügen über billige Zimmer.

Obwohl das Nachbarnest **Kastraki** (800 Ew. 2 km w von Kalambaka) den Liebreiz pachtet, kriegt es weniger Krümel vom Meteorakuchen ab. Viele der 33 Pensionen *(domatia)* umtummeln das Hotel Kastraki am nö Ortsrand: Ez/Dz ab 20/30 €. Zeltmitbringer erfreut **Camping Vrachos** (T. 243 202 2293. campingmeteora.gr) am Ortseingang. 5 €/P und 3,50 €/Zelt, schattig, ruhig, Klosterbus vor der Tür.

Klöster. Die Hälfte der 24 Klöster ist zugänglich, jedes kassiert 2 € Eintritt und öffnet 9-13h, 15-18h (in Klammern: *Ruhetag)*. Der weise Reisende pickt zwei heraus und widmet ihnen einen ganzen Tag. Busse fahren von Kalambaka (beim Brunnen) und Kastraki (Zeltplatz) gegen 9h, 10.30h, 12h, 13.30h (1 €) zu den Klöstern.

*****Megalou Meteorou** *(Di)*, das größte und trubligste, kann sich wie sein Nachbar ****Var-**

laam *(Fr)* mittags der Besucherscharen kaum erwehren, also schaut man früh rein. Besonders ****Varvaras Rousanou** *(Mi)* liegt atemberaubend, auch Agia Triada *(Do)*, Agiou Stefanou und ****Agiou Nikolaou** sind jederzeit erträglich.

Dress code. Der Anstand verbietet in Klöstern Shorts oder T-Shirts. Sackförmige Überziehröcke stehen zur Verfügung. Frauen mit Dekolleté, nackten Armen oder Beinen werden kaum eines Blickes gewürdigt, geschweige denn eingelassen.

Schwitzen. Selbst ist hier die Frau/der Mann. **Wanderer** erkunden uralte Pfade oder folgen ab Kastraki der Straße, die im Laufe von 7 km alle wichtigen Klöster streift. Wasser ist überall erhältlich, Proviant bringt man mit. **Kletterer** jauchzen im Angesicht dieser grauen Pfeiler. Zwar sind die Routen leicht (III bis V+), längst mit Haken versehen und Abstiege auch für Nicht-Abseiler befestigt. Für wenig Kitzel entschädigt aber viel Panorama. Gute Kletterführer hat Camping Vrachos.

✈**Hin & weg.** Vom Bhf **Kalambaka** am s Ortsrand (in Std) nach Paleofarsalos ZR6.33h, 7.42h, 8.53h, 12h, 13.31, 17.36h, 21h (1), Athen ZR6.33h (4½). – Von **Paleofarsalos** nach **Kalambaka** 6.50h, 7.56h, 10.17h, 12.16h, 14.44h, ZR19.23h, 20h (1). **Athen** Zfrei 14.39h, 18.24h (3¾), Z*IC* 7.30h, 12h, 13.21h, 16.35h, 19.21h (3½). **Thessaloniki** Zfrei 13h, 18.54h (2), Z*IC* 10.09h, 14h, 16.52h, 19.21h (1¾).

THESSALONIKI

511 km n von Athen. 368.000 Ew. thessalonikicity.gr.

Eine industrielle Ballung mit Transitbedeutung und ohne Athens Hektik – das ist Griechenlands zweitgrößte Stadt. Ihr Logis-Angebot richtet sich am Messepublikum aus. Die Türkenbesatzung endete hier erst 1918. Angaben ab **Plateia Aristotelou** (Hauptplatz. 700m sö vom Bhf).

Hauptsaison ist der Herbst, wg. Handelsmesse (Sep), Liederfestival (Sep), Demitria-Stadtfest (Okt/Nov) und Filmfestival (Nov).

EOT: Plat. Aristotelou 8 (T. 231 027 1888. 8-20h, Sa -14h). Auch die **Tourist Police** (Dodekanisou 4. 400m nw. T. 231 055 4870. 7-23h) hat Infos & Karten.

Internet: E-Global (Egnatia 105. 700m nö. 24 Std. schnelle PCs 2-3 €/Std).

Schlafen. Der einzige Campingplatz im Umkreis, Akti Thermaikon in Agia Triada (6 km s), schloss 2005. „Haben trotzdem dort übernachtet, einsam am Strand. Morgens fanden wir sogar eine Dusche, die noch in Betrieb war." (Christian Polt)

Die **JH** (Alex Svolou 44. parallel zur Egnatia. T. 231 022 5946) ist kein Ruhmesblatt. 65 Betten, getrennte 4-8er-Dm 10 €, kalte Duschen, anmelden ab 18h, nach 24h dicht, März-Nov. Bus 10 ab Bhf.

Billig-Hotels? Ez/Dz mit Etagenbad für 20-30/30-50 € findet man im ruhigen **Acropol** (Tandalidou 4. 400m nw. T. 231 053 6170). Heimeliger ist **Orestias Kastorias** (Agn. Stratiotou 14. 1200m ö. T. 231 027 6517. okhotel.gr): 37 klimatisierte Ez/Dz/3z mit Bad 42/54/65 €, Sep plus 30%; Bus 78 bis Aristotelous.

Rundgang. Spazierstark ist das windungsreiche **Türkenviertel** um die Akropolis (600m n), amüsieren tut man sich schicker in Ta Ladadika (200m w) hinterm Pier. Überblick bietet der in Wahrheit graue **Weiße Turm** (500m ö) am Meer, mit Ikonenmuseum. Von hohem Rang ist das aufpolierte ****Archäologische Museum** (Andronikou 6. 700m ö. 8-20h. 6 €, ***frei*** <19/ISIC), auch dank der edlen Grabbeigaben für den Vater des großen Alexander.

✈**Hin & weg.** Der Bhf (Monastiriou) liegt in einer fiesen Ecke, Bahnfragen klärt man bei OSE am Hauptplatz (plat. Aristotelou 18. Mo-Fr 9-21h, Sa -15h). Nach **Paleofarsalos** & **Athen** (in Std) ^{Z}frei 12.42h, 16.33h, 23h (2/6), ^{ZR}*IC* 7.24h, 10.13h, 11.40h, 14.54h, 19h (2/5). **Sofia** 6.40h, 17.36h, ^{R}23.46h (6-7). **Budapest** ^{R}17h (23). **Bukarest** ^{R}23.46h (18). **Skopje** & **Belgrad** 9.44h, 17h (4/13). **Istanbul** 7.18h mit u/in Pithio, 19.38h direkt (14/12½).

GROSS-BRITANNIEN

✆ 0044. 244.820 qkm. 60,6 Millionen Ew. BIP 28.094 €/Ew. visitbritain.de.
Wie man den Namen dieser Euro-Verweigerer auch wendet, irgendeiner fühlt sich auf den Schlips getreten. Denn ein Brite ist in erster Linie Engländer oder Waliser. Wenn als Schotte geboren, verzichtet er darauf am liebsten. Und Nordiren? Die haben sich aus Interrail ausgeklinkt und wurden aus diesem Führer gestrichen.

Schmankerl! Bahn: Mallaig – Fort William – Glasgow (tgl. fünfmal) und Inverness – Kyle (viermal). **Kultur:** London, Edinburgh. **Natur:** schottische Highlands.

Serviceteil

VisitBritain: Dorotheenstr. 54, 10117 Berlin, T. 01801/468 642.
Botschaften in London: D: 23 Belgrave Sq SW1, T. 020/7824 1300. A: 18 Belgrave Mews SW1, T. 7344 3250. CH: 16-18 Montagu Place W1, T. 7616 6000.
1 Pfund £ = 1,20 € (xe.com). Banken öffnen Mo-Fr 9-16/17h, oft auch Sa 9-12h. Wechselstuben nehmen hohe Provision, am besten sind EC- und Kreditkarte.

☺**Sparen.** England & Schottland sind **sehr teure Reiseziele,** kaum einer überlebt London unter 50 €/Tag. Wer aber ohnehin mal hin wollte, sollte das **jetzt tun.** Wegen der Wi&Fi-Krise ist GB so (relativ) günstig wie nie. Dabei bitte ich aber dringend darum, Preisangaben **mit Vorsicht** zu genießen: der Pfund-Kurs schlägt seit Jahren Pfurzelbäume vor und zurück. Zugrunde gelegt ist oben genannter Kurs.
✆ Polizei & Notruf 999.

Eurotunnel oder Fähre?

Im Kursbuch eine simple Nummer, in Wirklichkeit die Erfüllung eines alten Traumes: seit 1994 ist England trockenen Fußes zu erreichen. **Eurostars** (eurostar.com) bewältigen den Ärmelkanal 40m *unter* dem Meer, dadurch legen sie die 500 km zwischen Paris und London in 2¼ Std zurück. Eilig hatte es der *ES* lange aber nur in Frankreich, die Briten bekamen ihren Beitrag Folkestone – London (98 km) erst mit 13 Jahren Verspätung fertig. Bei Calais-Fréthune geht es in die Röhre, unterwegs wird der Grenzkram erledigt und in Folkestone britischer Boden erreicht. Fahrscheine (in jedem großen Bhf) enthalten schon die Platzkarte.
Doch dem *Eurostar* erging es wie so vielen großen Bahnideen: Sobald sie zum Sprung ansetzen, stellt ihnen der Buchhalter ein Bein. Anfangs kostete Paris – London und retour in der Gold-Klasse mit F 255 €, zweitklassig mit feuchtem Händedruck 203 €. Erst als der

Buchhalter sah, dass mancher Fahrgast lieber Fährgast blieb, purzelten die Preise. Heute gibt es ab Deutschland das „London Spezial" an DB-Schaltern oder online schon ab 49 € einfach, inkl. *ICE* bis Brüssel.

Interrailer zahlen im *ES* nur einen Zuschlag: **60-75 €** pro Strecke! Da schielt man gern rüber zur Verbindung *TGV*/Fähre, die von Paris nach London 6-8 Std braucht.

22 Fährlinien durchpflügen den Kanal. Mit Interrail gibt es nur noch einen Rabatt (siehe unten), mit ISIC gelegentlich 20-25%, mit JH-Karte bei Stena 20%. <15 kostet jede Überfährt die Hälfte. Fahrräder kommen für 6-14 € mit, ab Calais frei. Online buchen spart Geld, reservieren ist überflüssig, viele stehen sowieso an der Reling, nicht nur wegen der Aussicht. Nachfolgend die beiden Hit-Strecken.

Calais – Dover mit P&O (poferries.com) und SeaFrance (seafrance.com) rund um die Uhr etwa stdl. (1½ Std. 13-18 €bzw. 39-50 € Bikes frei). Fußgänger sind **nur auf Tagespassagen** zugelassen, ab Dover 6-19.45h, ab Calais 9-23h. Busse pendeln zwischen Calais-Maritime und Bhf Ville 10-19h, Dover-Eastern Docks und Bhf Priory 7-21h.

„Sucht vor der Fährüberfahrt Calais/Dover einen Autofahrer, der Euch mitnimmt. So kommt Ihr kostenlos über den Ärmelkanal!" (Karl Akbari)

☺**Sparen?** SeaFrance, der letzte Veteran mit Interrail-Rabatt, hat diese Großzügigkeit im Okt 2009 gestrichen und – noch infamer – den **Fußgängertarif** gleich dazu. Im Info-Center wird aufs charmanteste mitgeteilt, man müsse in den Eurostar umsteigen oder „Erwachsener mit Auto" buchen. Genau dafür wurde Interrail erfunden: damit Railer eines Tages bei SeaFrance den Autofahrertarif zahlen…

Hoek van Holland – Harwich mit Stena (stenaline.com) ganzjährig 14.30h, 22h, retour 9h, 23.45h (6-7 Std. Deckpassage 40 €, mit Interrail 28 €, <15 Jahren 10 € Liegen ab 48 €). Zuganschluss nach Amsterdam (2 Std ab Hoek, u/in Schiedam) bzw. London-Bhf Liverpool St (1½ Std) jeweils 1 Std nach Fährankunft.

Bahn & Bus

Auslandszüge nach London-St Pancras (in Std) von **Brüssel**-Midi *ES* etwa stdl. 7-20.29h (2). **Paris**-Nord *ES* stdl. 7-21h (2¼) oder via Fähre Dover-Calais (6-8).

ATOC. Einst chronisch marode, dann zu Tode privatisiert: **BritRail** hat die Löffel abgegeben. Was heute noch so heißt, z.B. Bahnpässe, tut es nur aus Marketinggründen. Auf dem engmaschigen Gleisnetz von **Railtrack** spielen 27 Gesellschaften Bahnkapitalismus, lose verbunden in der ATOC (Assoc. of Train-Operating Companies). Zugnummern und Gattungen sind abgeschafft, Komfort hängt von der jeweiligen Gesellschaft ab, in punkto Sicherheit liegt GB fast vor Simbabwe: die Züge sind okay, ins Schienenmaterial wurde seit der Steinzeit kaum investiert. Um London gilt bis 23h der Halbstundentakt. Jeder Bhf hat Auskunftsschalter und freie Fahrpläne. Platzkarten kosten 4 €, sind aber frei in reservierpflichtigen Zügen (selten). Auf Hauptstrecken fahren Mo-Fr Bordbistros mit, sonst Minibars. Zuschlaghasser haben nix zu hassen, Zugschläfer wenig zu freuen: die Sitze sind starr, die Großraumwagen dauerbeleuchtet und von 1-5h fahren nur zwei lachhaft teure *Caledonian Sleepers:* Bett im klimatisierten 2er-Abteil nach Edinburgh 144 €, Inverness 174 € **Bahnauskunft:** T. 0845/748 4950, nationalrail.co.uk.

Zuschläge. Jede Bahngesellschaft akzeptiert Interrail, Zuschlag ist nur im *Eurostar* fällig. ***Mo-Fr*** fahren doppelt so viele Züge wie ***Sa,*** am ***So*** schaut´s oft mau aus.

Bahnpässe. Angesichts hoher Bahnpreise ist ein **BritRail-Pass** unverzichtbar. Es gibt dafür einen Sack voll, z.B. für ganz England, SW-England, London, ganz Schottland, schottische Highlands allein usw. Die folgenden Pässe gibt es nur bei britrail.com und im Ausland, **nicht in Britain.**

Jeden Zug, jederzeit sichert **BritRail Consecutive** (zwei/vier/acht/15 Tage 95/155/225/329 €, <26 Jahren 75/125/179/265 €, nur England: minus 20%). Mit **BritRail Flexi** wählt man freie Bahntage innerhalb eines Monats (zwei/vier/acht/15 Tage 119/195/279/425 €, <26 Jahren 95/155/225/339 €, nur England: minus 20%). Das ist für Erwachsene billiger, für Jugendliche teurer als **Interrail GB** (drei/vier/sechs/acht Tage 189/209/269/299 €, <26 Jahren 125/139/175/194 €).

Wem es Englands Süden angetan hat: mit **BritRail London Plus** (zwei/vier/sieben binnen acht Tagen 99/159/189 €, <15 Jahren halber Preis) sind alle Bahnstrecken im Umkreis Londons (außer U-Bahn) frei, auch nach Oxford, Cambridge und zu den Fährhäfen Harwich, Dover, Portsmouth.

Busse. **National Express** verknüpft ganz GB komfortabel und günstig; z.B. London – Edinburgh hin/rück rund 50 €. Preise hängen von Abfahrtstag/zeit ab, wer früh online bucht, darf auf *Fun Fares* ab 2 € hoffen! Außerdem gibt´s so viele wechselnde Angebote, dass Rumklicken viel Geld spart: nationalexpress.com.

Schlafen & essen

Zeltplätze sind überall zu finden, wegen Wetter (Kälteeinbruch jederzeit möglich) und Mücken aber nicht überall beste Wahl. Wer beidem trotzt, zahlt 4-10 €/P. Schottlands Nächte sind arg feucht, nicht nur wegen Scotch; also vermieten viele *campgrounds* auch Wohnwagen.

Jugendherbergen (yha.org.uk) schlummern in 200 Ecken des Landes, manchmal haben sie sich eines angestaubten Schlosses bemächtigt. In Städten sind sie ganzjährig, auf dem Lande meist von Mai-Sep geöffnet. Angemeldet wird von 17-23h, ein Tagesraum bleibt durchgehend offen. Je nach Lage zahlt man mit Bettwäsche 10-22 €, in London bis 30 €, Juniors <18 kommen 2-6 € billiger weg.

Schottlands JHs (syha.org.uk)**,** 64 an der Zahl, sind oft abgelegen und schlicht. Zuweilen ersetzt ein Wildbach den Wasserhahn. Dafür zahlt man nur 10-18 € (in Städten bis 28 €) und ist auf karge Zeiten vorbereitet, meist 7-11h und 17-23h.

Planen. Beide JH-Verbände geben **Handbücher** mit Anreiseskizzen & Tourenideen heraus. Aus jeder JH kann man jede andere **vorbuchen.** „Wir haben nie reserviert, irgendwo ist immer was frei." (Patrick Haim)

Und sonst. Als Inbegriff britischer Lebenskultur bieten **Bed & Breakfasts** ab 25 €, was sie versprechen. Wer Familienanschluss fürchtet, findet **College Halls:** Viele Unis öffnen von Juli-Sep ihre Wohnheime für Reisende, das kostet mit F 25-35 €. **TICs** (Verkehrsämter) vermitteln Zimmer gegen 2-5 € Gebühr und 10% Kaution.

Essen. Jaja, das Oscar Wilde-Bonmot „Wer in diesem Land gut essen will, muss dreimal frühstücken." Käme der alte Knabe heute vorbei – er täte sich die Finger lecken, dank indischer, chinesischer und karibischer Einwanderer. Wer sich für „Spezialitäten" mit viel

Kleingeld wappnet, probiere *Roastbeef* (lang lebe BSE), *Yorkshire pudding* oder schottischen Lachs. Für Picknicks steht eine wilde Farbvielfalt im Käseregal, manche Sorten riechen wie ungelüftete Altersheime.

Pubs. Natürlich liegt nicht falsch, wer einen Pub schon zum *lunch* aufsucht. Seine Hauptrolle spielt der Inbegriff britischer Gastlichkeit aber nach Büroschluss, wenn (ohne gesetzliche Sperrstunde) ein ganzes Viertel in diesen vier Wänden lebt. In *family rooms* darf man sogar seine Blagen mitschleppen; die kriegen aber keinen Schluck. Volljährige laben sich dagegen an *Real Ale* (hefetrüb belassen, lauwarm, dünne Schaumkrone), *Stout* (schwarzbraun, hopfenbitter, gehaltvoll) oder *Lager* (untergärig, blond, pilsig).

***LONDON

✆ 020. 7,5 Millionen Einwohner (im Großraum 13,9 Mio). 495 km nw von Paris. 15m üNN. visitlondon.com.

Hier fährt sowieso jeder hin, also erlaube ich mir drei Takte Sondermeinung.

London ist die hässlichste, graueste, planloseste Metropole in Europa. Es fehlt ihm jedwede Eleganz à la Amsterdam, Paris, Wien, wenn man vom willkürlichen Stilmix auf engstem Raum absieht. Es fehlt ihm jegliche Form von Charme, weder mediterran-locker (Barcelona, Nizza) noch nordisch-herb (Helsinki, Stockholm) noch mittelalterlich-herzig (Prag, Krakau) existieren auch nur in Spurenelementen. Es fehlt ihm an Stätten von Weltbedeutung à la Rom, Athen, Istanbul. Seine Geschichte lässt sich reduzieren auf zwei Jahrtausende des Hauens & Stechens zwischen mordlustigen Königen, selbstsüchtigen Bürgern, heute ergänzt durch skrupellose Banker. Unter Queen Victoria kam zwar etwas Zuckerguss hinzu, doch auch damals war jeder seriöse Gentleman nur auf Kapitalanhäufung und ein bisserl Unterdrückung der Frau (sowie der eigenen Triebe) bedacht. Wenn das erledigt war, ging er als Aristokrat oder Bürger in seinen Stammclub, als Arbeiter oder Deklassierter in den Pub und soff sich die Birne zu. Da in der Überwindung des Triebhaften so vorzüglich dressiert, war nur Albions Bürgertum imstande, über 400 Jahre hinweg ein weltumspannendes Empire aufzubauen und zu behaupten. Die Welt dankt´s ihm bis heute und kommt gern nach London, als übel geschröpfter Gast (Interrailer) oder auf Dauer (Pakistan, Antillen, Afrika).

So, das war´s. Jetzt darf jeder hinfahren. Aber bitte keine Schönheit erwarten. Dafür locken prickelndes Nachtleben, praller Kulturkalender und prächtige Museen.

Kurz & knackig

Visitor Centre: 1 Regent St SW1 (U Piccadilly Circus. T. 08701/566 366. 9-18.30h, Sa/So 10-16h), mit Zimmervermittlung, Theaterkarten, Travelcards, Touren, Wechselstube, Zug/Flugtickets, Logis, Karten, Buchungen.

Internet: Onlinezugang bietet auch jedes Hostel. Liste von 25 Cybercafés unter bugeurope.com, Karte der 300 WiFi-Hotspots auf londonist.com.

ÖPNV. Transport for London (T. 7222 1234. tfl.gov.uk) hat Info Centres mit freiem Netzplan in den großen Bhfen. Unter seiner Obhut stehen U-Bahn, Busse, Themseboote, Tramlink, Docklands Light Railway (DLR) und der Busbhf Victoria. Zuverlässig, schnell, überfüllt: Die **U-Bahn** wird liebevoll *Tube* genannt. Fahrscheine bewahrt man bis zur Rückkehr auf die Straße. Spätestens 24h ist Ruhe in der Röhre, dann übernehmen Nachtbusse ab Trafalgar Sq (doppelter Fahrpreis, Wochen-Travelcard gilt). In Doppeldeckerbussen gilt wie in der *Tube* das Zonensystem, den Fahrschein zahlt man am Automat.

☺ **Sparen.** Eine **Travelcard** ist für längere Aufenthalte unentbehrlich. Im Stadtbereich sichert sie freie Fahrt auf allen TfL-Strecken, es gibt sie in 27.000 Versionen.
In London verkauft jeder U-Bhf jede Travelcard-Version. Wer nicht außerhalb logiert, ist mit zwei Zonen bestens bedient. Fast alles Sehenswerte liegt in Zone 1. Für Zone 1-2 zahlt man pro Tag 9 € (*off-peak*: Mo-Fr nach 9.30h, Sa/So ganztägig 7 €), drei Tage 22 €, eine Woche 33 €. Wer über britrail.com bucht, zahlt ähnliche Preise und bekommt dazu ein buntes Gutscheinheft (Museen, Läden, Restos).
Taxi? Freie **Black Cabs** sind jederzeit aufzustöbern, da erst ab drei Insassen erschwinglich: Victoria – Euston kostet je nach Stauzeit 12-18 €. Londons *cabbies* zählen zu den ehrlichsten der Welt; Bestellung T. 7272 0272. **Minicabs** sind billig, aber oft unzuverlässig und planlos.
🚲 **Bikes:** mietet man für 15-20 €/Tag (weitere Tage 5-8 €) u.a. bei Bikepark (11 Macklin St WC2. U Holborn. T. 7430 0083). Fahrräder dürfen Mo-Fr 10-16h und nach 19h, Sa/So ganztags in die *tube;* einige Linien sind für Fahrräder gesperrt.

Schlafen

Es gibt so viele Herbergen, B&Bs und Billighotels, dass jedes blinde Huhn sein Kissen findet. In Parks schlafen ist wegen Kriminalität & Polizei kein Vergnügen.

Preisfrage. Viele Hostels und alle JHs in London beweisen beim Finanziellen **Sinn für Humor**: Ein Bett, dass *Mo* mit 25 € zu Buche schlägt, kann *Di* 30 € kosten, *Mi* vielleicht aber nur 23 €. Zufallsgenerator? Jedenfalls wird´s Do-Sa oft (aber nicht immer) etwas teurer, und im Juli/Aug sowieso (aber nicht überall). Tut mir leid, aber hier muss sich jeder selbst durchklicken: yha.org.uk. Generell steht nur fest: Erwachsene zahlen **22-33 €,** Jugendliche <18 16-25 €, ohne JH-Karte plus 3 €.

Youth Hostels. Londons sechs JHs (yha.org.uk) bleiben tgl. 24 Std offen, haben Wechselstuben, Internet, Mahlzeiten, Küche (außer City), und das F ist inklusive (außer Oxford St und Earls Court). Im Juli/Aug reserviert man online mit Kreditkarte oder tanzt früh an: Rezeption 7-23h.
@ **West End. Oxford Street** (14 Noel St W1. T. 7734 1618) horcht am Herzen der Stadt. 75 Betten, 3-4er-Dm, viele Dz. Kein F, spartanisch, sauber, freundlich, TV-Raum. U Oxford Circus, 1200m vom Bhf Charing Cross.
@ **Kensington. Holland House** (Holland Walk W8. T. 7937 0748) erfreut mit der besten Lage: nur über einen Fußweg im Holland Park zu erreichen. 200 Betten, 6-20er-Dm. Cafeteria, schönes Haus, viel Rummel. U Kensington High.
@ **Earls Court. Earls Court** (38 Bolton Gardens SW5. T. 7373 7083), eine Ecke n der Old Brompton Rd, wurde nach dem Brand 2006 aufgepeppt. 186 Betten, 3-10er-Dm, zehn Dz. Leidlich komfortabel, Gärtchen für Grillabende. U Earls Court.
@ **City. St Pauls** (36 Carter Lane EC4. T. 7236 4965) besetzt die Chorschule der Kathedrale. 190 Betten, 4-9er-Dm. Keine Küche, Cafeteria, eng, verdreckte Teppiche, abends tote Gegend 2 km nö vom Spaß. U St Paul´s.
@ **Kings Cross. St Pancras** (79 Euston Rd N1. T. 7388 9998) liegt praktisch für alle nördlichen Bhfe. 184 Betten, 3-6er-Dm, zehn Dz. Resto, Schließfächer, Lounge. U Kings Cross.
@ **South Bank. Thameside** (20 Salter Rd SE16. T. 7232 2114) ziert einen zweckgebauten Modern-Klotz s der Themse. 320 Betten, 2-6er-Dm, nur Dz ohne Etagenbetten. Speisesaal,

Bar, viele Gruppen. U Rotherhithe. In dieser Gegend liegt der Bär begraben.

Astor Hostels. Wenn eine Kette wie Astor (astorhostels.com) sich in einer Stadt wie London seit 1974 behauptet, hat sie nicht alles falsch gemacht. Für alle Häuser gilt: gute Atmosphäre mit/für 18- bis 35-Jährige, Etagenbetten, Küche, Safe, 40 min Internet frei (danach 2-6 €/Std), TV-Raum. Preisangaben inkl. Bettzeug und kleinem F, mit ISIC minus 10%, im **Winterhalbjahr minus 15-30%**.

@ Bayswater. **Astor Quest** (45 Queensborough Tce W2. T. 7229 7782) ist eines dieser zu vollen Exemplare, aber eben billig. 9/4er-Dm 20-26 € (Fr/Sa 23-31 €), Twins 75 € (87 €). 150m ö von U Bayswater.

Sauberer sind andere, aber das **Hyde Park Hostel** (2 Inverness Terrace W2. T. 7229 5101) hat Flowerpower. 283 Betten, Dm mit 12/8/4 Betten 19/22/25 € (Fr/Sa 25/28/31 €), Dz mit Bad 87 € (100 €). Café, Bar bis 4h, psychedelischer TV-Salon, Billard, Videospiele. 120m sö von U Bayswater.

@ Bloomsbury. **Astor Museum Inn** (27 Montague St WC1. T. 7580 5360) genießt die Traumlage beim British Museum. 63 Betten, 4-12er-Dm 23-31 € (Fr/Sa 27-33 €), Dz mit Bad 87 € (100 €). Abzüge in der S-Note (Staff, Sauberkeit). 300m s von U Russell Sq.

@ Victoria. **Astor Victoria** (71 Belgrave Rd SW1. T. 7834 3077) liegt günstig für Bhf Victoria & Westminster. 70 Betten ohne F, 4-8er-Dm 20-28 € (Fr/Sa 24-34 €), Dz mit Bad 87 € (100 €).

Unabhängige Hostels. Oft wird die Maximalzahl an Etagenbetten in Zimmerchen gepfercht, Minimalstandards bei sicher & sauber werden mühelos unterboten. Vielen der 80 Hostels begegnet man schon im Bhf in Form von Schleppern, die bettlose Railer sofort erkennen. Wer sich darauf einlässt, klärt zuerst die Lage ihres Hostels. Keine Mätzchen nötig haben die folgenden drei.

@ Bloomsbury. **The Generator** (37 Tavistock Place WC1. T. 7388 7666. generatorhostels.com) stellt laut eigener Überzeugung die Zukunft des Backpacking dar. Dm mit 8-12/4-6 Betten, Schließfächern und F 33/36 €, Ez/Twin/3z mit Waschbecken 83/83/89 €, nur Etagenbetten; Nov-Feb minus 10-20%. Feine Lage, glänzende Ideen, Dekor im Matrixstil, Billig-Bar mit vielen Aussies. Einlass ab 18. U Russell Sq.

International Students House (229 Great Portland St W1. T. 7631 8300. ish.org.uk) öffnet ganzjährig, nicht nur für Studenten. 550 Betten, 4-8er-Dm 24-30 €, Ez/Dz mit F und Bad 50/75 €. Prima Ausstattung. U Great Portland.

@ Earls Court. **Barmy Badger** (17 Longridge Rd SW5. T. 7370 5213. barmybadger.com) erbarmt sich karger Budgets. 6/4er-Dm mit F 21/24 € (eine Woche 120/125 €), Dz/Twins 52 € (Woche 260 €). Küche, Safe, genug Stauraum, hilfreiche Gastgeber, alles spartanisch, aber atmosphärisch. U Earls Court.

Anschauen

Jeder siebte Brite wohnt in Londons *Metropolitan Area*. Dutzende von Dörfern hat der Moloch sich allmählich einverleibt. Jedes behielt seinen Charakter, Soho hat mit Chelsea wenig gemein; keines vermittelt aber das Gefühl, so viel Gemensch um sich zu haben.

Teuer! Londons Eintrittsgelder sind seit Maggie Iwantmymoneyback Thatcher höher als Englands Berge. Immerhin sichert der **LondonPass** für viel Geld (londonpass.com. ein/zwei/drei/sechs Tage 49/65/79/109 €, inkl. ÖPNV 58/83/105/160 €, <15 minus 33%) freien Zutritt zu 55 Sights. Dazu zählen die **Budgetbomben** St Paul´s, Tower, Hampton

Court, Zoo & Windsor Castle. Minustipps wg. 20-30 €Eintritt plus Warterei: Mme Tussaud´s Wachszeug und Dianas Kensington Palace.

Frei für alle sind Hämmer wie British Museum, National Gallery und Tate Modern.

The City. Auf dieser Quadratmeile treibt Big Business sein globales Spiel, zwischen Börse und Bank of England hetzen all die armen Menschen, die mit 27 schon ihre Altersvorsorge gesichert haben.

Die **St Paul's Cathedral** (Mo-Sa 8.30-17h. 14/11 € inkl. Krypta und Kuppelgalerien, Audioguide 7/6 €), von Christopher Wren 1710 dem Petersdom nachempfunden, wird nur von ihrem Vorbild übertroffen. Hier ruhen Nelson, Wellington, Wren und die Hoffnungen einer gewissen Diana auf eine glückliche Ehe.

Im Kulturzentrum **Barbican** steigen freie Konzerte und Ausstellungen. Stadtgeschichte, wie sie besser nicht aufzubereiten ist, zeigt das ****Museum of London** (150 London Wall. U St Paul. 10-17.50h. ***frei***). Die Fleet Street zehrt noch von ihrem Presseruhm, in **Old Bailey** pocht das Herz englischer Rechtsprechung.

Tower. Der **Tower of London** (U Tower Hill. 9-17.30h, Nov-Feb -16.30h. 22/18 €) diente seit Wilhelm dem Eroberer (1078) als Knast, Palast, Münzanstalt. Kronjuwelen und White Tower lassen sich all die Tourgruppen ebenso wenig entgehen wie Tower Green, wo Heinrich VIII. sich unsanft von zwei Gemahlinnen trennte. Das Bekraxeln der **Tower Bridge** (10-18.30h. Ausstellung 9/7 €) muss nicht sein.

Horrorfans lieben dagegen das mittelalterliche „Foltermuseum" **London Dungeon** (28-34 Tooley St SE1. U London Bridge. 10-19.30h, Sep-Juni -17.30h. 26/21 €). „Die tollen Shows jagen einem wirklich Angst ein." (Manuela Dröge)

Hyde/Green/St James´ Park. Ein Spaziergang zu Macht und Grün beginnt im Hyde Park, etwa am **Speakers' Corner** (U Marble Arch). Ungebremst dürfen Nobodys erzählen, was der Welt grad noch fehlt. *A monument to free speech, indeed.*

Durch den Green Park gelangt man zu **Buckingham-Palast** (Besichtigung nur Aug/Sep 9.30-16h. 18/15 €), wachablösenden Turmmützenträgern (11.30h. frei) und winkenden Touris. Nein, *Sie* winkt nicht zurück!

Am sö Eck von Londons feinstem Park, St James´s, erzählen Churchill-Museum und die **Cabinet War Rooms** (King Charles St. U St James´s. 9.30-18h. 16/12 €) von Weltkrieg II. Keine 200m ö steht man am Parliament Square und staunt:

Westminster. Die ****Westminster Abbey** (Mo-Sa 9-17.45h. 9/6 €) spielt eine Hauptrolle in GBs Geschichte. Seit 1066 wurden alle Könige (bis auf zwei) in dieser gotischen Abtei gekrönt und beerdigt. Tafeln gedenken auch anderer Größen, von Chaucer bis Churchill. Dem ärgsten Gedränge entgeht man morgens oder Di-Do spätnachmittags.

Drumrum drapieren sich Whitehall mit der berühmten Tür von Downing Street 10, Londons neogotisches Wahrzeichen **Big Ben** und das **Parlament** (19. Jh.).

Frei. Wer mal in **Ober- oder Unterhaus** zuhören will, reiht sich am St Stephen´s Gate gegenüber W´ Abbey ein. Parlamentsprogramm unter T. 7219 4272, buchen unter parliament.co.uk. Ich verspreche mehr Unterhaltungswert als im Bundestag.

The Mall trödelt von Buckingham in Überbreite zum **Trafalgar Square** mit Nelsonsäule und Taubenkacke. Nach N schließt eine der großen Kunstsammlungen weltweit, nach

Masse und Rang, den Square ab. Denk Dir irgendeinen Meister seit Botticelli – sein Werk hängt in der ****National Gallery** (10-18h, Mi -21h. ***frei).*** Prima Führungen 11.30/14.30h. Zur Abrundung liegt rechts ums Eck die **National Portrait Gallery** (2 St Martins Place. 10-18h, Do/Fr -21h. ***frei).*** Schon wegen des Gebäudes begehenswert.

West End. Am vulgären **Piccadilly Circus** überraschen eine erotische Statue und ein Riesenladen von Tower Records (!), von hier springt eine Katze locker zum Leicester Square, um den sich Kinos im Dutzend scharen. **Sohos** rotlichtiger Ruf spukt nur in den Köpfen einiger Besucher weiter; sie werden dafür gut geschröpft. Daneben liegt Chinatown und weiter ö ****Covent Garden,** berühmt für Straßenkünstler, -cafés und -stände. Dazu gibt es Boutiquen und Bioläden – eben ein Platz zum Wohlfühlen an sonnigen Nachmittagen. Bitte keine Schnäppchen erwarten.

Bloomsbury. Das Viertel n von Covent Garden steht nicht nur wegen der Uni of London im intellektuellen Brennpunkt. Hier versteckt sich eines der Top-Museen der Welt. Ob Seidenstraße, Kleinasien oder Ägypten – wo immer man schwitzende Guides fragt, was denn mit den berühmtesten Teilchen ihrer Schauplätze passiert sei, murmeln sie nur: *****British Museum** (Great Russell St. U Russell Sq. 10-17.30h, Do/Fr -20.30h. Great Court 9-18h, Do-Sa -23h. ***frei).*** Der mächtige Bau hat unsere Aufmerksamkeit einen ganzen Tag (manche sagen: ein ganzes Leben) lang verdient. Die **British Library,** in der sich einst Karl Marx manifestierte, ist zum Bhf St Pancras umgezogen.

British Museum. Am besten besucht man das BM zweimal, *ist ja frei.* Picknick für Pause im Park mitbringen. Gepäck im Foyer abgeben. Bequeme Schuhe anziehen. Mit Übersichtsplan Schwerpunkte wählen und Stil der Besichtigung variieren: Mal ein Objekt betrachten und Geschichte dazu ausdenken, dann erst den Begleittext lesen; später Text lesen, begreifen, Assoziationen bilden und dann erst gucken.

Kensington. 3 km w vom Buckingham prägen drei außergewöhnliche Sammlungen einen Gebäudekomplex an der Cromwell Rd (U South Kensington). Wer sich fürs jeweilige Thema begeistert, verbringt gern einen Tag darin (alle 10-17.50h. ***frei).***

Im topaktuellen ****Science Museum** kommen Kids und Techniker auf ihre Kosten, von Mondlandung bis Tiefseetauchen wird alles prickelnd aufbereitet.

Das **Natural History Museum** versetzt selbst Geologen und Wissenschaftler ins Staunen. Erdbeben-Grusler, Dino-Fans und Darwinisten sind sowieso ständig hier. Führungen stdl. 11-16h (4/2 €).

Der Marsch durch **Victoria & Albert** (Mi -22h) umfasst 18 km voller Byzanz, Mittelalter, Mode, Keramik, Möbel, Metallarbeiten, Textilien, Devotionalien. N davon hält der seltsam bedeckelte Kochtopf **Royal Albert Hall** seine *Proms* ab.

South Bank. Weil sie jetzt weniger wackelt als bei ihrer viertägigen Eröffnung 2000 (danach war sie vier Jahre wg. „Renovierung" geschlossen), nimmt man zur anderen Themseseite am besten die **Millenium Bridge** bei St Paul´s. Sie landet unmittelbar vor ****Tate Modern:** zeitgenössische Kunst im massigen Bankside-Kraftwerk (10-18h, Fr/Sa -22h. ***frei).*** Auf Führungen (stdl. -15h. ***frei)*** erfährt man, warum das Gezeigte ausgerechnet in *History/Memory/Society* gegliedert ist, u.a.

Vorbei am sehr hässlichen **South Bank Centre** (Theater, Kino, Musik, Hayward Gallery) erreicht man das Riiiesenrad ****London Eye** (9.30-21h, Okt-Mai -20h. 23 €, online 20 €). Weil sich jeder aus 135m Höhe (!) den Blick zum Meer oder abends über die prächtig illuminierte Stadt erhofft, ist auch die Warteschlange rekordverdächtig. Vorbuchen: T. 0870/500 0600 oder ba-londoneye.com.

Shopping. Ein Besuch bei **Harrods** (U Knightsbridge. Mo-Sa 10-19h) lohnt schon um nachzusehen, ob sein Werbespruch zutrifft: *Es gibt nichts, was es nicht hier gibt.* In den Heiligen Hallen für Lebensmittel zweifelt jedenfalls keiner daran, und auch im Untergeschoss gibt es ein vieldiskutiertes Einzelstück: einen Gedächtnisbrunnen für Lady Diana und Dodi Al-Fayed, dessen Vater Harrods besitzt und seit Jahren vergeblich ein Mordkomplott gegen das Paar zu beweisen versucht.

Andere Kaufpaläste mit Unterhaltungswert: Fortnum & Mason (181 Piccadilly. U Green Park) und Liberty (210 Regent St. U Oxford Circus), auch So 12-18h offen.

Jüngere Semester drängeln durch die **Oxford Street.** Wer´s freakiger mag, rauscht zum Flohmarkt auf der **Petticoat Lane** (U Liverpool St. 10-14h) im East End.

Tanzbären werden glücklich in der **Berwick Street** (U Piccadilly Circus): Musikläden zwischen billigem Obst & Gemüse. Auf andere Weise wundervoll ist der Flohmarkt an der **Portobello Road** (U Notting Hill Gate. Mo-Sa 8-18.30h): Antikes, Samoosastände, Reggaebands.

Grün. Für Stadtneurotiker ist das Zweitschönste an London die Entspannung nach dem Bummel, z.B. im vornehmen **Regents Park** mit Freilufttheater, Ruderbootsee und überzeugend wieder-beseeltem Zoo (10-17.30h. 20/16 €). Oder im ****Hyde Park** mit Militärkapelle (So), Schwimmbad und Paddelbooten auf dem Serpentinesee. Oder im **Battersea Park** mit buddhistischer Pagode für Frischverliebte. Oder in den herrlich ruhigen **Royal Botanic Gardens** (U Kew Gardens. 9.30-18.30h, Sa/So -19.30h. 12/9 €) tief im Südwesten, mit Pubmeile am Fluss.

Theater. Nur New Yorks Szene ist bunter. Mindestens eine Aufführung sollte man sich aus dem *Theatre Guide* herauspicken. Wer Preise ab 20 € scheut, findet 1½ Std vor Beginn der Vorstellung im jeweiligen Haus billige *standby*-Plätze. Im Juli/Aug wird im Regents Park fast allabendlich Shakespeare inszeniert.

☺**Sparen.** In den **tkts Ticket Booths** auf der Südseite des Leicester Square (10-19h, So 12-15h) und im DLR-Bhf Canary Wharf (10-15.30h. nur mit Kreditkarte) gibt es Theaterkarten für Aufführungen am gleichen Tag zum **halben Preis,** plus 4 € Gebühr. Einziger offizieller Zwischenhändler!

Hin & weg

Bahnhöfe. Alle acht sind per *tube* verbunden. Victoria, Kings Cross, Euston und Liverpool St (24 Std offen) bieten auch Postämter, Buffets, Duschen. **Bahnauskunft** T. 0845/748 4950. Am ***Sa*** weniger, am ***So*** viel weniger Züge.

Züge. Von **Victoria** (500m s von Bucki´ Palace) und **Charing Cross** (100m ö vom Trafalgar Sq) nach Canterbury & Dover halbstdl. bis 22h (1½/2 Std).

Von **Paddington** (n vom Hyde Park) nach Oxford halbstdl. bis 0.21h (1), Fishguard 8.45h, 20.15h mit u/in Cardiff oder Swansea (4½).

Von **Euston** (n von Bloomsbury) nach Manchester & Liverpool stdl. (3/3), Holyhead stdl. 6-21.38h mit u/in Crewe (4-5), dazu teure **Nachtzüge** nach Inverness & Fort William 21.15h (11/12), Glasgow & Edinburgh 23.45h (8).

Von **Kings Cross** (400m ö vom Bhf Euston) nach Cambridge halbstdl. bis 23h (1), Edinburgh & Glasgow stdl. 6-18.20h (5/5-6), Inverness 12h direkt (8), 6.15h, 8h, 8.30h, 11h, 15h mit u/in Edinburgh (8 1/2-10).

Von **St Pancras Int'l** (neben Bhf Kings Cross) nach Paris & Brüssel ZR*Eurostar* stdl. 6-20h (je 2 1/4). Von **Liverpool Street** u.a. nach Cambridge halbstdl. bis 23h (1 1/4).

ENGLAND

Fährankömmlinge bleiben am Oberdeck, wegen Kreideklippen und so. **DOVER** (126 km ö von London. 37.000 Ew) lässt sich bis zu den Römern zurückverfolgen, die einiges hinterließen. Wer seinen Zug verpasst, schaut sich die Festung an: ****Dover Castle** (10-18h. 17/14 €) umschließt einen 2000 Jahre alten Leuchtturm. Die prima Führung erobert auch Verteidigungstunnels und den Hellfire Corner.

Züge von Dover-Priory halbstdl. nach London-Charing Cross 5-22h und London-Victoria 5-23h (1 3/4/2 Std); am *So* halbe Ration.

**OXFORD

✆ 01865. 92 km w von London. 145.000 Ew. 72m üNN. visitoxford.org.

Seine Bewohner sind mächtig stolz auf die schöne Unistadt, die etwas besonderer ist als andere Städte. Gerne kommt man im Mai/Juni, zur spannungsreichen Zeit der Prüfungen. Angaben ab **Gloucester Green** (600m nö vom Bhf).

TIC: Gloucester Green (T. 726 871. 9-17h, So -15.30h), mit *Welcome*-Heft (2 €).

Bikes: bei Warlands (63 Botley Rd. beim Bhf. T. 241 336), Pennyfarthing (5 George St. 40m ö. T. 249 368) und Bike Zone (6 Broad St. 250m ö. T. 728 877).

Schlafen. **Oxford Camping** (426 Abingdon Rd. 4 km s. T. 246 551. myccc.co.uk) ist laut, aber ganzjährig okay. Zwei P mit Zelt 27 € (Sep-Juni 20-23 €), Backpacker 7-10 € Bus ab St Aldate´s.

Beide Hostels bieten ganzjährig (ohne Torschluss) getrennte und gemischten Dm. Zentraler liegt das **Oxford Backpackers** (9a Hythe Bridge St. 300m w. T. 721 761. hostels.co.uk). 92 Betten, 18/8-10/4er-Dm mit F und Bettzeug 17/19/21 €, Fr/Sa plus 2 € Küche, Gepäcklager, legendäre *Late-Night-Bar*, ziemlich laut. Nur über 18 Jahren.

Die **JH Oxford** (2a Botley Rd. T. 727 275. yha.org.uk) hinterm Bhf ist besser bestückt und sauberer. 187 Betten, 2-6er-Dm mit F 27 €, <18 22 €, ohne JH-Karte 31/24 €

B&Bs ab 25 € sind meist abgelegen, s vor allem in der Abingdon Rd, ö in der Cowley Rd. Das TIC vermittelt für 4 € plus 10% Kaution.

Studieren. Das Unijahr setzt sich für Oxfords 20.000 Studenten aus drei *terms* zusammen. 38% der Bewerber landen, nur 5% brechen ihre Mühen nach einem Jahr ab, ganze 2% fallen durchs Examen – ein Fall für deutsche Rektorenkonferenzen? Übrigens werden Frauen erst seit 1974 in sämtlichen 36 Colleges aufgenommen.

Rundgang. Seit der Gründung der Uni 1260 sind die ****Colleges** mit ihren Höfen und Gärten Oxfords Beitrag zu einer schöneren Welt. Die meisten sind 13-17h frei zugänglich, teils auch 9-12h. Schon deshalb lohnen sich zweistündige *Walking Tours* ab TIC (10/11/13/14h. 9-12 €, <16 4,50-6 €), auch zu anderen Themen, z.B. *Pottering in Harry´s footsteps*.

Stadtwanderung mit grünem Abschluss gefällig? Vom zentralen **Carfax Tower** (10-17.30h. 3/1,50 €) bietet sich nach 99 Stufen ein schönes Panorama. 300m n davon verkörpert das **Ashmolean Museum** (Beaumont St. Di-So 10-17h, Juni-Aug Do -19h. frei, Spende willkommen) ein British Museum im Kleinformat. Eines der ältesten Museen weltweit, eröffnet 1683, aufpoliert 2009.

Im **University Museum** (12-17h. frei) entdeckt man hinter feiner Fassade den Genius eines Isaac Newton, die Leidenschaft eines John Locke, das Schicksal eines Dodo. Das museale Maß voll macht das **Museum of Oxford** (St Aldate´s. Di-Sa 10-17h. frei) mit Stadtgeschichte, Archäologie usw. im alten Rathaus.

Den Nektar des Wissens saugen Studis in der absolut harry-potter-würdigen **Bodleian Library** (Broad St. Mo-Sa 9-17h. Divinity School 2,50 €, Exhibition Room & Old Schools Quadrangle frei) und der **Radcliff Camera** (Cattle St), die 140 km Regal mit 1,5 Millionen Büchern vollstellt.

Englands ältester ****Botanischer Garten** an der Rose Lane bei der Magdalen Bridge (sprich: *mohdlin*. 700m ö. 9-18h. 4/3 €) erstreckt sich samt feschem Tropenhaus bis an die Themse. Hier legen dann die Punts los.

Punts. *Punten,* also schmale Gondeln durch seichte Kanäle staken, ist schwerer als es aussieht. Wer sich traut, mietet bei **Salter´s Steamers** (Folly Bridge. T. 243 421) oder am **Cherwell Boathouse** (Bardwell Rd. T. 515 978) eine Gondel (max. 6 P) für 15-18 €/Std und betrachtet die schönen Hinterteile der Colleges. Gibt aber auch Punt-Chauffeure (25 €/halbe Std) und Ruder/Tretboote (5/2 Plätze, 18 €/Std). Salter´s bootstourt tgl. ins grüne Umland.

✈**Hin & weg.** Vom **Bhf** (Park End) (in Std) nach **London**-Paddington halbstdl. 5-24h (1). **Cambridge** nur mit u/in London. **Liverpool** mit u/in Stafford stdl. 6-20.34h (3½). **Edinburgh** stdl. 6-16.34h (6). – Vom **Busbhf** (Gloucester Green) nach London-Victoria rund um die Uhr (1½), Cambridge zweistdl. (2).

***CAMBRIDGE

✆ 01223. 93 km n von London. 95.000 Ew. 27m üNN. visitcambridge.org.

In der zweiten Uni-Legende im Land des Linksverkehrs wird die Blüte der englischen Jugend seit 600 Jahren geformt. Cambridge ist kleiner als Oxford, aber schöner, weil es sich einzig der Vernunft verschreibt: keine Industrie, nur Bäume, Colleges, Fahrräder. Angaben ab **Market Square** (1500m nw vom Bhf).

TIC: Old Library (Wheeler/Bennet St. 20m s. T. 322 640. 10-17.30h, So 11-16h), mit *Visitors Guide* (frei), rabattreicher *Visitor Card* (4 €) und prima Führungen.

🚲 **Bikes** bei Geoff´s (65 Devonshire Rd. beim Bhf. T. 365 629) und in der JH.

Schlafen. Gezeltet wird von Apr-Okt bei **Cherry Hinton** (Lime Kiln Rd. T. 244 088) oder **Highfield Farm** (Long Rd. T. 262 308). Zwei P mit Zelt je 12-18 €

Obwohl konkurrenzlos am Ort, legt sich die **JH** (97 Tenison Rd. 1300m sö. T. 354 601. yha.org.uk) ordentlich ins Zeug. 100 Betten, geräumige 2-8er-Dm mit Bettzeug und F 25 €, <18 20 €, ohne JH-Karte 29/22 € Hässlicher Altbau unweit vom Bhf, Cafeteria, große Lounge, pieksauber und ruhig, kein Zapfenstreich.

Im Juli-Sep geben **Studis** ihre Quartiere an Chesterton Lane (800m n) und Huntingdon Rd (1 km nw) frei; Dz 50-60 € Bei der JH entlang der Tenison Rd liegen fünf B&Bs für 30-40 €/P.

Colleges. Unbedingt eine TIC-Führung mitmachen: stdl. 10.30-14.30h, mit/ohne Kings College 12/10 €, ***Drama Tour*** Di 18.30h mit Heinrich VIII. und Isaac Newton 7 € Das akademische Jahr in Oxbridge besteht aus achtwöchigen Trimestern: Michaelmas (Okt-Dez), Lent (Jan-März) und Easter (Mitte Apr-Mitte Juni). Nach den Prüfungen im März wird sieben Tage bis zur Besinnungslosigkeit gefeiert, danach werden alle Pforten geschlossen. Ende Juli steigt ein feines Festival.

Rundgang. Die Rundkirche **Holy Sepulchre** (12. Jh. 300m n) ward von Tempelherren nach Jerusalemer Vorbild errichtet. Wer sich rechts hält (die Street wechselt den Namen von St Johns, Trinity, King´s bis Trumpington), erreicht acht der großen Colleges und 600m s des Marktplatzes das **Fitzwilliam Museum** mit ägypti/römi/chinesischen Stücken und englischen Malern. Es öffnet ebenso Di-So 10-17h (beide ***frei)*** wie die **Gallery on the Cam** (Chesterton Rd) – im Schleppkahn!

Punts. *Punten* auf dem Cam ist *die* romantische Attraktion des Ortes. Boote mietet man an Silver St, Granta Place oder Magdalene Bridge für 12-15 €/Std, von Scudamore (T. 359 750) oder Punting Co. (T. 414 466). Feine Touren entblößen die Hinterteile berühmter Colleges oder führen 5 km flussauf ins friedliche Grandchester.

Hin & weg. Vom **Bhf** (in Std) nach **London**-Kings Cross halbstdl. 5.45-23.22h (1). **Liverpool** mit u/in Nuneaton stdl. bis 19.50h (4). **Edinburgh** mit u/in Peterborough stdl. bis 17.49h (5-6). Vom **Busbhf** (Drummer St, neben Christ´s College. T. 317 740) nach London-Victoria stdl. (2), Oxford sechsmal (2).

LIVERPOOL

✆ 0151. 312 km nw von London. 520.000 Ew. 8m üNN. visitliverpool.com.

Seine spektakuläre Lage am Mündungsdelta des Mersey, der sich bald im Salz der Irischen See verliert, prädestinierte L´pool für die Seefahrt. Seit dort nicht mehr so viel zu holen ist, macht es in Kultur, z.B. 2008 als Kulturhauptstadt Europas. Wie viel Humor sich die *Puddlians* trotz Dauerkrise ihrer quirligen Stadt bewahren, merkt erst, wer die Sprachhürde überwunden hat: grausliger Dialekt.

TIC: Queen Sq Centre (T. 0906/680 6886. 9-18.30h, So 10-16h) und Albert Dock Centre (Merseyside Maritime Museum. 10-17h). Beide vermitteln Zimmer (frei).

Schlafen. Liverpools **JH** (25 Tabley St. T. 709 8888. yha.org.uk) steckt im modernen Zweckbau ohne Spirenzchen gegenüber vom Albert Dock. 100 Betten, 3-6er-Dm mit Bad und sattem F 30 €(<18 24 €). Küche, TV-Lounge.

Seit 2002 mischt das charakterstarke, nobel bestückte **International Inn** (4 South Hunter St. T. 709 8135. internationalinn.co.uk) mitten im Kultur/Kneipenviertel des Zentrums mit. 100 Betten im Ex-Lagerhaus, 4-10er-Dm 23 €, Dz 54 € Küche, Café mit F, TV-Lounge, immer offen.

Hatters (56-60 Mt Pleasant. T. 709 5570. hattersgroup.com) bietet britischen Hosteldurchschnitt (sauber, Küche, Party, wenig Aufregung) mit typisch-nervösem Preisgebaren: ständig neue Angebote sollen verschleiern, dass die Sache recht teuer ist. 4-6er-Dm 21-24 € (meist Fr/Sa am höchsten), Dz/3z 70-90/95 €

Feiern. *Itchy Liverpool* (u.a. im TIC) verrät, wo was läuft. Oder man kulturt im **Everyman & Playhouse** (5 Hope St bzw. Williamson Square. Matineés 12-15 €, abends 14-20 €, standby 6 €) und versackt danach im **Everyman Bistro:** Essen gut & billig. Und was wäre Liverpool ohne Zechtour? Etliche Pubs in **Mathew, Bold** und **Slater Street** erlebten noch glorreiche Empire-Tage: Holz & Glas dominieren, Purzellan & Elfenbein hauchen ihnen Luxus ein.

☺**Sparen.** Noch traumatisiert von Londons Eintrittspreisen? Dann bittet Liverpool zum Aufatmen: Alle Museen öffnen 10-17h und sind **frei für alle.**

Pfaffenwerk. Liverpools Zentrum ist kompakt (2 mal 1,6 km), an seinem ö Rand stehen gleich zwei **Kathedralen.** In der anglikanischen fühlt man sich trotz Restaurierung unbehaglich. Die moderne (1967) katholische Konkurrenz Metropolitan auf Mount Pleasant wird auch *Paddy´s Wigwam* genannt.
Drei Museen in Spazierweite des Bhfs: Als „Nationalgalerie des Nordens" gilt die ****Walker Gallery** (William Brown St) mit Rubens/Rembrandt bis BritArt. Nebendran schlägt das **World Museum** den Bogen von Früh- zur Naturgeschichte, von Indianerpuppen zu Musikvideos, alles sehr interaktiv. Und das **National Conservation Centre** (Whitechapel) erzählt die verborgene Geschichte hinter den Dingen, v.a. aus Konservatensicht.
Pierfreuden. Zum Besuchermagneten hat sich in Windeseile das **Albert Dock** entwickelt. In den 80ern wurden sw vom Zentrum abgewrackte Schiffsdocks aufgemöbelt, nun tummeln sich darin schicke Läden, gute Restaurants und moderne Museen ohne Mief.
Merseyside Maritime erzählt vom riesigen Hafen und den Leuten, die ihn nutzten, als Sprungbrett zum neuen Leben *overseas* oder als Anlegestelle für Sklavenhändler, U-Bootjäger, Luxus-Liner. **Museum of Liverpool Life** (Umbau bis 2011) zeichnet das Leben der Arbeiterklasse nach, inkl. der Auswanderungswelle 1880-1920. Die **Tate Gallery** ergänzt die Londoner Sammlung moderner Kunst.

Pilzköpfe. Die zähe **Beatles Story** (10-18h. 15/11 €) im Albert Dock kratzt an der Welt der *Fab Four,* die in L´pool aufwuchsen. Peppiger ist die zweistündige Führung **Magical Mystery Tour,** auch zu Strawberry Fields (12h ab TIC. 15 €). Infos & Veranstaltungen stehen auf beatle-city.co.uk.

Proletenpassion. Das **Port Sunlight Village** (6 km sw. Bhf Port Sunlight. 10-17h. 5/4 €) steht das erste Industriedorf der Welt. Der Seifenfabrikant & Philantrop William Lever schuf 1888ff eine lebens- und bis heute sehenswerte Utopie voller Parks, Freizeitstätten und Wohnhäuser für seine Arbeiter. Hier wird noch gelebt und gestaunt, von der **Lady Lever Gallery** (10-17h. frei) mit Präraffaeliten & Porzellan bis zum **Gladstone Theatre** mit jährlichem Festival. Das **Heritage Centre** (95 Greendale Rd) liefert dazu das historische Korsett samt Führung (2-3 €), den Abend beginnt man dann im Ye Olde Bridge.
Und was wäre Liverpool ohne seinen **Football Club?** Einmal sollte jeder den **Anfield Roar** bei einem Heimspiel der *Reds* (Anfield Rd. liverpoolfc.tv. 18-60 €) erleben – nicht nur für Fußballverrückte. Ergänzend feiert sein **Museum Centre** den erfolgreichsten englischen Club (10-17h. Museum 8 €, mit Stadionrunde 14 €).
✈**Hin & weg.** Vom **Bhf Lime St** (ö am Zentrum) (in Std) nach **London**-Euston halbstdl. 5.45-19.49h (2½-3). **Holyhead** (wg. Dublinfähren) mit u/in Chester achtmal 7.30-20h (2¾). **Edinburgh** mit u/in Manchester oder York stdl. 5-19h (4-5). – Vom **Busbhf Norton** (Islington St) mit *NE* in alle Landesteile.

SCHOTTLAND

visitscotland.com. O Land leiser Legenden, lass Dich mal abbürsten. Schon fallen Schottengeiz, Sean Connery-Tratsch und Nessie-Quatsch wie matte Schuppen aus Deinen Locken. Und es erstrahlt ein herzliches Fünfmillionenvolk, verteilt über Zauberlandschaften so groß wie Österreich.

Highlands! Liebhaber von Heide, Farn und Fels wissen, dass die wahre Wildnis **hinter Inverness** beginnt. Pro qkm drängen sich keine zehn Menschen, Mück & Regen entdecken jeden, Bus & Bahn machen sich rar. Also übt man Verzicht, denn es trampt sich leichter mit halbem Gepäck.

☺**Sparen.** Der flexible **Explorer Pass** sichert für 26/37 €(<16/ISIC 19/28 €) an drei von fünf/sieben von 14 Tagen freien Zugang zu 348 Schlössern, Burgen & Gebäuden von **Historic Scotland** (historic-scotland.gov.uk). Mit ISIC oder JH-Karte zahlt man 50% in den 117 schottischen Stätten des **National Trust** (nts.org.uk).

Bahn & Bus

Züge ab London stdl. 6-18.20h (plus ein Nachtzug) nach Edinburgh & Glasgow. N davon haben viele Bahnstrecken Sterne verdient, allen voran Glasgow – Mallaig und Inverness – Thurso. Fahrpläne für Bahn, Bus & Schiff gibt es frei in TICs.

Bahnpässe. Für lange Touren lohnt BritRails **Freedom of Scotland** mit vier/acht Reisetagen binnen acht/15 Tagen für 169/225 €. Frei sind damit alle Bahnstrecken (*Mo-Fr* ab 9.15h), Glasgows U-Bahn, Fähren von Caledonia MacBrayne und Strathclyde sowie Busse von Citylink, in weiteren Bussen und P&O-Fähren winken 33%. **ISIC**-Inhaber erhalten die meisten dieser Rabatte ebenso.

Für regionale Interessen gibt es den **Highland Rover** n der Linie Glasgow – Aberdeen (vier binnen acht Tagen 90 €) und den **Central Scotland Pass** (drei binnen sieben Tagen 59 €). Alle sind vor Ort an jedem Bhf oder unter britrail.com zu kaufen, Kinder <15 zahlen stets die Hälfte.

Busse befahren ein dichtes Netz, bedeutsam sind Citylink (T. 0870/550 5050) und Royal Mail (T. 0845/774 0740). Reisende <26 kaufen am Busbhf die **Smart Card** für 8 € und zahlen ein Jahr lang im Bus 30% weniger. Sonntags herrscht Flaute.

**EDINBURGH

✆ 0131. 632 km n von London. 410.000 Ew. edinburgh.org.

Wer der Schotten Hauptstadt als Athen des Nordens bezeichnet, weil ein Akropolis-Imitat ihr Bild beherrscht und viele Villen sich korinthisch besäulen, übertreibt ein bisschen. Aber nicht arg, angesichts toller Museen und reger Kulturszene. Edin*barra* eine feine Sach´. Wenn man ordentlich Kleingeld mitbringt. Angaben ab **Bhf Waverley,** dem Bindeglied zwischen Auld und New Town.

Kurz & knackig

TIC: beim Bhf Waverley (3 Princes St. T. 557 1700. 8-20h, Sep-Mai 9-17h), mit Logisliste (frei) und -vermittlung (5 €).

Internet: EasyEverything (58 Rose St. 400m w. 24 Std. 1-3 €/Std.

Bikes: bei Cyclehire (29 Blackfriars St. 300m s. T. 556 5560) für 15-20 €/Tag, 75-100 €/Woche. JHs vermieten billigere, ältere Räder.

ÖPNV. Lothian-Busse fahren häufig & billig: 1,50 €, Tageskarte 4 €, Ridacard 19 €/Woche (<25 16 €). Nachtbusse starten ab Waverley Steps/Princes St: 4 €, mit Ridacard 2 €. Eine Tram nimmt 2011 den Betrieb auf. Taxen fassen wie in London sechs Personen; bestellen über Central Radio (T. 229 5221).

Schlafen

Wer im Aug (Festivals) oder zur Jahreswende (Hogmanay) nicht vorbucht, findet in 50 km Radius kaum ein freies Bett.

Camping. Acht Plätze im Umkreis nehmen von zwei P mit Zelt 14-24 €. **Mortonhall** (38 Mortonhall Gate. Frogston Rd East. 5 km s. T. 664 1533. meadowhead.co.uk) ist einer der Besten in ganz Schottland. Wiese, Wald, Pub, 5er-Wigwams ab 15 €/P. Bus 11 von Princes St.

Hostels. Alle sind rund um die Uhr offen, gern wird im Sommer tüchtig aufgeschlagen. Das **High Street Hostel** (8 Blackfriars St. 300m s. T. 557 3984. scotlands-top-hostels.com) in einer Ex-Lagerhalle hält sich seit 1985 in der Spitzengruppe, auch dank Top-Lage. 6-18er-Dm 20 € (Sep-Juni 18 €), Dz 50-70 €. Locker drauf, erst ab 18 Jahren, perfekte Ausstattung, tgl. Stadtführung für Gäste frei.

Zur selben Gruppe gehört Fast-Nachbar **Royal Mile Backpackers** (105 High St. T. 557 6120): Preise wie High St Hostel, Zugang zu dessen Einrichtungen.

Über das **Edinburgh Backpackers** (65 Cockburn St. off High St. 100m s. T. 220 2200. hoppo.com) freuen sich Spätankommer, die keinen Bock auf Bettsuche haben. Helle 5-14er-Dm (Etagenbetten) mit Aussicht 18-20 € (Aug 25 €, Juni-Aug Fr/Sa plus 3 €), Dz in getrennter Wohnung mit Küche 60-85 €, mit Bad 68-95 €, 3z 80-104 €. Bistro im Ethnostil, Billard.

Ähnlich günstig, auch für Busnutzer, liegt **Princes Street Backpackers** (5 West Register St. 98m n. T. 556 6894. edinburghbackpackers.com). Für 77 Stufen entschädigen kleine Preise: 100 Betten, Dm 14 € (Aug 19 €), Dz/3z/4z 38/53/65 € (55/75/95 €). Zwei Küchen, 200 Film-DVDs, Pubs im Hause.

Die neue **JH Central** (9 Haddington Place, off Leith Walk. 600m n. T. 524 2090. syha.org.uk) zählt zu den schönsten im Lande. 98 Betten, geräumige 2-8er-Dm mit Bad 27 € (Aug 33 €), <18 minus 3 €, ohne JH-Karte plus 1,50 €, F 5-7 €. Very stylish, hell, wie aus einem Guß. Bistro, WiFi, Schließfächer.

Als Überlaufbecken dient die kleinere **Sommer-JH Metro** (11/2 Robertsons Close Cowgate. off Nicholson St. 600m s. T. 556 8718. syha.org.uk): 39 Betten, 27 € für jedermann, nur Juli-Sep.

Wer das herzliche **Belford Hostel** (6/8 Douglas Gardens. 1500m w. T. 225 6209. hoppo.com) beim Water of Leith auserwählt, knackt selig in einer Ex-Kirche. 98 heilige Strohsäcke, 4-10er-Dm ohne Zimmerdecke (außerm Kirchendach) 16-20 € (Aug 22-25 €), Dz 56-80 €. Küche, Musik-Lounge, Großbild-TV, Garten.

B&Bs. Zwecks Zimmern ab 25 €/P marschiert man Gilmore Place und Leamington Terrace in Bruntsfield ab, oder die Pilrig Street n des Calton Hill/Oberservatorium.

Anschauen & feiern

Alles im August. Seit 1947 steigt Mitte Aug das dreiwöchige **Edinburgh Festival,** eines der größten weltweit mit Musik, Theater, Tanz. Dann ist die Hölle los, denn gleichzeitig finden das dreiwöchige **Fringe Festival** mit 500 Theatergruppen und die Buchmesse statt. Zum dreiwöchigen **Military Tattoo** versammeln sich dazu vor dem Schloss unzählige Kilts, Dudelsäcke, Trommeln – und Fotografen.

Die Bahn teilt Edinburgh in zwei Hälften. Zwischen Auld und New Town erstrecken sich die **Princess Gardens,** an deren Stelle bis 1778 ein See nix Böses ahnte.

Auld Town. Auch weil man von oben alles gut einordnen kann, beginnt ein vernünftiger Rundgang im stolzen ****Edinburgh Castle** (9.30-18h, Nov-Mär -17h. 16/13 €), das die Stadt aufmerksam bewacht: Hauptquartier der Royal Scottish Division.

Ebenfalls am Schlossberg tun wir zweifach was für die Optik. Die **Scotch Whisky Heritage** (10-18h. 14/11 €) verlangt eine Std Theorie (Führung in 15 Sprachen) vor der Praxis: probieren & studieren bis zum Abwinken.

Wer dann noch klaren Blickes ist, erfreut sich fünffach der **World of Illusions** (10-19.30h, Sep-Juni -18h. 11/9 €): Camera Obscura, Morph-Maschinen, Hologramme, 3D-Bilder der Stadt, Aussichtsdeck mit freien Teleskopen.

Schöne Überreste alter Zeiten versammelt die **Royal Mile,** eine feine Collage des 17. Jhs, die vom Schloss ohne Umschweife zum Holyroodhouse (1400m ö) führt.

Gladstone's Land (477b Lawnmarket. 10-17h, Juli/Aug -19h. 7/6 €) stellt im sechsstöckigen Handelskontor von 1620 eindrucksvoll nach, wie Edinburghs Großbürger einst lebten & strebten. The **Writer's Museum** (Lawnmarket. Mo-Sa 10-17h, Aug auch So 12-17h. ***frei***) kramt im Nachlass dreier romantischer Poeten, darunter Robert L. Stevenson *(Die Schatzinsel).*

In der **Kathedrale St Giles** (Royal Mile. 9-19h, So 13-17h. ***frei***) sind 1000 Jahre Geschichte zu entdecken, immerhin war der Reformator John Knox hier zugange. Berühmt für Hinterglasmalereien, Orgel und Thistlekapelle. Aber auch Ketzern wird was geboten: freie Führungen, Konzerte, Restaurant.

Das laut Eigenwerbung „lauteste Museum der Welt", **Museum of Childhood** (42 High St/Royal Mile. 10-17h, Aug auch So 12-17h. ***frei***), ist *really amazing,* zumal wenn man unter Spielzeug was anderes versteht als Handy.

Im O endet die Royal Mile am **Palace of Holyroodhouse** (Canongate. 9.30-18h. 12/11 € inkl. Audioguide). Im Stammsitz der Stuarts ratzt die Queen während ihrer Edinburghvisiten. Sobald sie weg ist, wird besichtigt: Staatsgemächer, Maria Stuarts Schlafkammer, Holyroodabtei, Galerie der Königin, Gärten (nur Juni-Sep).

Wenn der Geldgurt das nicht hergibt, beehrt man das **Museum für Stadtgeschichte** (142 Canongate. Mo-Sa 10-17h. ***frei***) im hübschen Huntly House (16. Jh.). Allerlei zu den traditionellen Industrien am Ort, Glas, Tonwaren, Ladenschilder.

Wer genug hat von unmoderner Architektur, aber überflüssige Dinge mag: 100m s vom Palast sucht das **Schottische Parlament** (Holyrood Rd) nach Tagungsthemen. Nicht-Abgeordnete beehren während der Debatten die Besuchergalerie (Di-Do 9-19h. ***frei***), an sitzungsfreien Tagen tourt man durchs Hohe Haus (8/5 €). Fahrt aufnehmen? **Dynamic Earth** (Holyrood Rd. 10-18h. 12/10 €) bereitet die Extremen unseres Planeten mit Hightech und Karacho auf: Urknall, Vulkane, Erdbeben, Tropen, Gletscher, Antarktis.

New Town. Als um 1770 die Altstadt zu eng geworden war, musste eine Erweiterung her. Das Bauprogramm oblag einem einzigen Architekten: John Graig. Resultat seiner Mühen ist ein harmonischer, in Europa einzigartiger Komplex, auf weite Plätze münden halbmondige Gassen oder elegante Straßen.

In der viktorianischen **Scottish National Portrait Gallery** (1 Queen St. 10-17h, Do -19h. *frei)* hängen alle wichtigen Schotten von Maria Stuart bis Sean Connery und Irvine Welsh *(Trainspotting)*. In die **Royal Scottish Academy** (The Mound. 3-8 €) kommen Wechselausstellungen von Rang, doch am sehenswertesten bleibt ihr Nachbar **National Gallery** (10-17h, Do -19h. *frei);* einige der weltbesten Künstler seit der Renaissance leisten ihre Beiträge, inkl. Velazquez, Rembrandt, Monet.

Vom überladenen **Walter Scott Memorial** neben dem Bhf besieht man sich das Ganze nochmals in Ruhe, nach 243 Stufen.

Grün. Mehr Tropen als in den **Royal Botanic Gardens** (20a Inverleith Row. 2 km n. 10-19h, Nov-Feb -16h. *frei)* geht vor den Highlands nicht. Berühmter Steingarten, großartige Glashäuser (4 €), Britanniens höchstes Palmenhaus, Picknickspaß. Bus 8 ab St Andrews Square, 23/27 ab Hanover St.

Im Müllerdorf **Dean Village** (700m w der Princes St) hat sich seit anno 1700 wenig geändert, ein Spaziergang bei Sonnenschein im Tal des Leith hat etwas Unwirkliches an sich.

Ums liebste Grün der Schotten geht´s aber eher im **Murrayfield Stadium** (5 km w. 20 min vom Bhf Haymarket). Auf Führungen (Mo-Fr 11/14.30h. 7/4 € Anmeldung T. 346 5000) schaut man im Heiligtum des schottischen Rugby hinter die Kulissen (Umkleideräume, Spielertunnel, Royale Box) und probiert dann einen Lauf gegen die uniformierte Abwehr (Sicherheitspersonal).

Walks. Murder&Mystery und Ghost&Gore heißen die schrägen Führungen (10/7 €) von Witchery Tours (T. 225 6745). Ein Gespenst geleitet uns zu wechselnden Zeiten vom Castle Hill zu Tatorten schauriger Verbrechen, von Folter, Pest und Hexenwerk. Tickets für 30 *Edinburgh Walks* auch im TIC.

Hin & weg

Bahnhöfe. Waverley (500m ö vom Castle) erledigt Fernaufträge, Haymarket ist für Nahverkehr da.

Züge. Von Waverley (in Std) nach York & **London**-Kings Cross halbstdl. 6-19h (2½/4½-5), London-Euston 23.40h (7½). **Liverpool** mit u/in Preston stdl. 6.36-19.52h (4). **Glasgow** alle 15 min 6.30-19h, halbstdl. -23h (1). **Inverness** teils mit u/in Perth neunmal 6.40-19.40h (3½). Am ***So*** halbes Programm.

Busse. Vom St Andrews Square in alle britischen Großstädte, nach London rund um die Uhr, am schnellsten mit *Eastern Scottish* (T. 556 8191. 9 Std. 36 €).

INVERNESS

✆ 01463. 282 km nw von Edinburgh. 42.000 Ew. 22m üNN. visithighlands.com.

Auf den ersten Blick ohne Top-Attraktion, ist das gemächliche Herz der Highlands dennoch ein Pflichtstopp für Nordgänger. Dank prima Hostels besteht hohe Hängenbleib-Gefahr. Der Ness durchschneidet die Stadt bis zum Moray Firth, alles Wichtige liegt zu seiner Rechten.

TIC: Castle Wynd, off Bridge St (T. 234 353), vermittelt Zimmer (3 €).

Schlafen. Bught Park Camping (Bught Lane. T. 236 920. invernesscaravanpark.com) liegt 2 km sw beim Aquadome, flussaufwärts am Ufer entlang. Zelten auf Rasen 8 €/P. Billig, ruhig, Laden, Internet 3 €/Std, schöner Park. 15 Fuß-min von Stadtkern und Schloss.

Wer viel über JHs meckert, muss auch mal loben: Die **JH Millburn** (Victoria Drive. T. 231 771. syha.org.uk) ist wunderbar. 185 Betten, Dm 22/<18 17 € (Sep-Juni 19/15 €), ohne JH-Karte plus 1,50 €, F 5 €. Modern, sauber, lustiges Haus, gute Küchen, feine Aussichten, Internet 4 €/Std, Wäscheladung 3 €, nachts ruhig, Torschluss 2h. 20 min von Bhf/Busbhf, über Academy St. Vorbuchen!

Auch das **Student Hotel** (8 Culduthel Rd. T. 236 556. scotlands-top-hostels.com), ein Hexenhäuschen mit Panorama in JH-Nähe, bekommt gute Haltungsnoten. Dm 20 € (Sep-Juni 18 €), F 3 €. Küche, prima Duschen, Gepäcklager 6 €/Monat, Wäscheladung 4 €, Mindestalter 17. 500m ab High St.

Bazpackers (4 Culduthel Rd. T. 717 663. bazpackershostel.co.uk) tut von außen unscheinbar, entfaltet innen aber enorme Gemütlichkeit. 30 Komfortbetten, 4-6er-Dm 16-18 € (Okt-Mai 15-17 €), Dz 44 € (38 €). Kleine Küche, zu wenig Bäder, eleganter Kaminplatz, fein zum Sonnenuntergang.

Auch das **Eastgate Backpackers** (38 Eastgate. 5 min vom Bhf. T. 718 756. eastgatebackpackers.com) ist akzeptabel ausgestattet. 40 Betten, 16/6er-Dm 18/20 € (Sep-Juni 14/16 €), Dz 46 € (38 €).

B&Bs ab 30 €/P tummeln sich entlang der Kenneth St und Old Edinburgh Rd.

Radspocht. Kein Mountainbiker kann den Lockruf dieser Umgebung überhören. cycling.visitscotland.com hat die Karten & Höhenprofile von zig Routen und Trails in den Highlands. **Bikes** mietet man für 10/20 € pro halben/ganzen Tag im Railhouse (Bhf. T. 236 694), Highland Cycles (26 Greig St. T. 710 462) und im Student Hostel. Tourentipps hat auch jedes Hostel.

Macbeth? Ein Hauch von Drama umweht noch sein **Cawdor Castle** (25 km ö). Heute ist aber alles gruppengerecht aufbereitet: Schloss, Gärten und Nature Trails sind von Mai-Okt zugänglich (10-17.30h. 10/9 €, ohne Schloss 6 €, Tageskarte 9er-Golfplatz 15 €). Highland-Busse ab Inverness (T. 233 371).

Tragödien erlebte auch das **Culloden Moor** (8 km ö), in dessen Matsch am 16. Apr 1746 jene Schlacht stattfand, die Schottlands Unabhängigkeit beendete. Das Schlachtfeld ist frei zugänglich, sein Besucherzentrum (9-18h, Nov-März -16h. 12/9 €) leidlich interessant. Rapsons-Bus 11 ab Tesco-Park stdl. 9-17h.

Wen Bikes & Battles nicht aus der Stadt locken können, der schaut sich den Sonnenuntergang von der Promenade an oder das bescheidene **Inverness Museum** (Castle Wynd. Mo-Sa 9-17h. frei) beim TIC an. Das TIC verrät auch, welche **Schnapsbrennerei** (Glen Ort, Tomatin, Glenmorangie) gerade Führungen veranstaltet und wer Reisende zum **Delphinegucken** in den Moray Firth mitnimmt.

Hin & weg. Vom **Bhf Inverness** (Academy St) nach **Edinburgh** und **Glasgow** neunmal 7-20.13h (je 3½ Std, direkt bzw. u/in Perth). London-Euston 20.40h (11 Std). Vom **Busbhf** (Farraline Park. T. 233 371) in jede Stadt der Highlands.

Ausflug: LOCH NESS

8 km sw von Inverness schneidet eine Extravaganz der Natur Schottland in zwei Teile. Seit 1892 verbindet der 35 km lange **Caledonian Canal** beide Meere über die Seen Ness und

Lochy. Loch Ness übertrifft mit 320m Tiefe die gesamte Nordsee, im Kiefernwald des **Glen Affric** gäbe es sogar Schatten, wenn sich das Ungeheuer mal an Land wagte. **Spazierfahrten** ab Inverness kosten 12-15 €, Ausflugsboote touren auf Loch Ness und Caledonian Canal. Wer ausreiten will: auf der **Borlum Farm** (borlum.com. 01456/450 038) warten geübte Rösser (ab 28 €).

Great Glen Track. Radler & Wanderer freuen sich über vier Zeltplätze und die feine **JH** am Ness-Westufer vor Invermoriston (T. 01320/351 274): 21 Betten, Dm 16-18 €, Internet, Apr-Okt.

***HIGHLANDS

Jenseits von Inverness geht es nur noch um grandiose Natur, um Moor, Meer, Berg und Heide. Neben Lappland ist dies Europas **letzte große Wildnis.** Wer einen Bahn/Buspass hat und drei Tage Zeit, dreht die große Runde über Thurso und Tongue. Abfahrtszeiten vorher klären: dies ist eine spärlich besiedelte Region mit sehr wenig Verkehr, zumal sonntags. Regenzeug einpacken.

Carbisdale. Im Castle Carbisdale (80 km n von Inverness) saß 1941-44 die norwegische Exilregierung, heute ist es eine der **exquisitesten JHs** (T. 01549/421 232. carbisdale.org) in Europa. 150 Betten, Dm 24/17 € (Sep-Juni 22/15 €), ohne JH-Karte plus 2 €, F 4-6 €. Aristokratische Lounge, Statuengalerie, Tanzsaal. Vom **Bhf Culrain** 400m nach Norden durch einen Märchenwald. Nicht verpassen!

Helmsdale. Im Hafenörtchen (163 km n von Inverness) herrscht Betrieb, sobald einer der vier Züge eintrifft. Sein **Visitor Center** (Dunrobin St. Apr-Okt 10-17h. frei) mit Kunstgalerie, Riverside Café & Kräutergarten heimste schon Preise ein. In der Nähe gibt´s Sandstrände, Lachsfischen und Birdwatching in der Nähe.

Das **Helmsdale Hostel** (800m vom Bhf. Stafford St. T. 01431/821 636. helmsdalehostel.co.uk) liegt günstig für Bahn & Bus. 24 Betten, 8er-Dm/4z mit Dusche 22/90 €. Sauber & charmant, große Küche, Kamin, viele Radler. Mär-Okt.

Thurso. Dieser Fährort (248 km n von Inverness. 9000 Ew) ist keine Schönheit, kriegt aber dank reitbarer Wellen und Orkneyfähren einige Reisende ab. Ergo gibt es ein freundliches **TIC** (Riverside Rd. T. 01847/892 371. Apr-Okt), und **Wheels** (34 High St) vermietet MTBs für 15 €/Tag.

Im **Old Mill Hostel** (Millbank. T. 892 964) warten saubere Dm zu 18 €, das schnufflige **Sandras Backpackers** (24-26 Princes St. 800m abwärts vom Bhf. T. 894 575) bietet viel Liebe zum selben Preis.

→**Hin & weg.** Vom **Bhf Inverness** nach Culrain, Helmsdale, Thurso 7h, 10.38h, 14h, 18h, *So* 18h (2½/3½/4 Std). Retour ab Thurso 6.48h, 8.42h, 13h, 16.29h, *So* 12h.

Tongue. Atemberaubend ist die Weiterfahrt entlang der Nordküste. Tongue (62 km w von Thurso) lohnt als Zwischenstopp wegen seines Causeways zu Robben, Ottern, Seevögeln. Der Bus hält vor der Tür der wundervollen **Sommer-JH** (am Kyle of Tongue. T. 01847/611 789. syha.org.uk). Fast ein Designerhotel, 40 Betten für 19 €, <18 14 €. Die Gastgeber stecken voller Ideen für Unternehmungslustige.

→**Hin & weg.** Schon wegen der **diffizilen Anreise** lohnt der Thurso-Abstecher weit weg vom sonst so gut vernetzten Europa. **Ab Thurso** Stagecoach 73 *Mo-Fr* 9.40h, *Mo-Sa* 15.25h nach Tongue (1½ Std. stagecoachbus.com). Zurück **ab Tongue** Stagecoach 73 *Mo-Sa* 11.33h nach Thurso, Postbus 134 *Mo-Sa* 7.45h zum Postamt Lairg (1½ Std. royalmail.com/postbus); der Bhf Lairg (2 km vom Bhf) liegt am Gleis Inverness – Helmsdale. Am *So* herrscht tote Hose. Alle Zeiten vorher prüfen.

***WEST COAST & SKYE

Inverness – Kyle of Lochalsh – Kyleakin/Skye – Mallaig – Fort William. Diese Tour ist für Frühstarter an einem Tag machbar. Wer sich auf Skye Zeit lässt, hat aber mehr davon. In Inverness beginnt die tolle Zugfahrt nach Kyle of Lochalsh: 9h, 11h, 13.31h, 18h, *So* 11h, 18h (2½ Std. 24 €, Bahnpass frei). Auf den Spuren des Highlanders sieht man 134 km lang herbe Landschaften und keinen Mensch weit & breit. In **Kyle of Lochalsh** gleitet der Blick über Skye und den Loch Alsh dazwischen. Wer übernachten will: das TIC (T. 01599/534 276) vermittelt B&Bs.

Tagesausflug? Wer nicht nach Skye will, fährt von Kyle **zurück nach Inverness:** 6.21h, 12h, 14.37h, 17.15h, *So* 11.21h, 15.17h. Genießer hüpfen unterwegs an einem Winz-Bhf raus, spazieren durch die Heide und nehmen den Abendzug zurück.

Mehr/Meer sehen? Wer Appetit bekommen hat, geht von Kyle zu Fuß über die spektakuläre Brücke nach **Kyleakin** – und schon sind wir ein **Skyewalker.** „Auf Skye verbrachten wir die schönste Zeit unserer Reise." (Stefanie Neuber)

Skye. Obwohl doppelt so groß wie Liechtenstein, hat diese Insel nur 8800 Ew – und im Sommer dreimal so viele Touristen. Die Innerste Hebride tut eben jeden begeistern. Ihr **Cuillin** ragt 1009m gen Himmel, die Fledderküste riecht wie Norwegen, bei Windstille (selten) nimmt man sich vor Mücken in Acht.

Auf fast jeder Wiese darf wild gezeltet werden, dazu bietet die Insel vier JHs (syha.org.uk), zehn freie Hostels und zig B&Bs. Für unsere Tour brauchbar: Das **Skye Backpackers** in Kyleakin (T. 01599/534 510. scotlands-top-hostels.com) unweit der Kylebrücke steht bei Railern hoch im Kurs. Dm 16 €, Juli/Aug 18 €, auch Dz. B&Bs siehe kyleakin.com. Da Kyleakins Radvermietung dicht gemacht hat, trampt man oder nutzt den effizienten Busdienst (rapsons.com).

Von Kyleakin fahren *stdl.* bis 18h Rapsons-Busse nach **Armadale** (mit u/in Broadford 1 Std). Der Ferienort im Skye-Süden ist fest in den Händen des MacDonald-Clans. Unterhalb seines imposanten **Castles** mit Inselmuseum (10-17.30h. 8/6 €) warten schon Fähren (T. 01599/534 482. calmac.co.uk), die *tgl.* fast im Stundentakt 9-17h nach Mallaig schippern (30 min. 5 €).

Festland. **Mallaig** ist ein Fischerhafen ohne Aufregung, aber mit Bhf: ScotRail nach Fort William & Glasgow 6h, 10h, 16h, 18.15h (1½ Std. 12/32 €, Bahnpass frei). Durch Sumpf, Wald, Wiese keucht der Zug rauf in die Berge und runter zum Caledonian Canal.

Auf dieser Strecke verkehrt von Mai-Sep auch das *****Schnauferl** *The Jacobite:* von Fort W. nach Mallaig 10.20h, zurück 14.10h (2 Std. hin/rück 27/36 € nur mit Vorbuchung: T. 01524/732 100. westcoastrailways.co.uk).

Vom **Bhf Fort William** fahren Busse nach Inverness zweistdl. 8-18h (2 Std), Züge nach Glasgow 7.40h, 11.39h, 17.37h, 19.50h (4 Std). Wer seine sieben Sachen dabei hat, lehnt sich also zurück und blickt auf Grampianberge und Loch Lomond, bis in Glasgow Endstation ist.

FORT WILLIAM

✆ 01397. 198 km nw von Glasgow. 11.000 Ew. 14m üNN. visit-fortwilliam.co.uk.

Was machen all diese Touristen in der Ex-Garnisonsstadt, die sich kilometerlang an den Loch Linnhe schmiegt? Britanniens Everest, den **Ben Nevis,** knipsen und Bergtouren vorbereiten. In den Museen **West Highlands** und **Clan Cameron** was lernen über Geschichte & Geologie. Die ausführlichste **Gastronomie** der Westlichen Highlands auskosten: China, Indien, Mexiko, Meeresfrüchte. Per Boot zur **Robbeninsel** fahren oder per Schnauferl (s. oben) nach Mallaig. In der **Ben Nevis Distillery** Scotch probieren. Und es abends krachen lassen in McTavish´s Kitchen.

TIC: Cameron Square (T. 703 781), mit Liste der 9 Hostels und 24 B&Bs am Ort.

Bikes im Nevis Centre oder bei Offbeat (117 High St) für 18 €/Tag.

Schlafen. Mittendrin, keine 100m von der High St, liegt die **Bank Street Lodge** (Bank St/Dudley Rd. T. 700 070. accomodation-fortwilliam.com). 53 Betten, Dm ab 19 €, Dz 54 €. Küche, kein F, kein Internet, Rezeption 7-1h, 5 min vom Bhf.

Einen Hügel über der Stadt okkupiert das niedliche **Fort William Backpackers** (Alma Rd. T. 700 711. scotlands-top-hostels.com). 8er-Dm 19 €, Juli/Aug 21 €, auch Dz. Küche, Internet, gute Lage, Rezeption 6-13/16.30-2h, Mindestalter 17.

An der einsamen **JH Glen Nevis** (5 km sö vom Bhf. T. 702 336. syha.org.uk) im zauberhaften Tal starten Gipfelstürmer. 88 Betten, Dm 17-20 €. Gute Ausstattung, Laden, Nevis Centre; Glen Nevis-Bus von Juni-Sep. Am anderen Flussufer steht auf der **Farm Achintee** (T. 702 240) schon die erste Berghütte (16 €).

Bestes Wanderhostel *ohne* Nevis-Anschluss ist **Aite Cruinnichidh** in Achluachrach (17 km nö. T. 712 315. highland-hostel.co.uk) an der A86 und dem Glasgow-Gleis, 3 km ö vom Bhf Roy Bridge. 30 Betten, 4er-Dm 15 €, Küche, Garten, Sauna und auch sonst viel Holz in der Hütte. Gavin & Nicola holen Gäste überall ab.

Ben Nevis. Zum Gipfel (1343m) führt ein langer, aber leichter Aufstieg, hin/rück geht in 6-8 Std. Das Nevis Centre an der JH vermietet Bikes, Wanderausrüstung und weiß übers Wetter Bescheid. Auf dem Gipfel ist oft mit Regen, immer mit Wind zu rechnen.

Züge nach Mallaig & Glasgow je viermal (s. oben), London 19.50h (12 Std).

GLASGOW

✆ 0141. 77 km w von Edinburgh. 610.000 Ew. 14m üNN. seeglasgow.com.

Das Jahr als Europas Kulturhauptstadt (1990) gab Glasgow den Kick. Dafür hat sich die einstige Industriemetropole mächtig rausgeputzt. Und was kam unter den Dreckkrusten hervor? Feine Viertel, tolle Museen, pulsierendes Nachtleben, schwarzer Humor. Dieser Schwung hält bis heute an. Angaben ab **Bhf Queen St** (George Square).

TIC: neben dem Bhf (11 George Sq. T. 204 4400. 9-20h, So 10-18h, Sep-Mai Mo-Sa 9-18h), vermittelt Zimmer (3 €).

Internet: easyEverything (57 St Vincent St. 100m w. 24 Std. 2,4 €/Std).

ÖPNV. In dieser eher inhomogenen Stadt ist man aufs dichte Busnetz angewiesen. Fahrscheine kosten 1,50-2 €, die Tageskarte **Roundabout** 7 €(Mo-Fr ab 9h), <18 jeweils 50%. Dazu verteilt **SPT** (St Enoch Sq. Mo-Sa 8-17h) den freien *Getting Around Guide*. Nachtbusse fahren von 24-5h ab George Sq.
Die **U-Bahn** (einfach 1,50 €, Tageskarte 4,50 €) ist Europas drittälteste. Eröffnet 1897, heißt sie im Volksmund *Clockwork Orange*, da nur eine Ringlinie mit 15 Stopps besteht; den Bhf Central bedient U St Enoch.

Schlafen & feiern

Camping. Glasgows Zeltplätze mögen gut sein, per Bus sind sie aber unerreichbar. Am ehesten kommt **Craigendmuir** (Campsie View. 6 km nö. T. 779 2973) in Frage. Zwei P mit Zelt 14-18 €, 15 min vom Bhf Stepps.
Hostels. Die tolle **JH** (7 Park Terrace. 2 km nw. T. 332 3004. syha.org.uk) genießt eine Toplage im viktorianischen West End. 144 Betten, 4-8er-Dm mit F 23-25 €, <15 20-22 €, ohne JH-Karte plus 1,50 €. Mordsstimmung, Küche, Wäscheladung 3 €, Torschluss 2h. Bus 11 ab Bath St, 44/59 ab Bhf Central bis Woodlands Rd.
Globetrotters (56 Berkeley St. 1300m nw. T. 221 7880. glasgowhostels.co.uk) steckt mitten im Pubviertel Charing Cross. Dm 14-18 €, Dz/3z 36-45/48-57 €, solide Ausstattung.
Euro Hostel (318 Clyde St. T. 222 2828. euro-hostels.co.uk) ist ein funktionales siebenstöckiges (!) Jugendhotel ohne Kuschelfaktor. 14/8/4er-Dm mit F 20/23/25 €, Ez/Dz 40-52/48-65 €, nicht sehr sauber, aber zentral. Wenn der Aufzug mal ausfällt, dann gute Nacht. 100m w von U St Enoch.
Zu meiden ist die North Lodge: Lärm vom Motorway, übervolle Schlafsäle.
Für billige Alternativen sorgen von Juli-Sep beide Unis. In den drei **Wohnheimen** der U of Glasgow (u.a. 3 The Square. 3 km nw. T. 330 5385. gla.ac.uk) zahlen B&B-Gäste ab 30 €. Auch die U of Strathclyde (T. 553 4148. mis.strath.ac.uk) betreibt mehrere Heime, schön & zentral ist nur die jugendstilige **Baird Hall** (460 Sauchiehall St. 900m w. T. 332 6415): Ez/Dz mit F 36/60 €.
Abends. Sauchiehall St, die Fußgängerzone im Zentrum, schaut in alle Kochtöpfe dieser Welt: viel Indien, Thai/Vietnam, Mexiko. Ist ja alles unkompliziert hier. Pubgäste verwickeln jeden ins Gespräch. Das reiche Nachtleben tobt gedrängt an West Regent und Bath St, großräumiger in Merchant City, ultralässig am West End. Clubs um Charing Cross sind Mo-Mi meist frei (wilde Trinkspiele), sonst 5-10 € Eintritt. ***The List*** (3 €) und ***Glasgow Diary*** (frei im TIC) verraten zweiwöchig bzw. vierteljährlich, was die Stadt nach Sonnenuntergang zu bieten hat.

Anschauen

☺**Sparen.** Das ist einzigartig in Europa: die Stadt Glasgow bekam so viele Sammlungen geschenkt oder vererbt, dass sie damit 12 Museen (glasgowmuseums.com. **alle 10-17h)** vollkriegte. Von Sir Roger dem Elefanten bis zu Rembrandts *Mann in Rüstung*, von Barockteppichen bis zu Trams von 1950, jeder findet sein Ding. Alle folgenden Schauplätze stehen **jedermann frei.** Am besten greift man sich im TIC das *Visit*-Heft (natürlich frei). Keine IR-Metropole ist billiger zu besichtigen. Von wegen geizige Schotten…

Rundgang. St Mungo (6. Jh.) überlebte als einzige Kirche außerhalb der Orkneys die

schottische Reformation, die heutige **Glasgow Cathedral** (9.30-18h, So 14-17h) samt Pfeilerwald und Mungos Grab entstand nach 1238.
Das preisgekrönte **Museum of Religious Life** (2 Castle St) neben St Mungo erkundet die Rolle der Religion im Leben der Menschen und in der Kunst seit Adam & Eva. Mal wird Dalí mit Krishna gemixt, mal den Sikhs untern Turban geschaut. Zum Atemholen bei der Erleuchtung dient sein **Zen-Garten,** ein Unikat auf den britischen Inseln.
Provand's Lordship (3 Castle St) bittet zur Zeitreise ins Mittelalter. Seit Bischof Muirhead ihn 1471 als Teil eines Hospitals errichten ließ, diente der heute älteste Bau der Stadt abwechselnd als Pfarrhaus, Kneipe und Süßigkeitenladen. Dahinter liegt nun ein Garten mit Heilkräutern – eine Oase des Friedens im Zentrum.
W vom George Square erstreckt sich das viktorianische Geschäftsviertel mit den extravaganten ****City Chambers** (Führung Mo-Fr 10.30/14.30h), die 1882ff auf der Höhe des Glasgowbooms (Baumwolle, Stahl, Kohle, Schiffsbau) entstanden.
Außerhalb Londons zieht zeitgenössische Kunst nirgendwo mehr Zaungäste an als die **Gallery of Modern Art** (Royal Exchange Square. U St Enoch) im eleganten klassizistischen Gebäude.
Im **Museum of Transport** (1 Bunhouse Rd. U Kelvinhall) erfährt man, dass Glasgow einst Europas bestes Tramnetz besaß. Außerdem reichlich Autos, Kutschen, Karren, Fahrräder, Busse, Feuerwehrautos, Dampfloks, Kinderwagen und mehr Schiffsmodelle als irgend sonst auf den Inseln.
Die *****Kelvingrove Art Gallery** (Argyle St. 2 km w) im Kelvingrove Park zeigt schottische Waffen, afrikanische Instrumente, peruanische Schätze, kostbare Pinselkunst von Rembrandt bis Picasso – und vieles mehr. Großartig aufbereitet, fast 2 Mio. Besucher pro Jahr.
Die **Scotland Street School** (225 Scotland St. 2 km s. U Shields Rd), vom Star-Architekten Charles Rennie Mackintosh 1903-06 entworfen, erzählt die Geschichte des schottischen Schulwesens von 1872 bis zum ersten Pisatest. In drei rekonstruierten Klassenzimmern übt man sich als Schüler zu Queen Victorias Zeit, im Zweiten Weltkrieg und in den Swinging Sixties.
Das flippigste Museum, die *****Burrell Collection** im Pollok Park (5 km s. Züge halbstdl. von Central bis Pollokshaw West), wurde von einem Großreeder mit Geschmack und ohne Konzept angehäuft: 8000 Werke aus allen Zeiten und aller Herren Länder, von englischen Eichenmöbeln zu chinesischem Porzellan, ein paar Renoirs und Cézannes, Skulpturen von Rodin bis Epstein, kurzum eine der **größten Sammlungen der Welt.** Mind. 3 Std einplanen.

Grün. Der langgestreckte **Glasgow Green** am Ufer des Clyde (800m sö. U St Enoch) ist das Heiligtum der Glasgower, eben *property of the people.* Dazu passen seine Hauptbauten: **People's Palace** und tropischer Wintergarten wurden 1898 für das Proletariat des East End errichtet. Im „Palast" geht's ums Leben des kleinen Mannes, um große Arbeitskämpfe, Familienleben in Einzimmerwohnungen, Tanztee, Sonntagsvergnügen, Nächte im Luftschutzkeller. Die Sprachbremse löst man im Cräschkurs „Glasgower Dialekt".

Termine. **Mayfest** heißt das dreiwöchige Musik/Theaterspektakel (Mai), danach versammeln sich die Schottenclans samt Dudelsäcken, auch zum Konzertieren (T. 552 8000). Das zweiwöchige **West End Festival** (Mitte Juni. T. 341 0844) ist Glasgows größtes: wiederum Musik & Kunst. Der **Pferdeschau** (Ende Juni) folgt das renommierte **Jazzfest** (Juli. T. 400 5000), danach geht die Stadt in Urlaub.

Hin & weg

Bahnhöfe. Vom Bhf Queen St geht´s nach Schottland, vom Bhf Central nach England. Zwischen beiden pendeln Busse alle 10 min (Bahnpass frei).
Züge. Von Queen St (in Std) nach **Edinburgh** alle 15-30 min 6-23.30h (1), **Fort William** 8.20h, 9h, 12.20h, 18.20h ($3^3/_4$), **Inverness** 7.06h, 10.11h, 16.11h ($3^1/_2$). Von Central nach **London**-Euston stdl. 6-17h ($5^1/_2$), 23.55h (7). York & **London**-Kings Cross stdl. 6-18h ($2^1/_2$/$5^1/_2$).
Busse. Von Buchanan St (250m n vom Bhf Queen St) in alle Landesteile, z.B. Citylink häufig nach Fort William, Inverness und Skye (3/3/6 Std).

Reise-Budget pro Tag

20-30 Euro: Bosnien, Bulgarien, Mazedonien, Montenegro, Rumänien, Türkei
30-40 Euro: Griechenland, Polen, Serbien, Slowakei, Tschechien, Ungarn
40-50 Euro: Belgien, Dänemark, Deutschland, Frankreich*, Kroatien, Luxemburg, Österreich, Portugal, Slowenien, Spanien
50-60 Euro: Finnland, Großbritannien*, Irland*, Italien*, Niederlande, Schweden, Schweiz
ab 60 Euro: Norwegen, Paris, London, Dublin, Venedig und Rom
Angaben ohne Bahnpass. Unsere Modell-Interrailerin besitzt die JH-Karte & ISIC, ratzt in Hostels, nutzt den ÖPNV, sieht sich täglich zwei Würdigkeiten an, imbisst unterwegs, geht abends billig essen & horcht alle paar Tage ins Nachtleben.

IRLAND

✆ 00353. 70.182 qkm. 4,3 Millionen Ew. BIP 32.722 €/Ew. discoverireland.com.

Auf der Grünen Insel lebt man in aller Gemütsruhe in den Tag hinein. Schade nur, dass Schönheit umgekehrt proportional zum Verkehrsangebot auftritt. Gerade im Westen sind Bahn und Bus dünn gesät.

Interrail gilt nicht mehr in Nordirland, also flog das Nordirland-Kapitel raus.

Schmankerl! Bahn: Rosslare – Dublin. **Kultur:** Dublin. **Natur:** Ring of Kerry.

Serviceteil

Tourism Ireland: Gutleutstr. 32, 60329 Frankfurt, T. 069/923 1850.

Botschaften in Dublin: D: 31 Trimleston Ave, Booterstown, T. 01/269 3011. A: 93 Ailesbury Rd, Ballsbridge, T. 269 4577. CH: 6 Ailesbury Rd, T. 218 6382.

Euro-Land. Reisescheck und Kreditkarte sind überall gebräuchlich. Banken öffnen Mo-Fr 9-16h, Do -17h. Irland ist ein teures Land, Dublin eine sehr teure Stadt!

✆ Polizei & Notruf 112.

Fähren nach Irland

Für Inhaber eines Bahnpasses kann **jede** Fähre die richtige sein, weil man stets flott nach Dublin kommt. Reine Autofähren und Fähren ohne IR-Rabatt sind hier nicht verzeichnet. Genannte Zeiten und Preise gelten ganzjährig. In Dublin verkehren Pendelbusse zwischen Fährhafen und Busaras. In Rosslare, Fishguard und Holyhead warten Bus und Bahn neben dem Hafen.

☺**Sparen. Interrailer** kriegen bei Stena (stenaline.com) und Irish Ferries (irishferries.ie) **30% Rabatt,** Stena gewährt 20% mit ISIC oder JH-Karte (nicht addierbar). Vor der Entscheidung fahndet man online nach *special deals.*

Fishguard – Rosslare (2-3½ Std. 30 €) mit *Stena* 2.45h, 11.30h, 14.30h, 18.30h, retour 8h, 9h, 15h, 21.15h.

Pembroke – Rosslare (4 Std. 30-40 €) mit *Irish Ferries* 2.45h, 14.30h, retour 8.45h, 21h.

Holyhead – Dublin-Port (4 Std. 30-40 €) mit *Irish Ferries* 2.50h, 15h, retour 9h, 21h; mit *Stena* 2.30h, 8.20h, 13.50h, 21.30h, retour 2.15h, 8.20h, 16h, 21.15h.

Holyhead – Dun Laoghaire (2 Std. 50 €) mit *Stena HSS* 10.25h, retour 13.30h.

Bahn, Bus & Bike

Iarnród Éireann. Den Bahnspaß beeinträchtigen umständliche Linien, komplizierte Pläne und hohe Preise. Das Netzlein (1653 km) wird nur bis 21h befahren, am *So* schaut es bitter aus. IE verfügt über zwei Gattungen, nur *Enterprises* führen auch Wagen erster Klasse. **Ein** Faltblatt (frei im Bhf) fasst alle Verbindungen zusammen... Züge sind erheblich teurer als

Busse. Von Dublin zahlt man nach Belfast 38 €(183 km), Cork 66 €(266 km), Galway 35 €, *Fr/So* 48 €(208 km). Platzkarten sind unnötig, Zuschläge unbekannt. **Bahnauskunft:** T. 1850/366 222. irishrail.ie.

Bahnpässe. **Interrail IRL** ohne Nordirland (drei/vier/sechs/acht Tage binnen eines Monats 109/139/189/229 €, <26 Jahren 71/90/123/149 €) wird von diversen Sparangebote übertroffen, die man vor Ort erwirbt (halber Preis <16). Auf der ganzen Insel inkl. Nordirland gelten **Emerald Card Bus+Rail** (8/15 binnen 15/30 Tagen 248/426 €), **Rover Bus** (3/8 binnen 8/15 Tagen 76/172 €) und **Rover Rail** (5 binnen 15 Tagen 171 €). Auf die Republik Irland beschränkt sind **Explorer Bus+Rail** (8 binnen 15 Tagen 220 €), **Explorer Rail** (5 binnen 15 Tagen 138 €) und **Rambler Bus** (3/8 binnen 8/15 Tagen 73/165 €). Für Vielfahrer ergiebig ist der Buspass **Open Road** mit 13 Varianten (z.B. 3/7 binnen 6/14 Tagen 49/105 €). *Alle noch da?*

ISIC. Die **Student Travelcard** (15 € studenttravelcard.ie) bringt neben skurrilsten anderen Rabatten bis 40% in Zügen, *Éireann*-Bussen, *Luas*-Trams & *Irish*-Fähren.

Busse verbinden Stadt und Land ausreichend. Sie halten auf Handzeichen, nicht nur an Haltestellen. Von Sep-Mai werden viele Linien eingestellt. Von Dublin kostet es nach Belfast 15 €, Cork 13 €, Galway 15 €, hin & zurück ist unwesentlich teurer. **Busauskunft:** T. 01/836 6111. buseireann.ie.

Fahrräder sind dank überschaubarer Distanzen ideal. Regionalkarten nennen Höhenlinien und schöne Stellen, oft lassen aber Wetter und Wegezustand zu wünschen übrig. Raleigh-Filialen vermieten Bikes landesweit für 10-15 €/Tag, 50-70 €/Woche, teils mit *one-way rentals* für 80 €/Woche. Die Mitnahme in Bus oder Zug mit Gepäckwagen (nie DART) kostet 2-6 €

Schlafen & trinken

Zeltplätze fehlen an keinem hübschen Fleck. Viele haben ihre einst dürftige Ausstattung nachgebessert, wollen jetzt aber von zwei Mann plus Zelt 12-24 €

Preisfrage. Generell gelten Angaben **wochentags** von Juni-Aug. Viele Häuser, v.a. in Dublin, schlagen am **Fr/Sa** und an Feiertagen kräftig drauf, haben infolge der Krise ihre Preise 2009 aber **erheblich gesenkt!** *Off-season* wird´s bis 25% billiger.

Hostel. Oft einsam vor Naturkulissen gelegen, kassieren die 28 **Jugendherbergen** von An Óige (T. 01/830 4555. anoige.ie) 10-15 €, in Dublin und Galway bis 22 € Rabatte: <18 Jahren 1-2 €, mit JH-Karte für alle 2 € Jede JH ist auf Selbstversorger eingestellt und macht spätestens um 24h dicht, außer in Dublin (24 Std).

Private **Hostels** schlagen die JHs bei Atmosphäre (persönlicher), Altersgrenze (null) und Schlafräumen (gemischt). Hier zeigen die *wardens,* dass sie Spaß an ihrem Job haben, was bei An Óige nicht immer gilt. Zu den *Independent Holiday Hostels* (hostels-ireland.com) zählen über 80 Häuser auf der ganzen Insel. Pro Nacht zahlt man 10-15 €, von Sep-Juni 2-3 €weniger.

B&B. Ab 25 €erlebt man Mentalität & Rhythmus der Iren. Häufig wird zum Frühstück so fürstlich aufgetischt, dass der *lunch* ausfallen kann. Urige Farmhouses sind etwas teurer. Bord Fáilte gibt ein gutes B&B-Verzeichnis (4 €) heraus.

Pub rules. Gewölbe voller Wortschwaden & Bierdunst – wer freut sich nicht drauf? Getränke werden am Tresen geholt. Der Barkeeper nimmt die Bestellung auf, sobald man an der Reihe ist, also kein Fingerschnippen bitte. Zahlung erfolgt bei Lieferung, ohne *tip*. Iren sind neugierig auf jeden Fremden, also kommt man rasch ins Gespräch. Jetzt die erste Runde zu zahlen, hieße dem Einheimischen auf den Schlips zu treten. Die meisten Pubs öffnen 10.30-23.30h, Fr/Sa -0.30h, beim Ruf ***Last order!*** deckt sich jeder noch mit ein, zwei *pints* (570 ml) ein.

Cheers. *Stout* braucht Zimmerwärme, sein Cremeschaum darf sich nicht völlig auflösen. *Guinness* hat den Sprung zum Heiligtum geschafft. Der Süden schwört auf *Murphy*, weil ohne Brummschädel danach. Wer auf kühle Blonde steht, ordert *Lager*. Und wenn´s kratzen soll, wählt der Ire *Whiskey;* vergesst Scotch!

***DUBLIN

✆ 01. 506.000 Ew, Greater Dublin 1,05 Mio Ew. visitdublin.com.

Keine Interrail-Hauptstadt hat sich seit unserer Erstauflage (1992) rasanter entwickelt. Kein Wunder nach einem Boom, der Irland zum „Tigerstaat" machte, es aber in der Krise 2008 böse abstürzen ließ. Dennoch hat sich in mancher Ecke Dublins (irisch Baile Átha Cliath) seit 150 Jahren wenig geändert. Die Liffey teilt diese schlampige Weltstadt mit Provinzflair: am schicken Nordufer wetteifern Nobelläden, Banken und Behörden, das Südufer beherrschen Kultur, Universität und Villen. Angaben ab **O´Connell Bridge** (800m sw vom Bhf Connolly).

Kurz & knackig

Dublin Tourism: T. 1850 230 330. Büros in der herrlich restaurierten Kirche St Andrew (Suffolk St. 300m s. Mo-Sa 9-19h (Sep-Jun -17.30h), So -15h), unweit vom Bhf (14 Upper O´Connell. Mo-Sa 9-17h) und am Fährhafen Dun Laoghaire (Mo-Fr 9-17.30h). Auch **Bord Fáilte** (Baggot St Bridge. 1400m s) bucht Logis.

Gepäcklager: in Busaras und beiden Bhfen (8-20h. 2-3 €/Stück).

Cybercafés: u.a. easyEverything (37 Wellington Quay. 9-22h. 4-6 €/Std).

Walks. Wenige Orte bieten neben den üblichen *"Links sehen Sie"*-Touren exzentrischere Rundgänge (meist 2 Std, 6-8 €). Der **Literary Pub Crawl** (T. 670 5602. Di/Mi/Do 19h ab The Bailey, 2 Duke St) kombiniert Guinness mit geistigen Höhenflügen. Beim **Walk Macabre** (T. 677 1512) übt man Gruseln anhand echt stattgefundener Verbrechen. Der **Musical Pub Crawl** (T. 478 0193) stimmt auf Reisen durchs Land ein. Die **Footsoldiers** (T. 662 9976) erkämpfen an Schauplätzen von 1916-23 nochmals die Unabhängigkeit.

ÖPNV. Dart (Dublin Area Rapid Transport) ist mit Interrail frei. Diese U/S-Bahn fährt bis 23h alle 10-15 min, am *So* alle 20-30 min über Bhf Connolly bis Howth im Norden bzw. Bray im Süden (2-3 €). Mit Stadtbussen (dublinbus.ie) und den topschicken *Luas*-Trams (luas.ie) ist jeder gut bedient, dafür gibt es **Dublin Rambler** (nur *Bus*. ein/drei/fünf Tage für alle 6/13/20 €), Flexi-Tickets (nur *Luas*. ein/sieben Tage 5,30/19 €, ISIC -/15 €) und **Combi-Tickets** *(Luas & Bus*. ein/sieben Tage 7,50/29 €, ISIC -/24 €). **Nitelink-Busse** (5 €) fahren ab College/d´Olier St jeden Fr/Sa bis 3h. Info bei Dublinbus: 59 Upper O´Connell St, T. 873 4222.

Wer Dublin sehr mag, erwäge den Kauf des teuren **Dublin Pass** (dublinpass.ie. ein/zwei/drei/sechs Tage 35/55/65/95 €, <15 Jahren 50%). Damit sind 27 Attraktionen frei, inkl. aller genannten (auch Malahide), aber nur ausgewählte Busse.

Bikes mietet man ab 14 €/Tag bei Dublinbike (12 Lord Edward St. beim Kinlay House. T. 679 0899) und Raleigh (30 Bachelor´s Walk. 80m w. T. 873 2455). Räder fahren in *suburban trains* mit, aber nicht in Dart. Vorsicht vor Dieben!

Schlafen & feiern

Camping. Zeltplätze liegen mind. 10 km entfernt, viele gehören ins Wohnmobilfach. Der nächste echte Camping, **North Beach** in Rush (11 km n. T. 843 7131. northbeach.ie), bekam 200m unspektakulären Strand ab, für 10 €/P schläft man auf Kieselsteinen. Kein Supermarkt in der Nähe, nicht sehr sauber. Bus 33 ab Eden Quay/Busaras bis Rush, oder Bus 33N um 0.30h ab d´Olier St.

Preisfrage. Einige der Hostel-Flyer **grenzen an Betrug:** „Betten ab 10 Euro" kann bedeuten, dass man im 200-Betten-Haus in *einem* Achter-Dorm an *einem* Wochentag für 10 € ratzt, jedes andere Bett aber 20 € kostet. Viele Hostels unterscheiden zwischen *high season* (Juli/Aug. **hier angegeben)** und *low season* (minus 10-30%), fast alle knallen **Fr/Sa** etliche € drauf. Wer nicht **online vorbucht,** zahlt oft mehr. Durch die Krise brachen die Preise teils um ein Drittel ein, im Sommer 2008 hatte Dublin noch mit die teuersten Hostelbetten Europas.

Hostel. Über 40 Hostels verteilen sich n und s der Liffey. Das heißt aber nicht, dass im Juli/Aug viele Betten frei wären. Vor dem Fußmarsch dorthin ruft man also an oder bucht am besten vor. Torschluss ist unbekannt. Alle bieten Küche, Schließfächer, Internet, stets ist Musik ein Thema – auch bei den Preisen!

Isaacs (2-5 Frenchmans Lane. 400m sw. T. 836 3877. isaacs.ie) neben dem Busáras ist besonders gepflegt und durchdacht. 210 Etagenbetten mit Mini-F, Dm mit 12-16/6-10/vier Betten 13/15/21 €, Ez/Dz/3z mit Etagenbad 42/74/90 €, Fr/Sa plus 4-10 €! Viele Sonderangebote, z.B. halber Preis für die ersten 20 Tagesbuchungen, frei für Musiker, Gratiswäsche ab vier Nächten. Billiges Café, freie Sauna, WiFi, viel Musik, oft Party.

Jacobs Inn (21-28 Talbot Place. 250m sw vom Bhf Connolly. T. 855 5660. isaacs.ie) bietet dasselbe, minus die Geräuschkulisse. 212 Betten, 4-12er-Dm mit Bad 15-19 €, Dz/3z mit Bad 104/132 €, Fr/Sa plus 5-10 €/P. Cooles Resto. Wer sich´s leisten kann: Tipp!

Globetrotters (47 Lower Gardiner St. 400m w vom Bhf, beim Busáras. T. 873 5893. globetrottersdublin.com) erfrischt mit einem Schuss Luxus in jedem Detail. 156 eigens designte Kiefer-Etagenbetten, 8-12er-Dm mit ordentlichem F 22 €, Ez/Dz/3z mit Bad 70/80/120 €, Fr/Sa plus 4-5 €/P. Komfortabel, freundlich, sicher.

Paddys Palace (Beresford Place, Ecke Lower Gardiner. T. 888 1756. paddyspalace.com) ist ein Bienenschwarm voller Musik. 56 Betten, 4-10er-Dm mit F 19-21 €, DZ 58 €, Fr-So plus 2-4 €/P. Plasma-TV-Lounge, Saftbar, Tagestouren, Teil einer Kette mit Pferdewagen-Rundreisen.

Abraham House (82 Lower Gardiner St. T. 855 0600. abraham-house.ie) hat zwei fesche georgianische Häuser in fröhliches Gelb und Grün getaucht. Luftige helle Dm jeder Größe, teils mit Bad 12-20 €, Ez/Dz mit Bad 30/80 €

Die riesige **An Óige JH** (61 Mountjoy St. 1200m nw. T. 830 1766. anoige.ie) hat sich eine

ungemütliche Gegend beim Parnell Square, nw vom Bhf ausgesucht. 293 Betten, 10/8/6er-Dm mit kleinem F 13/15/17 € (Fr/Sa 20/21/23 €), JH-Karte minus 2 €, Ez/Dz/3z teils mit Bad ab 40/56/84 €. Bus 10 vom Bhf.
Mount Eccles (42 N Great George´s St. 750m nw. T. 873 0826. eccleshostel.com) bekam ein edles georgianisches Haus ab. 112 Betten, 16/8/4er-Dm mit Mini-F 10/12/15 €, Dz teils mit Bad 60-70 €, Fr/Sa plus 3-4 €/P. Viele Stufen, wenige Ablagen, abschließbare Küchenfächer.
Südlich des Liffey bringt **Kinlay House** (2-12 Lord Edward St. 750m sw. T. 679 6644. kinlaydublin.ie) Stil neben die Christchurch. 149 Betten (Etagen), Dm mit 16-24/4-6 Betten und F 20/27 €, Dz 66-84 €, Fr/Sa plus 4 €/P. Durchdachte Küche, viele Amis, selten leise. Bus 49/50.
Avalon House (55 Aungier St. 900m s. T. 475 0001. avalon-house.ie) bei Stephens Green beeindruckt mit Backsteineleganz, Café und Privatsphäre. 265 Betten, Dm mit 26/12/4 Betten und F 18/22/24 €, 4-6er-Dm mit Bad und F 28 €, Ez/Dz teils mit Bad 36-42/68-80 €, Fr/Sa plus 2 €/P.
B&B. Die Liste mit Dz ab 60 € übersteigt fast die Zahl der Pubs. Dublin Tourism (T. 1800 668 668. visitdublin.com) hilft suchen. Preiswert wird es an der Upper Gardiner St, z.B. bei Harveys (#11. T. 874 5140) und Carmel (#16. T. 874 1639).
Pubs mit Stil findet man unter Dublins 900 Exemplaren zuhauf. **John Mulligan´s** (8 Poolbeg St) beim Trinity College war die Stammtränke von James Joyce. Im **O´Donoghue** (15 Merrion Row) bei St Stephens Green begann die Renaissance der irischen Ballade, musiziert wird immer noch jeden Abend. Wer auf Sowjet-Nostalgie steht: **Pravda** (Liffey St) n der Ha´Penny Bridge wünscht *nasdarowje!*

Guinness. Hinter der Christchurch Cathedral riecht es schon malzig, am St James´s Gate (Market St. 3 km w) braut sich auf 26 Hektar (!) Dunkles zusammen: In Irlands Besuchermagnet Nr. 1, dem **Guinness Storehouse** (9.30-17h, Jul/Aug -19h. 15/11 €, <18 9 €), winken Diashows & Präsentationen. Im stolzen Preis inklusive: eine *pint* zum Abschluss. Bus 51B/78A ab Aston Quay (10 min).

Abends. Was wann wo läuft, verrät zweiwöchentlich der **Event Guide** (frei in Hostels & Pubs). Jeden Abend was los ist im Kneipenviertel an der Fußgängerzone Temple Bar, zumal in dessen **Music Centre** (Curved St) von Traditional bis Jazz.

Anschauen

Trinity College. Irlands Exzellenz-Uni mit hübschen Innenhöfen hütet seit 1592 protestantische Weisheit. Erst 1873 wurden Katholiken zugelassen, heute sind sie in der Mehrheit. In Trinitys **Bibliothek** (9.30-17h. 8/7 €) ist vom ****Book of Kells** (8. Jh.) je eine Bild- und Textseite zu sehen, drumrum liegen weitere der ältesten Bücher der Welt. Führungen (9 € inkl. Bibliothek) beginnen 10-15.40h am Haupteingang College Green. Zu jeder vollen Stunde bis 17h verschafft die audiovisuelle **Dublin Experience** (45 min. 5/4 €) eine exzellente Einführung.
Frei. Mit dem Gebäudekomplex sö vom College Park kann man sich einen halben Tag beschäftigen. Alle Schauplätze hier sind ***frei*** zugänglich – eine Wohltat fürs Budget in dieser teuren Stadt, die ISIC-Inhabern wenig zu lachen bietet.
Museen. Das ****Nationalmuseum** (Eingang Kildare St. Di-Sa 10-17h, So 14-17h) zeigt

Schätze des alten Irland von der Bronzezeit bis zu den Wikingern. In der ****Nationalgalerie** (Merrion Sq West. 9.30-17.30h, Do -20h) gibt es die adäquate künstlerische Umsetzung bis heute. Führung Sa und So 14/15/16h.
Wenn in den imposanten **Government Buildings** (Leinster House. Upper Merrion St) nicht gerade regiert wird, dürfen Besucher mit Führung frei rein: Sa stdl. 10-13h. Nebendran rundet das Natural History Museum die Eindrücke ab, danach erholt man sich hinter den Efeufassaden georgianischer Villen in **St Stephen´s Green,** dem Ruhmesblatt viktorianischer Parks auf der Insel (7.30h bis Sonnenuntergang. oft *lunchtime concerts).*
Ins kleine **Civic Museum** (58 William St South. Di-Sa 10-18h, So -14h) lockt der Schuh eines Riesen (!) und eine Kopie des steinernen Hauptes von Admiral Nelson, das die IRA 1966 von seinem Denkmal sprengte.
Festung & Kathedralen. Im mittelalterlichen **Dublin Castle** residierten bis 1922 die Vizekönige, ins monströse Symbol britischer Dominanz kommt man nur mit Führung (10-17h, Sa/So 14-17h. 5/4 €).
600m s davon erhebt sich Irlands größte Kathedrale. In **St Patrick´s** (9-18h, So 14-18h. 5/4 €) kampierte einst Cromwells Armee. An dieser Stelle stand seit AD 487 eine Kirche, was wir sehen, reicht bis 1191 zurück. In der Bridge St verbirgt die Marsh Library (Mo/Mi-Sa 10-17h. 3/2 €) 25.000 kostbare Handschriften.
Auch die **Christchurch Cathedral** (9.45-17h. 5/2,50 €), 200m w vom Castle, hat seit 1169 so viel hinter sich, dass wenig ihren Urzustand verrät. Hier beginnen Führungen (6/3 €) durchs alte Dublin.
Kilmainham. Dublins Hauptbau des 17. Jhs, das Royal Hospital Kilmainham neben dem Bhf Heuston, wird vom **Irish Museum of Modern Art** (Di-So 10-17.30h. frei) beherzt mit Leben erfüllt. Bus 51B/79 ab Aston Quay.
Das düstere **Kilmainham Gaol** (9.30-18h. 6/2 € inkl. Führung) spielte eine blutige Rolle nach den Osterunruhen 1916. Jede **Führung (ab Inchichore Rd) landet im Verlies, in dem einer der Anführer am 4. Mai 1916 Grace Gifford heiratete. Zehn Minuten verlebte Joseph Plunkett mit seiner Frau unter vier Augen, dann ward er hingerichtet.

Frei. Dublin ist seit jeher sozial(istisch) eingestellt. Also wird für viele Vergnügen kein Eintritt erhoben, vom IMMA (siehe oben) bis zu Windhunden.

Grün. Palmen, Enziane, Teakbäume in Irland? Das gibt´s: In den herrlichen **National Botanic Gardens** in Glasnevin (Botanic Rd. 3500m n. 9-18h. frei), dank großer Glashäuser und *alpine yard.* Bus 13/19/19A ab O´Connell.
Auf dem **Glasnevin Cemetery** (Finglass Rd. 8-18h. frei) ruhen Männer und Frauen, die Éires Schicksal prägten. Schöne Führung ab Haupttor Mi/Fr 14.30h.
Der **Phoenix Park** ist angeblich Europas größter. Hinter Rasen & Wildgehege residiert der Präsident im **Áras An Uachtaráin;** das gemeine Volk darf seine Hütte besichtigen (Sa 10-16h), aber nur mit Einlasskarte (frei) vom Visitor Centre. Einst diente dieser Park als Duellstätte, heute erlebt er nur Fußball oder Polo.
Des Iren liebste Vierbeiner, die **Windhunde,** rennen dagegen Mo/Mi/Sa 20h im Shelbourne Park (Bus 2/3) und Di/Do/Fr 20h im Harold´s Cross (Bus 16/49/54).
In den **Howth Castle Gardens** (13 km nö) genießen 2000 Rhododendrenarten chlorophyllberaubende Panoramen. Besucher schauen ihnen dabei bis Sonnenuntergang zu (Castle kein Zugang. Gardens 3 €, Juli-März frei). Im gefälligen Küstennest Howth lassen sich gern

Promi-Künstler nieder, von U2 bis Cranberries. Dart ab Connolly (halbstdl. 7-24h, *So* 10-23h. 2,50 €) oder Bus 31 ab Busáras.

Hin & weg

Bahnhöfe. Connolly versorgt die Ostküste, Heuston den großen Rest. *Stationlink*-Bus 90 verbindet beide (15 min. 1,50 €).

Züge. Vom Bhf Connolly (Amiens St) (in Std) nach **Belfast** zweistdl. 7-21h (2). **Rosslare**-Europort 7.26h, 13h, 18.37h (3). – Vom Bhf Heuston (Kingsbridge) nach **Cork** stdl. 7-21h (3). **Killarney** mit u/in Mallow zweistdl. 7-21h (3½). **Kilkenny** zweistdl. 7.30-18.25h (2). **Galway** zweistdl. 7-19h (3). Am *So* weniger Züge!

Busse. Vom Busáras (Store St. 300m sw vom Bhf Connolly) nach Rosslare tgl. sechs, Cork vier, Galway drei Busse (je 3 Std, 13-15 €).

SÜDIRLAND

Viele Railer landen im Europort des zerzausten Hafenortes **ROSSLARE** (800 Ew. 166 km s von Dublin). Hängen bleiben ist keine gute Idee, denn seit dem Ableben der JH gibt es nur noch teure B&Bs (ab 40 €/P). Im übernächsten Küstenort, Wexford (16 km n von Rosslare) steht aber ein gepflegter Camping am Meer. **Ferrybank Park** (T. 053/916 6921), 800m vom Bhf bei der Brücke nw des Hafens, öffnet Mai-Sep. Zwei P mit Zelt 15-21 €, längliche Wiese, Hallenbad.

→**Hin & weg** vom Europort: Züge nach Wexford & **Dublin** 7.40h, 13h, 17.40h, 19h; *So* 9h, 14.35h, 17.50h (½/3 Std). Busse nach **Waterford** (wg. Kilkenny), **Cork** & **Killarney** (Ring of Kerry) 7h, 9h, 13h, 14.40h, 19h (1½/4½/6 Std. 15/16/20 €).

**KILKENNY

✆ 056. 19.000 Ew. 130 km sw von Dublin. kilkenny.ie.

Irlands schönstes Städtchen (irisch Cill Chainnigh), auch wegen breiter Musik-, Pub- und Logis-Angebote. Wie zauberhaft das Herz der Grünen Insel ist, zeigt ein Bummel über die dekorative Parliament St. Durch die umliegenden Täler winden sich fischreiche Flüsse, vorbei an uralten Siedlungen und dem Zisterzienserkloster ****Jerpoint Abbey** (10-18h. 3/1 €) mit elegantem Kreuzgang.

Tourist Office: s vom Fluss (Rose Inn St. T. 775 1500. Mo-Sa 9-18h). **Internet:** E-Centre (26 Rose St. 10-18h). **Bikes** bei JJ Wall (88 Maudlin St. T. 772 1236) und Cycle Centre (5 John St. T. 777 0061. je 12-15 €/Tag plus 40 € Kaution).

Schlafen. Gezeltet wird am kleinen **Tree Grove** (New Ross Rd. 1500m s. T. 777 0302. treegrovecamping.com): zwei P mit Zelt 15-20 €, Backpacker 8 €.

Das **Tourist Hostel** (35 Parliament St. T. 776 3541. kilkennyhostel.ie) liegt schön zentral, nur 100m von der High St. 60 Betten, helle 4-6er-Dm 17-19 €, Dz 42 €. Freundliches Personal, prima Küche, Kaminlounge, Rezeption 8.30-23h.

Dazu droht die übliche B&B-Flut, zumal entlang der Patrick St s der Innenstadt.

Burgfröllein. Schon mal im echten Schloss genächtigt? Das normannische **Foulksrath Castle** bei Jenkinstown (12 km n von Kilkenny. T. 776 7674. anoige.ie) träumte sich anno 1510 gewiss nicht, dass es 2010 als JH dienen würde. 44 Betten, drei große Dm 17 €, <18 14 €. Küche, Dachterrasse, antiker Speisesaal für Dinner im Kerzenlicht. Anmelden 17-

22h. Anreise bis 17.30h ab Kilkenny Castle mit Buggy-Bus (T. 444 1264. 3,50 €), später mit Kilkenny Taxi (T. 087/794 4122. 20 €, max. vier P).

Schluck. Durch die **Smithwicks-Brauerei** (Parliament St. T. 772 1014) wird nur Mo-Fr 15h geführt, aber frei. Alles endet mit einer Kostprobe, ob hier das beste dunkle Bier der Welt entspringt.

Rundgang. Das **Kilkenny Castle** (The Parade. 9-17.30h. 6/2,50 € inkl. Pflicht-Führung) lässt sich bis 1172 zurückverfolgen, seine Long Gallery imponiert mit Deckengemälden und Ahnengalerie. Am anderen Ende der High St will der Rundturm der **St Canice's Cathedral** (9-18h. 3 €) erklettert sein.

✈ **Hin & weg** vom Bhf McDonagh (in Std): Züge nach **Waterford** 9.29h, 11.23h, 13.21h, 17h, 18.28h, 20.15h, *So* viermal (3/4), **Dublin** 7h, 8.21h, 11.27h, 14h, 15.48h, 19.19h, *So* viermal (2). – Busse nach **Cork** 7h, 10.30h, 14.30h (3), **Dublin** zweistdl. 9-19h (2).

CORK

✆ 021. 180.000 Ew. 266 km sw von Dublin. corkcorp.ie.

Als Arbeitermetropole stand die zweitgrößte Stadt der Republik immer im Rebellionsverdacht, oft wurde sie ihm gerecht. Cork (irisch Corcaigh) ist keine Schönheit, aber sehr lebhaft, und das Jahr als Europas Kulturhauptstadt 2005 verlieh ihm zusätzlichen Drive. Angaben ab **Paul St** (900m w vom Bhf): kneipenreich, mit Opernhaus und Shopping Centre.

Tourist Office: 42 Grand Parade (300m s, T. 425 5100. 9-17h).

Internet: i-dot (Multiplex Gate. N Main St. 300m w) und Internet Exchange (5 Woods St. 500m w. je 10-24h).

Bikes: bei AA Bike (Shandon St. T. 430 4154), Cycle Scene (396 Blarney St. T. 430 1183), beide n der Griffith Bridge, und in Hostels für 14-20 €/Tag.

Schlafen. Zeltplätze liegen weit außerhalb, dafür gibt's in der Stadt zuhauf gute Hostels.
Sheila's (4 Belgrave Place. off Wellington Rd. 800m nö. T. 450 5562. sheilashostel.ie) erfreut das Herz mit Großküche, Café, Sauna und freiem Kino (regelmäßig *movie-marathons*). 108 Betten, dunkle 8/4-6er-Dm 12/16-20 €, Dz ohne/mit Bad 48/52 €, F 3 €. Alles sauber, etwas hellhörig.

Im großartigen **Bru Hostel** (57 MacCurtain St. 600m nö. T. 455 9667. bruhostel.com) möchte niemand viel rechnen, sondern schnellstens in Brus Bar. 3-6er-Dm mit Bad 15-20 €, Fr/Sa plus 3 €. Sicher dank KeyCard, nobles Internetcafé, nur 3 min vom Bhf. Tipp!

Kinlay House Shandon (Bob & Joan's Walk. off Upper John St. 500m n. T. 450 8966. kinlayhouse.ie) packt seine modernen Zimmer wesentlich voller. 16/4er-Dm 14/18 €, 10er-Dm mit Bad 16 €, Ez/Dz 30/46 €, inkl. kleinem F. Internetcafé, Wäscheladung mit trocknen 8 €.

W vom Zentrum, beim Fitzgerald Park okkupiert die **JH Cork** (1 Western Rd. 1500m sw. T. 454 3289. corkinternationalhostel.com) einen geräumigen roten Ziegelbau gegenüber der Uni. 98 Betten mit F, 6-10er-Dm 14-18 €, zwei Dz 58 €, JH-Karte minus 2 €/P. 24 Std offen. Bus 8 von Zentrum und Busbhf vor die Tür.

Schluck. Cork protzt mit der höchsten Pubdichte Irlands, in mancher Straße kommt fast eine Pinte pro Wohnhaus. Corkmen bevorzugen das örtliche **Murphy** (halb so bitter wie Guinness). In der Schnapsbrennerei **Old Midleton** (im Verkehrsamt nach Führungen fragen) beginnen Jameson und Tullamore Dew ihr trübes Dasein.

Feiern. Über 30 Pubs an der **Oliver Plunkett St** (200m s) musizieren regelmäßig, auch die Altmeister An Bodhrán (#42) und An Bróg (#72/73). Billig gegessen wird vorher bei **Scoozi's** (2-5 Winthrop Ave, off Oliver Plunkett. 200m sö. T. 427 5077. Mo-Sa 9-23h): *Rebel-without-a-sauce-Burger,* köstliche Desserts, peruanisches Bier, nette Leute. Am **Union Quay** (600m sö, jenseits des River Lee) trifft sich dagegen die junge Szene, ihre Hotspots heißen Phoenix und The Lobby.

Rundgang. Die geschäftige **Saint Patrick Street** verläuft auf einem überdachten Kanal zwischen eleganter Patrickbrücke und Grand Parade, mit Denkmal der Helden 1798-1867. Den Sullivan Quay (600m s) säumen Villen des 18. Jhs., und natürlich gibt es ansehnliche Kirchen.

Wo aufmüpfige Arbeiter leben, sind aber eher derbe Knäste die Norm. Durchs **City Gaol** (Sunday's Well. 2 km w. 9.30-17h. 7/6 €), in dem bis 1923 viele Rädelsführer einsaßen, führen gute Tapetouren. Heute *lässt* das Proletariat rennen: Windhunde an der Western Rd bei der JH (Mo/Mi/Sa 20h).

Moderne Kunst kommt, auch architektonisch, groß heraus in **Crawford Gallery** (Emmet Place. 50 m ö. Mo-Sa 10-17h. frei) und **Fenton Gallery** (Wandesford Quay, off Washington St. 800m sw. Di-Sa 10-18h. frei). Im Okt/Nov stehen zwei **Festivals** an: erst Jazz (corkjazzfestival.com), dann Film (corkfilmfest.org).

Blarney. Dieses Castle (15. Jh. 8 km nw) und seine Zinnen versetzten schon Oliver Cromwell in Staunen. Danach verlustiert man sich in gepflegten Gärten. Und wer den Blarney Stone küsst, dem wird die Gabe überzeugender Redekunst zuteil. Anlage 9-19h, So -17.30h. 10/8 €

Hin & weg. Züge vom Bhf Kent (Lower Glanmire St. 900m ö) (in Std) nach **Dublin** stdl. 6.30-20.30h (1/3). **Killarney** zweistdl. 6.15-22.20h, teils u/in Mallow (1³/₄). Busse vom Parnell Place (400 m ö) nach **Galway** stdl. 7-19h (4), vom Merchants Quay (400m ö) nach **Blarney** halbstdl. 7.25-18.15h (25 min. hin/rück 3,40/6 €).

WESTKÜSTE

Hier wird gelebt! Jede Main Road brummt voller Pubs, und wenn Opa zum Akkordeon greift und Oma ihn auf der Geige begleitet, fallen die Gäste im Chor ein.

KILLARNEY

✆ 064. 14.600 Ew. 100 km w von Cork. killarney.ie.

Nur Dublin verfügt über mehr Hotelbetten als das Herzstück des Gaeltacht Kerry. Kein Wunder bei *dieser* Lage: Killarney (irisch Cill Airne) kuschelt sich an Irlands höchsten „Gebirgszug" und an den Lough Leane, den größten der drei Seen im Killarney-Nationalpark. Im Ort selbst steht nur ein *sight:* die spitze Kathedrale **St Mary's** (1855) von Lord Pugin, der auch Londons Parlament entwarf. Im übrigen besteht Killarney aus Souvenirläden, Autogeschiebe, Cafés, Pubs und dem schönen Busen der Natur.

Tourist Office: im Rathaus (Beech Rd. 600m w vom Bhf. T. 663 1633. 9-17h).

Internet: Web Talk (High St) und RiRa (Oliver Plunkett St).

🚲 **Bikes:** ab 15 €/Tag bei David O´Sullivan (Bishops Lane. T. 663 1282), Flesk Camping und im Sugan Hostel. Hier erbittet man Tourentipps & Karten – lohnt sich!

Planen. Wer im Sommer Wert auf ein Bett legt, bucht vor. Aus dem Neunerpack wurden nur die drei feinsten Hostels ausgewählt.

Schlafen. Gezeltet wird für 9-10 €/P im zauberhaften **Flesk Park** (Muckross Rd. 2 km s. T. 663 1704. killarneyfleskcamping.com. Mai-Sep) oder an der **White Bridge** (N22/Ballycasheen Rd. 2 km ö. T. 663 1590. killarneycamping.com. Apr-Sep) am Bach: perfekte Hygiene, Bahngleis fast vor der Apsis.
Oberhalb des Lough Leane okkupiert die großartige **JH Aghadoe House** (4 km nw vom Bhf. T. 663 1240. killarneyinternationalhostel.com) ein edles Herrenhaus am Abzweig Tralee/Killorglin. 186 Betten, 6-12er-Dm mit gutem F 20-22 €, <18 18 €, JH-Karte minus 2 €, fünf Dz 50 €. Prima Touren, Park, Abholung vom Busbhf zu jeder Busankunft.
Neptune´s Hostel (Bishops Lane, off New St. T. 663 5255. neptuneshostel.com) liegt blendend: wenige Schritte von Bahn und NP, trotzdem prima Pubgegend mit Live-Musik, dazu Mieträder, Supermarkt & Restos ums Eck. 130 Betten, saubere 3-8er-Dm 16-18 €, mit Bad 18-20 €, Ez/Dz mit Bad 45/44-50 €. Internet frei.
Schnucklig mit Gitarren, guter Küche, vielen Rädern, Natursteinwänden und Torffeuer im Kamin: **The Súgan** (Lewis Rd. 200m w vom Bhf. T. 663 3104. killarneysuganhostel.com) ist meist belegt – wenn nicht die 18 Betten (Dm 15 €, Dz 40 €), dann die zwei WCs und die einzige Dusche („Freiluft"). Tipp!
Um zu begreifen, *wieviel* los ist: Es gibt fast 50 **B&Bs** (ab 30 €) bei 14.000 Seelen. Gedränge herrscht v.a. in der New St und Rock Rd. Lasst das Verkehrsamt suchen.
Pubs. Bis 23h herrscht ein bedenkliches Überangebot. Oft sind Tourgruppen in der Mehrheit, und nicht nur **Laurels** (Main St, mit *dress code)* quillt über vor Amis, in deren Adern irisches Blut fließt. Aktuelle Musik- und Partyinfos im Súgan Hostel.
Killarney NP. Diese 103 qkm vor den Toren des Dorfes wollen eifrig fotografiert sein. Startpunkt ist das Visitor Centre (9-18h) im mächtigen Muckross House, 6 km Richtung Kenmare. Von den Heights of Aghadoe hinter der JH blickt man auf den malerischen **Lough Leane.** Von der Kathedrale spaziert man in 30 min zum **Ross Castle** (15. Jh. 9-18.30h. 6/2,50 €), das diesen „See der Weisheit" dominiert. Am Castle warten stdl. Kreuzfahrten, Ruderboote, Kutschen oder Ponies.

Berge. Tolle Radtouren führen zum **Torc-Wasserfall** im Wald hinter der Muckross-Abtei oder zum **Gap of Dunloe.** Im Engpass zwischen 800m hohen „Bergen" werden Touris mächtig geschröpft (geführte Wanderungen 20 €). Wer es eigenfüßig auf den **Carrantuohill** (1041m) schafft, Irlands absoluten Gipfel, darf sich ins *Visitorbook* eintragen.

✈ **Hin & weg.** Vom winzigen Bhf (600m ö vom Rathaus) nach **Cork** & **Dublin** zweistdl. 6-20h, teils u/in Mallow (1½/3½ Std). *Eireann*-Busse halten neben dem Bhf.

**RING OF KERRY

Auf dieser 179 km-Küstenrunde w von Killarney sind Begeisterungsschreie garantiert – oder sprachloses Staunen. Hinter jeder Kurve machen sich Panoramen fein, man blickt auf endlose Tannenwälder, Heiden, Klippen, Inselchen, Farbspiele.

Logis. An Zeltplätzchen (ab 6 €/P), Hostels (12-20 €) oder B&Bs (ab 30 €) mangelt es in keinem Ring-Dörfchen. Siehe ringofkerrytourism.com.

Bus. *Éireann* (T. 066/716 4700) befährt den Ring ab Killarney 9.40h, 12.45h, 15h, *So* 12.45h **gegen** den Uhrzeigersinn, wie all die Touribusse. Killarneys Hostels klappern ihn für 16 € an einem Tag ab (8-10 Std). Spannender bleibt aber eine mehrtägige Radtour, **im** Uhrzeigersinn wg. Aussicht und überholender Busse.

**KENMARE

✆ 064. 20 km s von Killarney. kenmare.eu. Im pastellfarbenen Ausgangsort (1700 Ew) für die Ring-Erkundung regieren Designerboutiquen und Dudelsäcke. Wer den Steinkreis am Finnihy gesehen hat, packt sein Schweißtüchlein aus: Hier warten Wanderwege, Kanus, Surfbretter, Segelboote, Wasserskier, Reitpferde.

Schlafen. Das feine **Fáilte Hostel** (Shelbourne St, Ecke Henri St. T. 664 2333. kenmare.eu/failtehostel) hat dazu Bikes und 39 Betten. Dm 18 €, Dz mit Bad 44 €, Mai-Okt. Ähnliche Preise, weniger Charme hat das kleinere **Lodge Hostel** (Main St. T. 664 0662. kenmare.eu/lodgehostel).

Beara. S von Kenmare schließt sich der weniger berührte Ring of Beara an: rauere Schönheit, viele Archäo- und Panoramastellen, kaum Verkehr.

CAHERSIVEEN

✆ 066. 60 km w von Killarney. cahersiveen.com. Als Pausenort (1300 Ew) in der Nordwestbiegung des Ringes gut geeignet, weil es entlang der Hauptstraße N70, die nacheinander Church, Main, West Main und New St heißt, alles Wichtige gibt.

Tourist Office: gegenüber der Post (T. 947 2589. Jun-Sep Mo-Fr 9-17h).

Internet: Java (West Main St. 11-21h, So 14-18h. 3 €/halbe Std).

Bikes: Casey Cycles (New St. T. 947 2474. Mo-Sa 9-18h. 12 €/Tag inkl. Helm).

Schlafen. Am w Ortsrand, am Rande eines Naturschutzgebietes, liegt der schöne Campingplatz **Mannix Point** (T. 947 2806. campinginkerry.com. Mär-Okt). Zwei P mit Zelt 23 €, Backpacker 9 €, wunderbarer Gastgeber, fröhliche Abende.

Zwischen etlichen B&Bs findet sich das einfache **Sive Hostel** (15 East End. T. 947 2717. sivehostel.ie) am ö Ortsausgang. 22 Betten, 6er-Dm 22 €, Dz mit Bad 66 €. Wäscheladung 6 €, gute Tipps, schöner Balkon, Boot zu den Skelligs, ganzjährig.

Geschichte. Im Marktfleck selbst zeichnen die **Old Barracks** (Mai-Sep 10-17h. 5/4 €) den irischen Befreiungskampf nach. Bizarre Bauten sind das, dazu reichlich Festungsanlagen, und im Visitor Centre gibt´s Karten zum netten Heritage Trail.

Am Fuß der Iveraghberge beginnt der 3 km-Pfad zum **Leacanabuaile.** Auf einem Fels der Gravitation trotzend, genießt das besterhaltene der 40.000 frühchristlichen Ring-Forts in Irland eine Fabelaussicht. Dahinter warten zwei beliebte Strände.

Bus. *Éireann* vom Fair Green (Main Rd) nach Killarney 8h, 12h (2 Std. 12 €).

GALWAY

✆ 091. 72.000 Ew. 208 km w von Dublin. galwaytourism.ie.

Den Fremdenverkehrsort des irischen Westens (irisch Gaillimh) prägt ein luftiges Uni-Flair. Die Quay Street mit ihrer langen Latte uriger Kneipen trägt längst den Spitznamen *Quartier Latin*. Angaben ab **Eyre Square/Bhf.**

Tourist Office: Forster St (100m nö. T. 567 700. 9-19h, Okt-März Mo-Sa), für den gesamten Westen zuständig.

Waschsalon: Bubbles (Mary St. 200m w).

Bikes: für 15 €/Tag bei Ballaney (Eyre Sq. T. 525 890), West Ireland Cycling (1 Upper Dominic St. T. 588 830) und in fast allen Hostels.

Schlafen. Zeltplätze warten haufenweise an der Küste, keiner kommt der Stadt nah. Im Zentrum gibt es Hostels im bunten Dutzend, wie in Dublin gilt oft eine komplizierte Preisstaffelung nach *high* (Juli/Aug), *mid* (Apr-Juni/Sep/Okt) und *low season* (Nov-Feb). Dazu werden Fr/Sa gern 2-4 € aufgeschlagen.

Sleepzone (Wood Quay. 300m nw. T. 566 999. sleepzone.ie) ist taufrisch und top eingerichtet. 8-10/6/4er-Dm mit kleinem F 20/24/28 € (Sep-Juni minus 2-6 €), Ez/Dz/3z 40-50/60-76/75-90 €. Wäscheladung (Miele) 4 €, Internet frei, Schließfächer, Bikes, prima Küche, gute Atmosphäre. Tipp!

Kinlay House (Merchants Rd. 40m s. T. 565 244. kinlaygalway.ie) verteilt seine Gäste und 150 Betten auf vier Etagen. 8/6/4er-Dm mit F 18/21/23 €, mit Bad plus 2 €, Ez/Dz/3z ab 48/58-70/78 €. Enge Küche, Speisesaal mit Orgien-Wandbild.

Barnacles Quay (10 Quay St. 600m sw. T. 568 644. barnacles.ie) liegt mitten in der Pubzone. 4-12er-Dm 21-29 € (Nov-Apr minus 2-6 €), Dz 70 €.

Abends. Die Fußgängerzone zwischen Eyre Square und River Corrib (High St) ist mit Pubs gespickt. Abends fallen die Gäste in King´s Head (High St) und Ua Neachtain´s (17 Upper Cross) lautstark in den Chor ein. Der Tradition verschrieben hat sich auch das berühmte **Taibhdhearc** (Middle St. Karten 10-15 €): Sprechtheater & Kabarett in gälisch, Kostprobe auf antaibhdhearc.com.

Anschauen? Ach, heut lieber baden gehen, den Menschen beim Treiben zuschauen oder den Windhunden beim Rennen (College Rd. Di/Fr 20h). Das **Arts Festival** (Juli) stellt hohe Ansprüche, auch an die Kondition der Besucher. In Pubs spielen die Leute während der **Galway Races** (Aug) verrückt, und zum viertägigen **Oyster Festival** (Sep. galwayoysterfest.com) geraten dann alle außer Rand und Band.

Connemara nicht vergessen! An der Busstrecke nach Clifden döst gälische Kultur pur, diese Region ist ein Paradies für Radler. Weil unfruchtbar, war sie nie umkämpft. Torf und Locken der Schafe strahlen in derselben Farbe wie ein Guinness. Prima Ausflugsziel ist der **Connemara National Park** (Apr-Okt 10-18.30h. 3/1,50 €) bei Letterfrack mit 20 qkm voll Wild & Wanderspaß.

✈ **Hin & weg.** Vom Bhf Ceannt (T. 562 000) Züge nach **Dublin** zweistdl. 5.20-18h (2¾ Std), Busse stdl. bis 18h nach Dublin, Cork, Clifden (3/4/1 Std).

ITALIEN

✆ 0039. 301.338 qkm. 60,1 Millionen Ew. BIP 23.523 €/Ew. enit.de.
Der abwägenden Weisheit zieht Italien die Leidenschaft vor. Es muss rrrasen! Wer seine Bewohner leben sieht, wird zugeben: Sie können es ganz gut. Und dann diese Geschichte! Lange war Italien im Unesco-Welterbe häufiger notiert als die übrige Welt zusammen. Also Aug und Ohr auf Empfang stellen - und die Kasse auf Durchzug. Schönheit hat halt ihren Preis!

Schmankerl! Bahn: Nizza – Genua – Pisa (310 km Liebreizküste), jede Strecke um Siena und Florenz. **Kultur** für zehn Tage: Venedig mit Ausflug nach Verona, dann Siena/Florenz und vier Tage Rom.

Serviceteil

Zentrale für Tourismus ENIT: Neue Mainzer Str. 26, 60311 Frankfurt, T. 069/237 434. Prinzregentenstr. 22, 80538 München, T. 089/531 317. Kärntner Ring 4, 1010 Wien, T. 01/505 1639. Uraniastr. 32, 8001 Zürich, T. 043 466 4040.

Botschaften in Rom: D: via San Martino della Battaglia 4, T. 06 492 131. A: Pergolesi 3, T. 06 844 0141. CH: Barnaba Oriani 61, T. 06 809 571.

Euro-Land. Banken öffnen meist Mo-Fr 8.30-13.30/14.30-16.30h. *Bancomati* stehen in Städten an jeder Ecke. Mit Reiseschecks (2-5 € Gebühr) und Kreditkarte kommt man prima durch, sofern man genug einsteckt. Wer was sehen will, kommt in Italien kaum unter 50 €/Tag weg.

Preisalarm! In jedem anderen Land wäre der korrupte **Gift-Gnom Berlusconi** hinter Gittern, in Italien wurde er schon dreimal zum MiPrä gewählt und verscherbelt munter nationale Kulturgüter. Ständig gehen **Museen & Monumente** aus Staats- in Privatbesitz über. Erwartet jemand, dass dadurch die ohnehin horrenden Eintrittspreise sanken?
✆ Polizei 112, Notruf 113.

Italien per Bahn & Bike

Auslandszüge nach Mailand-Centrale (in Std) von **Nizza** ^{Z}*EC* 10h, 18h (5). **Paris**-Lyon ^{Z}*TGV* 7.40h, 13.50h, 15.24h (7), *EN* 20.33h (9). **Genf** ^{Z}*CIS* 7.42h, 12.25h, 14.25h (4½), ^{Z}*EC* 16.25h, 19.20h (4). **Basel** ^{Z}*CIS* 7.25h, 11.20h (4). **München** via Innsbruck ^{Z}*EC* 13.30h (7), *NZ* 21h (11).

Zuschläge für Interrailer: ***Auslandszuge*** 8 € an Bord, 5 € im Bhf. ^{R}***Cisalpino*** in die Schweiz 5-15 € ***EC*** Venedig-Wien 7 € ***IC/EC*** und ***ICPlus*** national 5 € ***Artesia*** national 5 €, nach Frankreich 10 € (nachts 10-75 €). ***Eurostar/AV*** 15-20 € Sonderkonditionen für *TBiz* (25 €), *Elipsos, Allegro* und alle Nachtzüge (20-100 €). Für gehobene Gattungen herrscht **Reservierpflicht,** kaum einen Kontrolleur kratzt es aber, ob da jemand mit Platzkarte sitzt.

Trenitalia. Italiens teilprivatisierte Bahn (früher *Ferrovie dello Stato)* rangiert mit 15.683 km im Interrailreich an vierter Stelle, knapp hinter Frankreich. N von Rom werden Hauptlinien etwa stdl. bedient, nach Bari wird´s mau.

Hier beachtet man gern die Zuggattung, denn sie entscheidet über ***ob*** und ***wieviel*** Zuschlag. Erst der macht Bahnfahren teuer, also werden zuerst [Z]freie Verbindungen genannt. Wo immer möglich, verzichten wir auf den teuren *Eurostar.*

Wer Muße hat, studiere mal die (störanfällige) Kurventechnik des [ZR]***Cisalpino***. Erst waren neun *CIS* mit je neun Wagen am Start: von Mailand nach Basel, Genf, Stuttgart. Zur Eröffnung des Lötschbergtunnels 2007 kamen 14 Kurz-*CIS* (sieben Wagen) hinzu, sie düsen mit max. 250 km/h auch weit nach Deutschland rein.

Eine eigene Tarifstruktur besitzt auch Exportschlager No. 2: der [ZR]***Eurostar*** wurde 1988 als Tempo-Tier durch den bergigen Apennin zwischen Rom & Mailand lanciert (4 Std für 632 km). Seine Baureihe 2007, unterwegs als [ZR]***Alta Velocitá*** *(AV),* peilt 250 km/h an. Das Gleis Mailand-Florenz-Rom ist seit 2009 dazu bereit, bei einer Testfahrt stellte der *AV* einen neuen Italo-Schienenrekord auf: 355 km/h – das imponiert im Land der *Ferraristi.*

Selbst im [ZR]***InterCity plus*** (Schnitt 90-100 km/h) fordern Tempo und Service ihren distanzabhängigen Zuschlag: z.B. Rom-Florenz 7 € Dagegen sind „normale" *ICs* [Z]frei. Nachts heißen die Pendants *EuroNight* und [Z]*InterCityNight.* In all diesen Zügen ist [R]Reservieren ratsam. Für ***Espresso*** *(E)* und ***Regionale*** *(IR)* kann man nicht reservieren, der ***diretto*** *(D)* eilt kaum.

Oberhalb des *IR* fahren stets Speisewagen oder Minibar mit, selten über die volle Distanz. In Großstädten gibt es Schließfächer, andernorts Gepäckaufbewahrung *(ufficio bagagli)* ab 2 €/Tag. Fahrpläne (z.B. an Kiosken) werden gerade auf Nebenstrecken großzügig interpretiert. Nachtfahrer studieren den Wagenstandsanzeiger, da gern Kurswagen mitfahren. Für Fahr/Platzkarten steht man im Bhf oft lange an, zügiger geht´s in der *agenzia viaggiatori FS,* meist neben dem Bhf.

Tarife. Dank degressiver Staffelung löst man die ganze Route und darf unbegrenzt Stopps einlegen: Rom – Florenz (316 km) kostet [Z]frei nur 15 € Auf Italienfans unter 26/über 60 zielt die **Carta Verde** bzw. **Carta Argento:** Für einmalig 40/30 €beschert sie ein Jahr lang 10% Rabatt. Alle übrigen Rabatte sind gestrichen, und **Interrail** (drei/vier/sechs/acht Tage binnen eines Monats 109/139/189/229 €, <26 Jahren 71/90/123/149 €) leidet unter Italiens Zuschlagwahn.

Bahninfo: T. 848 888 088 (auch engl., selten dt.). trenitalia.de.

Fahrräder werden als Stückgut nur nach Südtirol versendet, das dauert 2-4 Tage und ist teuer. Sofern in Radtaschen verpackt, ist die Mitnahme in jedem Zug außer *CIS/ES* möglich. Selbstverladung kostet in 400 *Bici*-Zügen 3 €, im *IC* 5 €, ins Ausland 12 € Vermietet wird nie am Bhf, aber häufig in Städten für 10-16 €/Tag.

Schlafen

Camping. Am Meer und an historischen Orten sind **Zeltplätze** verdammt teuer. Zwei P mit Zelt rechnen mit 18-25 €, duschen kostet oft extra. Wenige *campeggi* sind ganzjährig in Betrieb. Wildzelten ist verboten, aber wer diskret vorgeht ...

Betten? Morgenstund hat Bett im Mund! Da Preise saisonal schwanken, verlangt man zuerst die *lista degli alberghi* im Verkehrsamt. Die Angaben hier gelten im Juli/Aug. Vor Nachtfahrten verrät der Wagenstandsanzeiger alte Abteilwagen – zwecks **Liegewiesenzusammenschiebung.**

Ostello. Jeder interessante Ort hat eine Jugendherberge abgekriegt, selten in zentraler Lage. In diesen 85 *ostelli* von AIG (T. 06 487 1152. ostellionline.org) ist meist die JH-Karte vorzuzeigen. Inkl. Laken und F kostet der Spaß 14-20 € Viele JHs haben Schließfächer in Rucksackgröße, ein Schloss bringt jeder selbst mit.

JH-Frust. Fast überall ist Abreise bis 9h, Mittagspause bis 17h, Torschluss gegen 23h. Gemischte Schlafsäle sind selten, das Frühstück ist meist ein Witz: 1 Kaffee, 1 süßes Teilchen. Zwischen Florenz, Neapel, Rom und Venedig besteht ein freier Buchungsservice, aber mit Aussetzern. Also steht man früh auf der Matte.

Viel spricht also für zwanglose **Backpackers,** aber Obacht: In dieser Liga mischen üble Abzocker mit, v.a. in Rom. In Unistädten finden ISIC-Inhaber auch in **Wohnheimen** Unterschlupf, gerade im Juli/Aug machen aber viele *case dello studente* dicht. Kirchliche **Heime** sind nix für unverheiratete Pärchen, ansonsten ist aber kein Heiligenschein nötig; oft stößt man auf alte Klosterzellen mit vier Betten und Glockengebimmel am Morgen.

Hotel. Im Preiskeller lungern *locande* und *alloggi,* darüber rangieren *pensioni*, zuoberst Hotels mit ein bis fünf Sternchen. Alle werden vom Staat beaufsichtigt und müssen pro Zimmer eine Preistafel aushängen. Wer sich betrogen fühlt (teure VP wird zur Pflicht usw.), wende sich ans Verkehrsamt. Gern verzichtet man aufs lächerliche Hotel-F, eine *pasticceria* ist nie weit. Alleinreisende ziehen die A-Karte: wo es Ez gibt, sind sie oft kaum billiger als Dz. Im Sommer werden viele Häuschen zur (halblegalen) *pensione* umgewidmet, den Tarif diktiert dann der Markt. Wer drei und mehr Nächte bleibt, darf feilschen.

MAILAND (Milano)

372 km s von Basel. 1,3 Mill. Ew. 122m üNN. ciaomilano.it.

Schönheit ersetzt die Boom-Metropole des Nordens jedenfalls durch Schaulust. Täglich wird ein sündhaft teures Feuerwerk der Luxusläden, Kunstgalerien und Edelboutiquen entfacht. Mailander fühlen sich New York näher als Neapel. Zweimal Minus: es gibt viele Ganoven und wenige bezahlbare Betten. Unter Lesern ist umstritten, ob sich ein Besuch lohnt. Angaben ab **Duomo** (2300m s vom Bhf).

Termin. Im **Juni/Juli** tobt sich M. bei reihenweise Tanz/Theater/Musik-Events richtig aus (Info: T. 02 8646 4094). Im **Aug** flüchtet die halbe Stadt an Seen und Meer, den **Sep** machen diverse Messen zur Hauptsaison: Hotelpreise plus 10-30%.

Kurz & knackig

IAT/APT: im Bhf (OG. 9-18h, Sa -17h) und am Dom (Pza Duomo 19a. T. 02 7252 4301. 9-18h, So -17h).

Ausländerpolizei: via Montebello 26 (900m n. U Turati. T. 02 6226 3400).

Waschsalons: Onda Blu (via Padova 138. 200m w von U Cimiano – Rimembranze di Lambrate 13. 150m ö vom Bhf Lambrate. je 8-22h. 6 €/Ladung).

Internet: Harddisk (corso Sempione 44. 2500m nw. viele schnelle PCs. 6 €/Std).

ÖPNV. Die drei Linien (1/rot, 2/grün, 3/gelb) der hochlöblichen **Metropolitana** schuften bis 24h. Jeder Kiosk verkauft Fahrscheine: 1 € für eine U-Fahrt und/oder 75 min in Bus, Tram oder Nachtbus (24-6h). *Abbonamenti* (3/5,50 € für 24/48 Std) und Zehnerblocks (8 €) gibt es nur in großen U-Stationen und bei IAT. ÖPNV-Info bei ATM im U-Bhf Duomo (Zeiten wie APT. T. 800 808 181. atm-mi.it). Alles Sehenswerte kann man gut zu Fuß abhaken.

Schlafen & feiern

Zeltplatz. Zu **Città di Milano** (via Gaetano Airaghi 61. 8 km w. T. 02 4820 7017. campingmilano.it) im Stadtwald hinterm San Siro-Stadion fährt Bus 72/81 ab M1 De Angeli. 9 €/P, 6-10 €/Zelt, Bungalow mit 2-6 Betten 48-88 €. Feb-Nov.

Herbergen. Die **JH Piero Rotta** (Salmoiraghi 1. Ecke Calliano. 5 km nw. T. 02 3926 7095. ostellionline.org) verbreitet dezentes Knastgefühl im Nuttenviertel. 376 Betten mit Witz-F, karge getrennte Dm 19 €, 3z/4z 22 €. Modern, sauber, Snackbar, große Schließfächer, anmelden 15-24h. M1 bis QT8, vom Ausgang Cascina Mojetta 150m gradaus.

Mädels von 16 bis 25, die mal ein freundliches Wort hören wollen, buchen vor im christlichen **Protezione della Giovane** (corso Garibaldi 121a. 4 km n. T. 02 2900 0164. acisjf-milano.it). Ez/Dz mit F 40/60 €. Küche, Internet, Gebete.

Auch nach Jahren der Flehgesänge fehlt Mailand eine akzeptable JH-Alternative. Immer wieder machen „Hostels" auf und mangels Klienten & Konzept bald zu...

Hotels. Immerhin, **Durante** (Pza Francesco Durante 30. T. 02 2614 5050. hoteldurante.com) liegt günstiger & ist besser als die JH. Kleine Ez/Dz mit Dusche und TV 40/59 €. Garten, freundliche Menschen, immer offen. M1 Pasteur.

Näher am Bhf stehen **Billighotels,** was hier wenig heißt: Dz ohne/mit Bad ab 50/60 €. Buchungen über IAT verfallen nach einer Std, Torschluss ist meist 24h.

San Tomaso (viale Tunisia 6-3°. 1 km s. T. 02 2951 4747. hotelsantomaso.com) liegt in einer soliden Kneipenecke. 35 Betten, Ez/Dz/3z mit Dusche und TV 38-65/50-95/70-120 €, stets offen. 10m von M1 Porta Venezia, oder Tram 5 ab Bhf bis zum fünften Halt (Tunisia).

Essen. Ersatzradgroße Mitnehmpizze ab 10 €? **Spizzico** gibt´s zweimal beim Duomo, einmal beim Castello (Pza Cadorna 16). Schnelle Nudeln ab 4 €? **Ciao** rettet Railer mit elf Filialen, u.a. 22m s vom Duomo und via Fabio Filzi 8. *Fabio Filzi,* welch schöner Name in diesem Land!

Calcio. Welch ein Land, was für Männer. Sie können Zöpfchen tragen, Zoff heißen oder so spielen, solange sie eines schaffen: das Runde ins Eckige zu schießen. An **König Fußball** und seinen tobenden Tifosi kommt keiner vorbei. Wie dumpf wirken deutsche Jetzt-geht´s-lohoser, wenn man mal das (nicht nur akustische) Feuerwerk auf welschen Rängen erlebt hat. Wer in Mailand weilt, während Inter oder Milan das Stadio Giuseppe Meazza (M San Siro) zum Kochen bringen, muss hin. Tickets zu 15-120 € in Banca Popolare (Inter) bzw. Banca Cariplo (Milan).

Anschauen

Dom. Ein Marmorigel! Am *****Duomo** (begonnen 1386, vollendet im 19. Jh.) ist nicht nur die Fassade ausgefallen, es gibt auch 1 Nagel vom Kreuz Christi, 135 Marmortürmchen und 3245 verstreute Statuen. Nur drei Kirchen weltweit bieten mehr Innenraum (40.000

Sitzplätze) als dieses Riesenschiff: St. Peter in Rom, die Kathedrale in Sevilla und eine Protzhütte in der Elfenbeinküste. Dom 7-19h, frei; Krypta und Baptisterium je 1,50 €, Audioguide 2,60 €

Den Spaziergang auf dem **Dom-Dach** (7-19h) lasse niemand aus. Zum Blick bis zu den Alpen führen uns ein Aufzug (5 €) oder das enge Treppenhaus (3,50 €). Legionenweise Heiligenstatuen, aber auch ein gutes Dom-Modell birgt das **Museo del Duomo** (10-13/15-18h. 6 €, Kombi mit Dachaufzug 7 €) im Palast gegenüber.

Vom Dom biegt man in die **Galleria Vittorio Emanuele II.**, im Sommer kühl, im Winter eisig. Giuseppe Mengoni, Erbauer dieser edlen Passage, fand den Tod, als er fünf Tage vor ihrer Einweihung 1877 vom Baugerüst stürzte.

Hinter die Galleria pilgert die halbe Musikwelt. **La Scala** eröffnete 1778 mit einer Oper Salieris. Genau, der Schurke aus dem Amadeus-Film! Heute währt die Saison von Dez-Juli. Wer im Vorverkauf (via Folidramatici. T. 02 7200 3744. 12-18h) leer ausgeht, guckt ins Scalamuseum (9-12/13.30-17.30h. 5 €).

Castello Sforzesco. Das gewaltige Backsteinrechteck (15. Jh. Di-So 9-17.30h. ***frei)*** am n Ende der via Dante (900m nw. M Cairoli & Lanza) erlebt im Aug freie Festivalabende. Für die umfangreichen Zinnen, Möbel, Skulpturen, Gemälde plant man zwei Std ein, zumal die Entspannung danach gesichert ist: Im **Parco Sempione** chillen Kiffer, während Frisbeeanfänger im Ententeich nach ihrer Scheibe angeln.

Kunst. Hinterm Dom empfängt die **Pinacoteca Ambrosiana** (Pza Pio XI 2. Di-So 10-17.30h. 8/5 €) standesgemäß mit viel Jan Breughel und einer Locke der schönsten Frau ihrer Zeit: Lucrezia Borgia. M1/3 Duomo.

Die *****Pinacoteca Brera** (Brera 28. 800m n. Di-So 8.30-19.15h. 10/7,50 €, <18 frei) ließ Napoleon gründen, weil er nicht mehr wusste wohin mit all der Kunst, die er auf seinem Italienfeldzug in Adelsvillen geklaut hatte. Heraus kam die kostbarste Kollektion norditalienischer Malerei. Audioguide 3,50 € Führung Sa/So 15h und 17h. M2 Lanza oder M3 Montenapoleone.

Zum Dominikanerkloster **Santa Maria delle Grazie** (corso Magenta. 2 km w. 8-12/15-19h. frei) spaziert man eines einzigen Geniestreiches wegen. Gemalt 1494-97 und zuletzt von Salpeter befreit 1978-99, bedeckt Leonardos ****Letztes Abendmahl** (Di-So 8.15-18.45h. 7/3,50 € plus 1,50 € Buchung, <18 frei) die Stirnwand im Refektorium. Ein Muss, gerade für Dan-Brown-Leser. Besuch muss angemeldet werden, unter cenacolovonciano.org oder T. 02 8942 1146. Audioguide 3 € Führung in engl. Di-So 9.30/15.30h 4 € M1/2 Cardona.

Märkte. In einer so wohlgekleideten Stadt geraten selbst Shoppingmuffel ins Wanken. Der ****Straßenmarkt** im Navigli-Viertel (Di 8-13h, Sa 9-19h. via Papiniano. M Sant´Agostino) versteckt zwischen viel Ramsch auch kaum getragene Edelmode. Fast so groß wie Liechtenstein sind auch die **Flohmärkte** in San Donato (So 7-13h. M San Donato) und an der viale Tunisia (Di-So 9-19h. M Porta Venezia).

R. I. P. Kaum ein Gottesacker zwischen Atlantik und Ural ist verrückter, barocker, poetischer als der **Cimitero Monumentale** (2500m n. M/Bhf Garibaldi. Di-So 8-18h. ***frei).*** Lautlos erzählt er von den Marotten der Mailänder Bourgeoisie.

Hin & weg

Bahnhöfe. Am **Centrale** (2300m nö. M Centrale) lungern Trickbetrüger! Einige Nachtzüge starten im **Porta Garibaldi** (2200m n. M Garibaldi FS), zum Gardasee tuckert eine Privatbahn ab **Nord** (900m nw. M Cadorna).

Züge. Wer *E* statt ^{ZR}*IC* oder ^{ZR}*EuroStar* nutzt, spart viel Geld. Von **Centrale** (in Std) nach **Verona** *E* stdl. 6.23-22.23h, ^{ZR}*ES* stdl. 6-21h (2/1½). **Venedig** *E* 7.25h, 17.25h, 20.25h, ^{ZR}*ES* stdl. 6-20h (3½/2½). **Ancona & Bari** ^{ZR}*IC* 9.15h (4½/9½), ^{ZR}*ES* 7h, 11h, 13h, 15h (3½/8), 16h, 17h, 19h (5/-). **Florenz**-Campo di Marte & **Rom**-Tiburtina ^{Z}freier *E* 16.20h (4/7). **Florenz**-Rifredi, **Rom**-Termini & **Neapel** ^{ZR}*ICs* 7h, 11h, 15h (3½/6/8½). **Florenz**-SMN ^{ZR}*ES* stdl. 6.30-20.30h (2), **Rom**-Termini -19.30h (3½), **Neapel** -17.30h (5½). **Nizza** ^{Z}*EC* 11h, 15h (5). **Paris** ^{Z}*TGV* 6.40h, 8h, 16h (7), *EN* 23.35h (9). **Genf** ^{Z}*CIS* 8.25h, 12.25h, 14.25h (4½), ^{Z}*EC* 16.25h, 19.20h (4). **Basel** ^{Z}*CIS* 7.25h, 11.20h (4). **Innsbruck & München** *EC* 7h (5½/7½), später u/in Verona.

Schlaftipps: nach Rom & Neapel ^{R}*Ex* 22h (7/9½), ^{R}*ICN* 23.20h (8/11), **Bari** ^{R}*Ex* 20.40h, ^{R}*ICN* 21h, 23h (9½).

VERONA

150 km ö von Mailand. 290.000 Ew. 130m üNN. tourism.verona.it.

Die Stadt Romeos und Julias ist ein einziges Freilichtmuseum. In einer weiten Biegung der Etsch stehen sich Römerreste und Renaissance dermaßen auf den Füßen rum, dass das Ganze abends vor Stimmung nur so quietscht. Angaben ab **Piazza Brà**/Arena (2 km n vom Bhf. Bus 11/12).

IAT: im Bhf (9-18h) und Pza Brà (via Alpini 9. T. 045 806 8680. 9-18h, So -14h).

Waschsalon: Orange (Corso Milano 6. 2 km w. 6 €/Ladung).

Internet: I-Train (via Roma 19. 30m s. 3 €/30 min).

ÖPNV. Bustickets kauft man am Bhf-Kiosk, nicht im Bus. Probeweise hat die Stadt 44 Citybikes angeschafft, die an acht Stellen für 5 € Kaution zu leihen sind.

Schlafen. Camping San Pietro (strada Torricelli. 2 km n. T. 045 592 037. campingcastelsanpietro.com) bietet von Mai-Sep feine Miniterrassen und viel Atmo im Kastell. Pro P und Zelt 5 € (Jul/Aug 7 €). Mit Rucksack stressiger Aufstieg, an Opernabenden bis tief in die Nacht offen. Bus 41, abends 95 von Bhf und Zentrum bis Marsala. Tipp!

Die **JH Villa Francescatti** (Salita Fontana del Ferro 15. 2 km nö. T. 045 590 360. ostellionline.org) okkupiert eine Hügelvilla hinter dem Teatro Romano. 223 Betten, getrennte Dm (6-50 Etagenbetten!) mit Mini-F 16 €, Dz 37 €. Gute Mahlzeiten 9 €, keine Küche, nix für Freigeister: um 9h alle raus, erst ab 17h wieder rein, ab 23.30h dicht, trotzdem toll wg. Atmosphäre. Bus 73 vom Bhf (3 km) bis Endhalt Pza Isolo, dort gelb ausgeschildert.

Die **Casa della Giovane** (Pigna 7. 800m n. T. 045 596 880. casadellagiovane.com) nimmt sich reisender Frauen unter 25 an. 3-12er-Dm mit Bettzeug 22 €, Ez/Dz/3z 29/50/72 €. Schönes Haus mit Innenhof hinter der Piazza delle Erbe, ab 23h dicht.

Die **Locanda Catullo** (Valerio Catullo 1. 500m nö. T. 045 800 2786. locandacatullo@tiscali.it) ist ein herzlicher Familienbetrieb in der Fußgängerzone. Dz 35-55 €, mit Bad 40-70 €. Eine Ecke w der Piazza Brà erfreut **Ciopeta** (vicolo Teatro Filharmonico 2. T. 045 800 6843. ciopeta@iol.it) auch Alleinreisende. Klimatisierte Ez/Dz mit Etagenbad und F 30/45-75 €.

Altstadt. Sehenswertes öffnet **8.30-19.30h, Mo ab 13.30h.**

Veronas ***Arena** (an Operntagen -16h. 6/4,50 €) ist das besterhaltene römische Amphitheater überhaupt, dazu das größte nach dem Kolosseum in Rom. Vor elliptischen Marmorsitzreihen für 22.000 Zuschauer steigt hier das berühmte Festival.

Die ****Piazza delle Erbe** (600m n) ist Veronas lebhaftester Platz. An rosa Marmorfassaden erkennt man noch die alten Fresken. Bis 14h nimmt hier das Markttreiben seinen Lauf, Überblick verschafft der 84m hohe **Torre dei Lamberti** (Mercato Vecchio. Jun-Sep 8.30-20.30h, Fr -23h. 6/4,50 €).

Den aristokratischen Kontrapunkt setzt die **Piazza dei Signori** n davon, mit Rathaus und Gouverneurspalast, den Giotto ausgestattet hat.

Ob sich das traurige Schicksal von Shakespeares Julia Capulet in der **Casa di Giulietta** (Cappello 23. Hof frei, Haus 6/4,50 €) sö der Piazza delle Erbe zutrug, ist fraglich. Der Balkon ist da, sonst aber wenig zu sehen im Stadthaus, auch kein Beweis, dass je eine Familie Capulet darin wohnte. Gerüchteweise war dies im Barock ein Hurenhaus, dass die Stadt 1905 erwarb und mit der Julia-Legende versah.

Julia. Im Hof von Julchens Haus herrscht meist Gedränge: 500.000 Besucher pro Jahr. Hier spielen sich bedenkliche Szenen ab. Im Sekundentakt treten Männer aus aller Welt hinter die Bronzestatue der ewig jungfräulichen Julia (1920), begrapschen ihre rechte Brust und lassen sich dabei vom Kegelbruder ablichten. Diese „Tradition" ist keineswegs literarisch oder historisch fundiert ...

Im **Castelvecchio** (Corso. 500m w. 6/4,50 €), dem Herrschaftspalast der Scaligeri (13. Jh.) am Fluss, hängen zumeist Gemälde der venezianischen Schule. Tizians berühmte Empfängnis zieht allerdings den Duomo vor. Das **Tomba di Giulietta** (via Shakespeare. 3/1,50 €) sö der Arena verbreitet tagsüber Seufzstimmung, und zur Abenddämmerung ist die Ponte Pietra der rechte Ort.

Lala. Das ****Opernfestival** (Juli/Aug) ist kein Akademikerspaß, sondern ein Spektakel auf Rängen wie Bühne, jeden Di-So 21h. Vorstellungen dauern 3-4 Std. Programm bei Ente Lirico (Piazza Brà 28. T. 045 805 1811). Karten über arena.it oder im Büro (via Anfiteatro 6b) für 30-160 €, auf den Treppen ab 20 € *(gradinata,* früh kommen, da nicht reservierbar). Im billigsten Sektor (ISIC 12 €) sitzt man parallel zur Bühne und weit oben – lohnt dennoch!

Natürlich hatten wir nicht vorbestellt und wollten um 19h alle Hoffnung aufgeben, zumal die Warteschlange schwindelerregend lang war. Da sprach uns der Leiter einer Wiener Reisegruppe an. Er müsse zwei Tickets loswerden, zum Einkaufspreis. Her damit! Später konnten wir ähnliche Deals beobachten. Und dann welche Show! Viermal wurde Aida von Regen unterbrochen: Rutschparti(tur)en auf der Bühne, Musiker in Sorge ums teure Instrument, nach dem Schlussakkord eine begeistert tobende Menge. Wir kamen um 3h raus.

Lolo. Wer die ersehnte Karte hat, packe ein: Regenschutz, Opernglas, **Sitzkissen, Proviant und Getränke.** Das machen im zweiten Rang *(seconda gradinata)* alle so, weil die Eis/Getränkedealer kühne Preise haben. Seit Glaspullen verboten sind, füllen Gewiefte ihren Wein in Pet-Flaschen um. Für Sangeskunst ohne Karte besucht man die Generalprobe.

→**Hin & weg.** Vom Bhf Porta Nuova (in Std) *Es* etwa stdl. nach **Mailand** -22.42h (2); Venedig -22h (1¾); **Bozen** -21.50h (2), jeder zweite weiter nach Innsbruck, mit u/am Brenner (5). ᶻ*ECs* nach **Innsbruck** & München zweistdl. 7-15h (½/5½).

Schlaftipps: *Ex* nach Rom & Neapel 22.58h (7/10½), Nizza 1h (9).

Ausflug: BOZEN

147 km n von Verona. Seit **Ötzi** hier ruht, blüht Südtirols schmucke Hauptstadt auf. Das ****Archäologiemuseum** (Museumsstr. 43. 10-18h. 9/7 € Audioguide 2 €) stellt ausgiebig sein Leben und das seiner Vor- und Nachfahren dar. Auch Laubengasse, Waltherplatz und Dom sind drei Blicke wert.

✈ **Hin & weg.** Nach Verona und Bologna *Es* stdl. 7-20h (2/4 Std), Innsbruck s. oben.

****VENEDIG

260 km ö von Mailand. 290.000 Ew. turismovenezia.it.

Venedig ist einer jener Orte, warum der Mensch überhaupt auf Reisen gehen sollte! Keine Beschreibung gibt seinen Zauber richtig wieder. Weil autofrei, wird Venedig zum urdemokratischen Fleck. Ungeachtet des Kontostands muss jeder Gast jede Gasse zu Fuß erledigen, bis er zur einzigen Piazza kommt: San Marco.

Abends. Wenn der Tagespulk Venedig verlässt, erhält es sein wahres Gesicht zurück. Und wir erkennen, welch ein Luxusartikel **Stille** geworden ist. Übersetzt für Partypiepel: Hier weht abends eine **tote Hose.** Dafür sind Moskitos ein Thema…

Geschichte. Drei Umstände verurteilten Venedig zu seinem Sonderweg. Die Menschen des Veneto waren im 5. Jh. den ewigen Ärger mit den Hunnen leid und zogen sich in die marschige **Lagune** zurück. Ihre Bootshäuser bekamen bald feste Fundamente, schließlich entstanden 118 bewohnte „Inseln" mit 163 Kanälen.

Drei Jahrhunderte unter byzantinischer Fuchtel richteten die Blicke der fleißigen Lagunenbewohner streng **nach Osten.** Ein Jahrtausend der Unabhängigkeit nutzten sie dann weidlich. Als stabile Republik unter Führung gewählter Dogen sicherte sich Venedig ab 1200 die Vorherrschaft im östlichen Mittelmeer, eroberte Libanon und Antiochien (Syrien) und legte dann mit dem Handel los. Seine Schiffe luden Gewürze und Baumwolle in Ägypten, Seide in der Türkei, Farben in Akko. Selbst Kaffee und Tee gelangten erst über Venedig ins Abendland.

Dieser Handel machte es zur östlichsten Stadt in Europa. Wer die **Hagia Sophia** kennt, dem sticht die Ähnlichkeit mit San Marco ins Auge. Sobald man die Touri-Pfade verlässt, stößt man auf Händler, die ein Geschäft noch nach Basarregeln führen. Wie im Orient ist die **Siesta** heilig, und nur in Venedig konnte ein **Marco Polo** heranreifen. Vermutlich hatte er nie eine Niederschrift seiner Abenteuer am chinesischen Thron im Sinne. Doch bei seiner Rückkehr setzten ihn genuesische Zollbeamte hinter schwedische Gardinen. So fand er Zeit, einem französischen Knastbruder alles zu diktieren. Bald bildete dieses Buch den Grundstein für Europas Kenntnis über Ostasien.

Bezirke. Venedig besteht aus sechs *sestieri.* Drei davon liegen auf dem Happen n des Canal Grande. **San Marco** bekam die dicken *sights* ab und natürlich die dickste Aufmerksamkeit.

Ö schließt sich **Castello** mit Arsenal und Park an, n folgt **Cannareggio** mit Bhf und Quartieren. Je weiter wir uns vom Fußgänger-Highway zum Bhf entfernen, desto ruhiger die Wohnviertel und gemütlicher die Bars.
Jenseits des Canal Grande dehnt sich **Dorsoduro** von der wuchtigen Santa Maria di Salute bis zu den Hafendocks im Westen. **Santa Croce** kurvt reizlos von der Piazzale Roma bis vor Rialto, wo der kneipen/kirchenreiche **San Polo** übernimmt.
S des breiten Canale della Giudecca dümpeln die Inseln **Giudecca** (mit JH) und **San Giorgio Maggiore.** N in die Lagune getupft sind vier Glasbläserinseln (u.a. Murano) und die Friedhofinsel San Michele. Ö schließt der **Lido** die Lagune ab.

Namen. Den Canal Grande überqueren **nur drei Brücken (** Scalzi beim Bhf, Rialto, Accademia nahe Pza San Marco) und vier billige **Traghettos** (bei Ca´ d´Oro, San Tomà, Ca´ Rezzonico und Peggy Guggenheim). Gassen heißen in Venedig *calles* oder *rugas,* Kanalpfade *fondamente,* Kais *rivas,* Kanäle *rios* und Plätze *campos.*

Kurz & knackig

IAT/APT: am Bhf (T. 041 529 8711. 8-18.30h), am Markusplatz (Ascensione 71f. 9-15.30h) und im Venice Pavilion (Giardini Reali. 100m s von San Marco. 10-18h).
Albergo Diurno: im Bhf (6-21h. Jugendinfo, Duschen, Gepäcklager 2 €/Tag).
Waschsalon: Orange (Giudecca 65 und Santa Croce 665. 9-20h. 7 €/Ladung).
Cybercafés: in jedem Bezirk und teuer (4-6 €/Std). Die meisten PCs hat **Nethouse** (Campo S. Stefano, San Marco 2958. zwei min von Accademiabrücke. 24 Std). **Casanova/Planet** (Lista di Spagna. 9-23h) liegt gleich links vom Bhf: klimatisiert, laute Musik, freie Popcorn, Disco. Mehrere Hostels bieten freien Onlinezugang.

☺ **Sparen.** Die **Rolling Venice Card** (im folgenden: *RV.* T. 899 90 9090) ist die beste Investition für 14- bis 29-Jährige: für 4 € gibt´s ein Jahr lang (!) Rabatte in Restaurants, Vaporetti, Museen und Kino; das beigefügte Poster verrät geheime Winkel.

Mit der **Venice Card** *(VC.* venicecard.com. ein/drei/sieben Tage 29/55/78 €, <30 22/46/69 €) sind Vaporetti, öffentliche Toiletti & städtische Museen frei, weitere Museen & Events 1-2 € billiger – kleiner Trost für alle, die *RV* nicht kriegen.
Viel Geld sparen Kulturbeflissene mit dem **Museum Pass** *(MP.* turismovenezia.it. 18 €, <29 12 €) für alle städtischen Museen (Dogenpalast, Correr, Archeologico, Ca´ Rezzonico, Goldinis Haus, Palazzo Mocenigo, Ca´ Pesaro, Museo Fortuny, Murano-Glas, Burano-Spitzen).
Jungpfarrer erwärmt der **Kirchenpass** (8 €) für 13 Gotteshäuser.
ÖPNV. Schusters Rappen bleiben *the way to go*. Gondeln (60 €/Std) und Wassertaxi (14-30 € plus Zuschlägen) überlassen wir den Millionären.
Vaporetti, die lokalen „Wasserbusse", bereiten viel Vergnügen. Nur *accelerati* halten an jedem Pier. Einzeltickets kosten 5 € (jauuul!), Kurzstrecke 2 €, Gepäck plus 3 €. Wer sie kauft, ist selbst schuld, denn es gibt ja 12/24/36/48/72-Std-**Pässe** für 16/18/23/28/33 €, über veniceconnected.com minus 15%. Auskunft erteilt ACTV (Piazzale Roma. T. 041 528 7886), lohnende Fahrpläne (1 €) hat jeder Ticketkiosk. Am schönsten ist die **Vapo-Linie 5,** die nach einer Stadtrunde gen Murano tuckert. Einmal sollte jeder den Canal Grande **bei Nacht** befahren!

Schlafen

Reservieren! Erst Stadtplan besorgen (unverzichtbar!), dann Rolling Venice, Venice Card und/oder Vapo-Karte am Bhf holen, dann Bettchen finden, alles andere kann warten. Wer nach 19h ohne Buchung eintrifft, bleibt besser auf dem Festland. Wer früh ankommt, erledigt die Morgentoilette im Albergo Diurno; Nickerchen unterbindet hier die Polizei.

Camping. Die Mehrzahl der elf Plätze im Umkreis liegt beim Flughafen Marco Polo (Bus 5 von Piazzale Roma/Bussteig A8). Sie öffnen von Apr-Okt, zwei P mit Zelt zahlen meist 18-24 €. Wer nur eine Nacht bleibt, zahlt 20% mehr.
Am schönsten liegt **Serenissima:** am Brentakanal in Oriago (Padana 334a. T. 041 921 850. campingserenissima.com). 7-8 €/P, 6 €/Zelt, 2er/4er-Mietcaravan 33/55 €, Mobilhome mit 2/3/4 Betten und Bad 45/60/75 €, Sep-Juni minus 10%, Venice Card minus 10%. Bus 53 ab P-le Roma halbstdl. bis Serenissima (25 min).
Einziger im Stadtgebiet ist **San Nicolo** (Sanmicheli 14. T. 041 526 7415. campingsannicolo.com) am Lido. Mit Zelt 13 €/P, Mietzelt 5-10 €, 4er-Mietcaravan 50 €, Bikes 7 €. Vapo 1/82 bis Lido, dann Bus A/B bis San Nicolo (Endhalt).
Herbergen. Hauptthema sind Überbuchungen und oft strenge Zeitregeln: Anmeldung, Torschluss, Licht aus. Rolling Venice und Venice Card helfen beim Sparen.
@ N des Canal Grande. **Santa Fosca** (nahe Calle del Pistor. Cannareggio 2372. T. 041 715 775. santafosca.com) ist ganzjährig ein Klassiker in ruhiger Gegend. 140 Betten mit Bettzeug, getrennte Dm 20 €, Dz 50 €, RV minus 2 €/P. Raus bis 9.30h, rein ab 15h, kein Torschluss, wenig Party, Küche, Garten mit Basketball. Vapo 1/82 bis San Marcuola, oder vom Bhf 10 min zu Fuß. Tipp!
Die **Foresteria Valdese** (Calle Lunga. Castello 5170. T. 041 528 6797. foresteriavenezia.it) bevölkert einen echten Palazzo von 1700, in prima Lage 400m nö vom Markusplatz bei Santa Maria Formosa. 47 Betten inkl. opulentem F zu Vivaldiklängen, Dm 23 €, Dz/3z/4z mit Bad 78-82/85-96/114 €, bei nur einer Nacht plus 3 €/P. Wenig Party, 24 Std offen, Rezeption 9-13/16-18h. „Wohl die beste JH aller Zeiten." (Bernd Speicher)
Domus Ciliota (Calle delle Muneghe. San Marco 2976. T. 041 520 4888. ciliota.it) liegt in der Regie netter Ordensschwestern. 72 Betten, moderne klimatisierte Ez/Dz mit Bad, TV & F 50-100/70-130 €. Ab 23h dicht. Vapo 1 bis San Angelo.
@ S des Canal Grande. **Domus Civica** (San Polo 3082. T. 041 522 7139. domuscivica.com) bei der Scuola di S. Rocco ist ein Schwesternheim, doch von Juni-Sep dürfen alle rein. 95 Betten, Ez/Dz/3z mit F 35/60/90 €, RV minus 10%, ISIC und Euro<26 minus 20%. Sauber, kirchlich, spartanisch, Check-in bis 23.30h, von 0.30-7h dicht. Super-Lage 10 min vom Bhf.
Im Dorsoduro bieten weitere Wohnheime unter kirchlicher Leitung Betten mit F ab 30 €.
Antico Capon (Dorsoduro 3004b. T. 041 528 5292. anticocapon.com) liegt im Künstlerviertel am lebhaften Campo Santa Margherita, am Hauptweg vom Bhf (8 min) zur Accademia. 4er-Dm 20 €, Ez/Dz teils mit Bad ab 45/60 €. Top-Lage, prima Personal, keine Küche, immer offen. 3 min von Ca´Rezzonico (Vapo 1).
@ Giudecca. Wer sich für diese Insel entscheidet, rechne viel Zeit & Geld für Vapos ein, denn hier kommt keiner zu Fuß hin – außer am dritten Juliwochenende: Zur **Festa del Redentore** wird eine schwimmende Brücke zwischen Giudecca und die anderen Inseln gelegt, man kommt bequem (und umsonst!) nach San Marco.

Über die **JH Ostello** (Fond. Zitelle 86. T. 041 523 8211. ostellovenezia.it) wird viel gemeckert: oft rappelvoll, laut, unpersönlich, getrennte Dorms, dürftige Toiletten, Torschluss 23.30h. Aber der Blick auf San Marco entschädigt für viel. 260 Betten, 16er-Dm mit F 22 €, Abendessen 9 €. Ab 12h anstehen, nur mit RV, VC oder JH-Ausweis. Vapo 42/82 bis Zitelle.

Pensionen. In 400 Pensionen & Hotels vermitteln IAT und APT, hier seien nur zwei Raritäten in Bhfsnähe genannt: Dz unter 100 €- das ist billig in Venedig…

Um den turbulenten Campo San Geremia, 400m nw vom Bhf, wimmelt es von ein- und zweifach besternten Häusern. Die Türe der **Alloggi Gerotto Calderan** (Campo SG 283. T. 041 715 562. casagerottocalderan.com) versteckt sich zwischen den Auslagen eines Buchladens am Platz links. 25 Betten, 6er-Dm 25 €, kleine Dz mit Bad 70-90 €, sauber, nach 0.30h dicht, Preis vorher klären.

Minerva e Nettuno (Lista di Spagna 230. T. 041 715 968. minervaenettuno.it) ist prima, wenn man sich lieber mit Stil als mit anderen Railern umgibt. Ez/Dz/3z mit F 50/80/120 €, mit Bad 70/130/165 €, zur Gasse hin lärmanfällig.

Anschauen

Manche entdecken auch beim elften Besuch noch neue Juwele. Mit dem Stadtplan von APT wählt man eine beliebige Route. Mit ISIC, Rolling Venice oder Venice Card winken meist 33-50% Nachlass; näheres unter museicivicivenezianі.it.

Canal Grande. Ein Prachtpalast am andern säumt die schönste „Straße" der Welt. Ob Gotik, Byzanz, Renaissance oder Rokoko: jede Epoche gab ihr Bestes. Am Bhf besteigt man ein Vapo 1, und nach mehreren Kirchen beidseitig erstrahlt auf der n Seite eine Filigranarbeit in Stein: ****Ca´d´Oro** (Cannareggio 3932. Mo 8.15-14h, Di-Sa -19h. 6/4 €, <18 frei. Audioguide 4 €). Hinter feiner Fassade stecken all die Skulpturen, Möbelstücke, flämischen Teppiche und Gemälde, derer Herr Baron Franchetti im Laufe seines reichen Lebens habhaft wurde. Dickes Plus: die Loggia des Palastes überm Kanal.

Die **Rialtobrücke,** je 2 km von Bhf und Dogenpalast, wurde 1588-91 so gebaut, dass eine Kriegsgaleere anstandslos durchkam. Weil sich wie auf der Ponte Vecchio in Florenz zig Krambuden drängeln, war ihr Vorgänger in die Knie gegangen. Anschließend streift der Große Kanal Ca´ Rezzonico, Accademia & Guggenheim.

Markusplatz. Die **Piazza San Marco** ist Venedigs schönes, taubenvolles, hochwassergefährdetes Herz. Viele Anleihen aus dem Orient verschaffen der 1094 vollendeten ****Basilika** (alles 9.45-17h, Nov-Apr -16h. ***frei)*** eine ganz eigene Atmosphäre. Im Kirchenschatz (tesoro. 2/1 €) funkeln Beutestücke von der Eroberung Konstantinopels 1204. Auf dem Dach müssen Kopien der vier Bronzepferde dem Wetter trotzen, während die Originale in der Galleria (auch Museo Marciano. 2/1 €) ihr Gnadenbrot verzehren. Treppab gelangt man zum Prachtaltar Pala d´Oro (2/1 €), der schon anno 976 aus Byzanz geborgt wurde.

> **Basilika-Tipps.** Die Sittenwächter am Eingang meinen es ernst: nix Shorts, nix kurzer Rock, nix bauchfrei! Im Juli/Aug, teils auch Mai-Okt bieten Kirchenhelfer ab 10h freie **Führungen,** meist in engl.; Treffpunkt & Termine im Atrium. Fragt auch, ob das Pferdedach **Loggia dei Cavalli** aktuell zugänglich ist – Sahneblick!

Vom ****Campanile** (9-21h, Okt-Jun -19h. 8/4 €) überwältigt die Aussicht aus 99m Höhe. Um 900 als Leuchtturm erbaut, wurde Venedigs Wahrzeichen oft umgemodelt und nach

dem Kollaps am 14. Juli 1902 originalgetreu wieder hochgezogen. Wegen des Aufzugbaus waren Eisenträger entfernt worden, zu Schaden kam damals nur eine Katze, die aber gründlich. Tagsüber ist der Andrang krass, zumal der Aufzug max. 15 Touristen verkraftet, ohne fette Texaner. Schön wird´s zur Dämmerung, wenn die meisten zum Hotel ziehen.
Am Gegenüber **Torre dell'Orologio** (Eintritt nur mit Führung, in engl. Mo-Mi 10/11/13h, Do-So 14/15/17h. SM13/7,50 €) darf man Bronzemohren beim Klöppeln applaudieren. Erbaut 1496, sollte der elegante Glockenturm zum 500. Geburtstag fertig restauriert sein. Es wurde dann aber doch Mai 2005. Bella Italia ...
Als harmonische Seitenschränke in Napoleons liebstem „Wohnzimmer" dienen die **Procuratie Vecchie** (Uhrturmseite) & **Nuove** (Campanileseite). Beide ließ der kleine General am Piazzaende durchs riesige **Museo Correr** (10-19h, Nov-Mär 9-17h. SM13/7,50 €) verbinden: mittelmäßige Gemälde, Münzen, Waffen, Drucke.

Dogenpalast. Das Meisterwerk venezianischer Gotik. Auch innen bietet der *****Palazzo Ducale** (9-19h, Nov-Mär 9-17h. SM13/7,50 €) viel Aufregung: goldene Treppen, zig Prunksäle, Anekdoten mit Esprit. Da der Ratssaal die Maße einer Mehrzweckhalle hat, musste der riesigste Ölschinken der Welt rein, und ein niedlicher Mini-Balkon dazu. Die Seufzerbrücke *(ponte dei sospiri)* war unter Verurteilte 500 Jahre lang als Einbahnstraße gefürchtet; Meister Casanova aber gelang, neben vielem anderen, auch die Flucht aus den Bleikammern.

Dogen-Tipps. Dank **Audioguide** (6 €, in dt.) plane man 3 Std ein, die nicht bereut, wer sich am Anfang dessen Arbeitsweise erklären ließ. Noch prickelnder: die *****Führung** *Itinerari Segreti* (10h. in engl. 13 €, <29 7 €) erreicht verbotene Ecken des enormen Palastes – vorbuchen! Der **SMMuseen-Pass San Marco** (13 €, <29 7,50 €) gewährt binnen sechs Monaten je einmal Einlass in Dogenpalast, Glockenturm, Museo Archeologico, Museo Correr, Biblioteca Marciana (alle um San Marco) und Ca´Rezzonico; in diesen Häusern gibt es keine Einzeltickets.

Dorsoduro. Die ****Accademia** (Dorsoduro 1050. Mo 8.15-14h, Di-So -19h. 7/3,50 €, <18 frei. Audioguide 4 €) ist die feinste Galerie der Stadt. Wer dachte, Carpaccio & Bellini seien was zum Essen und Tintoretto zum Trinken, wird eines Besseren belehrt. Früh kommen, lang bleiben. Vapo 1/82.
200m ö setzt die **Collezione Peggy Guggenheim** (Dorsoduro 701. Mo/Mi-So 10-18h. 10/5 €, Audioguide 5 €) moderne Gegenentwürfe. Im Palazzo Venier dei Leoni lebte die exzentrische Kunst- und Hündchensammlerin bis zu ihrem Tod 1979, im Skulpturengarten liegt sie zwischen ihren Schoßfreunden begraben. Danach lässt man am ö Dorsoduro-Zipfel **Santa Maria della Salute** (9-12/15-18h) nicht unbeachtet, schon Tizian zuliebe. Vapo 1 bis Salute.
Ca' Rezzonico (Dorsoduro 3136. Mo/Mi-So 10-17h. 7/5 €) deckt das breite Spektrum venezianischer Kunst im *settecento* (17. Jh.) ab, plus hochkarätiger Ausstellungen. Die Herrschaftsräume am Canal liefern schon für sich genommen einen Eindruck vom damaligen Luxus in Venedig. Vapo 1 bis Ca´R.
Vom Fiat-Konzern für 23 Mio €restauriert, wartet der betäubend opulente **Palazzo Grassi** (Campo San Samuele 3231) am anderen Ufer mit edlen Sonderausstellungen (10-19h. 10/6 €) und einem herrlichen Café auf. Traghetto ab Ca´Rezzonico, oder Vapo 1 bis San Angelo.

San Polo. Von Venedigs „Malschulen" ist die ****Scuola Grande di San Rocco** (Campo San Rocco 3052. 9.30-17.30h. 7/5 €) am reichsten bestückt. 58 Tintorettos (das ist immer noch keine Rebsorte) werden gekrönt von seiner meisterlichen *Kreuzigung*. Sehenswert ist auch die gotische **Santa Maria Gloriosa dei Frari** (9-18h. 2 €) ums Eck, schon wegen Tizians Grab und seiner *Empfängnis*. Von Juni-Sep bieten Freiwillige oft freie Führungen an. Vapo 1/82 bis San Tomà.

Cannaregio. Nach ihrer Vertreibung aus Spanien 1492 irrten zigtausend Juden durch Europa. Als immer mehr Vertriebene in Venedig strandeten, ließ der Doge 1516 zwischen Cannaregiokanal und Rio San Girolamo ein getrenntes Judenviertel einrichten, dem eine Gießerei, venezianisch **Ghetto,** den Namen lieh. Jeder Bewohner musste bis 18h in „seinen" Bezirk zurück, dann wurden alle Gitter verschlossen (bis heute erkennt man, wo sie angebracht waren). Die Wächter, die die Juden am Ausbüchsen hinderten, waren vom Ghetto selbst zu bezahlen. Am Campiello delle Scuole stehen noch die **Scuola Spagnola** (1558) und **Levantina** (1538), laut Hinweistafel Europas älteste Synagogen; in Wahrheit stehen die in Toledo. Das **Jüdische Museum** (Cannareggio 2902b. Mo-Fr/So 10-19h, Synagogenführung stdl. -17h. 3/2 €, inkl. Synagoge 8,50/7 €) am Campo Nuovo bietet die einzig(artig)e Gelegenheit, in eine der fünf Synagogen im Ghetto zu gelangen.

Castello. Ein Streifzug beginnt am **Arsenale** (Vapo 1), dessen Grundstein um 1550 gelegt wurde. Bald stand hier der größte Industriebetrieb der Christenheit. Präzise Planung erlaubte um 1650 den Bau eines Schiffes innerhalb einer Woche. Nicht zufällig nahm das Arsenale, die Basis für Venedigs Seemacht, damals ein Fünftel der Stadtfläche ein. Das **Museo Storico Navale** (Campo San Biasio 2148. 9-12/15-18h. 3 €) illustriert diese Zeiten mit faszinierenden Modellen und Schiff(ch)en von damals. Dahinter lümmeln die **Giardini: endlich Grün in dieser steinigen Stadt.

Inseln. Herrlich, der Blick von **Giudecca** auf den Dogenpalast, wie ihn alle Seefahrer einst erlebten. Am Canale della Giudecca reiht sich eine Renaissancevilla an die andere, weil auch die Edelfamilien der Sicht nicht abgeneigt waren. Dann steht neben der JH noch Palladios **Chiesa del Redentore,** als Mahnmal ans Ende der Pest 1576. Vapo 42/82.

Kirche als Insel, Insel als Kirche? Giudeccas Nachbar ****San Giorgio Maggiore** (9.30-12.30/14-18h. frei) stammt auch aus Palladios Baukasten. Ihre weiße Fassade hebt sich kräftig vom Ziegelrot der Nachbarschaft ab. Die Messe (So 11h) wird gregorianisch besungen, der Campanile (Aufzug 9-18h. 3 €) hat den zweitbesten Blick auf San Marco. Vapo 42/82.

Der **Lido** hat seit Thomas Manns *Tod in Venedig* an Reiz eingebüßt, ist im Jul/Aug dennoch rappelvoll. Vorsicht Autos! Diese Insel ist 12 km lang, aber nie breiter als 800m. Öffentliche Strände gibt es nur am s und n Ende, der Rest gehört zu Hotels. Macht nix, das Wasser ist sowieso oft trüb. Vapo 1/6/14/61 ab San Zaccaria.

Burano taugt als Teststrecke für Diafilme. Jedes Haus schillert in einer anderen Farbe, davor schaukeln bunte Boote auf Kanälchen. „Besonders schön fand ich Haus 339, eine leuchtende Front voller Rauten & Ornamente." (Judith Anke) Vapo 12 ab Fond. Nuove.

Für Venedig-Standards mäßig reizvoll: **Murano** frönt seit 1020 der Glasherstellung. In jeder Bläserei blickt man frei hinter die Kulissen, am Vapo-Stopp Museo stehen freakige Werke, ansonsten viel Kitsch. Im Palazzo Giustinian zeigt das **Museo del Vetro** (Do-Di 10-18h. 5,50/3 €) Glasobjekte seit 1400, das Ticket gilt auch im schnöden Museum moderner Glaskunst. Vapo 41/42/DM. Menschen mit Muße steigen unterwegs beim Friedhof **San Michele** (8-16h) aus. Venedigs stillster Ort!

Termine. Pflichttermin für Maskenbildner: Der **Karneval** (Feb) tobt in den zehn Tagen vor Aschermittwoch. Seit den 80ern sehr überlaufen, trotz Kälte & Nebel.
Lagunenrennen (Pfingsten) ab dem Markusplatz locken Ruderer aus ganz Italien an. Für die **Kunstbiennale** (Juni-Sep) schießen zu ungeraden Jahren 40 Pavillons aus den Giardini Pubblici, dazu gibt es stadtweit Installationen & Veranstaltungen.
Die ****Festa del Redentore** (dritter So im Juli) gedenkt mit Musik & Feuerwerk der Befreiung von der Pest anno 1576. Zur **Regatta Storica** (erster So im Sep) wetteifern flotte Gondolieri, und die Barkenparade versorgt Ravensburger mit Puzzlemotiven. Venedigs **Filmfestival** (Sep) bringt den Lido fast zum Kentern.

Nachts. Phantastische Züge gewinnt ein Bummel durch die Gässchen **bei Nacht und Nebel,** wenn nur Katzen und Mörder unterwegs sind. Du legst den Stadtplan weg, folgst den Kanälen, mal rechts, dann links. Wo Lärm aus Kneipen weht, schlägst Du die andere Richtung ein. Bleibst auf einem verwinkelten Campo stehen, fühlst Schatten heranhuschen, hörst Getrippel, kannst die Richtung nicht bestimmen. Da oben, der Fensterladen war gerade noch zu. Jetzt läuft innerlich wieder dieser Film ab, *Wenn die Gondeln Trauer tragen...*

Hin & weg

Bahnhöfe. Von **Santa Lucia** (sw Ende von Cannareggio) fahren Vaporetti in jeden Winkel der Lagune. Pendelzüge von **Mestre** (Festland) stdl. 5-23h nach S. Lucia (10 min), mit Interrail frei, sonst 2 €– entwerten, da oft ein *controlletti* kommt.
Züge von SL (in Std) nach **Verona** & **Mailand** *Rs* 5.14h, 11h, 15h, 17h, 18.09h (1½/3½), ^{ZR}*ES* stdl. 6-19.50h (1/2½). **Florenz** & Rom ^{Z}*IC* 9.20h *ab Mestre*, 13.09h (3/6), *E* 19.25h (3½/-), ^{ZR}*ES* stdl. 7.47-18.47h (2½/4). **Rom** & **Neapel** ^{Z}*ICN* 0.04h (7/10). **Ancona** & **Bari** ^{Z}*IC* 7.15h, 15.27h, ^{Z}*ICN* 21.20h (5/10). **Innsbruck** & **München** ^{Z}*EC* 13.20h (5/7). **Wien** ^{Z}*EC* 15.48h (8). **Triest** *R* stdl. 7-20h (2).

Schlaftipps: ^{R}*ENs* nach München, Zürich, Nizza 22.51h (8/10/11, Kurswagen), Budapest 21.20h (14), Paris-Bercy 20h (13), Wien 21h (12).

**FLORENZ

316 km s von Mailand. 407.000 Ew. 49m üNN. turismofirenze.it.
Hier kamen Dante & Michelangelo her, regierten Machiavelli und die Medicis, streifen heute Heerscharen von Touristen durch, zu jeder Jahres- und Tageszeit. Kein Wunder, ist doch die Hauptstadt der Toskana mit Kunst überfrachtet wie sonst nur Venedig oder Rom. Dazu lässt sich alles gut zu Fuß abklappern. Angaben ab **Piazza del Duomo** (800m sö vom Bhf. viele Buslinien).
Numero. Selbst bei Nachbarn müssen Hausnummern nicht einander folgen. Viele tragen den Zusatz **r** (rot, Gewerbe/Restaurant) oder **n** (schwarz, Wohnhaus/Hotel).

Kurz & knackig

IAT/APT: gegenüber vom Bhf (Pza Stazione 4. T. 055 212 245), beim Dom (Borgo Sta

Croce 29r) und im Hotelviertel (Cavour 1r. 200m n. alle 8.30-19h, So -14h).
Albergo Diurno: am Bhf (mit Duschen, WC, Friseur).
Polizei: Questura (Zara 2. 800m n. T. 055 49 771).
Internet: IAT listet 18 Cybercafés auf. internettrain.it hat acht Filialen (3-4 €/Std), u.a. im Bhf (8-19.30h), beim Mercato Centrale (Guelfa 54r. 400m n. 9-24h, Sa/So -21h) und in Santa Croce (Benci 36. 450m sö. 10-24h).
ÖPNV. Tickets für die orangigen Busse (1,20 € für 70 min, 5 € für 24 Std, 12 € für drei Tage) gibt´s an Kiosken, Automaten, an Bord (2 €) und bei ATAF an der Ostseite des Bhfs (Piazza Adua. 6.30-20h); hier auch Netzpläne.
Bikes. Das Programm ***Mille e una bici*** (cooperativaulisse.it) will Touristen & Einheimische aufs Rad bringen. Dafür wird ein Netz von Radwegen aufgebaut (!), und an vier Stellen stehen Räder zu 1,50/8 € pro Std/Tag (mit Interrail 2 €/Tag) bereit, u.a. im Bhf SMN (7.30-19h). Um die via Guelfa gibt es mehrere private Anbieter, **Alinari** (San Zanobi 38r. 450m n. T. 055 280 500) und **Florence by Bike** (San Zanobi 122r. T. 055 488 992. jeweils 9-19.30h) nehmen für Citybikes 2,50/12 € pro Std/Tag, MTBs 3/18 €, Motoroller 10/30 €. Kreditkarte jeweils nötig.

Schlafen & essen

Wo so viele Touris rumschleichen, müssen Hoteliers auf dumme Ideen kommen. Die in Florenz heben gern Pflicht-F oder Dusche nachträglich auf die Rechnung. Das **Consorzio ITA** (9-20h) in der Bhfshalle bucht Zimmer und hat Preislisten.
Camping. Michelangelo (viale Michelangelo 80. 4 km sö. T. 055 681 1977. ecvacanze.it) bietet ganzjährig von allem was: Spitzenlage, Straßenlärm, Discogeplärre, wenig Schatten, viel Aussicht. Zwei P mit Zelt 22 €, Bungalowzelt mit 2 Betten 36 €. Bus 12 vom Bhf bis Camping.
Sechs Plätze im Umkreis (florencecamping.com) sind ähnlich teuer. Selbst im Garten der JH steht ein **Campeggio** (T. 055 600 315): zwei P mit Zelt 17-23 €, 6-Bett-Mietzelte 14 €/P, schattig, rasend, ganzjährig.

Chiuso. Viele Billigheimer schließen gegen Mitternacht; wer nachts was vorhat, bittet um den Hausschlüssel. Ist aber auch nicht dumm, früh bei den *sights* anzutreten, sonst verbringt man den halben Tag in Warteschlangen.

Herberge. Die entzückende **Villa Camerata** (viale Augusto Righi 2-4. 5 km nö. T. 055 601 451. ostellionline.org) liegt unter Zypressen im hügligen Park, aber weit weg. 322 Betten, getrennte Dm mit F 20 €, Dz/3z/4z 65/75/88 €. Bikes, Heimkino, viel Programm, elegante Villa, 10-14h und ab 24h dicht. Bus 17 vom Bhf bis zum großen Kreisel (18 min), dann noch 400m, ausgeschildert. Tipp!
Ostellos. Für **Archi Rossi** (Faenza 94r. 500m nw. T. 055 290 804. hostelarchirossi.com) spricht die zentrale Lage drei min ö vom Bhf. 96 Betten mit sattem F, gemischte 3-12er-Dm mit Bad 20-25 €, online minus 10%. Keine Küche, Bar, künstlerische Ansätze, Spinde mit Schlüsseln, Patios mit Brunnen. Rezeption 7-11/14.30-1h, danach dicht. Tipp!
Gallo d´Oro (Cavour 104. 400m n. T. 055 552 2964. ostellogallodoro.com) zwischen den Piazze San Marco und Libertá, 5 min vom Dom, setzt auf Komfort. 24 Betten mit stolzem F-Buffet, getrennte 3-5er-Dm 30 €, geräumige Dz mit Bad und TV 65-70 €. Jederzeit offen, alle freundlich, nur Juni-Sep. Bus 1/7/25 bis Lamarmora (5 min).

Santa Monaca (Monaca 6. 700m sw. T. 055 268 338. ostello.it) im netten Oltrarno war seit 1456 ein Konvent, legt aber langsam seine Strenge ab. 114 Betten, 4-16er-Dm 17-20 €, Dz 48 € Wenig Dekor, ruhig, freundlich, zwei Herdplatten als „Küche", Anmeldung 6-2h, Räume von 10-14h dicht – jeder muss raus. Bus 36/37 vom Bhf bis zum zweiten Halt s vom Fluss (6 min).

Wie in vielen Quartieren dieser Stadt ist das Preisgebaren im ungewöhnlichen **Firenze 2000** (Raffaelo Sanzio 16. San Frediano. 1600m w. T. 055 233 5558. florencegate.it) dubios ... 86 Betten, große 3-6er-Dm mit Bad 26-30 €, Dz mit Bad 66-80 €, Tarif per Mail klären! Sauber, klimatisiert, immer offen, Check-in 14-19.30h und keine min später. Bus 6 ab Zentrum, 12 ab Bhf (5 min).

Pensionen. In den Straßen ö vom Bhf ist jedes dritte Haus aufnahmebereit, Dz ohne/mit Bad gehen ab 60/70 €weg. Ihr Wonneproppen heißt **Locanda Starlight** (Guelfa 59. T. 055 287 012. hostelspoint.com): Nur fünf Räume und zwei Etagenbäder, 3-5er-Dm 21 €, Dz/3z 60/78 € Kein Gemeinschaftsraum, kein Torschluss, Gepäcklager, Mietbikes, bunt, heimelig, sauber. Anmelden 10-14h.

Essen. Mit ISIC? Mensa (San Gallo 25. 400m n). Obst, Gemüse & Käse frisch vom Hof? **Mercato Centrale** (400m nw. Mo-Fr 7-14h). Nette Trattorien bis 1h? Via dei Neri ab Palazzo Vecchio.

Veranstaltungen nennt monatlich *Firenze Spettacolo* (2 €), tgl. das Box Office (Pergola 10r. 200m ö. T. 800 11 2211).

Anschauen

Hitze und Gedränge machen Florenz anstrengend. Dafür steckt es so voller Kunst von Weltrang, dass selbst Wochenbesucher an die Grenze ihrer Kondition stoßen.

Für Genießer. Wer drei Sommertage bleibt, setzt nach Dom und Uffizien (muss sein!) max. drei museale Schwerpunkte und relaxt zwischendurch. **Geld** spart hier nur, wer unter 25 ist: Eintritt 50%. Viel **Zeit** spart dagegen jeder, der die Tickets für Uffizien, Palazzo Pitti, Bargello, Accademia über Firenze Musei (T. 055 294 883) oder firenzemusei.it bucht: VVK-Gebühr 2 € Wer auf ital. nur *stazione* versteht, bittet seine Gastgeber um diesen Anruf.

Duomo. Begonnen 1294, sichert ****Santa Maria del Fiore** (10-17h. frei), der viertgrößte Dom der Welt, Wow-Erlebnisse v.a. von außen. Die Marmorfassade spiegelt den Formenreichtum des 14. Jhs., im Inneren herrscht dagegen größte Schlichtheit; keine Shorts. Gute Führungen (10.30-16.20h. frei).

Fünf Anläufe für die achteckige **Kuppel** waren dem Einsturz nahe, bis Filippo Brunelleschi 1420 ein Ei mit Doppelschale ohne Rüstbogen vorschlug. Das Ding hält bis heute. Wer rauf will (Zugang an Nordseite 8.30-18.20h, Sa -17h. 8 €), hat 463 Stufen vor sich und keinen Fahrstuhl.

Danach dreht man eine Runde über die Piazza del Duomo. Für die nächste Aussicht sorgt der **Campanile** (8.30-18.50h. 6 €), den Giotto 1334 begann: 82m hoch, 414 Stufen, kein Lift. Das romanische **Baptisterium** (12-19h, So 8.30-14h. 4 €) mit prächtigem Bronzetor ist das älteste Gebäude der Stadt (6. Jh.).

Hinterm Dom liefert das **Museo dell'Opera** (9-19.30h, So -13h. 6 €) einen Überblick über florentinische Bildhauerkunst, auch mit der rührenden *Pietà,* die Michelangelo als 80-Jähriger für sein eigenes Grab erschuf.

N vom Dom. Weitere Meisterwerke Michelangelos stehen in der ****Galleria dell'Accademia** (Ricasoli 60. 400m n. Di-So 8.15-18.50h. 7 €), u.a. sein David.

Um die Ecke glänzt das **Museo Archeologico** (Pza Annunziata 9b. 8.30-14h, Mo 14-19h, Di/Do 8.30-19h. 4 €) mit Antike, Etruskern und Ägyptern. Dagegen bekam das **Museo di San Marco** (50m n der Galleria. 8.15-14h, Sa/So -19h. 4 €) den Großteil der Arbeiten Fra Angelicos ab, der 1438-55 im Domi-Konvent lebte. Diese Ecke pflastern weitere Palazzi voller Gemälde, Fresken und Selbstdarstellungen der einst großen Dynastien, v.a. der Medicis.

S vom Dom. In einer der Zellen von San Marco lebte und brütete der Mönch Savonarola, der wegen seiner kühnen Ideen 1498 auf der **Piazza della Signoria** verbrannt wurde. Auch die übrigen Knackpunkte der Stadtgeschichte sind eng mit dem Platz 300m s des Doms verbunden. Hier geht's auch rein in den **Palazzo Vecchio** (1298-1340. Mo/Mi-Sa 9-19h, So 8-13h. 5 €), das festungsähnliche Rathaus mit den herzöglichen Prunkgemächern.

Das Kirchlein **Orsanmichele** (via Calzaiuoli) diente einst als Kornspeicher, die **Casa Dante** dahinter hat ein Museumlein, auch in der **Loggia della Signoria** kommt die Kunst nicht zu kurz. Überraschend wenig Andrang – relativ! – herrscht zwei Ecken nö im ****Museo del Bargello** (Proconsolo 4. 8.15-17h, Sep-Jun -13.50h. 4 €), das die reichste Skulpturensammlung der Stadt beherbergt, von Michelangelo *(natürlich)* bis Cellini.

Uffizien. In der *****Galleria degli Uffizi** ist Italiens bedeutendste Gemäldesammlung zuhause (Di 8.15-21h, Mi-So -18.50h. 10 €, Okt-Mai 6,50 €). Mit *einem* Besuch sind all die Meisterwerke aus dem Erbe der Medici nicht zu verkraften. Viel Renaissance, aber auch 14./15. Jh. mit Giotto und Botticelli. Dem Riesengeschiebe entgeht man am ehesten nach 17h. Getränk mitbringen!

Oltrarno. Von neun Stadtbrücken überlebte die ****Ponte Vecchio** (14. Jh.) als einzige das Bombardement der Nazis 1944. In ihren Ladenzeilen hauen Goldschmiede die uffiziell betäubten Touristen übers Ohr. Wer seine Silberlinge noch beisammen hat, spaziert schnurstracks zur Piazza de Pitti.

Was uns hier zur Linken auf 200m Länge begleitet, ist der ****Palazzo Pitti** (15. Jh.) mit sechs Museen. Erbaut wurde er von der anderen Renaissancedynastie, den Pittis. 130 Jahre später rückten ihre alten Rivalen ein, die Medici, und dekorierten die Prunksäle mit ihren Pinselhappen – heute **Galleria Palatina** (Di-So 8.15-18.50h. 12 €, Okt-Jun 8,50 €). Deren Ticket gilt auch für die unfassbar opulenten **Herrschaftsgemächer.** Von geringerem Interesse sind im selben Hause das Museum für Silber und die Galerien für Kleidung bzw. moderne Kunst (Di-So 8.30-19.30h. Kombi 10 €, Okt-Jun 7 €).

Nach soviel Kunst dankt man den **Giardini de Boboli** (8.15-18.30h, Juni-Aug -19.30h. 2 €) hinterm Palazzo für Schatten, Grotten, Brunnen und Panorama. Bessere Aussichten beschert nur San Miniato al Monte oberhalb des **Piazzale Michelangelo** (Bus 13 ab Bhf).

Nahe der Pitti-Hütte hält man sich auch nach Museumsschluss gerne auf, z.B. bei Einbruch der Nacht an der ****Piazza Santo Spirito** mit guten Bars. Für den Rückweg muss es nicht wieder die Goldschmiedebrücke sein. 400m flussaufwärts führt die **Ponte alle Grazie** zum Fressgässle Neri, 200m w landet die **Ponte Santa Trinità** im einzigartigen Großkomplex am rechten Ufer, 900m w führt die **Ponte alla Vittoria** zum Wochenmarkt am linken Arnoufer.

Termine. Beim **Scoppio del Carro** (Oster-So) explodiert ein Wagen vor dem Dom. Zur **Festa del Patrono** (24. Juni) geht es kaum gesitteter zu, beim **Calcio Storico** z.B. mühen sich Pseudo-Tottis in Kostümen des 16. Jhs, dagegen war *Spiel ohne Grenzen* ein Seniorengeburtstag. Der **Maggio Musicale** (Mai/Juni) versorgt die Stadt wochenlang mit Klassik & Opern; Programm im Teatro Comunale (Corso Italia 16. Karten 20-80 €). Danach verdünnisiert sich jeder vernünftige Florentiner, im Juli/Aug sind nur Railer & betrunkene Briten am Start.

Hin & weg

Bahnhöfe. Der zentrale Kopf-Bhf **Santa Maria Novella** gerät langsam ins Abseits, weil Durchgangsverkehr lieber **Rifredi** und Nachtzüge **Campo di Marte** nutzen. Zwischen SMN und beiden Außenposten pendeln bis 1h halbstdl. Züge (je 5 min).

Züge. Von SMN teure ZR*Eurostars* stdl. in fast alle Richtungen, außerdem (in Std) nach **Siena** *Rs* stdl. 6-20.10h (1½). **Pisa** *Rs* halbstdl. 5-23h (1¼). **Mailand** Z*IC* 8.29h (3½). **Rom**-Termini *E/Rs* 6.51h, zweistdl. 9.20-21.20h (3½), Z*IC* 17.55h (2½). **Innsbruck, München** & **Wien** ZR*EN* 21.53h (7/9/11).

Von Rifredi Z*ICs* nach **Venedig** & **Mailand** zweistdl. 11.36-19.36h, teils mit u/in Bologna (je 3½); **Rom**-Termini & **Neapel** zweistdl. 10.27-18.27h (3/5½).

Busse. **Sita** (T. 800 3737 60. sitabus.it) ab Sta Caterina da Siena 17r (neben Bhf SMN) ins toskanische Umland, stdl. bis 20h etwa nach Siena & San Gimignano.

Ausflug: PISA

81 km w von Florenz. 88.000 Ew. pisaturismo.it. **Was immer Bonnano Pisano** gemessen haben mag: Der Architekt des berühmten Turmes lag schief damit! Die Kitschhändler, die von seiner Fehlleistung ihren Unterhalt bestreiten, müssten ihm Lorbeerkränze winden auf immerdar. Jenseits des „Platzes der Wunder" besteht Pisa keinen Spaßtest, aber für ´n Halbtagsausflug reicht es.

APT: vor dem Bhf (Piazza VE II 16. 9-19h, So -15.30h) und am Duomo. Gepäcklager: im Bhf (24 Std). Zu Fuß sind´s vom Bhf über Ponte Solferino zur Piazza dei Miracoli 20 min (Bus 3/4/A).

Turm. Ende 2001 wurde der 58m hohe Campanile nach zwölfjähriger Stabi-Übung wieder geöffnet (8.30-23h, Sep-Juni -20h), obwohl die Spitze noch 4 Meter vom Lot abweicht. Nun dürfen max. 30 Personen zugleich rauf, die Warteschlange ist bis zum Mond zu sehen. Wir buchen auf opapisa.it vor, für 15 €plus 2 €VVK.

Wunder. Der Schiefe Turm ist Teil einer harmonischen Anlage: Einträchtig auf dem **Campo dei Miracoli** stehen seit dem 11. Jh. auch der gestreifte Duomo (2 €), das Battistero, der Friedhof und das Dombaumuseum (alle 8-20h. Kombi 5-8 €).

→Hin & weg. Vom Bhf Pisa (in Std) *Rs* nach **Florenz** halbstdl. 6-23h (1); **Siena** mit u/in Empoli stdl. 7-19.44h (2); **Rom** zweistdl. 5.45-19.45h (4), Z*ICs* 7-17h (3).

***SIENA

97 km s von Florenz. 58.000 Ew. 212m üNN. terresiena.it.

Meine Lieblingsstadt in der Toskana, weil im Sommer erträglicher als Florenz. Alles konvergiert seit 800 Jahren auf eine einladende Muschel namens Campo. Hier wetteifern die Stadtbezirke beim Pferderennen **Palio** am 2. Juli und 16. Aug. Ränge werden weit im voraus vermietet, doch jedermann darf am Vortag (9h, 19h) beim Training zuschauen. Angaben ab Piazza del **Campo** (2 km s vom Bhf).

APT: Campo 56 (Nordseite. T. 0577 280 551. 9-19.30h, So -15h).

Waschsalon: Onda Blu (Casato di Sotto 17. 40m s. ondablu.com. 8-22h. 6 €).

Internet: I-Train (Città 121. 80m nw. 20 PCs, 6 €/Std).

Schlafen. **Camping Colleverde** (Scacciapensieri 37. 2500 km n. T. 0577 280 044. campingcolleverde.com) auf einem schattigen Hügel ist der einzige Platz, den auch Unmotorisierte erreichen. Zwei P mit Zelt 24 €(Jul/Aug 28 €), Wohnmobil für 2/4-5 P 45/105 € 2008 gründlich erneuert, Pool mit Bar, Blick auf die Stadt. Mär-Dez. Bus 3 ab Pza Gramsci.

Das **Ostello Guidoriccio** in Stellino (Fiorentina 85. 3 km nw. T. 0577 52 212. ostellionline.org) hat einige Nachteile. 100 Betten, Dm 20 € Lausiges F 2 €, besser frühstückt man in der Stadt. Personal oft miesepetrig, alles ruhig und sauber, aber um 9.30h müssen alle raus. Anmeldung 7-10/15-23.30h, Torschluss 23.30h. Über die abseitige Lage helfen Bus 10/15 (ab Bhf) und Bus 3 (ab Pza Gramsci) hinweg.

Lieber mit Altstadtgefühl? **Albergo Tre Donzelle** (Donzelle 5. 90m n. T. 0577 280 358) hat 20 Ez/Dz für 33/48 €, mit Dusche -/60 € **Etruria** (Donzelle 3. T. 0577 288 088. hoteletruria.com) wirkt etwas frischer: mit Bad 53/86 €

La Perla (Terme 25-2°. 100m n. T. 0577 47 144. hotellaperlasiena.com) versteckt sich im Palazzigewirr der Pza Indipendenza. 13 helle Ez/Dz mit engem Bad und Aussicht 50-60/60-75 € Im Sommer vermittelt die **Hotel Promotion** (Pza San Domenico 2. T. 0577 288 084. hotelsiena.com. Mo-Sa 9-20h).

Campo. Sienas schräger Knotenpunkt: Hinsetzen, *gelato* schlabbern, Seele baumeln lassen. Wer den ersten Einheimischen sieht, hat gewonnen. Im gotischen **Palazzo Pubblico** beeindruckt das **Museo Civico** (10-19h. 8/5 €) mit Meistern der Sieneser Schule, schickt aber Mittelmaß voraus. Von dessen 107m hoher ****Torre del Mangia** (Einlass -18.15h. 7 €, Kombi 12 €) darf Sienas Dächer zählen, wer die Warterei überlebt: Oben dürfen max. 30 Personen sein.

Altstadt. In schwarz-weißen Marmor gestreift, erstaunt der *****Duomo** (1215-63. 200m w. 10-20h, So 13.30-18h. 3 €) auf Sienas höchstem Punkt schon durch seine Ausmaße. Das wahre Staunen setzt aber drinnen ein, zwischen Pisanos achteckiger Löwenkanzel, Bronzestatuen und opulenter Wandmalerei. Bitte die Schritte mit Hingabe setzen: kunstvoller kann ein Bodenbelag nicht sein!

Zur **Libreria Piccolomini** (1485), einer Lust fürs Auge, gelangt man übers linke Domschiff. Erst seit 2004 zugänglich, besitzen die Fresken der **Krypta** (10-20h. 6 €) nach 700-jähriger Dunkelheit noch enorme Leuchtkraft. Im **Museo dell'Opera** (10-20h. 6 €) ums Eck steht, was nimmer in den Dom passte, inkl. Duccios *Madonna*. Am Ende des Rundgangs wartet ein Panorama und die Sache mit dem Duomo nuovo, von dem nur eine Fassade steht.

Der Duomo nuovo, begonnen 1354, hätte selbst Roms Petersdom in den Schatten gestellt. Er

blieb aber unvollendet, weil mitten in die Bauarbeiten 1357 die Pest platzte und 75% der Stadtbevölkerung dahinraffte, samt dem Dombaumeister. Von diesem Aderlass hat sich Siena nie erholt, während der weniger lädierte Nachbar Florenz nun seine Glanzzeit antrat, mit Leonardo, Michelangelo usw.
Die **Pinacoteca Nazionale** (8-19h, Mo/So -13h. 4/2 €) im herrlichen Palazzo (San Pietro 29. 200m s) zeigt „zweitklassige Werke erstklassiger Künstler", wie Spötter spotten. *Indeed,* die Ruhmesblätter der Schule von Siena hängen woanders.
Kombi. Bildungsrailer, herlesen! Der **Dreitagepass** (10 €) gilt für Dom (mit Krypta & Libreria P.), Battistero hinterm Dom, Museo dell´Opera, Oratorio San Bernardino und Diözesanmuseum. Die Wochenkarte **SIA Estate** (17 €) fügt dem noch Museo Civico, Papesse-Palast, Pilgerhospiz Santa Maria della Scala und die Kirche San Agostino hinzu. operaduomo.siena.it.

Frei! Siena beschert auch mit wenig Geld viel Vergnügen. Am **Campo** setzt man sich auf die schiefe Ebene und sieht der Welt beim Rotieren zu. Im **Dom** steht am Eingang eine Erklärungstafel, an der Tourgruppen loslegen, diskretes Mithorchen fällt nicht auf. Konzerte im **Palazzo Chigi-Saracini** (13. Jh.) vor Romeo & Julia-Kulisse sind ebenso frei wie die **Feste,** die die Contrade zwischen Apr-Sep feiern. Tagsüber lässt man sich über den **Krammarkt** am Stadion treiben, abends durchs Gassenlabyrinth. Und stellt fest: Siena ist klein, aber schön.

✈**Hin & weg.** Am **Bhf** (Busse zur Pza Matteotti, von hier 300m zum Campo) ist wenig los: *Rs* nach Florenz stdl. 6.18-21.18h (1½ Std), Grosseto und Chiusi zweistdl. 6-20h (je 1½), dort Anschluss nach Rom bzw. Pisa. **Busse** von Tra-In (T. 0577 221 221) ab Piazza San Domenico (500m w beim Stadion) ins Umland.

****ROM

625 km s von Mailand. 2,6 Millionen Ew. 28m üNN. turismoroma.it.
Rom ist der Grund, warum Reisen erfunden wurde. Alle Wege führen hierher, und das ist gut so. Schade nur, dass das moderne Rom seine Gäste wie Weihnachtsgänse ausnimmt. Angaben ab **Piazza del Cinquecento** (vor Bhf Termini).

Kurz & knackig

Enjoy Rome: Marghera 8a (drei Straßen n vom Bhf, via Marsala-Ausgang. T. 06 445 1843. enjoyrome.com. Mo-Fr 8.30-19h, Sa -14h). Privat & exzellent, Führungen, freie Logisvermittlung (Dz ab 60 €). Alle Angestellten sprechen englisch.
Tourist Info Points: im Bhf Termini (Bahnsteig 24. 8-20h), Pza Pia (Engelsburg. 9.30-19h), Pza Navona (Cinque Lune. 9.30-19h), Santa Maria Maggiore (via dell´Olmata. 9.30-19h) und Pza di Spagna (Largo Goldoni. 9-18h). Alle mit freien Stadtplänen, Broschüren, Roma Pass, ÖPNV-Karten.
Waschsalons: Onda Blu (Scipioni 35. 500m n vom Petersplatz – Alfieri 4-8. 200m w vom Kolosseum – 20 weitere Filialen) und Lava (Montebello 11. 400m n vom Bhf Termini. alle 8-22h, 4-6 €/Ladung).
Albergo Diurno: im Bhf-UG (6.30-19h) mit Warteraum, WC, Duschen, Friseur.

Gepäckaufbewahrung: im Bhf Termini versteckt neben Gleis 24 (6-24h. 4 €für erste fünf 5 Std, jede weitere Std 0,20 €), beim Abholen oft Warteschlangen. Enjoy Rome und alle Rad/Rollervermieter lagern Gepäck ihrer Kunden kostenlos.

Internet: easyEverything (Barberini 2. 20m ö von U Barberini. 24 Std) hat viele & schnelle Rechner (2-4 €/Std). Zig andere Cybercafés nehmen 5-8 €/Std.

Obacht! Kleinkriminelle lauern v.a. am/im Bhf Termini und in vollen Bussen. Nicht anquatschen lassen wg. Blumenkaufs, Zimmer usw. Wertsachen im Gedränge abschirmen. Wenn frau im Bus freche Zugriffe spürt: Ellenbogen raus! Polizeidirektion (questura): San Vitale 15 (600m w. T. 06 46861. 24 Std). Ausländerpolizei (ufficio stranieri): Genova 2 (um die Ecke. T. 06 4686 2977).

ÖPNV. Metros fahren alle 4-10 min bis 23.30h, Sa 0.30h. Da einem Ausbau überall Ruinen im Weg stehen, bleibt ihr Netz auf zwei Linien beschränkt (38 km), die einander am Bhf Termini kreuzen. **Linie A** führt zu Spanischer Treppe (Spagna), Villa Borghese (Flaminio) und Vatikan (Ottaviano), **B** zu Colosseo, Circo Massimo und Bhf Ostiense (Piramide). Linie C & D sind in Vorbereitung.

Straßenbahnen stellen um 23h, Sa 0.30h den Dienst ein. Hilfreich sind **Tram 30,** die zwischen Risorgimento, Colosseo und Piramide an vielen Sights vorbeikreuzt, und **Tram 8** vom Pantheon nach Trastevere und Porta Portese (Flohmarkt).

Busse, diese orangefarbenen Ungetüme, sind praktisch, von 5.30-24h zugange und stets voll. Nachtbusse *(notturni)* beackern von 0.30-5.30h halbstdl. 20 mit Eulen markierte Linien ab Bhf und Pza Venezia. An Haltestellen mit rundem rotem Schild wartet man nach 21h vergeblich auf einen Bus. Für unsere Zwecke nützlich sind ab Termini: **Bus 32** zu Vatikan & JH; **64** und **75** zu Pza Venezia & Vatikan bzw. Trastevere; **118** zu Kolosseum & Katakomben; **910** zur Villa Borghese.

Einheitstickets (1 €, gilt 75 min) für Metro, Bus & Tram gibt es an großen Bushaltestellen, in den schlecht belüfteten U-Bhfen und an Kiosken mit schwarz-rot-gelbem ATAC-Schild, nie beim Fahrer. Die **Tageskarte** BIG (4 €) gilt 24 Std ab Entwertung bis Ostia (nicht Tivoli). Wochenkarten CIS (16 €) fürs gesamte Netz gibt es u.a. im Bhf. Kontrolliert wird häufig, Schwarzfahrer blechen ohne Pardon 50-500 €. Auskunft und Netzplan (3 €) bei ATAC (T. 800 431 784. atac.roma.it), u.a. vor dem Bhf.

☺**Sparen.** Aus Rom ist man günstige Ideen nicht gewohnt, hier ist eine: Der **Roma Pass** (in TI Points & Museen. Info T. 06 0608. romapass.it) sichert für 23 €drei Tage lang freien ÖPNV und zwei freie Museen, Zutritt zu anderen Schauplätzen & Events ist reduziert. Stadtplan anbei. Alle hier genannten Sehenswürdigkeiten machen mit.

Taxi. Roms Verkehr kennt kein Gesetz außer dem Recht des Frechen. Dieses wenden Taxifahrer kühn an. Taxistände sind überall zu finden, wer bestellen will: T. 06 4994. Beim Einsteigen besteht man auf Einschalten des Zählers: Grundgebühr 2,30 €für die ersten 3 km, plus 0,60 €pro weiteren km, plus 2,60 €nachts (22-7h), plus 1 €am So (7-22h), plus 1 € pro Gepäckstück. Ab drei Personen lohnt sich das.

Bike, Vespa, Skates. Fahrräder bereiten wenig Spaß. Wen Chaosverkehr, Pestluft & Kopfsteinpflaster nicht schrecken, der gerät beim Blechen ins Grübeln: 3-4 €/Std, 15-20 €/Tag. Immerhin freut man sich über acht Radwege, z.B. entlang des Tiber oder im Borghe-

separk. Am So dürfen Räder in Metro B und Ostia-Zügen im ersten Wagen mit.
Passender bleiben aber **Motorini:** für 35-50 €/Tag bieten sie Platz für zwei und frischen Wind um die Nasen. Beides vermieten nahe der Villa Borghese I Bike Roma (Vittorio Veneto 156. T. 06 322 5240. 9-19h) und fünf Läden rund um den Bhf, u.a. Treno e Scooter bei Gleis 1 (neben via Marsala. T. 06 4890 5823).
Inlineskates samt Helm & Knieschutz werden an der Villa Borghese vermietet und nur im umliegenden Park genutzt.
Seit 2009 zieht ATAC ein **Bikesharing** (T. 06 57003. atacbikesharing.com) auf. Die 150 quietschgrünen Citybikes kosten 0,50 €/halbe Std, Entnahme & Rückgabe mit Smartcard (an ATAC-Kiosken) an 28 *punti di distribuzione,* davon 3 in Ostia.

Schlafen

Hier folgen extra-viele Optionen, damit sich jeder das Passende aussuchen kann und seine kostbare Zeit in Rom nicht mit Logiswechsel verplempert. Vorbuchen!

Ostern. In der Karwoche haut fast jede Absteige 20-30% auf den Hochsaisontarif und quetscht Dz mit Etagenbetten randvoll, zum Wohl der *Ostellieri*. Amen.

Camping. Zeltplätze stehen im halben Dutzend am Stadtrand, keiner liegt richtig günstig, das trübt den Abendspaß erheblich.
Village Flaminio (Flaminia Nuova 821. 8 km n. T. 06 333 2604. villageflaminio.com) bietet ganzjährig viel Natur, Disco, Resto, Pool, Bar, Läden: eben ein ganzes Dorf. Zwei P mit Zelt 24-28 €, klimatisierte Bungalows mit 2/4 Betten, Bad und TV 70-100/126-168 € (Online-specials beachten). Rein ab 15h, raus bis 10h. Von U Flaminio mit Lokalzug Prima Porta bis Due Ponti (100m vom Camping).
Ähnlich umfassend ausgestattet ist **Seven Hills** (via Italo Piccagli, off via Cassia 1216. 8 km nw. T. 06 3031 0826. sevenhillscamping.com). Schattige Zeltplätze für zwei P 15-17 €, hellhörige 2er-Hütten 30 €, akzeptable Mobilhomes mit 2/3/4 Betten & Dusche 55/78/102 €. Grün, ruhig, attraktiv. Metro A bis Valle Aurelia, dann ViterBo-Zug bis Giustiniana.
Eine Stimme zum **Camping Nomentano** (12 km nö): „Nie mit diesem Gedanken spielen! Man fährt 45 min ab Termini, zahlt 12 € für Hundehütten, das Frühstück ist der größte Witz, die Croissants ähneln Recyclingpappe.“ (Bernd Speicher)
Herberge. Foro Italico (via delle Olimpiadi 61. 6 km n. T. 06 323 6267. ostellionline.org) bei den Olympiaanlagen von 1960 teilt das Los vieler JHs im Lande: lausige Lage. 334 Betten (Etagen), getrennte 6-12er-Dm mit F 19 €, ohne JH-Karte 22 €. Netter Garten, gute Cafeteria, Bar bis 23h, immer offen. Bus 32 von U Ottaviano bis Ostello (5 min).
Hostels. In Rom nennen sich über 60 Absteigen „Hostel“, rund um den Bhf auch etliche Trittbrettfahrer, die schamlos abzocken, lügen und/oder spannen wollen.

Goldene Regel. Früh online buchen & telefonisch bestätigen, aber erst die Bewertungen anderer Traveller auf hostelworld.com lesen.

@ Termini. Das Bhfsviertel ist fest in Backpackerhand. Man marschiert kurz vom Zug zum Hostel, legt das Gepäck ab und zieht los, dank Metro vor der Tür. Porentiefe Sauberkeit & Torschluss sind hier unbekannt. Fast alle Hostels bieten freies Internet, Küche,

Schließfächer (Schloss mitbringen) und weitere, meist schlechter ausgestattete Räume in der Nähe. Vor Zusage den Lärmpegel prüfen!
Die **Fawlty Towers** (Magenta 39, ab via Marghera. 100m nö. T. 06 445 0374. fawlty-towers.org) waren Vorreiter der Hostel-Dynamik, einiges vom Glanz ist ab. 50 Betten, geräumige Dm ohne/mit Bad 24/27 € (Okt-Mär 20/23 €), Ez/Dz/3z 47-55/65-80/86-93 € Sonnendeck, keine Schließfächer, kleine TV-Ecke, viel Humor, noch chaotischer organisiert als der landesübliche Schnitt ...
The Beehive (Marghera 8. zwei Ecken n vom Bhf. T. 06 4470 4553. the-beehive.com) bringt Stil ins Rucksackleben. 23 Betten mit F, Dm 25 €(Nov-Feb 20 €), Dz 70-80 € Garten, winzig, herzig, ziemlich sauber, nix für Raucher. Tipp!
Das mehrstöckige **Pop-Inn** (Marsala 80. 50m n. T. 06 495 9887. popinnhostel.com) ist nicht zu verfehlen, sein Schild sieht man schon vom Bahnsteig 1 aus. Witzige 5-6er-Dm mit F 24 €, Dz/3z/4z 88-120/105-120/120 €, Mitte Juli-Mitte Sep minus 10%, Nov-Feb minus 30%. Videoüberwachung, prima Duschen, Fahrstuhl, Geräuschkulisse powered by Bhf.
Friendship Place (Milazzo 14-3°, fast Ecke Marsala. 100m nö. T. 06 446 6546. romefriendship.com) wird seinem ehrgeizigen Namen gerecht. 24 Betten mit Leselampe, 4-6er Dm mit F und Bettzeug 25-30 €, Dz/3z 72/96 € Saubere Bäder, helle Farben, viele Fenster, dritte Etage, kein Aufzug.
M&J Place (Solferino 9, fast Ecke Marsala. T. 06 446 2802. mejplacehostel.com) haut gern Online-Angebote in der letzten Minute raus. 150 Betten mit F, Dm (4-10 Betten) 20-25 €, mit Bad 25-30 €, Dz 60-80 €, Nov-Mär minus 20%. Gute Küche, stets in Feierlaune, TV-Lounge mit Filmen rund um die Uhr, Bar, Balkon für Raucher. Ins Dorm kann man erst ab 18h, Putzfrau schmeißt alle um 8.30h raus.
In **The Yellow** (Palestro 44, fast Ecke Vicenza. 200m n. T. 06 4938 2682. the-yellow.com) zieht´s die globale Erzähl-doch-mal-Community. 100 Betten, 6/4er-Dm 28/30 €(Nov-März 22/24 €), mit Bad 32/36 €(26/30 €). Top-Küche, nette Sitzecken, gut zum Leute-kennenlernen. Tipp!
Alessandro Downtown (Carlo Cattaneo 23, fast Ecke Principe Amedeo. 200m s. T. 06 4434 0147. hostelsalessandro.com) ist eines von drei Laune-Hostels dieses Burschen. 4-8er-Dm 22-27 €(Nov-Mär 17-20 €), Dz ohne/mit Bad 70/90 €(46/56 €), inkl. F mit Nutella. Prima Küche, Partyraum mit TV und 1 €-Bieromat, oft freie Pizza- oder Pasta-Abende, viele Briten. Von 11-14h müssen alle raus.
In dieselbe Kerbe schlägt das engere **Alessandro Palace** (Vicenza 42, fast Ecke Palestro. 200m n. T. 06 446 1958). Gleiche Preise, noch mehr Pizza.
@ Vatikan. Wem die Nähe des Papstes hilft: Der Veteran (1956) unter Roms Rucksackabsteigen, **Ottaviano** (Ottaviano 6-2°. T. 06 3973 8138. pensioneottaviano.com) liegt auf halbem Weg zwischen U Ottaviano und Petersplatz. 42 Betten, 4-8er-Dm mit Domblick 13-20 €, Fr/Sa 20-26 €, Dz/4z mit Bad 70-90/80-104 € Nur zwei Bäder, max. 40 Jahre, anmelden bis 22.30h. Top-Lage!
Ordenshäuser bieten für 30-50 €/P strenge Kontraste zu dieser sinnlichen Stadt. Aber wir sind in Rom, also keine Kuttenpanik bitte. Wer klare Regeln mag, melde sich im **Dt. Pilgerbüro** (Banco di S. Spirito 56. T. 06 689 7197. pilgerzentrum.de).
Zu den bestausgestatteten Christenhäusern (inkl. Bar) zählt 300m sw vom Vatikan das **Domus Aurelia** (Aurelia 218. T. 06 8530 1758. domusaurelia.com). 50 Betten, Ez/Dz/3z mit Bad 48/74/97 € U Valle Aurelia. Alle Quartiere nennt romeguide.it.

B&B. Eine gute unter den vielen Agenturen ist die **B&B Association** (T. 06 5530 2248. b-b.rm.it): über 120 Adressen für 35-50 €/P. **Rome Sweet Home** (T. 06 6992 4833. romessweethome.it) steigt höher ein und hat echte Juwelen im Plan.

Essen, trinken & feiern

Essen. **Atmosphäre herrscht um **Piazza Navona** (teuer) und Campo de´ Fiori. Restauranttipps holt man sich vom Gastgeber. In den siebten **Gelati-**Himmel verführen beim Pantheon Palma (Maddalena 20) und Giolitti (Uffici del Vicario 40). Mehrere Conad-**Supermärkte** bleiben rund um die Uhr offen, u.a. im Bhf-UG und beim Vatikan (Golametto 4a). Die buntesten **Obst/Gemüsemärkte** steigen Mo-Sa 7-14h am Campo de´ Fiori und an der Pza Vittorio (800m s von Termini).

Nachtleben spielt sich auf den Piazze unter freiem Himmel ab. Kaum der Windel entwachsen, schwingen sich *ragazzi & ragazze* auf ihre Vespa und düsen helmfrei durch die Geisterstunden, bis der Tank leer ist. Seit Erfindung des Haargummis bandelt die Jugend der Welt an der **Spanischen Treppe** an, hier gibt´s abends stets was zu sehen, wie auch auf der Piazza Navona.

Ausgehen ist in Rom eine Stilfrage: Shetlandpullis bleiben daheim, Kashmir ist okay. Clubs langen mit 10-30 € zu, Flyer (in Hostels) machen die Sache billiger. Das Waswannwo der Spaßkultur verkündet **Roma C'è** (1 € romace.it), jeden Mi neu am Kiosk. Mehrere Hostels & Enjoy Rome veranstalten **Pub crawls** ab 15 €

Festivals kümmern sich um Literatur, Fotografie, Kammermusik (Juni), Neue Oper (Juni-Aug), **Jazz** (Juli-Sep), **Latino-Musik** in den Noche de Roma (Jul/Aug), **Barockmusik** in der schönen Villa Medici (Aug), **Afrika** von Kunst bis Politik (Aug/Sep), **Kino** (Okt) und **Europa** (Sep-Dez). Coolstes „Straßenfest" im Aug: die **Lungo il Tevere** (frei) am Westufer zwischen den Pontes Siso & Palatino.

Flohmärkte. Getrödelt wird Mo-Sa 8-13h nahe Porta San Giovanni an der **Via Sannio** (2 km s vom Bhf. U San Giovanni) mit Klamotten und Schuhen. Am So 6-13h pilgern alle an die **Porta Portese** in Trastevere (5 km sw. Tram 8 bis Pza Ippolito Nievo). Früh kommen! Noch umfassender amüsiert **Roma Vintage** im Parco San Sebastiano (via delle Terme di Caracalla 55. Eintritt frei) alle Gäste im Juli/Aug: 70s-Klamotten & Musik, Beachvolley, Tauziehen, Pool, Theater.

Anschauen

Führungen. Über APT gibt´s unterschiedlichste Rundgänge, bester Anbieter bleibt **Enjoy Rome** (walkingtours@enjoyrome.com) mit max. 25 Teilnehmern und akademisch vorbelasteten Guides. Zur Wahl stehen z.B.: Antike & Altes Rom; Vatikan; Bernini und das Barock; Essen & Trinken (je 24 €, <26 Jahre 18 €); Radtour (25/20 € inkl. Radmiete); Katakomben & Umland (35/30 € inkl. Transfers).

☺**Sparen.** Wo *ridotto* steht, gilt die Ermäßigung für Besucher <25, selten mit ISIC, nie mit anderen Karten. **EU-Bürger <18** haben aber freien Eintritt in Museen & Monumente. **Frei für alle** sind Forum, Pantheon, Petersdom sowie alle Kirchen.

Planen. Hauptregel gegen die Reizüberflutung: Nicht kreuz & quer hetzen! Rom lässt sich gut zu Fuß abarbeiten. Unverzichtbar sind dabei nur Stadtplan, Durstlöscher, Kopfputz und dieser Führer. Mehr über Kirchen auf romecity.it.

Foro Romano. Die Antike präsentiert sich eindrucksvoll im riesigen *****Forum** (U Colosseo, Bus 87 oder 5 min von Pza Venezia. Anlage 9-19h, Okt-Mär -16.30h. Forum frei. Palatin inkl. Museum und Kolosseum 10/5 €, <18 frei. Audioguide 4/2 €). Hier ward Rom anno 753 v. Chr. „geboren", seither wird an jedem Eck des **Monte Palatino** gebuddelt, früher wg. Top-Wohnlage, heute von Archäologen; ihre Hauptfunde stehen im **Museo Palatino** (Führung in engl. Mo-Sa 12h. 4 €).
Für den Forum-Spaziergang auf Caesars Spuren bringt man 3-4 Std mit, plus Lesestoff. Broschüre am n Eingang (Fori Imperiali) besorgen, denn nur mit Erklärungen sind z.B. Vestalinnenhaus, Triumphbögen und das stolze Domus Augustana zu würdigen. Am ö Eingang (Kolosseum) steht seit 315 der photogene Arco di Costantino, hier begann einst die Via Sacra, erster Broadway der Antike.

Colosseo. Das ***Kolosseum (U Colosseo, Bus 87. 9-19h, Nov-Mär -16.30h. 10/5 € inkl. Palatin, <18 frei. Audioguide 4/2 €) war die großzügigste Arena im Erdenrund. Begonnen AD 72 unter Kaiser Vespasian *(Schutzgott aller motorini?)* wurde es von seinem Sohn Titus acht Jahre später vollendet, was die Römer zu 100 Tagen ununterbrochener Feiern nutzten! 80.000 Spektatoren ließen sich hier Brot und blutrünstige Spiele servieren, heute kommen fast ebenso viele Touris: tgl. sieben Führungen in engl. mit Archäologen (4 €). Zum Seitensprung lockt danach die 2007 wieder eröffnete **Domus Aurea,** Neros kolossaler Palast auf dem Esquilin.

☺**Sparen.** Wem es ernst ist mit der Antike, mag die **Archaeologia Card:** Für 23/12 € zeigt sie uns sieben Tage lang Kolosseum, Palatin, Caracalla- und Diokletians-Thermen, Quintili-Villa, Balbi-Krypta und zwei Palazzi (Altemps, Massimo). Zu kaufen an diesen Stätten und auf pierreci.it.

Caracalla. Gen Süden fällt der Palatinshügel runter in den **Circo Massimo** (U Circo Massimo. Bus 628). Wo einst Ben Hur vor 250.000 wettgierigen Römern Streitwagen fuhr und zuletzt AD 549 „Spiele" abgehalten wurden, steht heute nur ein Tal voll staubiger Steinhaufen. Umso mehr beeindrucken 500m sö die enormen *****Caracallathermen** (9-19h, Nov-Mär -16.30h. 5/2,50 €, <18 frei). Im 2.-6. Jh. konnten hier 1600 Gäste baden, shoppen und lustwandeln, im 20. Jh. boten sie die Traumkulisse für Opernabende, doch das ist wg. Denkmalschutz vorbei.
800m sw der Thermen, bei der Porta San Paolo (U Piramide), döst der **Cimitero Acattolico** (Caio Cestio 6. 9-18h. frei, 1 € Spende üblich). Dieser Gottesacker ist nicht für unsichere Kantonisten, sondern „nur" für Protestanten, weil seit dem 18. Jh. immer mehr Fremde in Rom strandeten und einige hier starben. Auf dieser melancholischen Enklave ruhen zahllose Künstler, darunter Shelley, Keats und Goethes Sohn August. Beerdigungen mussten nachts stattfinden, bei Kerzenschein.

Via Appia. Noch weiter s beginnt die Via Appia **Antica** (U Colli Albani, dann Bus 660. oder Bus 118/218 ab Colosseo). Der Zusatz ist wichtig, da es ö der Stadt eine Appia Nuova gibt. Die antike Variante war der wichtigste der Handelswege, die ja alle nach Rom führen. Unterwegs versprechen mehrere **Katakomben** Gegrusel. Wände & Decken dieser unterirdischen Grabstätten für die ersten Christen (1.-4. Jh.) sind mit biblischen Motiven bemalt. In ihrer bekanntesten, **San Callisto** (Appia Antica 110. Do-Di 8-12/14.30-17h. 5 €, nur mit Führer) liegen alle Päpste des 3. Jhs und 500.000 weitere Gräber. Platz genug bietet das 19-km-Labyrinth auf seinen fünf Untergeschossen.

Campidoglio. Das **Kapitol** w vom Forum wurde ab 1538 nach Michelangelos Plänen auf dem Monte Capitolino angelegt, dem wichtigsten der sieben legendären Hügel. Die elegante Piazza del Campidoglio wird flankiert von zwei Flügeln der **Musei Capitolini** (Di-So 9-20h. 7/5 €): im Palazzo Nuovo stehen 1a-Skulpturen, auch die berühmte Kapitolinische Wölfin der Etrusker (6. Jh. vor Chr.), der Palazzo dei Conservatori ergänzt mit Renaissancegemälden.
400m s vom Kapitol, zwischen Circo Massimo (Metro) und Tiber (Fluss), reckt sich **Santa Maria in Cosmedin** (9-18h. frei. Bus 170 bis Teatro di Marcello). Ihr siebenstöckiger Campanile ist (natürlich!) romanisch, ihr Innenleben höchst marmoriert und ihre **Bocca della Verità** im Portikus für Strolche recht gefährlich.

Centro Storico. Zwischen Forum & Tiberknie war an Metro nie zu denken, Bautrupps würden umgehend von Archäologen verdroschen. Also wursteln wir uns mit Bussen oder – schöner, teils auch schneller – zu Fuß voran.
Roms Herz pocht seit dem Mittelalter n vom Kapitol um den **Corso Vittorio Emanuele II** (2 km w vom Bhf). In der Antike dem Plebs überlassen, drängeln sich heute im weiten Tiberknie enge Gassen voll Klassik. Am s Ende überrascht die **Piazza Venezia** (Bus 40/64) mit Kirchlein, Palazzi, Museen und Il Vittoriale, einer „Schreibmaschine" zu Ehren des letzten Königs VE2.
An der 1,6 km langen **Via del Corso** (Bus 62/492), ö Grenze des Centro, bummelt halb Rom, während die andere Hälfte das Geld dafür ranschafft. Zwischen den Piazze Venetia und Popolo (U Flaminio) versammelt sie Patriziervillen mit reicher Rokokofassade, in einer davon zeigt die **Galleria Doria Pamphilj** (Pza Collegio Romano. 10-17h. 9/7 € inkl. Audioguide) Meisterwerke von Tizian bis Velázquez.
Fast schon bei der Piazza del Popolo liegt jene Wohnung, in der Deutschlands Dichterfürst ab Okt 1786 für anderthalb Jahre beim Maler Tischbein abstieg. Die **Casa di Goethe** (Corso 18. Di-So 10-18h. 4/3 € Bus 62/492 bis Largo Chigi) spürt aufwändig-geschmackvoll der Faszination nach, die die Ewige Stadt auf ihn und viele seiner Zeitgenossen ausübte.

Pantheon. Wer vom Corso an der Piazza Colonna (Fußgängerzone) w abbiegt, stößt auf die **Piazza della Rotonda** (Bus 46/62/64/492 bis Largo di Torre) und das *****Pantheon** (8.30-19.30h, So -18h. frei). 1900 Jahre konnten dem 43m hohen, 43m runden Sahnestück wenig anhaben, aber leider litt die Farbenpracht. Seine Bronzedecke ging flöten, weil Papst Urban VIII. daraus Kanonen für die Engelsburg gießen ließ. Neben den letzten Königen Italiens ruht Raffael (wer jetzt sagt *Na und?*, stelle sich zufällig neben eine Reisegruppe und lausche dem Vortrag).
In **Santa Maria sopra Minerva** (7-19h. frei) neben dem Pantheon überbot sich Roms Renaissanceadel mit Grabzierat, auch Michelangelo mischte munter mit.

Piazza Navona. Standesgemäß lässt sich diese elegante Piazza (elf Buslinien) 300m w des Pantheon von Cafés, Trattorien und der arg gequetschten Kirche Sant´Agnese umschließen. Zwischen Straßenkünstlern plätschert Berninis theatralisch bewegte **Fontana dei Quattro Fiumi**: vier schwere Jungs stellen Nil, Donau, Rio de la Plata und Ganges dar, die 1651 als die größten Ströme der Welt galten.
Eine Ecke ö der Piazza hängen in der „Franzosenkirche" **San Luigi di Francesci** (7.30-19h. frei) drei zauberhafte Frühwerke Caravaggios, in der 5. Kapelle links.

Campo de´ Fiori. Setzt der Kunstkater ein? Dann haben wir 500m s von Navona das bunte Gegenmittel. Tagsüber bezaubert der Campo (Bus 116) mit Blumen & Gemüsemarkt, abends trieft er vor Romantik, und kaum einer denkt an seine schaurige Vergangenheit. Im Pompeius-Theater am ö Marktende fand am 15. März 44 v. Chr. jene Senatssitzung statt, die sich als Julius Caesars letzte entpuppte. Böse Welt, Teil II: Auf dem Campo wurde im Feb 1600 Giordano Bruno verbrannt, im Namen der Inquisition, weil er als Erster die Unendlichkeit des Weltalls postulierte. Als dem großen Mann 1887 hier ein Denkmal errichtet wurde, zeterte Papst Leo XIII. noch Mordio dagegen. *Fußnote vor dem Besuch des Vatikans.*

In den Gassen um den Campo besorgt sich der junge Römer sein Outfit. S davon protzt der **Palazzo Spada** (Pza Capodiferro 3) mit viel Stuck und Borrominis Kolonnade, einer raffinierten optischen Täuschung. Dazu hängen reichlich italienische Gemälde in der **Galleria Spada** (Di-So 8.30-19.30h. 5/2,50 €). Auch der **Palazzo Farnese,** heute französische Botschaft, ist nicht von schlechten Eltern.

Piazza di Spagna. Auf ein geheimes Kommando hin treffen sich abends alle Reisenden in Roms größter autofreier Zone; *na ja, an Sondergenehmigungen wird nicht gespart.* Tüchtig belebt ist diese herrliche *****Piazza** (U Spagna) schon seit Goethes Zeiten. Dass auch anderen Nationen eine Italienreise als heilig galt, zeigt das **Keats-Shelley-Haus:** Pflichtort für Anglisten (#26. Mo-Sa 9-13/15-18h. 3 €).

Nicht mal die Bronzepassanten in Lebensgröße haben es hier eilig, der Herr mit Zeitung lässt jeden in den Sportteil gucken. Dahinter kichern Liebespaare und solche, die es werden wollen. Mitten auf der Piazza klettert die barocke **Spanische Treppe** zur nächsten Edel-Kirche auf den Pincio hoch: In **Santa Trinità dei Monti** lieferte Michelangelo-Schüler Daniele da Volterra seine Meisterstücke ab. Wer Gemälde satt hat, honoriert die ***Aussicht vom Kirchplatz. Übrigens trug die Baukosten für Kirche und Treppe 1723-26 ein französischer Botschaftsrat – sie müsste also *Französische Treppe* heißen.

Barberini. 500m sö von Spagna, im luftigen **Palazzo Barberini** (U Barberini) auf dem panoramigen Hügel, deckt die **Galleria Nazionale d'Arte Antica** (Di-So 8.30-19.30h. 5/2,50 €, <18 frei) mustergültig das 13. bis 17. Jh. ab, inklusive Tintoretto, Tizian, Raffael.

Die **Piazza Barberini** davor ist trotz Berninibrunnens keine Schönheit, nö davon kommen aber Grufties auf ihre Kosten: in den unterirdischen Kapellchen des Kapuzinerkirchleins **Santa Maria della Concezione** (via Vittorio Veneto. 15 Buslinien) hängen 4000 Mönchsgebeine, teils in Vollmontur (9-12/15-18h. frei).

Fontana di Trevi. Von der Pza di Spagna 500m nach Süden (Bus 62/492 Tritone), und schon stolpert man gegen den Rokokozauber des ****Trevibrunnens.** Am feinsten Groschengrab der Welt wurde von 1723-62 gemeißelt, Meister Niccolo Salvi starb vor dessen Vollendung an Staublunge. Heute stehen Japaner Schlange, um sich rücklings ihres Baren zu entledigen. Mit rechts über die linke Schulter – dann ist die gesunde Rückkehr nach Rom gesichert.

Der Weg zu Roms zweiter Einkaufsmeile, Via Nazionale, führt am **Quirinale** vorbei. Darin versuchte sich, bevor der Widerling Berlusconi das ganze Land kaufte, alle paar Monate ein neuer Chef im Regieren des regierungsunwilligen Landes. Seit 1945 hatte Italien 53 Kabinette, mehr als Schalke 04 Trainer.

Via Cavour. Vom Quirinal marschiert man 800m sö zur via Cavour am Fuße des Monte Esquilino, die sich von zwei edlen Kirchen krönen lässt. **San Pietro in Vincoli** (U Cavour) hinterm Kolosseum wurde errichtet, um Petrus´ Ketten aufzubewahren, was Michelangelo zu unvollendeten Statuen inspirierte. **Santa Maria Maggiore** an der Piazza Esquilino prunkt mit aufwändiger Kassettendecke.

Am oberen Cavour-Ende geht die Schaulust weiter. An der Piazza del Cinquecento (U Termini) wartet das **Museo Nazionale Romano** mit griechisch-römischen Altwaren auf, die nur vom Vatikan getoppt werden. Die Mega-Bestände wurden auch auf vier weitere Abteilungen verteilt (jeweils Di-So 9-19.45h. 6/3 €, <18 frei).

Villa Borghese. Fellinis *Dolce Vita* erhob die **via Vittorio Veneto** in den Rang der Unsterblichkeit. Und leitete ihren Niedergang ein. Immerhin leitet uns Roms Ku´damm zur grünen Lunge der Stadt. Im weitläufigen Park (U Spagna. Tram 3/19) stehen drei edle Museen, u.a. im Lustschloss des Kardinals Scipione Borghese die intime *****Galleria Borghese** (Di-So 8.30-19.30h. 8,50/5 €, <18 2 €) mit der „Königin der privaten Kunstsammlungen".

Am anderen Rand des schönen Picknickgeländes zeigt die kühle **Galleria Nazionale d´Arte Moderna** (Belle Arti 131. Di-So 8.30-19.30h. 6,50/4 € Tram 30 ab U Flaminio), was Italien seit 1850 an Romantikern, Futuristen & Metaphysikern hervorbrachte.

Wer die Etrusker würdigen will, denen die Römer erst das Land, dann die Show stahlen, schaut w der modernen Kunst ins **Museo Etrusco** (Villa Giulia. Di-So 8.30-19.30h. 4/2 €, <18 frei. Tram 30/225). Mehr zu diesem Volk rätselhafter Herkunft hat keiner, besser erhaltenes Kunsthandwerk nach 2800 Jahren auch nicht.

Da wir mal hier sind, werfen wir auch einen **Blick vom **Monte Pincio** (Bus 95/491. U Flaminio) sw vom Borghesepark. Obwohl er nicht zu Roms sieben Hügeln zählt: Romantischer tragen bei Sonnenuntergang wenige Schauplätze auf.

Trastevere. Einen Seitensprung hat auch das Westufer des Tiber verdient, dessen winklige Gässchen, über denen die Wäsche flattert, eher an Apulien erinnern. Selbst in einer so kirchenreichen Stadt gebührt **Santa Maria in Trastevere** (Bus 23/280 bis Ponte Sisto) ein Ehrenplatz als Roms Erstling (auch wenn die heutige Fassade nur aus dem 12. Jh. stammt). Pfade voller Poesie führen von hier durch ehemals verruchte, heute schicke Wohngebiete in Roms größten Park, die barocke **Villa Doria Pamphilj.** Panoramen der halben Stadt besorgt dann ****Gianicolo** (Bus 870 ab Pza Fiorentini), der Hügel zwischen Trastevere und Petersplatz.

Castel Sant´Angelo. Die Engelsburg (Di-So 9-19h. 5/2,50 €) am Lungotevere Castello ö vom Petersplatz (Bus 40/62/492 bis Pza Pia) dient seit 1900 Jahren als Mausoleum für Hadrian & Nachfolger. Erst die Päpste ließen sie zum grimmen Knast ausbauen. Wie aus einem Guss wirkt auch die schöne Engelsbrücke davor. Und jetzt zum Papst:

VATIKANSTAAT

0,44 qkm, 932 Ew. In sicheren Grenzen ruht der kleinste Staat der Welt erst seit Mussolinis Lateranverträgen 1929. Sie beruhen auf „Pippins Schenkung" von 751, die sich die Hl. Römische Kirche fromm zurechtgefälscht hat. *(Du sollst nicht lügen?)* Des Papstes Gouverneur prägt eigene Münzen, hat eigene Richter, einen Radiosender und keinen Grenzübergang, gottseidank. Sobald man den Petersplatz betritt, ist man drin. Am schärfsten ist der Name einer kruden NGO-Website zum Thema: christusrex.org. Reisende schätzen eher vatican.va.

Tourist Info: am Petersplatz links vom Dom (T. 06 6988 1662. Mo-Sa 8.30-19h), mit Führung durch die Giardini Vaticani (10 €). Die Vatikanpost nebendran (Mo-Sa 8-19h) ist besser als die italienische Post, und nett für Philatelisten.

Bahn. Das vatikanische „Schienennetz" umfasst 852m, sein einziger Bhf wurde zuletzt 1979 und 2002 von JP II genutzt, für Fahrten zum nächsten Bhf in Rom.

Dress Code. Des Papstes Armee *(Du sollst nicht töten?)*, die Schweizergarde, trägt jene

Quietschuniform, die Michelangelo einst entwarf. Nun achte auch das gemeine Volk auf korrektes Gewand. Schulterfrei oder kurzbehost kommt keiner in Dom & Museen, nicht mal der Papst. „Und die kontrollieren nicht schlecht." (Kristin Popp)

San Pietro. Stets ist im Vatikan mit Wartezeiten zu rechnen, am ärgsten sind Sa/So mittags (Okt-Juli), wenn der Papst den Pilgern auf dem **Petersplatz** predigt. Mo-Fr nachmittags ist Berninis vollendete Gestaltung (17. Jh.) des riesigen Eis besser zu würdigen. Wie zwei Arme heißen die Seitenflügel jeden guten Katholiken willkommen.

Der **Petersdom** (1506-59. 7-19h. frei) ist die grandioseste Basilika der Christenheit. Auch Heiden & Vegetarier können hier nur baff glotzen. Wem die Relationen verrutschen, der konsultiert die Vergleichsmarken anderer Großbauten im Marmorboden. Zwischen soviel barocker Pracht übersieht man leicht die *Pietà,* die Michelangelo im zarten Alter von 24 schuf. Mit 72 konstruierte der geniale Kerl dann die ****Domkuppel** (8-17.30h), zu der Treppen führen (4 €) oder, bis zur halben Höhe, ein Fahrstuhl (5 €).

Musei Vaticani. Diese *****Museen** (Mo-Sa 9-18h, Einlass -16h. 14 €, ISIC/<18 8 €) verdanken ihren Ruhm den Fresken Michelangelos und Raffaels, jeder erdenklichen Kunstgattung und jenen Werken, die Missionare in ihren Stellungen weltweit mitnahmen. *(Du sollst nicht stehlen?)* Zugang an der n Seite der Vatikanmauer (U Cipro), 10 min n vom Petersplatz.

Angesichts von 300 Räumen sind nicht alle Höhepunkte bei einem Besuch abzuhaken. Besser nutzt man die vier farbig markierten Routen für die Besichtigung in 1½-5 Std. Pflichtstoff ist die *****Sixtinische Kapelle** (ab 1473) mit Michelangelos *Erschaffung Adams* (der Finger!) und dem *Jüngsten Gericht,* das vollendete Gemälde schlechthin; längst hatte der alte Mann den Glauben ans Gute im Menschen verloren, und wer die Bilder aufmerksam betrachtet, erkennt seinen neuen Weg zur Erlösung. Hier liegt auch des Papstes Betnische, und wenn er in die Ewigen Jagdgründe einzieht, wählt hier das Konklave den Nachfolger.

Planen. Am **letzten So** jeden Monats ist der Einlass in die Museen ***frei*** (9-14h, Einlass -12.30h), die Warteschlange üppig. Um bei all diesen Deckengemälden keinen steifen Nacken zu kriegen, bringt man einen Taschenspiegel mit. Wer wenig Zeit hat, rauscht flott durch: erst gegen Ende wartet die Cappella Sistina.

Hin & weg

Im Bhf Termini findet man alles: Verkehrsamt, Albergo Diurno, Gepäcklager, Apotheke (7-24h), Stadtplan mit Straßensuchsystem, ATAC-Tafel aller Buslinien und einen billigen Supermarkt im UG (7-21h. hier mit Wasser eindecken).

Die folgende Zugliste ist railerfreundlich sortiert, vom ^{Z}freien *D* bis zum sauteuren ^{ZR}*Eurostar.* Fast alle Wege führen ab Rom (in Std) nach

Pisa *D* zweistdl. 6-20h (4), ^{Z}*IC* zweistdl. 7.46-19.46h (3¼). **Chiusi** (für Siena) und **Florenz** *D* zweistdl. 9.14-17.14h (2/3½), ^{Z}*IC* zweistdl. 7-19h (1½/2½), ^{ZR}*ES* stdl. 5.30-20.30h (-/1½). **Mailand** ^{Z}*IC* 8.40h, 12.40h, 16.40h (6), ^{ZR}*ES* stdl. 6.30-19.30h (4½). **Venedig** ^{Z}*IC* 10.40h (6), ^{ZR}*ES* zweistdl. 7-19h (4½). **Ancona** *D* 5.50h, 11.30h, 14h, 16h, 18.30h, 20.30h (4), ^{ZR}*ES* zweistdl. 7-17h (3). **Bari** ^{Z}*IC* 8.20h (6), ^{ZR}*ES* 8h, 14h, 16h, 18h (4½), ^{Z}*ICN* 23.58h (7), oder u/in Neapel. **Neapel** *D/IRs* zweistdl. 8.15-20.35h (2¾), ^{Z}*ICs* stdl. 6.27-21.37h (2), ^{ZR}*ESs* stdl. 7-21h (1½).

^{ZR}**Schlaftipps** ab Termini: *ICN* nach Mailand 23h (8½). *EN* nach Wien 19.51h, Basel

20.40h, Nizza 21.16h (je 13), Innsbruck & München 21.37h (9/11).

Bhf Tiburtina (Circonv. Nomentana. 5 km ö. U Tiburtina) kriegt Transit-Nachtzüge von/nach Süden ab, und *Ds* von Termini nach Norden halten 5 min später hier.

Busse ab Busbhf Tiburtina (vor dem Bhf) in jede größere Stadt im Land; Fahrpläne bei APT und Enjoy Rome, Tickets im Busbhf und bei Eurojet (Pza della Repubblica 54. T. 06 481 7455). Das Umland versorgt **Cotral/Linee Laziali** (T. 800 431 784) ab via Volturno 65.

***Tagesausflug: OSTIA

15 km sw von Rom. Vor 2400 Jahren als Roms Hafen gegründet, verdörrt Ostia Antica (Di-So 8.30-18h, Nov-März -16h. 7/3,50 €, <18 frei. ostiantica.it) heute fern der Küste. Mosaikreiche Thermen, Augustus-Theater, Forum und Handelsstuben im prallen Grün erinnern aber an alten Glanz. Picknick einpacken und **4-6 Std einplanen.** „Hier kann mensch sich auf eigene Wege durch die Antike machen und wird nicht sofort von Ordnern zurückgepfiffen." (Lühr-Martin Lemkau)

RadioRock. Im Aug veranstaltet ein Radiosender jeden Di/Mi Pop- und Rockkonzerte in Ostia (Lungomare Caio Duilio 34. Eintritt frei).

Lido-Zug ab U Magliana bis Ostia Antica (½ Std. 2 €, mit BIG-Tagesticket frei).

Tagesausflug: TIVOLI

35 km ö von Rom. Oh ungerechtes Leben. Wieder bekam hier eine Kleinstadt (50.000 Ew. comune.tivoli.rm.it) gleich zwei Prachtpaläste ab (je 7/3,50 €, <18 frei). Hadrians immenser Landsitz ***Villa Adriana** (1 km ö. 9h bis Sonnenuntergang) diente dem reisewütigen Kaiser als Erinnerungsalbum. Was er andernorts gemocht hatte, ließ er anno 135-138 hier nachbauen.

Und wie entspannten die Kardinäle der Renaissance? Die ****Villa d'Este** (zentral. 8.30-19.45h, Okt-März -18h. Audioguide in dt. 4 €) verrät's: mit 2000 Fontänen und spektakulären Gärten. Plan bei APT (Largo Garibaldi. T. 0774 334 522).

Metro B bis Ponte Mammolo, dort **Cotral/LiLa-Bus** nach Tivoli alle 20 min (1 €).

Planen. Wer beide Villen abhaken will, fängt mit Este an, besorgt dann ein Picknick, nimmt Stadtbus 4 von Pza Garibaldi zu Hadrian und verweilt dort 3-5 Std. Zurück nach Rom (Ponte Mammolo) geht's mit Cotral-Bus ab Villa Adriana.

NEAPEL

204 km sö von Rom. 998.000 Ew. 12m üNN. comune.napoli.com/turismo.

„Dreckigste Stadt meiner Reise ... tolle Stadt mit Flair ... sehr anstrengend ... man muss es mögen oder kann's nicht ausstehen ... bleibt bloß weg!" Wenige Städte im Interrailreich werden heißer diskutiert, und Norditaliener schämen sich ihrer sowieso. Wer Sinn für Humor hat, kann sich dem Reiz Neapels aber kaum entziehen. Es bereitet die besten Pizze der Welt. Und bleibt Ausgangsbasis für Pompeji, Vesuv, Capri. Angaben ab **Piazza Garibaldi** (vor Bhf Centrale).

Angst vorm Süden? Die Region um Neapel erzielt 30% des Pro-Kopf-Einkommens von Mailand, verzeichnet aber ähnliche Bankguthaben. Seit die **Mafia** ihre Kohle durch Glücksspiel & Drogenhandel macht, merken Reisende von ihr nix. Das liegt nicht nur am Gesetz des Schweigens; für Menschen mit Tagesbudget unter 1000 € interessieren sich die Herren bloß nicht. Dafür aber andere:

Obacht! Kleinkriminalität ist Neapels Fluch, zumal beim Bhf und nachts um die Piazza Dante. In Gruppen gehen, Kamera nie offen tragen, Vorsicht vor Taschenschlitzern. Ausländerpolizei: Medina 75, bei Pza Matteoti (T. 081 794 1111).

EPT/AAST: im Bhf Centrale (8-20h, So -14h), Bhf Mergellina und vor Santa Chiara (Pza del Gesú Nuovo 28. 1800m w. T. 081 552 3328. 9-20h, So -15h).

Internet: Aexis (Pza del Gesú Nuovo. 1800m w. 8-22h. 3 €/Std).

ÖPNV. **Metronapoli** betreibt zwei U-Linien und vier Seilbahnen: sauber, sicher, preiswert. Einzel- und 24-Std-Karten (1,20/4 €) gelten in jedem Bus, Tram, U- und Seilbahn.

Schlafen

Frühstück. Viele Absteigen werben mit „F inklusive". Wir fanden keine, die mehr bietet als 1 süßes Teilchen plus 1 heißen Kaffee. Gilt auch andernorts in Italien!

Herberge. Die große **JH Mergellina** (Salita della Grotta 23. 4 km sw. T. 081 761 2346. ostellionline.org) bevölkert den Hang oberhalb des Porto Mergellina. 200 Betten, Dm mit F 16 €, Ez/Dz/4z mit Bad 25/40/68 €, JH-Karte nötig. Mahlzeiten 9 €, Küche, Cafeteria, TV-Lounge, Bikes, leidlich gemütlich und sauber, anmelden ab 15h, Torschluss 0.30h, vorbuchen. Ausgeschildert ab U Mergellina (300m).

Hostels. Zentraler als **6 Small Rooms** (Diodato Lioy 18-3°. 2 km w. T. 081 790 1378. 6smallrooms.com) im Altstadtgewirr w der Pza Gesú Nuovo geht´s kaum. Geräumige 5-6er-Dm mit F 20 €, Ez/Dz/3z ab 25 €/P, keine Etagenbetten. Küche, großer Sozialraum, große Party, Nachtleben mit „Bierhexe" vor der Tür, anmelden 8-24h. 400m s von U Dante. Tipp!

Das **Hostel of the Sun** (Guglielmo Melisurgo 4. 2 km sw. T. 081 420 6393. hostelnapoli.com) beim Castel Nuovo hat Pompejibus & Caprifähre fast vor der Tür. 4-7er-Dm mit Gemeinschafts-F 18-22 €, Dz/3z 60-70/78-90 €, Okt-März minus 10%. Schließfächer, alles nett, Abstrich bei Hygiene. Fußmarsch vom Zentrum, Bus R2 vom Bhf bis Depretis.

Mancini (via Mancini 33. 600m w. T. 081 553 6731. hostelpensionemancini.com) ist ein freundlicher Familienbetrieb drei Ecken n vom Corso Umberto, über via Ranieri. Geräumige 5er-Dm mit Dusche, TV und F 18 €, Ez/Dz/3z 40/55/75 €, mit Bad 55/65/80 €, Nov-Feb minus 20%. Keine Etagenbetten, Schließfächer.

Hotels. Selbst im berüchtigten Bhfs-Viertel gibt es anstandslose Adressen. Eröffnet 1955, bietet das **Ginevra** (Genova 116. 300m n. T. 081 283 210. hotelginevra.it) schmucklose Ez/Dz/3z ab 30/40/45 €, mit Bad und TV 45/50/55 €, online buchen!

Zara (Firenze 81. 60m n. T. 081 287 125. hotelzara.it) eröffnet mehr sozialen Spielraum. 14 Dz/3z/4z teils mit Bad, Klima und TV 45-50/60-65/70 €, F 4 €, online buchen! Bar, WiFi, Küche, alles simpel, aber okay, umsichtige Gastgeber.

Anschauen

Huuuh! Neapel ist die Stadt der frivolen bis morbiden Attraktionen. Hier gibt es heilige Blutphiolen (Dom), gruslige Weckgläser (S. Severo), pure Erotik (Museo) und Stapel von ... aber seht selbst (Fontanelle). Ladies halten das Riechsalz parat.

☺**Sparen.** Museen lassen **EU-Bürger** <18 **frei,** <25 Jahren zum halben Preis rein (junge Schweizer lassen ihren Ausweis stecken oder zahlen voll). Kulturbeflissene lieben die **Campagnia>Artecard** (T. 800 600 601. artecard.it), zu kaufen in Museen und bei EPT. Zwei von fast 20 Artecard-Versionen: Für 20 €sind drei Tage lang alle Verkehrsmittel und drei Schauplätze in Neapel & Caserta frei, die übrigen kosten 50%. Ganz Kampanien kriegt man für 27 €(<25 Jahren 20 €).

Altstadt. Im **Centro Storico** (sw vom Bhf) erlebt man zwischen angestaubten Palazzi das alte Neapel, zumal entlang der **Spaccanapoli** („Neapelspalte"), die nacheinander unter 7 Namen, z.B. Benedetto Croce, die Altstadt schnurgerade teilt.

Der **Duomo** (13. Jh.) bewahrt das Andenken an den Stadtheiligen San Gennaro, dazu sein wertes Haupt und zwei Phiolen seines Blutes. Neapels „Blutwunder" geschieht hier, am ersten So im Mai, in der Capella del Tesoro (oder auch nicht).

In der wenig besuchten **Cappella Sansevero** (Francesco de Santis 19-21. 10-18h, So -13h. 6/4 €), hinter Spaccanapoli, stehen barocke Skulpturen. Ihrer Krypta vermachte Raimondo di Sangro, ein stadtbekannter Alchimist um 1760, die Ergebnisse seiner anatomischen Experimente. Ein Appetitzügler!

Eigendynamik entfaltet auch ein Ausflug in Neapels Unterwelt. Nein, nicht ins Assessment Center der Mafia, sondern ins 80 km lange **Labyrinth von Höhlen,** die örtliche Häuslebauer seit 2500 Jahren aus dem Tuffstein gekratzt haben. 2 Std-Führungen ab Pza San Gaetano 68 tgl. 12/14/16h, Sa und So auch 10/18h.

S der Altstadt. Wenn man Jungs im Sandkasten den Bauauftrag „Festung" erteilte: ihr Werk sähe aus wie das **Castel Nuovo.** Der Junge hier hieß Karl von Anjou, sein Auftrag türmt sich seit dem 13. Jh. als Stadtburg an der Piazza Municipio, die sich den Fähren zuwendet. Dieses Kastell sammelt Pluspunkte mit Triumphbogen, **Museo Civico** (Di-So 9-19.30h. 5 €) und freiem Blick über die Bucht.

Im riesigen **Palazzo Reale** (Do-Di 9-18h. 4/2 €. Führung 3 €) hinterm Kastell residierten die Bourbonen lang genug, um genug Schriftkram (Nationalbibliothek mit 2,4 Mio Bänden & 20.000 Manuskripten) und viel Atmosphäre zu hinterlassen. Im barocken Anbau steht das **Teatro San Carlo,** eines der Top-Opernhäuser Italiens.

Vomero. Wer mehr Ruhe braucht, besteigt w des Palazzo Reale die Seilbahn **Funicolare** auf den Vomero (ab via Toledo. auch Bus 185). Dort oben im prunkvollen Kartäuserkloster **Certosa San Martino** (14. Jh.) steckt ein reizvolles Museum zur Stadtgeschichte (Di-So 9-19.30h. 6/3 €); nette Aussicht von den Gartenterrassen.

Noch mächtiger geriet das ****Castel Sant'Elmo** (14. Jh.), dessen Verliese sechs Jahrhunderte lang für Feinde des Königs gebucht waren. Bis 1952 Militärknast, seit 1998 Ausstellungen (Di-So 9-19.30h. 1 €), als Klotz nicht zu übersehen.

N der Altstadt. In würdigem Rahmen zeigt das *****Museo Archeologico Nazionale** (Pza Museo 17. 1800m w. Mo/Mi-So 9-19.30h. 6/3 €) Hauptfunde aus Pompeji und Herculaneum. Nur per Führung (4 €) gelangt man ins Geheimkabinett, in dem Kunstobjekte der alten Römer zeigen, was sie so drauf hatten, und drunter auch.

Sanità (3 km nw) war jahrhundertelang Europas ungesundestes Viertel: Camorra, Dreck, verseuchtes Trinkwasser. Folgerichtig findet man hier die makabre Ernte der Pest. Durchs Kirchlein Santa Maria del Carmine erreichbar, wurde der **Cimitero delle Fontanelle** (via Fontanelle 77. frei) im Tuffstein des Materdei-Hügels ausgehoben: stapelweise Schädel & Gebeine. 1880 flammte plötzlich eine starke volkstümliche Verehrung für die unbekannten Toten auf, in denen die Gläubigen pflegebedürftige Büßerseelen erkannten – und sie also adrett herrichteten.

Hin & weg

Vom **Bhf Centrale** (in Std) nach **Rom**-Termini *Rs* 6.37h, zweistdl. 12.30-20.48h (2½), ^{Z}*ES* stdl. 7-21h (1½). **Florenz**-Rifredi ^{Z}*IC* zweistdl. 6.14-16.30h (5), **Florenz**-SMN ^{Z}*ES* stdl. 7-19h (3¼). **Mailand** ^{Z}*ICs* 6.14h, 10.24h, 14.24h (8½), *Exs* 20.36h, 21.42h (11). **Venedig** ^{Z}*ICs* 8.24h, 12.24h (8), ^{ZR}*ICN* 20h (9).

Vesuv. Vom Centrale-UG fährt die **Circumvesuviana** (campaniatrasporti.it) halbstdl. - 22.42h nach Herculaneum & Pompeji (20/35 min. 2/3 €, frei mit Campania>Artecard).

Nach Bari gibt es keinen Direktzug, wohl aber viertelstdl. *Ds* nach **Caserta** (36 min). Dort inspiziert man den ****Palazzo Reale** (Di-So 8.30-19h. Gemächer 5 €, Parks 2 €), bei dem sich King Karl III. 1751 nicht lumpen ließ: 1200 Räume, 34 Treppen, 7 km Wege, englische Parks voller Kaskaden. Was so ein Bourbonenherz fern von Versailles eben begehrte. Zur Parkeroberung mietet man Bikes für 3 €/Std. Beeindruckt geht´s dann weiter nach **Bari**: ^{Z}*IC* 10.39h (3½), ^{ZR}*ES* 9.15h, 15.15h, 17.15h, 19.15h (3).

Halbtagsausflug: **VESUV

parconazionaledelvesuvio.it. 9 km vor den Toren Neapels liegt der **einzige aktive Vulkan** auf dem europäische Festland (1281m hoch. letzter Ausbruch 1944. Nationalpark seit 1995). Nachdem wiederholt Unglückselige in den tiiiefen Krater purzelten, ist sein Rand nur noch zu einem Drittel begehbar. Das reicht aber für Einblicke, und das **Panorama** über die Bucht von Neapel ist ohnehin edel.

Bus. Trasporti Vesuviani fegen vom Bhf Ercolano Scavi (Circumvesuviana) stdl. 9-17h halsbrecherisch die Serpentinen bis zum Ende der Straße auf 1018m rauf (30 min. Rückticket 3,50 €). Den steilen Rest (20 min) erledigt man zu Fuß und latzt zwischendurch herbe 6 € ab – lohnt aber!

***POMPEJI

13 km ö von Neapel. Bis zum 24. August anno 79 war Pompeji eine blühende Römerstadt, dann avancierte es dank einer Katastrophe zum Glücksfall für die Archäologie. Nach dem Ausbruch des Vesuv konservierte ein Leichentuch aus Asche die ganze Stadt unversehrt. Dabei hatte sie sich gerade vom Erdbeben des Jahres 62 erholt und das Meiste wieder aufgebaut. pompeiisites.org.

AACST: in der Neustadt (via Sacra 1. T. 081 850 7255) und am Südtor zur Anlage.

Schlafen. Die drei Zeltplätze in Bhfsnähe sind gut eingerichtet und oft voll. Aber es gibt ja 200m vom Bhf die prima **Casa del Pellegrino** (Duca d´Aosta 4. T. 081 850 8644. ostellionline.org). 76 Betten mit F, Dm/Dz 15/38 €, geöffnet 7-0.30h. An Hotels ab 40 €/P herrscht kein Mangel, günstiger ist nur das **Albergo Pace** (via Sacra 29. T. 081 863 6025): Dz/4z mit F 72/114 €

Planen. Imbiss für Päuschen im Schatten mitbringen, **3-5 Std** einplanen: Anlage 8.30-19.30h, Einlass bis 18h (Nov-Mär -17/15.30h). **Eintritt** 11 €, <24 5,50 €, <18 frei. **Dreitagepass** 20/10 € inkl. antiker Stätten in Herculaneum, Oplontis, Stabiae.

Antike. Was Archäologen als *Pompeji* bezeichnen, erstreckt sich über 66 Hektar. Davon wurden bislang 49 ha ausgegraben und 12 ha zugänglich gemacht, über drei **Eingänge:** An der Porta Marina Superiore beim Bhf herrscht Massenschieben, ruhiger sind Ingresso delle Tombe und Anfiteatro, 5 min links bzw. 10 min rechts vom Bhf. Letztere belohnen gleich mit Gräberstraße und **Mysterienvilla** voller Fresken bzw. mit **Amphitheater** für 12.000 Zuschauer und leerer Palästra.
Von dort dringt man ins Herz Pompejis vor. Gut 20 Häuser haben mehr als einen Blick verdient. Am meisten beeindruckt das **Forum** mit Jupitertempel und Basilika; das versteckte, griechisch inspirierte **Große Theater** mit Odeon („Kammerbühne") und Quadriportikus der Gladiatoren; und natürlich das Amphitheater.
Keinesfalls versäumt man im nw Viertel die **Villa Vettii** samt Garten; Haus des Fauns; Haus des tragischen Poeten; und das **Lupanare** (Puff) mit erotischen Malereien. Auch die Casa de Loreio Tiburtino lässt alten Luxus erahnen. Was bei der Porta Nocera im **Orto di Fuggiaschi** (Garten der Flüchtlinge) liegt, sind Gipsausgüsse jener Hohlräume, die die verwesten Leichen im Ascheblock zurück ließen ...
Circumvesuviana ab Neapel halbstdl. nach Pompei-Villa dei Misteri (35 min. 3 €).

RIMINI

100 km sö von Bologna. 135.000 Ew. 8m üNN. riminiturismo.it.
Auf halber Bahnstrecke zwischen Bologna und Ancona (je 1½ Std) bruzzelt der „Teutonengrill". In Wahrheit ist Rimini (übrigens eine Uni-Stadt) gar nicht übel, um mal neue Gesichter zu sehen, fett zu feiern (zig Events von Mai-Aug) und sich den Pelz zu bräunen. Es gibt aber nur **wenige freie Strände;** auf Hotelabschnitten herrscht Liegenzwang, da sind für zwei Liegen plus Schirm schnell 20 € weg.
Tourist Info: 50m links vom Bhf (piazzale Cesare Battisti 1. T. 0541 51 331). Hier Club-Adressen und den Weg zum besten Hostel der Italo-Adria erfragen.
Schlafen. Im **Jammin Hostel** (viale Derna 22. T. 0541 390 800. hosteljammin.com) ist alles sauber, bunt, fröhlich, neu (2005). 55 Betten, 6-8er Dm mit Bad 17-19 €, gutes F 4 € Keine Küche, heiße Duschen, TV-Lounge, Terrasse, 200m vom Strand, man spricht gut englisch. Bus 11 bis Stop 13.

Railerziel Adria? Die Fährhäfen Ancona & Bari umgeben sich mit drögen Städten. Wer aber an der Adria chillen will und es nicht ins schönere Kroatien schafft:

Party. Erzähle mir keiner, er sei wegen des (von Leonardo gefeierten) Flickerl-Brunnens **Fontana della Pigna** nach Rimini gekommen. Also: Gigi d´Agostino legt im Juli/Aug in den **Altromondo-Studios** auf, open air tanzt man im riesigen **Baia Imperiale,** dreistöckig im **Carnaby** und pyramidal im Cocorico.
→**Hin & weg.** *Rs* oder ^{Z}*ICs* stdl. nach Bologna bzw. Ancona (je 70-80 min).

SAN MARINO

☎ 00378. 27 km sw von Rimini. 27.000 Ew. 270m üNN. visitsanmarino.com.

Für Ländersammler! In der ältesten bestehenden Republik auf Erden (3. Jh.) herrscht im Sommer Geschiebe wie auf Riminis Promenade. Aber immerhin gibt es auf nur 61 qkm 1 Ufficio del Turismo (Contrada Omagnano), 1 Fußball-Nationalteam, 2 Festungen und 3 alte Stadtmauern mit Adriablick. Markensammler werden ausgenommen wie Martinsgänse.

Busse vom/zum Bhf Rimini stdl. 8-18h, *So* fünfmal (40 min).

ANCONA

92 km sö von Rimini. Reizlose Hafenstadt (95.000 Ew), in der man schnell zur Fähre will. Hängenbleiber finden **APTs** im Bhf und am Hafen (Bus 1/4 vom Bhf). Die **JH Marche** (Lamaticci 7. T. 071 422 57) liegt gegenüber vom Bhf, 1 km vom Hafen. Getrennte Dm 16 €, F-Raum mit Kaffeeautomat, sonst Selbstverpflegung.

✈**Hin & weg.** Vom Bhf (in Std) nach **Rom** *Rs* 8h, 14h, 16.50h, 19h (4), ZR*ESs* 6.20h, 11h, 15.23h, 18.17h (3). **Mailand** *Rs* zweistdl. 6.35-16.35h mit u/in Parma (6), Z*IC* 16.20h (4¾), ZR*ESs* zweistdl. 6.24-19.13h (4½). **Venedig** Z*ICs* 10.15h, 18.10h (5). **Bari** Z*ICs* 11.50h, 13.37h, 15.50h (5), ZR*ESs* zweistdl. 11-19h (4), *E* 1.37h (5).

Nach Griechenland. **Superfast** (superfast.com) nach Patras 13.30h und 19h (21 Std. Deckpassage hin/rück 52-74/88-126 €, mit Interrail Juni/Sep 15 €, Juli/Aug 30 €, Okt-Mai frei, plus Hafengebühr 6 €). Außerdem Minoan und Anek nach Patras, Jadrolinija nach Split. Fährbüros am Hafen (Pza Kennedy). Fährtipps für Interrailer und Zuschläge s. Griechenland/Serviceteil.

BARI

654 km sö von Bologna. 114.000 Ew. 5m üNN. comune.bari.it.

Seit den Kreuzzügen dient Bari als Sprungbrett für Eroberer; heute tragen sie Rucksack statt Kettenhemd. Den Wohlstand, der sich damals anhäufte, hat die ex-byzantinische Stadt gut verwaltet. Von all den Häfen nach Griechenland lohnt Bari am ehesten einen Tag Atempause.

IAT: beim Bhf (Pza Aldo Moro 32a. T. 080 524 2361. Mo-Sa 9-18h). **Jugendbüro:** fast daneben (Pza Moro 15. T. 080 521 4538), mit Gepäcklager, Duschen, Bikes.

Schlafen. Hostels haben an diesem Ort der Durchreise kein Stehvermögen. Gab schon schöne Anläufe, aber alle gaben bald auf. Jetzt versucht eine JH ihr Glück: **La Nuova Arca** (Corso de Gasperi 320. T. 080 564 8789. ostellionline.org) liegt 3 km vom Bhf (Bus 4), 8 km vom Hafen. 80 Betten, Dm mit F 21 €, Garten, Bikes.

Pensionen? In Bari liegen **Romeo** (T. 080 521 6380) und **Giulia** (T. 080 521 6630) endlich im gleichen Haus: via Crisanzio 12. Er hat geräumige Dz ab 60 €, sie ist tadellos & teurer. Wer sich nach der zugigen Fähre zentral betten will: **Murat B&B** (corso Cavour 166. 200m vom Bhf. T. 339 316 2025. bed-breakfast-bari.it) besetzt die 4. Etage (Fahrstuhl) eines Altbaus. Dz/3z/4z mit F 58/72/86 € Bus Amtab 20 zum Hafen.

Altstadt. Das bastionenflankierte **Castello Normanno-Svevo** (Pza Federico II. Di-So 9-13/15.30-19h. 2 €) stammt noch vom Stauferkönig Friedrich II., darin reißen uns Nachbildungen apulischer Fassadenskulpturen seit ca. 1077 vom Hocker.

Von Baris Basilikas (Ende 12. Jh.) gibt sich **San Sabino** arg streng, **San Nicola** (9-13/17-

19h) überzeugt dagegen, wenn es um Bodenmosaik & Hauptportal geht. Ethnologen haben ihre Freude am **Afrikamuseum** im Kapuzinerkonvent (Bellomo 94. 9-12h. frei), für das Missionare zwischen Maputo und Mombasa fleißig akquirierten: Masken, Schnitzereien, Kraal aus Mosambik.

→Hin & weg. Vom Bhf (in Std) nach **Caserta** & **Rom** ^{Z}*IC* 16.24h (4/6½), ^{ZR}*ES* 5.35h, 7h, 13.44h, 18.46h (3/4¾). **Neapel** u/in Caserta (½). **Ancona** & **Mailand** ^{Z}*IC* 11.13h (5/10), ^{ZR}*ES* zweistdl. 7-15h (4/8), ^{ZR}*ICN* 21h, 23h, ^{R}*E* 23.58h (je -/10). **Venedig** ^{Z}*IC* 5.10h direkt, 11.13h u/in Bologna (10).

Nach Griechenland. Superfast (superfast.com) nach Patras 20h (15 Std. auf Deck hin/rück 48-68/83-116 €, mit Interrail s. Ancona). Bus 20 pendelt alle 10-20 min zwischen Hafen und Bhf (20 min).

KROATIEN

✆ 00385. 56.542 qkm. 4,5 Millionen Ew. BIP 13.677 €/Ew. de.croatia.hr.

Selten sind reiche Geschichte, Dauersonne und sauberes Meer so schön vereint. Während der nördliche Landesteil samt der Kornkammer Slawonien dem Besucher wenig bietet außer Erinnerungen an k.u.k.-Zeiten und serbische Kriegsverbrechen, beeindruckt Dalmatien jeden Besucher. Finde Deine Insel und werde glücklich!

Ein Wort im Guten: Dalmatien wird als Reiseziel immer begehrter, manche Logispreise haben sich in fünf Jahren verdoppelt. Also schnell hin, sonst wird´s bald so teuer wie London. Nur viel schöner.

Schmankerl! **Bahn:** Zagreb – Split (435 km) mit wilden Schluchten. **Kultur:** Altstädte von Dubrovnik und Split. **Natur:** Adria-Nischen aufspüren, einmal Jadrolinija fahren (den ***Abschnitt Split – Dubrovnik legt sie tagsüber zurück).
Übrigens: ***Trg*** („Platz") und ***Krk*** (Name einer Insel) sind keine Schreibfehler. Im Kroatischen ist ***r*** ein Silbenträger.

Serviceteil

Kroatische Zentrale für Tourismus: Kaiserstr. 23, 60311 Frankfurt, T. 069/238 5350. Am Hof 13, 1010 Wien, T. 01/585 3884. Badenerstr. 332, 8004 Zürich, T. 043/336 2030.

Botschaften in Zagreb: D: Grada Vukovara 64, T. 01/630 0100. A: Jabukovac 39, T. 488 1050. CH: Bogovi_eva 3, T. 487 8800.

100 Kuna = 13,75 € (xe.com). Banken öffnen Mo-Fr 8-19h, in Touristädten auch Sa/So 8-12h. Für Kroatien ohne Zelt plant man 30-40 €/Tag ein, mit Inseltrips mehr. Bei Dienstleistungen hapert es oft: Viele Kroaten, auch im Tourismus Tätige, sind so damit beschäftigt, sich und ihre kleine Welt toll zu finden, dass sie für zahlende Gäste jenseits der Finanzen wenig Interesse aufbringen.

✆ Polizei 92, Notruf 94.

Bahn, Bus & Bike

Auslandszüge nach Zagreb (in Std) von **München** *ECs* 8.27h, 12.21h, *D* 23.40h (9). **Salzburg** *ECs* 10h, 14h, *D* 1.34h (7½). **Zürich** *EN* 21.40h (13). **Ljubljana** *Ds* 6.15h, 8.15h, 21.15h, *ECs* 14.35h, 16.35h, 18.35h (2½). **Prag** *EC* 9.18h (12). **Wien** *ECs* 7.26h, 16h (6). **Budapest** *EC* 6h, D 14h, *EN* 16.35h (6-7). **Sarajewo** 10.27h, 21.20h (9½). **Belgrad** *EC* 5.50h, *Ds* 10.35h, 13h, 15.35h, 21.50h (7-8).

Hrvatske Zeljeznice. Größtes Manko des dürftigen HZ-Netzes (2974 km, nur 248 km zweispurig) ist die Anbindung der Adria. Erreicht werden die Hafenstädte Zadar, Sibenik und Split, für die ***Fahrt entlang der Adria bis Dubrovnik (900 km) bleiben aber nur Busse. Dabei sind Züge billiger & komfortabler. *IC* und *ICN* erreichen das gewohnte Niveau (Reservierpflicht), den Rest teilen sich *ekspresni* (Ex), *poslovni* (P) und der Lahmsack *brzi voz*.

Das Fehlen nationaler Bahnpässe verschmerzt man bei diesen **Tarifen:** von Zagreb nach Split (435 km) 24 €, ggf. plus Zuschlag. **Interrail** kostet für drei/vier/sechs/acht Tage binnen eines Monats 69/89/119/139 €, <26 Jahren 45/58/77/90 €
Bahninfo: T. 060/333 444. hznet.hr.

Zuschläge für Interrailer: *ICN* Zagreb-Split 5 € *IC* Zagreb-Rijeka 1 €

Inlandsbusse kennen jedes Örtchen an der Adria und sind flotter als die Bahn. Zwischen Zagreb und Split verkehren tgl. 34 Busse (5-8 Std. 24-28 €). Alle Linien & Preise sind am Busbhf in Zagreb und unter akz.hr verzeichnet.
Fahrräder gibt es nur in Touri-Orten an der Adria, nie am Bhf. Achtung Diebe! Versand ist an jedem Bhf mit Gepäckschalter möglich, oder man schiebt das Rad zum Gepäckwagen, zahlt 2-4 €(Ausland 8 €) extra und fährt im gleichen Zug mit.

Schlafen

Camping. Von 120 Plätzen an der Küste öffnen viele nur Mai-Sep. Da bei großen *Autocamps* oft Strom, Parkplatz, Pipapo inklusive sind, kommt man nicht unter 8 €/P weg. Angenehmer sind Plätze mit FKK-Emblem (seit jeher beliebt in Kroatien): liebevoll, friedlich, selten über 4 €pro P und Zelt. Wildzelten ist verboten.
Hostel. **Backpackers** breiten sich zaghaft aus, während das JH-Netz von **HFHS** (T. 01/482 9294. hfhs.hr) auf sieben Herbergen schrumpfte, die auch als Infobörse dienen und pro Bett 16-25 €kosten, ohne JH-Karte plus 1,50 € Nur Zagrebs JH bleibt ganzjährig und rund um die Uhr offen.
Zimmer.. Auskunft & Zimmervermittlung: beides wird von Reisebüros wie Kompas erledigt, hier kosten Stadt/Fährpläne ein paar Kuna. Nur *Turist Biros* in großen Städten verteilen und -mitteln frei. Privatzimmer *(sobe)* kosten ab 12 €/P, *apartmani* an der Adria ab 20 €/P, bei Aufenthalt unter drei Nächten plus 30%.

ZAGREB

✆ 01. 160 km sö von Ljubljana. 780.000 Ew. 120m üNN. zagreb-touristinfo.hr.
Geistiges Zentrum Jugoslawiens war Zagreb schon immer, 1991 bekam es auch seine Hauptstadtrolle. Sein modernes Gesicht bestimmen Nike-Stores und Straßencafés an jeder Ecke. Arroganz und Nationalismus mancher Zagreber gehen manchem auf die Nerven, aber man kommt ja, um ans Meer weiterzufahren. Angaben ab dem Hauptplatz **Trg Jelaci_a** (1 km n vom Bhf).

Kurz & knackig

Tourist Info: Trg Jelaci_a 11 (T. 481 4051. 8-20h, Sa 9-17h, So 10-14h), hilfsbereit, gute Broschüren & Stadtpläne, alles frei. Filiale mit Wechselstube am Bhf.
Gepäcklager: im Bhf (24 Std. 1,50 €/Tag) und Busbhf (5-22h. 0,20 €/Std).
Waschsalon: Petecin (Kaptol 11. 400m n. Mo-Fr 8-20h, Sa -14h), und im Dom Ravnice.
Internet: Art Club (Preradovi_eva 25. 400m sw. Mo-Fr 9-22h, Sa -17h) hat Stil & Musik. Art Caffee (Tkalciceva 18. 200m n. 8-23h) für Fotodownload & DVD-brennen.
Planen. In Zagreb kann man prima die Kroatienreise vorbereiten: Nationalparksbüro (Trg

Tomislava 19. 800m s. T. 461 3586) für Plitvice-Ausflüge. Jadrolinija (Zrinjevac 20. 200m s. T. 487 3307. jadrolinija.hr) für Adriafähren. Fahrpläne für alle Züge des Landes am Bhf und für alle Busse am Busbhf.

ÖPNV. Das dichte **Tramnetz** nimmt man dank kompakter Innenstadt kaum in Anspruch. Bus/Tramtickets (1 €, an Bord 1,30 €) und **Tageskarten** *(dnevna karta.* 3,40 €) verkauft jeder Kiosk, erstere gelten ab Entwerten 90 min in eine Richtung, mit letzteren nutzt man Bus und Tram bis 4h des Folgetages. **Taxis** sind so teuer, dass die Fahrer keine Tricks nötig haben: 3 € Grundgebühr plus 1 €/km plus 20% nachts (22-5h) und am So, plus 0,70 €/Gepäckstück, plus 6 €/Std Wartezeit.

Wer aus unerfindlichen Gründen 72 Std bleiben will, lenke seine Synapsen auf die **Zagreb Card:** für 12 €gibt´s freien ÖPNV, 50% in Museen & andere Rabatte.

Schlafen & feiern

Hostels. Ohne Auto liegt kein Campingplatz diskutabel, aber es gibt inzwischen zehn „Hostels". Bester im Angebot: **Dom Ravnice** (Ravnice 38d. 3 km ö. T. 233 2325. ravnice-youth-hostel.hr) eröffnete 2004 als erstes Backpackers, ist sauber, gut geführt, mäßig situiert. 36 Betten, 4-10er-Dm 16-18 €. Küche, große Balkons, Hof zum Zelten. Tram 4 (Dubec) vom Bhf oder 11/12 (Dubrava) vom Trg Jelaci_a bis Ravnice, zwei Stopps hinterm Zoo. Tipp!

Fulir (Radiceva 3a. 30m nw. T. 483 0882. fulir-hostel.com) rückt dem Fürsten Jelacic fast auf die Pelle – näher am Hauptplatz liegt kaum ein Hostel in Europa. 16 Betten, Dm 18-20 €, Dz 50 €. Zwei Bäder, Mini-Küche, viel Dachschräge, meist Partypublikum, Schließfächer.

Buzz (Djordjevica 24/2°, Ecke Draskoviceva. 600m sö. T. 481 6748. buzzbackpackers.com) okkupiert eine Privatwohnung in einer noblen Häuserzeile. 18 Betten, 6er-Dm 18 €, Dz mit Balkon 56 €. Moderne Küche, gute Duschen, Fahrräder. Tram 4 (Dubec) vom Bhf bis Traumatologija (3. Halt).

Herberge. Die **JH Omladinski** (Petrinjska 77. 700m s. T. 484 1261. hfhs.hr) beim Bhf hat den Charme eines zertretenen Limettenkartons. 210 Betten auf fünf Etagen (Aufzug), 6er-Dm 17 €, Ez/Dz mit Waschbecken 29/42 €, mit Bad 38/52 €, ohne JH-Karte plus 1,50 €. Kein F, keine Sozialräume, keine Freundlichkeit erwarten.

❑**Zimmer..** Kein Hotel hat Dz unter 70 €. Also betet man, dass Evistas (Augusta Senoe 28. 1 km sö, nahe Bhf. T. 483 9554. evistas.hr) was vermitteln kann: Ez/Dz mit Etagenbad ab 30/45 €, nur eine Nacht plus 20%, <25 minus 20%.

Abends. Im **Gradecviertel** nw vom Trg Jelaci_a warten gute Kneipen, n davon in der **Tkalci_eva** feine Straßencafés, hier legt das wilde Nachtleben los. *Events & Performances* nennt das gleichnamige Monatsheft des Verkehrsamtes. Zum **Sommerfestival** (Juli/Aug) bedrängen Konzerte und Aufführungen die Oberstadt.

Anschauen

Nicht Mo. Sofern nicht anders erwähnt, öffnen Museen und Galerien **Di-Fr 10-17h, Sa/So -13h.** ISIC-Inhaber zahlen stets **halben Eintritt.** Vor dem Lostigern greifen wir uns im Verkehrsamt den prima Plan *City Walks.*

Oberstadt. Stets sehenswert, ergießt sich der **Dolacmarkt** bis vor den neogotischen, zwiebetürmten **Stefansdom** (1899) am Kaptol. Darin sind noch Marmoraltäre und Barockkanzeln des mittelalterlichen Doms zu erkennen, der 1880 einem Beben zum Opfer fiel; dahinter das barocke Erzbischofspalais und Reste der Stadtmauer (16. Jh.).

Gradec, der w Teil der Oberstadt, kommt dem Idealbild von Gemütlichkeit nah. Zwischen Kirchlein, Theatern und Galerien stolpert man über die farbenfrohe **Markuskirche** (11-19h. frei). Rechts davon die Nationalversammlung **Sabor** (1908), links die Präsidentenhütte **Banski Dvori** (18. Jh.), vor der am Sa/So 12h die Wachablösung steigt. Eine Uralt-Seilbahn (0,60 €) führt zum **Lotrs_ak-Turm** (Di-So 11-19h); wer ihn fehlerfrei ausspricht, darf weit in die Savaebene blicken.

Den Jezuitski trg dahinter flankieren zwei Kunstplätze: **Klovi_evi Dvori** mit guten Wechselausstellungen, und die **Galerie naiver Kunst** (1,50 €). Weitere Museen widmen sich der Landesgeschichte (Matoseva 9. 1,50 €), der Naturgeschichte (Demetrova 1. 2 €) und dem National-Bildhauer **Ivan Mestrovi_** (Mletacka 8. Di-Fr 9-14h, Sa -18h. 3 €). Am spannendsten in dieser Ecke ist aber das **Stadtmuseum** (Opaticka 20. 3 €), das im Klarakonvent (1650) modellhaft Glanztage des Gradec darstellt, auch mit dt. Erläuterungen.

Unterstadt. Im langen Park zwischen Bhf & Hauptplatz stehen vier Musentempel. Für alte Meister und die älteste Inschrift in kroatischer Sprache, immerhin von 1102, muss es die **Strossmayer-Galerie** (Trg Nikole Zrinjskog 11. Di-So 10-13h, Di auch 17-19h. 1,50 €) sein. Für ägyptische Mumien, römische Skulpturen und mittelalterliche Kunst das **Archäologische Museum** (Trg Nikole Zrinjskog 19. 3 €). Für die Blütezeit kroatischer Malerei (1850-1930) die **Moderna Galerija** (Hebrangova 1. frei).

Zagrebs Top-Museum ziert ein renaissanciges Schulpalais eine Ecke weiter w: Im ****Mimara** (Trg Rooseveltov 5. Di-Sa 10-17h, So -14h. 3 €) sind v.a. die holländi- und spanischen Meister sehenswert. Auf dem Rückweg zum Bhf baut man die Überdosis Kultur im **Botanischen Garten** (Mihanovi_eva. Di-So 9-19h. frei) ab.

Hin & weg

Züge. Vom Bhf (Trg Tomislava) (in Std) nach **Split** ᴿ*ICs* 6.50h, 11h, 15.22h (5½). **Ljubljana, Salzburg** & München *ECs* 5h, 7h, 9h, 13h (2¼/7/8½), *Ds* 18.10h, 21.10h (2½/-/9). **Wien**-Süd *EC* 7.25h, *D* 15.45h (7/6). **Budapest** *D* 10h, *IC* 15.45h (6½). **Sarajewo** *Ds* 8.55h, 21.25h (9). **Belgrad** *Ds* 6h, 9h, 11h (6½), *EC* 17h (6).

> **Schlaftipps:** nach Split *D* 22.55h (8), Zürich *EN* 18.10h (14), Venedig ᴿ*EN* 23.35h (8). Wer nach **Dubrovnik** will, greife ab Split zum Bus; die Zug/Bus-Variante über Sarajewo ist indiskutabel, da Aufenthalt im tristen Ploce von 22-4h!

Busse. Vom modernen *autobusni kolodvor* (T. 060 313 333. akz.hr. 1 km ö vom Bhf. Tram 2/6) nach Split halbstdl. 6-0.30h (5-8 Std. 24-28 €), Dubrovnik 7h, 7.30h, 19h, dazu sechs Busse 21-24h (9-11 Std. 30 €).

***Ausflug: PLITWITZER SEEN

140 km s von Zagreb. 300-1279m üNN. Dieses **weltweit einzigartige Naturschauspiel** liegt im Nirgendwo, fast an der Grenze zu Bosnien. 16 türkisene, mineralreiche Seen zwischen bewaldeten Bergen schufen sich dank Travertinbarrieren einen Mikrokosmos von Wasserfällen, Weihern & Wildwuchs. Der 295-qkm-Nationalpark (np-plitvicka-jezera.hr), bekannt aus Winnetou-Filmen, zählt zum **Weltnaturerbe,** das jährlich 1 Million Besucher

sehen wollen. Auf engen Holzplanken & Naturpfaden kann man ihnen kaum aus dem Weg gehen. Dem *genius loci* tut das aber keinen Abbruch. Finden auch die frei lebenden Braunbären.

Tourist Info: beim NP-Tor (T. 053/751 015), mit Gepäcklager. Im NP braucht man nix außer Kamera, Picknick- und Regenzeug, auch wg. Gischt. Baden ist verboten.

Besuch. Rund um den NP stehen zig Pensionen, aber keine richtigen Orte. Hier herrscht abends tote Hose, also übernachten nur Familien und graue Panther. Ist ja gut als Tagestrip ab Zagreb machbar: Park 8-19h zugänglich. Der Eintritt (15 €, Nov-Mär 9 €, <18 halber Preis) klingt teuer, beinhaltet aber alle Pendelbusse & E-Boote im Park, die man zur Bewältigung des Spektakels tatsächlich braucht.
Busse ab Zagreb stdl. 7.30-15h nach Plitvicka Jezera (2½ Std. 11 €). Für Tagestouren empfiehlt sich: hin 7.30h, 8.40h oder 10h, **zurück** 17.15h, 17.50h, 18h oder 18.40h – der nächste Bus fährt erst um 3h.

DALMATIEN

Über 1000 Inseln schlummern in der Adria. Da rein kroatisch, war der atemberaubende Streifen von Rijeka bis Dubrovnik vom „Bürgerkrieg" kaum betroffen, bis auf einige Bomben, die serbische Schwachmaten auf Dubrovnik abfeuerten. Längst sind die Schäden behoben, wenn auch nicht alle Wunden vernarbt.
Dieser raue Landstrich, bei dem sich der Mensch Glücksnischen zwischen tiefgrünem Meer und weißem Felsgewitter schuf, sorgt für Überraschungen: in Zadar mit jerichoischen Stadtmauern; in Sibenik mit viel Dampf fürs Jungvolk; in Trogir mit putzigem Mittelalter; in Split und Dubrovnik sowieso. Jedes Kaff hat einen Autocamp, an **Privatzimmern** (Juli/Aug oft mind. drei Nächte) herrscht ebenso wenig Mangel wie an einsamen Buchten mit Kieselstrand. dalmatien.info.
Bahn. Das einzige Gleis führt küstenfern (schnief!) nach Split, mit Abzweigen nach Zadar und Sibenik. **Zagreb-Split** wird derzeit speed-fest gemacht, 2006 sank die Fahrtdauer von 8 auf 5½ Std, Fernziel sind dank deutscher Hardware 4½ Std.
Durch Bosnien geht´s zwar wieder an die Adria: von Zagreb via Sarajewo nach Ploce 8.55h (9/13 Std), zurück 6.40h. Das Lagunen-Kaff Ploce bietet aber weder Badespaß noch akzeptable Busverbindungen.
Fähren. Jadrolinija (jadrolinija.hr) segelt von Ancona nach Split & Zadar, von Bari nach Dubrovnik (je 9-10 Std). Die Deckpassage kostet 40-60 €, Interrail spart uns keine müde Eurone, dazu liegen die Häfen fern der Bahn. Fazit: *Forget it!*

**SPLIT

✆ 021. 423 km s von Zagreb. 205.000 Ew. visitsplit.com.
Schon die Römer wussten, warum sie sich auf dieser langgestreckten Halbinsel niederließen. Aus Diokletians zauberhaftem Palast erwuchs nach und nach das Herz Dalmatiens. Heute dient es als idyllische Partyzentrale der Adria: Pluspunkte für Shopping, coole Cafés, Abend-Charme und Nachtleben, Minus für die mäßigen Strände. Doch wegen der vorgelagerten kunterbunten Inselwelt mit **Stränden (kein Sand) verweilt man gerne ein paar Tage. Angaben ab **Hafenpromenade** (400m nw von Bhf und Pier).

Tourist Info: Peristil (100m n. T. 345 606. Mo-Fr 9-20h, Sa -13h). Filiale an der Hafenpromenade (#12).
Gepäckaufbewahrung: beim Bhf (Obala Kneza Domagoja 6. 7-21h).
Waschsalon: Modrulj (Sperun 1. 300m w).
Internet: Games (Obala Kneza Domagoja 3. 9-22h).
ÖPNV. Stadtbusse starten am Bhf und Marktplatz, der ö an die Altstadt grenzt. Tickets gibt´s an Bord (1 €), 10er-Karten am Kiosk (8 €). Die **SplitCard** (72 Std für 5 €, ab drei Übernachtungen frei) sichert neben dem ÖPNV freien Eintritt in fünf Museen und 37 Rabatte.
Schlafen. Split meint es nicht gut mit Zeltfreunden: sein **Autocamp** (Put Trstenika. 5 km nw. T. 521 971) gleicht einer Müllkippe, der schöne **Camping Lisicina** (T. 861 332. Mai-Sep) liegt 20 km sö bei Omis.
Lange gab sich Split auch gegenüber Backpackern zugeknöpft, seit 2005 ist was in Bewegung. Oben auf der Hostel-Liste, wenn man schräge Briten mag, steht **Al's Place** (Kruziceva 10. 150m n. T. 360 148. hostelsplit.com) beim nw Eck der Altstadt. Nur 12 Betten, 18 € Küche, Schließfächer, enge Treppen, gute Ideen, Haus mit 800 Jahren Geschichte, Gastgeber auch fast. Rezeption 8-11/17-20h, Apr-Okt.
Das größere **Split Hostel** (Narodni trg 8. 100m n. T. 342 787. splithostel.com) teilt sich einen Römerplatz mit dem Ethno-Museum, lauert aber im Gässchen hinter dem Tisak-Stand. 6er-Dm 26 €(Sep-Mai 16-21 €). Perfekte Ausstattung, in australischen Händen, also party-erprobt, alles Wichtige ums Eck.
Mehr Ruhe verbreitet das **Hostel Split/Mediterranean House** (Vukasoviceva 21. T. 098 987 1312. hostel-split.com), 300m nö der Altstadt, fast Ecke Tolstojeva – das ist die Verlängerung der Zagrebacka, die vom Bhf raufkommt. Schmucklose 6er-Dm 24 €(Okt-Apr 16 €), 3/5er-Dm mit Bad 30 €
Kaum zu übersehen sind am Bhf die Frauen, die Privatzimmer *(sobe)* ab 30 € anbieten. Wegen des Überangebots haben Feilscher meist Erfolg. Das Verkehrsamt vermittelt Ez/Dz ab 40/50 € je Altstadt, desto Charme.
Abends. Split hat zig Straßencafés, doch nach Sonnenunterspaziergang und Nasenpuderpause quillt jedes über. Wer auf sich hält, nimmt den *sundowner* an der Hafenpromenade und spaziert dann am Meer entlang zum **Bacvice** (1 km ö). Hinterm Stadtstrand bleiben dort Cafés & Clubs bis in die Puppen offen.

Sommerfestival. Für Konzerte, Theater, Ballett, Opern werden im Juli/Aug Bühnen reingequetscht, wo immer die enge Altstadt das zulässt. Große Atmosphäre!

Altstadt. Dank Infotafeln vor relevanten Bauwerken wird jeder Rundgang zur Geschichtsstunde. Museen öffnen Di-Fr 9-12/18-21h, Sa/So 9-12h; Beschriftung oft nur kroatisch.
Das Herzstück der Altstadt, der *****Diokletianspalast** (3. Jh.), ist weniger Palast als Festung, deren 215 mal 180m lange Massivmauer nur von vier Wehrtürmen unterbrochen wird. Wer den Zugang ab Hafenpromenade nutzt, erlebt ausgegrabene **Kellerhallen** (10-18h. 1 €), den malerischen Arkadenplatz **Peristyl,** den offenen Dom Vestibül, den **Jupitertempel** und barocke Patrizierpaläste.
Neben dem Peristyl klotzt die neoromanische **Kathedrale** (Turm 1 €) auf den Fundamenten von Diokletians Mausoleum. Einer der Palazzi n der Kathedrale, die sich neureiche Kauf-

mannsfamilien im Mittelalter in den Diokletianspalast setzen ließen, ist das **Stadtmuseum** (Papali_eva 5. 1 €) mit reizendem Sammelsurium.

Auch jenseits der Palastmauern stolpert man ständig über Römerreste. Wer durch das Osttor austritt, landet im **Wochenmarkt.** Hinter dem Westtor schlummert indes der mittelalterliche **Narodni trg** mit Altem Rathaus (15. Jh) à la Venedig und mäßigem Ethnomuseum. Am **Archäologischen Museum** (1 km n. 1,50 €) ist besonders der Garten mit Funden aus der Römerstadt Solin zu rühmen.

Marjan. Zum Pflichtprogramm gehört die **Galerie Ivan Mestrovi_** (2 km w. 2 €). In seiner Ex-Residenz kommt das Oeuvre des National-Bildhauers, der 1946 vor Tito in die USA floh, prächtig zur Geltung. Bus 12 halbstdl. ab Trg Republike.

Und nach der Kunst kommt die Gretchenfrage: Runter an den **Marjanstrand,** wo die Dorfjugend sich tummelt? Rüber zum Jachthafen mit Nobel-Restos? Rauf auf den **Marjanhügel,** dessen schattige Pfade zu Aussicht und bescheidenem Tiergehege führen?

✈**Hin & weg.** Der **Kopf-Bhf** am Hafen erlebt tgl. genau vier Züge: nach Zagreb R*ICNs* 7.40h, 10.54h, 15.10h (5½ Std), R*D* 22.10h (8). Vom **Busbhf** (nebenan) nach Dubrovnik stdl. 6-17h; Zagreb halbstdl.; Sarajewo fünfmal (4/6/7 Std. 15/24-28/20 €).

Jadrolinija nach Starigrad auf Hvar 8.30h, 11h, 14.30h, 17h, 20.30h (1½ Std. 6 €); Dubrovnik Mo/Fr 7h (9 Std. 14-18 €). Fährtickets im Hafengebäude (8-20h).

***HVAR

✆ 021. 28 km s von Split. 13.000 Ew. hvar.hr.

Auf der schönsten Insel der Adria (2700 Sonnenstunden!) gibt´s genug Zimmer, Zeltplätze und dazu ihr ältestes Theater. Wer sich genug betört hat am Hauch von Venedig und Lavendel, faulenzt unter der Zitadelle im **Ort Hvar.** Alle folgenden Adressen liegen im autofreien Bilderbuchdorf am sw Ende der langen Insel.

> **Where the streets have...** Außer der Hafenpromenade (Riva) sind die Marmorgassen namenlos, aber jeder Hvarianer beschreibt gerne den Weg. Die genannten Vermieter holen Gäste von Fähre oder Busbhf (400m nö vom Hafen) ab.

Turist Biro: im Arsenal (Trg Stjepana. T. 741 059. 8-12/16-20h).

Gepäcklager: beim Busbhf (7-24h).

Schlafen. Die **Zeltplätze** in Vira (3 km n), Mala Milna (2 km sö. T. 745 027) und an der Nordküste in Starigrad und Jelsa (19/30 km ö von Hvar) werden gut von Bussen bedient.

Das **Green Lizard Hostel** (Lu_ica bb. T. 742 560. greenlizard.hr) am Aussichtshang wird von zwei geschäftstüchtigen Mädels geführt. 24 Betten, 3-5er-Dm 24 €, Dz mit Bad und teils Balkon 50-66 € Gut zum Kennenlernen und Chillen im Garten, je fünf min von Bus und Hafen. Juni-Okt.

Immer lauert einer der 50 Privatvermieter am Landesteg, oder man bemüht die Agentur **Mengola** (w vom Hafen. T. 742 099) wg. Zimmern mit Bad ab 40 € 200m vom Hafen bietet **Villa Sandra** (Bukainka 10. T. 741 362. hvar.com.hr) fünf Edel-*apartmani* mit 2-4 Betten, Küche, Wohnzimmer, Bad und Meerblick ab 70 €

Abends. Zur Dämmerung beleben sich Promenade und Straßencafés mit Unmengen von Menschen, die man vorher gar nicht am Ort vermutet hätte. Bands beschallen die Terrasse des Hotels Slavija, und bis 4h tobt im Fort die Techno-Lebensfreude.

Altstadt. Am venezianischen **Fort** (1551) oberhalb Hvars reizt mehr die Aussicht als die Ansicht antiker Amphoren (2 €). Flankiert wird der Ort von zwei Klöstern. Das der Dominikaner haben die Osmanen 1571 fotogen zerlegt, doch ein **Archäologisches Museum** (2 €) nimmt sich der Ruinen an. Das der Franziskaner (15. Jh.) zeigt venezianische Malerei im Renaissance-Ambiente (10-12/17-19h. 2 €).

Baden. Mit **Stränden** ist Hvar nicht üppig gesegnet, doch auf den Felsen jenseits des Freibads findet jeder sein Fleckchen. Oder man entert eines der Boote (3-4 €), die zu den FKK-Inselchen Jerolim, Stipanska und ****Palmizana** pendeln.

Ausflug! Da fast stdl. Busse den Fähranleger Starigrad ansteuern (19 km. 1,50 €), lässt sich Hvar als Tagesausflug von Split aus machen, oder Split als Tagesausflug von Hvar. **Jadrolinija** (T. 741 132) von Starigrad nach Split 7.45h, 11.30h, 14h, 17h, 18h, 20h, 23h (1½ Std. 6 €), Dubrovnik Mo/Fr 9h (7 Std. 14 €).

***DUBROVNIK

☎ 020. 235 km sö von Split. 45.000 Ew. visitdubrovnik.hr.

Schon die luftige Lage zwischen verdörrtem Steilhang, grüner Lapad-Halbinsel und türkisenem Meer macht die langwierige Anreise vergessen. Einzigartig wird Dubrovnik aber durch seine autofreie, marmorvolle Altstadt, die GB Shaw zum „Paradies auf Erden" erklärte. Ein Rundgang über ihre **Stadtmauern** am frühen Abend, wenn die Sonne all die Palazzi in Honig taucht, macht locker die Speicherkarte voll. Durch die Gassen schiebt sich derweil ein sehr eigenes Publikum: junge Familien, 1b-Jetset und Rentnergruppen, Neureiche und Altkluge, wenige Interrailer (könnte am Fehlen eines Bhfs, aber auch an den hohen Preisen liegen). Angaben ab **Pile-Tor** (1400m sö vom Busbhf, 2 km sö vom Fährhafen).

Turist Info: in Pile (Ante Starcevi_a 7. 100m w. T. 427 591. 8-20h); Gruz (sprich *Gruusch.* beim Jadrolinija-Anleger), mit Internet; und Altstadt (Placa 1. 30m ö. T. 323 350), mit gutem *Dubrovnik Guide.*

Gepäckaufbewahrung: im Busbhf (5-21h).

City Tour. Fast überall sind Tourenbusse *cheesy,* im seeehr lang gestreeckten, viel auf-und-abigen Dubrovnik freut man sich aber doch über den **Cabriobus,** der vom Pile-Tor um 9h, 10.50h, 12.40h, 14.30h (Jul/Aug auch 16.20h, 18.10h, 20h) zur **Runde zwischen Magistrala (Fotostop) und Babin Kuk aufbricht. Mit seinem Ticket (12 €inkl. Audioguide) sind auch alle Libertas-Stadtbusse frei.

Schlafen. Halbstdl. bis 1h klappern Bus 10 (Cavtat) und 16 (Plat) ab Busbhf die **Autocamps Porto** (8 km sö. T. 487 078), Matkovica (9 km. T. 486 096) und Tigar in Plat (13 km. T. 486 980) ab. Jeder liegt fast am Meer, zwei P mit Zelt 18-28 €

Betten. Reservieren! Wer hier logiert, zahlt Kurtaxe von 1 €/Tag. Die gute Luft ...

Dubrovniks **JH** (Vinka Sagrestana 3. 1100m w. T. 423 241. hfhs.hr) ist ein ruhiger Wonneproppen im Partyviertel Lapad. 82 Betten, 4er-Dm mit F 19 €(Okt-Mai 16 €), ohne JH-Karte plus 1,50 € Ganzjährig offen, vom Busbhf 400m bergan, über Steiltreppe neben Bana Josipa Jelaci_a 15-17.

Unschlagbar in der Altstadt ist **Fresh Sheets** (Smokvina 15. 400m sö. T. 091/799 2086.

igotfresh.com), weit oben an der Stadtmauer bei den *Cold drinks* (s. Feiern). 2009 unter Regie eines kanadischen Paares eröffnet, Spitzenlage, Küche, billige Cocktails, wenige Duschen. 18 Betten, 8er-Dm 28 €, Dz mit Aussicht 56 €

Am Busbhf werden oft **Privatzimmer** *(sobe)* angeboten. Das Turistbiro verfügt über eine immense Auswahl, von Juni-Sep mit Bad ab 24 €/P. Abends verrät der JH-Rezeptionist, welcher Kumpel Zimmer vermietet.

Der private **Dubrovnik Youth Service** in Gruz (Kralja Zvonimira 10. T. 437 332) hat bei seinen sieben Häusern vor allem Jungvolk im Blick: 150 Betten, Dm/Dz ab 22/60 €, zentral erst ab drei Nächten, dazu Mietbikes, -roller, -boote und -wagen.

Altstadthotels widmen sich der Yachtklientel. Günstigere Hotels liegen auf **Lapad,** Bus 4/5/7 (1 €) fährt von Busbhf und Altstadt hin.

Feiern. In der Altstadt gilt: je näher am Hauptweg Placa, desto Autsch fürs Budget. Auch sauteuer, aber unübertroffen ist die namenlose **Freiluftbar,** die s der Kathedrale zwischen Stadtmauer & Meer am Fels klebt; *Cold drinks*-Tafeln führen zum Mauerdurchgang.

Abends bersten die Altstadt und Lapad vor Straßencafés & Bars. Beim Hafen (Kumici_a) gibt´s Freiluftkino, und beim vierwöchigen **Festival** (Juli/Aug) merkt man, wie gern auch Stars anreisen: 120 Termine in der Altstadt.

Rundgang. Die meisten betreten die Altstadt durchs massive **Pile-Tor** und erkennen gleich die Gliederung des Ganzen: gradaus die überbreite Promenade **Placa (auch Stradun) zu Uhrturm und Altem Hafen. Links das mächtige ****Franziskanerkloster** (13. Jh.), dahinter treppenreiche Parallelgässchen voller Souvenirs und teurer Pizzerien. Rechts der **Onofriobrunnen** (1438) mit Klarakonvent, dahinter ein Gassengewirr voller Kirchlein & Palazzi. Wer was besichtigen will, geht beim Uhrturm (500m ö) ins **Dominikanerkloster** (9-18h. 2 €) oder den Rektorenpalast (Mo-Sa 9-14h. 2 €), mit reichem Innenleben.

Relax. Hinauf, hinauf auf Europas schönste ******Stadtmauer!** Bis zu 25m über dem Geschehen und 2500m lang, blieb sie seit dem 13. Jh. intakt. Auf diesem Steinweg (drei Zugänge. 10-18.30h. 2 €) erobert man 16 Wachtürme, darunter den prächtigen Minceta (beste Fotoecke), schaut den Einheimischen beim Leben zu und dem Meer beim Dauerwellen. Getränk mitbringen, 1-3 Std einplanen.

Lokrum. Baden bereitet schon neben dem Alten Hafen, auf Babin Kuk und in der Lapadbucht Freude. Doch wer mal von Lokrum, dem Inselchen mit felsigen Badenischen, FKK-Ecke und Klosterruine, genascht hat, will immer hin. Fähren vom Alten Hafen etwa halbstdl. 8-19h (20 min. rück 4 €); Kamera im Anschlag halten!

Hin & weg. Busse ab Gruz (600m ö der Fähre. libertasdubrovnik.hr) nach **Split** & **Zagreb** fast stdl. 6-22h (4/10 Std. 15/30 €), **Mostar** & **Sarajewo** 8h, 13h, 15h, 17h, 22.30h (2/5 Std. 10/24 €). Am Sa/So und im Aug früh buchen.

Jadrolinija ab Gruz (Obala Radi_a 40. T. 418 000) nach Hvar & Split Mo/Di/Fr/So 9h (7/9 Std. 10/12 €); auf die Schnuckel-Insel Mljet dreimal tgl. (2 Std, 4 €).

LIECHTENSTEIN

✆ 00423. 160 qkm. 35.400 Ew. BIP 77.879 €/Ew. tourismus.li.

Andere haben den Briefkasten erfunden, das (seit 1806 unabhängige) Fürstentümli zwischen Österreich und Schweiz hat entdeckt, wie aus Briefkästen Goldesel werden. Heute gibt´s im Zwergstaat mehr Firmen als Einwohner. Aber Schwamm drüber: auch weiterhin herrscht Visafreiheit nicht nur für CDU-Schatzmeister und Post-Chefs, sondern auch für Rucksackreisende. Wenn sie sich (mangels Zuganbindung) in einen der vorbildlichen Erdgasbusse bequemen.

Bikes für 16-20 €/Tag vermieten Sigi in Balzers (T. 384 2750), Martin in Mauren (T. 373 5457) und Adolf in Triesenberg (T. 262 1735).

☺**Sparen.** Wer es ernst meint mit Liechtenstein, kriegt mit dem **Erlebnispass** (zwei/sechs Tage 16/29 €) die volle FL-Ladung: alle Busse frei, dazu 25 Attraktionen, u.a. alle Museen, vier Schwimmbäder, Bikes, Tennis, Bergbahn Malbun.

Schlafen. Schön, ruhig, grasig: der **Camping Mittagsspitz** in Triesen (5 km s von Vaduz. T. 392 3677. campingtriesen.li) genießt die Sonnenseite des Lebens. 6 €/P und 4-5 €/Zelt, 16er-Dm 19 €

Zur freundlichen **JH Schaan** (2 km n von Vaduz. Untere Rütigasse 6. T. 232 5022. jugendherberge.ch) fahren Busse vom Bhf Buchs bis Mühleholz. 110 Betten mit F, 6er-Dm 22 €, Ez/Dz 38/56 €, ohne JH-Karte plus 4 € Rezeption 17-22h, Mär-Okt.

VADUZ

4 km sö vom Bhf Buchs (Schweiz). 5100 Ew. Liechtensteins Hauptort (nicht -stadt, weil ohne Stadtrecht) wird von einem Postkartenmotiv beherrscht, doch des Fürsten Schloss ist seine Privatsache. Immerhin, die feinen Wanderwege samt Aussicht darf jeder genießen. Außer in der JH gibt es Betten nicht unter 30 €

Info Center: Städtle 37 (T. 239 6300. 9-17h), mit freier Zimmervermittlung, viel Multimedia und prima FL-Filmen.

Internet: frei bei Telecom (Austr. 77).

Downtown. Das Fußgängerzönchen **Städtle** strotzt vor Kunst, Schmuck, Steuerhinterziehung. Klein aber fein: Im ****Kunstmuseum** (#32. Di-So 10-17h, Do -20h. 8/6 €), einem schwarz glänzenden Basaltklotz, hängt Zeitgenössisches aus der Sammlung des Fürsten. Freunde kleiner Zacken lieben das **Briefmarkenmuseum** (#37. 10-12/13-17h. frei). Das **Landesmuseum** (#43. Di-So 10-17h, Mi -20h. 6/4 €) erzählt u.a., warum die 80 Mann starke Landesarmee 1868 aufgelöst wurde.

Danach blinzeln Pistenhasen ins **Skimuseum** (Fabrikstr. 5. Mo-Fr 14-18h. 4 €).

Busse (lba.li) fahren von Vaduz-Post und Schaan alle 20 min nach **Sargans** (Gleis Zürich-Chur) bis 21h, **Buchs** bis 23h, **Feldkirch** stdl. 7.38-17.38h (28/17/35 min). Ein Ticket/Tages/Wochenpass kostet 1,40/5/12 €, mit ISIC 1/3/8 €

LUXEMBURG

☎ 00352. 2586 qkm. 493.000 Ew. BIP 63.076 €/Ew. visitluxembourg.lu.

*****Drei Sterne für ein beglückendes Ländchen.** Seit der Unabhängigkeit 1815 ertrotzte das Großherzogtum soviel Ellbogenfreiheit von den mächtigen Nachbarn, dass EU und Großbanken sich gern niederließen. Und doch schmeckt alles nach Provinz zwischen versprenkelten Festungen, Ardennenwald und Weinbergschneck. Fast alle Bewohner sprechen deutsch, französisch, englisch – und letzeburgisch.

Serviceteil

Verkehrsamt: Bismarckstr. 23, 41061 Mönchengladbach, T. 02161/208 888.

Botschaften in Luxemburg: D: 20 ave Émile Reuter, T. 453 4451. A: 3 rue des Bains, T. 471 1881. CH: 25a bd Royal, T. 227 4741. Luxiland unterhält elf Konsulate in Deutschland…

Euro-Land. Banken öffnen Mo-Fr 9-16.30h, Geschäfte Mo-Sa 9-18h, Do -20h. Die Siesta ist im Hinterland verbreitet. Reisen ist knapp billiger als in Deutschland.

☎ Polizei 113, Notruf 112.

Bahn, Bus & Bike

Auslandszüge nach Luxemburg (in Std) von **Trier** *RE* stdl. 5.34-23.57h (3/4). **Köln** *IC* zweistdl. 12-18h (3). **Brüssel** *IC* stdl. 5.33-21.33h (3). **Paris**-Est *TGV* 7.09h, 8.39h, 14.09h, 16.09h, 18.39h (2). **Basel** *EC* 6.38h, 12.54h, 15.54h (4). Normalpreis nach Trier 8 €, Köln 26 €, Brüssel 24 €, Paris 39 € (*TGV*-Zuschlag 3 €).

Chemins de Fer Luxembourgeois. Das niedliche 232 km-Netz erreicht 64 (!) Bahnhöfe und verteilt sich auf fünf Strecken, die alle in L-Stadt beginnen. In Bus & Bahn zahlt man 12 € für 100 km, *Sa/So* weniger; Tickets schiebt man vor dem Einsteigen ins Stempelkästchen. **Interrail** und Benelux Tourrail s. Belgien. **Dagesbilljee** (4 €/Tag), **Weekend** (6 €/Sa *oder* So) und **Oeko-Pass** (45 €/Monat) bescheren freie Fahrt in allen Bussen und Bahnen. Nett für Fünfergrüppchen: Mit **Saar-Lor-Lux** steht das Dreiländereck am Sa *oder* So bis 3h des Folgetages frei, dafür zahlt der erste Reisende 20 €, jeder weitere 10 €. **Bahninfo:** T. 4990 3379. cfl.lu.

Interrail gilt auch in CFL-Bussen. Mit der **LuxembourgCard** (10/17/24 € für ein/zwei/drei Tage, 20/34/48 € bei 2-5 P) sind alle Busse, Bahnen & Museen frei.

Busse erschließen zuverlässig, was die Bahn auslässt. Den Gesamtfahrplan verkauft jeder Bhf für 3 €, am *So* schaut´s darin mau aus. Busauskunft: T. 4990 5544.

🚲 **Bikes** mietet man u.a. in L-Stadt, die Mitnahme im In/Ausland kostet 1/10 € (*So* frei). Radkarten hat das Verkehrsamt L-Stadt, im Bhf holt man den Prospekt *Train & Vélo,* alles Weitere auf lvi.lu. Durchs Land kurven viele schöne Radwege.

Schlafen

Landesweit stehen fast 100 vorzügliche **Zeltplätze** für 3-6 €/P. Die Ufer von Mosel, Sauer und Alzette beleben sich im Sommer auch mit wilden Campern.

Die zehn **Jugendherbergen** (youthhostels.lu) sind gut erreichbar und untereinander mit Wanderwegen verbunden. Anmeldung 17-21h, auch wo die Pforte erst 23h schließt. Pro Bett mit F zahlt man 16-21 €, ohne JH-Karte plus 3 €. Meist gibt´s auch eine Küche. Von Okt-Apr sind nur die JHs in L-Stadt & Esch offen.

Hotels beginnen bei 50 €, aus der Patsche helfen Privatzimmer ab 35 €. Listen örtlicher Quartiere hat jedes Verkehrsamt.

**LUXEMBURG

51 km w von Trier. 77.000 Ew. 220m üNN. lcto.lu.

Schon für die Lage am Zusammenfluss von Alzette und Pétrusse wäre die Hauptstadt zu loben. Steile Hänge, mittelalte Mauern und malerische Zipfel teilen sich die Skyline mit EU-Protz. Angaben ab **Place d´Armes** (1300m n vom Bhf).

Tourist Info: in Bhf (T. 4282 8220) und Zentrum (30 place Guillaume II. T. 222 809. beide 9-19h); alle Dienste, Pläne & Karten sind frei.

Waschsalon: beim Bhf (31 rue Strasbourg. Mo-Sa 8-19h).

Schließfächer: im Bhf (2 €/Tag).

Internet: Cyber Beach (41 ave de la Gare und 3 rue du Curé. 10-20h. 1-3 €/Std).

Zu Fuß ist alles erreichbar, teils aber schweißtreibend. Für Kurzweil sorgen dabei Erläuterungen aus dem Audioguide, der Apr-Okt im Verkehrsamt für die **iTour** (7,50 € für 3 Std, zweiter Kopfhörer 2,50 €) gereicht wird.

ÖPNV. Zehnerkarten (10 €) für die Busse gibt´s am Bhf. Bimmelbähnchen (4 €) durchzockeln Apr-Okt die Innenstadt. Taxis kosten stadtintern 1 €/km, am *So* plus 25%. **Bikes** mietet man in der JH und bei Vélo en Ville (8 rue Bisser. 500m sö. T. 4796 2383. 10-20h. pro halben/ganzen Tag 12/20 €, <26 minus 20%).

Schlafen. Camping Kockelscheuer (22 rte de Bettembourg. 4 km sw. T. 471 815. camp-kockelscheuer.lu) glänzt mit Kunsteisbahn (!), Tennis, Kegelbahnen, Sauna, Whirlpool, Waschsalon. 4 €/P, 5 €/Zelt, Apr-Okt. Bus 2 vom Bhf bis Camping.

Die gute **JH Pfaffenthal** (2 rue du Fort Olizy. 650m ö. T. 2268 8920. youthhostels.lu) im Alzettetal wurde 2007 runderneuert. 160 Betten, Dm mit reichem F-Buffet 21 €, Ez/Dz 33/52 €, ohne JH-Karte plus 3 €. Gäste kriegen stadtweit Rabatte. Dank Nachtdienst immer Einlass. Bus 9 vom Bhf.

„Eine der besten Herbergen meiner Reise." (Renate Hertel)

Wenn die JH belegt ist (anrufen), geht man vom Bhf nur über den kahlen Vorplatz. An der rue de Strasbourg lauern die einzigen **Hotels** mit Dz unter 80 €, etwa das große **Bristol** (#11. T. 485 829) und das noch altmodischere **Bella Napoli** (#4. T. 493 367). 30 bzw. 14 Zimmer, Ez/Dz mit Bad und F 65/75 bzw. 43/55 €.

Altstadt. Über 88 Brücken (!) darfst Du gehen, um alles Schöne zu sehen. Von der mächtigen Festung blieben v.a. die **Bock-Kasematten,** durch die sich unterirdisch 23 km Wege winden (Zugang: rue Sigefroi. 11-16h. 2 €). Die Gässchen hier sind die ältesten der Stadt, die Michaelskirche ward anno 987 begonnen.

Im **Großherzogspalast** (Marché aux Herbes. 200m ö) ist die Fassade spanisch, die Führung deutsch (über Tourist Info buchen. 7 €). Im Altstadtlabyrinth um die **place d'Armes** und die geschäftige Grand Rue wimmelt es von Pfeilen, die zur nächsten Aussicht weisen. Der Park im Pétrussetal endet schnöde an der Alzette.

Das ****Nationalmuseum** (Marché aux Poissons. 280m ö. Di-So 10-18h. 5 €, <18 frei) ist für Geschichte & Kunst zuständig. Alle vier Etagen haben ihre Reize, im EG steht das Beste: ein Modell jener Befestigungen, die L'burg zum Gibraltar des Nordens machten und 1867ff geschleift wurden. Auf Liebhaber warten das **Straßenbahnmuseum** (63 rue Bouillon. Do/Sa/So 13-17h. frei) und – hallo Steuerfahnder – das **Bankmuseum** der BCEE (place de Metz. Mo-Fr 11-17h. frei).

Wer aber sehen will, wie Herr Barroso & Co. ihre Arbeit verrichten: zum **Europa-Viertel** auf dem Kirchbergplateau (2 km nö) fahren die Busse 5/13/16/18/21.

→Hin & weg. Vom Bhf (in Std) nach **Diekirch** (wg. Vianden) stdl. 8.18-21.18h (3/4). **Trier** stdl. 5.17-22.52h (3/4). **Köln** *ICs* zweistdl. 6.24-16.24h (3). **Brüssel** *ICs* stdl. 5.24-20.24h (3). **Paris**-Est ^{Z}*TGVs* 8h, 12.36h, 16.36h, 18.46h (4). CFL-Busse (Interrail frei) in alle Richtungen bis 22h.

Ausflug: MÜLLERTAL

Ihr Netz gelb markierter Wanderpfade sei das dichteste der Welt, rühmen sich Letzeburger. Im malerischen Müllertal, 30 km nö von L-Stadt zwischen Berdorf und Beaufort, glaubt man das sofort. Zwischen zerklüftetem Fels verstecken sich Burgen, Wasserfälle & Kletterhänge, in Beaufort sogar eine **JH** (rue de l'Auberge. T. 836 075. beaufort.lu. Dm 16 €). Hier lohnt aber auch wildes Zelten.

→Hin & weg. CFL-Busse von Luxemburg etwa stdl. nach Berdorf und Beaufort. Züge streifen die waldreiche Gegend nur.

**VIANDEN

11 km n vom Bhf Diekirch. Weil die Nassau-Dynastie in Vianden (1600 Ew. tourist-info-vianden.lu) an der Our ihren Ursprung hat, drängeln sich reichlich Holländer. Dies ist eine großartige Mountainbike-Gegend, vermietet wird am Busbhf, und wen die Müdigkeit packt: Vis-a-vis vom Schloss thront eine nette **JH** (Montée du Chateau. T. 834 177. youthhostels.lu. Dm 18 €).

Schloss. Das grandiose *****Castle** (10-18h, Okt-März -16h. 6/5 €) ist immer noch nicht den Steilhang auf Victor Hugos Zufluchtsort runtergerutscht. Für die vier Geschosse des schönsten Bauwerks (9.-12. Jh.) in Luxiland plane man 3-4 Std ein. Turbulent wird's beim neuntägigen **Mittelalterfest** (Aug).

Viandens Stauwehr blickt fein aufs Schloss, ein Sessellift (10-17h. 5 €) führt zum Klickklick-Belvedere, und an Viandens berühmten Asylanten 1870-71 erinnert das Victor-Hugo-Museum (Di-So 11-17h. 3/2 €) im Tal.

→Hin & weg. CFL-Busse nach Diekirch und Luxemburg stdl. 7-22h (15/55 min), Züge von Diekirch nach Luxemburg stdl. 8-20h (40 min), mit Interrail alles frei.

MAZEDONIEN

✆ 00389. 25.333 qkm. 2,1 Mill. Ew. BIP 7043 €/Ew. exploringmacedonia.com.
Der Binnenstaat von der Größe Brandenburgs und der Bergkraft Kärntens hat´s nicht einfach. Erst eine EU-Militärmission brachte sein Völkergebrodel (64% Mazedonier, 25% Albaner, dazu Türken, Roma, Serben) zur Ruhe. Dann begann mit US-Hilfe das Projekt „Frieden durch Internet": 2005ff wurde das weltgrößte W-Lan installiert, nun beherrscht zwar kaum ein Mazedonier Fremdsprachen (Fahrpläne etc. nur kyrillisch), doch fast jeder hat Netzzugang. Besuchern schlägt im karg-schönen Land weiter bittere Armut entgegen. Und herzliche Gastlichkeit!

Serviceteil

Kein Verkehrsamt im Ausland. Infos bei Mazedoniens Botschaft: Königsallee 2-4, 14193 Berlin, T. 030/8906 9522. Kaiserstr. 84, 1070 Wien, T. 01/512 8510.
Botschaften in Skopje: D: Lerinska 59, T. 02/309 3900. A: Mile Popjordanov 8, T. 308 3400. CH: Maksim Gorki 19, T. 310 3300.
100 Denar = 1,63 € (xe.com). Mit Euro kommt man gut durch.
✆ Notruf 194, Polizei 192.
Auslandszüge nach Skopje von Thessaloniki 9.44h, R17h (4). Belgrad 7.50h, 14h, 22h (4/9 Std). Vom Transitgleis dieselt nur die Strecke Veles-Bitola ab. Zuschläge sind unbekannt. **Makedonski Zeleznici** spielt mit beim Balkan Flexipass (siehe Griechenland). **Interrail** (drei/vier/sechs/acht Tage 49/69/99/119 €, <26 32/45/64/77 €) lohnt auf dem Mini-Netz nicht, wegen Ohrid kommt man an den preiswerten Bussen nicht vorbei. Bahninfo: T. 02/316 4255. mz.com.mk.

SKOPJE

✆ 02. 472 km s von Belgrad. 506.000 Ew. 250m üNN. skopjeonline.com.mk.
Auch wenn die Hauptstadt keine Schönheit ist: da mausert sich was. In der verwinkelten Altstadt (Carsija) und der Flaniermeile ul Makedonija zelebrieren gut gelaunte Menschenmassen jeden Sommerabend. Gern übersieht man da bauliche Verirrungen der Titozeit. Angaben ab **Ploshtad Makedonija** (1500m w vom Bhf).
Turist Info: am s Zugang zur Carsija (600m nö. T. 311 6854. Mo-Fr 8-19h, Sa 9-17h) und in der Fußgängerzone (ul Makedonija 39. 100m s).
Internet: Ajvar (27 Mart bb. 90m nw, gegenüber der Post. 1 €/Std), frei im Hostel.
Schlafen. Seit 2008 erfreut das **Hostel Hostel** (Ognjan Prica 18. 1400m sö. T. 322 2321. hostel.com.mk) den Durchreisenden. 18 Betten, Dm mit F 10-12 €, Dz 40 €. Gärtchen, viel Musik, Küche, Bikes, rund um die Uhr offen. 15 min vom Bhf.
Auf dem **Autocamp** (1400m nw. T. 322 8246) zwischen Vardar und Stadion zelten zwei P für 10 €. Die Turist Info vermittelt **Privatzimmer** ab 20 €/P, auf skopjeonline.com.mk steht die komplette Auswahl.
Anschauen. Skopje prickelt mäßig, aber das Flanieren durch seine **Carsija** (vier Moscheen, viele Straßenlokale) lohnt allemal. Mittendrin zeichnet das **Nationalmuseum** (Curciska 86.

Di-So 9-15h. 0,80 €) die wechselvolle Geschichte seit Alexander und Römern nach. Der benachbarte **Burghügel** erfreut mit zyklopischen Mauern, viel Grün, Überblick und **Kunstmuseum** (Di-So 9-15h. 1,60 €).

✈Hin & weg. Vom Bhf nach **Bitola** 6.13h, 14.30h, 16.40h, **Thessaloniki** 7.20h, 17h, **Belgrad** 7.40h, 13h, 20.40h (3/4/9 Std). Vom Busbhf (daneben) zehn Busse via Kicevo nach Ohrid (3 Std. 6 € am Vortag buchen).

BITOLA

229 km s von Skopje. Am Fuß von 2600ern besitzt Bitola (95.000 Ew) eine eigene Note. Jeden überwältigen die Ruinen von **Heraclea** (10 min s vom Bhf. 1 €): römische Bäder, Theater, Bischofspalast aus dem 4. Jh. Und jetzt ab nach Ohrid.

✈Hin & weg. Züge nach Skopje 6.40h, 8.43h, 16.39h (3 Std), Busse nach Ohrid stdl. (1½ Std. 1 €). Bhf und Busbhf (Gepäcklager) liegen 900m s der Altstadt.

***OHRID

✆ 046. 80 km w von Bitola. 55.700 Ew. 712m üNN. ohrid.gov.mk/index.

Ein Zipfel vom Railerparadies! Zwar ohne Zuganbindung, aber billig, schnuffig und neuerdings mit wunderbarem Hostel. Die Altstadt (fast autofrei) wimmelt von serbi- und byzantinischen Andenken. Wer nicht mit Einheimischen die **Promenade** Kej Marshal Tito (!) abjoggt, den halten 34 „Kulturdenkmäler" auf Trab, vom **Nationalmuseum** (Car Samoil 62. Di-So 10-15h. 2/1 €) über Ikonengalerien bis zur 1000 Jahre alten **Zitadelle** (9-18h. 1 €) mit Aussicht. Angaben ab **Hafen.**

Info: Reisebüros in der Neustadt (z.B. ul Partizanska. 300m nö), Cybercity in der Altstadt (Sv. Kliment Ohridski. 300m n. 1 €/Std, auch billige Ferngespräche).

Schlafen. Versteckt im steilen Altstadteck eröffnete 2008 ein in sich ruhender Finne **Sunny Lake** (11 Oktobri 15. 250m nw. T. 075/629 571. sunnylakehostel.com) – ein Hostel mit allem was das Herz begehrt. 30 Betten, Dm 10-12 €, Dz 24 €. Alles eng, sauber, designstark, Küche, Bar, Hof mit Hängematten, toller F-Balkon, Bikes. Nur Mai-Sep, danach geht der Hausherr selbst auf Weltreisen.

Vier große **Zeltplätze** liegen in 20 km Umkreis, nur Andon Dukov (4 km nw. T. 261 035) an der Straße nach Struga kommt der Stadt nahe. **Privatzimmer** für 10-15 €/P vermitteln Generalturist (Partizanska 6. T. 261 071), visitohrid.com.mk und Werber an der Promenade. Bei **Antonio** (Dejan Vojvoda 94. 900m n. T. 070/736 906. antonio_risteski@yahoo.com) im ruhigen Neubauquartier ist Familienanschluss gesichert: vier Dz/3z mit Bad, Küche & TV 10 €/P.

See. Im glasklaren Ohridsee, einem der tiefsten (288m) und ältesten in Europa, macht Baden noch Freude, die heimischen Forellen sind ein Genuss, es mangelt auch nicht an Fossilien. Je 400 qkm groß, entstand er wie sein Nachbarsee Prespa durch Tektonik in einer Schwächezone der Erdkruste, beide zählen, samt Nationalpark drumrum, zum Weltkulturerbe. Am Südende des Sees (29 km von Ohrid) steht das ****Kloster Sveti Naum** (9.-17. Jh.) mit Ikonenschatz, Badestrand und Ausflugsbooten; wg. Privatbooten ab Ohrid (2-4 €/P, mind. sechs P) hört man sich im Hostel oder an der Promenade um.

✈Hin & weg. Der neue **Busbhf** liegt 1500m nö der Altstadt; zentraler steigt man zuvor am Marktplatz (bulevar Makedonski Prosvetiteli) aus. Busse nach Skopje etwa stdl. (3 Std, über Kicevo. 6 € am Vortag buchen), Bitola stdl. (1½ Std. 1 €), Sveti Naum sechsmal bis 17h, zurück bis 19h (1 Std. 1,50 €).

MONTENEGRO

✆ 00382. 13.812 qkm. 622.000 Ew. BIP 8532 €/Ew. montenegro.com.

Zrna Gora olé! Europas zweitjüngster Staat (unabhängig seit 2006, nur der Kosovo kam später) ist kaum größer als Tirol, nimmt es an Wucht aber mit *Big Players* auf. Seine zerklüfteten Gebirgszüge gipfeln im wanderschönen **Durmitor NP** (2522m), entlang der Tara findet sich die **tiefste Schlucht Europas,** seine Steilküste ist durch **Fjorde** so sauber gegliedert, dass sich 20 Badeorte niederlassen konnten, darunter die Romantik-Enklave **Kotor** mit atemberaubendem Hinterland. Selbst das dünne Schienennetz sorgt für Aufregung: kaum eine Bergbahn ist spektakulärer als das Gleis Belgrad-Podgorica-Bar, auch wegen der **höchsten Bahnbrücke** der Welt (Mala Rijeka, 198m überm Grund). Wundert sich noch jemand, dass Montenegro seit Jahren das wachstumsstärkste Reiseland weltweit ist?

Serviceteil

Kein Verkehrsamt im Ausland. Botschaften in Podgorica: D: Herzegovacka 10, T. 020/667 285. A: Kralja Nikole 104, T. 020/601 580. CH: s. Belgrad.

Euro-Land (nicht im €-Verbund). Mit EC- und Kreditkarte kommt man an der Adria gut durch, pro Tag reichen 30 € aus. In Reiseorten fehlt es nicht an englisch- oder deutschsprechenden Montenegrinern. In Gebrauch sind lateinische Buchstaben.

✆ Notruf 94, Polizei 92.

Auslandszüge von Belgrad nach Podgorica/Bar 10.10h, 22.10h (8/10 Std). Montenegro ist kein Traumland für Interrailer. Auf der einzigen Passagierlinie, von Serbien zum Adriahafen Bar (einspurig), bieten die **Zeljeznica Crne Gore** mehr Verspätung als Komfort, von Bar zahlt man nach Podgorica (56 km) 2 €, nach Mojkovac (157 km. hier Busse durch die Tara-Schlucht) 4 €. Erste Klasse (plus 20%) lohnt ebenso wie für die Belgrad-Fahrt ein Schlafwagenbett (plus 10 €).

Schlafen. Wer ein Zelt hat, findet 22 Campingplätze vor. Ruhiger steigt man aber privat ab, in *apartmani* oder *sobe* (Zimmer) für 8-15 €/P. Angesichts der Landesgröße überrascht die Zahl akzeptabler Hotels. Adria eben.

Ans Meer. Von Belgrad per *Ex* 22.10h ins uninspirierte Bar (10 Std. Interrail frei. *Ex*-Zuschlag 1 €). Dort einen der vielen Busse nach ****Budva** (45 min. 2 €) nehmen. An einem der attraktiven Badestrände vor herber Bergkulisse aussteigen, z.B. der kiesligen Slovenska Plaza vor Budvas venezianischer Altstadt. Später Budvas berühmte Stadtmauern erobern, ein Zimmer mieten oder per Bus zurück nach Bar: hier warten schon Belgrad-Züge (10h. 21h) und Dubrovnik-Bus (10h. 3 Std, 6 €).

In **Budva** (11.000 Ew. budva.com) erfreut uns Montenegros erstes Hostel: **Hippo** (IV Proletarska 37. T. 086/458 348. hippohostel.com) liegt 20 min vom Busbhf. 24 Betten, Dm mit F 16-18 €, Dz 36-40 €. Schön, sauber, gut, Apr-Okt.

NIEDERLANDE

✆ 0031. 41.528 qkm. 16,5 Millionen Ew. BIP 31.023 €/Ew. niederlande.de.
Abgesehen von fotogenen Kühen bieten die niederen Lande hinterm Deich landschaftlich wenig Augenschmaus. Dafür umweht Neuankömmlinge schon beim Aussteigen das wohlige Klima der Toleranz.

Serviceteil

Niederländ. Büro für Tourismus: Friesenplatz 1, 50672 Köln, T. 0221/925 7170.
Botschaften in Den Haag: D: Groot Hertoginnelaan 18-20, T. 070/342 0600. A: Van Alkemadelaan 342, T. 328 2132. CH: Lange Voorhout 42, T. 364 2831.
Konsulate in Amsterdam: D: Honthorstst. 36, nahe Rijksmuseum, T. 020/574 7700. A: De Boelelaan 7, T. 471 2438. CH: Johan Vermeerst. 16, T. 664 4231.
Euro-Land. Banken öffnen Mo-Fr 9-16h, Bhfs-Schalter auch abends. Bankomaten findet man allerorten (Höchstsumme 200 €).
✆ Polizei & Notruf 112.

Bahn & Bike

Auslandszüge nach Amsterdam (in Std) von **Brüssel** stdl. 6-20h (3). Brüssel und **Paris-Nord** ^{ZR}*Thalys* zweistdl. 7-19h (2¾/4). **Köln** ^{Z}*ICEs* zweistdl. 7-19h (2½).
Nederlandse Spoorwegen. Zuverlässig und problemlos in blau-gelb: NS bedient Städte im Viertelstundentakt, auf Anschlüsse wartet man selten, auch wenn seit Teilprivatisierungen nicht mehr alles nahtlos klappt. Die Nachtpause (1-5h) entfällt zwischen Amsterdam, Den Haag & Rotterdam. Zuschlag ist nur im Auslands-*EC* fällig. Schlaf- und Liegewagen (Bett im 6/4er-Abteil 30/33 €) fahren nur ins Ausland. *IC* und *Doorgang (D)* führen bis 19h Minibars. Gepäck wird in jedem Bhf weggeschlossen (2-4 €/Tag) oder aufbewahrt (2 €/Stück).
Den Normaltarif (15 € pro 100 km) zahlt kaum jemand, angesichts der **Dagkaart** fürs gesamte Netz (42 €, mit ÖPNV 47 €). Fünf freie Bahntage in einem Monat sichert **Tourrail Benelux** (139 €, <26 Jahren 99 €. Details siehe Belgien), mehr Vielfalt bietet **Interrail Benelux** (drei/vier/sechs/acht Tage binnen eines Monats 109/139/189/229 €, <26 Jahren 71/90/123/149 €). Ein **Sparpreis 50** inkl. *ICE* kostet von/nach Köln 46 €. Die deutsche NS-Vertretung (T. 02234/273 035) hat u.a. die gute Broschüre *Holland per Bahn* mit weiteren Pässen.
Bahnauskunft: T. 0900/9292. ns.nl/reisinfo.

> **Zuschläge** für Interrailer: ***Thalys*** nach Brüssel 26 €, Paris 33 €. ***ICE*** ins Ausland 4 €. Im Land selbst gelten keine Zuschläge. Binnenzüge führen oft Kurswagen zu verschiedenen Orten, also Zielangabe am Einstieg beachten. Auf den Bahnsteig dürfen nur Inhaber gültiger Tickets; wer an Bord nachlöst, zahlt fett drauf.

ÖPNV. Mit der **Strippenkaart** wird ganz NL ein Verbund, der alle Busse, Trams, U-Bahnen in Zonen einteilt. Vor Fahrtantritt wird die Zahl der Zonen plus eins entwertet. Jede Innenstadt ist eine Zone: ergo zwei Streifen. Damit die Kiste läuft, knöpfen Kontrollettis Ungestrippten 60 € ab. Bus- und Tramfahrer verkaufen zwei Strips (1,50 €), besser holt man 15/45 Strips (7/20 €) in Bhf, Tabakladen oder Tourist Info. In A´dam und Den haag gelten 8er-Strippenkaart (6,40 €) als Tagespass.

Fietsen. Seit Erfindung des gleichnamigen Rades ist Holland das Radelziel schlechthin. Kein Berg erschwert den Tritt, 10.000 km Radwege schützen vor vierrädrigen Gegnern, der Kampf mit Meeresbrisen ist Ehrensache. Die Miete in 80 Bhfen beträgt 6/25 € pro Tag/Woche, mit Bahnkarte 5/21 €, Rückgabe nur am selben Bhf. Teurere Privatbüros haben auch Tandems. Außer Mo-Fr 6-9h und 16.30-18h darf das Rad in fast alle Züge & Fähren, für 5/8 €bis/über 80 km. Ins Ausland geht wenig für Mitnehmer (12 €), z.B. nach Deutschland nur in 16 Zügen. NBT verschenkt Radkarten aller Provinzen und 1a-Prospekte, u.a. *Cycling in Holland.*

Schlafen

Camping. Von den 1627 Plätzen ist der nächste nie weit. Bei Komfort und Preis herrscht eine enorme Bandbreite, das bedeutet bei zwei P mit Zelt 10-30 €

Hostel. Hinter dem eigenartigen Namen **Stayokay** (stayokay.com) verbergen sich 30 Jugendherbergen. Sie nehmen 13-18 €, in A´dam und Den Haag bis 24 €, ohne JH-Karte plus 2,50 € Bei Bedarf gibt es teure Bettwäsche (4 €) und Abendessen (4-8 €). Länger als drei Nächte geht nur, wenn genug Betten frei sind. Reservieren ist im Sommer ratsam. Billige Alternative sind **Backpackers,** zumal in A´dam. Anders als JHs haben sie stets auch Ez/Dz. In einigen Hostels geht der Klau um!

B&Bs, an der Küste verbreitet, sind günstiger (20-30 €/P. bbholland.com) als einfache Hotels. Für 2 €Gebühr macht jedes Verkehrsamt ein Bettchen ausfindig.

***AMSTERDAM

✆ 020. 244 km n von Brüssel. 750.000 Ew. visitamsterdam.nl.

Venedig des Nordens? Eher müsste man die Dogenstadt an der Adria „Amsterdam des Südens" nennen. Schließlich nennt die Hauptstadt der Niederlande 930 Brücken und 81 Grachten von 120 km Gesamtlänge ihr Eigen. Was Amsterdam aber so erlebenswert macht, sind seine Cafés, Coffieshops, Clubs und Spaßmöglichkeiten. Angaben ab **Dam** (Hauptplatz. 900m sw vom Bhf Centraal).

Obacht. Amsterdam ist so (un)gefährlich wie jede andere Großstadt. Drei goldene Regeln: Nachts Zeedijk und Vondelpark meiden. Fahrrad doppelt an ein Geländer schließen. Vorsicht vor Taschendieben in Hbf und anderem Gedränge.

Kiffer. Nach der Liberalisierung der Drogengesetze 1976 schossen überall Coffieshops aus der Tüte. Heute sind es über 300, doch je nach politischer Wetterlage wird auch mal gerazzt. Zuverlässig im Zentrum sind Bulldog (Leidseplein 15) und Rokerij (Singel 8). Kiffen und kaufen zum Eigengebrauch (bis 5g Marihuana oder Haschisch) wird toleriert – legal ist es nicht. Finger weg von Straßendealern!

Kurz & knackig

VVV mit Zimmervermittlung: im Bhf (Bahnsteig 2b. 8-20h, So -17h), vor dem Bhf (Stationsplein 10 (9-17h) und am Leidseplein (1400m sw. 9-17h, Fr/Sa -19h). Info-Line T. 0900/400 4040.

Internet: frei in der **Openbare Bibliotheek** (Prinsengracht 587. 1100m sw. 10-21h, Fr-So -17h). Lang im **Netcafé** (Martellarsgracht 11. 700m n. 9-1h, Fr/Sa -3h. 1 €/20 min plus Getränk). Billig bei **easyEverything** (Damrak 33. 500m nö; und Reguliersbreest. 22, nahe Rembrandtplatz. 9-22h. 144 bzw. 276 PCs. 5 €/24 Std oder 8 €/Woche!). Weitere Cybercafés stehen an jeder zweiten Ecke.

ÖPNV. In Bus, Tram, U-Bahn und Nachtbus (0-5h) wird gestrippt (siehe oben) oder der GVB-Pass bejubelt: 27/48/72/96 Std für 7/11,50/15/18 €. Dessen Tageskarte *(24-Uurskaart)* kommt billiger als Strippenkaarts, v.a. wenn man auf einem Zeltplatz absteigt. Da alles von Belang zwischen Hbf, Dam und Leidseplein liegt, siegt ansonsten der Drahtesel, trotz tückischer Tramgleise und 550.000 anderer Räder.

☺**Sparen.** Die **iAmsterdamCard** lohnt für Viel-Unternehmer und Ausflügler. Für 38/48/58 € beschert sie 24/48/72 Std lang freien ÖPNV, Eintritt in die großen Museen, eine Grachten-Rundfahrt und 25% Rabatt bei zig Attraktionen, die eine Broschüre aufzählt. Zu kaufen in VVVs, ÖPNV-Büros, Hotels und Museen.

Bikes. Mietwillige rechnen mit 50 € Kaution und achten auf ein gutes Schloss. **Amstel Fietspoint** (Julianaplein 1. T. 692 3584. Mo-Sa 7-19h) tauscht den Fuhrpark jährlich aus (Holland/Dreigangrad pro Tag 7/8 €, Woche 35/40 €). **Macbike** (T. 620 0985) hat den Vorteil dreier zentraler Filialen: am Bhf/Stationsplein 5, beim Leidseplein/Weteringschans 2-4 und Waterlooplein/Nieuwe Uilenburger 116 (alle tgl. 9-17.45h. Holland/Mehrgangrad pro Tag 10/15 €, Woche 32/48 €). Beim VVV bewaffnet man sich mit Tourentipps in die Umgebung, z.B. entlang der Amstel. **Yellow Bike** (Nieuwezijds Kolk 29. T. 620 6940) tourt tgl. durch Stadt (13.30-17h. 22 €) oder übers Land, inkl. Windmühlen (9.30-15h. 28 €).

"Unbedingt ein Radl ausleihen und Amsterdam rundherum angucken, nicht nur die überfüllte Innenstadt, denn A´dam hat schöne Parks und eine einzigartige Architektur." (Michael Bär)

Grachten. **Museumsboote** (Tageskarte 14 €) klappern ab Bhf 9-15h alle 45 min fünf Haltestellen ab, das Combiticket (20 €) enthält auch drei Museumskarten. **Canalbusse** pendeln auf drei Linien zwischen Bhf, elf Museen und Sights halbstdl. 10-19h, die 24-Std-Karte (20 €) sichert sinnvolle Rabatte, z.B. freie Eiskugel bei Ben & Jerry´s.

Tretboot. Wem das zu schnell geht: viersitzige **Canalbikes** (canal.nl) sind von 10-22h (Sep-Mai -18h) für 8 €/Std pro P zu mieten am Leidseplein, Rijksmuseum, Keizersgracht/Leidsest. und Anne-Frank-Haus. Grachtenkarte 1 €, Kaution 50 €.

Schlafen, essen, feiern

Camping. Gekifft wird auf beiden Plätzen nicht zu knapp. **Vliegenbos** (Meeuwenlaan 138. 2 km n. T. 636 8855. vliegenbos.com) liegt näher. 9 €/P, 1-4 €/Zelt, 4er-Hütten 67 €, Apr-Sep. Sein Besitzer ist ein Armleuchter mit Komm-meinem-Jaguar-nicht-zu-nah-Atti-

tüde. Bus 32/33 (nachts 361) ab Bhf bis Merelstraat.
Gaasper (Loosdrechtdreef 7. 5 km sö. T. 696 7326. gaaspercamping.nl) ist groß, sauber und für Pärchen billiger: 5 €/P, 6 €/Zelt, März-Okt. Hier gibt´s mehr Platz, überall Trinkwasser, kein Klopapier, Duschen & heißes Wasser kosten extra. U53 oder Nachtbus 357 bis Gaasperplas.

Hostels. Allein im Centrum gibt´s elf Hostels. Alle bieten bettenreiche Schlafsäle, Internet und stehen (außer JH Stadsdoelen) jederzeit offen. Allerdings bräuchte A´dam laut Studie (2008) seines Verkehrsamtes zur Deckung der Nachfrage 9000 Betten mehr. Also nicht lang fackeln!

Preisfrage. A´dams Hostelpreise sind seit 1990 explodiert wie nirgends sonst in Westeuropa: pro Jahr plus 1-3 €. Genannt sind **Onlinepreise** (teils billiger als vor Ort), weil man kaum ums **Vorbuchen** herumkommt. Wo das nicht geht, steht man zumindest **früh** auf dem Tapet. Immerhin, von Okt-Apr winken oft 20% Rabatt.

Eine Partygemeinde bevölkert das **Flying Pig Downtown** (Nieuwendijk 100. 400m s. T. 420 6822. flyingpig.nl) im zahmen Rotlichtviertel. Dm in acht Größen (4-32 Betten) 28-36 €, im Etagenbett 21-26 €, Dz mit Bad 92 €, Fr/Sa plus 2-3 €/P. Bar mit dem billigsten Bier bis 4h, zwei DJ-Nächte pro Woche, Sa *open turntable*.
Die **JH Stadsdoelen** (Kloveniersburgwal 97. 700m sö. T. 624 6832. stayokay.com) liegt im ruhigeren Rotlichtteil an einer Gracht. 170 Betten, 12-20er-Dm mit F 24 €, Fr/Sa plus 2 €, ohne JH-Karte plus 2,50 €. Küche, Waschsalon, Schließfächer, Torschluss 2h. U Nieuwmarkt oder Tram 4/9 vom Bhf.
Bob´s Hostel (Nieuwezijds Voorburgwal 92. 100m n. T. 623 0063. bobsyouthhostel.nl) dampft denkbar zentral beim Dam. 150 Betten, 10er-Dm mit Bad, F und Bettzeug 18 €, Apartments mit 2/3 Betten, Küche, Bad & TV 70/80 €. Party im Café bis 3h, nicht immer sauber, seit den 80ern verehrter Kiffertreff. Vorbuchen nicht möglich. Tram 1/2/5 ab Bhf. Tipp!
Im farbenfrohen **Flying Pig Uptown** (Vossiusst. 46. 1800m sw. T. 400 4187. flyingpig.nl) am Vondelpark werden Reisekontakte geknüpft. Dm mit 4-14 Betten 27-37 €, im Etagenbett 20-30 €, Dz 78 €, Fr/Sa plus 2-3 €/P. Vorbuchen nur online, junges Volk, gute Lage. Tram 1/2/5 vom Bhf bis Leidseplein.
Die riesige **JH Vondelpark** (Zandpad 5. 1800m sw. T. 589 8999. stayokay.com) liegt wundervoll am Park, 400m sw vom Leidseplein. 493 Betten, 4-20er-Dm mit F 24-31 €, Dz/4z 74/117 €, Fr/Sa plus 2 €, ohne JH-Karte plus 2,50 €. Hell, sattes F-Buffet, gute Rezeption, wilde Bar, Fahrstühle, Bikes. Tram 1/2/5 bis Leidseplein.
Wer „christliche Gastfreundschaft" sucht, findet sie in zwei großen, recht zentralen **Shelter Hostels** (shelter.nl): **Jordan** (Bloemst. 179. 1500m w. T. 624 4717) und **City** (Barndesteeg 21. 600m sö. T. 625 3230). 12-18/6-8/4-5er-Dm mit F 23/25/27 € (Fr/Sa stets plus 3 €), Sep-Juni minus 2-4 €. Kein Alk, kein Drogen, kein Sex, getrennte Schlafsäle, Café, Safe, Bikes. Vom Bhf Tram 13/17 bis zum vierten Halt bzw. 5 min zu Fuß.

Hotels. Das Ex-Hippie-Kuschelnest **Hans Brinker** (Kerkst. 136. 1100 s. T. 622 0687. hans-brinker.com) beim Leidseplein ist das „schlechteste Hotel der Welt" (Eigenwerbung). 550 Betten mit F, 6/4er-Dm 25/29 €, Ez/Dz/3z à la Zivilbunker mit Bad 65/81/105 €. Alles spartanisch, Rauchen erlaubt, fidele Bar mit Disco.
Prinsenhof (Prinsengracht 810. 1600m sö. T. 623 1772. hotelprinsenhof.com) veredelt eine

ruhige Ecke beim Frederiksplein. Geräumige Ez/Dz/3z mit sattem F 49/69/99 €, mit Bad 84/89/119 €. Schönes Haus am Kanal, lässige Atmo.
Greenhouse Effect (Warmoesst. 55. 700m nö. T. 623 7462. the-greenhouse-effect.com) ist ein würdiger Nachfolger der Kifferlegende Kabul. Ez/Dz/3z mit Bad und F 65-75/110-120/135 €, alle 19 Räume flippig-thematisch *(Outer Space* bis *Mary Jane),* mit TV und Safe. Rabatt für Haschisch und Getränke im Café.
Im **Arena** (Gravenzandest. 51. 1800m sö. T. 694 7444. hotelarena.nl) gilt Janis nix mehr. Jahrzehntelang kannte jeder Rucksack Europas das Sleep-In beim Weesperplein, 1997 wurden aus den Dorms (einst bis zu 100 Betten!) im Ex-Klostersaal 127 Räume im Minimaldesign, für 119-169 €, wollt´s nur mal erwähnt haben.
Essen. Beste unter den **Mensen** (Mo-Fr 12-19h. Hauptgerichte 4-6 €): Herengracht 88 und Weesperst. 5 (U Waterlooplein). Vlaams Friethuis (Voetboog 33. 300m s) frittelt von 9-18h A´dams beste Pommes. Im **Avondmarkt** (Wittenkade 94. Tram 10) kauft man von 14-24h ein: größter unter den Nachtläden.
Zweiwöchig erscheint ein **Restaurantguide** voller Rabatte. Zwei gemütliche **Indonesier** beim Leidseplein öffnen 17-2h: Bojo (Lange Leidsedwarsst. 51) hat mächtige Portionen für 8-12 €, Sedap (Korte Leidsedwarsst. 60) bereitet weniger Raffiniertes ab 6 €. Erschwinglich & **holländisch** isst man in De Keuken van 1870 (Spuist. 4. 500m s. 17-22h): Tagesmenü dreigängig 8 €. Favorit aller **Vegetarier** ist unweit davon The Green Planet (Spuist. 122. 17-24h): Gerichte 13-16 €, zum Abschluss ein Stück vom Schoko-Himmel.
Musik. Im Sommer bugsiert jede Kneipe Tische aufs Trottoir, auf dem sich Musikanten ins Zeug legen, zumal um den Leidseplein. **Paradiso** (Weteringschans 6) in einer Ex-Kirche zählt zu dessen Oldtimern. **Nieuwe Kroeg** (Lijnbaansgracht 163) bietet Salsa & Reggae. Im legendären **Melkweg** (Lijnbaansgracht 234a) gibt´s *no names* auf der Bühne, *space cakes* am Tresen.
Die **Clubszene** erwacht gegen 1h. **Escape** (Rembrandtplein 11) ist der größte am Ort, weitere wummern ums Eck. Trotz schrägen Namens: Im **Dansen Bij Jansen** (Handboogsteeg 11. 300m s vom Dam. 23-4h, Fr/Sa -5h. 0-6 €) chillen Studis seit 1979; rein nur mit ISIC, *happy hour* bis 24h.

Anschauen

☺**Sparen.** Die **Museumkaart** (35 €, <25 Jahren 17,50 €. museumjaarkaart.nl) sichert ein Jahr lang freien Einlass in über 400 Museen landesweit, inkl. aller Promis. Mit der **iAmsterdamCard** sind alle folgenden Schauplätze frei, ansonsten begann hier ein für Studi-Railer verheerender Trend: es gibt **kaum noch Rabatt** mit ISIC.

Oud Zuid. Amsterdams Attraktion Nr. 1, neben Grachten und Coffieshops, liegt 2 km s vom Dam. Im *****Rijksmuseum** (Stadhouderskade 42. 9-18h, Fr -20.30h. 11 €, <18 frei) steht die wichtigste Sammlung des Landes. Und das heißt was in diesem Land! Schon das neogotische Gebäude ist ein Kunstwerk, darin lagern neben Rembrandts „Nachtwache" u.a. 5000 Gemälde (meist 15.-18. Jh.), asiatische Kunst, Textilien, Waffen, plus reichlich Skulpturen im Garten.
Ums Eck erfreut Liebhaber moderner Kunst das **Stedelijkmuseum** (Paulus Potterst. 13) mit Cezanne, Monet und PopArt; bis 2010 wg. Umbau geschlossen. Daneben ordnet das ****Van**

Gogh Museum (Paulus Potterst. 7. 10-18h, Fr -22h. 12,50 €, <17 2,50 €), was der Herr mit dem einen Ohr so alles hinterließ.
500m ö vom Rijksmuseum dampft die **Heineken Experience** (Stadhouderskade 78. 11-19h. 15 €, kein Rabatt). Was die 1988 geschlossene Brauerei mit Natur & Technik zu tun hat? Selbst gucken, auf einer 75-min-Runde mit Schlussprobe. Im Entrée inklusive: drei Getränke, ein Heineken-Glas.
Jodenhoek. Im Alten Judenviertel (900m sö. U Waterlooplein) liegen das Muziektheater und zwei Museen. Im **Joods Historisch Museum** (Nieuwe Amstel 3. 11-17h. 8/5 €) dreht sich vieles um den Holocaust. Im **Rembrandthuis** (Jodenbree 4. 10-17h. 8/5,50 €) lebte der Meister 20 Jahre lang, die 10 Zimmer sind original erhalten, ein Flügel dient dem graphischen Werk Rembrandts & seiner Zeitgenossen.
Centrum. Wenige Schritte w vom Dam steht das ****Anne Frank-Haus** (Prinsengracht 267. 9-22h, Sep-Jun -19h. 8,50 €, Euro<26 4 €, kein ISIC-Rabatt). Wer das Tagebuch gelesen hat, wird verstehen.
Unerwartet fesselnd: das **Amsterdams Historisch Museum** (Kalverst. 92. 400m s. 10-17h. 10 €, <18 5 €) gräbt sich ideenreich durch die Stadtgeschichte. S davon stehen die porträtreiche Schuttersgalerij und der friedliche Beginenhof.
Ons Lieve Heer op Solder (OZ Voorburgwal 40. 400m ö. 10-17h. 7/5 €) ist eine Kirche, die sich unter dem Dach eines Kaufmannshauses verbarg; regelmäßig Orgelkonzerte. Aus einer anderen Richtung weht der Wind im **Cannabis College** (OZ Achterburgwal 124. 500m ö. 11-19h. frei) – gibt sogar einen Cannabisgarten unterm Dach.
Wohlgefühl ist auch Thema im kunterbunten **Sexmuseum** (Damrak 18. 400m n. 10-23.30h. 3 €, ab 16). Römische Stein-Phalli gucken sich Pornobilder des 18. Jh. an, dieser „Venustempel" ist allemal witziger als das teure Erotic Museum (OZ Achterburgwal 54).
Plantagen. Im Tropengarten **Hortus** (Plantage Middenlaan 2a. 1600m ö. 9-19h, Sep-Juni -17h. 7 €) geht´s zwischen Masken & Düften ab nach Neuguinea, zum Beispiel. Hinter Algen & Orchideen lümmelt die älteste Pflanze der Welt, eine Welwitschia aus Namibia. Auch die Bewohner & Aquarien im **Zoo Artis** (Plantage Kerklaan 38. 9-18h, Okt-Mai -17h. 18 €) wissen zu gefallen, mit Planetarium, Geo-Museum, Treibhäusern. U Waterlooplein.
Festivals. Zum vierwöchigen **Hollandfestival** (Juni) gibt es Klassik, Ballett, Theater. Das neuntägige **Roots** (Ende Juni) feiert die Weltkultur von Ska Cubano bis Gipsy Kings, im Oosterpark treten Bands aus aller Welt frei auf. Beim neuntägigen **Grachtenfest** (Aug) wagt sich klassische Musik aufs Wasser. Das **Jordaanfest** (Anfang Sep) steigt im ältesten Stadtteil, gleichzeitig feiern Melkweg und Vondelpark ihre **African Roots** (Anfang Sep). **Stagedoor** (Okt/Nov) im Soeterijn bietet Theater & Musik aus der Dritten Welt.

Hin & weg

Vom **Bhf Centraal** (Schließfächer 2-4 €/Tag, Gepäcklager, Schalter 6-22h, U-Bahn, Tram zum Dam) nach **Den Haag,** Rotterdam, Haarlem halbstdl. rund um die Uhr. **Brüssel** *IC* stdl. 6-21h (3 Std). **Paris**-Nord ZR*Thalys* zweistdl. 6.26-18.26h (4). **Berlin**-Hbf Z*IC* zweistdl. 7-15h (6). **Köln** Z*ICE* zweistdl. 8-18h (2½).

NOORDHOLLAND

Badealarm! Das Land vor Amsterdams Toren wurde der See abgetrotzt. Flach wie Pizzablech, bietet die Provinz auch Dünen, Mühlen, Blümen und kühne Müseen.

ZANDVOORT. A´dams Badewanne (27 km w) erhielt schon den EU-Preis für sauberes Wasser. Für Zandvoort (16.000 Ew. zandvoort.nl) sprechen 9 km **Zandstrand,** 47 qkm Dünen, Pavillons und ein bisschen Surfspaß.

ALKMAAR. *Say cheese!* Der gelobte **Kaasmarkt** von Alkmaar (39 km nw von A´dam. 94.000 Ew. alkmaar.nl) steigt Apr-Sep jeden Fr 10-13h auf dem Waagplein, 10 min vom Bhf. Danach erkundet man die hübsch umgrachtete Altstadt. Drei **JHs** liegen an der Küste: in Bakkum, Egmond-Binnen, Heemskerk. „Heemskerk ist ein Vorstadtidyll voller Blumen und freundlicher Menschen. Auch die JH ist okay, eine mittelalterliche Burg samt Hängebrücke und Katze, die versuchte, die Salami aus meinem Rucksack zu klauen." (Bastian Gerst)

ENKHUIZEN.. Seit 1540 wird das nette Grachtendorf (62 km von A´dam. 17.000 Ew. enkhuizen.nl) vom Droedaristurm bewacht. Das **Zuiderzeemuseum** (10-17h. 12 €) stellt unter freiem Himmel das Leben der Fischer dar, bevor der Ijsseldeich ihre Existenz zerstörte. Es liegt (Ironie der Geschichte) auf einer Ex-Insel; zu Fuß oder Boot ab Bhf.

Züge von A´dam halbstdl. 6-23.30h nach Zandvoort (30 min; u/in Haarlem), Alkmaar und Enkhuizen (45/65 min).

DEN HAAG

✆ 070. 63 km w von Amsterdam. 475.000 Ew. denhaag.com.

Als Europa ihre Sehenswürdigkeiten verteilte, hat sich Hollands grüner Regierungssitz vorgedrängt. Die Ausbeute? Drei Königspaläste, 20 Museen, das Parlament und der Internationale Gerichtshof, der sich gerne mittlere Satane (Milosevic, Charles Taylor, Karadzic) vorknöpft, die großen Teufel aber laufen lässt. Angaben ab **Bhf CS/Julianaplein.**

Tourist Info: gegenüber vom Parlament (Hofweg 1. T. 0900/340 3505. 10-18h), mit Zimmerliste, Museenführungen (3/2 €) und guten Architek-Touren (2 Std. 20 €).

Internet: Café 2005 (Denneweg 7f. 700m nw. 8-1h. 4 €/Std).

Bikes: am Bhf CS und bei Garage du Nord in Scheveningen (4 km nw. Keizerst. 27. T. 355 4060. 6 €/Tag, Tandem 11-13 €).

Schlafen. Bus 43 führt zu den Zeltplätzen **Maaldrift** (Maaldrift 10. T. 511 3688) und **Duinhorst** (Buurtweg 135. T. 324 2270. duinhorst.nl). Beide liegen im Grünen in Wassenaar (4 km n vom Bhf, 7 bzw. 3 km vom Meer) und sind billig: zwei P mit Zelt 7 bzw. 14 €. Apr-Sep. Die Campings am Meer sind erheblich teurer.

Die **JH Stayokay** (Scheepmakerst. 27. 1200m s. T. 315 7888. stayokay.com) bietet moderne Annehmlichkeiten. 4-8er-Dm mit Bad und F 26 €. Dz/3z 68/90 €. ohne JH-Karte plus 2,50 € Tram 1/9 vom CS bis Rijswijkseplein.

Rundgang. Ein Haag-Besuch lohnt schon allein wegen des *****Mauritshuis** (Plein. 600m w. Di-So 10-17h. 11 €. <18 frei). Elegante Villa, 1a-Sammlung von Vermeer bis Rembrandt, Museumscafé mit Aussicht – und hier also hängt Scarlett Johansson mit ihrem Perlenohrring. Seufz.

Den Rockzipfel der Geschichte erhascht man hinter Maurits im **Binnenhof** (10-16h. 6/5 €), in dessen ****Ridderzaal** (gute Führung) bis 1992 das Parlament tagte. Gegenüber vom Bin-

nenhof erinnern Folterkammern im **Gevangenpoort** (Buitenhof 33. Führung stdl. Di-So 10-16h. 4 €) an andere Zeiten der Wahrheitsfindung. Bis 1817 landete hier, wer dem König dumm kam.
Nw vom Zentrum (Tram 7/8 ab CS) wird die Welt verändert. Der **Friedenspalast** (Carnegieplein. 1500m nw. Führung stdl. Mo-Fr 10-16h. 4 €) mit rcichem Innenleben bietet seit 1945 dem Haager Tribunal Unterschlupf. Wer sich eine Liste aller Kriege seither anschaut, gerät ins Grübeln.
Das **Gemeentemuseum** (Stadhouserslaan 41. 3 km nw. Di-So 11-17h. 9/5 €, <18 frei) erntet Weltruhm dank umfassender Mondriaan-Schau, dazu gibt´s Picasso, ein kühnes Puppenhaus von 1743 und Musikinstrumente. Nebendran warten das **Fotomuseum** (Di-So 12-18h. 5 €, <18 frei) und Bildungs-Pop nach Art des Landes: das ****Museon** (Di-So 11-17h. 7,50/6 €) hat einen kruden Mix aus Archäologie, Bergbau, Computer, Dinos, Ethnologie, Flora usw.:

Parks. Hollands grünste Stadt drängt sich ständig für Picknicks auf, u.a. im Haagse Bos. Zum **Klingendaelpark** mit Japanischem Garten (Mai/Juni) fährt Bus 18, durch den Zuiderpark fegt am letzten So im Juni **Parkpop,** mit bis zu 200.000 Zuhörern Europas größtes Gratis-Festival.

Scheveningen. Längst von Den Haag einverleibt (Tram 8), bietet das traditionsreiche Seebad Platz für alle, und dazu die besseren Bars, Restaurants und Discos. Zum **Fest der Sandskulpturen** (Juni) rücken Maestros mit Eimerchen an.

Madurodam. Am Maduroplein (3 km n. 9-23h, Sep-Mär -18h. 15 €) steht die geschönte Realität im Maßstab 1:25. Da gibt´s Wackeltrams, Straßenlaternen, Drehorgeln, eben alles was Hollands Charme ausmacht. Tram 1/9 ab CS.

✈**Hin & weg.** Vom Bhf Centraal nach **Amsterdam** alle 15 min von 5-23h, nachts stdl. (50 min). **Antwerpen** & **Brüssel** *IC* stdl. 6.35-21.35h (1½/2 Std).

NORWEGEN

✆ 0047. 323.800 qkm. 4,8 Millionen Ew. BIP 41.116 €/Ew. visitnorway.com.
Hier führt Mutter Natur das Zepter, der Mensch lebt mit ihr in ziemlicher Harmonie. Norweger sind Individualisten und schaffen doch unverkrampfte Gruppenvergnügen wie die Winterspiele 1994 in Lillehammer.

Schmankerl! Bahn: Oslo – Bergen mit Abstecher nach Flåm. **Kultur:** Museen in Oslo. **Natur:** alle erwähnten Fjorde.

Serviceteil

Verkehrsämter im Ausland sind abgeschafft. *Viva el Internet!*
Botschaften in Oslo: D: Oscarsgate 45, T. 2327 5400. A: Thomas Heftyesgate 19, T. 2255 2349. CH: Bygdøy Allé 78, T. 2254 2390.
10 Kronen NKr = 1,18 € (xe.com). Beinahe jedes Kaff verfügt über eine Bank, die Mo-Fr 8-15.30h, Do -17h öffnet. Manches Verkehrsamt wechselt auch Geld (sogar Sa/So), nimmt aber 2-3% Gebühr. Große Postämter tun´s günstiger.
✆ Polizei 112, Notruf 113.

Fähren nach Skandinavien

Planen. Im Juni/Juli reserviert man, zumal Fr-So. Geld **nicht** auf der Fähre wechseln. Preisangaben gelten für Fußgänger. Ab Ende Aug sind Sonderpreise möglich.

Nach Dänemark. Puttgarden – Rödby (Vogelfluglinie) mit Scandlines alle 30-40 min (¾ Std. 9 €, Sep-Anfang Juni 6 €).
Nach Norwegen. Frederikshavn – Oslo-Vippetangen mit Stena 9.30h, zurück 19h (9 Std. 26 €, <14 Jahren 50%, kein IR-Rabatt, Liegen ab 63 €, Bike 13 €).
Kopenhagen-Dampfaergevej – **Oslo-**Vippetangen mit DFDS 17h (16 Std. Kabinenpflicht, 54-240 €, mit Interrail 25% weniger. Bike 10 €).
Kiel – Oslo- CL Terminalen (Pendelbus ab Hbf) mit Color Line 14h (20 Std. Kabinenpflicht, 212-500 €, kein IR-Rabatt, Sep-Mitte Juni mit ISIC 50%. Bike 8-16 €).
Hirtshals – Kristiansand bzw. **Larvik** mit Color Line je zweimal tgl. (je 3½ Std. Jul/Aug für alle 56 €, Mai/Jun/Sep 36 €, Okt-Apr 26 €, Fr-So plus 10%. mit ISIC oder Interrail halber Preis Sep-Mitte Juni. Bike 8-16 €).
Nach Schweden. Sassnitz – Trelleborg mit Scandlines 7.45h, 12.45h, 17.45h, 22.30h (4 Std. 16 €, Sep-Mai 13 €, <11 halber Preis, Bike 5-7 €).
Rostock – Trelleborg mit Scandlines 7.45h, 15h, 22.45h (6 Std. 25 €, Sep-Mai 21 €, <11 halber Preis, Bike 1-2 €).
Travemünde – Trelleborg (Bus zum Bhf Malmö) mit TT Line 3h, 10h, 16.45h, 22h (7 Std. 30 €, ISIC/<12 15 €, Bike 5 €, Liegen ab 25 €).

Frederikshavn – Göteborg mit Stena viermal tgl. (3½, mit *HSS* 2 Std. 21-26 bzw. 35-42 €, mit GöteborgCard frei, kein IR-Rabatt, <14 33%, Bike 12-23 €).

☺**Sparen.** Tipp für Spar-Railer: der 20-min-Hüpfer Helsingør/DK – Helsingborg/S (mit Scandlines 7-22h alle 20 min, nachts halbstdl.) ist mit **Interrail frei.** Umsteigefrei sind die Lokalzüge Kopenhagen – Malmö über die Kattegatbrücke.

Info: scandlines.de. color-line.de. stenaline.de. ttline.de.

Reisen in Skandinavien

Dieser Abschnitt gilt für Norwegen, Schweden und Finnland.

Reisezeit. Juni & Juli bieten Sommerspaß mit langen Tagen und viel Sonne, bis Mitte August der Herbst einfällt und das Thermometer schwer erbleicht. N ist feuchter und windiger als S oder SF, **Regenzeug** also ein Muss. Am Wochenende wirken viele Städte wie ausgestorben.

Schlafen. In S, N und SF ist **wildes Zelten** erlaubt. Im Sommer bleibt es nachts unter dem Zeltdach hell – Schlafmaske mitbringen. An jedem See wimmelt es von **Mücken** – Abstand halten. **Zeltplätze** haben gepfefferte Preise, aber auch viel Komfort mit Sauna, Gaskocher, Waschmaschine, Angeln und zwei/vierbettigen Holzhütten *(hytters).* **Hotels** sind für Railer unerschwinglich, aber immerhin herrscht an **Jugendherbergen** und Hostels kein Mangel. Jeder nutzt sie, gleich welchen Alters, also reserviert man im Juni/Juli. Die JH-Karte ist nie nötig, macht die Sache aber 2-3 € billiger. Wandererheime (oft im Schulhaus) und reguläre JHs sind von 10-16h dicht. Schlafsäcke bringt man mit, Laken leiht man aus.

Planen. Viele JHs und Zeltplätze öffnen nur **Mitte Juni bis Ende Aug.**

Essen. Essengehen ist sündhaft teuer. Also packt man Proviant ein und speist viel Fisch, z.B. *laks* oder *sills* (Hering). Gaskartuschen sind rar. Von 11-14h servieren viele Restos günstige Menüs, abends (meist ab 19h) kostet dasselbe glatt das Doppelte. Trinkfeste Biergenossen sollten auf Halbliterpreise ab 5 € gefasst sein. Discos und sonstige Vergnügen sind auch nie bescheiden. Im teuren ganzen nimmt Norwegen knapp die Spitze ein.

Bahn, Boot & Bus

Auslandszüge nach Oslo (in Std) von **Göteborg** *Mo-Fr* 6.45h, 12.44h, 17.48h, *Sa* 8.39h, 16.40h, *So* 12.44h, 17.48h (4). **Stockholm** *Mo-Fr* 8.30h, 12.30h, 14.30h, *Sa* 8.30h, *So* 14.30h (6).

Zuschläge für Interrailer: *IC* Oslo-Stockholm 3 € *Fernzüge* national 6 €

Norges Statsbaner. Das Mini-Netz (3842 km) ist dermaßen auf Oslo ausgerichtet, dass keine einzige Querspange besteht. Im Großraum Oslo herrscht Taktverkehr, die übrigen Strecken werden zwei- bis fünfmal tgl. bedient (am So noch seltener), jeweils plus einem Nachtzug. Auf Langstrecken gibt es Bistrowagen *(meny),* jeder Bhf hat freie Fahrpläne *(togruter),* Cafeteria und Wechselstube.

NSB verfolgt ein radikaldemokratisches Konzept, das z.B. von Spaniens Renfe Lichtjahre entfernt ist. Es gibt nur eine Klasse und nur **drei Zugarten:** *lokaltog* für Nahziele, *regiontog (R)* in die Ferne, *Sove* für die Nacht. *Rs* ab Oslo führen auch *Komfort*-Abteile (plus 9 €) mit freiem Kaffee und Laptopbuchse an jedem Platz. In *R* und *Sove* sind Platzkarten (6-9 €) nötig; wer ohne einsteigt, zahlt mehr an Bord.

Schlafen? NSB-Sitze sind selten verstellbar, Ratzversuche im Großraumwagen mühselig (Liegesessel plus 12 €) und die neuen Schlafwagen teuer (2bett-Abteil 92 €, nur kpl. buchbar). Immerhin kriegen *Sove*-Gäste dazu ein Buffet-F im Bhf-Kafé.

Tarife sinken mit der Streckenlänge. Oslo-Bergen (451 km) kostet 86 €. Dank **Minipris** (bis 24 Std vor Abreise bei NSB) warten in jedem Zug ein paar Plätze zum Pauschalpreis von 22-44 €. ISIC verschafft 25% Rabatt, **Interrail N** kostet für drei/vier/sechs/acht Tage binnen eines Monats 189/209/269/299 €, <26 Jahren 125/139/175/194 €. **Bahninfo:** T. 8150 0888. nsb.no.

Rabatte mit **JH-Ausweis:** Båtservice Oslo 50%, Flaggruten Bergen-Stavanger und Hardangerfähren 25%, Stenafähren 10%. Mit **Interrail:** Busse in Nordnorwegen, Flåm-Bahn und einige Fjordboote je 50%; komplette Liste auf der IR-Broschüre.

Boote. Norwegens Topographie räumt dem Schiff Vorteile ein. Im Fjordgebiet ist es nicht nur am schnellsten, oft gibt es keine Alternative. Fähren verkehren Jun-Aug häufig, oft bis 23h. Die **Hurtigruten** (hurtigruten.de) folgt von Bergen zum Nordkapp hübsch der Küste und packt auch Bikes ein, ist aber nicht ganz billig.

Busse. **NorWay-Express** (T. 8154 4444. nor-way.no) bedienen jeden Elchstall. Reservieren ist meist überflüssig, gezahlt wird beim Fahrer: rund 20 € für 100 km, je länger, desto relativ billiger. Oslo-Bergen kostet 84 €, mit ISIC 63 €, <15 42 €.

Bikes sind ein Fall für eiserne Burschen. Dauernd geht es rauf und runter, fast nie mit Radweg, fast immer mit Wind als ungeladenem Begleiter. Also gibt es Bikes nie am Bhf, selten in JHs oder Radhäusern. Die Mitnahme im Zug ist seit 2009 riiichtig teuer: halber Standardpreis (Radticket nur am Bahnschalter), max. 20 €, in Bergen-Zügen Mai-Sep generell 20 €. Im *Lokaltog* dürfen pro Wagen zwei Bikes mit (nicht reservierbar), im Regiontog insgesamt vier Bikes (nur mit Radticket).

Schlafen & überleben

☺**Sparen.** Im Norden darf man **wild zelten,** aber mind. 150m von Siedlungen weg und nie in Waldnähe, da dort Lagerfeuer verboten sind – und die brauchen wir zur Mückenabwehr! Dazu gibt es viele Nachtzüge (wer im Liegesesessel schlafen kann) und wenige Bahnhöfe, an denen sie halten.

Zeltplätze (6-15 €) sind meist skandinavisch sauber, selbst ihre Küchen. Je weiter nördlich, desto herrlicher die Lage. Oft werden Boote, immer *hytters* ab 40 € vermietet. Das sind Ferienhäuser mit Kochplatte, Kühlschrank und 2-6 Betten – ab vier Nasen eine tolle Alternative zur JH. Liste der 1400 Plätze unter nafcamp.com.

Hostel. Nirgends gibt es teurere **Jugendherbergen** (vandrerhjem.no), ein Bett kostet 16-30 €, in Svalbard gar 38 €, *aber auf Spitzbergen fährt ja kein Zug*. Wegen 3 € Zuschlag für Nichtbesitzer lohnt eine JH-Karte ab fünf Nächten. Interrailer zahlen denselben Preis wie JH-Mitglieder, ohne Schlafsack blecht man 6-8 € für Laken. Viele JHs bieten auch Ez/Dz, kennen keine Altersgrenze und öffnen 7-23h, in ihren Küchen sucht man vergebens nach Töpfen, Geschirr oder Besteck. Die Zahl unabhängiger **Backpackers** (backpackers.no) nimmt konstant zu: schon 22 Häuser pfeifen auf JH-Regeln und Torschluss.

B&B. Privatzimmer konkurrieren preislich mit JHs: Ez/Dz ohne F ab 30/45 € Sie liegen aber oft außerhalb; einfach dem *røm*-Schild folgen. Im Norden helfen Fischerhütten *(rorbus)*, auf romantische Art eine Nacht zu verbringen.

Essen. Um die exorbitanten Essenskosten zu dämpfen, grillt man im Fischerhafen gekauften Fisch und Meeresgetier, lässt sich Kaffee/Tee in Cafeterien frei nachschenken und greift beim reichen Frühstück *(frokost)* zu. Das hält bis zum Abendessen *(middag)* gegen 18h vor. *Kjøttkaker:* Frikadellen. *Dyrestek:* Rentierbraten. *Farikal:* Hammelragout mit Kohl. *Rakørret:* Lachsforelle. *Røkalaks:* Lachs mit Spinat oder Rührei. *Klippfisk:* getrockneter Kabeljau.

**OSLO

527.300 Ew. 573 km w von Stockholm. visitoslo.com.

Täterätä! Im Sommer 2006 wurde es offiziell: Oslo ist laut *Forbes* die teuerste Stadt der Welt, noch vor Tokio & Moskau. Darauf sind Norweger irgendwie stolz, weil ihre zerfranste Hauptstadt sonst kaum Preise einheimst, jedenfalls nicht für Schönheit. Einen Sympathiepreis täte ich Oslo dagegen sofort schenken: Im Sommer geht es spät zu Bett, nutzt lieber lange Abende und mildes Wetter für Streifzüge. Und das mit den Preisen? In der Krise rutschte Oslo aus den Top-Ten der Forbes-Liste 2009. Angaben ab **Bhf Sentral,** am ö Rand des Zentrums.

Kurz & knackig

Tourist Info: neben dem Bhf (Trafikanten Centre. Jernbanetorget 1. T. 8153 0555. 7-20h) und am Rathaus (Fridtjof Nansen plass 5. 9-19h, Sep-Mai Mo-Sa 9-17h). Beide verschenken *Oslo this week.*

Jugendinfo: Use-It (Møllergata 3. 400m w. T. 2414 9820. use-it.no. Mo-Fr 9-18h). Jede erdenkliche Info, coole Leute, freies Internet, **unverzichtbar** für Railer!

Waschsalons: Selva As (Ullevålsveien 15. 900m nw. 8-21h, Sa -15h) und Snarvask Nguyet (Thorvald Meyers gate 18. 10-20h, Sa -15h).

Gepäcklager: bei Use-It (frei), außerdem Schließfächer im Bhf (2-5 €).

Cybercafés: Arctic (im Bhf. 8-24h), Coffee & Juice (Ovre Slottsgate 20. 400m w. 10-1h) und Studenten (Karl Johansgate 45. 12-18h) nehmen 3-4 €/30 min.

☺**Sparen?** Mit dem **OsloPass** (24/48/72 Std für 25/36/47 €, <15 Jahren 11/13/17 €) sind ÖPNV, Museen und viele Attraktionen frei. Lohnt nur, wenn man viele Museen besucht. Mit ISIC winkt sowieso oft Ermäßigung.

ÖPNV. Alles Sehenswerte ist zu Fuß erreichbar. Gottseidank, denn in den fünf U-Linien (T-Bane), Trams & Bussen kosten Tickets an Bord 3,60 €, am Automaten 2,40 € Sie gelten eine Std, inkl. umsteigen. Wer ohne fährt, könnte mit 90 € Nachzahlung konfrontiert werden. Da gibt man lieber 7/24 € pro Tages/Wochenkarte aus (gilt bis 1h) oder 18 € pro Achterblock *(Flexi Card)*. Fr/Sa von 24-6h fahren *Nattlinjer*-Busse die Tramlinien ab (6 €). **Trafikanten** beim Bhf (trafikanten.no. 8-20h) hat freie Fahrpläne und den unverzichtbaren Netzplan *Sporveiskart.*

Taxis sind toiiier: Grundgebühr 6-12 €(!) plus 2 €/km plus ggf. Nachtzuschlag.

Radeln & Sparen. Oslo stellt seinen Gästen 1000 Citybikes an zig zentralen Standplätzen **frei** zur Verfügung. Dafür kauft man im Verkehrsamt eine Kautionskarte (6 €, gilt ein Jahr). Nach max. 3 Std muss das Bike an einem beliebigen Standplatz wieder angedockt werden, man darf aber gleich das nächste nehmen.

Bikes. Den Rustne Eike (Oscarsgt. 32. 2 km w. T. 2244 1880. Mo-Fr 9-16h) hat Touren- und Mountainbikes für 12-24 €/Tag, dazu Radkarten und Tourentipps.

Schlafen, essen & feiern

Camping. Der wunderbare **Ekeberg** (Ekebergveien 65. 3 km sö. T. 2219 8568. ekeberg-camping.no) am Stadtrand hat prima Ausstattung & Aussicht. 18 €/Platz, kaum Schatten, Rezeption 7-23h, Juni-Aug. Bus 34/46 alle 15 min vom Bhf.
Auch **Bogstad** (Ankerveien 117. 9 km nw. T. 2251 0800. bogstadcamping.no) bietet alle Notwendigkeiten, plus Badesee und Ruhe. 16 €/Platz, kleine Vierbett-Hytter nur 50 €, ganzjährig. Bus 32 Voksen Skog vom Bhf und Nationaltheater.

Planen. In JHs sind Schlafsäcke aus sanitåren Grønden verbøten. Wer kein Laken hat, muss es **für 6 €** mieten! Preisangaben mit JH-Karte. Ohne wird´s **3-6 €** teurer.

Herbergen. Schön & teuer: Das **Haraldsheim** (Haraldsheimveien 4. 4 km n. T. 2222 2965. haraldsheim.no) genießt im Grünen den Blick über die Stadt. 268 Betten mit F-Buffet, 4er-Dm 23 €, mit Bad 25 €, Ez/Dz 39/51 €, mit Bad 45/59 €, ganzjährig. Tram 12/17 vom Bhf bis Sinsenkrysset.
Im **Rønningen YMCA** (Myrerskogveien 54. 6 km n. T. 2102 3600. oslohostel.com) beim Wandergebiet Marka kommt man am billigsten weg. 131 Betten mit F, Dm 19 €, Ez/Dz/3z 37/51/85 €, nur Mai-Mitte Aug. Tram 10/12 oder U5 bis Storo, dann Bus 55 bis Grefsen; oder Bus 56 Solemskogen stdl. bis Rønningen.
Holtekilen (Micheletsvei 55. 10 km sw. T. 6751 8040. hihostels.no) sichert Ruhe im modernen Schulgebäude in Stabekk. 200 Betten mit F, Dm 23 €, Ez/Dz/3z mit Bad 45/59/78 €, 5er-Apartment mit Küche 25 €/P. Anmelden 17-22h, nur Mai-Aug. Bus 151/161bis Kveldsroveien oder Vorortzug bis Stabekk (10 min).
Hostels. Auch wenn das **Anker Hostel** (Storgata 55. 600m n. T. 2299 7200. ankerhostel.no) bei Grünnerløkka von außen wenig hermacht, ist es hell, fein, zentral. Ruhige 6/4er-Dm mit Bad 22/25 €, Dz 60 €, Laken 6 €, gutes F 6 € Ikea-Design, nette Menschen, ganzjährig, Sep-Mai ab 24h dicht. Nach vorne hin steht das simple **Anker Hotel:** Ez/Dz 65-100/90-130 €– das ist billig für Oslo. Tram 11/12/13/15 oder Bus 30/31/32 vom Bhf bis Hausmannsgate.
Das schöne **Cochs Pensjonat** (Parkveien 25. 1800m nw. T. 2333 2400. cochspensjonat.no) liegt im ruhigen Botschaftsviertel hinterm Schloss. 205 Betten, Ez/Dz/3z 51/73/93 €, mit Bad und TV 62/84/107 €, plus Kochzeile 68/92/114 € Tram 17/18 vom Stortorget bis Dalsbergstien.
Zimmer.. Das Verkehrsamt im Bhf (5 €) und Use-it (frei) mühen sich redlich, Betten ohne F ab 30 €aufzutreiben. Auf bbnorway.com stehen 20 B&Bs im Zentrum.
Essen. Selbstversorger kaufen im Araberviertel beim Munchmuseum oder im Asiaten-

viertel Grønland (500m nö) hinterm Busbhf. **Peppe's** (peppes.no) bietet „Billigpizza" (30 cm-Modell 15-22 €) zum Kerzenschein an fast jeder Ecke jeder Stadt.
Die Freiluftlokale im Frognerpark (3 km nw) öffnen bis spät. **Straßencafés** stapeln sich zwischen Karl Johans- und Stortingsgate. Auch die Rådhusgata bleibt bis 2h locker, ihr Studententreff heißt Kafé Celsius (#19). **Vegetarier** atmen auf in Vertshus (Munkedam 3b. 900m w. U Nationaltheatret. 11-21h) und Krishna (Kirkeveien 59b. 3 km nw. U Majorstuen. Mo-Fr 12-20h): SB bzw. all-you-can-eat für 13 €
Termine. Zum fröhlichen **Reggaefest** (Juni) gibt es auch Kunst und Polit-Infos auf Kalvøya, 13 km vor Oslo. Die **Summer Parade** (letzter Fr-So im Juli) bringt mit Techno in/outdoors alle zum Schwitzen. Der **Norway Cup** (erste Aug-Woche) in Ekeberg ist das weltgrößte Fußball-Event für Jugendteams, und die verbinden das mit viel Party. Seriöser sind das **Øyafestivalen** (Mitte Aug) mit Alternativ-Acts im Medieval Park, das einwöchige **Jazzfest** (Ende Aug) und das zweiwöchige **Ultima Festival** für zeitgenössische Musik (Okt). Beim zehntägigen **Films from the South** (Okt) kommen aktuelle OmUs aus Asien, Afrika, Lateinamerika groß raus.

Anschauen

Schauen & ☺Sparen. Preisangaben für Erwachsene/ISIC-Inhaber. Mit JH-Karte sind einige Museen frei – fragen. Von Sep-Mai ist alles kürzer offen.

Zentrum. An Sommerabenden blüht die **Karl Johansgate,** die vor dem Bhf loslegt, auf. Da teils autofrei, ist sie unter Straßenmusikern beliebt. Die **Domkirke** (Mo-Sa 10-15h. frei) wurde im 19. Jh. runderneuert, mit Flügelaltar und Deckenfresken.
Die **Nasjonalgalleriet** (Universitetsgata 13. Di-So 10-18h, Do -20h. *frei)* bei Karl Johans w Ende (U Nasjonaltheatret) hat die größte Sammlung norwegischer Kunst, dazu Schönes aus Europa, u.a. Gauguin, Cézanne, Monet. Gegenüber davon zeigt das ****Historisk Museet** (Frederiksgate 2. Di-So 10-17h. *frei)* Raffiniertes aus Wikingerstätten, Münzen seit 995 usw., dazu Ethnographisches aus Afrika, Asien & Ozeanien. Tram 11/17/18 bis Tullinløkka.
Festung. Für die **Akershus Festning** (600m sw. 6-21h. *frei)* erkor Håkon V. 1299 die Halbinsel oberhalb des Hafens aus. Über die Zugbrücke kann man frei reinspazieren und sich im Park verlustieren, im Sommer finden darin Konzerte & Theater statt. Durchs Schløsschen (10-17h. 4/1 €) führen kostümierte Studenten anekdotenreich, das **Hjemmefront Museet** (10-17h. 3/1,50 €) dokumentiert den Untergrundkampf gegen die Nazis, die sich in der sehenswerten Festung eingenistet hatten.
Kvadratur, der Stadtteil bei der Festung, ist historisch und kulturell versiert. In ganz Skandinavien trug das **Nasjonal Museet** (Bankplassen 4. Di-Fr 10-18h, Do -20h, Sa/So -17h. *frei)* eigenwillige zeitgenössische Kunst-Stücke zusammen. Tram 12 bis Christiania torv.
Tøyen. Im **Munch Museet** (Tøyengata 53. 1500m nö. 10-18h. 8/4 €) hängt zwischen 5000 Gemälden und Zeichnungen des Nationalmalers Edvard Munch auch „Der Schrei", wenn er nicht gerade entführt ist wie 1994 oder 2004ff. Vor der Tür, im hübschen **Botanisk Hage** (Botan. Garten. Sarsgate 1. 7-20h. *frei),* geht es museal auch um Zoo-, Geo- und Paläontologie (je Di-So 11-16h. 6 €). U Tøyen.
Frognerparken. Frisbeewiesen, schattige Alleen, Ententeiche: Oslos grüne Lunge (3 km nw. jederzeit *frei)* ist Norwegens meistbesuchte Attraktion (1 Mio. Besucher jährlich). Die 200

kolossalen Bronze- und Granitstatuen entlang des Hauptwegs stammen von Gustav Vigeland, dem bei der Gestaltung des Parks freie Hand gewährt wurde. U Majorstuen oder Tram 12/15 bis Vigelandsparken.

Baden tut man im Freibad neben dem Frognerpark (*frei* mit ISIC), auf Bygdøy (*frei* für alle) oder in der Mulde am **Holmenkollen**. Holmen-wie? Nw von Oslo steht die berühmte Schanze, im Sprungturm liegt ein **Skimuseum** (9-19h, Juli/Aug 8-22h. 8/7 € inkl. Fahrstuhl), darin hängen 2500 Jahre alte Brettln. U15 ab Stortinget oder Antikzüge ab Nationaltheater.

Bygdøy

4 km sw. Die ländliche Halbinsel im Oslofjord zieht Seebären & Wasserratten an. Letztere loben die **Strände** Huk und Paradisbukta vor waldigen Felsbuchten (Bus 30 ab Jernbanetorget), erstere werden von exzellenten Schiffsmuseen beglückt.

Drei gut erhaltene Drachenschiffe findet man im **Vikingskipshuset** (Huk Aveny 35. 9-18h. 6/4 €). Den 39m-Schoner, mit dem Roald Amundsen 1911 zum Südpol aufbrach, im **Fram Museet** (Bygdøynesveien 36. 9-18h. 6/2,50 €). Und Reetflöße, die Thor Heyerdahl 1947ff ähnlich heldenhaft durch die Weltmeere lenkte, im **Kontikimuseet** daneben (9.30-17.30h. 7/4,50 €).

Zwischen viel Grün bietet das **Folkemuseum** (Museumsveien 10. 10-18h, 11/8 € Sep-Mai 11-15h, 8/6 €) 140 Gebäude aus allen Landesteilen auf. Netter Freiluftspaß, im Sommer gar mit Volkstanz & Konzerten (So 14h), gut zur Reiseplanung.

Nach Bygdøy gelangt man mit Fähren (15 min. 3 €) ab dem Pier n unterhalb des Akershus: alle 20-40 min ab 8h, retour bis 21h, nur Apr-Okt.

Hin & weg

Züge vom Bhf Sentral (Schließfächer, Duschen, R-Schalter 6-23h) (in Std) nach **Kristiansand** & **Stavanger** 7.11h, 11.11h, 15.07h, 17.09h (4½/8). **Larvik** stdl. 6.39-23.39h (2¼). **Myrdal** & **Bergen** 6.35h, 8.11h, 10.33h, 16.07h (5/7). **Trondheim** 8.07h, 14.17h, 16.07h (6½). **Göteborg** *Mo-Fr* 7h, 13h, 18h, *Sa* 9h, 17h, *So* 13h, 18h (4). **Stockholm** *Mo-Fr* 7.25h, 15.49h, *Sa* 9.28h, *So* 15.49h (6).

R**Schlaftipps:** nach Stavanger 22.47h. Trondheim 23h. Bergen 23.09h (9/8/8 Std). Stockholm 21.32h (9½).

Fähren. Bus 60 zur **Vippetangen** (Skippergata), hier *DFDS* 17h nach Helsingborg, *Stena* 19.30h nach Frederikshavn (14/12 Std). Shuttlebus (frei) ab Bhf zum Hjortneskaia, hier *Color Line* 13.30h nach Kiel, 19.30h nach Hirtshals (20/12½ Std).

FJORDLAND

Weltweit ist keine zweite Küste derartig zerklüftet. Schuld daran waren Eismassen in Trogtälern, die sich gegen Ende der Eiszeit mit Meerwasser füllten. Mancher Fjord dringt 200 km ins Land und 1300m in die Tiefe! Das ist gut für Boote, schlecht für Busse, miserabel für Siedler.

STAVANGER

113.000 Ew. 587 km w von Oslo. regionstavanger.com.

Die Bedeutung der viertgrößten Stadt wächst dank des Nordseeöls stetig, ihr Charme ist ganz der alte. Anders als Bergen hat Stavanger nämlich seit 300 Jahren nicht gebrannt. Wer nicht ein JH-Bett vorbucht, erlebt nachts sein teures Wunder.

Tourist Info: Kulturhus (Rosenkildetorget 1. T. 5185 9200. 9-20h, Sep-Mai 9-16h).

Schlafen. Die bescheidene **JH Mosvangen** (Henrik Ibsensgate 19. 3 km vom Bhf. T. 5187 2900. hihostels.no) ist ganz aus Holz, am See und gut geführt. 116 Betten, 4er-Dm 28 €, Ez/Dz/3z 60/60/94 €, F 6 €, nur Mai-Sep. Bus 78/79 vom Bhf. Der Zeltplatz (T. 5153 2971) daneben nimmt freche Preise, Hotels steigen bei 90 €ein.

Abends. 1990, vor dem Ölboom, besaßen 23 Kneipen eine Alk-Lizenz, heute sind es über 150. Reichlich Leben bekam der **Skagenkaien** ab, mit Bands bei Hansen (#18), Discotrubel im New York (#24), billigem Pizzabüffet bei Dickens (#6).

Altstadt. Die Ansammlung betagter Holzhäuser und gepflasterter Gassen im hügeligen Viertel w vom Hafen erinnert an San Francisco, ihr Prachtstück ist die gotische **Domkirke** (10-18h. frei). Im **Handelsmuseum** wird örtliche Seefahrt lebendig (Di-So 11-15h. 4/2 €), im **Hermetikmuseet** die große Zeit der Sardine (1900-20). Im Stadtmuseum bleibt alles langweilig.

Das wuchtig-spektakuläre ****Norsk Oljemuseum** (10-19h. 10/5 €) am Hafen spürt der Entstehung & Ausbeutung des Nordseeöls nach. Danach liest man gern Frank Schätzings Schreckensszenario *Der Schwarm.*

Hin & weg. Züge vom Bhf (1 km vom Hafen) nach Kristiansand & **Oslo** 5.50h, 10.15h, 13.45h (3½/8 Std), 22.10h (-/9). Nor-Way-Busse vom Bhf nach **Bergen** zweistdl. (6 Std. 50 €). Flaggruten-Schiff (flaggruten.no) nach **Bergen** *Mo-Fr* 9h, 16.30h, *Sa* 9.50h, *So* 12h, 17.15h (4 Std. 78 €, hin/rück 100 €, IR 50%, ISIC 60%).

Ausflug: **PREIKESTOLEN

25 km ö von Stavanger. Für die schwindelerregende Steilküste mit dem 597m-Klotz, der sich im Grün des Lysefjords spiegelt, fehlen angemessene Attribute. Den Traumblick genießt von Mai-Sep auch die **JH Preikestolen** (T. 9716 5551. preikestolhytta.no): 42 Betten, 4er-Dm 18 €, mit F 24 €, Dz mit F ab 65 €, ohne JH-Karte plus 3 €. 50m vom Busstopp Ryfylke, zwei Wander-Std vom Klotz.

Und so geht´s (Juni-Aug): Per Fähre von Stavanger nach Tau 8.20h (40 min. 4 €), dort Bus zum Beginn des Wanderpfades (40 min. 6 €), gut 6 Std für Preikestolen und Umgebung, dann Rückbus 16.15h. Die Tour per Fahrrad (auf Fähre frei) endet in Sandnes, wo um 17h und 19h Züge mit Radabteil nach Stavanger zurückfahren.

***SOGNEFJORD

Willkommen im "Muss-sein"-Bereich: Hier ist das Norwegen aus dem Bilderbuch, hier beginnt sein reizendstes Gleis. Umso schöner, dass man mit Interrail und ISIC die Hälfte zahlt in Fylkesbooten (fjord1.no) und Sognebussen (nor-way.no), die sich zwischen Sogndal, Flåm und Bergen verdient machen.

Planen. Folgender unvergesslicher Umweg kostet Interrailer 32 € Aufpreis, also einen Klåcks in Norwegen.

Tour. Wer für diese Ecke nur zwei Tage einplant, **muss** in Oslo den 6.35h-Zug nehmen: an Myrdal 11.41h, Privatbahn runter nach **Flåm** 12.11h (ohne/mit Interrail 18/13 €), an Flåm 13.05h, Linienboot nach **Balestrand** 15.30h (22/11 €), an Balestrand 17h, hier übernachten 24 €, anderntags Fähre nach **Vik** 7.55h (6/3 €), Bus nach **Voss** stdl. (10/5 €), Zug von Voss nach **Bergen** stdl. (10 €/frei). Viele Veranstalter verkürzen den Trip (von Flåm Fylkesboot nach Gudvangen, dort Bus nach Voss), damit ist man aber nach 3 Std schon aus Fjordland draußen.

MYRDAL

354 km nw von Oslo. Im 1200 Ew-Nest stößt man zum **Sognefjord,** dem längsten (204 km) und tiefsten (1320m) im Lande.

Züge. **NSB** (in Std) nach Voss & Bergen 9.55h, 12.49h, 15.45h, 20.45h (1/2¼), Oslo 9.50h, 12.20h, 17h, 18h (5). **Flåmsbana** (flaamsbana.no) nach Flåm alle 75 min 9.39-20.55h (Okt-Apr zweistdl. 10-18h), retour 8.35-19.45h.

*****Flåmbahn.** Auf 20 km geht es ab Myrdal 850m runter, aber so gemütlich, dass jeder die Gegend bewundern kann. Unterwegs tosen Wasserfälle, am Kjosfossen (93m) hält der Zug zum Fototermin. Eine Fahrt (55 min) kostet 18 €, mit Interrail 13 €. Wer früh einsteigt, hat bei der Bettensuche in Balestrand bessere Karten.

FLÅM

20 km n von Myrdal. Am Ende des **Aurlandfjords** (südlicher Sogne-Nebenarm) döst das Dorf (450 Ew) der Himbeeren und Pilze. Die Bahn hält beim Bootssteg, hier mietet man Räder und macht sich im Verkehrsamt (T. 5763 2106) schlau.

Schlafen. 300m vom Bhf liegt das **Vandrerhjem** (T. 5763 2121. flaam-camping.no). 31 Betten, 4er-Dm 20 €, Ez/Dz 36/54 €, nur Mai-Sep, vorbuchen. Drumrum stehen ein Zeltplatz (8 €/P), eine Cafeteria und Flåms einziger Supermarkt.

Fylkesboote nach Sogndal 6h, 14h, Balestrand 6h, 15.30h (je 1½ Std. je 22/11 €). Wer genug Zeit und Geld hat, schippert von Flåm 6h, 15.30h durch Aurlands- und Sognefjord nach Bergen (5½ Std. 54 €, ISIC 30 € – räusper).

Variante. Ah!- und Oh!-reich ist auch die Rundtour auf dem **Naerøfjord,** dem w Seitenarm des Aurlandfjords. Vom Fylkesboot nach Gudvangen aus erlebt man Wasserfälle in geballter Form, ab Gudvangen fahren Sognebusse über aufregende Straßen zur Bahnlinie Voss – Bergen (1/3 Std) oder zurück nach Flåm (20 min).

**BALESTRAND

32 km n von Flåm, nur übers Wasser erreichbar. Der schönste Ort (900 Ew) am Sognefjord wird von mächtigen Bergen umrahmt. Touren führen zu Traumpanoramen oder zum Gletscherwandern bei Fjaerland (tgl. zwei Fähren ab Balestrand) auf zwei Armen des Jostedalsbreen. Das Verkehrsamt am Bootsanleger (T. 5769 1255. midsogn.com) vermietet Bikes. Hier absteigen!

Schlafen. Zur einladenden **JH Kringsjå** (T. 5769 1303. kringsja.no) steigt man vom Anleger rechts rauf. 64 Betten, Dm mit F 24 €, ohne JH-Karte plus 3 €, Ez/Dz mit Bad

64/85 €, Bikes, „Aktivzentrum" am Fjord, nur Juni-Aug. Ein Zeltplatz (250m vom Pier) blickt auf den Fjord, ein zweiter (3 km n) hat günstige *hytters*.

Hin & weg. Fylkesboote nach Bergen 8h, 17h, Flåm 8.30h, 12h, Sogndal 20h (4/2/1 Std). **Sognebusse** nach Sogndal und Kaupanger (Fähre nach Flåm) fast stdl. (1/1½ Std. 14/16 €, IR 50%). Von Sogndal Juni-Aug tgl. zwei Busse durch den Jotunheimen-NP nach Otta (5 Std. 35 €) am Gleis Oslo-Trondheim. **Nach Bergen** (3½ Std. 30 €) gelangt man billiger per Bus, ab Vik am Südufer des Sognefjord (Fähre ab Balestrand. 15 min. 6 €); Interrailer steigen in Voss (10 €) auf den Zug um: stdl. 6.20-19.20h nach Bergen (1¼ Std).

***BERGEN

239.000 Ew. 451 km nw von Oslo. visitbergen.com.

In Norwegens lebenswertester Stadt blieben trotz wiederholter Feuersbrünste Viertel mit unverwechselbarem Charme erhalten. Abends übernehmen Studenten das Kommando. Angaben ab **Bhf,** am sö Ende der Innenstadt.

Tourist Info: fast am Hafen (Vågsalmenningen 1. 500m nw. T. 5555 2000. 9-22h, Okt-Apr - 16h), im sehenswerten Freskensaal, mit Hafenrundfahrten & *City Walks*.

Waschsalon: Jarlens (Lille Øvregate 17. 500m nw. Mo-Fr 10-20h, Sa 9-15h), im YMCA und Dorm.no.

Schließfächer: im Bhf (2-5 €).

Internet: Cyberhouse (Vetrlidsallmenning 13. 530m n. 24 Std) für 5 €/Std, frei im Dorm.no.

ÖPNV. Stadtbusse kosten 2-3 €, das zweitägige Touristicket (8 €) für alle Busse nützt v.a. JH-Gästen. Bus-Info T. 177.

Schlafen & essen

Camping. Kein Platz liegt günstig, den freundlichen **Bergen Camping Park** (Travparkveien 65. 15 km n. T. 5524 8808. bcp.no) in Breistein bedient immerhin Bus 1 ab Bhf. Drei P mit Zelt 18 €, Dm 36 €, 32 qm-Hütten mit Bad, Küche und 4-6 Betten 110 €(Sep-Juni 78 €), kleinere hytters auf Anfrage.

Hostels. Das **Bergen YMCA** (Nedre Korskirkealmenning 4. 500m nw. T. 5531 3552. bergenhostel.com) genießt eine Top-Lage fast am Hafen. 170 Betten mit Bettzeug, kasernige 12-40er-Dm 20 €, hübsche 4-6er-Dm mit Bad 29-34 €, Dz 100 €, Mitte Sep-Mai minus 15%. Glorreiches F 6 €, Küche, TV-Raum, alles Wichtige ums Eck, Okt-Apr nur Notprogramm (vorher anrufen).

Prima Dreierpack für jeden Railer-Geschmack an der Kong Oscarsgate (300m vom Bhf): **Marken Gjestehus** (#45. T. 5531 4404. marken-gjestehus.com) ist das blitzsaubere, geräumige Herzstück. 65 Betten, getrennte 4-8er-Dm 19-25 €, Ez/Dz 50-66/62-78 €. Die **Jacobs Apartments** (#44. T. 9823 8600. apartments.no) sind ähnlich stilbewusst. Luftiges 18er-Dm 18 €(plus 6 €Bettzeug), 21 Apartments für 1-7 P, als Ez/Dz 62-106/86-140 €, gutes Café. **Dorm.no** (#46. T. 9823 8600. dorm.no) könnte der neue Railertreff werden: saubere Dm 25 €, angenehme Atmo!

Dagegen leidet die moderne **JH Montana** in Landås (5 km s. Johann Blyttsvei 30. T. 5520 8070. montana.no) am Fuß des Ulrikenbergs unter der Randlage. 262 Betten inkl. Buffet-F, 20/4-5er-Dm 19/26 €, Ez/Dz/3z mit Bad 62/74/86 €, ohne JH-Karte plus 15%. Bikes, Fitnessraum, Traumblick, Rabatt für Ulrikenbahn & Hallenbad. Gaia-Bus 31 (3 € 15 min) halbstdl. bis 0.30h von Fähren und Bhf bis Montana. „Nicht übel, aber fürs Kochen noch

1,20 €/Std hinlegen – das ist bei diesen Preisen happig." (Thorben Grosser)

Pensionen. Das Verkehrsamt treibt Dz unter 80 € auf (Gebühr 4-6 €), die gute **Pension Skansen** (Vetrlidsallmenning 29. 540m n. T. 5531 9080. skansen-pensjonat.no) nimmt etwas mehr.

Essen. „Ich empfehle das ökologisch-vegetarische Viva Las Vegis (Steinkjellergaten 2) hinter den Bryggenhäusern am Hang, 800m vom Hafen. Das Haus ist hellgrün und schön, das Essen gut und preiswert: für 10 € gab´s den großen Vegi-Burger mit Salat, 0,5-Getränk und Kartoffelschiffchen." (Ursula Herget)

Anschauen & unternehmen

Planen. Museen öffnen Di-So 10-16h, Sep-Mai kürzer. Ermäßigter Eintritt ist selten, dagegen sind mit der teuren **Bergen Card** (24/48 Std für 20/30 €) der ÖPNV und fast alle *sights* frei.

Rundgang. Der ****Bryggen** ö vom Hafenbecken mit seinen schmucken Holzfassaden zählt zu Norwegens bekannten Fotomotiven. Hier erzählt das wunderbare **Hanseatic Museum** (Finnegårdsgaten 1. 6 €) vom Leben und Arbeiten anno 1500. Hinter der Promenade trägt das **Bryggensmuseum** (Dreggsallmening 3. 4 €) alles Erdenkliche zur Stadtgeschichte zusammen. Das kleinste Museum des Landes, **Theta** (Enhjørningsgården. Di/Sa/So 14-16h. 3/1 €), zeigt das Kämmerlein, in dem der Widerstand gegen die Nazis koordiniert wurde.

Das **Bergen Museum** (Muséplass 3. 5 €, ISIC frei) spürt geologischen Geheimnissen des Fjordlandes nach, sein **Botanischer Garten** reizt v.a. von Apr-Juli, in den Treibhäusern wuchert es ganzjährig.

Seit 1562 dient der **Rosenkrantzturm** oberhalb von Bryggen der Verteidigung (und Reisenden als Ausguck). Seit 1250 erlebte die **Håkonshallen** zu seinen Füßen manch rauschendes Fest, nach der Zerstörung durch eine deutsche Bombe 1944 wurde sie minutiös wieder aufgebaut.

Natur. Auf der Landzunge zappeln Seehund & Pinguin open-air, näher kommt man ihnen im beliebten **Aquarium** (Nordnesbakken 4. 9-19h, Sep-Apr 10-18h. 12/6 €); zu jeder vollen Std wird irgendwo wer gefüttert. Der **Nordnespark** ringsum ist Faulenzern vorbehalten, zum Wohlbefinden trägt ein beheizter Pool bei. Wer vom Hafen den Hügel linkerhand raufspaziert, findet wenig Touris, viel für die Kamera.

Panorama. Auf den **Fløyen** (320m) über den Dächern von Bergen schwebt man ab Øvregaten halbstdl. von 8-24h (8/4 € floibanen.no), an der Bergstation legen gut markierte Wanderpfade los. Die Seilbahn auf den **Ulrikenberg** (642m. 16/8 € inkl. Bus zurück) ergänzt das Panorama mit entfernteren Fjorden, ein beliebter Wanderpfad (10 km) führt von Ulrike übers Bergplateau Vidden zum Fløyen.

Hin & weg

NSB-Züge nach Myrdal und Oslo 8h, 10.28h, 16h, 23h (2/7 Std). **NorWay-Busse** nach Stryn/Nordfjord und Ålesund am Meer 8h (7/10 Std. 55/82 €), Trondheim 8h, 16.30h (9 Std. 60 €), Odda/Hardangerfjord und Stavanger achtmal (3½/7 Std. 32/52 €), mit Interrail jeweils 50%.

Boote vom Strandkai: **Flaggruten** (T. 5523 8780) nach Stavanger etwa 10h, 16h (4 Std), **Fylkesbåtane** (T. 5775 7000) nach Balestrand und Flåm 8h, 16.30h (4/6 Std), mit Interrail je 50%. **Hurtigruten** (T. 7552 1020) Richtung Nordkapp 20h (bis Trondheim 36 Std).

TRONDHEIM

149.000 Ew. 553 km n von Oslo. trondelag.com.

Das kühle Vorzimmer des Hohen Nordens, einst Norwegens Hauptstadt, heute drittgrößte im Lande, hat für jeden Geschmack was: Mega-Kathedrale, Altstadt mit niedlichem Markt, Lagerhäuser auf Pfählen am Kanalufer, lebhafte Studiszene.

Tourist Info: Trondheim Aktivum (Torvet. T. 7380 7660. 9-20h). Interrail-Info: am Bhf (T. 7352 1000. Juli/Aug 7-22h).

Bikes: an zentralen Standplätzen sind 125 Citybikes von 6-24h **frei** zugänglich. Die erforderliche E-Card gibt´s im Verkehrsamt (Kaution 24 €), nach max. 3 Std muss das Bike an einem beliebigen Standplatz wieder angedockt werden.

Schlafen. Kein Zeltplatz liegt brauchbar, **Sandmoen** (12 km s. T. 7288 6135. sandmoen.no) in Heimdal ist wenigstens satt ausgestattet. Zwei P mit Zelt 12 €, 4-7er-Hütten mit Kochecke und WC 60-115 € Bus 44.

Die **JH Rosenborg** (Weidemannsvei 41. 2 km ö vom Bhf. T. 7387 4450. trondheimvandrerhjem.no) ist teuer & ganzjährig offen. 200 Betten mit F, 3-6er-Dm 27-32 €, Ez/Dz 56-68/74-92 €, ohne JH-Karte plus 15%. Bus 63.

Tipp. Ab ins **Interrail Centre** (Elgesetergate 1. T. 7389 9538. tirc.no). Das rote Haus am Ufer der Nidelva wird von Studenten betrieben: Bett 20 € inkl. F-Buffet (7-12h) mit selbstgebackenem Brot. Café bis 2h, Infos ohne Ende, Internet & Gepäcklager frei, Filme, Parties, 24 Std offen, leider nur Ende Juni-Mitte Aug. Bus 2/3/44/46/48/52 vom Bhf bis Studentersamfundet.

Feiern. Zum **Interrail Centre** gehört ein Kino und ein billiges *(in Norwegen!)* Pub mit Billard, cooler Musik und Abendessen bis 1h. Am zentralen **Torgetplatz** ist auch abends was los. „Im **Pizza Huset** (Angels gatan, 50m vom großen Egon) gibt´s Pizzabuffet mit Salat für 9 €, man zahlt am Eingang und sucht dann einen Platz. Recht ruhig, fast nur junge Leute, schmeckt und macht satt." (Ursula Herget)

Rundgang. Die **Nidaros Domkirke** (Kongsgårdgata. 9-15h. 5/3 €) ist Skandinaviens kolossalste Erinnerung ans Mittelalter, hier klunkern die Kronjuwelen. Das **Folkemuseum** (Sverresborgallé. 11-18h, Sep-Mai -15h. 10/3 €) im Trøndelagpark widmet sich Gebäuden der alten Zeit (gut), plus Stabkirche (12. Jh.) und Aussicht (schön). Bus 8/9 ab Dronningsgate.

Das **Musikmuseet** (Ladeallé. 3 km nö. 11-15h, Sa/So -17h. 10/3 €) im hübschen Ringvehaus bringt Klassikliebhaber ins Staunen, bei Führungen (auch engl.) greifen Musikstudenten auch mal zu den alten Instrumenten. Bus 3/4 ab Munkegaten.

Hin & weg. NSB (in Std) nach **Bodø** 7.40h, 23.35h (10), **Oslo** 8.25h, 14h, 15.25h (6½), 23h (8); Nachtzüge mit Großraumwagen, Liegesessel (12 €) und teuren Schlafwagen. **Nabotåget** ins schwedische **Östersund** 8.20h, 16.40h (4 Std. Interrail frei), dort Anschluss nach Stockholm, Göteborg, Inlandsbanan.

Zum NORDKAPP

2000 km n von Trondheim. Wer die Extreme liebt, nimmt (in Std) den ^{R}Zug 7.40h nach **Fauske** (9), dort den NSB-Bus 18h nach **Narvik** (5), knackt in der JH Narvik (Tiurveien 22. 2 km vom Bhf. T. 7696 2200), nimmt anderntags den TIRB-Bus 13h nach **Alta** (9½), knackt in Altas JH Elevjhem (500m vom Bus. T. 7843 4409), nimmt am dritten Tag den NorWay-Bus 6.45h oder 14.20h nach **Honningsvag** (4), dort 10.45h oder 21.30h zum

Nordkapp (3/4). Vom Nordkapp zurück nach Alta 0.15 und 13.15h, nach Rovaniemi 1h (17 Std).

Meine Meinung. 27 Std on the road und zwei Nächte in grauen Städten, um ein unscheinbares Kapp zu sehen, zu dem der Eintritt 18 €kostet? Diese Tortur muss man sich nicht im Rahmen einer Interrailreise geben, zumal der Buspreis ab Fauske 180 €pro Weg beträgt (mit IR 90 €).

ÖSTERREICH

✆ 0043. 83.871 qkm. 8,4 Millionen Ew. BIP 30.487 €/Ew. austria.info.

Gerne nutzen Piefkes das Land der Grammelbogatschn als Invasionsgelände. Und Millionen Deutsche können ja nicht irren: wem die Alpen genug geglüht haben, der schwelgt in Städtenostalgie.

Gottlob ein Land, das die unbefleckte Empfängnis noch als Feiertag zelebriert. Und weiß, dass sie exakt auf den 8. Dezember fiel...

Schmankerl! Bahn: Bregenz – Innsbruck – Zell am See. **Kultur:** Wien: **Natur:** Salzkammergut und die Bergwelt um Innsbruck.

Serviceteil

ÖsterreichWerbung in A: T. 0810 101818. D: 01802 101818. CH: 0842 101818.

Botschaften in Wien: D: III/Metternichgasse 3, T. 01/711 540. CH: III/Prinz-Eugenstr. 7, T. 795 050.

Euro-Land. Banken öffnen Mo-Fr 9-15h, Do -17h. Oft wird die einstündige Siesta geheiligt. ISIC-Rabatte sind auf dem Rückzug, das macht Österreich noch teurer, *andernfalls hieße es ja Österarm.*

✆ Polizei 133, Notruf 144.

Bahn, Bus & Bike

Auslandszüge nach Wien von **München** ᶻ*Railjet* zweistdl. 7.26h-17.23h (4), *EN* 23.40h (6). **Zürich** *EC* 9.40h, 13.40h, 17.40h, *EN* 22.40h (9). **Prag** *ECs* 6h, 8.30h, 11h, 12.30, 13.30h, 16.30h, 17.30h (4½). *D* 0.42h (6), **Warschau** *ECs* 6.25h, 11.25h (7½), *D* 21h (9½). **Pressburg** stdl. 5-24h (1). **Budapest** *D* 6h, *ECs* 6.20h, 9.20h, 13.10h, 15.50h, 19.25h, *EN* 17.50h, 20.30h (3). **Belgrad** ᶻ7.30h, 10h (8), 21.20h (11). **Zagreb** *EC* 7.25h, *D* 15.45h (7/6). **Ljubljana** *EC* stdl. 6-16h mit u/in Maribor oder Villach (6-7). **Venedig** *EC* 15.48h (8), *EN* 21h (12).

Österreiche Bundesbahnen. Trotz schwieriger Topographie ist das Netz mit 5702 km ansehnlich, hinzu kommen 600 km Privatbahnen und 250 km Schmalspur. Vorzüglich klappt der **Austro-Takt** mit *IC/EC*. Züge sind komfortabel, die Bahnhöfe gediegen, bis im Sommer Heerscharen von Eurailern hereinbrechen. Die Wien-Gleise nach Prag & Salzburg werden highspeed-tauglich gemacht *(ICE, Railjet)*. Als *IC* verkleiden sich Häufighalter, *D/E* tragen Gemütlichkeit in die Berge. Eine **Reservierung** (3 €) wird nie verlangt, im Sommer aber für *ICE/EC* empfohlen.

Von Wien schwärmen viele **Nachtzüge** aus: Zuschlag im Liege/Schlafwagen (T6/T2) nach Zürich, Berlin, Paris, Venedig, Rom je 25/80 €, Warschau, Bukarest je 15/43 €. Liegewagen sind bis 5 Std vor der Abfahrt buchbar.

Tarife. 100/200/400 Bahn-km kosten 13/23/38 €, je länger, desto billiger, bei Nachkauf im Zug plus 3 €. Bei 2-5 Reisenden zahlt mit **1Plus** (ab 101 km) der erste voll, alle anderen

50%. Jung & Alt bejubeln das Halbpreisabo **VorteilsCard** (100 €, <26 Jahren 20 € Passfoto nötig). Besser als **Interrail Ö** (drei/vier/sechs/acht Tage 109/139/189/229 €, <26 Jahren 71/90/123/149 €) besorgen sich alle unter 20 erst die VorteilsCard, dann die **Jugend-Ferienetzkarte** (20 €), damit sind Juli-Mitte Sep alle Züge & Privatbahnen frei (Mo-Fr ab 8h). **Bahninfo:** T. 05 1717. oebb.at.

Interrailer erwartet ein entspanntes Land: Keine Reservierpflicht, selten Rabatt in Berg/Seilbahn, Zuschlag nur ins Ausland: *Railjet* nach München & Budapest 3 €, *ICE* 4 €, *EC* nach Prag & Venedig 7 €, Sondertarif für *CNL & Allegro* nach Italien.

Postbus. Die zuverlässige Ergänzung (postbus.at) zur Bahn kostet 13 € für 100 km. Meist geht´s vom Bhf in die Berge, Tickets gibt es an Bord.

Bike. So müssen Radlziele sein: sorgfältig geplante Wege, überall Ersatzteile, viele Vermieter. An 130 Bahnhöfen werden Räder vermietet (IR-Rabatt), dazu sprießen an jedem Reiseort Privatanbieter mit Bikes für 10-20 €/Tag. Die Mitnahme ist in allen Zügen mit Radsymbol im Fahrplan möglich, auch vielen *ICs*. Übertragbare Tages/Wochenkarten (Selbstverlad) kosten 3/7 €, Verbünde haben Sondertarife. Zwölf Züge von/nach Deutschland nehmen Bikes für 10 € mit (Versand 31 €).

Schlafen & Essen

Zelten ist prima in der Alpenrepublik, dank 500 feinen Plätzen (campingclub.at). Man tanzt früh an und zahlt pro Nase und Zelt 4-6 €, in Wien mehr.

Herbergen bevorzugen Wandersleut <30 Jahren. Die 110 JHs (jungehotels.at oder oejhv.or.at) sind von 7-22h, in Städten bis 24h geöffnet. Dormbetten mit F kosten 12-24 €, ohne JH-Ausweis löst man eine Gästekarte (3 €). Oft gibt es Küchen, öfter Mahlzeiten. Vorbuchen ist im Juli/Aug ratsam.

PrivatZimmer. stechen mit 30-40 € Hotels aus, die selbst für unspektakuläre Dz mind. 50 € nehmen. Von Okt-Mai winken 20-40% Rabatt.

Hütte! Wo ein Berg, da eine Berghütte (alpenverein.at), erreichbar per Seilbahn & pedes. Im Matratzenlager ratzt jeder für 10-20 €, man darf oder lässt kochen.

Caféhaus & Oper spielen oft eine dickere Rolle im Nachtleben als Bars. Discos stellen an Geldbeutel wie Kleidung hohe Ansprüche. Ohne frisch gebügeltes Hemd wackelt man besser in eine der Wein/Bierstuben rund um die Hochschulen.

***WIEN

✆ 01. 470 km ö von München. 1,7 Millionen Ew. 171m üNN. wien.info.

Seit 2000 Jahren dient Wien als Brücke zwischen Ost und West – und lässt sich beidseitig beflügeln. Zum Erbe jener sechs Jahrhunderte, in denen Fäden aus halb Europa hier zusammenliefen, zählen Boulevards voller Prunkbauten, und 500.000 Pensionisten mühen sich redlich, Wiens verspielt-steife Atmosphäre zu bewahren.

Bezirke. Wien ist in 23 Bezirke aufgeteilt, die die PLZ verrät (1120=12. Bezirk). I wird vom Ring umschlossen, II-X liegen drumherum, XI-XXIII weiter außen.

Kurz & knackig

InfoWien: im Westbhf (7-22h) und hinter der Staatsoper (I/Albertinaplatz. T. 24 555. 9-19h), mit einer Flut freier Broschüren & Zimmervermittlung (3 €).
Jugendinfo: am Burgring (I/Babenbergerstr. 1. T. 1799. wienxtra.at. Mo-Sa 12-19h), mit Billigtickets.
Kinderinfo: im Museumsquartier (Di-Do 14-19h, Fr-So 10-17h).
Ö-Info: s vom Karlsplatz (IV/Margaretenstr. 1. Mo-Fr 9-17h).
Internet: Listen aller 30 Cybercafés verteilt die Jugendinfo kostenlos. Auch jedes Hostel lässt surfen.

☺**Sparen.** Die **WienKarte** (18,50 € in Infostellen & Hostels) sichert 72 Std lang freien ÖPNV und viele Rabatte, die das 104-seitige (!) Kuponheft nennt. S-Bahnen sind mit **Interrail frei,** U-Bahnen nicht.

ÖPNV. Die meisten Sehenswürdigkeiten sind zu Fuß erreichbar. Im U Karlsplatz erfährt man alles über *Öffis*. Bus, Tram *(Bim),* S- und U-Bahn gehen um 24h schlafen. (Es gibt zwar eine U6, aber keine U5, weil diese Linie nie übers Planstadium hinauskam.) Tickets (1,80 €) und Netzkarten (24/48/72 Std für 6/10/14 €) gibt´s in Trafiken, U-Bhfen und Wiener Linien-Schaltern, an Bord zahlt man 2,20 €. Nachtbusse (2,50 €, kein Pass) schwärmen halbstdl. ab Schwedenplatz aus. „Kontrollen durch Schwarzkappler werden in den Ferien auf wichtigen Linien erhöht. Erwischt werden kostet so viel wie die Monatskarte: 40 €" (Daniela Ecker)
Fiaker? Für die 20-min-Runde ab Stefferl blecht man 40 €. Taxis (T. 60 160) kassieren dagegen auf Metropolenniveau: 2,20 €Grundgebühr, 1,40 (So 1,70) €/km.
Bikes. Mieträder haben u.a. Wombat´s, JGH Brigittenau & Camping West, Tourentipps holt man bei InfoWien.
Wiens **Bikesharing** (gegründet 2003. citybikewien.at) zählt zu den Pionieren in Europa. An 60 Standorten stehen quietschgelbe, einfache Citybikes parat, die erste Std ist frei, die zweite Std kostet 1 €, dritte Std 2 €, ab der vierten Std 4 €/Std. Nach 15 min Pause darf man sich wieder eines ausleihen, am selben Standort via SB-Touchscreen. Anmeldegebühr (Passwort eingeben) mit Bank/Kreditkarte oder Citybike Card 1 €

Schlafen

Billig ist im Juli/Aug rar, also stark nachgefragt. Wer Vermittlungen verschmäht, ruft vor dem Hinfahren an.
Camping. Drei Plätze nennt campingwien.at. Bewährter Veteran: **Wien West** (XIV/Hütelbergstr. 80. T. 914 2314) liegt 9 km sw am Rand des Wienerwalds, gut erreichbar, ideal für Radtouren. Zwei P mit Zelt 20 €(Sep-Jun 17 €), 2/4er-Bungalows 35/50 €(30/45 €). U4 Hütteldorf, dann Bus 148/152 talaufwärts.
15 Hostels umschmeicheln Railer. Dank guter U-Anbindung bis 24h bleiben auch zentrumsferne Adressen attraktiv. Ohne JH-Karte plus 3 €(außer Wombats).
Seit 1999 legt sich **Wombats** (XV/Grangasse 6. T. 897 2336. wombats.at) ins Zeug. 175 Betten, 4-6er-Dm mit Dusche 21 €(Sep-Mai 17-19 €), Dz 58 €, F 4 €. Küche, Pub, Filmnächte, Billard, Inlines, alles sauber & fesch. 5 min vom Bhf West. Dieselben Vorzüge gelten in der **Wombats Lounge** (XV/Mariahilferstr. 137). Top-Lage an der Shoppingmeile, noch näher an U3/6 Bhf West.

Ruthensteiner (XV/Robert Hamerlinggasse 24. 4 km sw. T. 893 4202. hostelruthensteiner.com) ist eine freundliche Oase in Wombatsnähe. 77 Betten, 4-8er-Dm 17-19 €, Twins 52 €, Dz mit Bad 60 €. Küche, Bar, Gärtchen, Schließfächer frei, Instrumente, viel Leben, immer offen. 3 min vom Bhf West.
Dem Ring näher kommt die gute **JH Myrthen** (VII/Myrthengasse 7. T. 523 6316. oejhv.or.at). 260 Betten, 4-6er-Dm mit Dusche 18 €, Dz 41 €. Mahlzeiten 6 €, anmelden 11-16h, ab 1h dicht. Bus 48A ab U6 Burggasse bis Neubaugasse.
Die große **JGH Brigittenau** (XX/Friedrich-Engelsplatz 24. 4 km nw. T. 332 8294. oejhv.or.at) wirkt eher steril. 410 Betten, 4-6er-Dm 18 €, Dz mit Dusche 41 €. Grillparties, kein Torschluss. Bus 11A ab U6 Handelskai bis Engelsplatz.
Das **Hostel Hütteldorf** (XIII/Schlossberggasse 8. 10 km sw. T. 877 1501. hostel.at) in Hietzing empfängt rund um die Uhr im Park. 307 Betten, 6/4er-Dm mit sattem F 18/23 €, Ez/Dz 35-50/55-63 €, Nov-Mär minus 15-20%. Billard, TV-Lounge, Filmnächte, MT-Bikes, Liegewiese. 500m ab U4 Hütteldorf.
Die **Schlossherberge Wilhelminenberg** (XVI/Savoyenstr. 2. 10 km w. T. 485 8503-700. hostel.at) verteilt 41 Vierbettzimmer über ein schönes Haus im riesigen Schlosspark. Dm mit Bad 23 € (Nov-Mär 21 €), Ez/Dz 50/68 € (50/62 €), jeweils inkl. F auf Terrasse mit Aussicht! Musikcafé, viel Stil, Ausstattung wie Hütteldorf. Bus 46B/146B ab U3 Ottakring bis vor die Tür (Wilhelminenberg).

Essen, trinken & feiern

Essen. Die **Mensen** (mensen.at) in Ringnähe kochen Einfaches für 3-5 €, in der Uni (I/Universitätsstr. 7. U Schottentor) mittags & abends, an der TU (IV/Resselgasse 7. U Karlsplatz) mittags & besser. Auch innerhalb des I/Rings wird man für 6-8 € satt, bis 20h bei **Mövenpick** (Kärtnerring 5), bis 23h bei Pizza Bizi (Rotenturm 4). **Wrenkh** (I/Bauernmarkt 10. 12-16/18-22h) macht Vegetarier glücklich: Mittagsmenü 10 €, Gerichte von Austria bis Ostasia 10-17 €.

Kaffeehaus. Ein 15.000-faches Erlebnis, zumal bei Regen. Wer auffallen will, motzt über Tässchenpreise bis 3 €. Institutionen im **I/Zentrum:** Bei **Hawelka** (Dorotheergasse 6. Mo/Mi-So 8-2h) gehen frische Buchteln ab 22h weg wie warme Semmeln – Treff für Literaten seit 1939. Das **Central** (Herrengasse 14) weckt schöne Gefühle mit Stuckdecke & Pianomusik. Und einmal **Sacher** (Philharmonikerstr. 4. 8-24h) muss sein im Leben, bittesehr!

Abends. Im **I/Bermudadreieck** (U Schwedenplatz) taucht man ab und in mysteriösem Zustand wieder auf. Krahkrah (Rabensteig 8. 11-2h) schenkt 54 Biersorten aus. Im Roten Engel (Rabensteig 5) spielen oft Bands bis 4h.
Wer Grinzing verschmäht: Im Melker Stiftskeller (I/Schottenring 3. U Schottentor) schenken Benediktiner in sieben Stüberln reinen Wein ein. Stadtheuriger mit Alt-Wiener Küche, Menüs 12-18 €.
Hoch die Tassen auch auf die kneipendichte **IIX/Florianigasse;** ihr Tunnel (#39) hat billiges Essen bis 2h.

Clubs. Hier wird tief in die Tasche gelangt, dafür lockt Clubbing auf Top-Niveau. Vorm Streifzug durchwühlt man die Stadtzeitung **Falter.** Alt-Matador **U4** (XII/Schönbrunnerstr. 222. 7 km sw. U4 Meidling. 21-5h. 6 €) bietet Themennächte, z.B. Seventies am So. Am skurrilsten ist der Ex-Puff **Tanzcafé Jenseits** (VI/Nelkengasse 3. U3 Neubaugasse. Mo-Sa 21-4h, tgl. neue DJ-Lines).

In den Stadtbögen entlang des **IIX/Gürtels** (U6 Thalia) stecken Clubs für jeden Geschmack. Seit Jahren gut: **B72** (Hernalser Gürtel 72. 21-5h. So-Do 5-13 €, Fr/Sa oft frei) mit Indie-Bands & einem Schuss Snobismus; und **Chelsea** (Lerchenfelder Gürtel 29. 18-4h. je nach Band 8-12 €) mit Rock & TV-Fußball, meist GB.

Kultur. Wiens Nachtleben prägen Oper und Theater. Aufführungen listet InfoWien auf, auch im freien *Wienside*. Vorverkauf (ohne Gebühr) für Staats- & Volksoper, Akademie- & Burgtheater erledigt die **Bundestheaterkasse** (I/Goethegasse 1. T. 514 44-7880), für andere Schauplätze **WienTicket** (vor der Oper. T. 58 885).

☺**Sparen.** Nicht abgeholte Karten werden in Staatsoper, Volksoper, Akademie- und Burgtheater 1 Std vor der Vorstellung an ISIC-Inhaber für 4 € verkauft. Oder man prügelt sich um Stehplätze (2 €). Bei Erfolgsstücken bilden sich Warteschlangen 2 Std vorher. Im Schutz der Dunkelheit gibt´s meist irgendwo einen freien Sitz ...

Opern-Air. Im Juli/Aug machen die Musen Ferien, doch Opernfreunde werden nicht allein gelassen: Die Übertragung alter Wiener Aufnahmen am Fr/Sa auf Großleinwand am **Rathausplatz** (gegenüber Burgtheater) ist kostenlos.

Prater. Der Amüsierpark beim Nordbhf (U1 Messe-Prater. 9-24h. frei) bezaubert erst abends so richtig. Seit 1897 dreht sein Riesenrad (5/4 €) die große Runde.

Anschauen

☺ **Sparen.** Städtische Museen sind Fr bis 12h ***frei.*** Eintritt normal/ISIC & WienKarte.

Der Stephansplatz bildet das Herz von Wien, am **Dom** zieht ein Panoptikum vorbei. Im 13. Jh. begonnen, ist der Steffl (6-22h. Jul-Sep 1 €) *das* gotische Bauwerk im Land. Zum ***Blick gelangt man per Aufzug im Nordturm (8.30-18h. 4 €) oder über enge Wendeltreppen im höheren Südturm (137m. 9-17.30h. 3 €). Danach ab in die **Katakomben** mit Innereien etlicher Habsburger (10-11.30/13-16.30h), die Pflicht-Führung (3 €) startet viertelstdl. am Aufzug.

Kunst im Zentrum. Im ****Kunsthistorischen Museum** (I/Maria-Theresien-Platz. U2/3 Volkstheater. Di-So 10-18h, Do -22h. 10/7,50 € Führung & Audioguide je 3 €) steckt die viertgrößte Sammlung der Welt. All jene Schätze, die die Habsburger in ihren Territorien ergeiern konnten. Großartiges aus Ägypten, Griechenland, Rom, deutsche Renaissance, dazu das Lebenswerk Pieter Breughels.

Im neuen **Museumsquartier** (I/Museumsplatz. Infopoint 10-19h) gegenüber vom KHM sind Architekturzentrum (10-19h. 5/3,50 €), Kunsthalle (10-19h. 7,50/6 €), Leopoldmuseum (Mo/Mi-So 10-18h, Do -21h. 10/7,50 €), Moderne Kunst (10-18h, Do -21h. 9/6,50 €), das Theaterhaus DschungelWien und das Kindermuseum Zoom (8.30-17h. 3,50/5 €) untergebracht. Wenn der Preis fürs Kombiticket (25 €) bleibt, muss bald auch ein Sauerstoffzelt für Interrailer hin.

Die **Albertina** (I/Albertinaplatz. 10-18h, Mi -21h. 9,50/7 €) hütet mehr Grafiken als jedes andere Haus der Welt. Davon wird ein wechselnder Bruchteil ausgestellt; viel Dürer, auch sein *Stiller Hase* nach dem Rammeln. Wer Aktblätter wie Schieles *Sitzendes Mädchen* betrachten will, muss sich ausweisen. Für Furore sorgt auch die Sammlung Batliner: klassische Moderne von Rothko bis Richter.

Schloss Belvedere (V/Prinz-Eugenstr. 27. 10-18h. Kombi 13,50/9,50 €, <18 5 €) mit feschen Gärten beim Süd-Bhf ward 1714ff für Prinz Eugen errichtet. Im Oberen Belvedere begegnen wir der weltgrößten Klimt-Sammlung: lasziv, goldig & jugendgestilt, natürlich mit dem *Kuss*. Dazu Nationalgalerie vom Mittelalter bis Schiele, französische Impressionisten, Marmorsaal, Eugens barocke Edelgemächer mit Goldenem Zimmer – das prunkt hier, wie nur Wien prunken kann.

Hofburg. Die kaiserliche Residenz (I/Heldenplatz. nahe Albertina. 9-18h. mit Audioguide 10/9 €, <18 6 € mit Führung 13/12 €, <18 7 €) ließ jeden Baustil seit 1180 ran. In der **Silberkammer** prangt die 1000-jährige Krone des Hl. Römischen Reiches, auch die **Kaisergemächer** erzählen alte Geschichten, unvorstellbar ist der Trubel aber nur im **Sissi-Museum**: seit 2004 über 600.000 Besucher jährlich!

Wer sich an Romy Schneider *alias* Kaiserin Elisabeth abarbeiten muss, kriegt mit dem **Sisi-Ticket** (22,50/20 €, <18 13 €) gut was zu tun: je eine Besuch in Hofburg, Schönbrunn und Hofmobiliendepot (VIII/Andreasgasse 7).

In der Hofburgkapelle zwitschern die **Wiener Sängerknaben** (Sep-Juni So 9.15h. stehen frei, sitzen 6-30 €). Auch die **Spanische Hofreitschule** (Sep-Juni Sa 18h, So 11h. stehen 22-31 €, sitzen 47-173 €) ist ewig ausgebucht, trotz herber Preise. Wer sich aber mit einem Training, der **Morgenarbeit** (Sep-Juni Di-Fr 10-12h) begnügt, kommt ab 9h zu Tor 2 am Josefsplatz und blecht 12/6 €

Schönbrunn. Ihre Sommerresidenz (XIII/Schönbrunner Schlossstr. 47. 7 km sw. U4 Schönbrunn. 8.30-18h, Sep-Juni -17h) haben die Habsburger angemessen ausstaffiert. Zu sehen sind wenige der 1440 Räume, doch auch damit ist die Prunksucht für heute gestillt. Hier gilt ein straffes Regiment (22 Räume mit Audioguide 10/9 €, 40 Räume mit Führer 15/13 €), sonst gingen die Japaner ja nie raus.

Wer schon hier ist, könnte den Rest des Tages gemütlich gestalten: in Schönbrunns **Wagenburg** mit 60 Droschken & Sänften seit 1690. Im **Tiergarten**, dem ältesten Zoo (1752) der Welt, mit Barockmenagerie. In der **Hofbackstube** mit Strudel-Show. Oder im **Palmenhaus** mit Dschungel in der Großstadt und teurem Käffchen. So viel Spaß hat aber seinen Pass: die genannten Häppchen plus Schlossführung bietet der **Schönbrunn Gold Pass** für 36/30 € Das Riechsalz bitte!

Der penibel manikürte **Schlossgarten** mit Aussichts-Gloriette (2/1,70 €) und Labyrinth (3/2,40 €) schließt erst bei Sonnenuntergang. Mit Gold Pass sind wir so frei.

Museen/Musik. Nun ins 20. Jh. Das betrunkene ****KunstHausWien** (III/Untere Weißgerberstr. 13. Bim N/O Radetzkyplatz. 10-19h. 9/7 €, Mo 4,50 €) beim Donaukanal entwarf & bestückte Friedensreich 100H2O. Das Erlebnis rundet man 500m s am **Hundertwasserhaus** (III/Löwengasse) ab: Tourimagnet mit Arkaden & Kitsch.

Das kleine **Freudmuseum** (IX/Berggasse 19. Bus 40A. 9-18h. 7/4,50 €) stellt das Haus vor, in dem unser Über-Ich von 1893 bis zur Flucht vor den Nazis 1937 lebte.

Der dritte Mann? Auf den Spuren Harry Limes starten Mo/Fr 16h **Vienna Walks** (2½ Std. 17/14,50 €, <18 8,50 €) ab U4 Stadtpark (Ausgang Johannesgasse) zu Schauplätzen des Films, inkl. Kanalräumer & Verfolgungsjagd.

Wien bleibt ein Klassiker der Musikgeschichte. An seine **Komponisten** erinnern deren rausgeputzte Wohnhäuser (meist Di-So 9-16.30h) u.a. in VI/Haydngasse 19 (Haydn), I/Domgasse 5 (Mozart), I/Mölkerbastei 8 (Beethoven), II/Praterstr. 54 (Johann Strauss). Den Bassschlüssel aufs I setzt das innovative **Haus der Musik** (I/Seilerstätte 30. 500m s. 10-22h. 10/8,50 €, Kombi mit Mozarthaus 15 €).

Gottesacker. Der 200 ha große **Zentralfriedhof** (XI/Simmeringer Hauptstr. 232. 7-19h. Bim 6/71) ist nie schöner als im Frühling. Sein jüdischer Teil und das Viertel berühmter Toter machen ihn zum Ausflugsziel: Plan aller „Ehrengräber" am Hauptportal. Jeder zweite Klassikheld ruht hier, von Beethoven bis Schönberg, bloß Mozart nicht. Dessen Grab bleibt unbekannt, liegt aber auf dem biedergemeierten St. Marxer Friedhof (III/Leberstr. 6. 7-19h. Bim 18/71).

Hin & weg

Bahnhöfe. Alle fünf schließen 1-4h. Am wichtigsten sind West (U3/6) und Süd (Bim 18 zum West) mit Schaltern, Duschen, Läden meist bis 23h.

Vom Westbhf (in Std) nach **Salzburg** & **Innsbruck** stdl. (3/5). **München** ZRailjet zweistdl. 6.20-18.20h (4¼), *EN* ab Hütteldorf 0.09h (6). **Zürich** & **Basel** Z*EC* 7.40h, 9.40h, *EN* 21.25h (9/10). **Budapest** Z*Railjet* 6.50h, Z*EC* zweistdl. 9.50-19.50h (3). **Belgrad** & **Bukarest** Z*D* 18.50h (12/18). **Prag, Warschau**-Zachodnia & **Berlin**-Hbf R*EN* 22.12h (5/9/11).

Vom Südbhf nach **Berlin**-Hbf Z*EC* 6h, 10h (9½). **Warschau** Z*EC* 9h, 15h (8). **Prag** Z*EC* 6h, 7h, 10h, 11h, 13h, 16h, 17h, 19h (4½). **Pressburg** halbstdl. 5-1h (1). **Zagreb** Z*EC* 7.26h, 16h (6½). **Ljubljana** Z*EC* 8h (6). **Venedig** Z*EC* 6.23h (8), ZR*EN* 20.48h (12). **Florenz** & **Rom** ZR*EN* 19.23h (11/14).

SALZBURG

✆ 0662. 317 km w von Wien. 150.000 Ew. 424m üNN. salzburg.info.

Erzbischöfe reihten solange Kirchen & Herrenhäuser aneinander, bis ein Werbefritze Salzburg den unsinnigen Beinamen „Rom des Nordens" verpasste. Römisch-enthemmt sind dabei nur die **Festspiele** (Juli/Aug. Tickets ab 12 €), zu denen sich die halbe Musikwelt in jedes gemachte Bett legt. Bitterböse wird das Thema aufbereitet bei Thomas Bernhard und im ***Hader-Film *Silentium* (2005).

Generell ist diese Stadt **teuer, überlaufen** (Amis!) und trägt zuviel Grau. Mozart mochte sie übrigens auch nicht. Angaben ab **Bhf** (1600m n der Altstadt).

SalzburgInfo: im Bhf (Bahnsteig 2a. 8.30-20h) und Mozartplatz 5 (2 km s. T. 889 87-330. 9-20h), beide mit Zimmervermittlung (2-4 €).

Jugendinfo: beim Mirabellgarten (Hubert-Sattler-Gasse 7. 700m s. T. 807 2259).

Waschsalon: Bubble Point (Karl-Wurmb-Str. 2. 80m n. 7-23h. 4 €/Ladung. 4 €/Std Internet).

Cybercafé: beim Mönchsberglift (Gstättengasse 27. 10-24h) und nahe Mozartplatz (Judengasse 5-7. 9-22h. je 1,50 €/10 min).

ÖPNV. Beim Fahrer, an Automaten und im VVK (z.B. Bhf-UG oder Trafiken) gibt es Buspläne, Einzeltickets (2/1,80/1,50 €) und 24-Std-Karten (5/4,20/3,20 €). <18 halber Preis. Wochenende-Tickets (19 €, fünf P) und Wochenkarten (13 €, eine P) gelten auch in Schlossbahn, Bergheimtram und Mönchsberglift. **Bikes** bei Velorent (Residenzplatz), Top Bike (Intertreffcafé am Bhf) und im JGH.

Schlafen. Das komfortable **Jugendgästehaus** (Josef-Preis-Allee 18. 2 km sö. T. 842 670. jufa.at) hat auch prima Stadtführungen. 390 Betten, enge 8/4er-Dm mit F-Buffet 23/28 €,

Dz 80-104 €, nur mit JH-Karte. Küche, Bar, Hof mit Grillstelle, anmelden ab 11h, dicht ab 24h. Tram 5/51 bis Justizhaus.

Im **YoHo** (Paracelsusstr. 9. 600m s. T. 879 649. yoho.at) trifft sich ganzjährig die amerikani-australi-neuseelische Partygemeinde. 4-8er-Dm 18-20 €, mit Dusche plus 3 €, Ez/Dz 30/46-58 €. Billigbar, laute Musik, Schließfächer.

Salzburg sehen, wie´s wenige sahen? Das **Naturfreundehaus** Stadtalm auf dem Mönchsberg (1800m s. T. 841 729. diestadtalm.com) bietet eine ***Aussicht: Tipp was für romantische Abende. 22 Betten (Etagen) in fünf Räumen, einfache Dm 15-18 €, F 2 €, Etagendusche, Terrasse, keine Küche, keine Heizung, dicht ab 1h. Hinauf zu Fuß ab Festspielhaus, per O-Bus 2 oder Mönchsberglift. Jan-Okt.

Die **JH Junges Hotel** (Haunspergstraße 27. 400m w. T. 875 030. lbsh-haunspergstrasse.at) kommt dem Bhf am nächsten. 105 Betten, 4er-Dm 22 €, Ez/Dz mit Bad 32/52 €, ohne JH-Karte plus 3 €. Unscheinbar, sauber, funktional. Nur Juli/Aug.

☺ **Sparen.** Mit der **SalzburgCard** (24/32/37 € für 24/48/72 Std, <15 halber Preis) sind ÖPNV, Festung und Museen frei. ISIC spart allerorten 20-30%.

Hohensalzburg. Jeder beginnt mit der barocken ****Festung** (9-19h, Okt-Mai -17h) auf dem Mönchsberg. Das Salz ging, die Burg blieb hoch. So strömen Massen herbei, um das Vermächtnis unkeuscher Pfaffen zu bestaunen. Die **FestungsCard** (11 €, <14 6 €) beschert uns freie Fahrt mit Festungsbahn (selber kraxeln dauert 15 min), Zutritt zu Burghöfen, Wehrtürmen, opulente Fürstenzimmer, Almpassage, drei Museen, Folterkammern, Audioguide. Nicht zu vergessen das Panorama!

Altstadt. Ellbogen spitzen, ab ins Gedränge! Unbescheiden sind die barocken Gemächer und -mälde von Erzbischofs **Residenz** (Residenzplatz. 10-17h. 9 €, <14 3 €). Im protzigen **Dom** sorgen japanische Digis und ihre Träger für Unterhaltung. In der heute piekfeinen Getreidegasse 9 ward **Mozart** geboren, am Makartplatz 8 hat er gewohnt (beide 9-20h, Sep-Juni -17h. je 7 €, <18 3 €, Kombi 12/4,50 €). Zu sehen gibt es ein paar Instrumente, Notenblätter und viel Schmonzes.

Natur. Dem Brimborium, das Salzburg mit sei´m Amadeus treibt, entkommt man im ****Haus der Natur** (Museumsplatz. 9-17h. 6/4 €). Vielfältig-bizarre Erfahrung mit Aquarium, Reptilienzoo, Insektenstaaten, Weltraumhalle, Reise durch den menschlichen Körper – selbst Leute vom Fach lernen was dazu.

Rechts der Salzach. ****Schloss Mirabell** samt Protzgarten (6h bis Dunkelheit, frei) ließ ein Erzbischof 1606 für seine minderjährige Konkubine errichten. Marmorsaal & Barockstiege sind zu besichtigen (8-18h, frei), im Rest brütet die Stadtverwaltung. Der **Kapuzinerberg** (Aufstieg 20 min) bietet Aussicht ohne Rummel – oder man besteigt gleich den Gaisberg (1300m) mit Linienbus & Sendemast.

Hellbrunn. Für Wasserspiel & Brunnenspring berühmt ist **Schloss Hellbrunn** (4 km s. 9/6 €, <18 4 €). Seine barocken Gärten sind bis Sonnenuntergang frei, die Führung (halbstdl. 9-21h, Sep-Juni -18h) endet mit einer feuchten Überraschung. Der herrliche ****Zoo** (9-19h, Aug Fr/Sa **-23h,** Sep-Juni -17h. 9/7 €) nimmt Naturtreue wörtlich: über 500 Tiere, freifliegende Gänsegeier, Freianlagen für Großkatzen und Breitmaul-Rhinos. Bus 55 halbstdl. ab Bhf.

✈ **Hin & weg.** Vom Bhf (in Std) nach **Wien**-West stdl. 5-21.34h (3). **Innsbruck** zweistdl. 6.22-20.30h (2). **Zürich** 6.22h, 10.31h, 12.31h, 0.44h (6). **München** stdl. 4.29-21.33h (1½). **Ljubljana** & Zagreb *EC* 10h, 14h, *D* 1.34 (4½/7).

**SALZKAMMERGUT

S des Gleises Salzburg – Wien träumt ein Alpenzipfel vor sich hin, den bisher nur dicke Alt-Bunzkanzler aus dem Gleichgewicht bringen. Das S´gut (salzkammergut.at) besteht aus schönen Bergen, Seen & Dörflein: Österreich wie im Bilderbuch eben, aber voll **auf Apr-Okt gepolt,** danach hat kaum was offen.

S-Info: Götzstr. 12, Bad Ischl (T. 06132/240 000. 9-20h. Internet 5 €/Std). Die **Erlebnis-Card** (5 €, Mai-Okt) beschert 10-30% Rabatt in Bus, Bahn, Boot, Seilbahn und 110 Sehenswürdigkeiten. Interrailer suchen vergeblich nach Rabatten.

Züge. Von Salzburg auf Wiengleis bis **Attnang-Puchheim** stdl. 6-20h (¾ Std), hier **Bimmelbahn über Bad Ischl, Hallstatt stdl. -21.16h nach **Stainach-Irdning** (2½), hier *IC* nach Salzburg/Innsbruck zweistdl. (2/4). Mit Interrail alles frei.

Postbusse verbinden alle Orte vorbildlich. Fahrpläne an Haltestellen & postbus.at.

BAD ISCHL

✆ 06132. 46 km s von Attnang-Puchheim. Ischl (13.000 Ew. badischl.at) zehrt von seiner Glanzzeit nach 1828, als sich die Monarchie hier sommerfrisch machte.

Tourismusbüro: Bahnhofstr. 6 (T. 277 570. Mo-Fr 9-17h, Sa -12h).

Schlafen. Im freundlichen **Jugendgästehaus** (Rechensteg 5. 700m vom Bhf. T. 26 577. oejhv.or.at) warten 116 Betten. Dm mit F 18 €, Ez/Dz/4z mit Bad 32/50/90 €. Unter acht Pensionen zu den schnuffigsten zählt **Waldresruh** (Kaltenbach 43. T. 24 558. pensionwaldesruh.at.tf) neben der Katrinseilbahn. 29 Betten, Ez/Dz mit F, Bad, TV und Balkon 26-34/48-56 €, 3er-Apartment mit Küche & Balkon 40-54 €.

Rundgang. In Franz Josefs schmucke **Kaiservilla** (9.30-17h, Okt-Apr -16h) kommt man nur mit 45-min-Führung. Danach spaziert man durch Herrn Kaisers **Park** bergwärts zum ****Fotomuseum:** in Sissis Marmorschlössl hängt k.u.k. in schwarz-und-weiß (Kombi für Villa, Museum & Park 14/12 €, nur Park 5/4 €). Von mäßigem Interesse ist das örtliche **Salzbergwerk** (Führung 10 €).

ST. WOLFGANG

✆ 06138. 19 km w von Bad Ischl. Das Weiße Rössl ist mit drei Blicken abgetan, so feuert man im Pilgernest (2800 Ew. stwolfgang.at) Helmut Kohl beim 37. Abnehmversuch an oder entert ÖBB-Schiffe übern **Wolfgangsee.** Wer beim Anblick all der Heißluftballons nach Höherem strebt: die 1½-Std-Fahrt kostet 350 € pro P.

Tourismusbüro: bei der Bushaltestelle, Hauptstr. (T. 2239-0).

Schlafen. Einer von drei Campingplätzen am See: **Appesbach** (Au 99. 900m gen Strobl. T. 2206. appesbach.at) öffnet Apr-Okt. Zwei P mit Zelt 15 €. Gegenüber, in St. Gilgen, wartet ein prima **Jugendgästehaus** (Mondseestr. 7. T. 06227/2365. oejhv.or.at). Dm mit F 18 €, Ez/Dz/4z mit Bad 32/50/88 €, anmelden 17-19h.

Boote nach St. Gilgen & Strobl stdl. 9-19h (45/15 min. 6/4 €, kein IR-Rabatt).

Schafberg! Eine idyllische **Zahnradbahn** erklimmt den 1783m-Klotz und erreicht nach 45 min den Gipfel (stdl. 8-16h. hin/rück 19/28 €). Im Juli/Aug müht sich auch eine **Nostalgie-Dampfbahn** rauf (10h, 13h. plus 6 €). Billiger ist natürlich die 8 km-Wanderung: gemütliche 3-4 Std zum **Panorama.

**HALLSTATT

✆ 06134. 19 km s von Bad Ischl. Seit 4500 Jahren wird in Hallstatt (1100 Ew. hallstatt.net) Salz abgebaut. Rom sog noch an Wolfszitzen, als hier schon Handelskontakte quer durch Europa bestanden. Heute lockt Hallstatt (Weltkulturerbe) 500.000 Gäste pro Jahr, aber fast nur Apr-Okt. Eine Fähre (8-18.46h, 2 €) verbindet zu jeder Zugankunft Bhf & Ort (durch See getrennt).

Tourismusbüro: Seestr. 169 (T. 8208. 9-17h, So -14h), mit Zimmernachweis.

Schlafen. **Camping Höll** (Lahn 6. T. 8322. camping.hallstatt.net) bietet Schatten, Strand und Waldrand. 6,50 €/P, Zelt 4 € Apr-Okt, 800m s vom Zentrum.

Der **Gasthof Mühle** (Kirchenweg 36. T. 8318. hallstatturlaub.at) lockt mit rustikalem Schlafsaal und hausgemachter Pizza. 47 Betten, 4-14er-Dm 14 €, mit F 18 €

Im Nachbarort Obertraun erfrischt das **Jutel** (Winkl 26. T. 06131/360. jutel.at/obertraun) mit Seventies-Stil. 132 Betten, Dm mit F 20 €, ohne JH-Karte plus 3 €

See & Berg. Prima Pfade erkunden Seeklippen & Wasserfälle: klarer Fall für Wanderstiefel. Auch Segelboote wären nicht übel (am Tourismusbüro 12 €/Std).

Salzwelten. Das älteste Salzbergwerk der Welt ist heute ein unterirdischer **Themenpark** (Apr-Okt 9-16.30h. 2-Std-Führung 16/10 €, inkl. Salzbergbahn 22/13 €) mit 65m-Bergmannsrutsche (!), mystisch beleuchtetem Salzsee & Kristallkammern. In einer davon lag bis 1764 der „Mann im Salz": Hallstatts Ötzi.

Eishöhle. In Obertraun (2 km s. eigener Bhf. obertraun.at) bestaunt man die **Rieseneishöhle** (Mai-Okt 9-16.30h. 1-Std-Führung 10 €), 15 min ab Mittelstation der Dachsteinbahn. Ihre unterirdische Hallen Artus, Parzifal und Tristan führen natürlich zur Gralsburg samt Eiskapelle (25m dickes Eis).

INNSBRUCK

✆ 0512. 256 km w von Salzburg. 112.000 Ew. 450m üNN. innsbruck.info.

Tirols Hauptstadt hat einen hohen Spaßkoeffizienten. Niedliche Altstadt, viel Grün drumrum, zwischen Bürgerprunk mühen sich Cafés & Künstler um Trubel, und hinter Maria-Theresiens Fußgängerzone ruft der Karwendel: ich erfüll Dir jeden Freizeitwunsch! Angaben ab **Bhf** (Südtiroler Platz).

Tourismusbüro: im Bhf (9-22h) und Burggraben 3 (600m nw. T. 5356. 9-18h), beide buchen Zimmer (3 €). **Tirol-Info:** Maria-Theresienstr. 55 (300m w).

Waschsalons: Bubble Point (Andreas-Hofer-Str. 37. 1200m sw – Brixnerstr. 1. 90m nw – Innstr. 11. 1400m nw) (je 7-22h. 3-4 €/Ladung. 2 €/Std Internet).

Cybercafés: TeleRoll (Innrain 2. 1 km w. 9-21h. 2 €/Std), Telephone Discount (am Bhf. 9-23h) und L´Aqua (Karmelitergasse 4. 300m s. 16-1h. 0,10 €/min).

Bikes. Wen es angesichts von 115 km MTB-Routen (bis 2250m!) und 350 km Radwegen durchs Inntal kribbelt: Neuner (Maximilianstr. 23. 600m w) hat MTBs für 20 €/Tag, Inntour (Leopoldstr. 4. 600m sw) kümmert sich um die Tourdetails.

☺ **Sparen.** Mit der **InnsbruckCard** (25/30/35 € für 24/48/72 Std, <15 50%) sind ÖPNV, je eine Berg/Talfahrt mit Bergbahnen & die wichtigsten **Sights frei.**

Schlafen. Camping Kranebitten (Kranebitter Allee 214. 5 km w. T. 284 180. kranebitterhof.at) am Fuß mächtiger Felswände hat viel Charme, Aussicht & Preis-Wert, liegt aber ungünstig. Zwei P mit Zelt 15-20 €, Mietzelt/wohnwagen ab 12/20 €, Restaurant, Hotel, ganzjährig offen.
Nepomuks B&B (Kiebachgasse 16. 800m nw. T. 584 118. nepomuks.at), versteckt im autofreien Gässchen hinterm Marktgraben, heimst seit 2004 viel Lob ein. 6er-Dm 24 €, Dz ab 54 €, kuschliges F im traditionsreichen Café Munding. Alles Nötige da, auch Küche, Schließfächer, aber nur zehn Betten! Kein Torschluss.
Die **JH Innsbruck** (Reichenauerstr. 147. 2 km nö. T. 346 179. youth-hostel-innsbruck.at) folgt strengen Regeln. 178 Betten mit F-Buffet und Bettzeug, 6/4er-Dm 16/18 €, Ez/Dz mit Bad 35/54 €, ohne JH-Karte plus 3 €. Geöffnet 7-10h und 15-23h, einchecken 17-22h, ganzjährig. Bus O ab Museumsstraße.
Am Westufer bietet das **Glockenhaus** (Weiherburg 3. 1800m nw. T. 286 515. hostelnikolaus.at) Ruhe & Altertum. 30 Betten ohne F, Dm 17 €, Dz/3z 27/46 €. Bus W hält vor der Tür (Schloss Büchsenhausen).
Abends. Die Altstadt bietet ein beachtliches Gastro-Sortiment und zwei Überraschungen, eine winzig, eine hoch. Schnuffiger als **Little India** (Stainerstr. 700m w, gegenüber Postamt. 12-22h) geht´s kaum: nur drei Tische, nur zehn Gerichte (9-11 €), aber ultra-lecker und zum Zugucken frisch. Für den Drink danach drängt sich der **Lichtblick** (Mo-Sa 10-1h) auf: bis 22h Trend-Restaurant mit Top-Weinkarte, später Café mit begehrten Draußen-Sitzcombos & Aussicht, sieben Etagen oberhalb der Rathaus-Passage, Anreise über unscheinbare Fahrstühle.

Hütten. Um Innsbruck stehen 70 Berghütten, meist gemütlich für 10-20 €/P, stets durch Küche oder Mahlzeiten verfeinert. Mit Karten, Wetterinfo, Bergmuseum dient der **Alpenverein** (Wilhelm-Greilstr. 15. 180m w. T. 584 107. alpenverein.at).

Altstadt. Maria Theresia – die mit den 16 Kindern – erstreckt sich zwischen Inn und Bhf als Nordsüdachse von der Triumphpforte (1767) bis zur gotischen Eleganz ums **Goldene Dachl.** Innsbrucks Wahrzeichen (Museuml 4/2 €) glitzert seit anno 1500 dank 2657 vergoldeter Kupferplättchen. Für Überblick sorgt der Stadtturm gegenüber (10-20h. 3/2 €).
Prunkstück der Altstadt? In der **Kaiserlichen Hofburg** (Rennweg. 9-17h. 6/4 €, Führung 2 €) prassten die Tiroler Fürsten, weil fast nie ein Kaiser vorbeikam.
Europas großartigster Kaisersarg? In der **Hofkirche** (9-18h. 4/2 €) umgibt sich Kaiser Maximilians leerer Marmorsarg mit 28 Bronzefiguren seiner Vorgänger; man beachte, welch edler Körperteil Kaiser Rudolfs am meisten betatscht wird. Unter der Empore ruht Andreas Hofer.
Berge. Zum fast senkrecht aufragenden **Hafelekar** (2334m) in Innsbrucks Nordkette gelangt man per Panorama-Gondelbahn (nordpark.com. 9-17h. 15/12 €, retour 25/20 €) oder in 4-5 Std zu Fuß. Spannend ist aber schon die erste Etappe zur **Hungerburg** (868m). Zwischen Zaha Hadids Phantast-Bahnhöfen fährt eine revolutionäre Standseilbahn (7-

19.30h. 4/3 €, retour 6,50/5 €). Unterwegs lockt der liebevolle, schweißtreibende **Alpenzoo** (9-18h. 8/6 €, Kombi mit Bahn 10/8,50 €) mit 2000 Tieren von Adler bis Otter, Steinbock bis Ringelnatter.

Auch in **Igls** (870m. Bus J oder Mittelgebirgsbahn) am Fuß der Südkette sind die Cafés teuer und der Ausblick fein. Die Seilbahn auf den **Patscherkofel** (2246m. 11/9 €, retour 18/15 €) streift die olympische Abfahrtsstrecke *(Klammer! I wird narrisch!)* und Bobbahn der Winterspiele ´64 und ´76.

→Hin & weg. Vom Bhf (in Std. meist *ECs)* zweistdl. nach **Salzburg** & **Wien** 7.30-19.30h (2/5), 0.42h (-/7). **München** 6.37-20.37h (2). **Zürich** 8.39-16.39h (4). **Verona** 11.26-17.26h ($3^{1}/_{2}$), weiter nach **Rimini** 11.26h, **Venedig** 13.26h, **Mailand** 15.26h (6/5/5). **Florenz** & **Rom** ^{Z}*CNL* 23h (7/10).

POLEN

✆ 0048. 312.678 qkm. 38,1 Millionen Ew. BIP 13.447 €/Ew. polen.travel.

An der Nahtstelle zwischen Ost- und Westeuropa richtete die Geschichte viel Unheil an. Der Ritterorden wütete im Land, Napoleon, Hitler und Stalin. Jeder Deutsche sollte sich aber bewusst sein, dass die schlimmsten Greuel im Namen seines Volkes verübt wurden; drei Brocken Polnisch stehen ihm gut zu Gesicht.

Serviceteil

Polnisches Fremdenverkehrsamt: Kurfürstendamm 71, 10709 Berlin, T. 030/210 0920. Mariahilferstr. 32, 1070 Wien, T. 01/524 719 112.

Botschaften in Warschau: D: Jazdow 12, T. 022/584 1700. A: Gagarina 34, T. 841 0081. CH: Aleje Ujazdowskje 27, T. 628 0481.

10 Zloty = 2,38 € (xe.com). Banken öffnen Mo-Fr 8-16/18h, Sa -13h. Wechselstuben geben oft bessere Kurse und sind so häufig wie *Bankomaty*. Reisescheck & Kreditkarte helfen nur in Städten weiter, Euro werden gern gesehen.

✆ Notruf 999, Polizei 997.

Wann reisen? Angenehm sind Mai/Juni und Sep/Okt, das gemäßigte Klima spielt aber immer mit, macht Sommer richtig warm und Winter richtig kalt. Regentage sind jederzeit möglich.

Wie sprechen? Viele ältere Polen verstehen deutsch, bei jungen Leuten darf man auf englisch hoffen, in amtlichen Fragen helfen Hand, Fuß und der liebe Gott.

Guten Tag: **dzien dobry** (dz=dsch, y=i).
Auf Wiedersehen: **do widzenia** (dz=dsch).
Bitte: **prosze** (sz=sch, e=nasal wie frz. *un).*
Danke: **dziekuje** (beide e nasal).
Ja/nein: **tak/nie.**
Wie viel kostet das? **ile to kosztuje?** (sz=sch).
Zahlen: 1 jeden, 2 dwa, 3 trzy (rz=dsch), 4 cztery (cz=tsch), 5 piec (c=ts), 6 szesc, 7 siedem, 8 osiem, 9 dziewiec, 10 dziesiec.

Bahn, Bus & Bike

Auslandszüge nach Warschau (in Std) von **Berlin**-Hbf ^{ZR}*EC* 6.29h, 12.29h, 16.29h (6). **Wien** ^{ZR}*EC* 9h, 15h, ^{R}*D* 22.12h (8-9). **Prag** ^{ZR}*EC* 10.09h, ^{R}*D* 21h (8½/10).

Polskie Koleje Pa_stwowe. Die Teilprivatisierung seit 2001 brachte viel Bewegung aufs beschauliche Netz, das mit 26.400 km Normalspur größer ist als das französische. Im Südwesten lässt es keinen Ort aus, in Masuren gönnt es sich auch Dampfbetrieb auf schmaler Spur. Nebenstrecken werden nur 3-6 mal tgl. bedient, lieber aber an private Betreiber weitergereicht. Fahrpläne zum Mitnehmen sind rar.

Rund um Warschau & Danzig nutzen auch andere Betreiber das Bahnnetz. Fahrscheine gelten nur beim ausstellenden *Operator;* wer PKP Intercity kauft, steht in SKM oder WKD ohne gültiges Ticket da, auch wenn es dieselbe Strecke ist. Bahnpässe gelten landesweit.

Gattungen. Ein *osobowy* stoppt an jeder Milchkanne, Tempo bleibt ein Privileg von PKP Intercity: dessen *pospieszny (P)* ist ein ^{R}freier Schnellzug, der ^{R}*TLK* schließt nach Preis & Komfort die Lücke zum ^{ZR}*expresowy (Ex),* im ^{ZR}*EC/IC* darf man mit 100 km/h rechnen, Warschau-Berlin wird gar für Tempo 160 aufgepimpt.

Nachtzüge laufen unter Regie von PKP Regionalne. Für Liegewagen *(wagon z miejscami do lezenia.* 6 Betten/Abteil) zahlt man 5 € drauf, für Schlafwagen *(wagon sypialny.* 3 Betten mit Waschbecken) 18 €, beide hängen an jedem Nachtzug.

PKP-Tarife sind stark degressiv gestaffelt. 10/100/500 km kosten im *O* 0,70/4/8 €, im *P* 1,20/6/13 €, in *Ex* und *IC* 1,50/8/20 € plus 3 € pro Platzkarte. Da lange Strecken relativ günstiger sind, kaufen Bahnpassverweigerer die Gesamtstrecke (z.B. Krakau-Danzig) und dürfen unterwegs (z.B. in Warschau) bis zu vier Tage pausieren. Statt **Interrail PL** (drei/vier/sechs/acht Tage 69/89/119/139 €, <26 Jahren 45/58/77/90 €) bestellt man besser über polrail.com eine **Netzkarte** *(Polish Railway Pass)* für 99/240 € pro Woche/Monat, inkl. ^{R}Gebühr und *IC/EC*-Zugang. Nur am Schalter vor Ort zu haben sind **Bilet turystyczny** (13 €, ohne Fernzüge) und **Bilet weekendowy** (26 €, mit *IC/Ex*-Zugang), damit fährt jedermann unbegrenzt von Fr 18h bis Mo 6h.

PKP-Info in Berlin: T. 030/242 3453. Polen: T. 19436 und 0801 *(IC)*. intercity.pl.

Zuschläge für Interrailer: *TLK* 1,50 €, *Ex* 3 €, *IC/EC* 5,30 €, zahlbar im Zug. Jeweils Platzkarte nötig.

Busse. **Pekaes** (pekaesbus.pl) bedient ein fein verästeltes Netz, oft fahren auf derselben Route Express (teurer als die Bahn) und Normaldienst (randvoll). Tickets besorgt man im Busbhf oder Reisebüro, die Fahrer verticken nur Restplätze. Im Reisebüro darf man auf englischsprachiges Personal hoffen, im Busbhf eher nicht.

Fahrräder werden v.a. in Masuren vermietet und problemlos befördert. In Zügen mit Gepäckwagen *(B* im Fahrplan) packt man selbst ein, in *O* oder *P* ohne Gepäckwagen stellt man das Bike im Einstiegsbereich ab, bei *IC/Ex* muss es draußen bleiben. Kurzstrecken kosten 1-2 €, über 400 km 3-5 €, ins Ausland pauschal 6 €

Schlafen

Camping. Die Verkehrsämter verteilen Listen der 250 Plätze. Sie drängeln sich v.a. an der Ostsee und in der Tatra, trauen sich aber auch an den Rand großer Städte und öffnen meist Mai-Sep. Die Ausstattung variiert enorm, bei 6-12 € für zwei P mit Zelt darf keiner meckern. Viele Campings halten preiswerte Hütten bereit.

Herbergen. In jeden hübschen Winkel hat **PTSM** (T. 022/849 8354. ptsm.org.pl) eine seiner 140 spartanischen JHs *(schroniska mlodziezowe)* gesetzt. Ein Bett im Schlafsaal (Dm) kostet 8-12 €, Ez/Dz ab 16/24 €, mit JH-Karte oder ISIC minus 10%. Hinzu gesellen sich im Juli/Aug viele Sommer-JHs, oft in Vorstadtschulen, mit Mittagspause und Torschluss um 22h.

Hostels. Seit 2003 erobern unabhängige Hostels die Szene in Warschau, Krakau & Danzig. Sie sind etwas teurer als JHs, aber fröhlicher und (fast) ohne Kandare.

Wohnheim. Im Juli/Aug warten auf ISIC-Inhaber viele Uni-Buden ab 16/24 € Sie liegen nie zentral und sind recht anonym (die Insassen sind ja ausgeflogen). Wer´s dennoch mag, buche über Verkehrsämter; bei Almatur wird es teurer.

❑**Zimmer..** Auch Privatzimmer ab 20/30 € vermittelt jedes Verkehrsamt, falls man nicht am

Bhf mit Anbietern handelseinig wird. Der Preis hängt von Jahreszeit, Ausstattung und Entfernung vom Zentrum ab. Vorher prüfen, wie man mit Bus oder Tram hinkommt.

**WARSCHAU

✆ 022. 565 km ö von Berlin. 1,68 Mill. Ew. 100m üNN. warsawtour.pl.
Hitlers Schergen haben mit der Zerstörung von Polens Hauptstadt grauenhafte Arbeit geleistet. Umso beherzter gelang der Wiederaufbau nach Kriegsende. In der Altstadt stehen heute „uralte" Gebäude, die vor 1945 teils nur auf Plänen existierten. An jeder Ecke halten aber Relikte die Erinnerung an den Holocaust wach. Angaben ab **Bhf Centralna** (2500m s der Altstadt).

Kurz & knackig

Tourist Info: T. 9431. Fünf Büros mit Hotelbuchungen, Führungen und freiem Stadtplan, u.a. im Bhf (Haupthalle. 8-20h), am Königsweg (Krakowskie Przedmiescie 39. 1800m n. 9-20h) und vorm Schloss (Plac Zamkowy 1-3).
Jugendreisebüro: Almatur (Kopernika 23. 1500m nö. Mo-Fr 9-18h, Sa 10-14h), mit Zimmern, Touren, Ausritten, Infos landesweit.
Gepäcklager: im Bhf (Haupthalle. 7-21h).
Internet: u.a. Planeta 808 (Królewska 2. 1600m nö. 10-24h, billiger bis 15h). Im Casablanca (Krakowskie Prz 4. 1400m nö. 10-2h) gibt es Sport-TV, Musikbands oder Musik vom Band; schnelles Internet 0,40 €/10 min, Fotos downloaden 1 €

☺ **Sparen.** Mit der **Karta Turysty** (8/16 € für 24/72 Std) sind ÖPNV und 21 Sights frei, andere ermäßigt. 10% Rabatt in den meisten Hostels. Zu kaufen in Info-Büros.

ÖPNV. Bus & Tram sind billig, tagsüber läuft alles prima, von 23-5h führen Nachtbusse halbstdl. ab Bhf das Kommando, die einzige U-Linie ist für Reisende irrelevant. Der Stadtplan verzeichnet alle 120 Bus- und 30 Tramlinien. Ideal für Einsteiger-Sightseeing: **Bus 180.** Fahrscheine (0,60 €, nachts 1,20 €) werden vor dem Einsteigen ergattert und an Bord entwertet. Auch Pässe für 24/72 Std/eine Woche (2/3/6 €) kauft man an Kiosken mit Ruch-Logo. Mit ISIC stets halber Preis.
Taxipreise sind nicht festgesetzt. Man fragt also vorher und steigt nur in offizielle Taxen mit funktionierendem Meter. Auf 1-1,50 € Grundgebühr folgen max. 0,80 €/km, nachts und Sa/So 1,20 €

Schlafen & feiern

Zelten. Keiner schlägt **Camping 123 Astur** (Bitwy Warszawskiej 15/17 1920r. 3 km sw. T. 823 3748. astur.waw.pl), die Riesenanlage beim Busbhf Zachodnia. Alles einfach, aber mit Bäumen, Rasen, Tennishalle, Schwimmbad. 3 €/P, 3 €/Zelt, nette 2/3/4er-Bungalows 17/24/29 €, ganzjährig. Bus 154/172 vom Bhf.
Herbergen. Jede der drei *schroniska mlodziezowe* öffnet ganzjährig, ist aber 10-16h dicht: Morgengedrängel vor den wenigen Duschen. Mit JH-Karte minus 10%.
SM 2 Smolna (Smolna 30. 1 km ö. T. 827 8952. hostelsmolna30.pl) beim Nationalmuseum liegt am besten, ist sauber und freundlich. 110 Betten, 4er-Dm 9-11 €, Ez/Dz/3z mit TV 17/29/40 € Küche wohlbestückt, Torschluss 24h (Juli/Aug 2h), man muss ohne Fahrstuhl

vier Etagen rauf. Zig Busse bis Nowy Swiat.
SSM 6 Syrenka (Karolkowa 53a. 2 km w. T. 632 8829. hostelkarolkowa.pl) beim Jüdischen Friedhof macht andere Vorzüge geltend. 150 Betten, 4-12er-Dm 8-11 €, nette Dz/3z mit Kühlschrank und TV 30/36 €. Cafeteria, alles ruhig im Wolaviertel. Tram 13/20/23/24 vom Bhf bis DT Wola.
SM Agrykola (Mysliwiecka 9. 1500m sö. T. 622 9110. agrykola-noclegi.pl) steht im Zeichen des Sports. 55 Betten, Dm 9 €, 3z-4z 13 €/P. Sauna, Rasenplatz, Lazienkowska-Ring fast vor der Tür. Bus 107/159/162 bis Mysliwiecka.
Hostels. Keine Schließzeiten, kaum Regelwerk: Aus dem Dutzend unabhängiger Hostels ragen zwei heraus. Überall surft man frei durchs Internet.
Nicht sehr billig, aber sehr angenehm ist **Nathans Villa** (Piekna 24/26. 900m sö. T. 622 2946. nathansvilla.com) im Hof von Gebäude C. 60 Betten auf drei Etagen, große helle 4-12er-Dm 11-15 €, Dz 40-46 €, inkl. F und Bettzeug. Alles blitzblank und mit Bedacht eingerichtet: 1a-Bäder, Küche, riesige Schließfächer, jeder Mitarbeiter spricht englisch. Bus 502/525 vom Bhf bis Plac Konstytucji. Tipp!
Näher am Geschehen liegt das hochgelobte **Oki Doki** (plac Dabrowskiego 3. fast Ecke Marszalkowska/Swietokrzyska (U-Bhf). 600m nw. T. 826 5112. okidoki.pl). 43 Betten, 4-8er-Dm 9-15 €, Ez/Dz mit F 25-32/32-40 €, mit Bad -/40-50 €. ISIC oder Euro<26 minus 5%. Bikes 1,50 €/Std, 6 €/Tag. Nach Dekor und Atmosphäre fast eine Kunstgalerie, und das im früheren Ministerium. Tipp!
Hotels. Erschwingliches ist in der Altstadt rar gesät, also spaziert man über die Slaskobrücke zum feschen **Praski** (Al Solidarnosci 61. 2500m nö, T. 201 6300. praski.pl) beim Uferpark. Neue Ez/Dz/3z ohne F 46/46/- €, mit Bad 55/65/75 €, Fr-Mo minus 15%. Braunbären unterm Fenster (im Zoo). Bus 512/460/160 vom Bhf.
Auf den Ex-Schleppern Aldona und Anita am Weichselufer unter der Poniatowski-Brücke dümpelt das **Botel** (Wybrzeze Kosciuszkowskie. 1400m ö. T. 628 5883. hostels-botel.com). Ez/Dz/3z mit F 18/24/32 €. Die Kabinen sind rustikal-okay, das Ambiente kitschig-herb. TV-Raum, selten Traveller, abends schummrig, Apr-Dez. Tram 7/9/12/22/24/25 ab Bhf bis zum vierten Halt.
Nachtleben. In Polen spielen Cafés *(kawiarnie)* und Weinstuben *(winiarnie)* die erste Geige. Vom Marktplatz zur Weichsel drängeln sich Kneipen, Kleinkunst, Konzerte. Karten bei **ZASP** (Al Jerozolimskie 25. Mo-Fr 11-18h). Was wo wann läuft, verrät *What Where When* (frei) und jeden Di die *Warsaw Voice*. Höhepunkte im **Festivaltreiben:** Jazz (Ende Juni), Mozart (Juni/Juli), Straßenkunst (Juli), zeitgenössische Musik (Sep).

Anschauen

☺ **Sparen.** Warschau hat ein Herz für arme Railer: viele Sights sind an einem Tag pro Woche *(kursiv* gesetzt) **frei zugänglich,** mit ISIC sind viele Eintritte ermäßigt.

Stare Miasto. Die rekonstruierte Altstadt (Welterbe) ist Fußgängern vorbehalten. In elf Barockhäusern auf der Nordseite des Rynek Starego Miasta zeigt das **Historische Museum** Beklemmendes zur NS-Zeit (Di-So 10-16h, Do -18h. 2/1 €, *So frei).*
Über die hübsche Swietoja_ska, vorbei an der **Johanneskathedrale** (10-17.30h. frei) mit Grabstätten berühmter Polen, erreicht man den **Plac Zamkowy.** Hinter dessen Sigismundsäule beginnt die Warteschlange fürs wuchtige ****Königsschloss** (10-18h. 5/3 €, Höfe

frei), das 1945 ein Haufen Schutt war und 1971-84 minutiös nachgebaut wurde. Führungen (auch dt.) widmen sich u.a. den Gemächern seiner Majestät (4 €) und der Kunstgalerie (2 €). Am *So* alles frei, aber lange Wartezeit.
Der **Königsweg** *(szlak królewski)* führt vom Schloss zwischen Palästen, Kirchen, Uni über den Nowy Swiat 4 km nach Süden zum Lazienkipark. Unterwegs lohnen Abstecher zum kleinen **Chopinmuseum** im Ostrogski-Schloss (Okolnik 1. Mo-Sa 10-18h. 2/1 €) und auf den Turm der pompös ausgeschmückten **Annenkirche** (Krakowskie Prz. 68. 10-19h, frei. Turm Di-So 10-18h, 1 €).
Im Ex-KP-Haus an der Jerozolimskie-Kreuzung residiert nun... die Börse. Daneben zeigt das **Nationalmuseum** (Aleje Jerozolimskie 3. 1600m ö. Di-Fr 10-16h, Sa/So -18h. 3/2 €, *Sa frei)* jede Facette polnischer Kunst seit Erfindung des Pinsels.
Grün. Der *****Lazienkipark** (2 km sö) rettet müde Nachmittage. Seinen Botanischen Garten (9-19h. 1,50/1 €) ergänzt die **Alte Orangerie** (Di-So 9-16h. 1,50/1 €, *Di frei)* mit Skulpturengalerie. Am Chopindenkmal (1926) steigen So 12-16h Pianokonzerte zwischen Rosen. Der **Palast auf dem Wasser** (Di-So 9-16h. 3/2 €, *Do frei)* diente dem letzten, 1792 vom Zaren abgesetzten König als Sommerresidenz. Man darf aber auch einfach das Treiben im bezaubernden 74-ha-Park genießen.
Wer wissen will, wo andere Majestäten den Sommer verbrachten, entert am Königsweg Bus 180. Voilà, natürlich 5 km sö von Lazienki im versailligen **Wilanówpalast** (9-18.30h. 4/3 €, *So frei)*. Auch hier kommt es zu Warterei, zumal am So. Den gepflegten Park dahinter (1/0,70 €) zieren wiederum eine Orangerie, ein Jagdmuseum und das quirlige **Plakatmuseum** (10-16h, Sa/So -18h. 2/1 €, *Mo frei)*.

Ghetto. Warschau hat eine reiche jüdische Tradition. Von deren Gotteshäusern überlebte allein die **Nozyk-Synagoge** hinterm Jüdischen Theater (Twarda. 800m n. 10-20h, Fr -16h. 1 €) die Nazis. Das Leben im Ghetto bis 1943 dokumentiert das Museum im Gestapo-Knast **Pawiak** (Dzielna 24. 2 km nw. Mi-So 9-16h. frei). Weitere 800m w ist der **Jüdische Friedhof** (Okopowa 49. Mo-Fr/So 9-16h. frei) weltweit der größte seiner Art. Kopf bedecken! Tram 22/27/29 ab Altstadt.

Hin & weg

Der Bhf Centralna (Al Jerozolimskie) ist der Wichtigste der drei Fernbahnhöfe. Nicht jeder Zug endet hier, also Augen auf. Über den unterirdischen Gleisen bietet die Betonklotzhalle alle erdenklichen Dienstleistungen. Obacht Taschendiebe.
Vom Centralna (in Std) nach **Krakau** ^R^*Ex/ICs* stdl. 6.15-20.15h (3), *Ps* 5h, 17.15h (5¼). **Danzig** ^R^*Ex/ICs* zweistdl. 7-19h (4½). **Berlin**-Hbf ^ZR^*ECs* 7.35h, 11.35h, 16.35h (6), ^R^*D* 21.30h (10). **Wien**-Süd ^ZR^*ECs* 6.25h, 11.25h (7½), ^R^*D* 21h (9½). **Prag** ^ZR^9.25h (8½), ^R^21h (10). **Budapest** ^R^21h (11½).
Beide Busbhfe (Dworzec PKS) liegen neben gleichnamigen Bhfen: ab Zachodnia geht´s nach S/W-Polen und ins Ausland, ab Stadion nach N/O-Polen.

***KRAKAU

✆ 012. 320 km s von Warschau. 219m üNN. 758.000 Ew. krakow.pl.
Die Backpackerbewegung erhob Polens erste Königsstadt (1038-1596) zu ihrem Zentrum

in Osteuropa, neben Budapest und Prag. Kein Wunder – nach 1000 Jahren im Fokus europäischer Geschichte ist Krakau **eine kulturelle Perle** voller Gotik, Renaissance, Barock. Weil die Wehrmacht es links liegen ließ, versprüht Krakau soviel Zauber, dass die Unesco es zu den zehn schönsten Stadtensembles der Welt zählt. Angaben ab **Rynek Glówny** (700m sw vom Bhf Glówny).

Kurz & knackig

Informacjia Turystyczna: im Rathaus (Rynek Glówny 1/3. T. 433 7310. 9-17h).
Tourist Info Jordan: beim Bhf (Pawia 8. 8-20h, Sa/So -17h).
Jugendreisebüro: Almatur (Rynek Glówny 27. Mo-Fr 8-18h, Sa -12h), mit Zimmern, ISIC-Belangen und Touren: Wandern, Kanus, Segeln, Reiten.
Wäscheservice: frei in beiden Hostels, aber mühselig und ohne Trockner.
Internet: schön bei U Luiza (Rynek Glówny 13), mit Aussicht im Centrum-I (Rynek Glówny 9), mit Kaffee & Pub bei Looz (Mikolajska 11. 250m ö).

☺ **Sparen.** Mit der **Krakow Card** (krakowcard.com. zwei/drei Tage 11/16 €) sind Busse, Trams, Museen frei. Auf Touren und in etlichen Restos winkt Rabatt.

Bikes. Krakau samt Umland eignet sich vorzüglich für Radtouren, die Weichsel umschmeicheln gar Radwege. Also vermieten Agenturen wie **Art Bike** (Starowislna 33a. 400m sö. Mo-Sa 9-18h) Fahrräder für 12-15 €/Tag. **Rentabike** (T. 0888 029 792. 24 Std) stellt nach Anruf solide Cityräder (14 €/Tag) und rote Motorroller zu (32 €/Tag, Fahrer muss mind. 21 sein).

Schlafen & feiern

Camping. Keiner der vier Plätze traut sich nah ran. Gut erreichbar & gut ausgestattet ist nur **Smok** (Kamedulska 18. 4 km w. T. 429 8300. smok.krakow.pl) auf einem schattigen Hügel beim Zoo. Zwei P mit Zelt 14 €, einfache Dz/3z 45/55 € (Okt-Mai 30/38 €), ganzjährig. Tram 1/2/6 vom Bhf bis Zwierzyniec, dann Bus 209/229/239/249 in w Richtung bis Kemping.
Hostels. 33 Plätzchen nehmen sich der Rucksäcke aus aller Welt an. 33!
Nathans (Sw. Agnieszki 1. 900m s bei der Festung. T. 422 3545. nathansvilla.com) ist die Villa der Trinkfesten. 48 Ikea-Betten, farbenfrohe 4-10er-Dm mit F 12-16 €, Dz 40-45 €. Duschen herrlich, Küche eng, Ruhe selten, offen immer, Personal klasse, Sicherheit maximal, 24-Std-Supermarkt ums Eck. Tram 3 vom Bhf bis Stradom (dritter Halt), oft Abholer am Bhf.
Nicht nur Ödipus hätte seine Freude an **Mamas Hostel** (Bracka 4-3°. T. 429 5940, mamashostel.com.pl): 23m s vom Hauptplatz – zentraler geht´s nicht. 40 Betten, helle 4-10er-Dm mit F 10-15 €. Alles sauber und geräumig, oft deutsche Töne, große Küche, winzige Kissen, kein Fahrstuhl, wg. Nachtclub erst ab 2h ruhig.
Auch okay: **Sky Hostel** (Dunajewskiego 6. 300m nw. T. 426 1115. skyhostel.com.pl) am Altstadtring und **Deco Hostel** (Mazowiecka 3a. 1200m n. T. 631 0745. hosteldeco.com) mit Stil und frischem Enthusiasmus.
Herbergen. Gegenüber diesen Hostels sehen die vielen JHs alt aus, dafür geht´s billig zu. Akzeptabel liegen nur zwei Häuser, sie schließen 10-17h und ab 24h.
PTSM (Oleandry 4. 1200 km w. T. 633 8822. smkrakow.pl/eng) ist ein Riesending, das auf

Atmosphäre pfeift. 330 Betten, vollgestellte 3-14er-Dm 7-9 €, Ez/Dz mit Dusche 15 €/P. Licht aus um 22h! Tram 15 vom Bhf bis Hotel Cracovia.

Die nette **Szkolne Schronisko** (Grochowa 21. 5 km sö. T. 653 2432. ssm.com.pl) liegt fast in Italien, dort immerhin im ruhigen Vorort. 3-8er-Dm 8 €, mit JH-Karte 6 €, Dz mit Bad 24 €. Bus 115 vom Bhf bis Lipska, hinter BP-Tanke.

❑**Zimmer.**. Verkehrsamt und Almatur verraten Privatzimmer, oft in der Altstadt, für 25-40 €. Preiswerter als Hotels (ab 60 €) sind die gepflegten Apartments, die man übers Verkehrsamt bucht. **Rafal Jasiorkowski** (Zyblikiewicza 5/49. 500m sö. T. 411 3448. ness-krakow.pl), ein liebenswerter älterer Herr, vermietet seine geräumige Dreizimmerwohnung: 10-12 €/Bett, alles sauber, mit Küche und TV. 24 Std-Supermarkt ums Eck, 800m vom Bhf.

Nachts. Dank 40.000 Studenten und ungezählter Interrailer ist hier mehr los als sonstwo in Polen. Die Altstadt wimmelt von Pubs & Clubs. *Krakow Insider* (2 €) nennt Gigs, *Was-Wann-Wo* (frei) leistet Aufklärung auf deutsch. Die **Karnet Info** (Sw Jana 2. 20m n. 10-18h) verkauft dazu die Karten.

Termine. Krakaus reicher **Festivalkalender** umfasst u.a. Orgelmusik (Mär/Apr), Kurzfilmwoche (Juni), Jüdische Kultur (Juni), Straßentheater (Juli), Jazzfest (Juli) und Musik in der Altstadt (Aug). Programme bei Verkehrsämter und Karnet Info. Der wichtigste Termin aber findet allabendlich am Hauptplatz statt: Leutegucken.

Anschauen

Rynek Glówny. Umschlossen von einem Park, konvergiert die Altstadt auf Europas größten mittelalterlichen ****Marktplatz:** 800 mal 1200m nur für Fußgänger. Mittendrauf erfreuen die Tuchhallen aus der Renaissance mit Kunsthandwerk, Verkehrsamt und einer Galerie polnischer Maler (Di-So 10-15.30h. 2 €, *So frei)*. In der gotischen **Marienkirche** (Mo-Sa 12-18h. 1 €) gegenüber steht ein Hochaltar von Veit Stoß. Das Rynek-Ensemble komplettieren der besteigbare **Rathausturm** (Mi-So 10-17h. 1 €) und Krakaus Geschichtsmuseum (Di-Fr 9-15.30h. 2 €).

Kein Ort in Osteuropa besaß vor Krakau eine **Universität** (1364), nur diese hier brachte einen Kopernikus hervor. Von den Gebäuden an der Jagiello_ska (200m w) beeindruckt v.a. das Collegium Maius.

Wawel. Krakaus ****Festung** (600m s. 6-17h. frei) beherrscht das Geschehen um die Weichsel. In ihrer **Kathedrale** (9-16h. 2/1 €) wurden Polens Könige gekrönt und 50 von ihnen samt Gemahlin begraben, hier trieb bis 1978 auch der spätere JP II sein Unwesen. Teilbereiche der Festung öffnen meist Di-So 9-16h, viel Andrang herrscht in den **Königsgemächern** (4/2,50 €), den Ex-Privatwohnungen der Royals (6/4,50 €, nur mit Führung, auch dt.) und der **Schatzkammer** (4/2,50 €).

Kazimierz. Im einstigen Judenviertel sö der Festung stehen Polens älteste Synagogen, darunter die Alte Synagoge (15. Jh.) mit **Jüdischem Museum** (Szeroka 24. Mi-So 9-15h, Fr -19h. 2 €). Der Buchladen **Jarden** (Szeroka 2) bietet Kazimierz-Broschüren für Selbstgänger, deutsche Führungen durch Krakaus jüdisches Erbe (10-12 €) und eine Rundfahrt zu ***Schindlers Liste*** (15/12 €, ab vier P). Spielberg drehte den Film zum Teil in Krakau und dem nahen KZ Plaszów.

Hin & weg

Vom noblen **Bhf Glówny** (in Std) nach **Warschau** ^{R}*Ex/ICs* stdl. 6-20h (3), *Ps* 6.10h, 17.10h (5). **Danzig** ^{R}*Ex/ICs* zweistdl. 6-16h (7½) oder u/in Warschau. **Berlin**-Hbf ^{R}*EC* 7.23h (10). **Wien**-Süd ^{R}*EC* 6.53h (7).

Schlaftipps: ^{R}*Ds* nach Danzig 22.44h (11), Berlin-Lichtenberg 19.45h (12), Wien-West, Prag und Budapest 22.15h (8/8½/10).

Ausflug: AUSCHWITZ

70 km sw von Krakau. Am Rande der unscheinbaren Kleinstadt Oswiecim (42.000 Ew) liegt eines der düstersten Kapitel der Menschheit. Das ehemalige **Konzentrationslager,** von April 1940 bis zum 27. Jan 1945 samt Nachbar Birkenau Hauptschauplatz von Hitlers „Endlösung", ist heute ein Museum (auschwitz.org.pl. 8-19h, Mai/Sep -18h, Okt-Apr kürzer. frei). In diesen Todesfabriken wurden 1,5 Millionen Menschen ermordet, etwa 90% davon Juden aus 27 Ländern. Am Besucherzentrum (Gepäckaufbewahrung) starten 3 Std-Führungen (8 €) in dt., sobald acht Teilnehmer beisammen sind. Die KZ Auschwitz und Birkenau liegen 3 km auseinander, 30 min zu Fuß vom Bhf der Stadt; dazwischen pendelt stdl. ein Bus.

Von Krakau-Glówny morgens & nachmittags etwa stdl. *O*-Züge, u.a. 6.15h, 7.05h, 8.45h, 11.05h (1¾ Std); Tagesausflügler ziehen spätestens 9h los. Zurück ab Bhf Oswiecim u.a. 15.36h, 17.38h, 20.21h.

DANZIG

✆ 058. 325 km nw von Warschau. 459.000 Ew. de.gdansk.gda.pl.

Nach langer Fahrt durch Pommerns Sand rückt mit der Ostsee auch eine Großstadt ins Blickfeld. Schon vor Solidarnosc schrieb Danzig (polnisch Gdansk), die alte Hansestadt und Heimat von Günter Grass, Geschichte. Die Überreste dieser Tage lohnen einen zweiten Blick – mehr jedenfalls als alles, was in der im Krieg radikal zerstörten Altstadt seit 1945 hinzukam. Angaben ab **Dlugi Targ** (Hauptplatz. 600m sö vom Bhf Glówny).

PTTK Info: gegenüber vom Rathaus (Dluga 45. 10m w. T. 301 9151. 10-20h), mit Logis, Touren und teuren Rundgängen.

Jugendreisebüro: Almatur (Dlugi Targ 11) mit Service à la Krakau.

Internet: u.a. Rudy Kot (Garncarska 18. 300m nw. 11-23h) mit solidem Essen, schnellen PCs und gelegentlich Bands.

Schlafen. Keine 150m vom beliebtesten Strand liegt **Camping Stogi** (Wydmy 9. 5 km nö. T. 307 3915. kemping-gdansk.pl) bewacht, umzäunt und beleuchtet im Kiefernwäldchen. Zwei P mit Zelt 7 €, Hütten mit 2-5 Betten 10-20 € (Jul/Aug 13-26 €), Apr-Sep. Tram 8/13 vom Bhf bis Endhalt (20 min). Ausstattung und Preise der anderen acht Plätze an der Danziger Bucht nennt das Verkehrsamt.

Hübsch am Fluss in den ältesten Stadtteil (Targ Rybny) kuschelt sich das winzige **Gdansk Hostel** (Grodzka 21. 600m n. T. 301 5627. gdanskhostel.com.pl). 24 Betten, 10er-Dm 14 €, Dz ab 36 €. Küche, Lounge, schöne Fenster, feine Aussicht. Frei für alle sind F, Internet, Schließfächer und ein Hausschlüssel.

Dizzy Daisy (Gnilna 3. Eingang über ul Walowa. T. 301 3919. dizzydaisy.eu) steckt im

grauen Serienklotz 2 min ö vom Bhf. 100 Betten, 10-14/4er-Dm 12/15 €, Dz/3z 36/48 €. Küche, Gepäcklager, immer offen, nur Juli/Aug.
Gleich hinterm Bhf liegt das geräumige **Baltic Hostel** (ul 3 Maja 25. T. 721 9657. balticho-stel.com). 30 Betten in renoviertem Ex-Bahngebäude, 4-10er-Dm mit F 10 €, Dz 26 €. Dürftige Küche, zwei Duschen, mysteriöses Ambiente, ganzjährig.
Danzigs **Jugendherbergen** (ssm.gda.pl) öffnen ganzjährig. 10% Rabatt mit JH-Karte oder Euro<26. Mahlzeiten kosten extra (F 1,50 €).
SSM Walowa (Walowa 21. 800m n. T. 301 2313) steckt seit 1956 im Gebäude der ersten polnischen Schule (1927-39) in der Freien Stadt Danzig. 96 Betten, 5-10er-Dm 6 €, fünf Dz mit Etagenbad 18 €. Küche, ruhig, sieben Fuß-min vom Bhf.
Auch in der ungünstiger platzierten **SSM Kartuska** (Kartuska 245. 4 km w. T. 302 6044) ist VP möglich. 72 Betten, Dm 7 €, Dz mit Bad 20 €. Bus 161/167 vom Bhf.
Polens selbsternannt „modernste JH", **Grunwaldzka** (Grunwaldzka 244. 8 km nw. T. 341 1660), ziert den Sportkomplex an der Straße nach Sopot. 197 Betten, 4er-Dm mit F 7 €, Dz ohne/mit Bad 20/28 €. Kantine, Bar, TV-Ecke, Grillparties, nahe Oliva-Park und Sandstrand. Tram 6/11/12 vom Bhf bis Abrahama (20 min).
Privatzimmer vermitteln PTTK Info (gebührenfrei) und Almatur (mehr Auswahl). Im Zentrum rechne man mit 20/30 €, in Vororten ab 15/25 €.
☺ **Sparen.** In der Regel gilt für Sights: Di-So 10-16h. 2 €, *ein Tag frei.*
Altstadt. Durchs **Goldene Tor** (1614) hält man standesgemäss Einzug auf die Königsstraße Dluga. Vor dem Dlugi Targ erhebt sich das imposante gotische Rathaus mit gutem **Museum zur Stadtgeschichte** *(Mi frei).* Hanseatische Kaufleute nutzten den **Artushof** (1613. *Mi frei)* gegenüber als Stützpunkt. Ebenfalls an der ul Dluga zugänglich ist ein weiteres Patrizierdomizil, das Dom Uphagena *(So frei).*
Im Marientor, einem von sechs Toren zum Fluss hin, steckt ein eifriges **Archäologisches Museum** *(Sa frei),* und hier beginnt Danzigs feinste Straße, die Mariacka mit barocker Bürgerpracht. Die **Marienkirche** (1343ff. 8-20h. frei) dahinter hat mehr Backsteine als jede andere. Wen ihre riesige Sternenuhr ratlos macht, der gewinnt den Überblick wieder auf dem Aussichtsturm (82m), nach 400 Stufen.
Baden. Stadtjugend & Surffreaks versammeln sich am leuchtend weißen Strand *(plaza; z* wie „*J*ournal") von Stogi (Tram 8/9 vom Bhf). Danzigs kleiner Nachbar, das entzauberte **Seebad Sopot** (9 km n), erobert mählich seinen Charme zurück, auch dank langer Sandstrände und Promenade voller Bistros. Der Lockruf der Hafenstadt **Gdynia** (20 km n) ist dagegen nur mit Hörgerät zu vernehmen.
✈ **Hin & weg.** Vom Bhf Glówny (in Std) via Malbork (3/4) nach **Warschau** & **Krakau** R*Ex/ICs* zweistdl. 5.35-17.30h (4 1/2/7 1/2), *D* 19.29h (5/11). Zwischen Danzigs neun Bhfen und Sopot pendeln SKM-Züge alle 15 min. von 5-24h.

Ausflug: MALBORK

51 km sö von Danzig. Im blassen Städtchen (38.700 Ew. malbork.pl) fällt sofort die Ex-Zentrale der Deutschritter auf. Kein Backsteinbau weltweit ist größer als die ****Marienburg** (1276. 9-20h, Sep-Apr -17h. 5/4 € inkl. Führung). Einlass nur mit Führung (dt. auf Anfrage). Das **Turystbyro** (Piastowska 1. T. 055/273 4990. 10-18h, Sa/So -14h) verrät, was sonst so läuft am Nogat. Eine **JH** (Zeromskiego 45. T. 055/272 3012. 8 €/Bett) liegt 500m s der Burg.
Vom Bhf (1 km sö der Burg) nach **Danzig** *Os* stdl. 4-22h, Warschau R*ICs* zweistdl. 8.11-18.17h (3/4/4 Std).

PORTUGAL

✆ 00351. 92.345 qkm. 10,6 Millionen Ew. BIP 17.069 €/Ew. visitportugal.com.
So viel Natur, Sonne, Gastfreundlichkeit! Vor allem Portugals Norden ist viel fruchtbarer als der historische Konkurrent Spanien, dazu locken 900 km Felsbuchten und Sanddünen an die Costas Verde, de Lisboa und den Algarve.

Schmankerl! Bahn: Porto – Regua durchs Dourotal (viermal. 2 Std). **Kultur:** Lissabon. **Natur:** Sintra, Costa da Lisboa und Abstecher vom Algarve.

Serviceteil

Touristikbüro ICEP: Zimmerstr. 56, 10117 Berlin, T. 0180/500 4930. Opernring 1, 1010 Wien, T. 01/585 4450. Badenerstr. 15, 8004 Zürich, T. 01 241 0001.

Botschaften in Lissabon: D: Mártires da Pátria 38, T. 218 810 210. A: ave Infante Santo 43-4°, T. 213 943 900. CH: travessa do Jardim 17, T. 213 944 090.

€-Land. Banken (Mo-Fr 8.30-15h) ziehen bei Reiseschecks 2-12 € ab! Besser ist die EC-Karte, auch dank Bankomaten an jeder Ecke. Jenseits Lissabons kommt man mit 30 €/Tag durch. „Wir wurden an einem Tag dreimal beim Rausgeld beschissen: am Markt, beim Busticket und sogar am Bahnschalter." (Tobias Polzin)

✆ **Polizei & Ambulanz 112.** Wer wegmäßig nicht weiter weiß: „Die Polizei in Portugal scheint alles zu wissen. Von diesen netten Herren bekommt man immer die besten Auskünfte." (Andrea Mikula)

Bahn & Bike

Auslandszüge nach Lissabon von **Madrid** ZR22.25h, **Hendaye** ZR22h (10/14 Std).
„Der Nachtzug Lissabon-Hendaye war die mit Abstand unbequemste Verbindung. Für 6,50 € Aufpreis sitzt man im einfachen 8er-Abteil, das war nur mit Hilfe von ein paar Bieren einigermaßen erträglich." (Thomas Mair)

Caminhos de Ferro Portugueses. Wie so vieles ist auch das Bahnwesen von Frankreich beeinflusst. Hauptsache nicht Spanien, lautet die Devise. Bei 2668 km Breitspur ist das Netz ausbaufähig, zumal jenseits der Hauptstrecken von Lissabon nach Porto (337 km), Guarda (387 km) und Faro (288 km). Seit 1985 wurden 1100 Bahn-km stillgelegt, nun sind viele Ausflugsziele nur noch per Bus erreichbar.

Der ZRAlfa Pendular *(AP.* bis 220 km/h) pendelt vornehm zwischen Lissabon und Porto. Dahinter rackern ZRIntercidade *(IC),* InterRegional *(IR),* regional *(R)* und suburbano. Reservieren ist für *AP/IC* und ins Ausland Pflicht, sonst selten möglich. Am *AP* hängen Speisewagen, durch *ICs* wackeln Minibars, in anderen Zügen knabbert man den Nachbarn an. **Schlaf/Liegewagen** hängen nur am *Sud Expreso* nach Hendaye (Sitz 59 €, Bett im 4er-Abteil 83 €) und *Trenhotel Lusitania* nach Madrid (Sitz 67 €, Etagenbett 87 €, <26 minus 30%), sind aber früh ausgebucht.

Jeder Bhf hat Schließfächer, Gepäckaufbewahrung und den *guia horário* (2 €) mit Netzplan. „Manche Bahnhöfe sind ein Augenschmaus, zumindest von außen. Da werden ganze Bildergeschichten erzählt." (Andrea Mikula)

Tarife hängen von der Zuggattung ab. *AP/IC/IR* kosten von Lissabon nach Porto 19/14/11 €. Kinder (4-11) und Senioren (>65) zahlen die Hälfte, mit Euro<26/ISIC wird's im *AP* 10% (Di-Do), *IC* 20% (tgl.) und *IR/R* 30% billiger. Bis auf *APs* ist die Bahn billiger als der Bus. **Interrail** kostet für drei/vier/sechs/acht Tage binnen eines Monats 69/89/119/139 €, <26 Jahren 45/58/77/90 €. Portugals eigener Bahnpass **Intra-Rail** (nur dort zu kaufen, nur <30 Jahren) teilt das Land in vier Zonen, man hat 3 Tage in einer Zone (**Xcape.** Fr-So. 55 €, Euro<26 49 €) oder 10 Tage in zwei angrenzenden Zonen (**Xplore.** Start Mo-Do. 185 €, Euro<26 159 €) freie Fahrt (ausgenommen *AP*) **plus** zwei bzw. neun Übernachtungen in JHs.

Bahninfo: T. 808 208 208. cp.pt (auch engl.).

Zuschläge für Interrailer: im *IC* 4 €, *AP* 10 €, plus 3 € für Platzkarten. Frei sind die Schmalspurbahnen, die von Porto in hübsche Winkel abzweigen.

Bikes. Jede dritte JH verleiht Fahrräder, aber kein Bhf. Private Vermieter nehmen 8-20 €/Tag. Das Bike freut sich über wenig befahrene Straßen und die Mitnahme in Regionalzügen (3 €), sofern man das vorher am Bhf mitteilt. Die *suburbanos* um Lissabon nehmen Räder außerhalb der Stoßzeiten mit (Preis nach Entfernung).

Schlafen & essen

Camping. Städtische *parques de campismo* öffnen meist Mai-Okt. ICEP hat eine kostenlose Liste aller 155 Plätze, von denen wenige abseits des Algarve liegen. Die Sache läuft auf 3-5 €, am Algarve bis 7 € pro P und Zelt raus, mit herben saisonalen Schwankungen. Den Wind an der Westküste nicht unterschätzen! Wild zelten wird trotz Verbots oft toleriert, aber bitte nicht unverschämt sein!

Herbergen. Die 54 *pousadas da juventude* stehen meist in Meernähe zwischen Lissabon und Porto, am Algarve gibt es nur vier JHs. Von 12-18h sind viele dicht, auch ans Telefon geht dann keiner. Diese Siesta gilt ganzjährig, der Zapfenstreich (24h) selten. Ausgecheckt wird bis 11h. Im gemischten Dorm zahlt man inkl. F und Bettzeug 10-16 € (Sep-Juni 8-14 €), ohne JH-Karte plus 2 €. Fast alle JHs haben auch Dz für 30-45 € (Sep-Juni 24-36 €). Mahlzeiten kosten 6 €.

Planen. Von JHs an der geplanten Route schnappt man Wegskizzen bei **Movijovem** (Duque de Ávila 137. Lissabon. pousadasjuventude.pt). Aus jeder JH oder über reservas@movijovem.pt kann man für 2 € die nächste buchen.

Zimmer. Im Riesenheer der *quartos particulares,* meist im eigenen Haus mit Gemeinschaftsbad, sind manche nur knapp teurer als JHs: Dz ab 30 €, Sep-Juni verhandelbar. Gerne stellen Vermieter ein zusätzliches Bett in die Räume.

Essen. Supermärkte bleiben oft bis 23h offen, Rucksäcke müssen ins Schließfach. **Restaurants** unterhalten mit Tagesgerichten *(prato do dia)* für 4-8 €, die sich gern um Meeresgetier drehen. Mittags *(almoço)* speist man von 13-15h, abends *(jantar)* von 19-23h. Cafés stehen ganztägig im Mittelpunkt des Lebens. *Bica* ist ein Espresso, *garoto* ein Käffchen mit Milch, *galão de leite* ein großer Milchkaffee.

****LISSABON

679 km sw von Madrid. 740.000 Ew, Großraum 2,3 Millionen Ew. 12m üNN. visitlisboa.com.

Wen wundert´s, dass Portugal im Weltschmerz versinkt, nach allem, was seine Hauptstadt erlitt. Einst Zentrum der ersten Kolonialmacht, dann die schmähliche Niederlage gegen Erzfeind Spanien, mitten in der Rekonvaleszenzphase das Erdbeben 1755 mit 40.000 Toten, dazu wiederholte Großbrände (zuletzt 1988 in der Baixa). Und doch erinnert man sich weniger Metropolen mit solcher Leidenschaft. Für das Finanzfiasko Expo 98 und die Fußballfabel Euro 2004 wurde alles auf Vordermann gebracht. Angaben ab **U Rossio,** weil jeder tgl. hier aufkreuzt. „Lissabon ist schnuckelig, aber echt chaotisch. Wer Tagestickets will: es gibt kaum Verkaufsstellen; wir fanden nur einen Carris-Kiosk, am Rossio. Das Fünftagesticket lohnt schon nach drei Tagen. Die Ask me Lisboa-Schalter hatten bei uns immer zu!" (Juliane Schneider)

Obacht. Auch Lissabon bekam seine Taschendiebe und Dealer (schlechter Shit) ab. Keine Mätzchen, der Gegenüber hat Heimvorteil! Um Cais do Sodré und durch die Alfama spaziert man abends nicht allein. Touristenpolizei: Praça dos Restauradores (T. 21 342 1634).

Kurz & knackig

Ask Me Lisboa: im Bhf Santa Apolónia (8-13h), Welcome Center (rua Arsenal 25. Praça do Comércio. U Terreiro do Paço. T. 210 312 810. 10-19h) und Palácio Foz (Praça dos Restauradores. 9-20h), alle mit freien Stadtplänen & V-Kalender.

Bahntickets: Wasteels (Caminhos do Ferro 90. beim Bhf Apolonia. T. 218 869 793).

Cybercafés: in Baixa und B´Alto weit verbreitet, auch im Welcome Center (3 €/Std). Länger öffnen Webcafé (Diário de Notícias 126. 500m w. 16-2h) und Planet Megastore (ave da República 41b. U Saldanha. 2400m n. 8-24h. je 5 €/Std).

☺ **Sparen.** Die gute Lisboa Card (askmelisboa.com. 15/26/31 € für 24/48/72 Std. in jeder Tourist Info) beschert freien ÖPNV, Einlass in 26 Museen & Paläste bis nach Sintra, und in anderen *sights* der Region gibt es 20-50% Rabatt.

ÖPNV. Busse, Trams und Seilbahnen stehen unter der Regie von **Carris** (carris.pt), bis auf 11 Nachtlinien ratzt alles von 1-6h. Im Hochsitz der Doppeldeckerbusse wird es lustig. Fahrscheine gibt es an Bord (1,40 €), für Besitzer der Rabattkarte *7 colinas* (einmalig 0,50 €) auch an über 100 VVK-Stellen mit Carris-Logo (0,81 €); dazu zählen *concessionarios*, Payshops, Cafés, *tabacarias*.

Die **Metro** (metrolisboa.pt), bis 1h zugange, ist abends so kurz, dass sich zentral postiert, wer Sprints zum letzten Wagen vermeiden will. Für eine/zwei Zonen kosten *carnetas* mit zehn Fahrten 7/11 € und Monatspässe 19/27 €. Auf die *7 colinas*-Karte für Bus, Tram & Metro (einmalig 0,50 €) lassen sich Tickets (60/90 min mit Umsteigen 1/1,50 €) und Tageskarten (3,70 €) laden – ideal für Lissabonfans.

Die allgegenwärtigen Taxis nehmen 1,50 € Grundgebühr plus 0,70 €/km plus Gepäckzuschlag. Für längere Touren darf gefeilscht werden.

Eléctricos. Älter als Weltkrieg I, zuckelt **Tram 28** (Normaltarif) ab Largo Martim Moniz in die Alfama hoch, durch so enge Gassen, dass man Häuser ankratzen kann. Halbstdl. 10-19h brechen am Comercio noch antikere Eléctricos zum 1½-Std-Sightseeing (18 €, mit Lisboa Card 13 €) über Lissabons Hügel auf.

Schlafen

Camping. Der legendäre **Parque Municipal** (Circunvalaç_o. 6 km nw. T. 217 623 100. lisboacamping.com) bietet im schier endlosen Pinienwald am Monsanto hohen Standard. Ruhig, schattig, schön, Pool, 1000 Stellplätze! Zwei P mit Zelt 18 € (Sep-Juni 15 €), in eigener Heckennische 26 € (22 €). 4/6er-Bungalows 75/105 € (60/82 €). Bus 43/50 von Rossio oder Tram bis Algés (Interrail frei).

Herbergen. Alle drei JHs (movijovem.pt) sind 24 Std offen. Anmeldung 8-24h, vorbuchen! Preisangaben gelten im Sommer (bzw. Mitte Sep-Mitte Juni).

Kürzlich renoviert, erfreut die **Pousada da Juventude** (Andrade Corvo 46. 2 km n. T. 213 532 696) mit guter Ausstattung. 174 Betten, 4-6er-Dm mit F 17 (16) €, Dz mit Bad 45 (44) € Keine Küche, mit Mahlzeiten, Bar, Schließfächer, alles sauber und modern. U Picoas, oder Bus 90 ab Bhf Apolónia und Rossio. Tipp!

Einige Haken hat die moderne **JH Parque das Nacoes** (Moscavide 47. 9 km nö. T. 218 920 890) in einer dürftigen Nachbarschaft auf dem Expogelände. 92 Betten, 4er-Dm 15 (14 €), Dz mit Bad 38 € (34 €). Küche, Bar, Fahrstuhl, viel Komfort, nur ein Schlüssel pro Dorm, von 11-16h dicht, weit weg von allem. Bus 5/25/44 ab Rossio bis Boa Esperanca (500m von JH), oder 10 min ab Bhf/U Oriente.

Die **JH Catalazete** (estr. Marginal. 16 km w. T. 214 430 638) im Kastell direkt am Meer in Oeiras hat mehr Pluspunkte. 70 Betten, 4-6er-Dm 14 (12) €, Dz 32-38 (28-34) €, inkl. reichhaltigem F auf Terrasse am Wasser! 4er-Apartment mit Küche 80 (64) € Küche, Bar. *Suburbano* ab Cais do Sodré bis 1.30h (20 min Fahrt).

Hostels. Hier bewegt sich unheimlich viel. Die folgenden Kandidaten sind teurer als JHs, aber näher am Leben und durchweg großartig.

Die **Lisbon Lounge** (Sao Nicolau 41. T. 213 462 061. lisbonloungehostel.com) lebt von einer ikea-haften Ästhetik, coolen Ideen und zentraler Lage in der Baixa. 40 Betten, ruhige 4-8er-Dm mit F 22 €, Dz 60 € Küche, Mini-Bar, entspannte Lounge, viel Musik. 300m ö von U Chiado.

Noch stilbewusster geht **Lisbon Poets** (Nova da Trindade 2-5°. 500m w. T. 213 461 058. lisbonpoetshostel.com) ans Werk, seine Ästhetik kreist um Literatur & hohes Selbstwertgefühl. 30 Betten, 4-6er-Dm 22 (Sep-Mai 20) €, Dz in anderem symbolträchtigem Gebäude (Duque 41) 50-70 €, F 3 € Küche, Bar, vier Bäder, porentief sauber. U Rossio (Zimmer) oder Chiado (Hostel).

Auch das **Oasis** (Santa Catarina 24. 800m w. T. 213 478 044. oasislisboa.com) beim Miradouro Santa Catarina im Bairro Alto geriet zum Volltreffer. 40 Betten, 4-6er-Dm mit Bad & Balkon 20-22 €, freies F bis 11h. Designstark, engere Räume als Lounge & Poets, dickere Matratzen, Gourmetküche, Patio für Grillparties, Dachterrasse mit Aussicht, tgl. Aktivitäten. U Chiado.

Pensionen. Oft teilen sich mehrere der 350 kleinen *pensãos* ein Haus. Ihre Etage (3°) wird der Nummer angefügt. Pech für Singles: Gezahlt wird pro Zimmer.

Am besten für preiswerte Pensionen ist das Viertel um Praça dos Restauradores und Bhf Rossio. An der verkehrsreichen Avenida da Liberdade dienen viele Bäume als Lärmfänger. **Pemba** (Liberdade 11-3°. T. 213 425 010) und **Imperial** (Restauradores 78-4°. T. 213 420 166) haben je 17 Zimmer, teils mit herrlichem Blick auf den Platz vom Zimmerbalkon. Dz mit Dusche 25-40 € In diese Kerbe schlägt auch die kleinere **Pensão Prata** (rua da Prata 71-3°. T. 213 468 908).

Die Portas da São Antão bevölkern gar 20 Pensionen, z.B. **Dona Maria II** (#9-3°. T. 213 471 128) mit Rossíoblick und **Florescente** (#99. T. 213 426 609. residencialflorescente.com) zum Verwöhnen: Ez/Dz/3z mit F 45/55-70/80 €

Essen, trinken & feiern

In jedem Stadtteil wird man für 5-10 € satt. Stände am U-Bhf **Campo Pequeno** verkaufen Snacks bis 5 Uhr, am **Mercado da Ribeira** (7-13h) beim Cais do Sodré gibt es schmackhaftes Obst & Gemüse frisch vom Land.

Essen. Portas da São Antão (U Rossio) heißt Lislbons Fressmeile. Leblose Hummer in Wasserkästen, geköpfte Wachteln an der Theke, **Sterne an der Tür, Ober mit wichtigem Gesicht: diese rúa in der **Baixa** ist abends voller als der Rummel.

Das **Bairro Alto** ist auch nachts zauberhaft, in der rúa Barroca herrscht lockere Atmosphäre bis 24h, danach geht´s ab in die Kneipen an der Nova da Trindade.

Cafés mit Charakter. Im **Nicola** (Rossio 24), dem bekanntesten Café Lissabons, werden zwischen Marmor & Eisen die Literaturpreise vergeben. In **A Brasileira** (Garrett 120, Bairro Alto) wartet Barockdekor auf Intellektuelle mit weißen Schläfen, draußen in der Fußgängerzone, drinnen mit Wandgespiegel.

Kultur. Lissabon ist berühmt für Ballett, Oper, Theater & Konzerte. Am besten im Centro Cultural de Belém, Museu Gulbenkian (gute Küche zu SB-Spottpreisen) oder Culturgest (U Campo Pequeno). Termine im V-Kalender *Follow me Lisboa,* frei in jeder Tourist Info.

Fado. Portugals Blues, dieser Endzeitjammer mit Klampfe, entstand zur Zeit der Entdeckungen, als seekranke Matrosen ihre Zenzi jahrelang entbehren mussten. Fadohäuser finden sich zuhauf in Bairro Alto (gut z.B. Ribatejo, Diário de Notícias 23) und Alfama (z.B. Clube de Fado, São João da Praça 94). Einige wirken wie Touri-Fallen, oft mit Mindestverzehr von 10 € In der Alfama steht gar ein **Fadomuseum** (Largo do Chavariz de Dentro 1. Mo/Mi-So 10-17.30h. 3/1,50 €).

Nachts. Nach dem Mahle ab in die **Alfama,** durch verwinkelte Gassen voller Düfte & Farben. Irgendwann klingelt eine Tram aus Ur-Opas Zeiten vorbei, um müden Beinen Erholung zu gönnen, während die weiße Stadt vorüberzieht. Jetzt los!

Im **Bairro Alto** platzen schon die Cafés und brasilianischen Clubs aus vielen Nähten. Im Solar do Vinho (São Pedro de Alcântara 45. Mo-Sa 14-24h) schlürft man im Altherrenambiente der 1950ern 300 verschiedene Sorten Port. Die rúa Atalaia samt Nebenstraßen ist das Filetstück des Nachtlebens im Bairro, hier lärmen schmuddelige Tavernas neben Schicki-Discos, viele Spots bleiben bis 4h offen. Im traditionsreichen Hot Clube de Portugal (Praça da Alegría 39. U Avenida. Di-Sa 22-3h) lauschen alle Altersklassen livehaftigem Jazz. In der rúa da Glória, s der Praça da Alegría, spielen Bands von den Kapverden, z.B. im verrückten Ritz (23-4h). Noch dichter ist das kapverdische Getummel an der rúa de São Bento, w vom Largo de Jesus; bekannteste discoteca hier ist das A Lontra (#155. 22-4h).

Finstere Gassen am **Cais do Sodré** empfangen Schiffbrüchige der Nacht, Bands bevölkern v.a. die rúa Cintura do Porto de Lisboa. Blues Café (#3. 19-5h) hat einen Traumblick, im Dock´s Club (#226. 22-4h) wird´s funky & teuer: Mindestverzehr bis zu 50 € Im O´Gilíns (Remolares 8. 11-2h) spielen Fr/Sa all die Bands, die man in Galway verpasst hatte. Reizvoll sind auch Abstecher nach Cascais & Estoril.

Anschauen

Baixa. In der Unterstadt, zwischen Banken & Bürotürmen, wird noch Marquês de Pombals Schachbrettplanung nach dem Beben 1755 sichtbar. Einige ihrer Gassenschluchten wurden Fußgängern & Straßenkünstlern überlassen. Am reizvollsten sind die **Praças Rossío und Comércio,** die die Baixa flankieren. Der Convento do Carmo (Museum 10-18h. 2 €) ragt seit 1755 unüberdacht gen Himmel.
Ins Bairro Alto rauf nimmt man am Largo do Carmo den **Elevador Santa Justa** (9-21h. 1 €). Gustave Eiffel? Nöö, hier hat sich 1899-1902 Raul Mesnier verewigt, seither war der skurrile Aufzug stets in Betrieb. Auf seinem Aussichtsdeck sinniert man über Fortschrittswahn, Eiffelturm und den Rest des Abends.

Bairro Alto. Vorbei an Stehcafés und Fadolokalen, durch staubige Gassen, über bröckelnde Fassaden, unter bepflanzten Balkons: Durch die Oberstadt weht noch eine Epoche, die ohne *AP*-Zuschlag auskam. Zumindest einmal beehrt man den Sonnenuntergang am hübschen **Miradouro de Santa Catarina** (rua Saldanha).

Alfama. Lissabons wahres Herz betört mit Treppenfluchten, Innenhöfen und grünen Atrien. In den verwinkelten Gassen herrscht abends orientalische Atmosphäre. Westgoten begannen, Araber erweiterten und christliche Könige vollendeten das **Castelo de São Jorge** (9-21h, Nov-Feb -18h. 5/2,50 €). Seine Gärten mit Aussicht sind bis Sonnenuntergang frei zugänglich. Hinauf gelangt man ab Rossio mit Bus 37 oder besser Tram 12/28. Die **Feira da Ladra** (Markt der Diebinnen) steigt Di/Sa 8-17h auf dem Campo de Santa Clara.

Gulbenkian. Als Perle unter Lissabons 40 Museen funkelt das *****Museu Calouste Gulbenkian** (Berna 45a. 3 km nw. Di-So 10-18h. 3 €, ISIC/So frei). Ob Ägypten, China, Islam, Hellas oder Europa: dies ist einer der schönsten Kunstorte in Interrailien. U São Sebastião oder Bus 16/26/31/46/56.

Kunst. Wer für zeitlose Schönheit was übrig hat, lässt auch das **Centro de Arte Moderno** neben Gulbenkian (Zeiten/Preise dto, Kombi 5 €) nicht aus. Mehr 20. Jh. hängt in Portugal nirgendwo. Abkühlen in Gulbenkian-Spazierweite? Die **Estufa Fría** (9-17h. 1 €) erweist sich als schattige Oase im Parque Eduardo VII (2 km nw). Tropengrün, Flamingos, Kakteen beim U Parque.
Das **Museu Nacional de Arte Antiga** (Janelas Verdes 9. 2 km w vom Cais do Sodré. Di 14-18h, Mi-So 10-18h. 4/2 €, So bis 14h frei) präsentiert in Pombals Stadtpalais alte portugiesische Meister. Tram 15/18 bis ave 24 de Julho.

Parque das Nacões. Für die Expo 98 wurde ein versifftes 400-ha-Uferstück um die Olivaisdocks (7 km nö. U Gare do Oriente) teuer aufgesext. Seither protzt es mit futuristischem Bhf, Sony-Plaza und Messegelände. Für Überblick im Abseits sorgt der **Torre da Gama** (10-20h, Fr-So -22h. Aufzug 3 €). Mehrere Pavillons tauchen in virtuelle Welten ein, der **Pavilhao do Conhecimento** (Di-So 10-18h. 6/3 €) pflügt sich interaktiv durch die Wissenschaften.

Schönster Parkbeitrag ist aber das raffinierte ****Ozeanarium** (10-20h, Okt-Mär -19h. 11 €). Auf zwei Etagen werden die Ökosysteme von Nordatlantik, Pazifik und Antarktis nachgebildet, inkl. 25.000 Meeresbewohnern, Rochen, Haien usw.

Baden. Wer stranden will, tuckert zur **Costa de Caparica** jenseits des Tejo (Fähre ab Comércio & Cais do Sodré, Bus ab Praça Espanha). Von Caparica fegt die Strandbahn halbstdl. nach Fonte de Telha. Nach dem Bade schnappt man einen Bus zu Europas einziger <100m-Statue: **Cristo Rei** (9-19h, 2 €) gönnt sich seit 1959 einen jesusmäßigen Traumblick vom Pseudo-Zuckerhut über halb Lissabon.

Belém

6 km w vom Comércio (Tram 15, Bus 27/28/29/43/49, Bahn ab Cais do Sodré). Belém ist fast eine eigene Stadt an der Tejomündung. Darüber schwebt die spektakuläre Hängebrücke **Ponte 25 de Abril,** einst Stolz des Salazar-Regimes. Wo im 15. Jh. die Entdecker lossegelten, gilt heute: Gotik + Renaissance = Manuelistik.

Mosteiro dos Jerónimos. Dieses ****Kloster** (Di-So 10-18h, Okt-Apr -17h. 6 €, Euro<26 2,40 €, So -14h frei) ist überkandidelt wie Westminster. Dank der Schätze, die da Gamas Schiffe heimbrachten, gab Manuel I. das Meisterwerk der Manuelistik 1496 in Auftrag. Im Anbau wird Portugals goldene Ära dokumentiert, danach vernascht man *pastéis* im Café an der rúa Belém 84.

Museen. Das **Museu da Marinha** (Di-So 10-18h, Okt-Mär -17h. 4/2 €, So -14h frei) im Westflügel des Klosters widmet sich unter Geschnief der Ära großer Entdeckungsfahrten, als Portugal & Spanien die Welt noch unter sich aufteilten. Nachbauten der Originalschiffe, Schiffsmodelle, Instrumente usw.

Ein feines **Museu do Design** (10-19h. 4/2 €) okkupiert das Centro Cultural gegenüber, während das **Museu dos Coches** (Zeiten/Preise wie Marinemuseum) glitzernde Märchenkutschen & Klamotten zeigt. Mittendrin steckt eine Droschke von Philipp II., unter dessen Sitz sich eine Kloschüssel versteckt. Royals eben.

Der **Torre de Belém** (800m w vom Kloster. Zeiten/Preise wie Kloster) steht im Wasser, um die Hafeneinfahrt zu bewachen. Weltkulturerbe, also viel Besuch. Daneben ist das faschistoide **Denkmal der Entdecker** (9-19h. frei) mit XL-Seefahrern gepflastert; von Vasco da Gamas Schädeldecke ist der Blick fein.

Hin & weg

Bhf Santa Apolónia. Vom Kopf-Bhf (2 km sö, am Tejo) (in Std) nach **Porto**-Campanha ^{ZR}*AP/IC* stdl. 6-21h (3), ^{Z}**frei** stdl. 5.48-21.48h mit **u/in** Entroncamento, Coimbra und Aveiro (6$^{1}/_{2}$), ideal 16.06h (5). **Madrid** ^{ZR}*Ht* 22.10h (10). **Hendaye** ^{ZR}16h (16), dort *TGV*-Anschluss nach Paris (5); dieser Süd-Express fährt seit 1888!

Bhf Oriente. Der edle Neuling (6 km ö. U Oriente) auf dem Expogelände soll in die Chefrolle wachsen, sein Kaufhaus stellt auch Proviantjäger zufrieden. Züge ab Sta Apolónia kommen 9 min später hier durch; außerdem nach **Faro** ^{ZR}*APs* 8.40h, 18.40h (3$^{1}/_{4}$), ^{ZR}*ICs* 10.20h, 13.20h, 17.20h, 19.20h (4).

Bhf Rossio. Vom manuelinisch-prachtvollen Kopf-Bhf (U Rossio) im Zentrum nach **Sintra** alle 10-20 min 6.20-22h, halbstdl. -1.30h (40 min).

Bhf Cais do Sodré. Vom Kopf-Bhf (200m w vom Comércio) am Meer nach **Estoril** und Cascais alle 15 min 7-22h, halbstdl. -1.30h (28/32 min).

COSTA DE LISBOA

Dem Jetset beim Sandburgenbauen zuschauen? Voilà: Estoril und Cascais liegen in Ausflugsentfernung vor Lissabons Toren. Unterwegs gibt es kaum billige Logis, aber bis 21h viertel-, bis 1.30h halbstdl. Züge zurück zum Cais do Sodré.

ESTORIL. 22 km w von Lissabon. Wegen seines eigentümlichen Klimas wird das Formel 1-Nest mit dem größten Casino Europas (15-3h) auch „Stadt der zwei Frühlinge" genannt. Auskunft: Arcadas do Parque (T. 214 680 113). Mit Dz/3z für 50-80/65-90 € zählt die **Pensao Smart** (Maestro Lacerda 6. T. 214 682 164) zu den erschwinglichsten: Pool unter Palme!

CASCAIS. 26 km w. Seit dem 19. Jh. wohnt in Cascais (30.000 Ew), wer sich für adlig oder wenigstens wichtig hält. Daneben kollabieren Meereswellen tosend in der Boca de Inferno (2 km w). Auskunft: rúa Visconde de Luz 14 (T. 214 868 204). Transrent (Centro Comercial Cisne) vermietet Bikes, Roller, Autos. Gezeltet wird bei **Orbitur** am Guinchostrand (6 km w. T. 214 871 014. orbitur.com) für 5 €/P plus 6 €/Zelt, gebettet mitten in der Altstadt in der **Pensao Solar Dom Carlos** (Latino Coelho 8. T. 214 828 115. solardomcarlos.com): Dz in der Ex-Königsresidenz (!) mit Bad und F 40-70 €

CABO DE ROCA. 42 km w. Am äußersten Zipfel Europas fällt die Steilküste 150m ab. Ein Büro erteilt Diplome für Besuche am Ort, wo das Land aufhört und das Meer beginnt. Auf den **Leuchtturm** (1772) rauf und nur noch träumen... Aber nicht zu lang: Bus 45 von Cascais (hin 11h, 15h, 18.45h) fährt nach 45 min schon zurück. Busse auch nach Sintra.

**SINTRA

30 km w von Lissabon. 27.000 Ew. 147m üNN. cm-sintra.pt.

Fürsten, Prinzen & Tycoone formten im kühlen Hügelwald ihre bizarrsten Träume zu Palästen, nun zählt Sintra zum Weltkulturerbe – ein romantischer Touri-Magnet der Sorte „Muss man sehen, aber nicht am Sa/So". Wer logieren will, bucht im Juli/Aug vor, zumal ein **Klassikfestival** den Trubel verschärft.

Postos de Turismo: am Bhf, und Praça da República 23 (T. 219 231 157).

☺ **Sparen.** Rabatt gibt´s nur <17/>65 Jahre. Mit **Lisboa Card** sind Sintras Paläste ***frei.*** Da alles **weit verstreut** liegt, lohnt die Tageskarte (4 €) für **Bus 434,** der tgl. (Okt-Apr nur Sa/So) alle relevanten Orte ansteuert, aber gegen 20h schlafen geht.

Schlafen. Eine einfache Alternative zu den über 20 Pensionen ist das **Hostel Rei de Copas** (Joao de Deus. T. 967 143 373. reidecopashostel@gmail.com) 2 min oberhalb vom Bhf. 20 Betten, Dm 15 €, Dz 36 €, keine Sozialräume. Die legendäre, tief im Wald versteckte **JH** (T. 219 241 210) wird seit 2006 „renoviert".

In die **Casa Monte da Lua** beim Bhf (ave Miguel Bombarda 51. T. 219 241 029) geht nur, wen Zuggeräusche nicht stören. Prima Dz mit Bad und TV 35-60 €

Die **Pensao Sintra** (travessa dos Avelares 12. T. 219 230 738) liegt herrlich altmodisch im Park Richtung Sao Pedro. Grafenvilla (1880) am Hang mit Pool, alten Möbeln, Pena-Blick und dt. Besitzerin. Dz mit F 40-80 €

Im Wald. Im disney-esken ****Palácio da Pena** (3 km s. 10-19h. 11/9 €, nur Park 5/3 €) mit Wachtturm und falscher Zugbrücke durfte sich 1839 Ferdl von Sachsen-Coburg-Gotha austoben. Mit *Kini* Ludwig geistesverwandt, mixte der Schwiegersohn der bekloppten Maria I.

munter Arabien, Gotik & Renaissance. Den Aufstieg durch den märchenhaften **Parque da Pena** würzen Panoramen, wenn keine der 400 seltenen Baumarten im Bild steht.

Umgebung. Zu folgenden Hübschen (parquesdesintra.pt. alle **10-20h)** im grünen Abseits pendelt Bus 434 ab Bhf. Neben Einzeleintritt (je **5 €,** <17 3 €) gibt es diverse Kombis, am besten das **T4-Ticket** (alle Parks & Paläste für zwei Tage 16 €). In jedem Palast gibt es Führung & Audioguide (5 bzw. 3 €), in jedem Park botanische Touren (je 2 €). Aller Sorgen ledig ist man mit T4+Bike (pro Tag 19 €, ab 3 P 17 €): überall Einlass, dazu ein gemütliches **Elektro-Fahrrad!**

Das **Castelo dos Mouros** (800m s) wurde für den indischen Vizekönig auf Reste einer Maurenfeste (14. Jh.) gesetzt. Steiler Anstieg, freier Blick, Karl-May-Gefühl.

Im **Parque de Monserrate** (4 km w. EN 375) verwirklichte sich ein exzentrischer englischer Millionär: Gehölz subtropisch, Botanik überreich, Gartenbau englisch. Der mystische Spleen setzt sich im Palacio de Monserrate fort (10-13/14-18.30h).

Kaum noch in Fußreichweite liegt der pittoresk-verfallene **Convento dos Capuchos** der Franziskaner (7 km sw. EN 247-3) – ein Fall fürs E-Bike.

Im Ort. Am Hauptplatz schornt der manuelinisch-gotische **Palácio Nacional** (Do-Di 10-17.30h. 5/3 €, So bis 14h *frei)* mit den eigenartigsten Steinen der Welt. Darin überraschen Pracht und Geschichte und Mudéjarkacheln.

Dann gibt´s noch den Phantasie-Palast **Quinta da Regaleira** (10-19.30h. 6/4 € Führung stdl.) und ein **Museum moderner Kunst** (Di-So 10-18h. 3/2 €). Wen all das zu ernst dünkt, der findet im **Museu do Brinquedo** (rúa Visconde de Monserrate. 10-18h. 4/2 €) 20.000 Spielsachen aus aller Welt.

Vom Bhf (ave Miguel Bombarda, 1500m nö vom Hauptplatz) Züge nach Lissabon 6-22h alle 10-20 min, bis 1h halbstdl. (40 min, 2 €), Busse nach Estoril & Cascais.

PORTO

337 km n von Lissabon. 216.000 Ew, Großraum 1,26 Mio Ew. portoturismo.pt.

Am Douro gründeten die Römer einst die Städte Portus und Cale. Ihre Namen verschmolzen später zum Herzogtum Portucalense, das die kastilische Königstochter mitbrachte, als Heinrich von Burgund sie zum Weibe nahm. Als nach der Reconquista daraus ein Königreich entstand, nannte es sich eben Portugal. Heute beeindruckt Porto auch Besucher, die Lissabon schon hinter sich haben: die gesamte Altstadt ist Weltkulturerbe. Angaben ab dem zentralen **Bhf São Bento.**

Kurz & knackig

Posto de Turismo: im Zentrum (Clube dos Fenianos 25. 500m n. T. 223 393 472) und der Ribeira (Infante Dom Henrique 63. 600m sw. T. 222 060 412. je 9-19h).

Internet: Portweb (Praça Delgado 291. 500m n. 9-2h. 3 €/Std, bis 16h 1 €/Std).

Sprichwort sagt: „Lissabon lebt, Coimbra singt und Porto arbeitet."

Schlafen & Feiern

Camping. Der legendäre **Prelada** am Monte dos Burgos war zuletzt geschlossen, aber s von **Vila Nova de Gaia** stehen *campismos* an den Stränden von Canidelo (T. 22 713 5942), Salgueiros (T. 22 781 0500) und Madalena (T. 22 712 2520. orbitur.com). Alle drei klappert Bus 57 ab Bhf São Bento ab.

Herberge. Seit der schlappe Vorgänger verblich, hat Porto endlich eine noble **JH** (Paulo da Gama 551. 4 km w. T. 226 177 257. movijovem.pt). 144 Betten, 4er-Dm 15 €, Dz mit Etagen/eigenem Bad 35/40 €, ohne JH-Karte plus 2 €. Küche, TV-Lounge, Billigbar mit Billard, Patio mit Panorama auf Douromündung, 24 Std offen, Anmeldung 18-24h. Bus 204/207/500 ab beiden Bhfen bis da Gama.
Unter einer Handvoll privater Herbergen am löblichsten ist das 2009 eröffnete **Downtown Hostel** (Pça Guilherme Gomes Fernandes 66-1°. 500m w. T. 222 018 094. portodowntown-hostel.com). 10er-Dm mit F 19 €, Dz mit Etagenbad 40 €. Ordentlich ausgestattet, stilsicher, freies Internet, immer offen.

Pensionen. Im Zentrum geht immer was. **Duas Naçoes** (Pça Guilh. Gomes Fernandes 59. 500m w. T. 222 081 616. duasnacoes.com.pt) ist ein Hort netter Leute. 20 höchst unterschiedliche Zimmer, Ez/Dz/3z/4z ab 14/25/36/46 €, mit Bad ab 24/28/39/48 €, sechs F-Varianten (2-5 €) bis 11h, Internet 2 €/Std. Tipp!
Residencial dos Aliados (Elísio de Melo 27-2°. 400m n. T. 222 004 853. residencialaliados.com) und **Pão de Açúcar** (Almada 262. 400m n. T. 222 002 425) bieten ab 48/66 € große Klasse inkl. F.

Feiern. Die **Ribeira** entzückt mit Arkadenbars am Fluss, Interrailer treffen sich in ihrem attraktivsten Straßenzug **Muro dos Bacalhoeiros,** wo bis 2h was los ist. Festivaltechnisch pflegt Porto den Fantasyfilm (Feb), keltische Musik (Mai), Rock (Aug) und Fado (Okt). Highlight ist die verrückte **Festa São João** (24. Juni).

Anschauen

Ribeira. In diesen engen Gassen pocht Portos Herz am vernehmlichsten. Die kneipenreiche Unterstadt am Douro, im Schatten der Ponte Dom Luís I, ist fast so kubistisch verschachtelt wie Lissabons Alfama, hier wackelt Portos letzte **Tram** halbstdl. raus zur Küste nach Foz do Douro.
Wer Azulejos bisher fade fand, besehe sich die Fassade des **Bhfs São Bento** – ein Meisterwerk. 200m s davon haben viele Epochen an der **Kathedrale Sé** (Mo-Sa 8.30-12.30/14.30-18h. 2 €) geschraubt; abends aber schöner An- und Ausblick. W der Praça da Liberdade steht die **Igreja dos Clérigos** (18. Jh.) und daneben der höchste Torre des Landes: 225 Stufen warten auf Besteiger (9-12/14-17h. 1 €).
Museen. Unter Portos Kollektionen überzeugt das **Museu Serralves** (Dom João de Castro 210. 2 km w. Di-Fr 10-17h, Sa/So -19h. 5 €, So bis 14h *frei)* am meisten: zeitgenössische Kunst in Edel-Ambiente, frisch manikürter Park.
Tramliebhaber erleben einen Festtag im ****Museu do Carro Eléctrico** (Alameda Basílio Teles 51. 1500m w. Di-Fr 9-18h, Sa/So 15-19h. 3,50/2 €) am Fluss. Mehr restaurierte Wagen passten leider nicht ins alte Depot.
Vila Nova de Gaia. Am anderen Douroufer (jeder Zug hält) befinden sich 23 **Portweinkellereien.** Heftig bedrängt wird Sandeman, familiärer geht es hinten bei Grahams und Taylors zu. Davor schaukeln am Kai *rabelos,* auf denen früher der Wein flussab zum Schiff befördert wurde.
Portwein. Alle Kellereien öffnen 10-18h (Sep-Juni teils Mo-Sa) und bitten nach spannender Führung (2-4 €) zur freien Probe. Info beim Verkehrsamt Vila Nova (T. 223 773 080). Die Busse 900/901/904 klappern fast alle ab, Taxis neigen zu frechen Tarifen, üblich sind innerhalb Portos 4-5 €, nach Vila Nova max. 7 €.

Brücken. Über den Douro schweben drei moderne Meisterwerke. Die jüngste, **Ponte d'Arrábida** mit viel Beton, umgeht nahe am Meer den Stadtkern. **Dom Luís I** wurde von einem Schüler Eiffels gebaut, natürlich aus Eisen. **Maria Pia** für die Bahn stammt vom Meister selbst, der dafür die Montagetechnik seines Turmes vervollkommnen musste. **Bootstouren** führen unter allen Brücken hindurch, z.B. mit Porto Ferreira ab Vila Nova halbstdl. 10-18h.

Baden. Die Praias vor Porto und Vila Nova sind oft schmuddlig. **Espinho** (18 km s) hat einen tollen Strand und stürmisches Meer; mit R-Zug stdl. ab Bhf São Bento.

Hin & weg

Bhf Campanhã (Praça Filipe de Lancastre. 2 km ö) kriegt Tempo ab: nach **Lissabon** ZR*AP/ICs* stdl. 5.47-20.47h (3 Std), **Faro** ZR*AP* 5.47h, 15.47h (6). Alle übrigen Züge nutzen auch **São Bento.** Zwischen beiden Bhfen pendeln bis 23.15h halbstdl. Züge (5 min) und Bus 34/35.

Ausflug: **DOUROTAL

Prima für einen entspannten Tag: Von Porto gelangt man schnell zu **Schmalspurbahnen,** die ab Livraçao und Régua in eine dünn besiedelte Bergregion ziehen. Schon die *CP*-Fahrt durchs schmucke Dourotal bis Régua ist ein Erlebnis, und mit **Interrail frei!** In den weltvergessenen Zielorten (nur Vila Real ist, *huch,* eine richtige Stadt) wartet kein Touri-Pflichtstoff, man setzt sich einfach an den Hauptplatz, schaut dem Leben zu und lässt sich die Sonne auf den Pelz brennen.

CP von Porto-Campanha nach Livraçao & Régua zweistdl. 7.25-19.25h (1/2 Std); *retour* ab Régua bis 20.32h. **Privatbahnen** (ggf. Busse) von **Livraçao** nach Amarante z.B. 8.30h, 12.15h (1/2), *retour* bis 19h; von **Régua** nach Vila Real 11.20h, 15.20h, 19.20h (3/4), *retour* 14h, 17.55h, 19.15h. **Schnauferl** von Régua nach Tua Jun-Sep *Sa* 14.46h (1 1/2), *retour* 17.06h.

ALGARVE

Der Algarve umfasst den gesamten Süden. Da geschützter als die Westküste, ist dies im Frühjahr der Garten Portugals. Keine der von den Mauren eroberten Regionen lag weiter im Westen (arab. *al-gharb).* Hier gibt es alles, was sich Büromenschen von Leipzig bis Leeds im Urlaub wünschen: sandige Strände, malerische Dörfer, reizvolles Hinterland. Von Albufeira (vulgär) bis Lagos treffen sich Nachtschwärmer, die alle Sprachen Europas hören wollen – außer Portugiesisch.

Obacht. Gelegenheit macht Diebe, besonders auf Stränden und Zeltplätzen.

CP beackert das Gleis Lagos – Faro – Vila Real leidlich, jenseits davon freut man sich über *Rede*-Busse in jeden Winkel. Bike/Rollervermieter warten in jedem Ort.

SAGRES

33 km w von Lagos. 2600 Ew. sagres.net.

Portugals südlichster Ort ist steifen Brisen ausgesetzt. Auf seinem jäh abstürzenden Fels wurde Sagres, das Dorf ohne Dorfkern, kaum verschandelt und ist gut zum Erholen. Bald müsste auch das ehrgeizige Aquarium fertiggestellt sein. An Tagesbesuchern (viele Railer) fehlt es im Sommer aber sowieso nicht.

Posto de Turismo: hinter der Praça da República (ave Comandante Matoso. T. 282 624 873. Di-Sa 9.30-13/14-17.30h).

Reisebüro: Turinfo (Pça da República. T. 282 620 003. Mo-Sa), mit Busfahrplan, Zimmervermittlung, Touren und Bikes für 10 €/Tag.

Schlafen. Der feine **Campismo Orbitur** (Cerro das Moitas. 2 km w. T. 28 262 4371. orbitur.com) auf einer Pinienanhöhe 10 min vom Meer bietet ganzjährig Schatten, Bikes, Supermarkt. 5 €/P, 5 €/Zelt, Bungalows 70-85 € Bus ab Sagres.

Die geschlossene JH in der Festung ersetzen **Privatzimmer** ab 30 € in den Gässchen zur Festung hin. Freundlich ist z.B. **Atalaia** beim Turismo (ave Com. Matoso. T. 282 624 228): sieben DZ 35-50 € Pensionen & Hotels fangen bei 70 € an.

Festung. Dass König Heinrich seine Seefahrer bis 1460 in der feschen **Fortaleza** (9.30-20h, Okt-Apr -17h. 3/1,50 €) ausbilden, die großen Eroberungen also hier vorbereiten ließ, ist leider falsch. Dann drehen wir die Runde über die prägnante Landnase eben ohne Legende. Rauer Wind, schräger Steinkreis, wenig Vegetation.

Baden. Sagres erlebt ein Meer wie im Bilderbuch. Je nach Brandung & Wind kann es aber unangenehm sein. Einen der besten Strände bietet Salema (17 km ö). Näher am Ort sind **Martinhal** (voller Wind, gut für Surfer), Baleira beim Fischerhafen (schmutzig), **Mareta** (windgeschützt, wenig Seegang), **Tonel** (scharfe Strömung, für Meeresromantiker) und **Beliche,** der beste von allen, aber außerhalb. Die Strände n vom Cabo São Vicente sind nicht zufällig „unberührt": gefährliche Brandung.

Busse nach Salema (Strand) und Bhf Lagos stdl., *So* viermal (25/50 min. 2/4 €).

Ausflug: CABO SÃO VICENTE

Zu **Europas Südwestspitze** 6 km w von Sagres fahren nur drei Busse: 11h, 12.30h, 16h, am *So* null! Also mietet man bei Turinfo bzw. am Zeltplatz ein Bike oder trampt. Sind ja genug Touris unterwegs (pro Jahr 2 Mio), u.a. viele Deutsche. **Wanderer** werden enttäuscht, kein Pfad folgt der dramatischen Steilküste. Dafür erwartet uns am Ziel eine echte Nürnberger **Rostbratwurst:** letztebratwurst.com.

Fim do mundo. Über 80m-Klippen beherrscht der **Farol São Vicente** eine kahle Welt. Die Festung ist frei zugänglich, der Turmwärter ging 2001 in Rente: Europas lichtstärkster Leuchtturm (90 km weit sichtbar) läuft vollautomatisch. Selbst bei bewölktem Horizont geht die Sonne gänsehautig unter. Mfg zurück sichern!

LAGOS

295 km s von Lissabon. 22.000 Ew.

Dass Lagos ein prima Badeort mit 1a-Nachtleben ist, sprach sich europaweit herum, v.a. in England. Trotzdem konnte es, in die Bucht gekauert und komplett innerhalb alter Mauern, einiges an Charakter bewahren. Hier stachen im 16. Jh. Portugals Seefahrer ins Blaue, heute mangelt´s nicht an Pauschaltourismus.

„Lagos ist eine Surferstadt mit super Strand, in der sich jede Menge Hippies oder Ähnlich-

Gesinnte aufhalten. Für Partyleute das Paradies, und nicht so abgehoben wie die Touri-Orte am Mittelmeer." (Thomas Mair)
„In der Nebensaison ist Lagos ruhig, gemütlich und keineswegs eine überbordende Partystadt. Täglich kann man einen anderen schönen Strand anpeilen." (Christoph Ammann)
Informação: am Hauptplatz (Largo Marquês de Pombal. T. 282 764 111. Mo-Sa 10-18h). Fünf Läden vermieten **Bikes** und Motorräder ab 8/40 €/Tag. In Lagos wird oft deutsch gesprochen, es gibt sogar eine dt. Bäckerei (Padaria do Wini).

Obacht. Lagos versinkt allnächtlich in Fröhlichkeit. Heißt für müde Gesellen: Das Zimmerfenster sollte auf keine Kneipenstraße führen. Das Interrailerhobby Am-Strand-schlafen entfällt hier: Gangs „überwachen" ihn und klauen nach Kräften.

Schlafen. Fünf Zeltplätze teilen sich die Strandlage. Der billigste, **Trindade** (Estrada da Ponta da Piedade. T. 282 763 893), liegt s der Stadtmauer beim Stadion. Zwei P mit Zelt 9-14 €, dürftige Sanitäranlagen, schattig, lärmig, 1 km vom Bhf.
Der schönste, **Turiscampo Espiche** (N125. 4 km w. T. 28 278 9265. turiscampo.com), hat sich eine neue Pool-Landschaft zugelegt. Zwei P mit Zelt 16 €, attraktive 4/6er-Bungalows 85/97 € (Sep-Juni ab 38/47 €). Riesenanlage, Schatten, Trubel.
Die neue **JH** (Lançarote de Freitas 50. T. 282 761 970. lagos@movijovem.pt) nahe Praça da República glänzt mit Atmosphäre und Ausstattung. 62 Betten, 4er-Dm 17 € (Sep-Juni 12 €), Dz 37-43 € (28-32 €), gutes Kater-F bis 11h. Küche, fröhliches Freiluftgehege mit Palme & Tischen, 5 min zum Strand.
Im **Rising Cock Hostel** (travessa do Forno 14. T. 969 411 131. risingcock.com) hinter der JH steht Party im Vordergrund, die ganze Nacht lang. 4-6er-Dm 30 € (Sep-Juni 20 €). „Beer Bong Contests" auf der Dachterrasse, Regelfreiheit echter Backpackers. Wer anruft, wird vom Bhf abgeholt. Schon im Bhf werden **Privatzimmer** für 30-50 € angepriesen, oft mit Balkon. Eine der besten Adressen, zentral und doch ruhig, ist **Dona Benta** (trav. do Forno 21. T. 282 760 940) nahe der JH: Dz ab 35 €, Küche, begrünte Dachterrasse.
„Ich empfehle die kleine Wohnung von **Zelinda** (T. 969 017 967), die am Bhf wartet: Dz mit Bad & Küche 18-20 €/P, 10 min vom Strand." (Anna-Maria Knoll)
Die **Pensao Mar Azul** (ave 25 de Abril 13. T. 282 770 230. pensaomarazul.com) im Zentrum sorgt für stilvolle Gemütlichkeit. Ez/Dz/3z mit Bad und F 40/50/60 € (Sep-Mitte Juli 30/40/50 €). Tipp!
Altstadt. Das imposante Haus mit Bogengängen an der **Praça da República** war 1443-60 der erste Sklavenmarkt Europas, dann übernahm Lissabon das Monopol. Neben dem barocken Meisterwerk ****Santo António** zeigt das verwirrende **Museu Municipal** (Di-So 9.30-17h. 2 €) allerlei zum Leben von Fischern & Bauern.
Touren. An der Promenade starten **Bootsausflüge** zu Grotten, Buchten und nach Sagres. Wer tauchen & kayaken will: Blue Ocean (T. 282 782 718). Der **Stausee Bravura** (11 km n) taugt für Süßwasserfans, die gern z.B. auf Eseln reiten.

Baden. Der lange Sandstreifen **Meia Praia** (eigener Bhf) liegt ö vom Ort, die Praia da Luz w davon. Von Klippen in ihrer Winzbucht geschützt, ist die sandige ****Praia do Pinhão** (500m vom Zentrum) nur per Winzpfad zu erreichen. Von hier trampelt man entlang der Klippen zur Haupt-Praia **Dona Ana:** 200m Sand, Strandtavernen, Sardinen vom Grill.

An der **Ponta da Piedade** (weiter zu Fuß) verwittert der Fels schön bunt, unentwegt kratzt die Brandung neue Höhlen aus.

✈**Hin & weg.** Vom Bhf (500m n vom Zentrum) (in Std) nach **Lissabon** mit u/in Tunes auf ZR*IC* 6.11h, 8.26h, 12.53h, 14h, 16.24h (4½). **Faro** zweistdl. 6.11-20.16h (1¾).

FARO

84 km ö von Lagos. 46.000 Ew. cm-faro.pt.

Die vergnügte Hauptstadt des Algarve enthüllt wenig von jenen Kulturen, die sie einst groß machten. Ein paar römische Ruinen, von den Arabern noch der Name – das Erdbeben von 1755 mit anschließendem Tsunami hat arg aufgeräumt.

„Für preisbewusste Interrailer ist Faro nichts, ein Nobel-Badeort mit gewaltigen Preisen." (Thomas Mair)

Posto do Turismo: Misericórdia 8 (T. 289 803 604. 9-19h).

Schlafen. In der **JH Instituto Juventude** (Polícia de Segurança Pública 1. T. 289 826 521. movijovem.pt) ist Anmeldezeit von 18-24h. 60 Betten, 4-8er-Dm 14 €(Sep-Juni 11 €), Dz ohne/mit Bad 32/40 €(28/30 €), ohne JH-Karte plus 2 € Küche, Schließfächer, Bar mit Snacks.

Zu den **Residencials** mit guten Dz für 40-60 €, oft mit Balkon, zählen **Alameda** (José de Matos 31. T. 289 801 962) in bester Lage oberhalb der Alamedagärten, 10 min vom Zentrum; **Algarve** (Infante Dom Henrique 52. T. 289 805 700. residencialalgarve.com) in der caféreichen Stolzierzone 500m n vom Bhf; und **Madalena** (Conselheiro Bivar 109. T. 289 805 806) in der lauten Bargegend beim Busbhf.

Altstadt. Der klassizistische **Arco da Vila** (18. Jh.) am Ende des Jardim Bivar ist das schönste der drei Tore in die ruhige Altstadt – *ruhig* im Vergleich zu Lagos. Vom Arco führt ein enges Gässchen zur **Kathedrale Sé** (1251) mit Azulejos und Holzorgel. Davor stand auf diesem Largo der Orangenbäumchen (bittere Früchte) ein römisches Forum, später eine maurische Moschee.

Die **Capela São Alberto** (Mo-Sa 10-17h. 1 €) in der Carmokirche strotzt vor Gold, und in der Capela dos Ossos hängen die Wände voller Gebeine.

Im **Museu Naval** (9-12/14-17h. 1 €) am Hafenbeckchen findet sich unter vielen Schiffsmodellen auch die Karavelle, mit der Vasco da Gama nach Indien segelte.

Baden. Faro selbst hat keinen Strand, aber die sandig-karge **Ilha do Faro** (6 km sw) nimmt sich der Sonnenanbeter an: am *Sa/So* voll, elf Snackbars! Bus 14/16 stdl. 5-22h ab Busbhf, tgl. vier Culatra-Boote ab Arco da Porta Nova.

Im Hafen legen Boote zu den Inseln ab, die das Naturreservat **Rìa Formosa** bilden. Hier erfährt man viel über die Sultanahenne, und warum der Portugiesische Wasserhund noch nicht ausgestorben ist.

✈**Hin & weg.** Vom Bhf am Meer (in Std) nach **Lissabon**-Oriente ZR*ICs* 9.20h, 13.20h, 17h, 19h (4), ZR*APs* 6.55h, 14.55h (3¼. weiter nach Porto). **Lagos** zweistdl. 7.12-20.10h (1¾). **Vila Real** fast stdl. 7.34-23.25h (1¼).

Halbtagsausflug: **ESTÓI

Das belanglose Dorf (4000 Ew) 12 km n von Faro hält zwei Bonbons parat. Busse vom

Busbhf Faro (w vom Zentrum) nach São Brás de Alportel (zweistdl.) halten am schattigen Dorfplatz in Estói, 100m oberhalb davon liegt der Palast.

Lust. Der **Palácio do Visconde de Estói** (Di-Sa 10-12.30/14-17h. 2 € ist ein Lustschlösschen, wie es sich der bumsfidele Landadel um 1880 erträumte: Brunnen zum Damenbenässen, Gärten zum Ringelpiezen, Balkons zum Rapunzeln, Palmenallee zum Knutschen, Gummibaum zum – *das* verraten frivole Statuetten.

Römer. Die Ausgrabungsstätte **Milréu** (Di-So 10-12.30/14-17h. 2 € liegt 300m nö von Estói. Teile der rundum befischmosaikten Römerthermen (1. Jh.) sind unzerstört erhalten. Spätere Generationen, inklusive der Mauern, haben allerlei hinzugefügt, umgebaut und mitgenommen, nicht nur der Visconde de Estói.

NACH SPANIEN

Vila Real de Santo António (57 km ö von Faro. 9700 Ew), der Grenzort am Guadiana, ist nur eine Durchgangsstation am Weg von/nach Spanien. Der Bhf liegt 1500m von Busbhf und Fährsteg (hier Verkehrsamt).

✈Hin & weg. Züge nach Faro zweistdl. 6.17-20.41h (1¼ Std). **Busse** nach Huelva und Sevilla 9.35h, 16.50h (1/2½ Std. 8/15 €. **Fähre** nach Ayamonte *Mo-Fr* alle 40 min 9-19h, *Sa/So* stdl. -17.30h (10 min, 1 €. Vor der Landung stellt man die Uhr eine Std **zurück.**

RUMÄNIEN

✆ 0040. 238.391 qkm. 21,5 Mio. Ew. BIP 9676 €/Ew. rumaenien-tourismus.de.
Heimeliges Siebenbürgen, wildromantische Karpaten, urtümliches Donaudelta: Rumänien rangiert weit oben, wenn man Reiz der Natur, Rang der Sehenswürdigkeiten und Zahl der Sonnentage multipliziert und dann durchs Preisniveau dividiert. Die Gastfreundschaft der Menschen ist sprichwörtlich. Und wieso stehen hier so viele Warnhinweise? Damit Besucher gut vorbereitet sind, wenn sie dieses Land bereisen, das zu einem Top-Ziel für Interrailer werden könnte.

Schmankerl! Bahn: Brasov – Ploiesti (100 km) durch bärenreiche Berge, Cluj – Sibiu (200 km) durch liebliches Hügelland. **Kultur:** Siebenbürgen wg. Mittelalter. **Natur:** Wandern in den Karpaten, Bootstour im Donaudelta.

Serviceteil

Rumänisches Touristenamt: Budapesterstr. 20a, 10787 Berlin, T. 030/241 9041. Währingstr. 6-8, 1090 Wien, T. 01/317 3157. Nicht mehr in Zürich.
Botschaften in Bukarest: D: Cpt. Gheorghe Demetriade 6-8, T. 021/202 9830. A: Dumbrava Rosie 7, T. 210 4354. CH: Grigore Alexandrescu 16-20, T. 206 1600.
10 Lei = 2,38 € (xe.com). Bankautomaten (besser als Banken) bevölkern zuhauf die Städte. In Bukarest nehmen Wechselstuben bis zu 8% Kommission – erst fragen. **Kreditkarten** werden in Touristenzentren gern gesehen, in Restaurants zahlt man besser bar, manche geben Preise ohne MWSt an. **Reiseschecks** nimmt fast jede Bank an, aber zu wechselnden Gebühren; günstig (1-2%) ist die Banca Comercialá Románá (BCR). Sparsamen Railern reichen **25-30 €/Tag**.
✆ Polizei 055, Notruf 061.

Erleben! Interrailer machen hier viele gute Erfahrungen, und ein paar schlechte.

Gaunereien. An manchen Bahnhöfen (v.a. Bukarest) bringen Trickbetrüger mit rührenden Geschichten ahnungslose Reisende dazu, ihren Geldbeutel rauszuholen. Nie drauf eingehen! Es gibt keine *Tourist Police,* niemand muss am Bhf Deinen Ausweis sehen. Wenn´s eng wird, brüllt man: *"Politzia!"* Das vertreibt die Buben.
Nachbarn. Glaube keinem Ungarn, wenn er von der Unmöglichkeit des Reisens in Rumänien redet. Glaube keinem Rumänen, wenn er von der Unfreundlichkeit der Ungarn erzählt. Beide Völker mögen sich nicht besonders.
Sprache. Kaum ein Zugschaffner, Schalterbeamter oder Polizist beherrscht eine Fremdsprache. Wen das verunsichert, der fahre zuerst nach Hermann- oder Kronstadt und lasse sich dort in einem Hostel gründlich einnorden.
Einladung. Gerade auf dem Land wird man oft zum Essen oder (häufiger) zum Trinken eingeladen. Wer absolut nicht will, erfindet einen dringenden Zugtermin (und stellt sicher,

dass der Gastgeber kein Auto besitzt). Den Gastgebern Blumen mitbringen ist eine herzige Idee, aber nur in ungerader Zahl: *gerade* ist für Begräbnisse reserviert, *eine* Blume schenken sich Verliebte. Wenn´s ans Trinken geht, sollte die Kehle schon gut geölt sein: *tzuicá* ist ein Höllenfeuer mit bis zu 60%.
Hygiene. Dreck ist überall, v.a. in Toiletten. Der Standard der Quartiere ist aber nicht schlechter als z.B. in Ungarn, einigen Hostels achten sogar penibel auf Sauberkeit. Rudeln herrenloser Straßenköter geht man dringend aus dem Weg.
Rauchen. Hier wird gequalmt, was der Stengel hergibt. Nichtraucher gelten als Exoten: bedauerns-, aber nicht unbedingt schützenswert.

Rumänien per Bahn, Bus & Bike

Auslandszüge nach Bukarest-Nord (in Std) von **Budapest** ZR*IC* 9.13h, 13.13h (14/16), ZR*EN* 19.13h, 23.13h (14). **Pressburg** ZR*EN* 5.53h (17). **Prag** ZR*EN* 21.40h (25). **Belgrad** R*D* 15.55h (13). **Sofia** R*D* 7.45h, 19.30h (10). **Thessaloniki** R*D* 23.46h (18). **Istanbul** R*D* 22h (20). Jeder Nachtzug führt auch Sitzabteile.
Câile Ferate Române. Das fein verästelte Streckennetz mit 11.000 km (!) überlebte das Elend der 1980er erstaunlich intakt. Erst die Privatisierung seit 2002 macht manchem Nebengleis den Garaus; als der Schrottpreis 2007ff weltweit stieg, wurden ungenutzte Gleise & Brücken in Windeseile abgebaut, vom Staat und auch schwarz. Wo sie intakt blieben, mühen sich Initiativen aus dem Ausland um eine Renaissance der Dampfzüge in den Karpaten. Paradebeispiel: wassertalbahn.ch.
Seit der Konkurrenzdruck durch Busse wächst, verkehren Züge seltener denn je und sind dann oft überfüllt. Ansehnlich sind *IC* und *D/EN* ins Ausland. Auch *rapid (R)* und *accelerat (A)* können flott sein, ein *persoane (P)* schafft dagegen kaum 50 km/h. Speisewagen (nur am *IC)* servieren tüchtige Mahlzeiten inkl. Mega-Bier ab 4 € Jeder Nachtzug führt Liege- *(cuscheta)* und Schlafwagen *(vagon de dormit)* mit 6/3 Betten pro Abteil, bei 7 bzw. 10 € Zuschlag ist das ein lohnendes Vergnügen; früh bei CFR buchen.
Fahrkarten *(bilet)* und **Platzkarten** *(tichet loc.* 0,40 € in Fernzügen ratsam) besorgt man spätestens am Vortag, bei Umsteigeverbindungen auch für den Folgezug, in **CFR-Reisebüros** *(agentzie de voiaj)*, die es in jeder Stadt gibt, immer zentral gelegen, nie am Bhf; deren Personal ist freundlicher als am Bhf und es gibt eher jemanden, der Englisch versteht. Am Bahnhof selbst kommen Karten 2 Std vor Abfahrt unters Volk, das sich an klassenmäßig getrennten Schaltern dafür drängelt. Fahrkarten werden meist am Bahnsteig geprüft, wer ungültig einsteigt, zahlt 8 € drauf. „Wer **keine Platzkarte** für seinen Zug bekommt, darf zwar mitfahren, wir verbrachten aber 7 Std im Stehen. Züge von/nach Konstanza im Sommer früh buchen, weil dann ganz Rumänien ans Meer will." (Manuela Stiffler)
Tarife. Hier lohnt die erste Klasse (6er-Abteil) eine Überlegung. Kostet 50% mehr als die zweite (acht Sitze), wo man für 10/100/500 km als Basistarif 0,60/2,40/9 € zahlt, **plus Zuschlag** *(supliment)* im *A*-Zug 0,70/2/4 €, im *R* 2/4/8 €, im *IC* 2,50/5/9 € Sparangebote gibt es nur für Minigruppen. **Interrail** (drei/vier/sechs/acht Tage 69/89/119/139 €, <26 Jahren 45/58/77/90 €) ist akzeptabel, besser für rege Grenzgänger ist der **Balkan Flexipass** (siehe Griechenland per Bahn).
CFR: T. 0800/88 4444 (frei). infofer.ro. Kursbuch *Mersul trenurilor* in CFR-Büros (2 €).
Zuschläge für Interrailer: *IC* 2,50-11 € (erste Klasse 3-18 €). Manchem wurde mehr abgeknöpft, da sein *IC* angeblich nur Wagen erster Klasse führte. Stimmt nicht: Landesweit hat jeder Zug auch zweite Klasse.

Inlandsbusse sind billiger, voller & flotter als Züge, abseits der Hauptrouten aber selten. Tickets kauft man im Bushf *(autogarà),* nicht beim Fahrer.

Fahrräder werden von wenigen Agenturen vermietet, nie am Bhf. In jedem Zug mit Gepäckwagen ist die Mitnahme möglich (1-3 €, international 7 €).

Trampen ist verbreitet, Nebenstraßen sind aber recht tot. Jede Stadt hat am Ortsrand unbeschilderte, aber örtlich bekannte „Haltestellen". Zu zweit trampt sich sicherer. Manche Fahrer verlangen 2-3 €/100 km, den Gegenwert einer Zugfahrt.

Schlafen

Camping. Die 120 Plätze sind im Sommer oft gerammelt voll und nicht allzu sauber, die hier genannten aber okay. **Wild zelten** wird außerhalb von Naturschutzgebieten geduldet. **Im Bhf** schlafen sogar viele Rumänen, **Liege/Schlafwagen** (plus 7/10 €) sind wegen langer Strecken eine prima Idee. Diebstähle möglich.

Hostels stehen flächendeckend rum, viele sind HI angeschlossen (hihostels-romania.ro). Jede Stadt besitzt mindestens ein echtes Backpackers, dazu Trittbrettfahrer etwa in Uniheimen. Oft hängen sich auch Hotels einen Schlafsaal an.

Privat Zimmer.. Reisebüros wollen zuerst ihre teuren Angebote verkloppen – nachhaken. In vielen Städten warten Einheimische am Bhf auf Railer. Vor einer Zusage klärt man Standort und Busverbindung der *camerà*. In Städten rechnet man mit 10-16 €/P, aufm Land ab 8 € Die NGO-Vermittlung **Antrec** (antrec.ro) vertritt v.a. in den Karpaten viele B&Bs *(pensiunea).*

SIEBENBÜRGEN

Das Jahrtausend unter Ungarns Königen, Deutschem Orden und zuletzt der k.u.k.-Krone sind in Transsilvanien nicht zu übersehen. Alles erinnert an die Steiermark, wenig an die Walachei. Schließlich wurde vor 800 Jahren die Region um Hermannstadt von Sachsen, um Temeswar (Timisoara) von Schwaben kultiviert. Unter Ceausescu siedelte die Mehrzahl ihrer Nachkommen nach Deutschland über.

**HERMANNSTADT (Sibiu)

✆ 0269. 315 km nw von Bukarest. 154.000 Ew. 431m üNN. turism.sibiu.ro.

Siebenbürgens Herz hat samt Umland drei Tage Aufenthalt verdient, zumal es sich 2007 als „Europas Kulturhauptstadt" prächtig herausputzte. Vor 850 Jahren am Fuß der Karpaten gegründet, schlummert in der Oberstadt Mittelalter pur. Die Wehrmauer mit mächtigen Wachtürmen schafft Distanz zu den Bürgervillen der Unterstadt. Oft ist hier noch deutsch zu hören, seit 2000 amtiert der einzige deutschsprachige Bürgermeister des Landes. Hallo Promi-Glotzer: Prinz Charles ist regelmäßig hier. Angaben ab **Piatza Mare** (Großer Ring), 600m w vom Bhf.

Turist Info: am Großen Ring (str Brukenthal 2. T. 208 913. Mo-Sa 9-17h, So -13h), mit geduldigen Infos & beachtlicher Broschürenvielfalt.

Bahnreisebüro: CFR (Nicolae Bàlcescu 6. 120m sw. T. 212 085. Mo-Fr 7-19h).

Internet: im Zentrum fast an jeder Ecke, und in den Hostels.

Gepäcklager: am Gleis 1 (24 Std).

Schlafen. Camping Popas Dumbrava (Padurea Dumbrava 14. 4 km s. T. 214 022)

erfreut sich eines 40.000 qm-Waldgeländes mit Badesee & Restaurant. Zelten auf Rasen 5 €, 200 einfache Hütten 12 €, Ruderboote, Lagerfeuer. Trolley T1 oder T4 vom Bhf/Zentrum bis Hanul Dumbrava, oder Bus 15/17 (Richtung Paltinis).
Geführt von netten Travellern, belegt das **Old Town Hostel** (Piatza Mica 26. 100m n. T. 216 445. hostelsibiu.ro) ein charakterstarkes Haus am Kleinen Ring,. 24 Betten, Dm 12 €, Dz 45 €, F 2 €(auch vegan). Lebensmittel direkt vom Bauern, Küche, TV-Lounge, Touren aufs Land, Paragliding, Rafting, Klettern, Bikes, Stadtführungen. 15 min vom Bhf.
Auch das **Flying Time Hostel** (Gheorghe Lazar 6, off General Magheru. 150m sö. T. 0369 730 179. sibiuhostel.ro) kennt die Bedürfnisse seiner Gäste. 4-10er-Dm 10-13 €, Dz 40 €, F 3 €. Alle Vorzüge von Old Town, mehr Komfort, mit Café.
Dritter im Bunde ist seit Juni 2008 **Old John Wheeler** (Mos Ion Roata 9. 200m nw. T. 0745 061 672), der auch ein barockes Stadthaus in zentraler Lage abbekam. 24 Betten, 8er-Dm mit F 13 €, 4z 40 €. Küche, drei Bäder, schmaler Innenhof, Fahrräder, großartige Touren in die Karpaten (simpluturism.com). Von der hübschen **Pensiunea Leu** (Mos Ion Roatà 6. 200m nw. T. 218 392) sind es 70 Stiegen zum Großen Ring. Einfache Ez/Dz/3z mit Bad, TV und F 14/20/30 €. Bar, Gepäcklager.
Auf falsche Fährten lockt der Name des orange-gelben **Hotel 11 Euro** (Tudor Vladimirescu 2. 1200m nw. T. 222 041. 11euro.ro) jenseits des Cibin. Große Ez/Dz mit Bad, TV und F 30/45 €. Gewagtes Dekor, immer offen, netter Biergarten.
Kultur. Zwischen Patriziervillen prangt am Großen Ring das ****Brukenthalmuseum** (1785. Di-So 9-17h. 1 €). Rumäniens beachtlichste Gemäldesammlung umfasst u.a. Tizian, Rubens, van Dyck und siebenbürgische Idyllen, auch die Bibliothek ist aller Ehren wert.
Auf der Westseite der Piatza Mare buhlen Katholische und **Evangelische Stadtpfarrkirche** (ab 14. Jh. Piatza Huet) um Beachtung, letztere gewinnt dank Rosenauer Fresken und Osteuropas größter Kirchenorgel (6002 Pfeifen. Konzerte Mi). In ihrer Krypta liegt Draculas 1510 erstochener Sohn begraben, vom Turm (73m. 10-18h. 0,70 €) liegt die ganze Stadt samt Karpatenbogen zu unseren Füßen.
Als Orientierungspunkt dient der **Alte Ratsturm** (1588) mit Stadtmuseum & Aussicht (Di-So. 1 €). Durch den Turmbogen gelangt man zu Lügenbrücke (1859) und den arkadenumschmiegtem **Kleinen Ring,** hinter der Piatza Grivitzei führt die heimelige Sagstiege (13. Jh.) in die Unterstadt. Geradeaus liegt der Wochenmarkt am Fluss Cibin.
Wer hätte erwartet, im Angesicht der Karpaten auf Bronzemasken aus Kamerun oder indisches Schnitzwerk zu stoßen? Das **Franz Binder Museum** (Piatza Mica 11. Di-So 10-18h. 1/0,40 €) im Hermeshaus am Kleinen Ring macht´s möglich.
Wer an ein Ticket kommt (oft ausverkauft): Bei Heimspielen des Basketballclubs **CSU** in der topmodernen Transilvania-Halle (2500 Plätze) herrscht die kultigste Stimmung aller Sportveranstaltungen in Rumänien. Termine unter csusibiu.ro.

Natur. Ab Piatza Unirii düsen Astra-Minibusse an sozialistischen Bausünden vorbei in den Jungen Wald. Bei Dumbrava raus und rüber zu Rumäniens bestem Freilichtmuseum: Fürs ****Muzeu Satului Astra** (Di-So 10-20h. 4/1 €. Mo frei, Gebäude geschlossen) wurden 340 Bauernhäuser, Wasser- und Windmühlen, Winzerkeller, Fischerhütten, Pontonbrücken, Seilfähren, Töpferläden samt 16.000 Stück Inventar aus dem ganzen Land im weitläufigen Park abgestellt. Netter Ausflug, auch für Kids und Spaziergänger: 10 km Wegenetz, Wildgehege, Ruderboote, Rundfahrten im Eselkarren. Anreise s. auch Camping.

→Hin & weg. Vom **Bhf** (nicht elektrifiziert) (in Std) nach **Schässburg** Z*frei* mit u/in Mediasch 7.20h, 12.26h, 19.18h (2¼-3). Fogarasch und **Kronstadt** Z*frei* 12.08h, 15h (1/3½), Z*Rs* 6.18h, 10.16h, 14.37h, 20.14h (1/2½). **Bukarest** Z*Rs* 6.18h, 14.37h (6) oder mit u/in Kronstadt (7-8). **Budapest** Z*IC* 8.39h (9), mit u/in Simeria Z4.20h (9½), mit u/in Mediasch Z19.18h (11). Minibusse ab Busbhf neben Bhf.

Badetag: SALZBURG (Ocna Sibiului)
15 km nw von Hermannstadt. In mehreren Seen, teils eingestürzten Bergwerken, staut sich extrem salzhaltiges, heilsames Wasser. Hoher Spaßfaktor, auch dank reger Teilnahme der einheimischen Jugend.
Züge nach Ocna Sibiului 7.29h, 13h, 14.25h, 15.50h, 19.18h (20 min. 0,60 €), retour u.a. 13.41h, 16h, 17.14h, 18.42h. Häufiger *(Mo-Fr* fast stdl. 7-18h, *Sa* nur dreimal) kommen Busse ab Bhf Sibiu herüber.

Wandertage: ***FOGARASCHER BERGE
Sö von Hermannstadt. Eine einsame Karpate nach der anderen drückt Rumänien ihren Stempel auf und umstellt seine reizvollsten Gegenden. Von der Bukowina im Norden zum „Eisernen Tor" an der Donau erstrecken sich 50 Massive über 2000m, darunter das wilde Retezat mit tiefblauen Seen und die Berge rund um Fogarasch. In Rumäniens bestem **Trekkinggebiet** stehen auch seine höchsten Gipfel: Moldovean (2543m) und Negoi (2535m). **Berghütten** *(cabânas)* säumen ihre Flanken.
Trekking. **Freetime Sport** (Dimitrie Anghel 16. T. 234 496) in Sibiu hat neben Skates, Bikes, Bmx, Skikram auch Wanderkarten und -ausrüstung. Weil kaum eine Hütte bewirtet ist und über 1500m nur Schafhirten, Wölfe, Luchse und **Bären** (!) zugange sind, bringt man allen Proviant mit. **Wetterumschwünge** sind stets möglich, von Nov-Mai schneit es regelmäßig. Gipfeltouren strengen mäßig an, belohnen aber mit **Panoramen. Mehr in Hostels und bei karpatenwilli.com.
→Hin & weg. Züge von Hermannstadt nach Fogarasch s. oben, plus Zfreie *Ps* 7.50h, 15.56 (2 Std). Von jedem Bhf dazwischen gelangt man zu markierten Wanderpfaden, z.B. aus Avrig (25 km ö) zum **Negoi,** aus Ucea (54 km ö) zum **Moldovean.**
Bus 22 vom Bhf Hermannstadt zur **Hohen Rinne** (Pàltinis) 7h, 11h, 15.30h (1½ Std. 1 €), retour 9h, 13h, 17.30h. Einheimische wissen Bescheid, denn nichts ist beliebter als diese Wildnis (im Winter beliebtes Skigebiet) zu durchkraxeln.

**SCHÄSSBURG (Sighisoara)

✆ 0265. 103 km n von Hermannstadt. 32.000 Ew. 345m üNN. sighisoara.com.
Das mittelalterliche Juwel in sanfter Hügellandschaft zählt seit 1999 zum Weltkulturerbe. Die meisten Touristen kommen aber aus grusligerem Grund: wegen der (unbelegten) Legende vom Grafen, der hier das Licht (!) der Welt erblickt haben soll. Angaben ab **Piatza Hermann Oberth** (1100m s vom Bhf).
Dracula. Bram Stokers Roman wird seinem Vorbild Vlad Tepes (lies: *Zepesch)* kaum gerecht. Geboren 1431, beherrschte er als „Pfähler" 1456-1462 die Walachei, nicht Siebenbürgen. Im Türkenkrieg schloss er sich gern der allgemeinen Metzelei an und verfeinerte nur ohnehin bestehende Fiesheiten. Schätzungen, die von 100.000 Hinrichtungen sprechen, halten aber keiner Prüfung stand.

Info-Schalter am Bhf. Mehr Wissenswertes, Stadtführungen, Bikes und kirchlichen Beistand bietet das **Café International** (in der Burg. Piatza Cetatii 8. 300m nö. T. 777 844. Mo-Sa 8-20h) einer amerikanischen Nazarener-NGO.

Bahnreisebüro: CFR (Octavian Goga 6. 100m n. T. 771 820. Mo-Fr 8-16h).

Gepäcklager: im Bhf (24 Std. 1 €/Tag).

Internet: Café Int'l (1 €/Std) und in Hostels.

Schlafen. Schässburg mausert sich zur Backpackerhochburg, samt Tricksern am Bhf. Nicht beschwatzen lassen, denn selbst ist hier der Mann, mit einem Stadtplan der Bhf-Info. In jedem Hostel kann man sich ganzjährig jederzeit an/abmelden.

Einziges in der Altstadt, neben dem Hauptplatz, ist das **Burg Hostel** im deutsch finanzierten „Interethnischen Jugendzentrum" (Bastionului 4-6. T. 778 489. burghostel.ro). 60 Betten in 19 Räumen, 5er-Dm 10 €, Ez/Dz/3z 22/26/- €, mit Bad 25/29/38 €, JH-Rabatt 10%, F 3 €. Unfreundliches Personal, beliebter Culture Pub.

In der Burg steht zudem, zwischen eher noblen Tourgruppen-Hotels, ein Dutzend **B&Bs** und Privat-Apartments, oft mit Garten, ab 20 €/P.

Nathans Villa (Libertàtzii 8. 800m n. T. 772 546. nathansvilla.com) übernahm 2001 ein historisches Gemäuer an der Straße zum Bhf und motzte es liebevoll zum Hostel auf. 4-10er-Dm mit F 10-12 €. Küche, gute Atmo, Grillterrasse unter Reben, Kellerbar ohne Getränke, aber gut sortierter Laden 2 min entfernt.

Hotel Rex (Dumbravei 18. 800m nö. T. 777 615. hotel-rex.info) steckt im modernen Zweckbau. 28 saubere Ez/Dz/Apartments mit TV, Bad und F 36/40/60 €

Einen Klacks mehr Komfort (u.a. Klimaanlage, DSL, KeyCard) streut das **Aparthotel** (Consiliul Europei 7. 500m nö. T. 779 432. aparthotel-sighisoara.ro) beim Fluss ein. Zehn Studios: Ez/Dz ab 30/40 €, Apartments 60-90 €

Altstadt. Zugepflastert mit steilen Kopfsteingassen, Bürgerhäusern, Kirchlein & Atmosphäre, ist das prächtig erhaltene mittelalterliche Ensemble auf dem Burgberg in 2-3 Std erkundet. Im wuchtigen **Stundenturm** (14. Jh. 64m) am Burgzugang ab Piatza Oberth steckt ein schnuffiges **Geschichtsmuseum** (9-18.30h, Sa/So -16.30h. 2/1,50 €) mit Uralt-Fotos, Stadtmodell und Aussicht. Darunter liegt eine kuschlige **Folterkammer** (1/0,60 €), während w vom Turm ein **Waffenmuseumchen** (1/0,60 €) vier Räume vollstellt. Kombiticket für alle 2,50 €

Hangaufwärts steigen 172 holzgedeckte Treppen hinauf zur gotischen **Bergkirche** (1345), die sich am höchsten Punkt der Stadt von Wehrtürmen schützen lässt.

Fast alle Gräber auf dem schönen **Friedhof** hier oben tragen deutsche Namen, ihre Nachfahren schlagen sich wg. Restitution mit mafiösen rumänischen Behörden herum. Ein besonders hässlicher Korruptionsfall, der das auffällige **@Haus mit dem Hirschgeweih"** in der Burg betrifft, steht auf resro.eu/f02.

Und **Vlad Tepes?** Sein angebliches „Geburtshaus" (Piatza Muzeului) quillt dank Dracula-Ausstellung & Dracula-Restaurant über. Fehlt nur ein Hotel mit Särgen statt Betten. Der „Dracula-Park", der Schässburg seit 1995 drohte und viel Protest erregte, von Prinz Charles bis Greenpeace, wird nun in Bukarest errichtet.

→Hin & weg. Vom kleinen Bhf (in Std) nach **Kronstadt** etwa stdl. 5.12-20.46h (2). **Bukarest** ZD 9h, 13.54h, ZR*IC* 17.33h, 19h (5). **Budapest** ZR11.09h, R21.26h, R0.46h (9). Busbhf neben dem Bhf.

Nach Hermannstadt Zfreie ***Zuge*** mit u/in Copsa Micà oder Mediasch 6.41h, 11.18h, 15h, 16.42h, 20.43h (2-2½ Std); ***Maxitaxi*** jederzeit (2 Std. 8 €); ***Bus*** sechsmal, Sa/So dreimal (3

Std. 4 €), meist über Agnetheln (Agnita) und durch kleine Dörfer, „schön wenn man Zeit hat". (Manuela Stiffler)

KRONSTADT (Brasov)

✆ 0268. 149 km ö von Hermannstadt. 283.000 Ew. 600m üNN. ghid-brasov.ro.

Als die Karpaten, die ringsum so fotogen aufragen, noch unüberwindlich waren, durfte sich die deutsche Stadtgründung „Handelsknoten" zwischen Orient und Okzident nennen. Der Handel hat sich längst verzogen, Reiz & Reichtum sind Kronstadt geblieben. Zum Thema „Gaunereien am Bhf" s. Serviceteil. Angaben ab Hauptplatz **Piatza Sfatului** (3 km s vom Bhf. Bus 4).

Tourist Info: vor dem Bhf (Mo-Fr 9-17h, Sa -13h) und im Stadtmuseum (Piatza Sfatului 30. T. 419 078. 9-17h).

Bahnreisebüro: CFR (15 Noiembrie 43. 1 km n. T. 477 018. Mo-Fr 8-19h).

Gepäcklager: Bhf-Unterführung (24 Std. 2 €/Tag).

Internet: Ce Faci (str Michael Weiss 26. 200m n. 24 Std. 1 €/Std).

ÖPNV. Da der Bhf abseits liegt, greift man auf Busse zurück, zwecks Hostels z.B. Bus 4 bis Endhalt Piatza Unirii (600m s). Tickets (0,40 €) werden am Kiosk vorm Bhf gekauft und an Bord entwertet; oft Kontrollen. Ein Taxi zum Zentrum kostet 1 €, manche Fahrer tricksen rum, zuverlässig ist u.a. Martax (T. 313 040).

Schlafen. Gezeltet wird nur weit außerhalb, 8 km sö in **Dârste** (campingdarste.ro), besser aber 14 km sw in Râsnov. Der dortige **Valea Cetàtzii** (T. 230 266) bietet Zeltplätze à 4 €, Bungalows à 7 €/P und Hotel-Dz mit Bad für 20 €. Er liegt 2 km vom Bhf Râsnov am Fuß der Bauernburg (s. unten). Viele Busse ab Brasov.

In ruhiger Lage eröffnete 2001 das lebensfrohe **Kismet Dao Hostel** (Democratziei 2. 600m s. T. 514 296. kismetdao.com). 40 Betten, enge 6-10er-Dm mit F 10-12 €, Dz mit Balkon 32 €. Deutsche Importküche, TV-Lounge, Terrassen mit Aussicht, könnte mehr Badezimmer vertragen. Die Gastgeber öffnen gerne ihr Schatzkästlein an Infos und Touren. Tipp!

Seit 2004 steht ein zweites Hostel, ebenfalls im Scheiviertel: **Rolling Stone** (Piatra Mare 2a. 600m s. T. 513 965. rollingstone.ro) holt Gäste auf Anfrage am Bhf ab und ist auch sonst freundlich. 44 Betten, geräumige 6-14er-Dm (Etagenbetten) mit F 8-12 €, DZ 32-40 €. Kleine Küche, Pool, Jacuzzi, Grillterrasse, alles komfortabel & durchdacht.

Am Bhf warten Werber mit **Privatzimmern** für faire 10-12 €/P. Wer ein Hotel vorzieht, bemühe das unschöne, aber zentrale **Postàvarul** (Politechnicii 2. 450m nö. T. 477 448. aro-palace.ro) neben der Fußgängerzone Republicii, im Seitenflügel des Hotels Coroana; Anmeldung dort. 63 Betten, Dz/3z ab 40/60 €.

Altstadt. Vor wie hinter den kunstvollen Fassaden der **Piatza Sfatului** drängeln sich Restaurants und Straßencafés, z.B. der berühmte Cerbul Carpatzin (#12) im Gewölbe einer Markthalle von 1560; billiger sind die Kneipen an der Republicii.

Auch sonst präsentiert sich die sächsisch geprägte Altstadt als Gesamtkunstwerk. An der gotischen **Schwarzen Kirche** (Mo-Sa 10-17h. 1/0,50 €), deren Spitze jede Postkarte ziert, wurde 1385-1477 gewerkelt. Weil 1689 ausgebrannt, trägt sie heute schwarz. Im Sommer tritt am Di/Do/Sa 18h die große Orgel in Aktion (1 €).

Im **Scheiviertel** umzingeln Hexenhäuschen die engen Gassen. 217 Schritte ö zeigt das Mittelaltermuseum in der **Weberbastei** (Teil der Wehrmauer. Di-So 10-18h. 1/0,70 €) ein altes Stadtmodell, Bilder & Waffen aus der Zeit der Tatareneinfälle.

Hausberg. Hinter der Wehrmauer, 300m nö der Weberbastei, seilt sich eine *telecàbina* (9.30-18h. hin/rück 1,20/2 €) auf den 960m hohen **Tâmpa.** Fotogener ist der steile Waldpfad rauf (45 min).

Bären. Einige Hostels (z.B. Rolling Stone) bieten *Bear-watching*-Touren an. „Am Abend guckt man, wie am Stadtrand die Bären aus dem Wald kommen und die Mülleimer ausräumen. Spannend!" (Julia Horn) Allerdings wollen die Behörden die (potentiell lebensgefährlichen) Bären aus der Stadt wegkriegen und Bärenbeobachtung nur unter Profi-Regie tief in den Wäldern zulassen. Vor Ort fragen!

✈**Hin & weg.** Vom Bhf (in Std) nach **Bukarest** stdl. 6-21h (2½-3), teils ᶻ*IC*. Fogarasch & **Hermannstadt** ᶻfrei 6.17h, 14.26h (1/3½), ᶻ*IC*/*R* 6h, 13h, 18.38h, 20.26h (1/2½). **Schässburg** etwa stdl. 6-22h (2). **Budapest** ᶻ*IC* 6h, 9h, ᶻ*R* 19.17h, ᶻ*EN* 22.48h (11-12).

Burgenausflug: RÂSNOV & BRAN

14 bzw. 29 km sw von Brasov liegen zwei der eindrucksvollsten Zitadellen im burgenreichen Land. Râsnov (Rosenau. 16.000 Ew) ist eine uralte, unauffällige Stadt im Burzenland, die beherrscht wird von einer ***Bauernburg. Der Zugang über steile Treppen versteckt sich in einem Hof bei der Piatza Unirii im Ort.

Râsnov. Diese markante, weitläufige Burg (Di-So 9-18h. 2,50 €), erbaut 1215ff vom Deutschen Orden, beherbergt u.a. einen 143m (!) tiefen Brunnen. Der Sage nach nahmen die Bewohner während einer langen Belagerung zwei türkische Soldaten gefangen und versprachen ihnen die Freiheit, wenn sie einen Zugang zum Grundwasser schüfen. Der gelang ihnen, nach 32 Jahren Brunnenbau. Diese Burg bietet viel Rosensymbolik und weitere Anklänge an den „Da Vinci-Code".

Bran. Weniger atemberaubend ist das 1377ff errichtete Castelul Bran (9-18h. 2,50 €), das zu Unrecht als „Draculas Schloss" vermarktet wird. Kurz und steil rauf, oben warten Heerscharen von Touristen, Nippes und ein leidliches Museum. Am Fuß der Burg zeigt ein liebevolles Ethno-Museum nachgebaute Bauernhäuser.

✈**Hin & weg.** Beide Orte bieten reichlich Logis und Cafés, besser ist der Tagestrip ab Kronstadt: Busse nach Râsnov & Bran (0,50/1 €) halbstdl. vom Busbhf *(autogará.* Avram Iancu 114. 20 min vom Bhf), letzter Bus zurück ab Bran 19.30h.

Schlossausflug: SINAIA

44 km s von Kronstadt. Nach Überwindung der Karpaten am **Predeal-Pass** (1033m) krönt das Feriendorf Predeal den Sahneteil der Bahnstrecke nach Bukarest. Wenn er nicht grad mit Schnee kämpft, knirscht der Zug durch dichten Wald entlang der Prahova, bis sich der Kurort Sinaia (14.000 Ew. 767-930m üNN) zeigt: Wanderparadies mit Sesselliften und Freskenkloster (17. Jh.). Seine bourgeoise Tradition betonen Villen voll verspielter Holzgiebel und ein bizarres Schloss.

Turist Info: an der Hauptstraße (bul Carol 47. T. 0244/315 656. primariasinaia.ro). Dz ab 30 € gibt es in über 20 *Pensiuneas,* z.B. im **Parc** (T. 314 821). Wer aufs Hoteldutzend verzichten will, erhält am Bhf Zimmer ab 12 €/P angeboten.

Schloss. Pelesch (Di-So 9-17h. mit Führung 4/2 €) könnte von Ludwig II. stammen. Tatsächlich diente es seit 1883 Rumäniens erstem *Kini,* dem Hohenzollern Karl I. (1866-

1914), als Sommerfrische. Sehenswert trotz Warteschlangen.
✈**Hin & weg.** Vom Bhf (400m s) nach Kronstadt & Bukarest etwa stdl. -23h (1/2 Std).

BUKAREST

✆ 021. 842 km sö von Budapest. 2,2 Millionen Ew. 83m üNN. pmb.ro.
Als "Paris des Ostens" wurde diese Stadt einst gerühmt? Ein paar Boulevards und elegante Häuser stehen ja noch, der Rest ist aber ein bleierner Mix aus Ceausescu-Erbe und Globalisierung. Gigantomanische Klotzbrocken, fieser Verkehr, streunende Hunde, viele Straßenkinder, wenig Sehenswertes, weltweit die meisten Werbeflächen pro Einwohner. Man mag´s mögen oder nicht: In jedem Fall hält Bukarest Besucher auf Trab. Und sein Nachtleben erinnert dann doch – an Paris.
„Ich hatte viel Negatives über Bukarest gehört: Trickdiebe, Bettler, Dreck, Hunde. Geht trotzdem hin – nachdem Ihr eine Weile im Land unterwegs wart. Wer die Reise hier beginnt, wird es hassen. Wer sich in rumänische Verhältnisse eingelebt hat, wird es begreifen. Es ist keine Schönheit, aber unglaublich lebensfroh und die Leute sind sehr freundlich." (Ulli Hopp)
Angaben ab **Calea Victoriei**/Piatza Revolutziei (2 km ö vom Bhf Nord).

Kurz & knackig

Tourist Info: im Bhf Nord (bei Gleis 2. 9-21h). Auch viele Reisebüros im Zentrum vermitteln Zimmer, haben Stadtpläne, Wechselstube und Führungen in engl.
Bahnreisebüros: Wasteels (im Bhf. Mo-Fr 8-19h, Sa -16h) und CFR (calea Grivitzei 139. 500m ö. Mo-Fr 8-19.30h, Sa -12h).
Gepäcklager: im Bhf (24 Std. 1 €Tag).
Waschsalon: Nuf Nuf (calea Serban Vodà 76. 4 km s. 24 Std).
Internet: acht Cybercafés für 1-2 €Std, lange offen sind PCnet (calea Victoriei 136. 500m s. 24 Std) und CyberClub (bd Carol I 25. 1 km sö. 10-24h).

McDonald´s hat ungezählte Filialen mit sauberen WCs – eine Rarität in Bukarest.

ÖPNV. Zum 63 km-Netz der **Metro** (5-23.30h. metrorex.ro) zählen 45 Haltestellen, an jeder gibt es Magnetkarten für zwei/zehn Fahrten/einen Tag (0,60/2/1,20 €). Linie M2 hält unter jedem Hauptplatz. Oberirdisch machen sich überfüllte **Busse** und Trams ab 23h rar. Tickets, Tages- und Wochenpässe (0,50/2/4 €) verkauft jeder RATB-Kiosk, schwarzfahren kostet 12 € Eine der 12.000 **Taxen** (0,60 €km) ist überall zu finden oder zu bestellen, z.B. bei Meridian (T. 9444); man bestehe auf Taxameter, verzichte aber auf Taxen beim Bhf Nord. Gibt ja die U-Bahn.

Schlafen & feiern

Augen auf. Um den Bhf Nord schimmeln viele Absteigen vor sich hin, nur im teureren Zentrum sind Mindeststandards gesichert. Wem ein Zimmer (ab 15 €) angeboten wird, der lässt sich auf dem Stadtplan Lage & Busverbindung zeigen.
Camping. Der gepflegte **Casa Alba Complex** (Aleea Privighetorilor 1. T. 230 5203. casaalba.ro) liegt 9 km n im Stadtwald Bàneasa. Zelten 4 €, 2er-Hütten 18 € Bus 301 bis

22.30h (So -20h) von Piatza Romànà bis einen Halt hinterm Flugplatz.

Hostels. Jährlich macht ein neues auf, alle stecken im grotesken Wettlauf: Wer „beschenkt" Gäste am besten? Funky Chicken hat z.B. freie Zugaretten, im Hostel Casa war laut Eigenwerbung fast alles **frei:** Bettzeug, F, Internet, Kaffee, Küche, Duschen, Stadtplan, Parkplatz, Infos – leider führte so viel Großzügigkeit 2009 zum Casa-Ableben... Wichtigste **Freiheit:** jedes steht immer offen. Überall wird englisch gesprochen, gute Hostels schicken keine Anquatscher zum Bhf!

Ein Wohlfühlhaus, abgesehen von zu wenigen Duschen, ist die **Butterfly Villa** (Dumitru Zosima 82. T. 224 1918. butterfly-villa.com). 30 Betten, Dm mit F 12 €, Dz/3z 32/48 €. Küche, alles modern, sichere Gegend, prima Personal. Bus 282 links vom Bhf bis piatza Domenii (sechster Halt) – diese Butterfliege ist schwer zu finden, also Wegbeschreibung von ihrer Webseite runterladen. Tipp!

Schon 1992, damals an anderem Ort, eröffnete die **Villa Helga** (Busolei 7a. 1500m ö. T. 212 0828. rotravel.com/hotels/helga) im angenehmen Viertel. 30 Betten, 4-8er-Dm mit F 14 €, Ez/Dz 22/34 €. Küche sauber, Personal prima, Publikum eher ruhig, Grillterrasse unterm Weinstock. Bus 79/86/133 vom Bhf bis Ptza Gemeni (sechster Halt), dann 150m n – oder U Stefan cel Mare, dann 500m sö.

Funky Chicken (Gen. Berthelot 63-1. 1 km w. T. 312 1425. funkychickenhostel.com) hinter dem nw Eck des Cismigiuparks ist nichts für Meister der Stille. 24 Betten, Dm 10 €, kein F. Küche, Kühlschrank für 800 Flaschen, Musiklounge, Clubführer, kein Internet. Zentraler als übrige Hostels, 10 min vom Bhf.

Hotels. In Bhfsnähe wird nur ein Hotel nicht von dubioser Klientel & Lärm dominiert. **Marna** (str Buzesti 3-1°, off calea Grivitzei. T. 310 7074. hotelmarna.ro) hat sogar einen freundlichen Empfang. Ez/Dz/3z mit Mini-F und Etagenbad 20/30/40 €. Zentral *und* billig macht es nur **Muntenia** (Academiei 19. 120m s. T. 314 6010). Ez/Dz/3z mit Etagenbad 30/44/60 €, nicht leise, aber gute Kneipengegend.

Abends. Bukarests Jugend gibt jeden Abend Vollgas. In mancher Bar tobt der Bär bis zur ersten Metro, der Yuppie-Schuppen Sydney (calea Victoriei 224) macht nie zu, in der Partyzone um die Piatza Universitatzi entspannen die Studis (dubiose Kellerbars), hohe Clubdichte erreicht das „Sommerstraße" genannte Altstadtareal um Lipscani und Gabroveni. Locations & Veranstaltungen listet **Sapte Seri** („Sieben Abende") auf, das überall frei ausliegt.

Anschauen

Ceausescu PCR! Fragt mal einen Bukarester, was ihm einfällt zu *Pe-Tsche-Re*. Nach dieser Einführung würdigt man w der Piatza Unirii (M Izvor) die Visionen des Conducàtors. Für sein ****Haus des Volkes** (ha! Haus! des Volkes!), einen Klotz von 140m Länge, waren 1984-89 bis zu 20.000 Arbeiter rund um die Uhr im Einsatz, Hunderte erlagen der Winterkälte. Mit 3100 Räumen, vier Kellergeschossen und Tunnels zu Kasernen wurde es der Welt drittgrößtes Gebäude, nach Pentagon und Potalapalast. Allein für den Aufmarschplatz im NS-Stil mussten 9500 Wohnungen weichen. Den fertiggestellten Teil des Mammuts nutzt heute das Parlament, einige Räume sind auf gehetzten, aber lohnenden 45-min-Führungen zu besehen (auch in engl.): 10-16h, 6/3 €, Fotoerlaubnis 10 €(interessiert keinen). Eingang calea 13 Septembrie. Ein Wow-Erlebnis!

Schönere Zeiten. Die Schatzkammer des ****Muzeul Natzional de Istorie** (Geschichtsmuseum. calea Victoriei 12. 9-17h. 1/0,50 €) versammelt Gold und Silber aus 5000 Jahren, doch in den 41 Räumen kommt auch der Lauf der Dinge seit der Steinzeit nicht zu kurz. Dahinter versteckt sich zwischen Bürgervillen die hübsche **Stavropoleoskirche** (1724); griechisch-orthodox dominiert in Rumänien.

In der Altstadt ö davon verliert sich ein Labyrinth von Gässchen und verfallenden Häuschen. Von Interesse sind **Hanul lui Manuc** (Kaufmannshotel im Mittelalter), die **Biserica Veche** von 1546 (Bukarests älteste Kirche) und der Ex-Fürstenhof **Curtea Veche** von 1462 (str Franceza 21. 10-17h. 0,60 €) mit Schädeln von Vlad Tepes-Opfern. Um die Ecke liegt das lässige Barviertel an der str Lipscani.

Auf der Prachtstraße **calea Victoriei** gelangt man an Palazzi des 19. Jh. vorbei auf den bulevard Regina Elisabeta. (Man beachte all die monarchistischen Umbenennungen seit 1989.) Er leitet zum **Cismigiupark** mit Vögeln aus dem Donaudelta, Biergarten und Ruderbooten.

Vom Park beschleicht man von hinten das immense ****Muzeul Natzional de Artá** (Calea Victoriei 49-53. Mi-So 10-18h. Kombi 4/2 €) im Ex-Königspalast von 1812-14. Seinen Nordflügel dekoriert die „Galerie rumänischer Kunst" mit Ikonen, Teppichen, Möbeln, die „Schatzkammer römischer Kunst" hat wenig zu bieten, dafür trumpft im (auch baulich) schönsten Museumsteil die **"Europäische Galerie"** (Einzelticket 2/1 €) mächtig auf, mit Rembrandt, Rubens, Rodin & Co.

Die **Piatza Revolutziei** davor erlebte im Dez 1989 jene „Revolution", die in Wahrheit nur ein Staatsstreich ekliger Securitate-Seilschaften war, die das Ober-Ekel Nicolae Ceausescu opferten. Noch sind Einschusslöcher zu sehen, und der Balkon, von dem Ceausescu seine letzte Rede hielt.

Auf der Nordseite des Revolutionsplatzes spielt im neoklassizistisch-runden **Atheneum** (1888) wieder die Musik: Heimstätte der George Enescu-Philharmonie, Besichtigung 12-18h (2 €), VVK für hochgelobte Konzertabende Mo-Fr 12-19h.

Grün. Zum Durchschnaufen zwischen 20.000 Pflanzenarten lädt der **Botanische Garten** (Soseaua Cotroceni 32. 3 km w. 9-19h, Treibhaus Di/Do/So 9-13h). Mehr Auslauf wartet hinter dem Triumphbogen im **Heràstràupark** (Soseaua Kiseleff. 6 km n. Bus 131/133 von Piatza Romanà). Hinter Seen, Booten und Pfaden entdeckt man darin das ****Muzeul Satului** (9-18h. 1 €), das 1936ff über 300 Bauernhäuser aus allen Landesteilen herbeiholen ließ.

Hin & weg

Züge. Vom **Bhf Nord** (M3) (in Std) nach **Kronstadt** & **Schässburg** ^{ZR}frei 14.11h (4/-), ^{R}*R/E* stdl. 7.30-9.40h, 15.30-22.30h (3/5½), ^{ZR}*IC* 5.50h, 13h (2¾/5). **Hermannstadt** nur mit u/in Kronstadt (5-6). **Konstanza** ^{R}*R/E* 6.25h, 7.17h, 7.45h, 8.39h, 10.44h, 14h, 18.54h (4), ^{ZR}*IC* 7.45h (4). **Budapest**-Keleti ^{ZR}*IC/D/EN* 5.50h, 16.20h, 19.50h (14). **Belgrad** ^{R}*D* 21.21h (13). **Sofia** & **Thessaloniki** ^{R}*D* 12.16h (9½/17), Aug 20h (10/-). **Istanbul** ^{R}*D* 12.16h (20).

Zum Donaudelta: nach Tulcea-Orasch ^{R}*D* 1.44h, 10.44h (8), beide mit u/in Medgidia. Nur der Nachtzug hat Anschluss an die Tulcea-Fähre 13.30h nach Sulina.

Schlaftipps: am Bhf Nord starten Dutzende passable Nachtzüge. Jeder führt auch Sitzabteile; Liege/Schlafwagen kostet 5/8 €extra.

Busse. Der wichtigste der fünf **Busbhfe** (calea Grivitzei. T. 638 2798) liegt 500m ö vom Bhf. Nach Tulcea ab calea Plevnei 242a etwa stdl. -19h (4 Std. 10 €).

TULCEA

✆ 0240. 334 km ö von Bukarest. 93.000 Ew. 5m üNN. tulcea.as.ro.
Die Pforte zum Donaudelta erinnert in jeder Ecke an die türkische Besatzungszeit. Das Warten auf die Fähre gestaltet man aktiv im **Naturgeschichtsmuseum** (Progresului 32. Di-So 9-18h. 0,50 €): Aquarium & Tierwelt der Region. Bhf und Bootsanleger liegen 800m w vom Zentrum (Piatza Unirii).
Bahnreisebüro: CFR (Piatza Unirii 4/Bloc D4. Mo-Fr 9-16h).

NP-Info: Danube Delta Biosphere Reserve Authority (am Hafen. Portului 34a. T. 518 945. ddbra.ro. Mo-Fr 8-16h). An diesem Büro kommt kein Deltabesucher vorbei: Permits (2,50 €/Tour), verlässliche Infos, Broschüren & Karten, Zimmervermittlung, man spricht englisch.

❑ **Zimmer.** In der Stadt wird das Zeltverbot rigoros bewacht. Budget-Tipp: einfache Hausboote (z.B. **Navitur**. T. 518 894) unweit des Navrom-Anlegers bieten Dz-Kabinen für 25-30 € Preiswert-Hotels am Ort sind uninspiriert, zu den erträglichen zählen **Casa Albastra** im Complex Insula (gegenüber Bhf. T. 535 662) und **Europolis** im Zentrum (Pàcii 20. 150m n. T. 512 443. europolis.ro): Ez/Dz ab 18/24 € bzw. mit F und Bad 25/35 €
✈ **Hin & weg.** **Züge** vom **Bhf Orasch** an der Donau (in Std. früh reservieren!) nach Medgidia 5.15h, 7h, 15.55h (3); von **Medgidia** nach Bukarest u.a. 8.15h, 12.43h, 19.48h, 20.48h (4), Konstanza u.a. 9.19h, 10.42h, 19.08h (1). **Busse** & Maxitaxis vom Bhf nach Bukarest stdl. -17h, Konstanza halbstdl. -20h (4/2 Std. 10/5 €). Tulceas lausige Bahnanbindung macht die Konstanza-Busse zur klugen Alternative.
Am Weg zum Schwarzen Meer faulenzt die Bàràgansteppe. Erst im Einzugsbereich der Donau rücken Lagunen ins Blickfeld. Das Sitzfleisch lohnt sich aber.

***DONAUDELTA

✆ 0240. Stromabwärts hinter Tulcea schuf **Europas gefälleärmster Strom** Europas größte Urlandschaft – natürlich Weltnaturerbe. Kurz vor dem Ende ihrer 2857 km-Reise vom Schwarzwald ans Schwarze Meer fächert die Donau bei Tulcea in drei Arme auf. **Chilia** dient als Landesgrenze zur Ukraine, **Sulina** ist über Maliuc bis zum Küstenort Sulina (71 km ö von Tulcea) befahrbar, **Sfântu Gheorghe** schließt das Delta nach Süden ab. Zwischen diesen dreien erstrecken sich Kanäle, Wälder und Schilfbänke: 5800 qkm Wildnis, die weltweitartig einzig ist. 330 Spezies bescheren dem Delta eine überreiche Vogelwelt, dazu wurden 160 Fischarten gesichtet, Europas letzte freilebende Pelikane und **viele Stechmücken**.

Biosphärenreservat. Seit 1990 steht das Delta unter UN-Patronat und damit unter strengen Schutzbestimmungen (einzusehen im NP-Info); regelmäßig Kontrollen. Tourenboote beackern v.a. den Sulina-Arm von Tulcea bis zur Mündung. Die NP-Info & Reisebüros in Tulcea und Sulina verkaufen **Permits** (2,50 €/Tour). Wer im Reservat ohne erwischt wird, riskiert den Rausschmiss plus 200 € Strafe.

Sulina. 2006 eröffnete im Ort das **Hostel Delta Dunarii** (strada II. T. 515 429). 4-8er-Dm mit Bad 9 €, Dz/3z 24/32 €, Zelten möglich. Lagerfeuer, Touren, Infos.
Auch **am Strand** wird gern gezeltet. Minibus ab Fähre 5 min (0,40 €), zu Fuß geht auch, dauert aber 30 min.
Um Sulina stehen 15 Hotels und über 60 Pensionen (rund 10 €/P). Man reserviert über sulina.ro (nur rumän.) oder vertraut sich einem der **Anbieter** am Fähranleger an. Teurer, aber schön wird's im **Hotel Delta Sulina** (Sulina 288. T. 0722/275 554. sulinaturism.ro): Dz mit F/HP 30/40 €. **Antrec** im NP-Haus in Tulcea (str Portului 34a. antrec.ro) vermittelt im gesamten Delta Privatzimmer mit F ab 10 €.

Boote. **Navrom** (T. 0240/511 553. navrom.x3m.ro) beackert vom Ableger beim Bhf Tulcea die Hauptarme, mit ^{F}**Fähren** und doppelt so schnellen ^{K}**Katamaranen** *(expres)*. Zeiten & Preise gelten für Fähre/Katamaran; Tickets am Ableger.
Mit Navrom nach **Sulina** ^{F}Mo/Di/Mi/Fr, ^{K}Do/Sa jeweils 13.30h (4½/2 Std. 7/9 €), retour ^{F}Di/Mi/Do/So, ^{K}Mo/Fr 7h. **Sf. Gheorghe** ^{F}Mo/Do, ^{K}Mi/Fr jeweils 13.30h (5/2½ Std. 8/10 €), retour ^{F}Di/Fr, ^{K}Do/So 7h. **Chilia/Periprava** ^{F}Mo/Fr, ^{K}Mo/Di 13.30h (6/3 Std. 9/11 €), retour ^{F}Di/So, ^{K}Di/Mi 6h. Von Okt-Mai ist weniger los.
Schneller sind private **Hydrofoils** von Tulceas AFDJ-Ponton (300m ö vom Bhf) nach **Sulina:** 8.30h, 11h, 12h, 18h (1½ Std. 9-12 €), retour 6.30h, 8h, 12h, 18h.

Touren. Jedes Reisebüro in Tulcea und Sulina bietet Ausflüge ab 20 €, teils auch Motorboote zu 12 €/Std. Wer mit Ornithologen unterwegs sein will, bucht in Tulcea für 25 € bei Ibis Tours (T. 512 787). In den Delta-Orten ist jedes dritte Haus auf Gäste eingestellt: Logis, Touren, Nippes. Wer leidlich italienisch oder spanisch spricht (beides ähnelt dem Rumänischen), vereinbart mit Fischern einen ***Ausflug durch Nebenkanäle: 2-3 Std im Schaukelkahn für 20 €.

KONSTANZA

✆ 0241. 225 km ö von Bukarest. 350.000 Ew. primaria-constanta.ro.
Prachtboulevards, Römermosaiken, Straßencafés: Diese lebendige Hafenstadt verbreitet einen Hauch von Mittelmeer, hier macht sogar Bummeln Spaß, etwa am bd Tomis. Angaben ab **Piatza Ovidiu** (2 km ö vom Bhf) in der Altstadt.
Info Litoral: fast am Mamaia-See (bul Alexandru Lapusneanu 185. 4 km n. T. 555 000. infolitoral.ro. Mo-Fr 9-17h), großartig & hilfsbereit, gute Karten. Zentraler liegen viele Reisebüros, z.B. Contur (Piatza Ovidiu 14. T. 619 777. Mo-Fr 9-17h).
Bahnfragen: CFR (aleea Canarache 4. 50m w. T. 617 930. Mo-Fr 8-20h, Sa -13h).
Gepäcklager: im Bhf (7-21h).
Schlafen. Zimmerwerber (8-12 €/P) warten zuhauf am Bhf, Maxitaxis nach Mamaia (8 km n. 20 min. 0,70 €) halten vor mehreren Campingplätzen.
Das einfache, neue **Hostel Eol 777** (Aviator Vasile Craiu 3a. T. 613 980. hostelworld.com) packt 14 Betten um einen schmucklosen Innenhof. Dm 10-12 €, Dz 25 €, eng, nett, kein F, keine Küche, TV, Strandnähe. Mai-Sep.
Die Hotelszene lebt von Business-Hoffnungen hinter teuren Glasfassaden, Railer-tauglich sind nur noch wenige Häuser, etwa beim Casino das **Hotel Intim** (Nicolae Titulescu 7.

200m s. T. 617 814) oder beim Bhf das **Hotel Maria** (Bul 1 Decembrie 1918 2d. T. 616 852). Ez/Dz mit F ab 40/50 €bzw. 54/62 €

Rundgang. Die Promenade führt vom eleganten Marmorcasino (1910) vorbei am Genueser Leuchtturm (1860) zum aussichtsreichen Pier. N vom Casino lässt sich über religiöse Toleranz in Hafenstädten meditieren: Erst kommt die orthodoxe Kathedrale, dann die katholische Kirche, endlich die Mahmudye-Moschee (1910) mit besteigbarem Minarett (1 €). Zu dessen Füßen bietet das **Archäologische Museum** (Piatza Ovidiu. Di-So 9-17h. 1 €) unerwartete Kostbarkeiten, auch ein großes Mosaik aus dem 3. Jh.
Auf Freunde süßen Weins wartet im großen Anbaugebiet am Schwarzmeerkanal (8 km w. Maxitaxi ab Bhf) die **Murfatlar-Kellerei** (T. 0241/853 200. murfatlar.com): preisgekrönte Tropfen à la *Mädchentraube,* Führung mit Probe 8 €

Hin & weg. Vom **Bhf** (in Std) nach **Bukarest** ^{R}*Rs* 5.48h, 7.42h, 15.44h, 17.45h, 19.18h ($4^1/_2$), ^{Z}*ICs* 17h ($4^1/_2$). **Mangalia** etwa stdl. 6-20.50h ($1^1/_2$).

Bukarest umgehen! Gute Idee: mit ^{Z}*Rs* 15.44h, 22.52h nach Kronstadt (8 Std. Zuschlag 6 €). „Früh reservieren oder stundenlang stehen". (Manuela Stiffler)

Badeausflug: SCHWARZMEERKÜSTE

Am Sandstreifen zwischen Mamaia (8 km n von Konstanza) und Mangalia (45 km s) traf sich 40 Jahre lang der halbe Ostblock, heute regiert die Neckermann-Liga. Hinterm Strand stehen zig Plattenbau-Hotels (Dz 30-50 €) und **billige Zeltplätze** (Bungalows ab 9 €). Discos, Mietboote und Räder gibt es überall.
„Schon Mitte Sep war die Küste wie ausgestorben." (Christoph Ammann)

Züge von Mangalia nach Konstanza etwa stdl. 6-22h ($1^1/_2$ Std).

**VAMA VECHE

56 km s von Konstanza. Nach all den uniformen Betonburgen der Küste mal was Besonderes! Vama Veche liegt nur 2 km von der bulgarischen Grenze (wenig Verkehr) und ist einen Abstecher wert: **Sandstrand, blaues Meer,** kaum touristische Strukturen, in der Nähe Steilküste mit Tauchplätzen, ein Schuss Hippie-Feeling, FKK-Abschnitt – vieles passt (außer dem vielen Müll).
Im winzigen Ort am Meer (550 Ew) leben zumeist Angehörige des winzigen **Gagausen**-Volkes, im Sommer wird er hauptsächlich von Jugendlichen besucht. Jede Nacht steigen Strandpartys, viele „Kneipen" bleiben 24 Std offen, irgendwo spielt immer eine Band oder Boombox, und zwar **nie leise.** Jazzfestival im Aug.

Zelten am Strand ist erlaubt. Betten tut man sich in fünf **Minihotels** (je 10-15 Zimmer, 10-16 €/P. vamavecheholidays.ro) oder Privatzimmern *(cazare).* Große Hotelprojekte verhindert bisher eine rege Bürgerinitiative.
Wer´s laut & süffig mag, stößt in Elgas **Punk Rock Hotel** (T. 0241/858 070. punkrockhotel.com) auf seinesgleichen. Dz mit Bad 22-30 €, Sep-Apr halber Preis, eng, freundlich, sauber, viel Holz am Bau, man spricht englisch. 6m vom Ortsschild, 300m vom Strand. Tipp!

Minibusse regelmäßig vom/zum Bhf Mangalia (11 km. 0,50 €). Privatbus vom Punk Rock Hotel nach Warna etwa 9h (2-3 Std. 10 €).

SCHWEDEN

✆ 0046. 450.295 qkm. 9,3 Millionen Ew. BIP 28.649 €/Ew. visitsweden.com.

Toleranz und Besonnenheit stehen hier hoch im Kurs. Sogar die Landschaften scheinen so beschaffen, dass sie niemanden stören. Endlose Wälder und Seen sind oft für den Besucher alleine da. So gewinnt jede Schwedenreise Züge einer Begegnung mit sich selbst. Und mit Milliarden ausgehungerter Moskitos.

Schmankerl! Bahn: Inlandsbanan. **Natur:** Lappland. **Kultur:** Göteborg, Stockholm.

Serviceteil

Visit Sweden: D: T. 069/2222 3496. A: 01/928 6702. CH: T. 044 580 6295.

Botschaften in Stockholm: D: Skarpögatan 9, T. 08/670 1500. A: Kommendörsgatan 35, T. 08/665 1770. CH: Valhallavägen 64, T. 08/676 7900.

100 Kronen SKr = 9,80 € (xe.com). Banken öffnen Mo-Fr 9.30-15h, wenige bis 17h. Auf Reiseschecks lauern saftige Gebühren, aber es gibt ja überall Bankomaten. Kaufhäuser haben oft bis 22h auf, teils auch So 12-16h.

✆ Polizei & Unfallrettung 112.

Bahn, Bus & Bike

Auslandszüge siehe Göteborg und Malmö.

Statens Järnvägar. Das 11.481 km lange Netz (9400 km elektrifiziert) ist im Süden ordentlich, alle Fährhäfen sind prima verdrahtet, Taktverkehr besteht aber nur auf drei Hauptrouten. N von Stockholm reduziert es sich dann auf drei Züge pro Tag (Inlandsbanan tief im Fjäll, zwei *Veolia* im Flachland); bis 2011 soll zudem das Küstengleis Sundsvall – Umea befahrbar sein.

Wo freier Markt, da volle Kanne: Seit 2001 obliegen Nah- & Regionalverkehr den Provinzen, und die haben acht private Bahnunternehmen damit beauftragt; Interrail gilt uneingeschränkt. Fernverkehr bleibt, bis auf Nachtzüge *(Veolia)* und Inlandsbanan, die Domäne der Ex-Staatsbahn SJ. Ihr wohlgeneigter ***X2000*** saust auch ohne Neubaustrecken mit 150 km/h durchs Dreieck Malmö – Stockholm – Göteborg, dafür muss man reservieren (4 €), dito für **Nachtzüge** mit Liege- (plus 16 €), Schlaf- (Bett im T3/T2 26/40 €) und schlafuntauglichen Großraumwagen. Jeder Fernzug führt Speisewagen oder Bistro, selten über die volle Distanz.

Bahntarife sind hoch. Rabatt gibt es für ISIC-Inhaber und <26 Jahren (30%); für alle Mo-Do; bei Buchung ab einer Woche im voraus; mind. 90 Tage im voraus (fest 9 €); oder **Sista-Minuten** (0-24 Std vor Fahrtbeginn, mind. 13 €). Ticketauktion siehe sj.se. **Interrail S** kostet für drei/vier/sechs/acht Tage 189/209/269/299 €, <26 Jahren 125/139/175/194 €. **Bahnauskunft:** T. 0771 757575. sj.se.

Zuschläge für Interrailer: *X2000* 7 € (auch nach Kopenhagen), *IC* 3 € (auch nach Oslo), *Veolia*-Nachtzüge 6 € (Sitz) oder 15-25 € (Bett), Inlandsbanan 5,50 €

Busse. Im Süden ist das Expressnetz ausgezeichnet (vorbuchen). N von Stockholm bleibt nur die Perlschnur von Küstenorten, wenig passiert im Hinterland. Den satten Preis (12-15 € für 100 km) drückt man mit *kuponger* oder Onlinebuchung. Wer Mo-Do reist, zahlt oft 30% weniger. Mit ISIC, <26 und >64 winken bis zu 20% Rabatt. Hauptanbieter skandinavienweit: swebusexpress.se & gobybus.se.

Bikes. Radler erleben von Mai-Sep ihre helle Freude, zumal im Süden und entlang der Seen. Vermietet wird in allen Städten (selten am Bhf) für 12-20/48-80 € pro Tag/Woche. Citybikes für den Ortsgebrauch sind oft frei zu haben. Regionalzüge (nicht SJ) nehmen Bikes mit, um Stockholm jenseits der Stoßzeiten frei. Viele Regionen bieten 1a-Radfernwege, unvergesslich ist u.a. Sverigeleden: 2750 km von Helsingborg nach Lappland.

Schlafen & essen

Zelten. Es gibt 700 tolle Plätze, v.a. an der Küste; Liste & Tipps unter camping.se. Fast alle haben Küche & Waschmaschinen, viele auch Restaurant, Pool, Minigolf, Bike- und Kanuverleih. Pro Zeltplatz sind 12-24 € fällig, fast überall stehen auch Holzhütten (2-6 Betten, mit Küche & Bad) für 30-90 €– vorbuchen. Wer sie nicht vor der Reise besorgt, kriegt am ersten genutzten Platz die **CampingCard** (obligatorisch & frei) samt Jahresmarke (10 €). Moskitoschutz mitnehmen!

Herbergen. Die 320 Häuser von STF (T. 08/463 2100. stfturist.se) liegen selten zentral. Man zahlt 15-25 € (ohne JH-Karte plus 5 €) und 5-7 € für F. Schlafsäcke sind meist verboten, man bringt Bettzeug mit oder mietet es für 5-7 € Viele *Vandrarheme* schließen Sep-Juni, und mittags sowieso. Wer nach 18h landet, ruft an.
SVIF (T. 0413/553 450. svif.se), die zweite Kette, ist mit VIP Backpackers verbandelt. Ihre 196 Herbergen haben ähnliche Preise, wollen aber keine JH-Karte sehen.

Zimmer.. B&Bs liegen weit über JH-Niveau. Jedes Verkehrsamt führt einen Zimmernachweis. An Ferienhäusern (2-6 Betten) herrscht auch in abgelegenen Dörfern kein Mangel, teils wird nur wochenweise vermietet. Vergesst Hotels!

Essen. Wem kulinarische Genüsse oder billige Gerichte vorschweben, reise woanders hin. Mo-Fr bieten Restaurants von 11-14h eine anständige *dagensrätt* (10-12 €). Vom *smörgasbord*-Buffet mit viel Meerzeug isst jeder, soviel er will. Alkohol wird von Monopolläden abgegeben, aber nur an Durstige über 20 Jahren.

SKANE & GÖTALAND

Selbst wer nur Stockholm oder den Norden im Sinn hat, kommt anreisetechnisch nicht um die alten Provinzen Schonen und Gotenland herum. Und trifft auf drei besonders kosmopolitische Städte.

MALMÖ

✆ 040. 258.000 Ew. 326 km s von Göteborg. malmo.se.

Schon im ersten Schwedenhappen soviel los? Malmö beherrscht die Lebensfreude aus dem Eff-eff. Hinzu gesellt sich ein Schuss Renaissance/Fachwerk und viel Moderne. 2001 ist Europa durch die spektakuläre Öresundbrücke (16 km inkl. Tunnels) noch näher gerückt. Welchen Drive Malmö dadurch erhielt, zeigt sich an der blitzneuen Uni (15.000 Studis). Im ökologisch umgebauten Stadtviertel Västra Hamnen mit dem Drehenden Torso (2005), Nordeuropas höchstem Gebäude (190m). Und im Melderegister: die Bewohner kommen aus 164 Nationen.

Turistbyrå: im Bhf (T. 300 150. 9-19h, Sa/So 10-16h), mit freiem Stadtführer.

Bikes: Cykelkliniken (Carlsgatan. T. 611 6666. 14 €/Tag).

Internet: Cyberspace (Engelbrektsgatan 13. 5 €/Std).

☺ **Sparen.** Mit der **MalmöCard** (13/16/19 € für ein/zwei/drei Tage) sind die meisten Museen frei, alle Busse und Regionalbahnen, auch nach Lund. Dazu sichert sie viele Ermäßigungen.

Schlafen. **Malmö Camping/Sibbarp** in Limhamn (Strandgatan 101. T. 155 165. malmo.se) ist der einzige Zeltplatz in Stadtnähe. Zwei P mit Zelt 15 €, 2/4er-Ferienhaus 55/60 €, Laden, Resto, 200m vom Meer, 5 km sw vom Bhf (Bus 12).

Nicht vom grauen Äußeren der dreistöckigen **JH Eriksfält** (Backavägen 18. T. 82 220. stfturist.se) abschrecken lassen! Der Rest ist okay: 177 Betten, 4-6/3er-Dm 15/19 €, Ez/Dz 35/38 €, ohne JH-Karte plus 5 €, F-Buffet 6 €. Große Küche, willder Garten, ruhige Atmo, alles sauber, ganzjährig einchecken 16-19h. 3500m s vom Bhf, Bus 21 Richtung Kastanjegarden bis Vandrarhem (1,50 €).

Zentraler liegt die neue (2006) **JH Malmö City** (Rönngatan 1. T. 611 6220. stfturist.se). 156 Betten, Dm 18-22 €, Ez/Dz ab 36/44 €, ohne JH-Karte plus 5 €/P. Gute Küche, windgeschützte Sonnenterasse, nette Leute, TV-Raum mit großem Flachbildschirm. 15 min vom Bhf, durch die Fußgängerzone.

Schauen & feiern. Am Stortorget, dem Renaissance-Ensemble mit der Statue Karls X., pulsiert geselliges Leben. Die **St. Petrikirche** (14. Jh.) ö davon beeindruckt mit baltischem Gepräge. Um den benachbarten **Lilla Torg** kauern Fachwerk, Trödelläden und Straßencafés, hier öffnen abends die besten Clubs.

In der Festung ****Malmöhus** (1 km w vom Bhf. 10-16h, Sep-Mai Mo-Sa 12-16h. Gesamtticket 5 €, <20 frei) machen es gleich acht Anlaufstellen verwirrend-spannend: Stadtmuseum, Kunstsammlung, königliche Gewänder, Aquarium, Naturmuseum, Arsenal, Technologie, Meeresmuseum.

Am sandig-grünen **Ribersborgstrand** (4 km w) trifft sich das Volk. Lieber ein Bad in der Menge? In der dritten Aug-Woche tobt das wunderbare ****Musikfestival** mit Rock, Folk, Jazz, World Music und Filmen – und alles ist **frei.**

✈ **Hin & weg.** Vom Bhf (in Std) nach **Lund** & **Helsingborg** mehrmals stdl. 5-23.40h (1/4/1). **Göteborg** ^{Z}freie *Øtåg* stdl. 5-19h (3), ^{ZR}*X2* zweistdl. 6.34-20.34h (2 1/2). **Stockholm** ^{Z}frei nur mit u/in Göteborg (8 1/2), ^{ZR}*X2* stdl. 5-19h (4 1/2). *Öresundbahn* nach **Kopenhagen** alle 20 min 5-24h, nachts stdl. (35 min. 10 €, Interrail 8 €).

***LUND

✆ 046. 76.000 Ew. 17 km nö von Malmö. lund.se/turism.

Ein Überrest Mittelalter zum Verlieben. So denken wohl auch die Studenten, sonst hätten sich nicht 25.000 eingenistet in dieser Schon-ziemlich-alt-aber-noch-nicht-Groß-Stadt (gegründet um 990 von Wickie). Als Krönung wartet eine JH in ausrangierten Bahnwaggons: „Lund! Alles aussteigen bitte!"

Turistbyrå: beim Dom (Kyrkogatan 11. T. 355 040. 10-19h, Sa/So -15h; Sep-Juni Mo-Fr 10-17h).

🚲 **Bikes:** hinterm Bhf (Banvatsgatan 2) und in der JH (alte Blechesel 5 €).

Schlafen. Der klein-feine Zeltplatz **Källbybadet** (Badarevägen. T. 155 188) beim Klostergården wird zunehmend von Langzeitcampern okkupiert. Das Uniheim **Sparta** (Tunavägen 39. T. 124 080. Bus 1/6 ab Bhf) liegt abseits im Osten. Das billigste B&B, **Bergenstråhle** in Torna Hällestad (Sandvägen 8. T. 53 183), nimmt für Ez/Dz mit F 40/60 €. Das Verkehrsamt kassiert 6 €Gebühr pro Zimmervermittlung (ab 50 €). Aber nicht verzagen:

Herberge. 200m hinterm Bhf im Bjeredsparken flezt die lustige **JH Trainhostel** (Vävaregatan 14. T. 142 820. trainhostel.com) auf einem stillgelegten Gleis im Grünen. 108 „Betten" (16 €, ohne JH-Karte 21 €) verteilen sich über 3er-Abteile in drei Schlafwagen; dazu ein Waschwagen, einer für Tischtennis und Rezeption (8-10/17-19h), einer mit Café, Küche und F-Buffet (6 €). Eng, aber originell.

Anschauen. Für den feschen ****Dom** (frei) mit reicher Krypta wurde der Grundstein 1080 vom Heiligen Knud gelegt, das **Dommuseet** (Di-Fr 11-16h. Kombi mit Stadtmuseum 3 €, <20 frei) erzählt mehr dazu.

An Backstein und Fachwerk vor dem Lundagårdpark vorbei spaziert man ins Freiluftmuseum **Kulturen** (11-18h, Okt-Apr Di-So 12-16h. 7 €, <20 frei), das am Tegnersplatsen 40 Gebäude seit 1660 versammelt, teils samt Original-Einrichtung.

✈ **Hin & weg.** Lund liegt 18 min n von Malmö, alle dort genannten Züge halten.

**GÖTEBORG

✆ 031. 473.000 Ew. 456 km sw von Stockholm. goteborg.com.

Schwedens lebenswerteste Stadt hält zu Stockholm deutlich Distanz. Göteborg blickt lieber nach Süden, denn sein Reichtum gründet seit 700 Jahren auf dem Seehandel. Städtebaulich herrscht reichlich Anarchie zwischen schönen Parks. Am Kungsportavenyn, den Champs Élysées der Stadt, wird fröhlich gekauft, gegessen, flaniert und abends gefeiert. Angaben ab **Bhf.**

Turistbyrå: beim Bhf (Nordstan Complex. 20m w. T. 612 500. 10-18h, So -16h) und zentral (Kungsportsplatsen 2. 500m s. 9-18h, Sep-Mai Mo-Sa 10-17h).

Cybercafé: Janemans (Viktoriagatan 14. 900m sw. 6 €/Std).

☺ **Sparen.** Mit dem **GöteborgPass** (24/48 Std für 25/35 €) sind Busse, Trams, Kanalboote, Stadtrundfahrten, Liseberg, Palmenhaus, alle Museen und IFK-Spiele frei.

ÖPNV. Västtraffik (T. 0771 414 300) bedient ein elektronisch koordiniertes Netz von Bussen, Trams, Fähren, Booten. Die Einzelfahrt kostet 2 €, die **Dagkort** (24 Std) 6 €. Infokioske stehen u.a. am Busbhf (80m n), Drottningtorget (100m s) und Brunnsparken. **Bikes** vermietet Centrum Cykel (Chalmersgatan 19. 1200m s).

Schlafen

Camping. Askim (10 km s. T. 286 261. liseberg.se) hat wenig Schatten & viele Zelte in Meeresnähe. Tram 1/2, dann Bus 83/783.

Hostels. Alle öffnen ganzjährig und haben prima Personal; am ehesten auf Party gepolt ist Slottskogen. In der Regel checkt man bis 18h ein, wer später kommt, sollte tunlichst

anrufen. Dazu unterhalten STF & SVIF sieben JHs im Umland.
In der **JH Göteborg** (Mölndalsvägen 23. 500m s. T. 401 050. goteborgsvandrarhem.se) beim Liseberg erinnert alles irgendwie an Österreich. 150 Betten, 3-8er-Dm 20-22 €, Ez/Dz je 55 €, F-Buffet 6 €, Sauna 6 €/Std. Moderne Küchen, Terrasse, WiFi frei, einchecken 16-18h, viele Familien. Tram 4 bis Getebergsäng.
Eine frechere Lage hat das **Masthugget Vandrarhem** (Masthuggsterrassen 10H. 2400m sw. T. 424 820. mastenvandrarhem.com) abgekriegt: im Shopping- und Resto-Viertel am Göta Alv. 42 Betten, 3-8er-Dm 19 €, Ez/Dz/3z 32/48/59 €, Bettzeug 6 €, F 6 €. Drei perfekte Küchenzeilen, mehrere TV- und Leseecken, check-in 17-20h. Tram 3/9/11 bis Masthuggstorget, dann Treppen zu den Terrassen.
Die **JH Stigbergsliden** (Stigbergsliden 10. 2600m sw. T. 241 620. hostel-gothenburg.com) diente von 1831-2002 als Seemannsheim. 90 Betten, 3-8er-Dm 17 €, Ez/Dz 30/35 €, ohne JH-Karte plus 5 €, F 6 €, Bikes 5 €/Tag. Offen 8-12/16-22h, einchecken 16-18h. Tram 3/9/11 vom Bhf bis Stigbergstorget.
Ein Partyhaus ist die fröhliche **JH Slottsskogen** (Vegagatan 21. T. 426 520. sov.nu). 12/3-6er-Dm mit Sofa und TV 15/18 €, Ez/Dz 30/40 €, ohne JH-Karte plus 5 €, sattes F-Buffet 6 €(bis 11h). Alles modern, nicht zu Sauber, Rezeption 8-12/14-18h. Tram 1/2 bis Olivedalsgatan.
Namensgerecht mit Grün umgibt sich das ruhige **Linné Hostel** (Vegagatan 22. 2500m sw. T. 121 060. vandrarhemmet-linne.com) beim Skansparken. 3-4er-Dm 18 €, Ez/Dz 35/42 €, F 4 €. Rezeption 9-12/15-19h, einchecken 15-18h.
B&B. Das Verkehrsamt vermittelt (7 €) Privatzimmer ab 30 €.

Anschauen & unternehmen

Planen. Göteborg spielt seine Stärken v.a. in der Museumsliga aus – wirklich gut. Reisende <20 kommen meist frei rein, ISIC interessiert selten.

Am Wasser. Das **Stadsmuseum** im Östindiska Huset (Norra Hamngatan 12. 700m w. 10-17h, Sep-Mai Di-So. 5 €, <20 frei) macht´s ethnolog-, archäolog- und historisch in einst blühenden Kontorräumen: ein anregendes Durcheinander, inkl. Schwedens einzigem Wikingerschiff. Nebendran taucht das ehemalige **Sahlgrenska Hospital** tief in die Geschichte der Medizin ein.
Im **Maritima Centrum** am Hafen (Packhuskaien 8. 800m w. Mai-Sep 10-18h. 8 €, ISIC 6 €) ruht sich ein Dutzend alter Schiffe von der Geschichte aus. Selber Matrose spielen darf man auf dem Leichtschiff *Fladen,* dem Zerstörer *Småland* und im U-Boot *Nordkaparen.* Gute Führungen 12/14/16h.
Beim Avenyn. Genug Seefahrt? Dann ab zur Kunst: Bemerkenswert im ****Konstmuseum** am Götaplatsen (Avenyn. 2 km s. Di-So 11-18h, Mi -21h. 5 €, <20 frei) sind v.a. schwedische Malerei & Skulpturen seit 1588, das Museumscafé und für Liebhaber gepflegter Photographie das **Hasselblad Center** (frei) im Hause. Und wer schon hier ist, schaut mal nach, welchem oft skurrilen Thema sich nebenan die **Konsthallen** (gleiche Zeiten. frei) gerade widmet. Tram 4/5 bis Berzeliigatan.
Das freche **Röhsska Museet** (Vasagatan 37. 1300m s. Di 12-20h, Mi-So 12-17h. 4 €, <20 frei) links des Avenyn bietet Ikea für Fortgeschrittene: Skandinaviens heilige Kunst von Dekor & Design. Tram 3/4/5/7 bis Valand.

Im **Trädgårdsföreningen** vor dem Avenyn steht ein prächtiges **Palmenhaus** (7-21h, 3 € Sep-Apr 7-19h, frei): 1000 qm unter Glas & Gusseisen, ergänzt vom üppigen Rosarium (Mai-Sep). Man darf sich aber auch mit ´nem Buch auf den Rasen flezen oder ´n Picknick auspacken, selbst in den hübschen Cafés.

Liseberg. *Der* ****Vergnügungspark** (2 km sö. Mai-Okt meist 11-23h. 6 €, mit G-Card frei) im Norden hat die größten Achterbahnen im Land und den höchsten Aussichtsturm der Stadt (125m), pro Attraktion ist eine bestimmte Kupong-Zahl nötig. Tram 4/5/6/8/13 bis Korsvägen.

Die **Världskultur** (Di/Sa/So 12-17h, Mi-Fr 12-21h. ***frei)*** neben dem Liseberg-Eingang hat nichts Geringeres als die ganze Welt im Visier: Afrika-Filme, Kinder des Orinoco, Ostasien, Globalisierung, Spiritualität, Dämonen, *jam sessions* Mi 18-21h – hier findet jeder was. Viele Sozialflächen im postmodernen Ambiente.

Slottskogen. Dieser Park (3 km sw) erfreut Abhänger & Aktivisten (Halbmarathon startet hier), Frisbeespieler & Tierfreunde. Sein ****Naturhistoriska Museum** (Di-So 11-17h. 4 €, <25 frei) zeigt hautnah Ameisenbär, Uakari und andere Seltsam-Tiere. Und verrät, wieso sie es praktisch finden, seltsam auszusehen. Hier liegt auch der einzige „ausgestopfte" Blauwal der Welt.

500m s erstrecken sich die ****Botaniska Trädgård** (9h bis Sonnenuntergang. ***frei),*** die in Nordeuropa kaum ihresgleichen haben. 13.000 Pflanzenarten, Treibhäuser, Japangarten, Felsgärten, Rhododendrontal, Anemonental, schnuckliges Café.

Frische Brise. Spazierboote führen im 15-min-Takt mit **Paddan** (stromma.se) zu Inseln vor Göteborg, wo wildes Zelten erlaubt ist. Die klassische **Paddan-Tour** (Mai-Sep. 50 min. 13 €) startet stdl. vom Kungsportplatsen durch Hafen & Stadtkanäle. Angenehm sind auch die **Älvsnabben-Boote** (T. 0771 414 300): halbstdl. von Lilla Bommen/Bhf über fünf Stationen entlang aller Fährterminals zum Klippan (6 km w. ÖPNV-Ticket gilt).

Hin & weg

Vom Hbf (in Std) nach **Helsingborg, Malmö** & **Kopenhagen** ^{Z}freie *Øtåg* stdl. 5.42-20.42h (2½/3/4), ^{ZR}*X2* 6.27h, 11.27h, 17.27h (-/2¾/3½). **Stockholm** ^{Z}frei zweistdl. 6-18h (5), ^{ZR}*X2* stdl. 6.42-19.42h (3). **Oslo** ^{Z}frei 6.43h, 12.43h, 17.46h (4¼). **Östersund** & Storlien ^{Z}19h (12/15). **Boden** & Luleå 17h (18/19).
Fähren siehe Norwegen/Anreise.

***STOCKHOLM

✆ 08. 820.000 Ew. 573 km ö von Oslo. stockholmtown.com.

Was da inselreich den Zugang zum Mälarensee versperrt, steckt voller Antithesen: Altstadt malerisch – Verwaltungszentrum grausam. Parks wild – Autobahnen höllisch. Seit 1220 überzog sich Stockholm mit Kirchen & Schlössern und wuchs solange, bis es 1648 Hauptstadt und 2009 laut Forbes viertteuerste Stadt der Welt wurde. Angaben ab **Bhf Centralen.**

Kurz & knackig

Turistbyrå: im Bhf (T. 508 28 508. 9-18h, Sa/So -16h) und Sverigehuset (Hamngatan 27. 800m ö. U10 Kungsträdgården. 9-19h, Sa/So -17h), mit Hotelbuchung (frei), V-Kalender *What´s on,* Stockholm Card und ÖPNV-Pässen.

Waschsalon: am Östermalmstorg (Jungfrugatan 6. 1500m ö) und in Hostels.
Cybercafés: zentral und bis 24h u.a. Ice (Vasagatan 42. 400m n) und Nine (Odengatan 44. 1600m n. je 4-6 €/Std).

Kanus, Kajaks, Ruderboote, Inlineskates und Bikes (jeweils ab 7/22 € pro Std/Tag) mietet man z.B. im Gartenrestaurant Sjöcafé an der Djurgårdsbrücke (2 km ö. T. 660 5757). Das Radwegenetz ist beachtlich, schöne Tagestouren beschäftigen sich mit Djurgården, Ulriksdal Park oder Drottningholm (zurück per Dampfer).

ÖPNV. Die **U-Bahn** *(Tunelbana,* kurz T) schweift mit zehn Armen nach Suburbia raus, alle über Hbf (T-Centralen). Örtliche **Pendlerzüge** *(Pendeltåg)* kümmern sich um Ausflugziele: von U18 Alvik nach Nockeby, U13 Ropsten nach Lidingö, U14ff Slussen nach Saltsjöbaden. Die historische **Tram 7** streift auf dem Weg von Norrmalmstorg nach Skansen alle Attraktionen auf Djurgården. Das **Busnetz** ist weit verzweigt, z.B. von U14 Tekniska Högskolan mit 637/640 zu den Ålandfähren. Hübscher sind die zahlreichen **Fährlinien,** u.a. nach Djurgården.
Mit der **Stockholm Card** (S-Card. 38/50/60 € für 24/48/72 Std) sind alle Verkehrsmittel im Großraum frei, dazu 75 Museen & Attraktionen, eine Sightseeing-Schiffahrt und der Stadtführer mit detailliertem Fahrplan. Fürs Herumkommen allein reichen **SL Korts** (10/20/26 € für 24/72 Std/eine Woche) oder Kuponger (18 € für 16 Stücker) von Stockholm Lokaltrafik (sl.se), z.B. im Hbf-Untergeschoss.

Schlafen & feiern

Zeltplätze & Hostels im Umkreis siehe stockholmtown.com. Bei JHs sind Preise für Mitglieder angegeben, ohne JH-Karte legt man 5 € drauf.

Camping. Klubbensborg (Klubbensborgvägen 27. 9 km sw. T. 646 1255. klubbensborg.nu) auf einer Halbinsel am Mälaren ist so klein wie genial, auch dank Strand, Mietkanus, Kuschel-Café, Aristokratenvilla & Park. Zelten 8 €/P (Mai-Sep). Hostel mit 2-8er-Dm 20-22 € (ganzjährig). Ez/Dz/3z/4z mit Seeblick 45/75/105/130 €, F 6 €. Rezeption 8-12/15-18h. U13 bis Mälarhöjden. Hierher!

Herbergen. Unter fünf JHs (ohne JH-Karte plus 5 €/P) das Bonbon: **Af Chapman** (Flaggmansvägen 8. 1200m ö. T. 463 2266. stfchapman.com) bietet 136 Kojen auf dem ausgedienten Schulschiff vor Skeppsholmen. Etagenbett unter Deck 19 €, Ez/Dz im Hostel am Land (160 Betten) je 54 €, hier auch Küche, Öko-F-Buffet (7 €), Bar. Online buchen oder ab 9h auf der Matte stehen. Bus 65 ab Bhf.

Wer sich im Ex-Knast richtig wohlfühlen will, wähle die **JH Långholmen** (Kronohäktet. 4 km sw. T. 668 0510. langholmen.com) auf dem gleichnamigen Inselchen nw von Södermalm. 254 neue Betten, Dm 23 €, Zelle mit 1/2/3 Betten, Dusche, WC und TV 56/70/81 €, F 9 €. Viel Komfort, viel Grün, Café, immer offen. 15 min von U13 Hornstull, oder Bus 40/66 bis Bergsundsgatan.
Der Riesenkomplex **JH Zinkensdamm** (Zinkensväg 20. 3 km sw. T. 616 8100. zinkensdamm.com) döst etwas im Abseits beim Park am w Ende von Södermalm. 466 Betten, Dm 22 €, Ez/Dz/3z 41/60/75 €, mit Dusche -/72/93 €, F 7 €. Rundum-Ausstattung, kein Torschluss. U13/14 Zinkensdamm.

Mehrere **Hausboote** ankern ganzjährig am Södermälarstrand, gegenüber U13ff Gamla Stan. Nicht die Größe Chapmans, aber die Röte Japans erreicht **Den röda Båten Mälaren** (Kaj 6. 800m s. T. 644 4385. theredboat.com). 10er-Dm 23 €, Ez/Dz/4z 45/60/104 €, F 7 € Empfang 8-23h, Freiluft-Resto, alles prima!
Weiter vorn dümpelt die Ex-Hurtigrute **Rygerfjord** (Kaj 11-15. T. 884 0830. rygerfjord.se). 200 Betten, 12/4er-Dm 22/24 €, 2er-Kabine 61 €, F-Buffet 7 €, Lunch *all-you-can-eat* 9 €, selbst kochen wg. Brandschutz verboten. Die Geschichte des 1950 in Bergen erbauten Schiffes (u.a. acht Motorpannen 1953, elf Halter/Namenswechsel seither) ist eine lange Tragikomödie.
Hostels. Wenn Chapman, Langholmen und das rote Båten voll sind, pirscht man ganzjährig ins **Hostel B&B** (Rehnsgatan 21. 1300m n. U17/18 Rådmansgatan. T. 152 838. hostelbedandbreakfast.com. 10er-Dm 27 €, Ez/Dz/3z 49/74/102 €) oder **City Backpackers** (Upplandsgatan 2a. 700m n. T. 206 920. citybackpackers.se. 11er-Dm 23 €, Dz/4z 65/112 €). Acht weitere Hostels verrät stockholmtown.com.
Abends. Den ganzen Sommer lang steigen Popkonzerte, Theaterstücke usw., frei und im Freien. Nachts pulsieren Altstadt, Kungsträdgården und Nybroplan mit Straßencafés. Wer discotieren will, beginnt im Künstlerviertel auf Södermalm (v.a. Götgatan. U17/18 Skanstull) oder auf Kungsholmen (U17/18 Fridhemsplan).
Wer sich statt harter Museenkost eher für Stockholms weiche Freuden interessiert, ein gutes Café braucht oder Secondhand-stöbern will: Im Stockholm-Guide von thelocal.se steht vieles, was in diesen Führer nicht mehr passte.

Anschauen

Fast alle der 100 Museen und anderen Schauplätze sind mit Stockholm Card frei. Eintritt ermäßigt mit ISIC und <18. Öffnungszeiten gelten im Sommer; von Sep-Mai kürzer und meist Mo geschlossen.
Gamla Stan. In den Gässchen der Altstadt, heute kopfbesteint und gasbeleuchtet, begann um 1250 die Geschichte Stockholms. Im **Königsschloss** (800m sö. 10-17h) mit 608 Zimmern imponieren goldverzierte royale Gemächer, Schatzkammer, Tre Kronor-Museum, Gustav III-Antiquitäten und Bernadotte-Bibliothek. Wer mehr als Königsgemächer (10/5 €) sehen will, darf mit dem Kombiticket (14/7 €) an mehreren Terminen rein.
Die **Storkyrkan** (9-18h, So -16h. 3 €/frei) daneben wirkt unscheinbar, ist innen aber sehenswert wg. St. Georg und seinem Drachen, als Skulptur von 1494.
Das kühl designte **Nobelmuseum** (Stortorget. 10-17h, Di -20h. 6/4 €) erzählt die Geschichte/n des Nobelpreises; freie Führung in engl. 11/15h.
Im **Medeltidsmuseet** (Strömparterren. 11-16h, Mi -18h. 7 €/frei) landen Ausgrabungsfunde zum Mittelalter, und in der ultraspitzen **Riddarholmskyrkan** (Riddarholmen. 700m s. 10-17h. 3 €/frei) schlummern fast alle Könige seither.
Zentrum (alle U10/11 Kungsträdgården). Schwedens Top-Galerie, das ****Nationalmuseum** (1200m ö. Di 11-20h, Mi-So 11-17h. 10/8 €, <19 frei), lockt Bewunderer berühmter und flippiger Pinselstriche zur Skeppsholmenbrücke.
Prototyp des lebendigen Museet ist an ihrem ö Brückenende das **Moderna** (1500m sö. Di 10-20h, Mi-So 10-18h. 8/6 €, <18 frei), hier passiert immer was.
Bunt gewürfelt geht´s im **Ostasiatiska Museet** am Tyghusplan (700m ö. Di-So 11-17h. 8 €, <20 frei) zu: viel Indien, Jade aus China, Bronze aus Korea, Erotik aus Japan, nur Stiche.
Mitten im Zentrum, am Sergels torg, die Kultur in Szene getan zu haben – dafür sind die

1960er zu loben. Ob es dafür eines Brachialriegels wie des **Kulturhusets** bedurfte, sehen wir heute vielleicht anders. Immerhin bietet es jedem etwas: Tanz, Kunst, Musik, Mode, Theater. Railer nutzen sein *Lava* für´n Käffchen, ´ne Ladung Wäsche und zum Skaterbeobachten. Im *Serieteket* steht eine Bibliothek nur für Comics (2500 Stücker), der Lesesaal hat Zeitungen und CDs aus aller Welt.

Djurgården. Neben Gamla Stan ist die waldreiche Vergnügungsinsel Stockholms schönster Bezirk. Die Djurgårdsfärjan (3 €) pendelt alle 10 min von Nybroplan/Zentrum und Slussen/Gamla Stan zum Wasamuseet. Alternative: ab Hbf Bus 44/47 oder ab Norrmalmstorg Tram 7, die alle *sights* streift.

Auf ****Skansen** (3 km ö. 10-22h, Mai -20h, Sep -17h, Okt-Apr -16h. 11 €) ist ganz Schweden stolz, auch weil´s weltweit das erste Freiluftmuseum war. Scit 1891 versammelt es 150 Gebäude aus allen Regionen. Hier vertrödelt man gern 3-5 Std, zumal oft was los ist (Jazz, Singalong, Tanzabende) und auch das Aquarium (8 €) mit Regenwaldhaus drei Blicke lohnt.

Vornedran sorgt **Gröna Lunds Tivoli** (Mai-Sep 12-24h. 8 €, alle *rides* 29 €, nach 19h 21 € Akhäftet mit 20 *kupongs* 32 €) für Adrenalinstöße à la Europa-Park.

Den vorderen Teil Djurgårdens nehmen zwei lohnende Museen ein. Im Renaissance-Schloss zeichnet das **Nordiska Museet** (10-17h. 7 €/frei) ein Abbild nordischen Lebens quer durch alle Schichten, von Design & Textil bis zu Postern.

Am Wasser beleuchtet das ****Wasamuseet** (10-19h. 9 €/frei) erstaunliche Aspekte der Seefahrt. Namensgeber ist das berühmte Schiff von Gustav II Adolf, in acht Abteilungen zeitreist man zurück in dessen Epoche (Führungen und Filme stdl.).

Vergiss Titanic! Die *Wasa* lief im Aug 1628 als luxuriösester Kahn ihrer Zeit vom Stapel. Halb Schweden jubelte, bis sie nach 1,3 km absoff. Hin – und weg.

Drottningholm. In Ferien- und anderen schweren Stunden zieht sich Familie König auf dieses Schloss (5 km w. 10-16.30h. 8/4 €) zurück. Dem gemeinen Volk bietet ihr Versailles im Kleinformat oft Opern. Bus 301/323 ab U17/18 Brommaplan.

Hin & weg

Züge. Vom Bhf Central (in Std) nach **Malmö & Kopenhagen** ^{ZR}*X2* stdl. 6.21-18.21h (4½/5). **Göteborg** ^{Z}frei zweistdl. 7.07-17.07 (5), ^{ZR}*X2* stdl. 6-18h (3). **Mora** zweistdl. 7.44-17.44h, teils u/in Borlänge (4). **Östersund** ^{ZR}*X2* 8.30h, 16.30h (6). **Oslo** ^{Z}frei 6.30h, 8.29h, 12.25h, 14.25h, teils u/in Karlstad (6). Am **So** weniger los!

^{R}Schlaftipps: nach Malmö & Oslo 21.55h (8½/10), Östersund & Storlien 23.52h (7/9), Luleå & Gällivare 18.12h, 20.12h (13/16).

Fähren nach Helsinki: Silja (T. 222 140) ab Värtahamnen (U13 Gärdet), Viking (T. 452 4000) ab Tegelvikshamn Södermalm (Bus ab Bhf).

Ausflug: **SCHLOSS GRIPSHOLM

60 km w von Stockholm. Die Sache mit dem Wasserschloss im Mälarensee erzählt **Kurt Tucholsky** am besten selbst. Die Fußnoten dazu: geöffnet Mai-Sep 10-16h, 8/4 €, engl. Führung 13h für 2 €, wöchentlich Open-Air-Konzerte.

Züge von Stockholm C stdl. 6.45-22.25h bis Läggesta (40 min), dort Linienbus oder **Schmalspurzug** *Östra Södermanlands Järnväg* (Apr-Okt. 4 €, Interrail 2 €) nach Mariefred. Vom Bhf Mariefred per Boot nach G´holm.

DALARNA & NORRLAND

Endlose Wälder, Hügelketten, Seetupfer, darin Elche & Elritze: Hier ist es, das Schweden von Jack Wolfskin. Besser gesagt: Fjäll Räven. Zu unseren Füßen kaum noch Asphalt, nur Glockenblumen und Sandröhrlinge, über uns nachts der Uhu, tagsüber ein Blau wie aus dem Fotoshop. In diesen Idyllen ist nur noch wenig los – und das betrifft auch die Bahn, zumal auf Nebenstrecken, zumal am So. Immerhin: Für Östersund, Inlandsbanan und das Boden-Gleis gilt tgl. derselbe Fahrplan.

MORA

✆ 0250. 11.000 Ew. 329 km nw von Stockholm. mora.se.

Im netten Städtchen am n Ende des Siljansees verbarg sich Gustaf Wasa vor den dänischen Truppen. Der Vasaloppet (März) mit Ziel in Mora erinnert daran, ebenso die Kirche mit auffällig schlankem Glockenturm.

Turism Mora: beim Bhf (Strandgatan 14a. T. 592 020. Mo-Fr 10-17h, Sa -14h). Zu Radeln & Wandern (300 km Wege) auf dem Siljansleden siehe siljan.se.

Schlafen. Am Camping **Mora Parkens** (T. 27 600. moraparken.se) gefällt v.a. das Strandrestaurang mit Terrassa am Wassa. Zwei P mit Zelt 10-16 € 20 weitere Plätze flezen rund um den See, in Rättvik und Leksand.

In den drei JHs gilt: ohne JH-Karte plus 5 €

Die charmante **JH Målkullann** (Vasagatan 19. T. 38 196. maalkullann.se) liegt 200m ö vom Vasaloppsmalet. 60 Betten, Dm 19 €, Ez/Dz/3z 35/55/60 €

Ebenso herzig: die **JH Parkgården** (Källberget. 2500m s vom Bhf Leksand. T. 0247/15 250. vandrarhemleksand.se) bietet 80 Betten und viel Ruhe. Dm 17 €, Bikes 7 €/Tag, Wäscheladung 4 €

Zum **Camping Enabadet** (Enabadsvägen 8. 1 km vom Bhf Rättvik. T. 0248/56 100. rattviksparken.se) am Kanal gehören ein Pool, prima *Hytters* (6-8 Betten, 75-110 €) und eine umjubelte **JH** (104 Betten) mit drei Holzhäusern. 4er-Dm 16 €, Dz 52 €, Küche, TV/Speisesaal.

Zorn. Mora ist die Heimat des Malers Anders Zorn (1860-1920), der dem Staat nach einem turbulenten Leben allerlei hinterließ: u.a. den **Zorngården** (10-16h. 6/5 € inkl. Führung), **Haus Gammelgård** (12-17h. 4/3 €) mit Textilkammer und das **Zornmuseum** (9-17h. 6/5 €) in seinem Ex-Wohnhaus.

Aktiv. Und was *macht* man auf/um den Siljansee? Man mietet in Mora oder Nachbarorten ein MTB, Tandem, Kanu, Ruder-, Segel-, Motorboot, Skates, findet zig Badestellen, acht Freibäder, ein Kino (Leksand), eine Disco (Rättvik), eine schwimmende Sauna (Tällberg), sieben Golfplätze, Tanzkurse, Kutschen, Ausritte, Basketball, Boule, Drachenfliegen, Safaris zu Bär/Elch/Biber/Auerhahn. Genug für einen Nachmittag jedenfalls.

Hin & weg. Vom **Bhf Mora** nach Rättvik, Leksand, Borlänge etwa stdl. 6-20h (20/40/70 min), Stockholm zweistdl. 6.24-18.21h (4).

***INLANDSBANAN

In Mora beginnt von Mitte Juni-Mitte Sep Schwedens schönste Bahnreise, ein farbenfrohes Spektakel durch tiefste Wildnis. Für wenig Komfort entschädigt viel Blick auf Seen, Elche und umfallende Testwagen. Da die Landstriche herrlich sind, hat´s diese Privatbahn nie eiliger als 60 km/h. Zur Vorfreude auf Mückenland (!) taugen lapland.se und grandnordic.se.

Schienenbusse von Mora nach Östersund 14.35h (6 Std. 44 €), retour 8.10h; von Ö´sund nach Gällivare 7.15h (14 Std. 104 €), retour 7h. Wer die alte Bergarbeiterstrecke ins Herz schließt, hat mit der **InlandsCard** (162 €) 14 Tage lang IB-Züge und Kristinehamn-Busse frei. Platzkarte (6 €) ratsam, Bikes (6 €/Tag) angenehm.

☺ **Sparen.** Für Kinder <15 und Interrailer <26 ist die Bahn **frei.** Jugendliche <19 kriegen 25% Rabatt. IB-Info in Östersund: T. 0771/53 5353. inlandsbanan.se.

ÖSTERSUND

✆ 063. 44.000 Ew. 321 km n von Mora. 292m üNN. turist.ostersund.se.

Skisportzentrum am NorWeg. Da das IOC Treue belohnt, wird die hübsche Stadt am Storsjönsee nach drei vergeblichen Bewerbungen irgendwann die Winterspiele bekommen. Das wird dann so toll wie Lillehammer 1994, und noch blonder!

Turistbyrå: gegenüber vom Rathaus (Rådhusgatan 44. T. 144 001. 9-19h, Sa/So -15h).

☺**Sparen.** Wer´s ernst meint mit dieser Ferienregion: Das **Östersundshäftet** (11 €) nennt auf 48 Seiten, wo seinen Besitzer Rabatte erwarten, z.B. in Museen, Bädern, Frösöturm und 20% im Jamtli. Kein freier ÖPNV mehr.

Schlafen. Die **JH Rallaren** (Bangårdsgatan 6. T. 132 232. rallarens.se) liegt neben dem Bhf, die **JH Angstagarden** (Angstavägen 7. T. 676 2068. angstagarden.se) 5 km s am idyllischen Locknesjönsee. 26 bzw. 40 Betten, Dm je 18-20 €, beide ganzjährig offen, mit Mietbikes, letztere sogar mit Kamin in der TV-Lounge.

Auch das **Kvarnsved Vandrarhem** (Hornsgatan 21. 4 km w. T. 293 1136. ostersund.cc) in einer alten Holzvilla auf der Insel Frösön ist schön, aber abgelegen. 26 Betten, 4-6er Dm 18-20 €

Unschlagbar ist aber die **JH Jamtli** (Museiplan. T. 122 060. jamtli.com) mitten im Museumsdorf. 32 Betten, 2-5er-Dm 19 €, ohne JH-Karte 25 €. Küche, TV-Raum, Rezeption 8-12/16-20h, ganzjährig. Vorbuchen!

Museumsdorf. Schließt Eure Augen, öffnet Eure Sinne, lasst Euch in die Vergangenheit entführen. Plötzlich arbeitet Ihr im Schweiße Eures Angesichts, während eine blonde Magd die zehn Gebote rezitiert, die Herr Pastor beim sonntäglichen Hausbesuch abhören wird. Wir schreiben das Jahr 1785 und im Dorf Lillhärdal ist die Heuernte in vollem Gange. Im ****Jamtli** (11-17h. 12 € für zwei Tage, Sep-Juni 7 €. <17 frei) 900m n der Stadt wird Alltagsgeschichte durch Rollenspiele zum Leben erweckt. Schön anzusehen.

✈**Hin & weg.** Vom Bhf (in Std) nach **Stockholm** RX2 6h, 15.30h (6). **Göteborg** 21h (12). **Trondheim** 8h, 16h (4). **Inlandsbanan** nach Arvidsjaur & Gällivare 7.15h (8/14), Mora 8.10h (6).

**ARVIDSJAUR

✆ 0960. 11.000 Ew. 473 km n von Östersund. 312m üNN. arvidsjaur.se.

Willkommen in Lappland! Den Ortskern sucht man zwischen all den Seen vergebens. Immerhin findet man an der Hauptstraße Restaurants und ein sehenswertes Museum, und die Vielzahl von Aktivitäten (600 km Loipen, Hundeschlittentouren, Elch/Bibersafari, Besuche bei Sami) lockt inzwischen sogar Direktflüge ab D an.

Turistbyrå: zentral hinter der Apotheke (Östra Skolgatan. T. 17 500). Drumrum liegen Post, Schwimmbad und Bikeverleih.

Schlafen. **Camp Gielas** (Järnvägsgatan 111. 1 km s vom Bhf. T. 55 600. gielas.se) liegt im Wald am stillen See mit Badestelle, Feuerstelle, Küchenblock, modernen Anlagen, Tennis – kurz: ein Traum, der 18 €/Zeltplatz kostet (dezent billiger sind vier andere Campings). Außerdem 4/6er-Cottages 80/86 €, rustikale 4er-Hütte (nur Juni-Aug) 55 €. Frei für alle: Internet, Fitnessraum, Sauna und Adventure-Pool.

Die Mini-Hostels **Lappugglan** (350m nw vom Bhf. T. 12 413. goto.glocalnet.net/lappugglan) und **Arvasgarden** (T. 12 525) nehmen pro Bett 15 bzw. 20 €. Das Verkehrsamt vermittelt Dutzende von Chalets mit 2/4/6 Betten ab 30/45/60 €.

Museumsdorf. Schließt eure Augen, öffnet eure Sinne usw., diesmal ohne Rollenspiel: ****Lappstaden** mit seinen pyramidenförmigen Holzhäuschen aus dem 17. Jh. steht jederzeit offen, eine Führung (17h. 3 €) ist jedoch sinnvoll.

Aktiv. Wer sich lieber bewegt, tut´s mit Schnauferl (siehe unten) oder **Tretdraisinen** auf „Inspektionsfahrt" (bis zu 5/24 Std 8/18 €), auf **Kanutrails** in Moskosel (40 km n. Trail-Info im Verkehrsamt) oder Wanderungen zu/mit **Rentierhirten** (eine Std 22 €, halber Tag inkl. Sami-Rentierdinner 56 €, mit Lagerfeuer-Dinner und Übernachtung in Lappenhütte 84 €), auf **Biberausflügen** in Lauker (zu Land, 40 €) oder im Reiko-Urwald (per Boot, 60 €, jeweils bis Mitternacht), an **Angelseen** (Bootmiete 3 €/Std) oder im **Schwimmbad** (11-18h, 4 €). Also an die Arbeit!

Hin & weg. **Inlandsbanan** nach Gällivare 15.06h, Östersund 15h (6/8 Std). Mit **Schnauferl** (Info im Verkehrsamt) im Juli/Aug zur Mitternachtssonne nach Slagnäs Fr/Sa 17.45h, zurück gegen 22h (18 € inkl. Bade- und Grillstopp).

GÄLLIVARE

✆ 0970. 8500 Ew. 273 km n von Arvidsjaur. 276m üNN. gellivare.se.

Seit die Führung durchs Bergwerk gekippt wurde, sattelt das bescheidene Kaff auf Aktivtourismus um (explorelapland.com. Bandbreite wie Arvidsjaur). Dazu fährt im Juni/Juli tgl. 22.45h ein Bus zur Mitternachtssonne auf den **Dundret** (823m), Drachenflieger stürzen zwischen Tag und Nacht ins Tal.

Wanderer. In der Umgebung liegen gleich vier Nationalparks, u.a. der groß(artig)e **Sarek NP.** Wer schon die Stiefel schnürt: Bitte nicht das Wetter unterschätzen, auch im Sommer kann es eiskalt werden. Überflutungen sind nie ausgeschlossen und Stechmücken längst da. Vor der Tour weiht man jemanden ein, hält diese Route ein und gibt danach Entwarnung. Wetterinfo: T. 15 808.

Turistbyrå: im Stadtmuseum (Storgatan 16. T. 16 660. 9-19h, Sa/So -16h).

Schlafen. Der **Camping** (Hembygdsområdet. T. 10 010. gellivarecamping.com) kauert in einer Biegung des Flüsschens. Zeltplatz 14 €, 2/4er-Hütten 60/80 €. Servicegebäude mit Küche, Bädern, Sauna.

Die nicht mehr ganz frische **JH Rallarrosen** (Barnhemsvägen 2. 400m vom Bhf. T. 14 380) hat sieben Hütten mit je vier Zimmern (2-4 Betten), zwei Bädern, Küche und TV-Esszimmer. 19-24 €/P, ohne JH-Karte plus 5 €. Sauna, Bikes, Trapper-Kanu 22 €/Tag, Angelzeug, Hundeschlitten & Loipen vor der Tür.

Hin & weg. Vom Bhf (in Std) nach **Narvik** 8h, 15.42h (4), **Luleå** 7h, 15.19h, 19.42h ($2\frac{1}{2}$), **Stockholm** 19.42h (15). **Inlandsbanan** nach A´jaur & Ö´sund 6.50h (6/14).

Überland nach Finnland. Vom **Bhf Luleå** Länstrafiken-Bus 8.20h, 10.50h, 13h, 15h nach **Haparanda** ($2\frac{1}{4}$), dort zu Fuß über die Grenze (800m. Zeitumstellung plus 1 Std) zum **Busbhf Tornio,** dort Bus stdl. 6.15-18.15h zum **Bhf Kemi** (1), dort sieben VR-Züge nach **Rovaniemi** 6.17-21.32h ($1\frac{1}{2}$), **Helsinki** 8.37h, 11.25h, 14.10h (8), 19.39h, 22.34h (11/10). Diese Reise ist mit **Interrail frei** – und die einzige Möglichkeit, Finnland trockenen Fußes zu erreichen.

SCHWEIZ

✆ 0041. 41.285 qkm. 7,7 Millionen Ew. BIP 32.910 €/Ew. myswitzerland.com.
Auf atemberaubenden Strecken fernab automobiler Konkurrenz werden blitzblanke Perlen erschlossen. Für Bahnliebhaber ist die Schweiz ein Zipfel vom Paradies. Wenn nur das Überleben im Paradies nicht so teuer wäre!

Schmankerl! Bahn: St. Moritz – Zermatt (Glacierstrecke auch ohne Express-Brimborium). **Kultur:** Zürich, Basel. **Natur:** Berner Oberland, Zermatt.

Serviceteil

Schweiz Tourismus: in D & A: T. 00800/100 200 30.
Botschaften in Bern: D: Willadingweg 83, T. 031 359 4111. A: Feldstr. 77, T. 031 356 5252.
100 Franken SFr = 66,20 € (xe.com). Banken öffnen Mo-Fr 8.30-16.30h. Geld wird bis abends an jedem großen Bhf gewechselt, auch Sa/So. Viele Rechnungen sind in € bezahlbar, zu fairen Kursen. Die Schweiz ist Mitteleuropas teuerstes Land.

☺ **Sparen.** Der **Schweizer Museumspass** (museums.ch. 96 €) sichert ein Jahr lang freien Einlass in 440 Museen landesweit. Bis auf Kunsthaus Zürich und Verkehrshaus Luzern (50%) machen alle hier genannten Museen mit.

✆ Polizei 117, Notruf 144. Auch innerorts sind inkl. der Anfangs-0 alle zehn Ziffern zu wählen. Seit 2002 hat die Schweiz Europas liberalstes Drogengesetz: Herstellung & Kauf von Haschisch zum Eigengebrauch sind nun straffrei. Na also.

Schweiz per Bahn

Auslandszüge siehe Basel für D/Benelux; Zürich für Italien/Österreich; Genf für Frankreich. Rund um die Uhr kümmen über 50 *ECs, ICEs* und *CityNightLiner* aus Deutschland. Damit liegt ihm die Schweiz näher als jeder andere Nachbar.
Schweizer Bundesbahnen. Europas Beste! Alles ist dank 5000 Bahn-km (1800 Bahnhöfe), Schiffen und Postbussen jedermann jederzeit zugänglich, selbst abgelegene Bergdörfer haben ihren Bus, und in die herrliche Bergwelt entführen Zahnrad- oder Seilbahnen (oft IR-Rabatt). Seit 2004 folgt die SBB **dem weltbesten Fahrplan:** Abfahrt in Basel, Bern, Zürich & Chur zur Minute **.00** und **.30,** in Lausanne & Luzern **.15** und **.45.**
Platzkarten sind im Inland nicht nötig, Binnenstrecken sind (trotz *ICE* und *TGV)* zuschlagfrei. Darunter rangieren *IR* und *RegioExpress,* nachts *EN* und *CNL.* Nachtzüge (ins Ausland) führen Schlaf/Liegewagen. Speisewagen werden ergänzt durch Minibars oder *Chäs-Express.* Jeder Bhf hat Schließfächer (2-3 € für 24 Std).
Bahnauskunft: T. 0900/300 300 (0,75 €/min. 24 Std). sbb.ch.

Swiss Travel System. Ihren europäischen Schwestern stets eine Nase voraus, schuf die SBB einen Verbund (swisstravelsystem.ch) aller Züge, Schiffe, Trams, Busse und vieler Bergbahnen. Wer da noch normal zahlt (18 € pro 100 km), sollte dieses Buch wieder von vorne lesen. Mit Swiss Pass und Swiss Flexi gibt es 50% in fast allen Bergbahnen und freien Eintritt in fast alle Museen.

Bahnpässe. Der **Swiss Pass** beschert freie Fahrt auf 20.000 Verbund-km, auch in allen Städten. Für vier/acht/15/22/30 Tage kostet er 173/250/304/350/386 €. Bei 2-5 gemeinsam Reisenden **(Swiss Saver)** minus 15%, <26 **(Youth Pass)** minus 25%.
Auch **Swiss Flexi** (drei/vier/fünf/sechs Reisetage binnen eines Monats 166/201/232/265 €) sichert zwei P 15% Rabatt. Kein Jugendtarif, aber <15 halber Preis.
Mit **Swiss Card** kostet die Reise ab Grenze zum Zielort und zurück 122 € (6-15 Jahre 91 €), weitere Fahrten im Verbundsystem einen Monat lang 50%.
Interrail CH (drei/vier/sechs/acht Tage 109/139/189/229 €, <26 Jahren 71/90/123/149 €) ist billiger als Swiss Flexi, gilt aber nicht im gesamten Verbund.
Halbtax sichert für 100/166 € ein/zwei Jahre lang die Schweiz zum halben Preis; wer <25 ist und auf sein Halbtax in irgendeinem Bhf 66 € plus Passbild packt, kriegt **Gleis 7:** damit steht ein Jahr lang ab 19h das gesamte Verbundnetz frei.

Zuschläge für Interrailer: R*TGV* nach Paris/Südfrankreich 5/3 €, *ICE* ins Ausland 4 €, R*Cisalpino* national und nach Italien 5-15 €

Panoramazüge. Du ziehst Traumgleise zwischen Traumbergen, und keiner merkt es? Vermarkte sie, schicke bummlige „Expresse" los, gestalte sie fotofreundlich, und jeder zahlt gern Zuschlag. SwissPasser haben alle **sieben Panoramastrecken** frei, auch den schönsten:
Glacier-Express. Der langsamste Schnellzug der Welt lässt sich für **Zermatt –Andermatt – St. Moritz** (290 km) 8 Std Zeit: ab Zermatt 8.48h, 9.48h; ab St. Moritz 9h, 10h. Dabei bewältigt er 291 Brücken, 91 Tunnels und den 2033m hohen Oberalppass, während vor dem Pano-Fenster Bergwälder, Wildbäche, Schluchten wichtig tun. Der Glacierspaß kostet für die Gesamtstrecke 90 €, den Zuschlag (10-20 €) zahlt man an jedem Bhf. glacierexpress.ch.

☺ **Sparen.** Wenige wissen, dass auf der Glacierstrecke auch „normale" Privatbahnen im Takt fahren, da kommen **Interrailer** mit **je 8 €** Zuschlag pro Teilstrecke davon.

Glacier ohne Express, aber stündlich: **BVZ** Zermatt – Brig 5.30-19.30h (1¼ Std). **FO** Brig – Andermatt 7.54-17.54h (2), Andermatt – Oberalppass – Disentis 8.30-18.20h (1¼). **RhB** Disentis – Chur 5.45-20.45h (1¼). Chur – St. Moritz 7-21h (2).

Bus, Boot & Bike

Kaum ein Dörfli wird nicht vom gelb leuchtenden **Postbus** mit Hörnli erreicht. Weitere Ausflugshelfer sind 600 Standseil-, Zahnrad-, Gondel- und Luftseilbahnen, einige über 3000m, die meisten mit Rabatt für Bahnpässe.
Stilgetreu restaurierte **Linienschiffe,** auch 100 Jahre alte Dampfer, kreuzen von Apr-Okt planmäßig über Vierwaldstätter-, Genfer- Zürich-, Thuner- und Brienzersee. Mit **Swiss**

Boat Pass (47 €, Familien 60 €) kosten Tickets mit Dampf- und Motorschiffen ein Jahr lang die Hälfte. Linien, Zeiten & Preise auf vssu.ch.

Bikes sind an 140 Bhfen zu mieten und an einem beliebigen Bhf abzugeben. Citybikes, auch mit Kindersitz, kosten pro halben/ganzen Tag 16/20 €, Mountainbikes 24/30 €, SwissPasser kriegen Rabatt. Mehrere SBB-Prospekte beschreiben Touren, auch Verkehrsämter sagen Bescheid. Mitnahme (außer *ICE, TGV, CIS)* kostet mit/ohne Halbtax ein halbes/ganzes Einzelticket, als Velo-Tageskarte 6/9 €, ins Ausland 15 €. Versendet wird für 10 €, nach Deutschland 30 € rent-a-bike.ch.

SCHLAFEN

Die 500 Schweizer **Campingplätze** (camping.ch) zählen zu Europas besten, nehmen aber 6-14 €/P. Verkehrsämter vermitteln **Privatzimmer,** von denen es überall wimmelt; im Sommer vorbuchen! Auch **Hotels** (swisshotels.ch) versetzen jedes Ohr ins Schlackern: Dz selten unter 60 €.

Nichts wie rein also in die 67 **Jugis** (youthhostel.ch), zumal sie ihre strengen Sitten allmählich entstauben: Kein Torschluss, kein Alterslimit, aber meist Ankunft bis 20h und Abreise bis 9h. Im Dorm zahlt man 18-36 € inkl. Bettwäsche und F, ohne JH-Karte 4 € mehr. Viele Jugis vermieten MT-Bikes ab 12 €/Tag. Dazu gibt es 37 unabhängige, meist billigere Hostels (backpacker.ch), alle mit Internetzugang.

**BASEL

62 km s von Freiburg. 180.000 Ew. 273m üNN. basel.com.

Um die spröde Schöne vom Rheinknie ballen sich Europas Verkehrswege. Basel gebührt im Binnenvergleich politisch Bronze, finanziell Silber, kulturell aber Gold. Das ist seinen Chemie- und Pharma-Riesen zu verdanken, die uns neben Glückspillen und guter Luft auch noch 40 Museen und ein exorbitantes Konzertangebot spendieren. Hat natürlich nix mit schlechtem Gewissen (Sandoz-Katastrophe 1986, Lucentis-Wucher 2007 usw.) zu tun. Angaben ab **Barfüsserplatz** (900m n vom Bhf SBB. Tram 1/8).

BaselTourismus: im Bhf SBB und im Stadtcasino (Barfüsserplatz. T. 061 268 6868. beide 8.30-18.30h, Sa -17h, So -16h), mit Zimmervermittlung (7 €).

Internet: Tiscali (Steinentorstr. 11. 400m s. 9-20h. 6 €/Std), mit 63 PCs das größte Cybercafé im Lande.

ÖPNV. Wer hier schläft, kriegt im Logis (auch JHs) kostenlos ein **Mobility Ticket,** damit sind Busse & Trams frei. Basels **Umweltkarte** (6 €/Tag) war Vorreiterin in Europa. Alles Wichtige ist aber zu Fuß machbar. Freie Bikes warten am Bhf.

Schlafen & feiern

Camping. Gezeltet wird im **Waldhort** in Reinach (Heideweg 16. 7 km s. T. 061 711 6429. camping-waldhort.ch). 6 €/P, 7 €/Zelt auf der Wiese, Schwimmbad, März-Okt. Tram 11 bis Landhof.

Herbergen. Die **JH St. Alban** (St. Alban-Kirchrain 10. 900m ö. T. 061 272 0572. youthhostel.ch/basel) oberhalb des Rheins ist nach ihrem Umbau 2008-10 noch nobler & teurer. 240 Betten, 6er-Dm 26 €, Ez/Dz 72/86 €, inkl. F-Buffet und Bettzeug. Einchecken 14-24h, kein Torschluss. Tram 2 vom Bhf bis Kunstmuseum.

Im Stadtteil Gundeldingen, 3 min sö vom Bhf (über die hintere Galerie) liegt die günstigere **JH City** (Pfeffingerstr. 8. T. 061 365 9960. youthhostel.ch/basel.city). 117 Betten, 6/4er-

Dm 20/22-25 €, Ez/Dz 40-45/48-55 €, inkl. F-Buffet und Bettzeug. Gemütlicher Innenhof, immer offen.
Drei Jahre älter ist das pieksaubere **Backpack** (Dornacherstr. 192. T. 061 333 0037. baselbackpack.ch). 75 Betten, Dm mit 8-12/4-5 Betten 22/27 €, Ez/Dz/3z 57/70/90 €, F 6 € Thai-Restaurant. 7 min vom Bhf.
Hotels. Zentral *und* halbwegs erschwinglich sind nur **Stadthof** (Gerbergasse 84. 50m w. T. 061 261 8711. stadthof.ch) in der Fußgängerzone mit lebhaftem Barbetrieb und **Hecht** am Rhein (Rheingasse 8. T. 061 269 8711), mit mehr Ruhe und Tram 8 vom Bhf. Ez/Dz mit Etagenbad jeweils 50/80-100 €
Abends. Wo was los ist, erzählt frei *Diese Woche*. Am frühen Abend: **Zum Isaak** (Münsterplatz 16. 9-23h, So -18h) mit „Kaffihaus", Kleinkunst und Kellertheater. Später: **Atlantis** (Klosterberg 13. 300m sö) mit Italo-Küche und Rock/Jazz/R&B in Concert. Viele Bands auf dem Absprung finden den Weg ins alternative **Sommercasino** (Münchensteiner 1. 1 km sö. sommercasino.ch. Tram 15 bis Denkmal).

Anschauen

☺ **Sparen.** Die **BaselCard** (13/18/23 € für 24/48/72 Std, <16 50%) lädt in alle Museen, Zoo, Stadtführung & Fährfahrten, plus 44 Ermäßigungen. Im Verkehrsamt kaufen! Der *****Oberrheinische Museumspass** (museumspass.com. 69 €/Jahr, 25 €/48 Std) gilt von Mannheim & Strassburg bis Basel in fast allen Museen, am Ort nicht im Zoo, aber in Kaiseraugst (Römer) und Riehen (Spielzeug, Rebbau) – sprich *Riächä* und roll wild mit den Augen.

Altstadt. Im fünfschiffigen **Münster** (12. Jh.) aus rotem Sandstein ruht Erasmus, von seinem Vorplatz mit 1a-Rheinblick steigt man durch ansehnliche Gässchen hinab zum Marktplatz. Rechts runter leuchtet das renaissancige **Rathaus** (1504-14) in rot, drumrum shoppt es sich gut, und aufwärts am Theaterplatz lässt der quicklebendige **Tinguelybrunnen** (nicht nur) Kinderherzen höher schlagen. Der Rundweg zu Großbasels anderen *Sights* ist so gelegt, dass ihr Abklappern zur Wonne wird; gute Faltblätter dazu verteilt das Verkehrsamt.
Im ****Kunstmuseum** (St. Albangraben 16. 400m ö) begrüßen uns Rodins *Bürger von Calais*, danach stehet zwischen viel Impressionismus, Kubismus (Braque, Picasso) und Kupferstecherei das stolze Basler Bürgertum, wie Holbein es sah. Runter zum Rhein wäre im **Museum für Gegenwartskunst** (St. Alban-Rheinweg 60) noch manch postmoderne Fettecke wegzuwischen. Beide Di-So 10-19h, Kombi 8/4 €, erster So im Monat ***frei.***
Alles klappert tutet spritzt – das muss vom *Tängli* sein. Basels witzigstem Künstler und seinen Installationen ist im Solitudepark (1200m nö) am Rhein das **Museum Jean Tinguely** (Di-So 11-19h. 10/7 €) gewidmet. Wer aber im Juni in der Nähe weilt und Schönes liebt, muss auf die **ART:** Top-Messe für junge Kunst.
Zu den Nischenhits in Basels toller Museumswelt zählt die **Anatomische Sammlung** (Pestalozzi 20. Mo-Fr 14-17h, So 10-16h. 4/2 €) mit Präparaten seit 1543 und einem geköpften Schurken. Das **Pharmaziemuseum** beim Marktplatz (Totengässlein 3. Di-Sa 10-18h. 4/2 €) wirkt wie Dr. Fausts Alchimistenküche. In der Gallizianmühle des **Papiermuseums** (St. Albantal 37. Di-So 14-17h. 8/5 €) stellt jeder sein eigenes Papier mit Wasserzeichen her.
Zolli. Der Basler ****Zoo** (Binningerstr. 40. 1 km sw. 8-18.30h. 12/8 €, <16 4 €, Mo minus

30%) genießt Weltruf, weil viele der 5127 Tiere in artgerechten Gärten leben. Jährlich kommt 1 Mio. Besucher, das überbietet im Land nur der Rheinfall zu Schaffhausen. Tram 1/2/8/10/17.

Morgestraich! Am Mo nach Aschermittwoch erlebt Basels Marktplatz einen Massenauflauf. Pünktlich um 4h gehen alle Lichter aus, Tausende lechzen nach heißer Mehlsuppe, vom Dauerstehen in Eiseskälte sind acht Zehen klinisch tot, durchdringende Flöten spielen sich in einen Rausch, der drei Tage anhält.

Hin & weg

Vom Bhf SBB (in Std) halbstdl. 5-23h nach **Zürich,** Luzern (je 1), **Interlaken** (2), Genf (2½). **Frankfurt** & Köln ^{Z}*ICE* stdl. 7-23h (3/5). **Amsterdam** *CNL* 22.07h (11). **Mailand** ^{Z}*CIS* 12.28h, 17.28h (4). **Paris**-Est ^{Z}*TGV* 8h, 11h, 15h, 19h (3½).

Vom Bhf SNCF neben SBB nach Luxemburg & **Brüssel** *EC* 6.48h, 13h, 16h (3½/7).

ZÜRICH

88 km ö von Basel. 355.000 Ew. 410m üNN. zuerich.com.

Einzige Weltstadt der Schweiz oder doch eher nur ihr Geldsäckel? Auf manche wirkt Zürich eher wie ein Dorf, das zwischen hübschem See und drei Flüssen zu breit geriet. Dabei quillt Kohle hinter jedem Eck hervor, angeblich werden 700 Milliarden Franken in Zürcher Tresoren gehortet. Wer am anderen Ende der Budgetskala reist, darf glotzen und in Kultur machen. Angaben ab **Bahnhofsplatz.**

Weltdorf! In Z. sind **2700 Schweine** registriert und 1100 Schafe. Der schlechte Umgang (zuviel Geld) hat auch seine Folgen. Pro Kopf hat´s hier weltweit die meisten Psychologen, Psychiater, Drogendealer. Glücklich, wer an keinen davon gerät.

Zürich Tourismus: im Bhf (T. 044 215 4000. 8-20.30h, So -18.30h), mit freiem Stadtplan, Stadtführung (zwei Std 14/10 €) und Wechselstube (6.30-22h).

Internet: Stars (im Bhf. 11-23h) und Datacom (Badenerstr. 29. 900m sw. 9-22h).

ÖPNV. Das Netz von Bussen, Straßen- und S-Bahnen ist vorbildlich, Einzel/Tageskarten kosten 2,50/5 €. Bikes gibt´s frei am Bahnsteig 18 (7-21h) gegen 15 € Kaution, Ideen dazu unter zurichbybike.ch. Mit der **ZürichCard** (10/20 € für 24/72 Std) sind ÖPNV und 40 Museen frei, die anderen Attraktionen ermäßigt.

Schlafen & feiern

Camping. Seebucht (Seestr. 559. 4 km s. T. 043 482 1612. camping-zurich.ch) unterhalb der JH ist etwas laut, sonst aber prima. 6 €/P, 8-10 €/Zelt, Wiese bis ans Wasser, nur Mai-Sep. Bus 161/165 ab Bürkliplatz.

Herbergen. Die massige **JH Wollishofen** (Mutschellenstr. 114. 4 km s. T. 043 399 7800. youthhostel.ch/zurich) w des Sees bleibt rund um die Uhr offen. 280 Betten inkl. F und Bettzeug, helle 4-6er-Dm mit Waschbecken 26-39 €, Dz mit Bad 85 €. Tram 7 bis Morgental oder S8 bis Wollishofen, dann 5 bzw. 10 min.

Mitten im Geschehen liegt **City Backpacker** (Niederdorfstr. 5. 500m sö. T. 044 251 9015. city-backpacker.ch). 65 Betten, 6er-Dm 24 €, Ez/Dz/3z mit Etagenbad 50/75/100 €. Kein F, Küche, Dachterrasse, anmelden 15-22h.

Budgetreisende empfängt auch das **Martahaus** (Zähringerstr. 36. 110m ö. T. 044 251 4550. martahaus.ch). 117 Betten, 6er-Dm 28 €, Ez/Dz/3z 60/70-80/96 €, inkl. F und TV. Teils zur lauten Straße hin, aber nah zum Bhf, also früh buchen.

Essen. Für 8 € frühstückt man bis zur Kante im **Kaufhaus Manor** (Bahnhofstr. 75. 9-20h, Sa -17h). Bircher Müsli begann von Zürich aus seinen Siegeszug in die Vollkornwelt, z.B. im **Hiltl** (Sihlstr. 28, 300m s. 7-23h), der auch bei Vegetariern und Indien-Kennern hoch im Kurs steht. Mittags lockt die **ETH-Mensa** (Rämistr. 71. 800m ö) mit Aussicht & Menü ab 5 €, abends füllt die **Spaghetti Factory** am Hechtplatz (Schifflände 6. 300m sö. 11-2h) jeden Bauch für 10-15 €. Fondueklassiker für dicke Brieftaschen: **Le Dézaley** (Römergasse 7. 18-24h. ab 20 €).

Abends. Amüsierwut tobt abends ums **Niederdorf.** Dessen Bars (tgl. -2h) und Clubs (Fr/Sa -4h) leben auf, seit die Junkies vom Bhf verscheucht wurden. In der **Bodega Española** (Münstergasse 15. 11-14/18-23h) wurde einst die Revolution ausgeheckt, heute verbringt man zumindest einen Teil des Abends darin, auch dank bester Tapas.

Jetzt ab in den Alternativtreff **Rote Fabrik** (Seestr. 395. Bus 161/165). Ins riesige **Palais Extra** (Limmatplatz) mit Latinofieber & Jazzmontagen. Ins snobbische **Acqua** (Mythenquai 61. Fr/Sa ab 23h) auf Pfählen im See; tagsüber Resto & Sommergarten. Oder zu den trendigen Clubs in Ex-Fabrikhallen beim Escher-Wyss-Platz (1 km nw. Tram 4/13).

Streetparade. Erster Sa im August. 500.000 Raver. Am See. Yo! Außerdem: zweiwöchiges Festival **Tropical Caliente** im Juni, dreiwöchige **Festspiele** im Juni/Juli.

Anschauen

Rundgang. Vom Bhf stapft man über die gezähmte Limmat in die **Altstadt** voller Gildehäuser & Münster. Das **Landesmuseum** (neben Bhf. Di-So 10-17h. 4/2 €) rühmt sich der größten Sammlung zur Schweizer Geschichte. *Aber wo ist Tells Apfel?*

Die **Bahnhofstraße,** Edelmeile mit sündhaft teuren Boutiquen & Zeitmessern, führt zum Bürkliplatz, der allerlei abkriegt: Seedampfer, Mietboote, Brücke zur Altstadt. 500m sw steht das schattige **Arboretum** (frei) am Westufer.

Am Heimplatz verteidigt das ****Kunsthaus** (Di-So 10-20h. 10/7 €, <16 frei, Mi ***frei.*** Kombi mit Ausstellung meist 16/10 €) einen Spitzenruf: viel Monet, Picasso, Giacometti, Dada, späte Gotik, moderne Wechselausstellungen.

Zürich müht sich zäh, seinen Mammonruf durch Extravaganz aufzupolieren. Einen Kernbeitrag dazu leistet das **Museum Rietberg** (Gablerstr. 15. 3 km sw. Di-So 10-17h, Mi/Do -20h. 8/7 €, <16 frei) mit außereuropäischen Objekten. Tram 7 vom Bhf bis Rietberg.

Zürichsee. Dampfer (zsg.ch. SwissPass frei, Interrail 50%) kreuzen ab Bürkliplatz auf dem See, der reizvoll ist, bis man die Innerschweizer Seen entdeckt.

Freier atmen darf man im **Zoo** (9-18h. 14/10 €. Tram 6): feine Waldlage auf dem Zürichberg, dampfender Masoala-Regenwald. Mauerumschlossen am Ostufer folgt der **Chinagarten** (Bellerive. Mär-Okt 11-19h. 3 €. Tram 2/4 oder Bus 33 bis Höschgasse) fernöstlicher Tradition. Zurück in die Altstadt spaziert man am **Le-Corbusier-Haus** (Höschgasse 8. Jul-Sep Sa/So 14-17h. 2 €) vorbei, der wilde Kerl zog kurz vor seinem Tod dieses Prachtstück der Avantgarde hoch.

Hin & weg

Vom Hbf (in Std) halbstdl. 5-23h nach **Basel,** Luzern (je 1), Chur, **Genf** (1½/3). **Innsbruck,** Salzburg & **Wien** *ZEC* 9.40h, 13.40h, 17.40h (4/6/8½). **Mailand** *ZCIS* 7h, 9h, 13h, 17h (4).

Schlaftipps: *ENs* nach **Florenz** & **Rom** 21.23h (9/12), Ljubljana & **Zagreb** 21.33h (11/13½), Wien & **Budapest** 22.40h (9½/13).

Ausflug: SCHAFFHAUSEN

46 km n von Zürich liegt das hübsche Städtli mit Fallsucht. Mittendrin findet man **Auskunft** (Fronwagplatz. T. 052 625 5141. schaffhausen.com) und die freundliche **JH** (Randenstr. 65. T. 052 625 8800) im feschen Herrschaftshaus, das schon Hesse lobte. 75 Betten ab 20 €. Mär-Nov.

Rheinfall. Das Getöse zeigt sich Spaziergängern aus allen Blickwinkeln. Fehlende Höhe (23m) macht es durch Überbreite wett, so dass hier die größte Wassermenge aller europäischen Fälle hinabrauscht. Boote tuckern zum Mittelfelsen & ins dampfende Rheinbecken. Vom Bhf 3 km am Fluss entlang (Bus 1/6/9 bis Neuhausen).

Züge von Zürich stdl. 7.13-23.13h (40 min), *retour* bis 23.10h.

***LUZERN

57 km s von Zürich. 65.000 Ew. 437m üNN. luzern.org.

Die schönste Stadt der Schweiz liegt ideal für Ausflüge in die Berge. Der Kern von Luzern sorgt gern für Romantik, der Vierwaldstättersee für die Geschichte, und allerlei Gealp bildet die zauberhafte Kulisse. „Luzern ist v.a. für junge Leute interessant, sein Nachtleben sehr aktiv, und jetzt gibt es auch ein ausgedehntes Nachtbusnetz." (Benjamin P. Sticher) Angaben ab **Bahnhofsplatz.**

LuzernTourismus: Bahnhofstr. 3 (T. 041 227 1717. 9-19.30h), mit Zimmervermittlung und Bikes.

Schlafen. Der wunderbare **Camping Lido** (Lidostr. 19. 2 km ö. T. 041 370 2146. camping-international.ch) am Nordufer öffnet März-Okt. 8 €/P, 7-14 €/Zelt, Etagenbett in einfachen Hütten 17 €. Bus 6/8 bis Verkehrshaus. Preiswert-Tipp!

In der hübschen **JH Rotsee** (Sedelstr. 12. 1500m n. T. 041 420 8800. youthhostel.ch/luzern) bilden sich nach der Mittagspause oft Warteschlangen. 194 Betten, helle 4-6er-Dm mit F-Buffet 25 €, Dz 62-72 €, ohne JH-Karte plus 4 €. Einchecken 14-24h, später nur für Gäste mit Schlüsselkarte. Vom Bhf Bus 18 bis Jugi.

Im modernen **Backpackers** (Alpenquai 42. 1200m sö. T. 041 360 0420. backpackerslucerne.ch) am See dauert die Siesta von 10-16h. Alle Räume mit Balkon. 78 Betten, 4er-Dm 20 €, Dz 45-50 €. Küche, Bikes, Inlines, Outdoorspaß. Das angenehme **Tourist Hotel** (Karliquai 12. 900m nw. T. 041 410 2474. touristhotel.ch) an der Reuß blickt direkt auf die Berge. 100 Betten, Dm 27-30 €, Ez/Dz/3z 46-55/66-80/86-100 €, mit Bad ab 67/-/96 €.

Termine. 40 Tage vor Ostern steigt die Luzerner Fasnacht, für Lebenslustige so attraktiv wie der Basler Morgestraich. Während der vier **Musikfestwochen** im Aug ist auch jede Menge los. „Die Jugend trifft sich hier in Treibhaus (gemütliche Beiz mit Konzerten), den Clubs Loft und Opera im Zentrum oder Froschkönig 20 min außerhalb – durchfragen." (Benjamin P. Sticher)

Schweizer Jugendherbergen

Schaffhauserstrasse 14
CH-8042 Zürich
Allgemeine Anfragen / Mitgliederdienst
Tel. ++41 (0)44 360 14 14
Fax ++41 (0)44 360 14 60
E-Mail: contact@youthhostel.ch
www.youthhostel.ch

HOSTELLING INTERNATIONAL

DIE SCHWEIZER JUGENDHERBERGEN

Die exklusivste Hotelkette der Welt, die Schweizer Jugendherbergen, verfügt über ein Netzwerk von 56 Jugendherbergen, von romantischen Schlossherbergen und herrschaftlichen Villen, gemütlichen Land- und pulsierenden Stadtherbergen bis hin zu einer neuen Dimension Jugendherberge, dem Youthpalace. Sie stehen oft an bester Lage. Vielerorts sind es originelle Gebäude, sei es aufgrund ihrer Lage, ihrer historischen Vergangenheit oder ihrer Architektur.

Bett an Bett in einem Massenlager zu übernachten ist inzwischen zu einer Ausnahme geworden. Die meisten Jugendherbergen bieten Vierer- und Doppelzimmer an. Vielerorts wird „nordisch“ geschlafen, und dank den Bettenleuchten kann vor dem einschlafen auch gelesen werden. Mit neuen Schliesssystemen sind die Jugendherbergen für eingecheckte Gäste während 24 Stunden offen. Übrigens: bei den Schweizer Jugendherbergen gibt es keine Altersbeschränkung, und die Mithilfe in den Betrieben gehört auch der Vergangenheit an.

Wenn Sie mehr zu einer speziellen Jugendherberge wissen wollen, dann gibt Ihnen unsere Website www.youthhostel.ch die aktuellsten Informationen. Ein Tipp: Sie können Ihr Bett oder Zimmer in vielen Jugendherbergen auch online buchen. Falls Sie noch weitere Fragen haben, steht Ihnen unser Mitgliederdienst, Telefon +41 (0)44 360 14 14, zur Verfügung.
Ihre Fragen werden übrigens auch über Telefax +41 (0)44 360 14 60 oder E-Mail: contact@youthhostel.ch beantwortet. *Wir wünschen Ihnen schöne Ferien.*

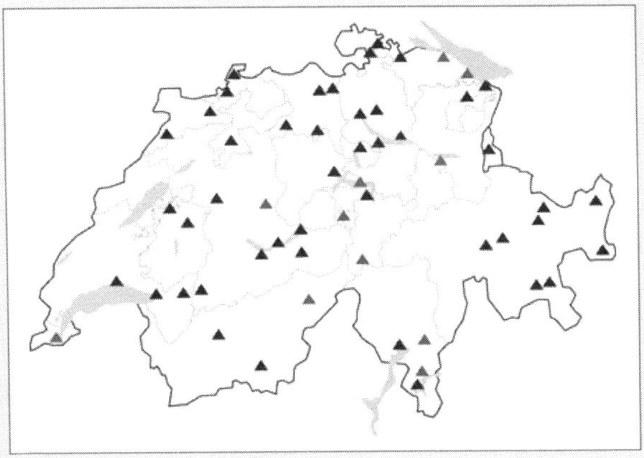

Altstadt. Über Luzerns Wahrzeichen, die holzgedeckte **Kapellbrücke** (1333), muss man allein schon, um ihre Restaurierung nach dem Brand 1993 zu würdigen. Reussabwärts gruselt die noch ältere **Spreuerbrücke** mit Totentanzbildern. Sehenswert auch **Wasserturm** am Fluss und das Renaissance-Rathaus am Kornmarkt. Die Stadtmauer führt schnurstracks zum **Westturm:** nettes Panorama.
Im **Gletschergarten** (Denkmalstr. 4. 900m n. 9-18h. 7/5 €) ruhen Reste der Eiszeit. Versteinerte Palmen & Muscheln belegen, dass die „Schweiz" vor 20 Mio. Jahren subtropisch war. Im Preis inklusive: Heimatmuseum, Jahrmillionenshow, Spiegellabyrinth. 100m s rückt seit 1881 die französische Armee in die Schweiz ein, jedenfalls auf dem **Bourbaki-Panorama** (9-18h. 5 €), einem 112m langen Rundgemälde! Bus 1/19/22/23 bis Löwenplatz.

Verkehrshaus. Zu Europas vielseitigstem *****Verkehrsmuseum** (Lidostr. 5. 10-18h. mit/ohne Imax 22/16 €, ISIC 20/14 €, Interrail *frei)* spaziert es sich 2 km am Nordufer entlang. Hier findet alles Platz, was uns bewegt: Loks, Flieger, Oldtimer, Satelliten, Imax, Schweizer Ingenieurskunst – und ein Trip auf den Mars.

Hin & weg. Vom **Hbf** (in Std) stdl. nach **Zürich,** Basel 6-23h (je 1), Genf 7-22h (3), **Interlaken**-Ost 6.30-19.30h (2). LSE (Interrail 50%) nach **Engelberg** 7-20h (1).

Ausflug:
**VIERWALDSTÄTTERSEE

Natürlich sollte man ab Luzern einen Schiffsausflug über den See mitmachen, um den sich die Schweizer Geschichte so dramatisch drehte. Für grandiose Panoramen muss es die Rigi (1798 m) sein, oder der Pilatus (2129 m).

Planen. Folgende Tagestrips (Preis ohne Rabatt) kosten mit Interrail jeweils ca. 30 € (SwissPass frei). Wanderer finden weltweit kaum besser markierte Pfade.

Rigi. Von Luzern schifft man morgens, z.B. 9.12h, 10.12h nach **Vitznau** (1 Std. 15 €). Am Seeufer startet stdl. 9-21h Europas erste Zahnradbahn auf den berühmten Berg: **Rigi Kulm** (1/2 Std. 25 €). Abwärts wieder auf dem Zahnrad: stdl. 10-20h nach **Arth-Goldau** (3/4Std. 17 € links sitzen). Von Arth bis 22.13h Züge nach Luzern (1/2 Std). Die Wanderung auf die Rigi dauert ab Vitznau oder Arth 4 Std.
Pilatus. Am Südufer geht es noch höher hinauf. In Luzern entern wir das Schiff 8.45h, 9.45h oder 10.45h nach **Alpnachstad** (1 1/2 Std. 15 €). Dort kraxelt auf schmaler Spur die steilste Zahnradbahn der Welt auf den **Pilatus:** alle 40 min von 8-17h (1/2 Std. 22 €). Danach abseilen nach **Kriens** (22 €), wo uns Bus 1 nach Luzi zurückbringt. Ermäßigte **Tagestickets** für diese Tour im Verkehrsamt.

Schiffe. SGV (T. 041 367 6767. lakelucerne.ch) schippert vom Bahnhofquai nach Vitznau, Brunnen und Flüelen (1/2/3 Std. hin 15/23/26 €, rück plus 50%), mit Fotostopps an Rütli & Tellsplatte. Diese Fahrt ist jedes Räppli wert (SwissPass frei, Interrail 50%). Tagesbillett für alle Boote 40 € Von Juni-Sep schaufeln zweistdl. 9.12-15.12h antike Raddampfer bis Flüelen. Zustieg auch am Verkehrshaus.

GENF

280 km sw von Basel. 160.000 Ew. 372m üNN. geneve-tourisme.ch.

Europas internationalste Stadt bietet u.a. dem Roten Kreuz und der UNO Asyl. Von Preisniveau und Entdeckungswert ist Genf nur Durchgangsstation für Budgetreisende. Angaben ab **Bahnhofsplatz.**

GenèveTourisme: 18 rue du Montblanc (180m sö. T. 022 909 7000. 9-18h, Sep-Mai Mo-Sa), mit gutem Stadtplan *VéloCité* (frei) und Zimmervermittlung (3 €).

Jugendinfo: im Bus vorm Bhf (T. 022 731 4647. 9-23h, nur Juni-Sep).

Internet: Videorom (19 rue des Alpes (90m ö. 11-24h, Fr/Sa -2h. 3 €/Std).

Schlafen. Camping Pointe Bise in Vesenaz (chemin de la Bise. 7 km ö, T. 022 752 1296) liegt schön am See. 4 €/P, 6-14 €/Zelt. März-Sep. Bus E vom Bhf.

Von der **JH** (30 rue Rothschild. 600m nö. T. 022 732 6260. youthhostel.ch/geneve) sind es wenige Schritte zum See. 350 Betten, Dm mit F ab 23 €, Dz ab 60 €, Bus 1 bis Palais Wilson. Falls belegt, geht man um zwei Ecken zum **City Hostel** (2 rue Ferrier. T. 022 901 1560. cityhostel.ch). 98 Betten, Preise wie JH.

Altstadt. Leichte Hanglage, links-rhonisch, und das Wichtigste ist mit einem Spaziergang (jeweils 500-900m sö vom Bhf) abzuhaken. Kopfsteingässchen führen zum **Rathaus,** in dem die Genfer Menschenrechts-Konvention signiert wurde, an die sich alle halten sollen außer der US Army.

Oder zur romanisch-gotischen **Kathedrale St. Peter** (9-18h. frei), mit Treppe (2 €) zum Panorama im Nordturm; hier predigte 1536-64 Herr Calvin die Reformation, 80 Jahre bevor in England Herr Hobbes seine düstere Staatslehre auspackte.

Oder zum ****Kunst- und Geschichtsmuseum** (2 rue Charles Galland. Di-So 10-17h. ***frei).*** Diese steinerne Enzyklopädie (1903-10) hat nichts weniger als die gesamte westliche Kultur im Visier, inkl. Malerei & Bildhauerei seit Botticelli.

Wer genug hat vom Westen, stößt im **Museum Barbier-Mueller** (10 rue Calvin. 11-17h. 6/4 €) auf primitive Kunst aus Afrika, Südsee, Lateinamerika.

Weltstadt. Luftiger & teurer geriet die „Neustadt" rechts der Rhône. Am See entlang spaziert man zu Parc Mon Repos und place Bel-Air. Dann wird´s pompös, mit großem **Botanischem Garten** (8-19.30h. ***frei)*** und einer jugendstiligen Mega-Box: Der **Palast der Nationen** (1400m n. Bus 5/8 vom Bhf) war schon Sitz des Völkerbunds, auf Führungen (7/5 € 10-12/14-16h) erahnt man, warum sich die UN immer wieder selbst ein Bein stellt. Dahinter stellt das **Internationale Rote Kreuz** kein Bein, sondern seine Geschichte dar (Mo/Mi-So 10-17h. 8/4 €).

Antimaterie. Ich persönlich war in Physik eine Pfeife, aber beeindrucken lasse ich mich trotzdem gern. Und unter Genf verläuft der 27 km lange, **sehr** beeindruckende Beschleunigertunnel von **CERN** (Route de Meyrin). In den Laboren des Europäischen Zentrums für Kernforschung entlocken 4000 (!) Teilchenphysiker der Antimaterie ihre letzten Sekrete. Besucher kriegen viel Theorie, auch zum Urknall mit (10-17h. ***frei),*** doch an die dicken Geräte kommt man nur auf Führungen (4 Std. Mi/Sa 9/14h. ***frei).*** Die sind ultra-begehrt, also **früh** anmelden: T. 022 767 8484 oder visits-service@cern.ch. Bus 9 vom Bhf bis Endhalt (40 min).

→Hin & weg. Vom **Bhf Cornavin** (in Std) stdl. nach Basel, Zürich, Brig (3/3/2½). **Nach Frankreich Zfrei:** Lyon zweistdl. 6-19.39h (2), dort Anschluss nach Avignon & Montpellier. Z*TGV* nach Paris zweistdl. 7.17-19.17h (3½), Montpellier & Barcelona 11.17h (3½/9), Avignon & Marseille 8.17h, 13.44h (3/3½).

**INTERLAKEN

70 km sö von Bern. 5300 Ew. 595m üNN. interlakentourism.ch.

Zwischen den *Laken* Thuner & Brienzer beginnt das Schönste, was die Schweiz zu bieten hat (und Alarmstufe Rot bei den Preisen). Seine rasante Entwicklung zum Mekka für Backpacker v.a. aus *overseas* verdankt Interlaken dem einzigartigen Outdoor-Angebot, weniger seiner Schönheit: Der Ort selbst ist ein 2 km langes Getue zwischen zwei Bahnhöfen, mehr nicht.

Tourist Info: Höheweg 37 (T. 033 822 2121. 8-18.30h, Sa/So -17h), vermittelt Logis frei. Zimmeraushänge mit Gratistelefon bei beiden Bhfen.

Cybercafés nehmen 8-10 € pro Std! Also Freudentränen abwischen und zum Surfen ab ins Hostel.

Schlafen. Um Interlaken lauern elf Zeltplätze (campinginterlaken.ch). Am günstigsten liegt **Sackgut** (T. 033 822 4434) an der Aare. 6 €/P, 5 €/Zelt, 4er-Bungalows 66 €. Kajaks, Bikes, Internet, Apr-Okt. 500m von Bhf Ost und Brienzer See.

Zur **JH Bönigen** (Aareweg 21, T. 033 822 4353. youthhostel.ch) am Brienzersee spaziert man ab Bhf Ost 20 min am See entlang. 150 Betten, 4-8er-Dm mit F 22-26 €. Küche, Pool, Internet 4 €/Std, anmelden ab 16h. Bus 1 bis Lütschinenbrücke.

Billigstes Hostel ist das **Happy Inn** (Rosenstr. 17. T. 033 822 3225. happy-inn.com) 5 min vom Bhf West. 55 Betten, Dm mit 6-8/3-4 Betten 16/20-24 €, Ez/Dz 26-39/42-52 €, Sep-Mai minus 20%. F 5 €. Anmelden ab 15h, coole Brasserie mit Bands am Do/Sa.

Die **Villa Sonnenhof** (Alpenstr. 16. T. 033 826 7171. villa.ch) weiß seit 1998, was Backpacker wünschen. 180 Betten, 3-7er-Dm 25-35 €, Ez/Dz 53-60/66-80 €, inkl. All-you-can-eat-F, Bettzeug und Schließfach. Prima Küche, feine Duschen, W-Lan frei, Park zum Chillen, neuer Anbau mit Bistro & cooler Lounge, freier Eintritt zu Hallenbad & Spa. Der Namen verspricht nicht zu viel!

Balmers Herberge in Matten (Hauptstr. 23. T. 033 822 1961. balmers.com) ist bei Reiseführern in Japan und USA top-gesetzt. Entsprechend die Kundschaft, und die will komplette Ausstattung. 320 (!) Betten, Dm 18-20 €, Dz/3z 49-53/68-75 €, inkl. F. Küche, Infocenter, Laden, TV-Räume, jede Nacht Filme, Notlager, Bar, Club.

Mystery? Wem **Greenfield Festival** (drei Tage im Juni), Zinnfiguren im Schlossareal und der örtliche Co-op als Vergnügen nicht reichen, der kriegt außer prächtigen Bergen nur etwas Skurriles zum Gucken. Den Eingebungen Erich von Dänikens folgte seit Mai 2003 der **Mystery Park** (10-18h) am Ex-Militärflugplatz Matten. Er sollte jährlich 500.000 Besuchern auf virtuelle Reisen zu sieben „Rätseln der Menschheit" entführen. Den galaktischen Eintrittspreis von 32 € mochten aber nur 200.000 Erdlinge pro Jahr entrichten. Diese Unhöflichkeit den E.T.s gegenüber führte Ende 2006 zur Insolvenz. Im Sommer 2009 eröffnete der Park wieder (11-18h. 24 €), ergänzt durch Elektrokarts, Segways, Kamelreiten und andere erdnahe Späße. Wohin die Park-Reise künftig geht, steht – soviel weiß von Däniken – in den Sternen.

Züge nach Spiez, Bern, Zürich vom Bhf Ost & West stdl. 6-22h (25/53/110 min); Brienz &

Luzern ab Ost stdl. 8.30-18.35h (18/110 min); ins Oberland ab Ost.

BLS-Schiffe (bls.ch/schiff. Interrail 50%, SwissPass frei) dampfen vom Bhf West stdl. -18.23h übern **Thunersee:** Spiez *(der Geist!)* hat wie Thun (1/1¾ Std. hin 7/10 €) pflichtgemäß sein Schloss, im Juli/Aug erlebt Thuns Seebühne fünf Wochen lang Musik.

Vom Bhf Ost stdl. 8.30-17.40h über den **Brienzersee:** in Brienz (1¼ Std. hin 8 €) schaut man sich die raue Natur an, im Freilichtmuseum **Ballenberg** (Apr-Okt 9-18h. 12/6 €) die Schweiz, wie sie mal war – und nimmt bis 21h den Zug zurück.

***BERNER OBERLAND

S von Interlaken herrscht **Alpenrauschgefahr!** 2001 erhob die Unesco die Region Jungfrau-Aletsch zum Weltnaturerbe, als erstes Gebiet in den Alpen. Den Sahne-Blick auf Jungfrau (4158m), Mönch (4099m) und Eiger (3970m) bietet das Schilthorn (2970m) gegenüber.

Adrenalin. Eine Überdosis verschaffen ab Interlaken **Alpinraft** (T. 033 823 4100. alpinraft.ch) und **Alpincenter** (T. 033 823 5523. alpincenter.ch). Wer seinen Nachlass geregelt hat, versucht sich an **Bungee Jumping,** auch als Jojo in eine Gletscherschlucht; **Canyoning** über Wasserfälle; **Drachenfliegen** im Tandem; **Eisklettern** in Gletscherspalten; **Mountainbiking** inkl. Transport; schwerelosem **Gleitschirming** und **Skydiving** im Tandem; **Rafting** auf Top-Wildwasser; oder **Zorbing,** dem Hügel-hinab-kullern in Kunststoffkugeln.

Berner Oberland-Bahnen ab Interlaken Ost stdl. 6.35-22.35h links nach Grindelwald, rechts nach Lauterbrunnen (36/20 min. hin 8/6 €). Jeder Zug wird in Zweilütschinen **geteilt,** also bitte den richtigen Wagen besteigen.

☺ **Sparen.** Mit dem **Jungfraubahnen-Pass** (jungfraubahn.ch. 134 €, mit Swiss Pass 100 €) sind an sechs Tagen alle Bahnen & Gondeln frei; 50% aufs Jungfraujoch. Interrailer zahlen überall voll.

GRINDELWALD

19 km von Interlaken. Wer dem Berg nah sein will, kommt auf 1034m üNN ganzjährig prima unter. **G-Tourismus:** im Sportzentrum oberhalb vom Bhf (T. 033 854 1212. grindelwald.ch. 8-19h, So 9-12/4-17h) mit Liste aller Matratzenlager.

Camping. Fast jeder Ort im Oberland verfügt über mind. einen Zeltplatz, Grindelwald hat gleich deren drei: eigernordwand.ch und gletscherdorf.ch liegen jeweils am Ortsrand. Zwei P mit Zelt 15-20 €

Hostels. Die **JH** (Terrassenweg. T. 033 853 1009. youthhostels.ch/grindelwald) genießt tolle Aussichten. 125 Betten, 4-9er-Dm (Etagen) 22-25 €, Dz 60 €, inkl. F-Buffet, ohne JF-Karte plus 4 €. 15 steile min vom Bhf oder Dorfbus bis Gaggisäge.

Das **Naturfreundehaus** (Terrassenweg. T. 033 853 1333. naturfreundehaeuser.ch/grindelwald) ist eher eine ruhige Veranstaltung für junge Familien. 65 Betten, Dm/Dz mit Bettzeug ab 20/45 €, Sa/So plus 3 €, F 4 €

Das **Mountain Hostel** (beim Bhf Grund. T. 033 854 3838. mountainhostel.ch) sieht sich als Basecamp für Snowboarder, Naturgenießer, Nichtstuer. 140 Betten, 4-6er-Dm mit F 25 €, Twin 62 €, Bettzeug 3 €. Einchecken 16-21h. Dez-Okt.

2004 eröffneten die Ex-Militärbaracken auf der Sonnenseite des Grindelwaldtals erneut –

nun als **Downtown Lodge** (T. 033 853 0825. downtown-lodge.ch) für Budgetreisende. 3-8er-Dm mit F-Buffet 24 €, Ez/Dz 31/55 €. Hausbar, frei ins Hallenbad und Sportzentrum.

LAUTERBRUNNEN

12 km s von Interlaken. Das muldenförmige Gletschertal (930 Ew, 797m üNN) klemmt zwischen Bergflanken fest, über die etliche Bäche 280m tief stürzen. **Auskunft:** Bahnhofplatz (T. 033 856 8568. lauterbrunnen.ch).

Schlafen. Beide **Zeltplätze,** Schützenbach (T. 033 855 1268) und Jungfrau (T. 033 856 2010), führen auch Schlafsäle und billige Bungalows. Das **Valley Hostel** (200m s vom Bhf. T. 033 855 2008. valleyhostel.ch) verteilt 68 Betten über vier Etagen. 4-8er-Dm 17 €, Ez/Dz/3z 27/40-48/60 €. Küche, W-Lan frei.

Berge. Wildester unter den Wasserfällen sind 4 km s die **Trümmelbachfälle,** die teils im Fels tosen (Apr-Nov. 6 €). Daneben drahtet eine Seilbahn zur Grütschalp los, wo sie die BLM-Schmalspur nach Mürren empfängt (alle 15-30 min bis 20h. 28 min. 6 €). Bei der Bergfahrt rückt die klotzige Jungfrau immer besser ins Bild.

MÜRREN

5 km über Lauterbrunnen. Oberlands höchste ständig bewohnte Siedlung schnuckelt sich autofrei & halsbrecherisch an die Bergkante (1650m üNN). Für diese Standhaftigkeit wird Mürren mühsam mit Tourismusgroschen entlohnt, zusammengekratzt in 14 Hotels (800 Betten) und 100 Ferienwohnungen (1200 Betten). Auf jeden der 350 zähen Dörfler entfallen rein statistisch also sechs Gästebetten, 600m Wanderwege und elf Heimatabende pro Woche. **Auskunft:** im Bergzentrum (T. 033 856 8686. wengen-muerren.ch).

Schlafen. Preiswerte Betten und Camping gibt´s nur im Tal. Am Berg ist das **Eiger Guesthouse** gegenüber der Bahnstation (T. 033 856 5460. eigerguesthouse.com) noch am bescheidensten. Dz/4z ab 68/100 €, Bar, Spielsalon, Internet.

Berge. Eine Bahn seilt zwar von Mürren rauf aufs **Schilthorn** (2970m), aber das kostet hin/rück 30/46 €, nach 15h 24/36 € (SwissPass 50%). Also erledigt man den Aufwärtsteil zu Fuß (3 Std), das wird erst im letzten Teil anstrengend. Zur Belohnung ist die Multivisionsschau im Piz Gloria frei: erstes Dreh-Resto der Welt, bekannt aus James Bonds „Im Geheimdienst Ihrer Majestät".

WENGEN

4 km ö von Lauterbrunnen, per Wengernalpbahn stdl. 6-24h (14 min). Die **Auskunft** am Bhf (T. 033 855 1414. wengen-muerren.ch) vermittelt Zimmer im anderen autofreien Paradies. Auch Wengens Koordinaten lassen Trubel erahnen: 1300 Ew, 5000 Betten, 1274m üNN. Die Skihänge heißen Gummi, Wixi, Männlichen, am Schluss steigt man über die Scheidegg auf die Jungfrau. Offene Sprache also.

Schlafen. Massenlager für 25 € haben mehrere Hotels, Backpacker-Atmo hat nur die ruhige **Wengen Lodge** (Bätzenboden. T. 078 745 5850. wengenlodge.ch) 200m unterhalb vom Bhf. Dm mit Bettzeug 24 €, 5 min zu Piste und Seilbahn.

KLEINE SCHEIDEGG

7 km ö von Wengen. Wer am höchsten hinaus will, stattet von Wengen oder Grindelwald stdl. bis 18h dem Hochplateau einen Besuch ab (25/45 min). Beim Bhf wartet auch schon eine **Mountain Lodge** (T. 033 828 7828. bahnhof-scheidegg.ch). 8-19er-Dm mit F-Buffet

ganzjährig 34 €, Ez/Dz 44/88 €

Berge. Von der wanderbaren Scheidegg erklimmt stdl., Juni-Sep halbstdl. 8-17h die Jungfraubahn das Joch (50 min). Das kostet ab Interlaken hin/rück steile 150 €, also fragt man die **Wetterauskunft** (T. 033 855 1022), ob es sich überhaupt lohnt.

☺ **Sparen.** Wer keinen SwissPass besitzt (50% Rabatt, Interrail nix), stehe früh auf. Mit dem Guten-Morgen-Ticket (105 €) fährt man in Interlaken um 6.35h los, hat max. 3 Std auf dem J´joch und startet bis 12.30h die Rückfahrt.

JUNGFRAUJOCH

9 km s der Scheidegg. Ab dem Eigergletscher führt die Fahrt der Jungfraubahn (eröffnet 1912) nur noch durch Eistunnel. Umso aufregender, wenn man auf 3475m aussteigen darf: **Europas höchstgelegener Bahnhof** ist ein windzersauster Grat mit Eispalast (frei), Gletscherschlitten (frei) und Hundeschlittentouren. An Sonnentagen überblickt man die halbe Schweiz. Sonnenbrille, Pulli und Windschutz mitbringen. Talfahrt stdl. 9-18h; Interlaken-Ost wird 2½ Std später erreicht.

***ZERMATT

45 km s von Brig. 5400 Ew. 1620m üNN. zermatt.ch.

Das Matterhorn von seiner besten Seite sehen? Zermatt is *the place!* 77 Schritte aus dem Gewühle, und jeder hat den Tobleroneberg (4478m) für sich allein. Auch schön: Zermatt verbannt alle Autos außer E-Taxis 8 km talabwärts nach Täsch.

Tourismusbüro: am Bhf (T. 027 966 8100. 8.30-18h), mit Zimmernachweis.

Planen. Ein **Vermittlungsautomat** für Zermatt steht am Bhf Täsch, links davon wird lieblich gezeltet (4 €/P, 4 €/Zelt). Von Apr-Juni und Sep-Nov köchelt Zermatt auf Sparflamme, vieles wird billiger. Im Juli/Aug nimmt man, was man kriegt.

Schlafen. Das **Matterhorn Hostel** (Schluhmatt. 600m sw. T. 027 968 1919. matterhorn-hostel.com) am rechten Matterufer ist sauber und neu. 56 Betten, Dm 23 €, einfache Dz/3z 60/90 €, F 5 €, ganzjährig kein Torschluss.

Die **JH** (Staldenweg 5. 800m sö. T. 027 967 2320. youthhostel.ch/zermatt) hat eine edle Aussicht. 174 Betten, 8/6/4-Dm mit F-Buffet, Dinner und Bettzeug 36/40/46 €, ohne JH-Karte plus 4 €, Wäscheladung 6 €, einchecken 16-22.30h.

Wegen seiner Matratzenlager ganzjährig gefragt ist das **Hotel Bahnhof** (Hauptstr. T. 027 967 2406. hotelbahnhof.com). Dm 26 €, schmale Ez/Twin 50-60/68-75 €

Matterhorn. Über Leben unter & mit dem Berg der Berge erzählt ein **Alpinmuseum** (Juni-Okt 10-12/16-18h. 5 €), und noch mehr der **Dorffriedhof.** Hier liegen die vier Opfer der Erstbesteigung; packend dazu Carl Haensels Büchlein „Kampf ums Matterhorn".

Berge. Genießer, die grad kein Kletterzeug dabei haben, besteigen den **Gornergrat** (3135m). Die Gornergratbahn zahnt gegenüber vom Bhf von 8-18h alle 24 min los (45 min. hin/rück 26/52 €); retour bis 20h. Vom Grat seilt eine Bahn aufs **Stockhorn** (3413m. 10/20 €). Mit SwissPass & Interrail je 50% Rabatt.

Für soviel Geld reist Du eher eine Woche durch Indien? Dann beehre zumindest die **Gornerklamm** 20 min talauf. Für den Brettersteg überm Abgrund sind 3 € fällig, nach 16h kassiert keiner.

BVZ von Brig stdl. 7.23-19.23h (1¼ Std. hin/rück 24/42 €, Interrail 50%), retour -21h. Zermatts Bhf und die BVZ-Schmalspur sind massiv gegen Lawinen gesichert. Von **Brig** stdl. nach Basel, Zürich (je 3 Std). Glacier-Express s. Schweiz per Bahn.

CHUR

117 km sö von Zürich. 33.000 Ew. 590m üNN. churtourismus.ch.

Keep chur, man. Die älteste Stadt der Schweiz (verwinkeltes Altenteil, gotisches Gemäuer) dient als Residenz für einige der schönsten Ausflüge/Skiziele der Welt. Beispiele? Davos. Arosa. Morítz. Angaben ab **Bhf** (500nw der Altstadt).

ChurTourismus: am Bhf (T. 081 252 1818. 7-20h, Sa/So -18h).

Schlafen. Camping Au (Felsenau 61. 2 km n. T. 081 254 2283. camping-chur.ch) am jungen Rhein öffnet ganzjährig. 5 €/P, 4-6 €/Zelt, lichter Laubwald.

Im **Backpackers JBN** (Welschdörfli 19. 500m s. T. 284 1010. extrabar.ch) am Rand der Altstadt fühlt man sich dank Tanzbar & Grand Café nie allein. Dm 24-28 €, Ez/Dz 42-58/72-92 €, ein Safe für jeden, keine Küche, nordisch-chic.

Auch das einfache **Schweizerhaus** (Kasernenstr. 10. 550m s. T. 081 252 1096. schweizerhaus-chur.ch) hat ein Herz für Railer. 2-5er-Dm 25 €, Ez/Dz ab 35/54 €

Altstadt. Ein Nachmittag lässt sich gut verleben zwischen Churs warmfarbigem Münster (1160) und dem Bischofspalais. Alle Museen Di-So 10-17h. Das **Kunstmuseum** (Bahnhofstr. 35. 6/4 €) ist ziemlich flippig, auch dank Giacomettis dürren Skulpturen. Für eine Überdosis regionaler Geschichte sorgt das **Rätische Museum** (Hof 11. 4,50/3 €). Wanderer bereiten sich aufs Erlebnis Graubünden im **Naturmuseum** (Masanserstr. 31. 4,50/3 €) vor.

✈**Hin & weg.** SBB nach Zürich und Basel stdl. 5.16-22.16h (1½/3 Std). Postbus über *****Via Mala** & San Bernardino nach Bellinzona zweistdl. 8-18h (2¼ Std).

RHÄTISCHE BAHNEN

Diese Privatspuren (T. 081 288 4340. rhb.ch) erschließen Naturwunder im ganzen Kanton – mit SwissPass und **Interrail frei.** Damit wird ein berühmter Luftkurort nach dem andern abgeklappert.

RhB von Chur (in Std) stdl. nach **St. Moritz** 7.54-20.54h (2), über Filisur, Bergün, Samedan. **Arosa** 8-23h (1). **Davos**-Platz und **Scuol-**Tarasp (u/in Klosters) 7.21-21.21h (1½/2), dort Anschluss nach Filisur bzw. Samedan -19.31h (½/1¼).

Tourentipp. Auf der RhB-Runde Chur-Filisur-Bergün-Samedan-Scuol-Klosters-Davos-Filisur sind wir 5 Std auf Achse. Die Anschlüsse sind gut, die Orte toooier, also Proviant einpacken. Hinter Bergün haben die Alpengötter den **Albulapass** gesetzt, und für Bahnfahrer steinalte Kehrtunnels und Viadukte bis Preda (15 min). Dieser 8 km ab Bergün nimmt sich ein **Lehrpfad** mit bahnhistorischen Schautafeln an. Rodelkönige belohnt die „Schlittelpiste" in Bergün (T. 081 407 1152), ihre 5 km durchs Albulatal sind Dez-März präpariert und tgl. bis 24h beleuchtet.

Hostels. Backpackers Arosa (Seewaldweg. T. 081 377 1397. backpackers-arosa.ch) verstreut drei Gebäude über Ort und Skipisten. 250 Betten, Dm mit F ab 35 €

Die **JH Davos** (Horlauben 27. T. 081 420 1120. youthhostel.ch/davos) ist fürwahr ein

Jugendpalast. 4-6er-Dm 32-42 €(Winter 40-58 €), F-Buffet 7 €

Rätoromanisch wird noch von 70.000 Bündnern gesprochen. Seit 1996 vierte Amtssprache der CH, entstammt *Rumantsch* dem Vulgärlatein der Besatzer vor 2000 Jahren, das die übrige Welt Churerwälsch (auch „Kauderwelsch") nannte.

ST. MORITZ

125 km sö von Chur. 5400 Ew. 1790m üNN. stmoritz.ch.

Welch Diskrepanz zwischen elitärem Getue und schnödem Outfit in diesem Kurort, dessen Heilkräfte seit 3000 Jahren bekannt sind. Ein Besuch im Obersten Engadin lohnt schon wegen der Rolls-Royces, die sich am Bhf von Moritz (**i** betonen!) stapeln.

Kurverein: via Maistra 12 (T. 081 837 3333. 9-18.30h, So 16-18h).

Bikes am Bhf (7-20h) und in der JH für 10 €Tag.

Schlafen. Auf dem **Camping Olympiaschanze** (900m sw vom Bhf. T. 081 833 4090. campingtcs.ch) zeltet es sich ruhig & flach: 4-5 €P, 5-7€Zelt, Mai-Sep.

Über die wunderbare **JH Stille** (Surpunt 60. 1700m vom Bhf. T. 081 833 3969. youthhostel.ch/stmoritz) im Ortsteil Bad sagt der Name alles. 190 Betten mit HP, 4er-Dm 34 €, Dz ohne/mit Bad 86/102 €, Dez-Apr plus 15%, ohne JH-Karte plus 4 € Noch teurer sind die Dz nebendran im Hotel Stille.

Prächtig zum Ausweichen: die rote **JH Tolais** am Bhf Pontresina (6 km sö. T. 081 842 7223) bietet 130 Gästen fette Aussicht. 6/4er-Dm mit HP 34/41 €, Dz 88 €

Berge. Eine Seilbahn führt auf den **Muottas Muragl** (2453m). Per pedes umrundet man den **Silsersee** (Bus ab Morítz) am Fuß des Malojapasses. Wer Langeweile fürchtet, geht Windsurfen, Kitesurfen, Segeln, Raften, Inlineskaten, Reiten oder Tennissen, dazu im Winter Skilaufen (160 km Loipen) und -fahren (350 km Piste).

RhB nach Samedan, Bergün, Filisur, Chur stdl. 7-20h (8/45/60/120 min. Interrail frei), Anschluss in Samedan nach Scuol-Tarasp, in Filisur nach Davos.

Bernina. Europas höchste zahnradlose Bahn (RhB) kämpft sich von St. Moritz stdl. 8.45-16.45h über Pontresina und Berninapass nach Tirano (2½ Std. Interrail frei). Der Z**Bernina-Express** (ab Pon. 10.23h, 10.35h. ab Tirano 14h, 14.31h) führt **offene** Aussichtswagen; vorbuchen!

SERBIEN

✆ 00381. 77.474 qkm. 7,5 Millionen Ew. BIP 8335 €/Ew. serbia.travel.

Seit der Brandstifter Milosevic auf die Müllhalde der Geschichte befördert wurde, ersehnt Belgrad wieder den Anschluss an die Rest-Welt. Zwischen Nationalismus, Nachwehen langer Isolierung und wilder Neugier herrscht eine sehr spezielle Stimmung. Weite Teile der Jugend sind lustig drauf – trotzdem dezent sein bei politischen Diskussionen, etwa über das Kosovo.

Serviceteil

Serbisches Tourismusamt: Kurfürstenstr. 126/2, 10785 Berlin, T. 030/213 2003. Krugerstr. 2/7, 1010 Wien, T. 01/512 3657. Limmatkai 62/2, 8001 Zürich, T. 01 258 8787.

Botschaften in Belgrad: D: Kneza Milosa 76, T. 011/306 4300. A: Sime Markovica 2, T. 303 1956. CH: Bircaninova 27, T. 306 5820.

100 Dinar = 1,07 € (xe.com). Ein- und Ausfuhr sind verboten, gezahlt wird sowieso oft in Euro, bar oder als Scheck.

Serbien per Bahn

Auslandszüge nach Belgrad-Centar (in Std. häufig Verspätungen. **alle** ®) von **München** *EC* 8.27h (15), *D* 23.40h (16). **Wien**-West *D* 18.50h (11½). **Ljubljana** *Ds* 6.15h, 8.15h, 14.35h, 21.15h (9). **Zagreb** *D/ECs* 6h, 9h, 11h, 17.10h, 23.55h (6½). **Budapest**-Keleti *IC* 13h, *D* 23h (7½). **Bukarest** 21.21h (12½).**Sofia** 11.55h, 21.20h (8½). **Skopje** 7.40h, 13h, 20.40h (9). **Thessaloniki** 9.44h, 17h (14).

☺ **Sparen.** Wer viele Grenzübertritte plant, greife zum **Balkan Flexipass**. Er ist billiger als Interrail und gilt in Serbien, Montenegro, Mazedonien, Bulgarien, Rumänien, Türkei und Griechenland. Mehr im Griechenlandkapitel.

Zeleznice Srbije. Alle fünf Linien (kaum Querverbindungen) des ZS-Netzes beginnen in Belgrad und führen ins Ausland: tgl. fünf Züge nach Sid (120 km, dann Kroatien), acht nach Novi Sad und Subotica (176 km, dann Ungarn), vier nach Vrsac (87 km, dann Rumänien), je acht nach Nis (244 km, dann Bulgarien) und Bjelo Polje (338 km, dann Montenegro). Über 60 km/h kommt kaum ein Zug, aber alle sind erträglich. 100 km kosten 3 €, mit Euro<26 25% weniger. **Interrail** kostet für drei/vier/sechs/acht Tage binnen eines Monats 49/69/99/119 €, <26 Jahren 32/45/64/77 € serbianrailways.com.

Interrailer brauchen für *EC* und *Ex (brzi voz)* Platzkarten *(rezervacija sedista)* für 1-2 €, ins Ausland 3 €. Liege- und Schlafwagen sind bequem, billig (plus 6/15 €) und in jedem Nachtzug zu finden, z.B. nach Bar/Montenegro.

BELGRAD

☏ 01. 354 km s von Budapest. 2,2 Millionen Ew. 120m üNN. tob.co.yu.

Bis 1991 war Belgrad der Verkehrsknoten auf dem Balkan, danach wurde daraus Europas graue Maus, obwohl sein Name „Weiße Stadt" bedeutet. Für die letzte der 40 Zerstörungen in Belgrads 2300-jähriger Geschichte sorgte die Nato 1999. Nun kehrt aber das Balkanflair zurück, von dem Reiseveteranen schwärmen. Schilder nur in kyrillisch. Angaben ab **Trg Republike** (1100m nö vom Bhf).

Tourist Info: im Bhf Centar (T. 361 2732), beim Albanija-Turm (Terazije 3. 40m s) und im Zentrum (Makedonska 5. 100m ö. alle 9-20h, Sa/So -16h).

Gepäcklager: im Bhf (24 Std. 0,10 €/Stück).

Internet: IPS (Makedonska 4. 30m ö. 24 Std), SezamPro (Skadarska 40c. 500m ö) und in der Stadtbibliothek (Zmaj Jovina 1. 200m w. am billigsten). In Hostels kann man kostenlos Digi-Bilder downloaden und CDs brennen.

ÖPNV. Darauf greift man trotz Überfüllung gern zurück (gsp.co.rs): Bhf und Busbhf liegen nur 1 km vom Zentrum, der rüde Stinkverkehr spricht aber gegen Fußmärsche. Tickets für Bus, Tram, Trolley gibt es beim Fahrer (Innenstadt 0,80 €, nachts 1 €) oder an Kiosken mit GSP-Logo (0,40 €). Strafe für Stempelvergesser: 20 €. Die fesche S-Bahn *Beovoz* taugt für Fahrten ins Umland.

Im **Taxiwesen** sind viele Gauner unterwegs, also auf Taxameter bestehen: Start ist bei 0,80 €, plus 0,80 € pro km.

Schlafen. In Belgrads Hostelwesen ist ein Goldrausch ausgebrochen, der JH-Verband (serbia-hostels.org) verzeichnet mit 50 Adressen zehnmal mehr als vor zwei Jahren! Die meisten geben wohl bald wieder die Laken ab, positive Leserbriefe kamen zu folgenden Hostels (Internet stets frei). Wie im Rest Serbiens sind viele Hostels „raucherfreundlich". Während des Exit-Festivals in Novi Sad (Anfang Juli) steigen in Belgrad viele Preise um 50%.

Das **Star Hostel** (Cara Urosa 37. 600m nw. T. 262 7061. star-hostel.com) kommt Festung und Feierzone (quirlig!) nah. 23 Betten, 6-10er-Dm 12 €, Dz/3z 36/48 €. Geräumig, nicht sehr sauber. Tram 2/11/13 vom Busbhf (neben Bhf) bis Uzun Mirkova (dritter Halt).

Chillton (Kataniceva 7. T. 344 1826. chilltonhostel.com) im Stadtteil Vracar erreicht europäischen Standard, v.a. beim Feiern. 30 Betten, 4-10er-Dm 15-20 €, 3z 75 €. Alle Räume eng, aber klimatisiert, Küche, Schließfächer, Schnaps zur Begrüßung. Bus 83 (Crveni Krst) vom Bhf bis Macvanska (dritter Halt).

Auch **Belgrade Eye** (Krunska 6b. 600m s. T. 334 6423. belgradeeye.com) wirkt professionell. 20 Betten, einfaches Dm 14 € (Nov-Mai 11 €), helles Dz mit Balkon 34 €. Klimatisiert, sauber (tgl. Reinigung), Küche ordentlich, Lounge groß, Wäscheladung 5 €, Sommergarten hübsch.

Three Black Catz (Cika Ljubina 7/49. 20m sö. T. 262 9826. hostel.co.rs) macht mitten im Zentrum, beim Nationalmuseum, eine Privatwohnung zur gefühlten Studi-WG: alle holen Dir gern ein Bier, keiner putzt oder bringt den Müll weg. 10 Betten, 10-13 €. Prima Atmo, man spricht englisch, immer offen.

Feiern. Amüsierwünsche erfüllt das stimmungsvolle Ex-Zigeunerviertel **Skadarska** (300m nö): billiges Essen, Straßenkunst auf Kopfsteinpflaster, serbischer Turbo-Folk und schwarze Musikbars, keine Autos. Manche der auf Donau oder Save fest vertäuten **Schiffe** beherbergen jetzt schwimmende Restos & Clubs; die besten Abschnitte für Partyleben sind jenseits der Brankov-Brücke am Westufer der Save (Tram 7/9/11) und am **Donau-Kai Oslobodenja** (Bus 15/84/706).

Stari Grad. Was Belgrads Altstadt an Sehenswertem bietet, hat oft mit Mord und Totschlag zu tun. Die **Festung** im Kalemegdanpark (1300m nw. Tram 1/2/3 ab Bhf) diente schon den Osmanen; darin Observatorium, türkische Bäder, netter Zoo und riesiges **Militärmuseum** (Di-So 10-17h. 0,50 €), auch mit Beutestücken der Nato-Angriffe 1999. Unter Milosevic musste das **Nationalmuseum** (Trg Republike. 10-17h, Do -20h. 0,70 €) jedes zweite Exponat entfernen, auffällig bleibt es dank enormer Gemäldesammlung.

Was die Tourist Info verschweigt, da der Mann Kroate war: 2 km s der Altstadt (Bul Mira. Trolley 40/41 ab Studentski trg) liegt das Mausoleum von Marschall **Josip Broz Tito** (Di-Sa 9-14h. frei) mit Geschichtsmuseum (Di-So 10-17h. frei).

Smederevo. In der 70.000-Ew-Stadt 46 km sö an der Donau steht diese riesige dreieckige Burg (bis Sonnenuntergang. 0,50 €) mit 25 Wehrtürmen, innerer Zitadelle und epischem Museum (0,50 €). Dank halbstdl. Bussen (1½ Std. 2 €) taugt Smederevo als Tagesausflug durchs Grüne.

✈ **Hin & weg.** Vom Bhf Centar (in Std) nach **Zagreb** [Z]5.50h, 10.35h, 13h, 15.35h, 21.50h (7). **München** [Z]5.50h, 10.35h, 13h (16/17½). **Budapest** und Wien [Z]7.30h, 10h, 21.20h (8/11). **Bukarest** [Z]15.55h (13). **Sofia** [Z]7.50h, 21.15h, 22h (9). **Skopje** & **Thessaloniki** 7.50h, 14h, 22h (9/14). **Bar**/Montenegro 10.10h, 13.10h, 22.10h, 23.10h (10). Nachtzüge sind begehrt, also vorbuchen oder erster Klasse reisen.

SLOWAKEI

✆ 00421. 49.035 qkm. 5,5 Millionen Ew. BIP 16.972 €/Ew. slovakia.travel.
Am Rande Mitteleuropas blieb kein Ziel für Abenteuerlustige ursprünglicher als dieses Ländchen. Weite Landstriche werden noch von einsamen Bergen und Wäldern bedeckt, dazu gesellt sich ein Kulturerbe, das stark slawisch geprägt ist.

Serviceteil

Slowakische Zentrale für Tourismus: Zimmerstr. 27, 10969 Berlin, T. 030/2594 2640. Prinz-Eugen-Str. 70, 1040 Wien, T. 01/513 9569.
Botschaften in Pressburg: D: Hviezdoslavovo nám 10, T. 02/5920 4400. A: Ventúrska 10, T. 5930 1500. CH: Tolsteho 9, T. 5930 1111.
Euro-Land. Schecks & *bankomaty* sind weit verbreitet. 30-40 € pro Tag reichen aus.
✆ Polizei 158, Notruf 155.

Bahn & Bike

Auslandszüge nach Pressburg (in Std) von **Prag**-Hlavni ^{Z}*ECs* zweistdl. 5.30-15.30h (4½), ^{ZR}*SC* 18.23h (4). **Berlin**-Hbf ^{Z}*ECs* 6.35h, 10.35h (9). **Wien** mind. stdl. 6-22h (1). **Budapest**-Keleti ^{Z}*ECs* 5.28h, 9.28h, 13.28h, 15.28h (2½).
Zeleznice Slovenskej Republiky. Auf 9509 km sind *ICs* rar, meist regiert die Behäbigkeit von *expresni* und *rychlik*. Schlaf- und Liegewagen *(luzkovy/spaci vuz)* finden sich nur auf Auslandsstrecken. **Interrail** (drei/vier/sechs/acht Tage 49/69/99/119 €, <26 Jahren 32/45/64/77 €) ist angesichts der Netzgröße ein Wort. **Railplus** (27 €, <26 Jahren 19 €) macht ein Jahr lang jede Bahnfahrt 25 bzw. 40% billiger. Inlandsbusse sind flotter als der Zug, aber teurer und seltener zugange.
Bahninfo: T. 18 188. Fahrplan auf zsr.sk (Zug) & sad.sk (Bus).

Zuschläge für Interrailer: *SuperCity* 7 €, *EC* und *IC* 3 €.

Fahrräder werden in einigen Bahnhöfen vermietet. Jeder Zug mit Gepäckwagen befördert Räder (rd. 1 €, Ausland ab 10 €). Oft darf man selbst ein/ausladen.

PRESSBURG (Bratislava)

✆ 02. 398 km sö von Prag. 140m üNN. 425.000 Ew. bratislava.sk.
Einen Katzensprung von Wien entfernt, präsentiert sich die slowakische „Metropole" als herzig-kleine Veranstaltung voll entspannter Leute. Ihre Caféhäuser sind immer voll, man speist vorzüglich, den Besuch versüßen 400 denkmalgeschützte Bauwerke und viel preiswerte Kultur (erster Rang in der Oper 20-30 €). Angaben ab **Hviezdoslavovo námestie** (2 km s vom Bhf Hlavná. Tram 1/13).
„Pressburg hat nicht Metropolen-Charakter wie Prag, dafür nimmt man sich mehr Zeit. Die

Tourist-Info am Bhf ist top: Hat uns günstige Zimmer organisiert, in die richtige Tram gesetzt und im Stadtplan prima Pubs markiert.“ (Cordelia Imig)

BKIS Tourist Info: am Bhf (8-19h, Sa/So -17h) und in der Altstadt (Klobucnícka 2. 150m nö. T. 5443 3715. bkis.sk. 9-18h, Sa/So -17h), mit Stadtplan, Logis, Tickets, guter Stadtführung (6 €), Kulturkalender in englisch.

Gepäcklager: im Bhf (6-23h) und Busbhf (6-22h, Sa/So -18h).

Internet: Netcafé (Obchodná 43 & 64. 600m nö. 10-22h. 0,03 €/min). Elf weitere Cybercafés stadtweit, WiFi-Zonen um alle Hauptplätze.

ÖPNV. Für Bus & Tram kauft man Karten (0,70 €, Rucksack 0,35 € extra) vorher am Bhf/Busbhf oder Kiosk; an Bord entwerten, da oft Kontrollen (Strafe 45 €).

Schlafen. Zum Freizeitpark **Zlaté Piesky** (Senecka cesta 2. 7 km nö) gehören Sportanlagen, Bootsverleih und ein schattenreicher **Intercamp** (T. 4425 7373. intercamp.sk/de) am See. Zwei P mit Zelt 10 €, simple 3/4er-Hütten 20-30 €, 4er-Bungalows 32-40 €. Alles offen Mai-Mitte Okt. Tram 2 ab Bhf, 4 ab Altstadt.

In historischem Gemäuer liegt **Downtown Backpackers** (Panenská 31. 800m n. T. 5464 1191. backpackers.sk). 36 Betten, 4-10er-Dm 12-20 € (Fr/Sa plus 1 €), Dz mit Bad 60 €, mit JH-Karte minus 10%. Küche, Bar, netter Sommergarten, fast downtown. Bus 81/93 vom Bhf bis zum zweiten Halt. „Eines der Top-Hostels meiner Reise: Gemütlich, tolle Leute, gute Stimmung. Pressburg lohnt allein schon deswegen.“ (Luzia Bachofner)

Das heimelige **Hostel Juraj** (Dobsinského 28, Ecke Karpatska. 2 km n. T. 5249 9037. hostel.eu.sk) ist wie B&B in Wales, nur auf osteuropäisch. Juraj, ein freundlicher Exzentriker, der Gäste im ganzen Stadtgebiet abholt, hat mal eben 10 Betten in sein (von der Straße) unscheinbares Haus gestellt. 2-5er-Dm 17 € (Okt-Mai 14 €), alles hell, vieles neu, Kamin, Garten, 700m ö vom Bhf.

Gegenentwurf zu Juraj: das **Patio Hostel** (Spitalska 35. 500m nö. T. 5292 5797. patiohostel.com) zielt mehr auf Party people. 55 Betten, 4-12er-Dm 16-24 € (Do-Sa und Aug am teuersten), Dz/3z mit Bad 54-64/72-87 €, Okt-Mai minus 20%. Innen elegant, Küche, dazu angenehmer Patio, quod erad expectandum. Tram 1 vom Bhf bis Vysoka (vierter Halt), dann über Marianska.

Die fünf Wohnheime *(studentsky domovi)* öffnen nur im Juli/Aug – direkt buchen. Unpersönlich, ruhig & billig: **Mladá Garda** (Racianska 103. 3 km n. T. 4445 9690. mladagarda.info) verfügt über fast 1000 Betten. Ez/Dz mit Bad 10/15 €, mit ISIC und Euro<26 minus 30%. Einlass 24 Std, Riesenkomplex mit Fastfood-Resto und Sportanlagen. Tram 3 vom Bhf, 5/11 vom Zentrum bis Mlada Garda (20 min).

Den coolsten Umgang mit Dekor & Farben, frei nach Hundertwasser, pflegt das **Hotel Spirit** (Vancurova 1. 2200m n. T. 5477 7561. hotelspirit.sk) hinterm Bhf. 13er-Dm mit Terrasse 24 €, Ez/Dz/3z mit Charakter 47/47-60/70 €, Sep-Apr jeweils minus 10 €. Viel Wellness-Hokuspokus, Entspannungspyramide (!) 1 €/Std. Wer nicht logieren will, guckt zumindest mal auf (und in) diese Villa.

Nicht Mo! Alle Sehenswürdigkeiten öffnen Di-So 9-17h. Angesichts der Eintrittspreise (unter 1 €) schämt man sich fast, nach ISIC-Rabatt zu fragen. Gibt´s aber!

Staré Mesto. Die Altstadt behielt viele Habsburgerhäppchen, am geschäftigen Hlavné nám schnuckeln zwei Museen: Für **Stadtgeschichte** im renaissancigen Rathaus mit Folterkammern und Postkarten-Innenhof, für **Weinbau** im Apponyipalais. Wenige Schritte n, gegenüber der Franziskanerkirche (1297), steht eine feine Rokokoadresse, das **Mirbachpalais** mit herziger Kunstsammlung.

Das **Nationalmuseum** am Donaupfeil-Anleger bietet aus diversen Blickwinkeln eine prima Einführung in die Slowakei. 300m stromaufwärts gelangt man zur **Nationalgalerie** – von innen wie außen sehenswert. Technikfreaks bestaunen die Spannbrücke ****Novy most** (1972), in deren Stahlpylon ein Fahrstuhl zum Café 80m über der Donau führt. Von ihrer Zufahrt Staromestská wird die Martinskathedrale (15. Jh.) beschallt. Und hier sollen ungarische Könige *ruhen?*

Bratislava hrad. Unter der Straße steigt ein Pfad rauf zur ****Pressburg.** Dieser westlichste Ausläufer der Karpaten war schon zur Römerzeit befestigt, am mächtigen Komplex wird seit 1200 Jahren geschraubt. 1953-62 liebevoll wiederaufgebaut, beherbergt er heute **Museen** für Geschichte & Volksmusik. Trolley 213/217 bezwingt den Berg mit **Aussicht, er ist aber auch gut erkletterbar über Zámocká.

✈Hin & weg. Vom Bhf Hlavná (in Std) nach **Prag**-Hlavni ^{Z}*ECs* zweistdl. 8-18h ($4^{1}/_{2}$). **Berlin**-Hbf ^{Z}*ECs* 9.20h, 13.20h (9). **Wien** stdl. 5-24h (1). **Budapest** ^{Z}*ECs* 9.50h, 11.50h, 15.50h, 19.50h ($2^{1}/_{2}$).

Schlaftipps: ^{Z}*Ds* nach Warschau 22.55h ($8^{1}/_{2}$), Prag 23.55h ($6^{1}/_{2}$).

Donau. Tragflügelboote nach **Wien** von Mai-Sep (je $1^{3}/_{4}$ Std): mit LOD (lod.sk) Fr/Sa 7.30h, retour 17h (hin/rück 17/21 €), mit DDSG Do/Fr/Sa/So 17.30h, retour 9.30h (23/34 €). Karten am Donau-Kai Fajnorovo náb 2 (3 min von Altstadt), in Wien an der Reichsbrücke (Handelskai 265. U1 Vorgarten)

SLOWENIEN

✆ 00386. 20.273 qkm. 2 Millionen Ew. BIP 22.870 €/Ew. slovenia.info.

In Titos Tagen erwirtschaftete Jugoslawiens wohlhabendste Teilrepublik mit 8% von dessen Bevölkerung 18% des Bruttoinlandsprodukts. Vergleicht mal das heutige BIP (s. oben) mit dem von Bosnien oder Mazedonien! All diese fleißigen, weltoffenen Leute erklärten 1991 ihre Unabhängigkeit, was ihrem Land glänzend bekam. Slowenien ist **der Spaßtipp** in Mitteleuropa, der jeden Preisvergleich mit Österreich oder Italien gewinnt. Sein Karst schuf Höhlenlabyrinthe und Tropfsteine, durch Wälder winden sich kanutaugliche Flüsse, in die Bergwelt sind niedliche Burgen getupft. Überall wird deutsch oder englisch gesprochen. Und damit alles passt, rundet mediterranes Klima die Glückseligkeit ab.

Serviceteil

Tourismusbüro: Maximiliansplatz 12a, 80333 München, T. 089/2916 1202. Opernring 1, 1010 Wien, T. 01/715 4010. Lerchenstr. 16, 8027 Zürich. T. 043 344 3232.

Botschaften in Ljubljana: D: Presernova 27, T. 01/479 0300. A: Presernova 23, T. 479 0700. CH: Trg Republike 3/VI, T. 200 8640.

Euro-Land seit 2007. Reiseschecks und Kreditkarten sind überall begehrt, Geldautomaten weit verbreitet, Banken öffnen Mo-Fr 8-18h, viele auch Sa 8-12h.

✆ Polizei 113, Notruf 112.

Bahn, Bus & Bike

Auslandszüge nach Ljubljana (in Std) von **München** *ICs* 8.27h, 12.21h, *D* 23.40h (6½). **Zürich** *EN* 21.40h (11). **Wien** *ECs* stdl. 6-16h mit u/in Maribor oder Villach (6-7). **Prag** *D* 17.41h (13). **Budapest** R*EN* 17.30h (8). **Zagreb** *ECs* 5h, 7h, 9h, 13h, 18.14h, 21.10h (2½). **Belgrad** R*EC/Ds* 5.50h, 10.35h, 13h, 21.50h (9½-11). **Venedig** R*EC* 15.48h mit u/in Villach, R*EN* 21.20h direkt (4-5).

Slovenske Zeleznice. Auf 1201 km verbindet die SZ den fruchtbaren Küstenstreifen fast im Takt mit den Julischen Alpen, lässt aber viel links liegen. Auf der Basis von Italiens *Eurostar 470* gefertigt, ist der *ICS* das Paradepferd: bis 200 km/h für Ljubljana – Maribor. Durch den Kauf acht weiterer *ICS* kommt 2010 auch Pfeffer aufs Gleis nach Ungarn. *EC/IC* und *ICS* erfordern Zuschlag (3 €) und Reservierung (1 €), im *ekspresni* ist letzteres ratsam. Darunter rangieren *poslovni* und der lahme *brzi voz*. Von Ljubljana zahlt man nach Bled 4 € (60 km). **Interrail** (drei/vier/sechs/acht Tage 49/69/99/119 €, <26 Jahren 32/45/64/77 €) ist nur für Vielfahrer sinnvoll. **SZ.Euro<26** (18 € nur vor Ort) macht ein Jahr lang jede SZ-Fahrt 30% billiger. Wer Ticket oder Zuschlag an Bord kauft, zahlt 1 € extra.

Bahninfo: T. 01/291 3332. slo-zeleznice.si.

Zuschläge für Interrailer: *ICS* 4,50 € (entfällt beim Besorgen der Platzkarte im Bhf), Züge nach Italien 8 € (im Bhf 5 €).

Inlandsbusse, meist ab Bhf, sind billig wie die Bahn, aber zahl- und zielreicher. Reservieren ist selten nötig, außer am Fr ab Ljubi. Gezahlt wird beim Fahrer.
🚲**Fahrräder** sind in keinem Bhf, aber an jedem Urlaubsort zu mieten. *P*- und *Ex*-Züge nehmen Bikes für 2 €mit, der Versand kostet 2 €, ins Ausland 5 €

Schlafen

Außerhalb von Bled bleiben die Touri-Horden noch aus, obwohl 100.000 Gästebetten auf sie warten. Im Sommer okkupieren 50 **Zeltplätze** die schönsten Stellen, meist gibt es auch billige Wohnwagen oder Bungalows. Wild zelten ist verboten.
Die 32 **Herbergen** von PZS (youth-hostel.si) sind stets offen, freundlich und gut angebunden. Man zahlt 10-18 €und braucht keine JH-Karte. Im Juli/Aug machen auch Wohnheime Betten frei, zudem fassen Backpackers Fuß.
Verkehrsämter nennen gern **Privatzimmer.** Besser fragt man direkt in Häusern mit *sobe*-Schild, dann wird´s kaum teurer als Zelten; mit etwas Charme kommt man um 30% Zuschlag für nur eine Nacht rum.
Über die Julischen Alpen sind 36 **Berghütten** verteilt. Jede ist erst nach längerem Marsch erreichbar, für Touren aber unverzichtbar. Alpenverein s. Ljubljana.

LJUBLJANA

✆ 01. 287 km ö von Venedig. 287.000 Ew. 287m üNN. visitljubljana.si.
Dem Ankömmling zeigt Ljubi viel Industrie – seinen Charme bewahrt es sich für die kompakte Altstadt auf. Immerhin war der Fleck, auf dem sich heute der schmucke Dom mit Gässchen breitmacht, schon vor 5000 Jahren besiedelt. Einige Perlen haben die Kelten und Römer uns zurück gelassen. 25.000 Studenten sorgen dafür, dass sich auch abends niemand langweilt. Nette Hauptstadt zum Entspannen ohne Kulturverzicht. Angaben ab Hauptplatz **Presernov trg** (800m s vom Bhf).

Kurz & knackig

Tourist Info: am Bhf (9-21h) und gegenüber vom Hauptplatz (Adamic Lundrovo nabrezje 2. 50m s. T. 306 1215. 8-21h, Okt-Mai 8-19h).
Waschsalon: Wolfova 12 (50m s. Mo-Sa 7-18h), am Zeltplatz und in Uniheimen.
Gepäckaufbewahrung: am Bahnsteig 1 (*garderoba*. 24 Std. 1 €Stück).
Internet: K4 (Kersnikova 4. 500m nw. T. 431 7010. frei) im Studi-Haus mit Café.

Kulturinfo: am Trg Francoske Revolucije 7 (500m s. T. 252 6544), mit freier Broschüre aller Museen, Veranstaltungskalender und Bergkarten. Beim **Alpenverein** (Dvorzakova 9. 600m nw. T. 434 5680. pzs.si) gibt´s dazu Berginfos & -führern.

ÖPNV. Busse fahren von 5-24h, den Fahrpreis (max. 1 €) entrichtet man bar & passend an Bord oder billiger mit *Jetoni* vom Kiosk. In dieser handlichen Stadt schafft man aber (fast) alles per pedes oder **Fahrrad.** Mieten kostet 1 €zwei Std bzw. 5 €Tag an acht Verleihstellen (8-21h), z.B. Tourist Info und Hostel Celica.

Schlafen

Camping. Das große, schattige **Resort Jezica** an der Sava (Dunajska 270. 6 km n. T. 568 3913. ljubljanaresort.si) steht ganzjährig offen. Zelten 12 €/P (Sep-Mai 8 €), teure Miet-Wohnwagen, Ez/Dz/3z im Hotel mit F-Buffet 70/85/100 €, ab drei Nächten minus 10%. Schöne Anlage, Freibad, Disco. Bus 6/8 vom Bhf bis Jezica.

Herbergen. Fünf Uni-Wohnheime *(dijaski domi)* gehören zum JH-Verband, nehmen Reisende aber nur im Juli/Aug auf. Einlass rund um die Uhr. Wer sie verschmäht, darf tief in die Tasche greifen, zumal in den überteuerten Alibi-Hostels.

Dom Tabor (Vidovdanska 7. 1500m ö. T. 234 8840. youth-hostel.si) liegt am besten. 59 Betten (keine Etagen), 10er-Dm 11 €, Ez/Dz/3z mit gutem F 25/36/54 €. Quietschdielen, hohe Decken, saubere Badezimmer, kein Gemeinschaftsraum, aber Bänke und Basketball im Hof. Bus 5 vom Bhf bis Ilirska, oder 5 min zu Fuß.

Das **Youth Hostel** (Litijska 57. 3 km ö. T. 548 0055. bit-center.net) wirkt wie ein Etap-Hotel, liegt ähnlich abseitig und lässt jeden ganzjährig rein. 133 Betten, 4-10er-Dm 15 €, Ez/Dz/3z 35/46/48 €, F-Buffet 4 €. Terrasse, halber Preis für Badminton, Squash, Fitness, Sauna. Bus 5/9 (Stepanjsko) vom Bhf bis Emona.

Hostels. Celica (Metelkova 8. 800m nö. 3 min vom Bhf. T. 230 9700. souhostel.com) geht mit seiner Vergangenheit als Knast farbenfroh um. 92 Betten inkl. F-Buffet, normale 3-12er-Dm mit Bad 21-26 € (Sep-Juni minus 2 €), „Künstlerzellen" mit 2/3 Betten 56/69 € (52/63 €). Mini-Küche, Café, Internet (für 4 € auch im Zimmer), viele Infos, ganzjährig 24 Std offen. Im zerzausten Viertel um Celica geben einige der **coolsten Clubs** Vollgas – in Ex-Barracken der Jugo-Armee.

Noch näher am Leben: **Fluxus** (Tomsiceva 4-2°. fast Ecke Slovenska. 300m w. T. 251 5760. fluxus-hostel.com) besteht nur aus zwei gemütlichen 6er-Dm (Etagenbett 22 €), einem kleinen Dz mit Bad (65 €) und einer Küche. Wohlfühl-Atmo, sauber, junger Gastgeber. Tipp!

❑**Zimmer..** Das TIC ist bei der Suche (ab 20 €/P) immer erfolgreich, aber selten zentral. Wer auf die Welt herabschauen will, zieht ins riesige **Park Hotel** (Tabor 9. 1500m ö. T. 433 1306. hotelpark.si) gegenüber der Tabor-JH. 109 Ez/Dz mit Bad, TV und F 70-100/90-130 €, nüchterner Backpackertrakt mit 22 Betten, Dz/4z 21-23/25-29 €/P. Ljubljanas „Budgethotels" liegen min. 30 min vom Zentrum.

Anschauen

☺ **Sparen.** Zu den klugen Rabattkarten im Interrailreich zählt die **Ljubljana Card.** Für 13 € bietet sie 72 Std lang freien ÖPNV, freien Eintritt in Museen und 120 Ermäßigungen (Touren, Logis, Bars, Shopping); zu kaufen in Hostels und TICs.

Altstadt. Gelbe Tafeln markieren die 5 km-Runde zu wichtigen Bauwerken. Am Rathaus (200m s) legen tgl. 17h **Stadtführungen** (2 Std. 6/3 €) in englisch los.

Die Altstadt steckt voller Kirchen & Plätze, von denen der **Presernov trg** am feinsten geriet: Fußgängerzone, Franziskanerdom, viel Jugendstil. Ö der Ljubljanica schließt sich der **Mestni trg** an: Rathaus, gotische Innenhöfe, barocker Brunnen.

Als ordentliche Hauptstadt bekam Ljubi seinen Stapel an Museen ab (alle Di-So 10-18h). Gut bei Regenwetter: **Nationalmuseum** (Trg Narodni Herojev 1. 500m w. 3 €) mit Früh/Naturgeschichte, **Nationalgalerie** (Presernov cesta 24. 500m nw. 4 €, Sa ab 13h frei)

jenseits der Oper und **Museum für Moderne Kunst** (Cankarjeva 15. 5 €) schräg gegenüber.
Hinter der zweiturmigen **Nikolauskathedrale** (1708. 150m ö) steigt man rauf zur frisch renovierten **Festung,** von der eine gotische Kapelle, der fünfeckige Turm und ein interaktives **Museum** (10-21h. 3 €) zugänglich sind. Zudem sichert ihr Uhrturm (1 €) tolle Aussichten, zumal bei Sonnenuntergang.
Termine. Im Juli/Aug steigt das achtwöchige **Kulturfestival** mit Konzerten & Aufführungen, meist im Krizanketheater (Trg Francoske Revolucije. Karten 6-15 €). Flankierend erlebt die Altstadt dazu allnächtlich freie Open-Air-Veranstaltungen. Mehr im Monatsheft *Where to?* des TIC.

Hin & weg

Züge (in Std) nach **Koper** (für Badespaß an der Adria) 6.33h, Z7.40h, 9.30h, 15.40h, 18.15h (2½ Std; retour bis 20h), **Sezana** etwa stdl. 6.20-20.35h (2), alle über **Postojna** (1). **Bled** mit u/in Jesenice 9.45h, 12.50h, 15.33h, 17.50h (1½). **Wien**-Süd *ECs* stdl. 6-16h mit u/in Maribor oder Villach (6-7). **München** Z*ECs* 10h, 16h, *D* 23.42h (6½). **Prag** *EC* 10.18h (11). **Budapest** *EN* 2.35h (8). **Zagreb** 6.15h, 8.43h, 9.50h, Z14h, 15.20h, Z17.45h, 21h (2½). **Belgrad** 8.15h, 14.35h, 21.15h (9). Zuschlag für Liege/Schlafwagen nach Belgrad & Budapest 10/12-15 €
Busse vom Bhf zu jedem slowenischen Ort mit mehr als einer Kneipe *(sind ja nicht so viele);* nach Bled und Postojna stdl.

Ausflug: POSTOJNA

67 km sw von Ljubljana liegt Sloweniens 1a-Attraktion. Seit ihrer Entdeckung 1819 erwiesen 25 Mio Besucher den **Adelsberger Grotten** ihre Reverenz. Bisher sind 27 km erkundet und 5,7 km zugänglich. Durch die effektvoll beleuchteten Grotten stromert ein Bähnli auf 4 km langer Schmalspur. Die Pflicht-Führung (stdl. 9-18h, Okt-Mär 10-16h) dauert 90 min, inkl. 1700m Wandern. Am Ende wartet eine erstaunliche Kreatur, blind & durchsichtig. **Helm auf,** es wird happig: Eintritt 20 €, ISIC 16 €, <18 13 € Eingang 2 km vom Bhf (nach Ljubi stdl. -22h).
Abenteuertouren mit 3-10 P im unzugänglichen Grottenteil bucht man auf turizem-kras.si (2-5 Std. 30-50 €inkl. Kletterzeug & Schlauchboot).

Vier Grottentipps! Pulli mitbringen, dort unten herrschen konstant 9°. Spät kommen, wenn die Reisegruppen durchgeschleust sind. Zum englischen Guide gehen, der hat wenig zu tun. Kramläden beim Eingang meiden, die sind frech überteuert.

**BLED

✆ 04. 60 km nw von Ljubljana. 6000 Ew. 512m üNN. bled.si.
Nicht einsam, nicht billig: Das Heilbad am Fuß der Julischen Alpen lockt jederzeit begeisterte Urlauber an (viele Familien). Boote führen auf die Insel im smaragdfarbenen See, darüber schiebt ein Schloss Wache. Wer Wandern, Mountainbiken, Rafting, Canyoning, Reiten oder Bergpanoramen nicht mag, ist hier falsch. Angaben ab **Kasino,** wo die Ljubljana-Straße auf den See trifft.

TIC: beim Kasino (Svobode 10. T. 574 1122. 9-22h), mit Heft *Bled Tourist* (2 €).
Triglav NP-Büro: am See (Kidriceva 2. 800m nw. T. 574 1188. Mo-Fr 7-15h).
Reisebüro: Kompas (Ljubljanska 4. 20m ö. T. 574 1515), mit Tourentipps, Wanderkarten und Mountainbikes (3/6/9 €pro Std/halben/ganzen Tag).

Schlafen. Der friedliche **Camping Bled** (Velika Zaka. Kidriceva 10c. 2 km nw. T. 575 2000. camping-bled.com) liegt 50 Schritte von Strand & Booten. Zwei P mit Zelt 17 € (Juni-Sep 23 €). Supermarkt, Resto, Tennis, Apr-Okt. 600m s vom Bhf.

Die JH Pension Bledec (Grajska 17. 800m nw. T. 574 5250. youth-hostel-bledec.si) ist ein Juwel in hübscher Lage. 55 Betten, geräumige 4-7er-Dm mit F 21 €, Dz mit F 54 € 1a-Duschen, Lounge mit Sat-TV, Wäscheladung 3 €, Resto, ganzjährig anmelden 7-22h, ab Busbhf ausgeschildert. Railer-Treffpunkt!

Jakelj Backpackers (Selo 11a. T. 070/616 889. hostelworld.com) liegt 6 km n im Dorf Zirovnica; tgl. drei Pendelfahrten nach Bled, zuletzt 19h – abends ist dort eh wenig los. 25 Betten, 3-6er-Dm mit F 15 €, prima Mahlzeiten 4 €, preiswerte Aktivitäten (xxl-slovenia.com) von Rafting bis Canyoning, freie Abholung vom Bhf.

Ortsweit hängen **Zimmer frei-**Schilder in Fenstern, oder man bemüht TIC bzw. Kompas. Im Sommer kosten Ez/Dz ab 30/45 €, ab drei Nächten minus 20-30%.

Abends. Nach 20h geht es familiengerecht zu: Feuerwerk überm See am Sa, OmU-Kino bei der JH, Tanzabende in Hotels und Kasino. Man darf aber auch mit Railern vor der JH abhängen oder früh zu Bett gehen, wegen Action am nächsten Tag.

Schloss. Zum Schloss (300m s der JH. 9-20h. 3 €) windet sich ein steiler Pfad vom Grasstrand aus. Bei dieser Aussicht versteht man, warum die Bischöfe von Brixen, das doch 200 km w in Südtirol liegt, seit 1078 lieber hier residierten.

See. Das Grand-Hotel Toplice (300m sw) lässt jeden in sein **Thermalbad** (6 €). Auch im erstaunlich warmen, klaren See macht **Schwimmen** Spaß, sofern man nix gegen Riesenkarpfen hat. Wer nicht glaubt, dass die groß sind wie Babywale, werfe beim Picknick auf dem südlichen Plankensteg ein paar Brotkrümel ins Wasser...

Insel. Und wie erobern wir das grüne **Blejski otok** im See, auf dem ein Kirchlein wie aus dem Allgäu thront? Schweißlos per Gondel (8 €/P) oder schwitzend im Ruderboot (vier Plätze, 9 €/Std) ab Camping Bled, inkl. Zutritt zum Glockenturm. Von Zaka/Camping kann man auch rüberschwimmen, im Winter rübergleiten.

Berg. Meist herrscht prima Klima im Angesicht der Karawanken, die die Grenze zu Österreich bilden. Die meisten Berge gehören zum **NP Triglav,** dessen Gipfelerstürmung (2864m) für Slowenen Ehrensache und in 16 Std möglich ist; klüger sind aber 2-3 Tage, mit Übernachtung in einer 16 Berghütten *(planinski dom).*

Der schönste Marsch ab Bled landet in der ****Vintgarklamm** (4 km nw. Mai-Okt bis Sonnenuntergang. 3 €), in der man auf Holzplanken überm zischenden Schlund 30 min bis zu einem Wasserfall braucht. Bus vom Busbhf zur Klamm 9.30h.

Hin & weg. Vom **Bhf Lesce-Bled** (5 km ö) am Ferngleis München-Zagreb nach **Ljubljana** etwa stdl. 6.47-20.29h (1 Std). Pendelbus zwischen Bled und Bhf stdl.

Von **Bled-Jezero** (2 km w) am Wocheinergleis nach **Ljubljana** mit u/in Jesenice 7.13h, 13.10h, 17.10h, 20h (1½ Std). **Most na Soci** 6.28h, 8.34h, 11.30h, 14.51h, 17h, 19.17h (1 Std). Vom **Busbhf** (600m n) nach Ljubljana stdl. (80 min. 4 €).

***SOCA-TAL

☏ 05. Most na Soci 190m üNN, Bovec 450m üNN.

Durch die Julischen Alpen kurvt seit 1906 die ****Wocheinerbahn**. Auf 79 km zwischen Bled und Nova Gorica bezwingt ein Glanzstück der Bahnbaukunst die Wasserscheide Donau/Adria, was nicht ohne Tunnels und Viadukte abgeht. Nach getaner Arbeit rastet der Zug in **Most na Soci,** und wir müssen den Blauschock der Soca (ital. Isonzo) überwinden, die am Triglav entspringt.

Krieg. Das herrliche Tal wirkt so weltvergessen, und doch tobte darin 1915-18 das **Verdun der Alpen:** die Isonzoschlacht. Auf 20 qkm verheizten k.u.k.- und italienische Generale **eine Million junger Soldaten,** angeklagt wurde dafür keiner. In Kobarid hält ein Museum (Gregorciceva 10, mit TIC) die Erinnerung daran wach.

Frieden. Sorry Herr General, aber Ruhm erntet die Soca heute auf anderem Wege: als Wildwasserspot erster Sahne. 21 km flussaufwärts von Most na Soci avanciert das Örtchen Bovec von Apr-Okt zum **Mekka der Rafter.**

Bovec. Alles Wichtige liegt um den Hauptplatz Trg Golobarskih zrtev, auch **Turist Info** (T. 384 1919. bovec.si) und **Triglav-NP-Büro** (T. 388 9330). Es gibt vier Zeltplätze am Fluss, und Avrigo (Trg Golo 47. T. 388 6123) vermittelt Dz ab 28 €. **Bovec Rafting** (Trg Golo. T. 388 6128) hat alles Nötige: 2 Std Rafting kosten 30 €, Kajaks und zweisitzige Kanus für vier Std 21/33 €, inkl. Ausrüstung.

→Hin & weg. Bahngenießer bauen sich hier eine prickelnde **Rundfahrt** Ljubljana-Bled-Most-Sezana-Postojna-Ljubljana – oder zischen ab nach **Venedig!**

Von **Most na Soci** (in Std) Busse nach Kobarid & Bovec stdl. ($^{1}/_{2}$/$^{3}/_{4}$). Züge nach Bled 6.09h, 8.18h, 12h, 15h, 16h, 20.16h ($^{3}/_{4}$/1); Sezana 7.31h, 12.28h, 18h (2).

Von **Sezana** Züge nach Most & Bled 6.33h, 10.18h, 14.22h (2/3); Postojna & Ljubljana fast stdl. 9.23-18.15h (1/1$^{3}/_{4}$). Busse nach **Triest** *Mo-Fr* 8h, 9.30h, 11h, 16.30h, 18h ($^{1}/_{2}$), *D*-Züge von Triest nach Venedig etwa stdl. 6.41-20.42h (2).

SPANIEN

✆ 0034. 504.645 qkm. 46,6 Millionen Ew. BIP 23.554 €/Ew. tourspain.es.
Jährlich kommen 50 Millionen Urlauber, der Tourismus ist mit 11% am BIP beteiligt, und dennoch winkt abseits der Küsten ein neues Raumgefühl. Hier spürt man, dass Spanien anderthalb mal so groß ist wie Deutschland, aber nur halb so viele Einwohner hat. Zudem lockt es mit einigen der attraktivsten Reiseziele in Europa. Leider ein dicker Minuspunkt: **die Renfe mag Interrailer nicht.**

Schmankerl! Bahn: der Pyrenäentipp Barcelona – Latour de Carol, San Sebastián – Bilbao auf schmaler Spur, Granada – Ronda. **Kultur:** Barcelona, Granada, Sevilla. **Natur:** Andalusien zu Fuß, Rad oder Pferd.

Serviceteil

TurEspaña: Kurfürstendamm 63, 10707 Berlin, T. 030/882 6543. Walfischgasse 8, 1010 Wien, T. 01/512 9580. Seefeldstr. 19, 8008 Zürich, T. 01 252 7930.

Botschaften in Madrid: D: calle de Fortuny 8, T. 91 557 9000. A: Paseo de la Castellana 91, T. 91 556 5315. CH: Núñez de Balboa 35-7°, T. 91 436 3960.

Konsulate in Barcelona: D: pg de Gràcia 111-11°, T. 93 292 1000. A: Maria Cubi 7-1°, T. 93 368 6003. CH: Gran Via 94-7°, T. 93 409 0650.

€-Land. Banken öffnen Mo-Fr 8-14h (Okt-Mai -16.30h), Sa -13h und nehmen für Reiseschecks happige Gebühren; bei Banco de España frei. Zahllose Geldautomaten *(telebancos)* spucken tgl. bis 200 €aus. Spanien drängt preislich nach oben.

✆ Polizei & Ambulanz 112. Es gibt keine Ortsvorwahl, immer sind alle neun Ziffern zu wählen.

Spanien per Bahn

Wegen **Spaniens Spurweite** von 1668 mm (Europa: 1485 mm) erfolgt die Anreise seit über hundert Jahren in zwei Etappen, mit Zugwechsel in Portbou/Cerbère oder Irún/Hendaye. Doch heute verabschiedet sich Spanien mählich & lautlos von der Breitspur. Immer mehr Züge haben beides drauf *(Alta, Alvia, Talgo, Trenhotel),* und den *AVE/Avants* reichen schon 1485 mm zum Rasend werden. So rückt zusammen, was in Zeiten von Billigflügen nach Girona schnellstens zusammen gehört: die Highspeedgleise Madrid – Lissabon und Barcelona – Perpignan sind im Bau, die Anbindung ans französische TGV-Netz ist frühestens 2012 geplant. Ich halte Euch auf dem laufenden.

Auslandszüge von Madrid-Chamartin (in Std) nach **Paris-Austerlitz** ZR*Hot* 19h (13). **Hendaye** ZR*Alaris* 8h, 16.10h (6), dort Anschluss nach Paris Z*TGV* 14.05h (6), Z*D* (9). **Lissabon** ZR*Hot* 22.25h (10).

Von **Barcelona**-Sants nach **Montpellier** ZR*Tg* 8h, 16.42h (5½/4½), **Paris** mit u/in Cerbère *R* 17.16h (ab Cerbère *NZ* mit Liegewagen & Schlafsitze), ZR*EN* 20.20h (14/12). Von Bcn-

Franca nach **Zürich & Mailand** Di/Do/So ZR*Ht* 19.38h (je 14½).

Schlag den Zuschlag! Von Barcelona-Sants bummelt man Zfrei nach Cerbère 7.53h, 17.16h (2½); dort Zfreie *RE* nach Montpellier 12.43h, 15.47h, 17.25h (2½). Gegenrichtung siehe Frankreich per Bahn.

Red Nacional de Ferrocarriles Españoles. Mit 11.757 km Breitspur plus 2230 km *AVE*-Normalspur ist das Netz der Noch-Staatsbahn *viel* zu dünn fürs Riesenland. **Nahverkehr** besteht oft nur aus 2-4 Zügen tgl. pro Strecke, viele Orte sind nur per Bus erreichbar, gut bedient werden nur die *Cercanías*-Netze rund um elf Großstädte. Frust auch im **Fernverkehr:** Anschlüsse sind rar, alles richtet sich auf Madrid aus, nachts und Fr/So sind viele Fernstrecken überfüllt. Und der R**Reservierungswahn** erstickt spontanes Reisen im Keim. Speisewagen fahren auf Hauptstrecken mit. Fahrpläne, Gepäcklager und Schließfächer bietet jeder größere Bhf. Die **zweite Klasse** heißt ***turista,*** die erste *preferente*. Im *AVE* fährt eine allererste Klasse mit: *club*.
Statt das Angebot in der Fläche zu verbessern, schütteln die Renfe-Bosse ständig neue **Gattungen** aus dem Ärmel – Hauptsache den dicken Max machen. Ihr klimatisierter ZR***AVE*** rast mit über 300 km/h von Madrid nach Sevilla (seit 1991) bzw. Barcelona (2007). ZR***Euromed*** (Barcelona-València-Alicante) und ZR***Alaris*** mit Neigetechnik (Madrid-València) schaffen 220 km/h auf breiter Spur. Zuschläge beschäftigen uns auch landesweit in den Leichtgewichten ZR***Talgo*** und ZR***Altaria,*** ZR***Arco*** (entlang des Mittelmeers und in Andalusien) und den beidspur-tauglichen ZR***Talgo 200*** (Madrid-Córdoba-Málaga) und ZR***Alvia.*** Tagsüber zuschlagfrei sind nur R*Diurno (D),* R*Tren Regional Diesel (TRD), RegionalExpres (IR)* und *Regional (R),* der keinen Kirchturm auslässt. R**Platzkarten** (2-5 €) sind tatsächlich **für jeden Zug** außer *IR/R* vorgeschrieben.
Nachts bleibt es bunt. Der Genusshappen ZR***TrenHotel (Hot)*** von Barcelona nach Madrid, Paris, Zürich, Mailand wird von einer eigenen Gesellschaft (elipsos.com) betrieben – teuer, auch für Interrailer! Unter Renfe-Obhut sind dagegen ***EuroNight*** (Schlaf/Liegewagen) und ***Estrella*** (auch Sitzabteile). Als Schlaftipps für Interrailer kommen nur *Estr* in Frage. Für Schlaf/Liegewagen (ab 20/12 € plus) kann man sich auch an Bord entscheiden, falls noch was frei ist.
Von der **Preisberechnung** nach Distanz, Wetterprognose & Sockenfarbe des Kunden weichen *AVE, Em* und *Ht* ab. Ihre Tarife richten sich nach Datum, Tageszeit & Sockenfarbe des Kunden.
Bahnpässe mögen die Renfe-Bosse nicht, also haben sie Dias Azules, Tarjeta Turística und FlexiPass gekillt, und an Interrail maulen sie ewig rum. Nun ist **Interrail Spanien** (drei/vier/sechs/acht Tage in einem Monat 109/139/189/229 €, <26 Jahren 71/90/123/149 €) so teuer und mit Zuschlägen überfrachtet, dass man oft mit Einzeltickets besser fährt. Welcher Zug wieviel kostet, verrät renfe.es auch in catalán, galizisch & baskisch. Bei Onlinekauf gibt´s bis zu 60% Rabatt!
Renfe-Info: T. 90 224 0202.
Schlag den Zuschlag! Interraileros, die Fahrpläne lesen können oder diesen Führer gründlich nutzen, sparen auf einer zweiwöchigen Spanienrunde über 100 € an Zuschlägen. Ansonsten zahlen sie drauf: im *AVE, Avant, Talgo200* **ab 10 €,** *Talgo* nach Montpellier **10 €,** *Alaris, Altaria, Alvia, Arco, Diurno, Euromed, Intercity, Talgo* **je 6,50 €.** Sonderpreise

gelten in Nachtzügen (*Lusitania* nach Lissabon, *Elipsos* nach Paris). *¿Comprendes?* **¡Vaya con díos!**

Zeit sparen! „Wer was am Ticketschalter erledigen muss, meide große Bahnhöfe wie Barcelona-Sants, bei denen man eine Nummer zieht und dann stundenlang wartet. Besser erledigt man das an einer kleineren Station wie Barcelona-Passeig de Gracia – das geht viel schneller!" (Karl Akbari)

Interrailer über Renfe. "**Schlechte Verbindungen,** alles geht über Madrid. Also sollte man gut planen, sich nicht zuviel vornehmen und nicht über die hohen Zuschläge ärgern." (Ulrike & Simone Tanzer)

"**Die Zuschläge** sind extrem hoch. Im Nachtzug Madrid – Lissabon mussten wir 27 €zahlen, ohne Schlafwagen!" (Juliane Schneider)

„In einem so großen Land lohnt es, **nachts zu fahren.** Herbergssuche, Zimmerkosten, Zeitverlust und die Fahrerei im stickigen Klima werden mit 12 €Zuschlag für den Liegeplatz mehr als wettgemacht." (Emanuel Frass)

"**Weit im voraus** buchen! Uns wurde im Juli in Barcelona mitgeteilt, erst nach einer Woche sei wieder Platz in einem Zug nach Madrid." (Michael Grandel)

„Eine Katastrophe! Züge sind selten und lahm, Nachtzüge schlecht und teuer, außer dem guten, aber sehr teuren Hoteltren. Um **Zuschläge** kommt keiner rum, öfter muss man auf Busse ausweichen. Der AVE ist sauteuer, sein Publikum furchtbar. Mitgebrachte Lebensmittel durften wir nicht verzehren – gibt ja ein Bistro." (Julian Welzel)

"**Pünktlichkeit gibt es nicht,** Regiozüge fahren nur morgens und irgendwann nachmittags, Anschlüsse innerhalb einer Std sind Mangelware. Im Bahnwesen spricht kein Mensch englisch." (Dirk Karlin)

"**Da man von der Renfe** viel Schlechtes hört, will ich mal erzählen, was uns passierte. Auf der Fahrt von Algeciras nach Sevilla mussten wir in Bobadilla umsteigen und vergaßen dabei eine Digitalkamera im Zug. Im Bhf von Bobadilla fanden sich zwei überaus nette, englisch sprechende Spanierinnen, die unser Problem dem Schalterbeamten mitteilten. Der rief in den nächsten Bahnhöfen an, in denen der Zug mit unserer Kamera an Bord halten sollte. Von dort aus wurde der Schaffner informiert. Der suchte im überfüllten Zug nach der Kamera, fand sie und gab sie im nächsten Bhf ab. Eine Stunde später kam der Bahnbeamte von Bobadilla mit einem Päckchen auf uns zu. Drin war – die verlorene Kamera. Jemand hatte sie per Auto herübergebracht. Da wir eh zwei Std auf den Anschlusszug warten mussten, kamen wir samt Kamera wie geplant in Sevilla an. **Respekt und Dank** an die Renfe." (Martin Mois)

Privat betrieben werden elf Schmalspurstrecken an der Peripherie, u.a. **EuskoTren** von San Sebastián nach Bilbao. Interrail gilt nix in Privatbahnen.

Spanien per Bus & Bike

Zahllose Busunternehmen versorgen die Hauptstrecken, aber auch das hinterste Dorf. Preise vergleichen! **Expressbusse** führen Klimaanlage und Video, bei der Filmauswahl ist man dem Geschmack des Fahrers ausgeliefert. Fahrpreise weichen kaum von der Bahn ab, <30 Jahren ist der Rabatt oft ansehnlich. Rennstrecken wie Barcelona – Madrid (25 €) werden stdl. bedient, z.B. von alsa.es.

🚲 **Bikes** sind in keinem Bhf und kaum einer JH zu mieten, private Anbieter melden sich zögerlich. Räder können im Zug frei mitgenommen werden, aber (das Kleingedruckte!) nur in *D, TRD* oder *R* mit Gepäckabteil, nur als Handgepäck, nur drei Räder pro Wagen. Versendet wird von/nach 51 Bahnhöfen, bis 20 kg frei, sofern das Bike 30 min vor der Abfahrt da ist und ein Ticket oder Bahnpass vorliegt.

Schlafen & essen

☺**Sparen.** **Wildes Zelten** am Strand ist erlaubt. Wer ein Bett braucht: Pärchen logieren in Ein-Stern-Hostales (das sind *nicht* Hostels) meist günstiger & zentraler als in JHs. Außerdem erobern **Hostels** immer mehr Winkel des Riesenlandes.

Camping. Praktisch alle Zeltplätze sind in drei Kategorien eingeteilt, mit Festpreisen (Tafel am Eingang). Im Sommer werden zwei P mit Zelt 15-25 €los, von Sep-Mai häufen sich Rabatte. Die 800 *campismos* sind oft Kleinstädte mit Komfort, Supermarkt, Pool und Disco. Für Andalusiens knochenharte Böden bringt man stabile Häringe mit. Jährlich neu gibt´s bei Verkehrsämtern *guías de campings.*

Hostels. In Großstädten und Küstenorten stehen 50 **Jugendherbergen** von REAJ (Red Española de Albergues Juveniles. T. 91 347 7700. reaj.com) ganzjährig offen, oft in Randlage. Von Juni-Aug kommen v.a. in den Bergen und auf dem Lande über 200 *albergues* hinzu. „Echte" JHs kosten mit F zur Haupt//Mittel/Nebensaison 24/22/20 €, <26 Jahre 18/16/14 € Hauptsaison ist Ostern, Juli-Sep, Weihnachten, in einigen Großstädten länger. Wer ohne JH-Karte kommt, zahlt pro Nacht 3,50 €mehr. Pärchen um die 30 ohne Karte werden also selbst im Nov in Sevilla 55 €los – für so viel Geld gibt es gute Pensionen in besserer Lage. Die brachialen Hausordnungen (mittags dicht, Sperrstunde 23h) sterben langsam aus.
In den Metropolen melden sich allmählich auch unabhängige Hostels zu Wort, andernorts weicht man auf **Hostales** aus: oft zentraler, selten teurer als JHs.

Essen. Der Tag beginnt süß *(desayuno),* mittags wird von 13-16h groß gespachtelt *(almuerzo),* abends geht´s ab 21h ausführlich weiter *(cena).* **Restaurants** müssen ein *menu del día* anbieten. **Bars** locken bis spätabends mit *tapas;* Stühle sind rar, Tische erst recht. Als Snack geht nichts über *bocadillos,* kunstvoll belegte Stangenbrötchen.

Ferías! Kirch- und weltliche Zeremonien addiert, haben Spanier fast doppelt so viele freie Tage wie der Rest Europas. Kein Calvin oder Napoleon strich hier Schutzheilige aus dem Festkalender – und der fleißige Deutsche freut sich darüber.

****BARCELONA

471 km sw von Avignon. 1,8 Millionen Ew. barcelonaturisme.com.

Unter Railern gehört es zum guten Ton, zu sagen, man kenne Barcelona. Jaja, die Sagrada Família, die Ramblas, der Montjuïc. Doch Kataloniens Hauptstadt ist eine Zauberkiste, die bei Tag & bei Nacht neue Überraschungen hervorkramt. Wahrscheinlich die aufregendste Stadt Europas! Angaben ab **Plaça de Catalunya.**

Sprechen. Ohne **Català** geht nix, nicht mal bei Straßennamen. Avenida heißt avinguda (avi.); paseo = passeig (pg.); calle = carrer (wird verschluckt) und plaza = plaça (Pça).

Kurz & knackig

Turisme de Barcelona: Pça de Catalunya 17 (im Untergrund. U Catalunya. T. 93 285 3834. 9-21h); im Rathaus (Pça Sant Jaume, Barrí Gotic. 9-20h, So -14h); und im Bhf Sants (8-20h. sehr hilfsbereit). Dazu **Info-Kioske** an touristisch bedeutsamen Stellen, u.a. Sagrada

Família (10-20h). Touristenauskunft in engl.: T. 93 344 1300 (24 Std).

Touristenpolizei: La Rambla 43, T. 93 301 9060 (24 Std).

Waschsalon: Wash´n´Dry (Carrer Nou de la Rambla 19. 800m s. U3 Liceu. 6 €/Ladung inkl. trocknen), und in Hostels.

Cybercafés: dutzendfach um Catalunya. Immer offen sind easyEverything (Ramblas. vor Palau Güell. U3 Liceu) und Conect@te (Aragó 283. neben U2/3/4 Gràcia. je 1-3 €/Std).

ÖPNV. In Sachen Flächendeckung und Preis-Wert stellt **TMB** (tmb.net) eines der besten Nahverkehrssysteme in Europa; Tramvia Blau und Telefèric Montjuïc siehe Anschauen. Das **Metronetz** (sechs TMB-Linien plus drei unter FGC-Regie) ist so eng gestrickt, dass kaum ein Punkt weiter als 10 min von einem der 147 U-Bahnhöfe entfernt liegt. Metros fahren von 5-24h, Fr -2h, Sa durchgehend!

Jede **Bushaltestelle** hat einen Linienplan. Tagsüber sind 120 Linien zugange, von 23-6h dann die Busse N0 bis N15 von acht Ecken der Plaça de Catalunya. **Einzel-Bitllets** im Bus/Metroverbund kosten 1,35 €, Zehnerkarten 8 € und die Tageskarte **T-Dia** 6 €. Auch **Targetas** für zwei/drei/vier/fünf Tage (11/15,50/20/23 €) gibt es in allen U-Stationen und Verkehrsämtern. Schwarzfahren kostet 30 €.

Zusätzlich zum Nahverkehr setzt TMB doppelstöckige **Bus Turístics** ein: ab Plaça de Catalunya 9-20h auf drei Linien. Ein/zwei Tage mit beliebigen Stopps an 42 relevanten Stellen kosten 21/27 €, inkl. Bordguide und Rabattheft.

☺ **Sparen I.** Je länger der Aufenthalt, desto kostbarer wird die **Barcelona Card** (zwei/drei/vier/fünf Tage 26/32/36/42 €, online -10%). Neben freiem ÖPNV im Großraum verschafft sie freien Eintritt oder Rabatt in allen Schauplätzen.

☺ **Sparen II. Cercanìas**-Züge (vier Linien. oft parallel zur Metro) sind für Interrailer frei. Damit sind wichtige Plätze erreichbar, z.B. Catalunya, Espanya und Gràcia.

Taxis leuchten grün, wenn frei, und sind eine echte Alternative zum Nachtbus. Vom Bhf Sants zur Plaça de Catalunya kostet 4-5 €. Zentralen: T. 93 322 2222 und 93 212 2222.

Bike? Radfreundlich sieht anders aus. Viel Gefälle, wilde Autofahrer, schlechte Luft und einige Diebe machen Radlern das Leben schwer. Immerhin, die Radwege werden rasant ausgebaut und immer mehr Ecken für Autos gesperrt. Am Sa/So beliebt: Ciutadellapark, Montjuïcrunde und die Strandpromenade am Poble Nou.

Seriöse Bikes, Tandems & Touren bieten allein in der Ciutat Vella acht Vermieter, z.B. **Bornbike** (Marquesa 1. U4 Barceloneta. bornbikebarcelona.com) für 6 €/zwei Std, 10 €/3-5 Std, 15 €/Tag.

Bunte Spaßbikes stellt **Barcelona Bici** (bcn.es. T. 93 285 3832) von 10-20h (Nov-Apr - 18h) an der Plaça Catalunya (Ronda Universitat), im Raval (Portal de la Pau 1) und Barceloneta (pg. Joan Borbó C 45) bereit: 4,50 €/Std, 15 €/Tag, 21 €/Wochenende, mit BCard minus 15%, Rückgabe an beliebigem Standort.

Seit 2007 betreibt die Stadt ein vielgelobtes Bikesharing. Für **Bicing** (bicing.com) stehen an 384 Stationen, meist U-Bhf, 5500 leichtgängige rot-weiße Smartbikes, die jederzeit für Kurzstrecken zu entleihen & zurückzugeben sind (Mo-Fr 0-5h nur Rückgabe): erste ½Std, jede weitere Std 1 €, nach 2 Std Strafe von 3 €/Std.

Schlafen

Camping. Die katalanische Küste wird zugewuchert von riesigen *campismos*. Für Railer kommen nur vier Strand-Campings s der Stadt, an der C31/Autovía Castelldefels vor Gava und Viladecans in Frage: Bus L95 ab Pca de Espanya (15 min). Der Flughafen liefert die Begleitmusik, ansonsten okay ist z.B. **3 Estrellas** (km 186,2. T. 93 633 0637. camping3estrellas.com): 7 €P, 8 €Zelt, Wohnmobile mit 4-6 Betten 90-125 €, 2/4er-Hütten 32/48 €, Aug plus 10-15%, offen von März-Okt.

Planen. Hier stehen über 60 Herbergen & Hostels. Sie sind für Pärchen kaum billiger als eine Pension, aber man trifft leichter andere Railer. Also sind, zumal im Aug, zentrale Häuser schnell voll. Nicht aufs Last-Minute-Glück zählen – **vorbuchen!** Alle Hostels bieten Internet und **Schließfächer** – Schloss mitbringen.

„Wir konnten nicht vorbuchen, alle JHs waren belegt. Gerettet hat uns die Hostel-Booking-Agentur im Bhf. Anscheinend wird für Neuankömmlinge ohne Reservierung stets ein Hostel freigehalten.„ (Lara Spendier)
„Die Hostelvermittlung am Bhf Sants klappt wunderbar." (Vincent Venus)

Herbergen. Vier *alberges* gehören dem JH-Verband an, allesamt sauber, gut geführt und mit gemischten Dorms. Ohne JH-Karte zahlt man 3,50 €, ohne Schlafsack 2-3 €drauf, wg. Bettzeug. Gäste <25 kommen 3-4 €billiger davon.

Mare de Déu de Montserrat (pg. Mare de Déu del Coll 41-51. 4 km n. T. 93 210 5151. xanascat.cat) übertrifft an Stil sogar viele Hotels. 214 Betten in luxuriöser Hangvilla, 6er-Dm mit süßem F 26 (Okt-Apr 21) €, <25 22 (18) €. Weit hinterm Parc Güell, toller Garten, Rezeption 8-23h, nach 24h kommen Gäste halbstdl. rein. U3 bis Vallcarca, dann auf avi Argentina 7 min aufwärts. Wer´s weit vom Zentrum aushält: Tipp!

Die **JH Rambles-Center** (Hospital 63. 500m s. T. 93 412 4069. center-ramblas.com) liegt tatsächlich fast an den Ramblas. 172 Betten, klimatisierte karge 4-10er-Dm mit F 26 (Okt-Mai 22) €, <25 22 (18) €. Küche, Getränkeautomaten, Spieleraum, oft Schulgruppen. Rezeption 7-23h, kein Torschluss. 100m ö von U3 Liceu.

Zur modernen **JH Pere Tarrés** (Numància 149. 1300m w. T. 93 410 2309. peretarres.org/alberg) spaziert man vom Bhf Sants einfach 15 min die Allee links rauf. 240 Betten, 8-10er-Dm mit Bad und magerem F 27 (Okt-Juni 25) €, <25 23 (21) €, Dz für alle 82 €. Küche, Mahlzeit 8 €, Villa mit Garten, alles sauber, nette Menschen, Torschluss 3h. 400m ö von U3 Les Corts, oder Bus 7/34.

In/Out (Major del Rectoret 2. T. 93 280 0985. inoutalberg.com) liegt herrlich am steilen Schwitz-Berg im Stadtpark Collserola, aber weit weg von allem. 158 Betten, große helle Dm mit Aussicht, Bad und F 26 (Okt-Mai 22) €, <25 22 (18) €. Modernes Haus, geführt von/mit Behinderten, mit SB-Resto (Mahlzeit 6 €), Terrassen-Bars, Leseecken, Wanderwege, Aktivitäten, immer offen. FGC bis Baixador de Vallvidrera (6 Stops ab Catalunya), dann Stufen zum Rectoret rauf.

Hostels. Nirgends dräuen Torschluss oder Weckkommando. Allerdings sind auch einige überteuerte Abzocker am Werke. Folgende Hostels sind zu empfehlen.

Beste Absteige im Gotenviertel bleibt das helle **Gothic Point** (Vigatans 5. 600m sö. T. 93 268 7808. gothicpoint.com). 146 Betten mit Nachttisch, Leselampe und Vorhang! 6-14er-Dm mit Bad 19-22 (17) €. Keine Küche, TV/Musiksaal, große Terrasse, viele Amis, oft laut, Checkout 11h, Bikes 5 €Std. U4 bis Jaume I, nur 170m zu Picasso.

Spitzenlage für Nachteulen: Das **Kabul** (Plaça Reial 17. 600m s. T. 93 318 5190. kabul.es) entstammt einer Ära, als sich Rucksäcke in Kabul noch wohl fühlten. 200 Betten, 8er-Dm

24 (Jun/Sep 22, Okt-Mai 19) €, auf den bezaubernden Platz (laut) oder im Obergeschoss. Billard, Bar, alles easy, immer Party. Am ehesten stören Schläfer, die den frohgemut heimkehrenden Zecher um 4h an-pst!en. U3 Liceu.

Fabelhafter Newcomer in Seitenstraße der Rambla: **Ideal Youth Hostel** (Unio 12. T. 93 342 6177. idealhostel.com) verbirgt hinter bourgeoiser Fassade cooles Design, von Bar/Lounge bis Dachterrasse. Nüchterne 4-12er-Dm mit WC, Balkon und F 20 (Mär/Sep 18, Okt-Feb 16) € Jeder Gast kriegt seinen Zahlencode, dadurch immer Zugang. U3 Liceu.

Barcelona Mar (Sant Pau 80. 1200m s. T. 93 324 8530. youthostel.com) liegt *nicht* am Meer, sondern im Herzen des El Raval (Multikulti, Drogen). Klimatisierte 6-16er-Dm mit gutem F 22-24 (Mär-Mai 19, Okt-Feb 16) € Keine Küche, aber im Hauptsaal Mikrowelle & Tische. Sauber, tolles Personal, immer offen. Fünf Blocks sw von U3 Liceu. Neuerdings mit drei Ablegern in Ramblas-Nähe.

Das **Sea Point** (Plaza del Mar 4. 2 km sö. T. 93 224 7075. seapointhostel.com) liegt tatsächlich am Meer, wenige m vom Strand. Große 4-8er-Dm mit Bad und sattem F 19-22 € (Okt-Mai 17 €). Keine Küche, Bar mit Strandblick. 5 min s von U4 Barceloneta, oder Bus 17 von Catalunya bis Joan de Borbó (fast vor der Tür).

Studio (Duquesa d´Orleans 56. 5 km nw. T. 93 205 0961. studio-barcelona.com) zählt zu den 26 Wohnheimen, deren Studis im Juli/Aug ihre Zimmer für Reisende räumen. 40 Betten, Dz mit Bad und F 26 €/P. Sozialecke mit Sat-TV, fast gespenstisch ruhig hier. U6 bis Reina Elisenda (20 min), dann ein Block aufwärts.

Pensionen. Erst das Zimmer zeigen lassen, denn im Billigspektrum sind Heuler dabei: ultra-eng, fensterlos, unsicher. Von Okt-Apr sinken die Preise um 20-40%.

Toledano (Ramblas 138. T. 93 301 0872. hoteltoledano.com) ist ein freundlicher Zwitter, seit 1914 im Besitz derselben Familie. Vierte Etage: Hotel-Ez/Dz/3z/4z mit Bad, TV und Balkon 44/72/95/112 € Fünfte Etage: einfache Hostalzimmer 39/60/-/- € Man spricht englisch. U1/3 Catalunya.

Benidorm (Ramblas 37. T. 93 302 2054. barcelona-on-line.es/benidorm) bietet den höchsten Preis-Wert in dieser Ecke. Schmucklose Ez/Dz/3z mit Bad, Telefon und Balkons zu den Ramblas ab 32/50/66 € U3 Drassanes.

An der Plaça Reial wirkt **Villanueva** (#2. T. 93 301 5084) am erschwinglichsten und **Roma** (#11. T. 93 302 0366) am angenehmsten. Dz je nach Größe 40-55 €, im Roma mit Bad 60 € Die Plaça wie auch viele ihrer Nebengassen brummen abends vor lauter (lauten) Bars.

Fernando (Ferran 31. T. 93 301 7993. hfernando.com) schafft es fast an die Plaça Reial – Spitzenlage. 50 Betten, gemischte 4-8er-Dm 18-25 €, Komfort-Ez/Dz/3z mit Bad 45-55/60-75/75-90 € Alles renoviert und sauber, WiFi, große Safes, kleine Sozialecke, prima Duschen, nette Dachterrasse. U3 Liceu. Tipp!

Essen, trinken & feiern

Besucher Kataloniens freuen sich auf kalte Vorspeisen wie *esqueixada* (Tomaten, Bohnen, Oliven, Knoblauch, Stockfisch), *gazpacho* und außergewöhnliche *tapas*. **Gefrühstückt** wird billig in gewöhnlichen Bars von 9-12h. **Bocadillerías** sind die katalanische Antwort auf die Hamburgerfrage, Filialen von Pans & Co überziehen die ganze Stadt. Auch **Restaurants** mit billigen Menüs (8-10 €), Pizze (4-6 €) und üppigem Salat (ab 3 €) stehen an jeder Ecke.

Rambla. Die beste Frühstücks-*granja*, **Viader** (Xuclá 4-6. U3 Liceu), bräuchte sich nicht 200m sw der Ramblas zu verstecken. Exzellente *bocadillos* für 2-4 € belegen frisch Viena

(Rambla 115. U1/3 Catalunya) und La Palma (Espasería 3. U4 Jaume I) zu Salsatönen. Mittags und abends menüt man billig in Nebengassen sw der U3 Liceu, zumal der carrer de Sant Pau. Das reicht vom guten **Kashmir-Tandoori** (#39) bis zum ur-katalanischen **Els Tres Bots** (#42). Gerichte kosten hier selten über 5 €
Self Naturista im Barri Gòtic (Santa Ana 11. 50m s. Mo-Sa 12-22h) ist der vegetarische SB-Dauerbrenner. Riesenportion Paella 4 €, Tagesmenü 7 €
„In der **Travel Bar** (Bogueria 27. nahe Rambla) isst & trinkt man günstig, trifft Backpacker aus aller Welt, hier startet der Pub Crawl: Für 15 € gibt´s in jeder der vier besuchten Bars ein Freigetränk, dazu freien Eintritt im Club, in den man am Ende geht." (Katrin Sommer)

Feiern. In Hostels liegen aktuelle *flyer* aus. Viele Clubs lassen bis 24h Bands ran, viele Musikbars räumen im Lauf der Nacht eine Zappelecke frei. Schicken Mädels wird der Eintritt (2-20 €) gern erlassen, schicken Jungs in ihrem Schlepptau nie. Mit *begin at nite* ist nicht vor 24h gemeint. Wer sich nicht der Laune grenzdebiler Türsteher aussetzen will, kreuzt schon zur Aufwärmband auf: wenig los, wenig Eintritt (teils null), keine Kleiderordnung. Nach 24h gilt oft: Wer sich setzt, akzeptiert den „Verzehrzwang".

Barri Gòtic. Aperitifs und Tapas dominieren das Viertel bis 2h. Das legendäre Café de l´Òpera (Rambla 74. 550m s) prunkt mit der Eleganz des Fin-de-siècle und erlesenen Kuchen bis 3h. Els Quatre Gats (Montsió 3. 150m sö) wäre heute noch Picassos Stammkneipe, auch wenn sich die Preise seinen Erlösen angepasst haben.
Berimbau (pg del Born 17. U4 Jaume I) taugt als Ausgangspunkt für lange Nächte: Brasilien & Cocktails beim Picassomuseum. Wer was zu feiern hat, beginnt damit gern ums Eck im El Xampanyet (Montcada 22) mit preiswerten Cavafläschchen.
Anlaufstelle für Fußkranke, die sich abends wenig bewegen wollen: die **Plaça Reial.** Obwohl stilbewusstes Bistro, bleiben die regionalen Köstlichkeiten im Quinze Nits Cervantes (#6) überraschend bezahlbar. In der Bar Ambos Mundos (#10) lässt man die Seele baumeln, im Pipa Club (#3. Eintritt 4-10 €) treten Do-Sa ab 23h Jazzbands auf. Auch Jamboree (#17. 8-12 €) jazzt sich warm, bis der Dancefloor gegen 2h aufmacht.
Gràcia. Hier leben viele Künstler & junges Volk, ergo gibt es um den Bhf Gracìa ***(nicht*** U Passeig de Gràcia) und U3/5 Diagonal die erfreulichste Bar/Clubdichte. Im Universal (Mariano Cubí 184. 21-5h) wird die Postmoderne nächtlich neu erfunden; Publikum meist Ü25. Yabba Dabba (Avenir 63. Do-Sa 23-3h) vereint Mainstreamer aus aller Welt; viel Fiesta-Musik. Ins Otto Zutz (Lincoln 15. Mi-Sa 21-5h) kommen nur ultrafesche Textilien & Gsichter rein, acht Bars gönnt sich dieser Tempel der Schwärze, auf drei Floors gibt´s Leibesübungen.
Auch um die Plaça del Sol eröffnen ständig neue Designercafés. Etwas versetzt bietet der KGB (Alegre de Dalt 55. U4 Joanic. Di-Do 22-4h, Fr-So 0.30-6h) Punk und Indie live, danach wird in den Morgen getanzt: Electro-House.
Termine. Sant Jordi (23. April) ehrt den Schutzpatron der Katalanen. **Sant Joan** (23. Juni) kürt den Montjuïc zum Schauplatz eines Sonnenwend-Events mit Feuerwerk und Salsabands. **Festes de Gràcia** (Mitte Aug) ist das beliebteste der vielen Stadtteilfeste; eine Woche lang steht alles Kopf, jeder Platz wird zur Tanzfläche. **Diada de Catalunya** (11. Sep) gedenkt des Debakels von 1714, das Kataloniens Niedergang einläutete. **La Mercé** (letzte Sep-Woche) wird vom Rathaus finanziert, damit Barcelona nochmals dem Rausch erliegt.

Anschauen

Ich liebe diese Stadt und könnte locker 40 Seiten allein über Sehenswertes zuschreiben. Da aber Europa groß ist und dieses Buch klein, sollen Stichworte genügen. Eine Barcelona Card sorgt stets für ermäßigten Eintritt, ISIC nur selten.

Aufpassen. Gepäck um Catalunya & Ramblas im Blickfeld haben, möglichst vorne tragen, zumal abends. Kaum ein Interrailer machte hier noch keine Bekanntschaft mit Zappzerapp-Zigeunerinnen, Gelegenheitsdieben oder Taschenschlitzern.

Ramblas. Promenieren bleibt dem bekanntesten Laufsteg vorbehalten. Auf 700m Länge zwischen Catalunya und Altem Hafen dienen die Ramblas rund um die Uhr als Jahrmarkt der Beziehungsanbahnung. Hier kulminieren alle Gegensätze der Stadt, sie lassen auch den Ex-Hippietreff **Plaça Reial** nicht los, heute eine Mainstream-Oase des Friedens mit zerzausten Palmen, netten Cafés und viel Nightlife.
„Das Volk auf den Ramblas ist sehr gemischt: Ein Haufen Bettler, Künstler, die was draufhaben und andere, die sich lächerlich machen, lebende Statuen, Musikanten, viele Zigarettenschnorrer, Blumenverkäufer mit schönen Blumen und Kleintierverkäufer, die meiner Meinung nach alles Tierquäler sind. Aber es ist einfach eine tolle Straße und eine riskante, was das Klauen betrifft." (Andrea Mikula)
Von der Plaça Reial über die Ramblas gehüpft, und schon steht man vor Antoni Gaudís Frühwerk, dem melancholischen **Palau Güell** (Carrer Nou de la Rambla 3. Mo-Sa 10-18.30h. 3/1,50 €). Wie bei seinen späteren Projekten auch fragt man sich, welche Drogen dem Meister 1886-88 auf solche Geistessprünge verhalfen.
Barri Gòtic. Streifzüge durchs Viertel ö der Ramblas beginnen neben U4 Jaume I an Spaniens größtem gotischem Bau, der **Kathedrale** (8-13.30/16-19.30h) aus dem 13. Jh. Jeden So 12h wird davor die katalanische *sardana* wiederbelebt, jeder darf mittanzen! Neben Gotik von Rang sind Reste der Römerzeit aufzuspüren, die in die Ockerfassaden der Herrenhäuser integriert wurden.
Der frühromanische **Bischofspalast** besitzt einen arkadenreichen Innenhof. Fröhlicher wirken Gotik und Renaissance in der Casa del Arcediano (11. Jh.), die einen Palmenpatio mit Brunnen umschließt. Diese exquisite Mischung prägt an der Plaça del Rei auch das ****Museu d'Història de la Ciutat** (Di-Sa 10-20h, So -14h. 4 €, BCard frei), inkl. Mirador del Rei Martí (Aussicht!) und Pfad zwischen römischen und westgotischen Ausgrabungen.

Shoppen. Neben Schaulust befriedigt das Barri Gòtic auch viele Kaufträume (alle U3 Liceu). Alles was man fürs Picknick braucht: **Mercat de la Boqueria** (7-17h) w der Ramblas. Flohkram, Kunstsachen, Straßenmusik: **Plaça Sant Josep Oriol** (Do-Sa 8-20h). Antikes: Plaça del Pi (Do 9-20h). Münz & Briefmark: Plaça Reial (So 10-14h). Kunst: Plaça del Roser (So 10-15h). „El Mercadillo (Portaferissa 17) links der Ramblas hat gleich 20 Klamottenläden mit Second Hand, Leder, Seventies, Army oder Batik." (Sabine Hochhaus)

La Ribera. Das Viertel ö der alten Goten setzt voll auf die Moderne. Idealer Standort also für das *****Museu Picasso** (Montcada 15-23. 300m ö. Di-So 10-20h. 6/3 €, erster So im Monat ***frei***). Die weltgrößte Werkschau hat auch viel zur „Blauen Periode", die Don Pablo von 1895-98 und 1901-04 in Barcelona verlebte.

Port Vell. Die Plaça Portal de la Pau (U3 Drassanes) am unteren Ende der Ramblas wird gekrönt vom **Monument a Colom,** auf dem Kolumbus keck seinen Finger reckt. Es kann per Fahrstuhl (9-20.30h. 3 €, BCard frei) erklommen werden: feine Aussicht, wacklige Sache. Wie eine frisierte Nussschale wirkt im Hafenbecken der Nachbau der Santa Maria (9-21h. 2 €), mit der der Admiral 1492 den Grundstein zur Ausbeutung des Paradieses Amerika legte.
Hinter dem Portal de la Pau hält das **Museu Marítim** (10-20h. 6/4,50 €, erster Sa im Monat *frei)* reichlich Boote, Modelle, Gemälde zum Thema parat. Ein hypermodernes Ruhmesblatt für Freunde der christlichen Seefahrt.
Über den Laufsteg Rambla de Mar gelangt man im Hafen zur Alten Mole, auf der ****L´Aquàrium** (9-23h, Sep-Juni -21h. 17/12 €) sich ein Fernduell mit Lissabon um den Titel „Schönste Blubberstätte in Europa" liefert. Teuerste ist es schon.
Nö vom Port Vell beginnen die Stadtstrände, und wer dem Meer nochmals 1500m lang treu bleibt, stößt aufs **Olympische Dorf** voll futuristischer Ideen. Der **Port Olímpic** davor ist Barcelonas Pendant zu all den *waterfronts,* die sich Weltstädte mit Meereszugang eben so zulegen: Jachthafen, reiche Restoszene, alles teuer.
L´Eixample. Das Großbürgerviertel n von Catalunya steckt voll modernistischer Architektupfer, zumal auf dem **Passeig de Gràcia** stößt man alle Nase lang auf Fantasieprodukte von Antoni Gaudí. Ihr berühmtestes, die **Casa Batlló** (#43. U2/3/4 Pg de Gràcia. 9-20h. 17 € inkl. Audioguide, auch in dt.), wurde 1995ff hochglanz-restauriert, und die Kosten dafür gibt die Besitzerfamilie nun gern an arglose Besucher weiter. Weiter oben dominiert die 1906-10 errichtete **Casa Mila** (#92. U3/5 Diagonal. 9-20h. 10/6 €), von Zeitgenossen als *La Pedrera* (Steinbruch) verhöhnt, von der Unesco aber schon 1984 als erster Gaudí-Hammer weltbeerbt: Geniestreiche bei Statik & Licht/Luftnutzung, heißes Dachleben.

Gaudí. Nirgend sonst wird das Bild einer Stadt so sehr geprägt von *einem* Künstler wie das Bild Barcelonas von Antoni Gaudí (der zu Lebzeiten außerhalb seiner Stadt völlig unbekannt war). Dieser Knabe war ein Genie; leider ein zerstreutes, das sein Äußeres stets vernachlässigte. Als er 1926 gegen eine Straßenbahn lief, wurde er für einen Penner gehalten und so schlecht versorgt, dass er im Alter von 74 den Folgen dieses Unfalls erlag. Vor allem Gaudí dankt Barcelona seinen Ruf als Weltzentrum moderner Architektur.

Sagrada Familia. Heilige Familie nocheins! Im Stadtteil Sagrada Família (n von L´Eixample) auf dem Platz Sagrada Família (U2/5 Sagrada Família) steht Gaudís absolut unglaubliches Hauptwerk ******La Sagrada Família** (9-20h, Okt-Mär -18h. 11/9 €). 1882 begonnen, nie vollendet, Führung in engl. (4 €) um 11/13/15/17h. Diese Basilika entstand nicht auf dem Reißbrett, sondern v.a. in der Fantasie des Meisters. Acht der geplanten 18 Riesentürme ragen bereits über 100m hoch, in zweien stehen **Wendeltreppen mit bis zu 400 Stufen (Schwindelgefahr!) oder Aufzüge (2 €) Besuchern offen. Und davon kommen bis zu 2 Mio jährlich mehr als in Prado & Alhambra. Der Eingang zur ewigen Baustelle liegt an der Ecke Sardenya/Mallorca. Das Gaudí-Museum in der Krypta zeigt dazu Modelle, Bilder, Pläne. Auch abends ist es schön hier, sofern man auf seine sieben Sachen aufpasst.
Die sanfte Rückkehr in die Realität erleichtert 500m ö der *Família* der Flohmarkt **Encants Mercat** (Plaça de les Glòries Catalanes. Mo/Mi/Fr/Sa 8-20h. U4 Glòries). Auch wenn´s so wirkt: Die Straßenführung hier hat nicht Gaudí geplant ...

Parc Güell. Weiterhin Gaudí, aber 2 km n von Catalunya. Ab U3 Lesseps spaziert man in 10 min (ausgeschildert), ab U3 Vallcarca über die Baixada de la Glòria (kurioser Treppenaufzug) zum Parc.
Bizarrer als der *****Parc Güell** (9-21h, Okt-Mär -18. *frei)* ist in Spanien nur der neueste Almodóvar-Film. Hier wohnte Gaudí von 1906 bis zu seinem Tode, gelobte aber 1911, sich nur noch um die „Heilige Familie" zu kümmern, nachdem er diesen Park der Halluzinationen beendet hatte, u.a. mit Europas abgefahrenster Picknickbank (lang genug issie auch). Danach schaut man im Park in des großen Mannes original eingerichtetes Wohnhaus (10-20h, Okt-Mär -18h. 4 €).

Ins Grüne, ins Blaue

Parc de la Ciutadella. Der große Park (U4 Ciutadella) zwischen Ribera, Bhf França und Olympischem Dorf ist wie geschaffen für flotte Picknicks & Frisbeewürfe. In der Stadt Gaudís geht das natürlich nicht ohne pompösen „Wasserfall" und allerlei Felszeug. Variiert wird das Thema vom weißhaltigen **Museu d'Art Contemporani** (Plaça dels Angels 1. 11-20h, Do/Fr -24h. 7,50/6 €, Mi 3,50 €).
Was für Kenner ist das **Museu de les Ciéncies Naturals** (Di-So 10-18.30h. 6/4 €, BCard/erster So im Monat frei) mit viel Geo- und Zoologie. Für echte Tiere muss es aber der **Zoo de Barcelona** (10-20h, Okt-Mai -19h. 16 €) im s Parkteil sein.

Planen. Viel Grün und wenig Auto machen den **Montjuïc** s der Ramblas zum beliebten Ausflugsziel. Wer den Gipfelmarsch scheut, hat drei bequeme Varianten: **Bus 50/55/61/PM** ab U Espanya zu allen Attraktionen, Zahnradbahn **Funicular** von U2/3 Paral-lel teils unterirdisch zum Parc de Montjuïc (9-22h. hin/rück 3/4 €) oder der frisch aufpolierte Sessellift **Telefèric** vom Parc zum Castell (9-22h. 6/8 €). Alle mit TMB-Tageskarten frei.

Montjuïc. Die Sehenswürdigkeiten am & auf dem Hügel füllen mühelos einen Tag. Das **Castell** (Di-So 10-20h. frei) auf dem Montjuïc bietet, was Castells bieten müssen: Waffen, Panorama und viel Ärger (hier: Schließung des Militärmuseums). Eine Etage tiefer zeigt das **Museu d'Arqueologia** (Di-Sa 9.30-19h, So -14.30h. 3/2 €, So frei), was beim Buddeln hier & auf den Balearen zu finden war.
Volle Konzentration verdienen eher die Hämmer links und rechts der Archäologie, beide w der Telefèric-Bergstation. Das ****Museu d'Art de Catalunya** (Di-Sa 10-19h, So -14.30h. 8,50/6 €für zwei Tage, erster So im Monat frei) im sehenswerten Palau Nacional behandelt Römerzeit bis Mittelalter erschöpfend, und stets im Bemühen, katalanische Eigen-Art hervorzuheben.
In der *****Fundació Joan Miró** (Di-Sa 10-20h, Do -21.30, So -14.30h. 8/6 €) kommt die Moderne stilvoll wie selten zu ihrem Recht. Neben dem Meister runder Formen gibt's in Josep Lluis Serts Schachtelbau Wechselausstellungen von Rang.

☺ **Sparen.** Das **Articket** (22 € in OTs, Museen & auf articketbcn.org) öffnet uns ein halbes Jahr lang sieben Prachttüren zur Kunst: Museu Picasso, Casa Milà/Pedrera, Fundació Tàpies, Art Contemporani/MACBA, Cultura Contemporana/CCCB, Art de Catalunya/MNAC und Fundació Miró. Mit Einzeltickets läge man über 50 €

Über saftige Parks zu erklimmen, erinnert das **Olympiastadion** (10-20h, Okt-Apr -18h. frei) von 1992 daran, dass Barcelona und Sydney der Welt die einzigen nicht lachhaften Sommerspiele seit 1972 schenkten.
Die Michael Phelpse der Rucksackkaste gehen im Olympiabecken der **Piscines Picornell** (11-18.30h. 5,50 €) auf Rekordjagd. „An heißen Tagen genießt man zugleich das kühle Nass und ein fantastisches Panorama. Das Olympiastadion liegt am Funicular, auch diesen Blick vergisst man nicht so schnell." (Julian Welzel)
400m bergauf von U1/3 Espanya sorgt ein „Spanisches Dorf" für Stimmung. Im **Poble Espanyol** (Mo-Do 9-2h, Fr/Sa -4h, So -24h. 8,50/6,50 €, abends 5 €, BCard frei) erfreut tagsüber ein Modelldorf samt Souvenirbedarf die Tourgruppen, abends strömt die halbe Stadt in seine luftigen Bars und Restos.
Tibidabo. Niemand schafft es in Barcelona höher hinaus als der Tibidabo (561m) und seine Jesusstatue, die dem Temple del Sagrat Cor die Kitschkrone aufsetzt. Da oben zeigt sich das wahre Ausmaß dieser Riesenstadt und ihrer Luftverpestung.
Am Fuße des Tempelbezirks kitzelt ein mäßiger **Parc d´Atraccions** (Di-Sa 12-23h, Okt-Mär nur Sa/So -21/19h. 25 €) die Nerven. Prickelnder ist der Highspeed-Aufzug zum Aussichtsdeck auf halber Höhe des 288m hohen, sehr schlanken Funkturms **Collserola** (Mi-So 11-20h. 5/3,50 €, BCard frei). Statt die gute Luft anzuhalten, könnte man sie aber auf Spazierwegen im **Parc Collserola** (Info-Center 9.30-15h) auch nur tief einatmen.
Vergnügen verschafft schon die Anreise auf den Tibidabo: ab Plaça de Catalunya per **Cercanías C7** (1,20 €, Interrail frei) bis avi de Tibidabo, von hier per lustiger **Tramvía Blau** (10-20h alle 15 min, Sep-Jun nur Sa/So. hin/rück 3/4,50 €, Tickets nur an Bord) zur Talstation, schließlich per **Seilbahn** rauf zu Jesus (Zeiten/Preise wie Tramvía). Kein Rabatt mit TMB-Tageskarten.
Baden. Barcelona ist mit Athen die einzige Metropole, in der zwischen Weltklasse-Sights und Strandspaß wenige Fußminuten liegen. Wer am Port Vell losgeht, erlebt nacheinander die sandigen **Platjas** Sant Miquel, La Barceloneta (wildes Barleben) und hinter dem Port Olímpic dann Nova Icaria, Bogatell und Mar Bella (FKK-Abschnitt).
Wer ohne Weltklasse-Architektur im Rücken baden mag, lobt die Cercanías (Interrail frei) von 6-23h ab Bhf Sants. C1 klappert halbstdl. die südliche **Costa Brava** ab, über Arenys del Mar, Calella, Malgrat nach Blanes (85 min). Zum nächtlichen Treiben ist man wieder in Barcelona, und anderntags erholt man sich am Strand von **Sitges** (34 km s): Renfe-Züge ab Bhf Sants halbstdl. 6-23h (30 min).

Jubeln. Natürlich spielt der **FC Barcelona,** gegründet 1899 vom Basler Hans Gamper, den geilsten Fußball der Welt. Ist ja Kataloniens Nationalteam, darum ohne Trikotwerbung. Spontan ein FC-Heimspiel im gewaltigen **Nou Camp** zu besuchen ist aber schwierig, denn Ligapartien sind trotz Astro-Preisen (Gegengerade 60-80 €, Oberrang 30-54 € fcbarcelona.com) meist ausverkauft. (Der andere Erstligist hat zwar immer Tickets (25-40 €) für seine Heimspiele im Olympiastadion, aber wer will in Barcelona schon ein Team namens *Espanyol* sehen?)

Hin & weg

Bahnhöfe. França (700m ö. U Barceloneta) ist sehenswert, die Chefrolle verlor der Kopf-Bhf aber 1998ff an die moderne Durchgangsstation **Sants** (1500m w. T. 93 490 0202). Hier gibt´s alle Dienstleistungen (riesiger Supermarkt Esclat: Mallorca 1-5, 100m w ums Eck), dazu unterirdisch Züge, Metros und Bahn zum Bhf França. Viele Züge halten auch im **Passeig de Gràcia.**

Aufpassen. An vielen Fernzügen hängen **Kurswagen** zu unterschiedlichen Zielen. Wer zu Hauptzeiten was am Ticketschalter erledigen muss, meide Sants (höchste Sicherheitsstufe, lange Wartezeiten); viel schneller geht das in kleineren Bhfen, z.B. Passeig de Gracia.

Züge. Von Estaciò Sants (in Std) nach **Madrid**-Atocha ^{ZR}*Ave* stdl. 6-21h (3), ^{ZR}*Estr* 22.20h (9), ^{Z}frei nicht unter 9 Std, über Lerida und Saragossa! **Portbou** & **Cèrbere** ^{Z}frei stdl. 6.16-19.16h (2¾). **Montpellier** ^{ZR}*Tg* 8.45h, 16.42h (4½). **San Sebastián** ^{ZR}*Alvia* 7.35h, 16.45h (5½), ^{ZR}*Tg* 12.30h (8). **València** *R* 9.33h (5), ^{ZR}*Tg/Alaris* 8h, 11h, 12h, 15h, 17h, 19.30h (3½), ^{ZR}*Em* zweistdl. 7-20.30h (3). **Córdoba, Sevilla, Málaga** & **Granada** ^{R}*Arco* 8h (10½/12/13/11½), ^{ZR}*Ave* 8.15h (5/5½/-/-), ^{ZR}*Ave* 10.30h (5/-/6/-), ^{ZR}*Ht* 21.30h (9½/-/11/11), ^{ZR}*Ht* 22h (9½/10½/-/-).

Fernbusse ab **Estació Sants** ins Ausland; ab **Estació del Nord** (Alí Bei 80. U1 Triomf) z.B. nach Madrid, València, Granada (7/5/13 Std. 25/17/60 €), mit Alsina Graells (alsa.es) nach **Andorra** 6.30h, 7.30h, 10.30h, 15h, 17h, 19h (4 Std. 18 €).

Ausflug: ***KLEINE PYRENÄENBAHN

Freies Schmankerl für Interrailer. **Latour de Carol** liegt 153 km n von Barcelona, 163 km s von Toulouse im Nebental von Andorra. Züglein (teils mit offenen Aussichtswagen!) ab Barcelona wackeln die fotogenen Pyrenäen an: durch Tunnels und über hohe Brücken (einmal sogar Hängebrücke). Bei Gefälle lässt der Lokführer es richtig laufen.

„Das schönste Bahnerlebnis meiner Reise." (Karl Majer) „Extrem gut ist nach Tagen in der Stadt der Sauerstoffschock. Der Morgenzug lässt einem schön ein paar Stunden zum relaxen auf einer Bergwiese." (Marco Friedrich)

Schlafen. In Latour sind die Preise so hoch wie eine Pyrenäe. Immerhin steht der gute **Camping Aurich** (24 ave Puymorens. T. 09 7764 6136) 500m nö vom Bhf.

Wundern. Latour de Carol ist der Bahnknoten in den Pyrenäen, ab hier geht´s bergab. Nur wer früh in folgende Züge steigt, sitzt am Fenster.

Züge von **Barcelona Sants** nach Latour 7h, 9.17h, 12h, 15.16h (3½ Std); *retour* 10.15h, 13h, 16h, 18.26h.

Von **Toulouse** nach Latour zweistdl. 6.50-18.50h (3 Std); *retour* 7.21-19.21h.

Von **Perpignan** mit u/in Villefranche (ab hier schmalspurige ***Petits Trains Jaunes*** mit offenen Wagen) nach Latour 7.47h, 8.50h, 12.26h, 17.11h (4); *retour* 9h, 10h, 13.35h, 15h. Im Jun/Sep-Nov fahren *petits trains* seltener, Dez-Mai gar nicht.

ANDORRA

✆ 00376. 198 km nw von Barcelona. 1029m üNN. 81.100 Ew. andorratoerisme.com.

Für Ländersammler. Dass sich vom legalen Schmuggel gut leben lässt, beweist dieses Bergfürstentum. Durch die enge Hauptstadt schieben sich jährlich acht Millionen Besucher, stets wachen Blickes für zollfreie Luxusartikel, Lederartikel, Kosmetika. Aber hey, dies sind die

Pyrenäen, hier findet jeder was zum Fußeverknacksen. Danach begibt man sich auf eine freie Tour im **Tribunal de Corts,** dem Parlament seit 1702 (100m s vom Busbhf. 9-13/15-19h). Oder genießt das **Thermalbad Caldea** (1500m nö vom Busbhf. 10-23h. 30-35 €für 3 Std), ein futuristisches Gewirr von Saunas, heißen Becken und Lagunen.

Oficina de Turismo: Plaça de la Rotonda (T. 827 117. 9-21h), hat Infos zu Campingplätzen (zwei P mit Zelt 10-18 €), Pensionen (Dz ab 40 €) und den 29 unbemannten *Refugis* in den Bergen (frei).

Busse von Alsina Graells (T. 826 567) nach **Barcelona** 7h, 10.30h, 15h, 17h, 19h (4 Std. 18 €), *retour* siehe Barcelona; Hispano-Andorrana (T. 821 372) nach **Latour** 7.30h, 10.30h (2 Std. 7 €), *retour* 10.45h, 13h. Kein Interrail-Rabatt.

Planen. Damit kann sich ab Barcelona eine Tagestour stricken (für Interrailer 25 €), wer früh loszieht: **Zug 7h** nach Latour de Carol, 1 Std Franzosengucken, **Bus 10.45h** nach Andorra, 4 Std Bergezählen, **Bus 17h** zurück nach Barcelona.

BASKENLAND

Euskadi, das Grenzland zu Frankreich, ist einzigartig. Als älteste von Europas Ur-Sprachen gibt Baskisch den Linguisten bis heute Rätsel auf. Höhlenmalereien beweisen, dass seine nicht minder rätselhaften Sprecher seit jeher hier leben. Ihre Küche genießt den Ruf, in Spanien jede andere in den Kochtopf zu stellen.

Betten. Wegen der kurzen Saison gibt es wenig Logis, lieber leidet der Norden im Juli/Aug unter Bettenknappheit. Also bucht man vor oder tanzt früh an. Diese Knappheit bedingt zur Hochsaison herbe Preisanstiege. Angegeben sind Preise im Juli/Aug; jenseits davon darf man auf Schnäppchen hoffen.

Interrail gilt **nichts** in den privaten Küstenbahnen *EuskoTren* und *Feve*.

***SAN SEBASTIÁN

20 km w von Irún. 182.000 Ew. 10m üNN. donostia.org.

Als Seebad gelangte San Sebastián (baskisch Donostia) in der Belle Epoque zu Weltruhm. Viel von dieser Atmosphäre in der formvollendeten Conchabucht hat es ins 21. Jh. gerettet. Für Stimmung zwischen Urgell-Berg und Traumstrand sorgen die baskische Jugend und eine noble Gastronomie. Basti wäre die Tapas-Hauptstadt der Welt, wenn die Teilchen hier nicht *pinchos* (baskisch *pintxos)* hießen. Angaben ab **Rathaus** am s Rand der Altstadt (700m nw vom Bhf).

„Diese Stadt hat uns am besten gefallen! Ein wunderbarer Mix aus Entspannung & Abenteuer. Nachts mit Einheimischen am Strand auf dem Basketballcourt ein Match aufziehn ist wahnsinnig lustig." (Michael Bär)

Planen. Diese Ideal-Bucht ist auch einen Ausflug wert, wenn man nur Interrail für Frankreich besitzt: *TGV* bis Irún, dort **ab Hbf** *Suburbanos* alle 30-40 min oder **ab Bhf Colón** (neben Hbf) *Euskotren* halbstdl. 6.37-22.37h nach San Seb. (1,30 €).

Oficina de Turismo: an der Urumea-Mündung (Boulevard 8. 200m ö. T. 94 348 1166. 9-19h, So -14h).

Waschsalon: Lavomatique (Iñigo 14. 200m nö. 6 €/Ladung inkl. trocknen).

Internet: Donosti-Net (Embeltrán 2. 100m nö).

ÖPNV/Bikes. Das meiste ist gut zu Fuß lösbar, für Igeldo und Miramon greift man aber gern auf **D-Busse** (dbus.es) zurück: einfach 1,30 €, nachts 1,70 €. Zuverlässig ist auch Taxi Donosti (T. 94 346 4646).

Für **Radler** wurden bisher 27 km *bidegorris* (Radwege) angelegt, da mietet man doch gern ein Bike am Surferstrand bei Bici Donosti (Ave Zurriola 22. T. 94 329 0854) oder unweit des Busbhfs bei Amara Bike (Pza de los Estudios 2. T. 94 345 7367) bzw. Bici Alai (Ave de Madrid 24. T. 94 347 0000).

Schlafen. Der Zeltplatz am **Monte Igeldo** (6 km w. T. 94 328 0490. campingigueldo.com) ist erstklassig, fürs Nachtleben aber zu dezentral, und die letzten 2 km ab JH geht´s steil bergauf. Zwei P mit Zelt 16 €, 2-5er-Bungalows 84-106 €. Bus 16, siehe JH.

Auch bei der **JH La Sirena** (Paseo de Igeldo 25. 4 km w. T. 94 331 0268. paisvasco.com/albergues) ist die Lage hinter der Playa Ondarreta für vieles günstig, aber nicht für den Abendspaß. 96 Betten, Dm mit F 17-22 €, <30 14-19 €. Gute Mahlzeiten 6 €, Torschluss 24h, Fr/Sa 2h. Bus 16 vom OT stdl. 7-22h vor die Tür, Bus 24 vom Bhf stdl. -19h (!) bis Codina, dann über Irunea Kalea.

In der engen **Altstadt** (Parte Vieja) ist bis 2h der Teufel los ist, danach lässt man sich in die Kiste fallen oder schlendert zu den Clubs hinter La Concha. Das **Enjoy Hostel** (31 de Agosto 16-1°. 50m ö. T. 94 343 1228. enjoyss.com) ist das designstarke Sahnehäubchen im Kneipenviertel. Saubere Dm mit Komfortbetten und F 25-30 (Sep-Jun 17-22) €, Dz 70 (40-50) €. Küchen ab 22h dicht, hübsche Balkons, herzliche Mitarbeiter, freies Internet, gute Musik, Hof, Surfboards. Tipp!

Etwas steriler, aber ruhiger geht´s obendrüber zu, in der **Hospedaje Ibai** (31 de Agosto 16-2°. T. 699 821 532. hospedajeibai.com). Fünf Dz/3z/4z 55/75/96 (Sep-Jun 42/54/72) €. TV, Internet, „geleitet von einer lieben Dame" (Roger Winzeler).

Pension Anne (Esterlines 15-2°. 120m nö. T. 94 342 1438. pensionanne.com) ist ein intimer Neuling mittendrin. 12 Betten, große Ez/Dz mit Bettzeug, Heizung und TV 46/64 (Okt-Jun 38/49) €. Keine Küche, alles sauber, man spricht englisch.

San Jerónimo (San Jerónimo 25-2°. 150m n. T. 94 342 7525. pensionsanjeronimo.com) ist eine Durchschnitts-Pension. Gepflegte Dz mit Waschbecken & TV 70 (Sep-Juni 35-45) €. Keine Küche, vier „Filialen", mind. zwei Nächte.

Feiern. Bastis Nachtleben ist berühmt, und vermutlich wurde Bar-Hopping am Fuß des Monte Urgell erfunden (auf Flyer achten). Wenn die **Parte Vieja** um 2h langsam die Bremse tritt, geben die **Reyes Católicos** s der Kathedrale Vollgas.

Sommer. Der **Juli** ist stets turbulent, dank Jazzfestival, Stadtfest Virgen de Carmen (16.) und Tamborrada de San Ignacio (30.). Den **August** beleben Rock- und Klassikkonzerte, gekrönt von der Semana Grande/Aste Nagusia (Woche um den 15.): Theater, Pferderennen, Wettbewerb der Feuerwerker über der Bucht. Im **September** kommen die Stars dann zum Filmfestival (seit 1953) – mit Locarno & Venedig wohl das stimmungsvollste seiner Art.

Rundgang. Vom **Monte Urgell** (Pfad ab Plaza de Zuloaga. 300m n) mit Jesusstatue verschafft man sich den Durchblick. *Aha,* die nach dem Brand 1813 als Schachbrett wieder aufgebaute Altstadt. Links am Bergfuß die Promenade mit Plaza de Zuloaga, an der das zusammengewürfelte **Stadtmuseum San Telmo** (Di-Sa 10-20.30h, So -14h. frei) im Ex-Kloster nur Baskisches gelten lässt: Gemälde, Möbel, Schmiedearbeiten, gute Fresken.
Juhu, das unten rechts am Paseo Nuevo ist das ****Aquarium** (600m w. 10-22h, Sep-Jun -20h. 12 €, <16 8 €) mit 5000 Tierarten. Um die Menschen, die sie jag(t)en, geht es fast nebendran im kleinen **Museo Naval** (500m w. 9-18h. 1 €). Davor starten Boote zur **Isla de Santa Clara** mitten in der Bucht.
Man könnte aber auch einfach seine Gräten ausstrecken an Europas *Copacabana,* dem 6 km-Sandstrand **La Concha,** der beim Villenviertel weiter hinten Ondarreta heißt. (Surferboys beehren eher die Playa **La Zurriola** ö der Urumea-Mündung.)
Von Ondarreta, dem w Ende der La Concha-Bucht (Bus 16 halbstdl. 7-23h ab Boulevard), gondelt seit 1912 eine Seilbahn (10-20h, Jul/Aug -22h. 3 €) auf den **Monte Igeldo:** noch tolleres Panorama, holzbefeuerter Leuchtturm, amüsanter **Parque de Atracciones** (11-21h. 2 €/Fahrt).
Im interaktiven **Kutxaespacio de la ciencia** (10-20h. 7 €, <18 5,50 €) beim TechPark Miramon (4 km s. Bus 28/35) steht Wunderliches zum Ausprobieren, tgl. lädt das **Planetarium** (12-19h. 4/3 €) zu fünf Ritten durchs All.

✈Hin & weg. Vom **Bhf Donostia** (Paseo de Francia) mit Renfe (in Std) nach **Hendaye** 6.34h, ZR*Alaris* 13.24h, 21.35h, ZR*Arco* 20.10h (½). **Barcelona** ZR*Alaris* 8.18h, 16.18h (6). **Madrid** ZR*Alaris* 8.42h, 16.39h (5½). **Salamanca & Lissabon** ZR*D* 13.37h (6/-), R*Estr* 22.20h (6½/12½).
Vom **Bhf Amara** (calle Easo. 800m s) mit EuskoTren (euskotren.es) nach **Hendaye** halbstdl. 6-21h, **Bilbao**-Atxuri stdl. 5.47-19.47h (½/2½ Std. 2/8 €).
Vom **Busbhf** (Plaza de Pío XII. 1500m s) mit Alsa (alsa.es) nach **Bilbao** stdl. 7-21h (1½ Std. 7 €).

Tagesausflug: BILBAO

Turbulente Hafenstadt (353.000 Ew) mit genialem Bauklotz. An Frank O. Gehrys *****Museo Guggenheim** (10-20h, Sep-Juni Di-So. 13/7,50 €) fasziniert der dekonstruktivistische Bau genauso wie die moderne Kunst darin; unbedingt mit Führung (frei. 11/12.30/16.30/18.30h). Zug siehe San Sebastián.
Wer bleiben will: **Blas de Otero** (Las Cortes 38. 50m vom Bhf. T. 94 434 3200. hihostels.com), zugleich ein Studi-Wohnheim, zählt zu den schicksten JHs im Lande. Ez/Dz mit Bad; Küche, TV und Internet 37/56 €, Gym im Hause.

KASTILIEN

Nueve meses de invierno, tres meses de infierno, sagt der stolze Kastilier. Im Winter also ein Eisloch, im Sommer ein Backofen, so stellt sich die riesige Hochebene im Herzen Spaniens dar. Wer im Juli/Aug reinschaut, lege Schweißtüchlein bereit. In der Wiege der *Reconquista* wurden zum Schutz jener Gebiete, die der Katholizismus den Mauren seit dem 11. Jh. entriss, zahllose *Castillos* errichtet. In diesen keimte Spaniens Hochsprache, das **Castellano.**

***SALAMANCA

233 km nw von Madrid. 164.000 Ew. 798m üNN. salamanca.es.

Weil seit den Mauren kein Feind mehr vorbeikam, blieben all die schönen Bauwerke Salamancas in ihrer Urform erhalten. So ist es heute ein Gesamtkunstwerk, und dazu allzeit partybereit. Während des Semesters gehören die Straßen der Jugend. Angaben ab **Plaza Mayor** (2 km sw vom Bhf. Bus 1 halbstdl.).

„Salamancas Bahnhof ist ein Hammer: Internet, sauber, keine Penner, Tourist-Info mit Stadtplan, der die JH verzeichnet. Angeblich fährt ein Bus direkt hin, leider kam bei uns keiner." (Manuel Schäfer)

„Dank vieler ausländischer Studenten und Sprachschüler ist die Atmosphäre aufgeschlossen, man lernt schnell spanische StudentInnen kennen, mit denen man um die Häuser ziehen kann." (Martin Mois)

Oficina de Turismo: Plaza Mayor 32 (T. 90 230 2002. 9-19h), am Bhf (Jul-Nov) und Busbhf (Jul-Sep).

Internet: Cibermático (Plaza Mayor 10. 7-23h).

Schlafen. Drei Zeltplätze liegen im Umkreis. **Camping Regio** in Santa Marta de Tormes (N501/c-tera de Avila. 4 km ö. T. 92 313 8888. campingregio.com) ist der Beste: weitläufig, gut ausgestattet, preiswert. Zwei P mit Zelt 10-13 €, große 4er-Bungalows 84 €, ganzjährig.

Die **Albergue Juvenil** (Escoto 13-15. 800m s. T. 92 326 9141. alberguesalamanca.com) beim Seminario Calatrava liegt für hiesige JH-Verhältnisse sehr zentral. 65 Betten, enge Dm (bis 20 Etagenbetten) 14 €, alte Duschen, keine Küche, kein Sozialraum, läppisches F. Von Plaza Mayor 10 min nach Süden marschieren.

Es gibt viele preiswerte **Pensionen,** oft sind sie aber voll, denn wer da ist, bleibt gern ein paar Tage. Das einfachste Hostal, **Los Ángeles** (Plaza Mayor 10. T. 92 321 8166) hat zugleich die beste Lage. 15 gepflegte Zimmer, teils mit Plazablick, Ez/Dz/3z ab 18/30/40 € Bei Inma oder Juan *"Con vista, por favor"* sagen!

Dasselbe freundliche Paar führt das winzige, saubere, wunderbare **Las Vegas** (Meléndez 13-1°. 150m sw. T. 92 321 8749. lasvegascentro.net). 17 Zimmer, Dz/3z/4z mit Bad 40/55/75 € Ähnliche Preise gelten im geräumigeren **Hostal Tormes** (rúa Mayor 20. 300m sw. T. 92 321 9683) am Weg zu Uni und Kathedralen.

Altstadt. Die schönste *****Plaza Mayor** (1755) des Landes wird von Arkaden umschlossen. 600m sw, an der rúa Mayor, haben sich zwei Gotteshäuser ineinander verschachtelt. Die gotisch-imposante **Catedral Nueva** (16. Jh. 9-20h) mit berühmtem Relief gewährt für 4,50 € Zutritt zu ihrem romanischen Vorgänger, der Catedral Vieja (begonnen 1120. 10-19h).

Noch eine Protzzahl: Anno 1218 immatrikulierten sich schräg gegenüber die ersten Buben in Salamancas **Universidad.** Wenn man den Quellen glauben darf, ist nur die Konkurrenz in Bologna älter. Kein Wunder, dass Salamanca zum Zentrum für Sprachkurse in Spanien aufstieg. Am Patio de Las Escuelas Menores bestaunen nicht nur Sprachschüler ihre salmantinische Hauptfassade – mitstaunen!

Es gäbe noch diverse Colegios, Conventos und Museos (u.a. zur Mehlherstellung), hier lassen wir aber mal die Seele baumeln. Und vergessen beim Abendmarsch nicht die **Römerbrücke** über den Rio Tormes!

Feiern. Ganzjährig herrscht eine ausgelassene Stimmung, hier braucht´s keine Sperrstunde. Zu loben sind die Bars um die **Plaza San Julian** (neben Gran Vía), z.B. Puerto de Chus mit phantastischem Interieur; und Café Novalty mit Uralt-Charme auf der Plaza Mayor. Um die **Plaza de Monterrey** (150m nw) scheppern gute Clubs, u.a. Camelot (Bardadores 3) für Rittersleut´ im alten Konvent.

Züge vom Bhf (Paseo de la Estación) (in Std) nach **Madrid** *IRs* 7.45h, 10h, 12.25h, 15.40h, 18h, 20h (2½). **Barcelona** mit u/in Madrid (8-9). **San Sebastián** *R* 10.30h, ZR*SurEx* 0.05h (6). **Lissabon** ZR*SurEx* 4.51h (7) – der *einzige* Zug nach Portugal!

MADRID

689 km sw von Barcelona. 3,4 Millionen Ew. 655m üNN. esmadrid.com.

Viva la Movida! Dieser unbändige Kult um die Fetische Musik, Kleidung, Drogen erhellt eine Stadt, die historisch zur Dunkelheit neigte. Heute überzeugt sie durch fleißiges Hauptstadtgetue & Museen. Für Backpacker hat Madrid eher wenig übrig, es ist aber Spaniens Mittelpunkt in jeder Hinsicht, zumal bahnmäßig.

Planen. Vernünftige Besuchsmonate sind **Mai/Juni** zur Fería, und **Sep/Okt.** Im Juli/Aug entfleucht die halbe Stadt der brutalen Hitze: oft über 35°. Wer trotzdem kommt, versuche z.B. in Pensionen Rabatte rauszuschlagen.

Kurz & knackig

Oficinas de Turismo: an den Plazas Mayor (#27. Casa de la Panaderia. U1/2/3 Sol. T. 91 588 1636), de Colón (Unterführung, Zugang über Goya/Paseo de la Castellana. U4 Colón), de Cibeles (Bulevar/Paseo del Prado. U2 Banco de España), de Callao (Ecke Preciados. U3/5 Callao) und Paseo del Arte (Santa Isabel/Glorieta de Carlos V. U1 Atocha). Alle öffnen **9.30-20.30h.** Zudem bieten im Sommer inter- & hyperaktive **Mobile Offices** an vielen Touri-Spots ihre Hilfe an (9.30-22h).

Bahnfragen: Renfe (Alcalá 44. U2 Banco de España. Mo-Fr 9-20h).

Waschsalons: acht im Zentrum, u.a. Lavanderia Barco (Barco 26. U1/5 Gran Vía).

Cybercafés: zigfach im Zentrum. Besonders entspannt ist Mirs (Veneras 7. U2 Santo Domingo. 2 €/Std. 24 Std offen).

ÖPNV. Nach Netz und Nutzerzahlen ist **Madrids Metro** (metromadrid.es) eine der führenden weltweit: Betrieb 5.30-1.30h, zuverlässig seit 1919, ständig am Erwietern. „Ein Muster an Übersichtlichkeit, in dem man sich sofort zurechtfindet." (Hubert Haltmayer) **Busse** ergänzen bis 24h auf dichtem Netz, danach halbstdl. ab Puerta del Sol. Tickets kosten 1 €, die Zehnerkarte ***Metrobus*** (7,40 €) reicht für zwei Tage. Erfreulich ist auch der **Tourist Travel Pass** (1/2/3/5 Tage 5,20/9/12/18 €), eine Abzocke dagegen die **Madrid Card:** die üblichen Freiheiten (ÖPNV, Museen, Zoo, Faunia, Tourbusse, Bernabeu-Stadiontour) kosten für 24/48/72 Std frivole 47/60/74 €

Taxis starten mit 1,30 €plus 0,80 €(22-6h: 1 €) pro km.

Schlafen & feiern

Bei 52.000 Gästebetten muss keiner die Nacht unter einer Brücke verbringen. Mangels Flusses (der Manzanares ist ein Rinnsal) gibt es davon eh nicht viele.

Herbergen. Die alten Platzhirsche (reaj.com) sind spottbillig (Dm mit F 11 €, <26 8 €) und okay, aber ab vom Schuss; Rezeption 9-22h, offen bis 1h. Zur **AJ Marcenado** (Santa Cruz de Marcenado 28. T. 91 547 4532) geht man ab U3/4/6 Argüelles zwei Straßen nach Süden auf Princessa, dann links auf Serrano Jover, dann rechts zur Marcenado. Noch kniffliger wird´s mit der **AJ Richard Schirrman** (Casa de Campo. T. 91 463 5699) im Nuttenpark: mit *Cercanía* (Interrail frei) bis Principe Pío, dann bis 20h Bus 33 (Ópera) vor die JH oder bis 23.30h Bus 39 bis Extremadura, an Respol-Tankstelle den Restweg erklären lassen. Nachts eine unkoschere Gegend.

Jetzt die gute Nachricht: 2007 eröffnete die viel teurere, aber viel zentralere **Albergue Juvenil Municipal** (Mejía Lequerica 21. T. 91 593 9688. ajmadrid.es). 6er-Dm mit F 25 €, <26 19 € Hypermodern & sauber, massives Gebäude, absolut alles Wünschenswerte an Bord, Wäscheladung 3 €, Internet frei. Wer nach 15h ankommt, muss vorher anrufen. U1/4 Bilbao oder U1/10 Tribunal. Top-Tipp!

Hostels. Zentraler geht´s kaum: das kleine **Los Amigos** (Arenal 26-4°. T. 91 547 1707. losamigoshostel.com) umarmt fast die Puerta del Sol. 4-12er-Dm mit Bad, Bettzeug und F 19-22 €, Dz 50 €, Okt-Apr minus 10%. Küche, Bar, Schließfächer, Fahrstuhl, gute Kennenlern-Atmo, immer offen, Checkout 11h. U1/2/3 Sol. Dieselben Vorzüge hat die Amigos-Filiale (Campomanes 6-4°. U2/5 Opera).

Die **Posada de Huertas** (Huertas 21. T. 60 900 0395. posadadehuertas.com) nahe Bhf Atocha ist innen hübscher, als das Äußere vermuten ließe. 140 Betten, moderne 4-10er-Dm mit F 17-23 €, Dz 50 €, Okt-Apr minus 10%, mind. drei Nächte! Gute Küche, kleine Balkons, Schließfächer, kein Fahrstuhl, Alterslimit 18-35, viel Partylaune, von 10-14h müssen alle raus. U1 Anton Martin (über Amor de Díos).

Klein, modern & fröhlich mitten in Chueca: **Barbieri** (Barbieri 15-2°. T. 91 531 0258. barbierihostel.com) lässt von 11-14h putzen, erst danach wird eingecheckt. 38 Betten, klimatisierte 4-8er-Dm mit lausigem F und Bettzeug 17-20 € Gute Küche, Sozialecke, kein Torschluss. U5 Chueca.

United World (Gran Vìa 73-3c. T. 91 548 0048. unitedworldinternational.com) müht sich redlich, den Namensanspruch zu *er*füllen, was aber leicht wie *über*füllt wirkt. 6-14er-Dm 14-18 € Enge Küche (bis 23h offen), nur zwei Bäder für 32 Betten, Balkons mit Aussicht. U3 Plaza de España.

Hostales verteilen sich v.a. auf fünf Nachbarschaften, von denen Puerta del Sol (U1/2/3) besonders charmant ist, dank Straßencafés & Taperías im Überfluss. Im **Cruz Sol** (Plaza de Santa Cruz 6-3°. 180m sw. T. 91 522 2441. hostalcruzsol.com), warten helle, charaktervolle Ez/Dz/3z mit Bad für 43/58/85 €, mind. drei Nächte. Auch **Castilla II** (Marques Viudo de Pontejos 2-1°. hostalcastilla.com) fühlt sich fast wie ein Hotel an. Klimatisierte Zimmer mit Bad 45/52/78 €, Fr/Sa plus 10%, große Betten, kein F, Internet frei.

Essen. Wo man auch hinspaziert im Centro: überall stolpert man über Restaurants mit guten *menús* ab 8 € Nirgends bereiten Tapas mehr Freude als in den calles Cuchilleros und Cava San Miguel, sw der Plaza Mayor. Für Straßencafés darf es die Plaza selbst sein. Für China, Indien, Thai-Kost steuert man die Plaza de España an.

Abends. Noch am Bhf schnappt man sich den *Guía del Ocio* (1 €), wöchentlich mit einer Breitseite Bar-, Restaurant- und Veranstaltungstipps. Dicht stehen die Musikkneipen um

Plaza Santa Ana und calle de las Huertas (sö der Puerta del Sol), weniger chic in der **calle Chueca** (800m n). Zu den wilden Zappelplätzen in **Malasaña** (U Plaza de España) zählen Morocco (Marqués de Leganés 7) und Arena (Princesa 1). Blicken lässt man sich nicht vor Mitternacht. Ist ja bis 6h offen.

Anschauen

☺ **Sparen.** Menschen <18 und EU-Bürger <25 mit ISIC kommen fast in alle Museen frei rein. **Für alle frei:** Prado ab 18h, Reina Sofia am *Sa* nach/*So* bis 14.30h. Die **ArteCard** (14 €) berechtigt zu je einem Freibesuch der folgenden drei Top-Museen am Paseo del Prado (U1 Atocha und U2 Banco de España).

Paseo del Arte. Der *****Prado** (Di-So 9-20h. 8/4 €) beherbergt eine der größten Sammlungen der Welt: spanisch, flämisch & italienisch vom 15. bis 19. Jh. Seit Jahren wird renoviert (Ende nicht absehbar), dennoch bleibt genug zu bestaunen, zumal die Karte auch fürs benachbarte **Casón del Buen Retiro** (19. Jh.) gilt.
Unweit des Prado setzt das ****Museo Thyssen-Bornemisza** (Di-So 10-19h. 8/5,50 €) in jeder Epoche seit Tizian feine Schwerpunkte. Besonders beeindruckt im 800-Werke-Haus die Moderne von Sidney Pollock bis Fürstentum Lichtenstein. „Die abgerundetste Sammlung, die ich je gesehen habe. Fast alle bekannten Namen sind vertreten, Erklärungen verschaffen gekonnt den Überblick." (Julian Welzel)
400m s vom Prado sieht man im ****Centro de Arte Reina Sofia** (Santa Isabel 52. Mo/Mi-Sa 10-21h, So -14.30h. 6/3 €) das 20. Jh. durch den Pinsel Picassos, Mirós, Dalís. Picassos *Guernica* (Raum 7) lässt keinen Betrachter unberührt.
Der Palacio Real (U2/5 Opera. 9-18h, So -15h. 9/3 €, für EU-Bürger Mi frei) am Manzanares definiert mit 2100 Räumen das Wort „monumental" neu. Oft wird der Palast wegen königlicher Termine kurzfristig geschlossen. Zu seinen Füßen lümmelt der **Campo del Moro** (10-20h, Okt-Mär -18h. frei) mit Kutschenmuseum, Pagode, Brunnen & Aussicht. Die **Plaza de Oriente** mit den Königsstatuen dient als Vorbühne des Palacio, während San Francisco el Grande unter riesiger Kuppel ein Schlüsselwerk Goyas zeigt.
Altstadt. Um das Madrid jener Zeit kennen zu lernen, in der die Sonne in seinem Reich nie unterging, sollte man Muße haben. Heute pocht sein Herz an der **Puerta del Sol** (U1/2/3 Sol), auch rund um die calle Mayor ist kein Gebäude ohne Historie, und schließlich gelangt man durch den Arco de Cuchilleros auf die **Plaza Mayor,** Schauplatz vieler vergnüglicher & grausamer Stunden (ihre Tavernen dienten einst bösen Buben als Schlupfwinkel). Fotomotive stapeln sich auch 200m w an der Plaza de la Villa, das Rathaus (17. Jh.) erfreut mit Treppenhaus & Säulensaal. Im **Teatro Real** (U2/5 Ópera), einem Opernhaus von Weltrang, herrschen Prunk & Pracht. Auf der denkmalreichen **Plaza Colón** (U4 Colón) treffen sich dagegen Skater und junge Szene.

Entspannen. Halb Madrid erholt sich von Hitze & Touris zwischen Kristallpalast, Statuenallee & Rosengarten: Der stadtteilgroße ****Parque del Buen Retiro** (U2 Retiro), bekannt aus *Abre los ojos,* kommt sehr kultiviert daher. Und beherbergt die vermutlich weltweit einzige Statue zu Ehren Luzifers.

Bahnsinn. Sehenswert beim s Retiro-Ende ist der **Bhf Atocha:** Spaniens Vorzeigestück mit tropischem Park & postmodernem Innenleben. 500m sw davon spürt das stolze **Museo del Ferrocarril** (Paseo de las Delicias 61. Di-So 10-15h. 5/3 €, Interrail frei. U3 Palos de la Frontera) einer Bahnära ohne Top-Zuschläge nach.

Kalender. Unter den **Stadtteilfesten** meldet sich Malasaña (2. Mai) am lautesten. Stadtpatron San Isidro Labrador (Mitte Mai) darf eine Woche lang hochleben, genauso lang bringt San Juan (Ende Juli) den Parque del Retiro zum Kochen. In die Aug-Hitze fallen die Fiestas von La Paloma, San Cayetano & San Lorenzo. Wenn alle wieder in der Stadt sind, bittet Chamartín zum Tanz (Ende Sep). Pflichttermin rund ums Jahr: Jeden So 6-13h findet am **El Rastro** bei Embajadores (U Latina) der wohl größte Flohmarkt Südeuropas statt, auch beliebt unter Taschendieben.

Hin & weg

☺ **Sparen.** Kaum ein Zuggast entgeht ^{Z}**Zuschlägen** (3-20 €). Für dünne Budgets habe ich viele Kursbücher gewälzt und wenig gefunden. Wer nach Andalusien will, beachte die ^{Z}freien *IR* ab Atocha Cercanías.

Vom **Bhf Chamartín** (U1/10 Chamartín. 6 km n) (in Std) nach Europa. **Salamanca** ^{R}*IR* 8.45h, 11h, 13.40h, 15.45h, 17h, 20h, 21.13h ($2^{3}/_{4}$). **San Sebastián** & Hendaye *R* 8.30h mit u/in Vitoria ($7^{1}/_{2}$/8), ^{ZR}*Alaris* 8h, 16h ($5^{1}/_{2}$/6). **Barcelona** & Cerbère ^{ZR}*Est* 22.50h (9/12). **Lissabon** ^{ZR}*Hot* 22.25h (10).

Vom zentralen *Highspeed*-Spezialisten **Bhf Puerta de Atocha** (U1 und Vorortzüge zum Chamartín) nach **Barcelona** *R* 12.30h mit u/in Saragossa und Lerida ($7^{1}/_{2}$), ^{ZR}*Ave* stdl. 8.30-20.30h (3). **València** nix ^{Z}frei, ^{ZR}*Alaris* stdl. 7-11h, 14-20h ($3^{1}/_{2}$). **Granada** ^{ZR}*Alta* 9h, 17h ($4^{1}/_{2}$). **Córdoba** und **Sevilla** ^{ZR}*Alaris* 9h, 10h, stdl. 15-18h (2/$2^{3}/_{4}$), ^{ZR}*Ave* stdl. 7-22h (2/$2^{1}/_{2}$). **Huelva** ^{ZR}*Alaris* 18h ($3^{3}/_{4}$).

Vom **Bhf Atocha Cercanías** (neben Atocha) *IR* nach **Linares-Baeza** 9.30h, 15.48h, 17.38h, 19.32h (3), **von dort** nach Córdoba, Sevilla, Málaga ^{R}*Arco* 16.46h ($1^{1}/_{2}$/3/$4^{1}/_{2}$), Granada ^{R}*Arco Mi/Fr/So* 16.55h, *R tgl.* 17.30h ($2^{1}/_{2}$). Der Bhf L-B liegt 12 km vom hübschen **Baeza,** das von Gotik überquillt (Bus zu jeder Zugankunft).

MITTELMEERKÜSTE

Spanien bietet von Portbou bis Gibraltar 2200 km Mittelmeerküste. S von Katalonien kommen Railer den Stränden aber nur in sechs Städten nahe. Wer baden will, wähle zwischen València und Málaga – oder zische via Sevilla an den Algarve.

VALÈNCIA

375 km sw von Barcelona. 820.000 Ew. 133m üNN. turisvalencia.es.

Um den Hafen gruppiert sich die drittgrößte Stadt des Landes. An sich keine Schönheit, überzeugt València mit hübschem Spazierlabyrinth im Barri El Carmé, Straßencafés um die Plaza San Jaime, tollen Märkten und aufregender Architektur. Bevor man die gute Absprunglage nutzt, genießt man das Nachtleben und vorher ein Prachtmuseum. Angaben ab **Plaza del Ayuntamiento** (300m n vom Bhf).

Oficina de Turisme: im Bhf, und Plaza Ayu 1 (T. 96 351 0417. 10-19h).

Internet: Jump (Albacete 8. 40m s. 2 €/Std) und in allen Hostels.

Bikes: Do You Bike (Marqués de Busianos 4 und ave Puerto 21. T. 96 315 5551. 2 €/Std, 7-10 €/Tag).

ÖPNV. Alles geht gut zu Fuß, da auch der Bhf zentral liegt. Wer schwächelt, freut sich bis 23.30h über fünf Metro-Linien und 95 Buslinien (emtvalencia.es). Ein Ticket kostet 1,25 €, die Zehnerkarte 6 €(Bonobus) bzw. 7,50 €(Transbordo mit U-Bahn). Unschlagbar sind die **Tagespässe** T1/T2/T3 für 3,50/6/8,50 € Streckenpläne, auch der sieben Nachtbuslinien, gibt es frei im Verkehrsamt. Eine Tram fetzt raus zu Strand, Las Arenas und Hafen.

Schlafen. Der beste Camping, **Devesa Gardens,** liegt 11 km s an der Küstenstraße in El Saler (T. 96 161 1136. devesagardens.com). 6 €/P und 6 €/Zelt, 4er-Hütten 85 € plus 10 €/P. Ruhig, schön, schattig, sandig, gut ausgestattet: Pools, Tennis, Mini-Zoo, Reitschule. 700m vom Meer. Herca-Bus ab Bhf halbstdl. 7-22h.

Das **Red Nest Hostel** (calle de la Paz 36. T. 96 342 7168. nesthostelsvalencia.com) verdient sich Bestnoten für Altstadtlage (Plaza Alfonso el Magnanimo), Atmosphäre (seventies) und Ausstattung: große Küche, große Lounge, Dachterrasse mit Aussicht. Saubere 4-12er-Dm mit F 20-24 €, Dz 54-66 €, Okt-Apr minus 20%, alle Arten von Zimmern, auch M/F-getrennt. Viele deutsche Railer.

Noch frischer, und klimatisiert, ist das **Purple Nest** (Plaza Tetuan 5. T. 96 353 2561). Gleiche Preise, ähnliche Vorzüge, Zugang mit Key Card.

Die öko-bewusste **JH Ciutat de Valencia** (Balmès 17. T. 96 369 0152. alberguedevalencia.com) entfaltet viele Reize in schräger Gegend. 50 Betten, 4er-Dm mit F 18 €, <26 16 €, Dz 38-42/34-38 € Mahlzeiten 7 €, keine Küche, Solarstrom, Bikes, von 14-16.30h dicht, bis 3h (Fr/Sa 5h) offen. Bus 5 vom Bhf bis Encarnacíon.

Die **JH La Paz** (ave del Puerto 69. T. 96 361 7459. alberguelapaz.org) liegt 2 km ö von Centro und Playa, 8 min von der Ciutat de les Arts. 140 Betten in trübem Hochhaus, 2-4er-Dm mit Bad und F 18 €, <26 16 € Bus 4 ab Bhf, oder U5 bis Amistat. Für lauffaule Pazifisten: „Eine Querstraße w (Eduardo Boscá) backt Pizzanello super Steinofen-Pizza zu guten Preisen." (Anna-Maria Knoll)

Barri El Carmé. Nw der Kathedrale stehen viele gute Fress-Tempel. Für Vegetarier und Fotografen ergiebig ist der Wochenmarkt an der Plaza del Mercado. Für echte Paella Valènciana lohnt sich auch die Tramfahrt nach Las Arenas n vom Hafen.

Abends. Vor einem Schlag über die Stränge verrät **Turía** (2 € am Kiosk), wo was angesagt ist. Die Partytour beginnt man im **Barri El Carmé,** später siedelt man in die Studiclubs um die **Plaza de Xuquer** (2 km ö) oder die schickere Plaza de Canovas über. „Die besten Discobars sind Caballito de Mar und Jardines de Sol, beide am Strand." (Stefan Keller)

Rundgang. Den Überblick sichert der Miguelete-Uhrturm der gotischen **Catedral** (1 €). Wer es bigotter braucht, findet den Heiligen Gral (Santo Cáliz), nach dem Dan Brown in England suchte, in ihrem Seitenkapellchen.

Aus der aufgeregten Museenlandschaft (30 Stücker, von Spielzeug bis Stierkampf) ragt z.B. das ****Museo de Bellas Artes** (San Pío V. 1200m nö. Di-So 10-20h. frei) heraus, trotz unscheinbaren Namens nimmt es einen Spitzenrang ein, dank Goya, Velázquez, El Greco und Impressionisten.

Die künstlerische Abrundung bis vorgestern besorgt das **Instituto Valènciano de Arte Moderne** an der Puente de las Artes (Guillem de Castro 118. 1 km nw. Di-So 10-20h. 2/1 €, So frei). Bus 5 hält vor der Tür.
Eine Spitzensammlung von Keramiken aus aller Welt lauert hinter der Rokoko-Fassade des **Palacio del Marqués de Dos Aguas** (Poeta Querol 2. 200m nö. Di-Sa 10-20h, So -14h. 3/1,50 €).

Staunen! Satt von soviel Kunst & Ton? In der ******Ciutat de les Arts & Ciències** (Autopista del Saler. 1 km ö. 10-21h, Teilbereiche kürzer) geht es aufregend & interaktiv zu. Wer sich das fette Kombiticket (32 € für drei Tage, ISIC 24 €) leisten kann, pendelt offenen Mundes zwischen extravagantem Musikpalast Palau de les Arts Reina Sofia, Europas größtem Aquarium *****Oceanogràfic** (Solo-Karte 24/18 €), Hemisféric-Imax (7,50/6 €), Botanischem Garten Umbracle mit Skulpturenparade, und dem Museum der Wissenschaften (7,50/6 €) mit Naturgesetzen zum Anfassen. Dank ihrer Vielfalt & Calatrava-Architektur die aufregendste neue Attraktion in Europa. 6-8 Std einplanen. U3/5 bis Alameda, dann 10 min zu Fuß.

✈**Hin & weg.** Von der **Estaciò del Norte** (in Std) nach **Barcelona** Z**frei** 10.35h, 17h (5), ZR*Em* /*Alaris*/*Tg* stdl. 6.40-11h, 14-20h (3). **Granada** ZR*Arco* mit u/in Linares 11.28h (9), ZR*Hot* 0.51h (8). **Málaga & Sevilla** ZR*Arco* 11.28h (10/8½), ZRschneller mit u/in Madrid (je 6-7). **Madrid** ZR*Alaris* etwa stdl. 6.50-20.20h (3½) oder Z**frei** ab Bhf Sant Isidre (U1/5 ab Bhf Norte) 8.14h, 12.32h, 15.14h (6).

Badetrip: COSTA DEL AZAHÁR

Von València zischt man auf die Schnelle ans Meer. Zum nahen, schönen Strand beim Bhf Cabanyal mit Vorortbahn *Cercanía C6* ab Bhf del Norte (alle 20 min). Zum reizloseren Stadtstrand Malvarrosa mit Bus 19 ab Plaza Ayu. Die feinste Tour führt mit *C1* ins Seebad **Gandia** (breiter, feiner Sandstrand vor Betonblocks): alle 15-30 min 6.11-22.41h, *Sa/So* stdl. -22.41h (55 min), retour bis 22.25h. Alle *Cercanías* sind für Interrailer **frei.**

MÁLAGA

190 km s von Córdoba. 530.000 Ew. 11m üNN. malagaturismo.com.
Manche irritiert dieser Mix aus Bergkulisse und mediterranem Blau, Hafentrubel und jugendgestilter Riesen-Fußgängerzone, aus breiten Boulevards, viel Schmutz und turbulenten Bars. Die meisten Gäste betört Málaga aber nach einer Weile, z.B. durch die **beste Churrosbar** der Welt (calle Aranda. 9-23h) – nix für Diabetiker. Angaben ab **Plaza de la Constitución** (Altstadt. 1500m nö vom Bhf).

OT: Pasaje de Chinitas 4 (90m ö. T. 95 221 3445. 9-19h, Sa/So -14h), im Busbhf (nw neben Bhf) und im Kiosk an der Alameda Principal (700m sw).

Internet: I-Point (Plaza de la Merced 20. 400m nö. 10-23h. 2 €/Std).

Schlafen. Die moderne **JH Instalación Juvenil** (Plaza Pío XII 6. 2 km w. T. 95 230 8500. inturjoven.com) steckt ihre 110 Betten zumeist in Dz. Dm 24 €, <26 18 € Alles sauber, freundliches Personal, 25 min gradaus ins Zentrum.

Während manch andere Stadt *kein* ordentliches Hostel abkriegt, verfügt Málaga (neben sechsmal Durchschnitt) über *zwei* richtig gute, auch zum Anbandeln mit anderen

Reisend/innen. In beiden gilt: Internet frei, prima Personal, immer offen.
Picasso's Corner (San Juan de Letrán 9. 400m ö. T. 95 221 2287. picassoscorner.com) hat ein pink Häuschen hinter der Bar Weekend erobert. 30 Betten mit F, Dm 19-21 €, Ez/Dz 29/44 € Küche, Schließfächer, Sonnenterrasse, Bar, Rezeption 24 Std. Vom Bhf Bus 3/4 (6-23h) bis Paseo del Parque, dann 150m vom Meer weg zur Plaza de la Merced.
Melting Pot (Pintor Joaquin Sorolla 30. 2 km ö. T. 95 260 0571. meltingpothostels.com) liegt gleich hinter der Meerespromenade. 6-10er-Dm 18-21 (Sep-Juni 14-16) €, Dz 42 € Gute Ausstattung, sackweise Aktivitäten, große Sonnenterrasse. Bus 11 von Alameda Principal bis Bellavista (6.30-23h alle 8 min. 1,10 € 10 min).
Brauchbare **Pensionen** (Ez/Dz um 20/30 €) findet man in der Altstadt zuhauf, etwa bei Rosa (Martínez 10. 250m s. T. 95 221 2716), ihrem Nachbarn Ramos (Martínez 8. T. 95 222 7268) und Córdoba (Bolsa 9. 250m sö. T. 95 221 4469).
Altstadt. Zunächst ein Kompliment: Die weitläufig-luftige Altstadt ist tatsächlich autofrei, *más o menos*. Auf einem Spaziergang lassen sich die **Alcázaba** der maurischen Gouverneure (mit römischem Theater) und das **Castillo del Gibralfaro** oberhalb erobern (beide Di-So 9.30-20, Nov-März -19h. je 2/1 €, Kombi 3 €).
Ein Volltreffer ist das neue **Museo Picasso** (Di-So 10-20h, Fr/Sa -21h) im Palacio Buenavista (San Agustín 8. 300m ö). Zweimal jährlich wird die permanente Sammlung (204 Werke des Meisters. 6/3 €, <18 frei) ergänzt durch Wechselausstellungen (5/2,50 €, Kombi 8/4 €).
Unweit „seines" Museums steht jenes Haus, in dem 1881 Málagas berühmtester Sohn geboren wurde: **Casa Picasso** (Plaza de la Merced. 10-20h. 1 €). Drumrum dehnt sich das alte jüdische Viertel aus, das sich zwischen Hauptplatz und wuchtiger **Kathedrale** (10-18.45h. 3 €) an den Gibralfaroberg schmiegt.
Hin & weg. Vom Bhf (in Std) Z**freie** *IR/R*, teils mit u/in Bobadilla, nach **Sevilla** 7.40h, 10.40h, 14h, 16.35h, 20.13h (2½). **Granada & Ronda** 7.40h, 14h, 16.35h (3-4/2½), 18.43h (-/2). **Córdoba** 14h (3½). – ZR**Teuer** nach **Córdoba & Madrid** *Ave* stdl. 8-21h (1/3), **Córdoba & Sevilla** *Avant* 6.45h, 9.10h, zweistdl. 14.10-20.10h (1/2), **València & Barcelona** *Arco* 7.10h (10/14), *Ht* 20.45h (-/11).

Badetrip: COSTA DEL SOL

Der Streifen w von Málaga, zwischen Bergen & Meer, wäre eine Traum – wenn sie nicht so zubetoniert wäre und nicht jeder Kiosk *Bild* führte. Immerhin: Sonne & Sand sind hier jedem gewiss, und die Wasserqualität hat sich verbessert.
Badezüge ab Bhf Málaga nach Torremolinos, Benalmádena und Fuengirola halbstdl. 5.19-22.19h (27/34/50 min), *retour* bis 23.17h. Mit Interrail **frei.**

ANDALUSIEN

Dies ist das Spanien aus dem Bilderbuch: Feurige Flamencos, sobald die unerbittliche Sonne sich verabschiedet hat, Stierkämpfe in jeder Arena, beeindruckende Bauwerke der Mauren, weiße Felsennester zwischen Himmel und Erde. Auch mal schön: zwischen Córdoba, Sevilla, Granada & Málaga gibt es **zuschlagfreie Züge.**

CÓRDOBA

132 km nö von Sevilla. 307.000 Ew. 122m üNN. turismodecordoba.org.

Römer und Mauren haben dafür gesorgt, dass Córdoba einen Besuch wert ist. Von 711-1002 war es gar Hauptstadt des spanischen Kalifats. Gegenüber Granada fällt Córdoba mit seinem Kleinstadtfeeling leicht ab, wegen der Mezquita muss dieser Stopp aber sein. Angaben ab **Mezquita** (1 km sö vom Bhf).

OT: im Bhf (Mo-Fr) und an der Mezquita (Torrijos 10. T. 95 747 1235. 9-20h, So -14h).

Internet: Mundo Digital (Osario 9. 850m n. 10-14/16-22h. 3 €/Std) und in der JH.

Schlafen. **Camping El Brillante** (ave del Brillante 50. 3 km n. T. 95 740 3836. campingelbrillante.com) ist brillant ausgestattet. 7 €/P, 5 €/Zelt, Pool, Bikes, Supermarkt, Resto, schattig, ganzjährig. Bus 10/11 (1 €) alle 10 min ab Bhf.

In der herrlichen **JH Córdoba** (Plaza de Judá Levi. 80m w. T. 95 729 0166. inturjoven.com) wird alte Architektur mit Patios verfeinert. 167 Betten, klimatisierte Dz-5z mit Bad und F 24 €, <26 18 € Keine Küche, Lesen unter Palmen, gute Lage. Bus 3 ab Bhf. Railer-Lob: „Besser als viele Hotels ... zentraler denn je ... nette Bodegas in der Nähe ... war ihr Geld wert."

Auch bei den **Hostales** im Gassengewirr um die Mezquita sind arkaden-umzingelte Patios das Thema des Tages. Die XL-gemütliche **Huéspedes Rücker** (Martínez Rücker 14. 40m ö. T. 95 747 2562) hat zwei davon. Zwölf Ez/Dz ab 20/32 €

Rey Heredia (Rey Heredia 26. 100m nö. T. 95 747 4182) stellt seinen Patio mit Pflanzio zu. Neun Zimmer 18/30 €, mit Bad und teils Balkon 20/38 €

☺ **Sparen.** Zum Gottesdienst (8.30-10h) ist der Eintritt in die **Mezquita frei.** Klappe halten! Keine Gruppen bilden! Rucksäcke draußen lassen! „Dann herrscht die angenehmste Atmo-sphäre, weil keine Teenagergruppen nerven." (Steffi Müller)

Mezquita. Bunt ausgeschmückt und bogenreich, diente die ***Mezquita (8.30-19h, So 8.30-10/14-19h. nach 10h 8 €) von 752-1336 als Moschee, bis die Christen sie konvertierten und später gar eine Kathedrale **hinein** stellten. Am Kassenhäuschen im Innenhof, jenseits des Orangenhains, liegen Audioguides (3 €) auch in dt.

Altstadt. Im verwinkelten jüdischen Viertel nw der Mesquita, **Judería,** kauert eine hübsche Synagoge (Di-Sa 9.30-17.30h, So -14h. frei). Das **Museo Taurino** (Di-Sa 9.30-20h, So -15h. 3 €) erhebt Stierkampf zur Kunst, mit sarkastischen Untertönen.

Im **Alcázar** (200m sw. Di-So 8.30-14.30h. 4/2 €, Mi frei) am Guadalquivir war 331 Jahre lang die Christliche Inquisition zuhause, heute sind römische Mosaike und ein altes **Badehaus** (2/1 €) zu sehen. Die hübschen Gärten voller Teiche, Türme, Blumen, Brunnen werden abends effektvoll angestrahlt.

Über die vom Auto befreite **Römerbrücke** gelangt man zur Torre de la Calahorra (14. Jh.), in der das **Museum der drei Kulturen** (10-14/16.30-20.30h. 5 €) u.a. ein Modell der Alhambra zu ihren Glanzzeiten zeigt. Und jetzt ab zum Original!

Termine. Cruces de Mayo (erste Maiwoche) mit Blumenteppichen, Tapas & Musik; Festival de Patios (erste Maihälfte) mit Flamenco & Patio-Wettbewerb; Fería de Mayo (zehntägig Mai/Juni) mit Parties nonstop; und Festival de Guitarra (zweiwöchig Juni/Juli) zu Klassik, Flamenco & Jazz, oft mit Hochkarätern.

Zuschläge. In Andalusien spielt die Renfe mit Zuschlägen Jojo, die Zuggattung beachten spart viel Geld, auch für Interrailer! ZRfrei sind **nur *IR*/*R*-Züge.**

Hin & weg. Vom Bhf (ave América) (in Std) nach **Sevilla** *R* 7.15h, 9.38h, 13.35h, 16h, 18.30h, 20.13h (1¼), *Ave* stdl. 7-23.52h (¾). **Málaga** *R* 12.15h (3½), *Arco* 18.48h (2¾), *Ave* stdl. 7-23.27h (1). **Granada** & **Ronda** *R* 12.15h mit u/in Bobadilla (je 4½), *Alta* 11h, 19h (2½) bzw. 10.43h, 17h (2). **València** & **Barcelona** *Arco* 10h (7/11), *Alta* mit u/in Ciudad Real 10.50h (-/10), *Ht* 22h (7/10) oder über Madrid (5½). **Madrid** *R* 14.47h mit u/in Jaen (6½), *Alaris/Alta* 9.54h, 10.47h, 11.44h, 12.13h, 18.34h, 20.31h (2), *Ave* stdl. 7-22h (1¾).
Der **Busbhf** (Plaza de las Tres Culturas. T. 95 740 4040) liegt hinter dem Bhf.

BOBADILLA

124 km s von Córdoba. „Spiel mir das Lied von Bobadilla" ist ein Initiationsritus für Interrailer: Generationen sparwilliger Europabummler haben schon im skurrilen Bahnknoten (7 Ew) mitten in der Pampa schwitzend ihren ^{Z}freien Anschluss herbeigesehnt. Getränke im Bhf teuer.
Günstige IR/R-Züge (in Std) nach **Córdoba** 16h (1½). **Granada** 9.48h, 15h, 18.35h (1¾). **Málaga** 8h, 9.13h, 12.47h, 14.39h, 18.44h, 21.49h (1). **Ronda** 9h, 15.38h, 19h (1). **Sevilla** 8.34h, 11.32h, 14.55h, 17.25h, 21h (1¾).

***GRANADA

290 km ö von Sevilla. 240.000 Ew. 685m üNN. granadainfo.com (privat)
Andalusiens Höhepunkt! Vor der Kulisse schneebedeckter Nevadahänge beginnt in Granada die höchstgelegene Straße Europas, auf den Pico del Veleta (3398m). Gut Sauerstoff tankt aber schon, wer über den steilen Waldweg zur Alhambra raufmarschiert. Angaben ab **Plaza Nueva** (800m w der Alhambra, 1700m ö vom Bhf).

Kurz & knackig

Planen. Im Bahnhöfli gibt´s keine Stadtpläne, die man zum Aufspüren von Hostels, Restos usw. aber braucht. Wer auf spanisch nur *estación* versteht, schnappt also bei der Ankunft einen Bus ins Zentrum und deckt sich im OT erstmal mit Infos ein.

Oficinas de Turismo: an der Plaza de Mariana Pineda 10 (800m s. T. 95 824 7128. Mo-Fr 10-19h, Sa -14h. massenweise freie Karten & Material zu Stadt & Provinz) und Corral del Carbón (calle Mariana Pineda. 600m sw. T. 95 822 1022. 9-19h, So -14h. liegt günstiger, hinter Plaza Isabel, auch Bus/Bahninfo). – **OT-Kioske:** an Ostseite der Plaza Nueva (10-20h) und am Ticketbüro der Alhambra (8-19.30h).
Schließfächer: im Bhf mit Spezialmünzen, nur hier zu kaufen und zu nutzen.
Bahnfragen: Renfe-Stadtbüro (Reyes Católicos 63. 200m sw. T. 95 822 3497).
Waschsalon: Lavomatique (Paz 19. 900m sw. Mo-Sa 10-14/17-20h. 5 €/Ladung).
Internet: riesig im N@vegaweb (Reyes Católicos 55. 200m sw. 10-23h. 2 €/Std), länger im I-Point (Calderería Nueva 10. 150m w – Plaza de los Girones. 700m sö).
ÖPNV. Das Busnetz ist gut ausgebaut, Tickets (eine/neun/20 Fahrten 1/5/10 €) kauft man an Bord, sie gelten inkl. Umsteigen 1 Std lang. Von Bhf und Busbhf fahren Bus 3/11/33 zu den Kernpunkten (Gran Vía de Colón und Plaza Isabel la Católica, auch Catedral), von hier kraxeln Minibus zur Alhambra rauf. Auch Taxis am Ort sind spottbillig. Ohne überschwe-

res Gepäck ist Granada gut zu Fuß machbar.

Bikes: Ecoway (Plaza Nueva/Cuchilleros 6. T. 672 228 890) hat MTB und E-Bikes für 3,50/15 bzw. 5/20 €pro Std/Tag.

Schlafen & feiern

Camping. **Sierra Nevada** (ave de Madrid 107. 2500m nw. T. 95 815 0062. campingsierranevada.com) beim Busbhf ist freundlich, schattig, sauber, aber nicht ganz leise. 6 €/P, 6 €/Zelt, Motel-Ez/Dz mit F 47/60 €, Pool 2 €. Bus 3.

Herberge. Die moderne **JH Instalación Juvenil** (Ramón y Cajal 2. 1800m w. T. 95 827 2638. inturjoven.com) macht die Randlage durch allerlei Komfort wett. 150 Betten, 2/3er-Dm mit Bad und F 24 €, <26 18 €, Okt-Mär minus 2 €, ohne JH-Karte plus 3,50 €. Internet, keine Küche. Bus 11 ab Zentrum und Bhf.

Lob! Jedes der folgenden Hostels ist auf seine Art ein Goldschatz, in jedem warten wundervolle Gastgeber. Die Makuto-Leute waren selbst lange unterwegs.

Hostels. **Oasis** (placeta Correo Viejo 3. 150m nw. T. 95 821 5848. oasisgranada.com) versteckt sich im Nebengässchen der Calderería Nueva. Luftige 6-8er-Dm mit Bad 18-20 €, Dz 45 €. Partyhaus mit 20 Betten, Küche, Terrasse. Alles frei: F bis 11h, Bettzeug, Internet, Schließfach und ***Tapas-Tour. Busse bis Catedral.
Zum mega-freundlichen **Hostal AB** (Infanta Beatriz 3. 1100m sw. T. 62 989 4915. hostalab.com) gelangt man über den Camino de Ronda. 15 Betten, Dz/3z/4z mit Waschbecken und TV 30/42/- €, mit Bad, Klima und TV 38/50/64 €, min. zwei Nächte. Bus 5 von ave Constitución (100m vom Bhf) bis Ronda (sechster Halt).
Makuto (Tiña 18. 800m nö. T. 95 880 5876. makutoguesthouse.com) bringt Hippie-Flair in ein Carmen-Haus im Albayzín: klein, fein, traditionell. Volle Dm mit F 16-18 €, Dz mit Bad 55-70 €. Alles neu, auch Küchen, Bäder, TV-Lounge, Garten, Hängematten und drei ***Chillzonen, Wäscheladung 5 €. Minibus 31/32 von Plaza Isabel bis Kloster Santa Isabel (8 min).
Wer aufs Nachtleben verzichten kann: Oben an der Alhambra wartet die **Posada Doña Lupe** (avda Generalife. 1 km ö. T. 95 822 1473. donalupegranada.com) in toller Lage. 3-5er-Dm mit Bad 11-15 €, Ez/Dz 25 €. Alles einfach & schön, Pool, Dachterrasse, Solarheizung. Minibus 30/32 ab Plaza Nueva.

Pensionen. Wenn´s um *hostales* geht, bevorzugen Railer die **Cuesta de Gomérez,** die ab Plaza Nueva zur Alhambra kraxelt. **Venecia** (#2. 10m ö. T. 95 822 3987) holt New Age ins räucherstäbchenduftende Haus. Neun Ez-4z je 13 €/P. Im **Austria** (#4. T. 95 822 7075. austria@arrakis.es) wird tatsächlich deutsch gesprochen. 16 ordentliche Zimmer, Ez/Dz/3z 25/36/50 €, mit Bad -/44/60 €. Denkbar einfach ist **Gomérez** (#10. T. 95 822 4437). Neun Zimmer mit Etagenbad 15/22/28 €.

Tapas! In fast allen Bars kommen zum Getränk **kostenlose** Häppli auf den Tisch.

Abends. Mit günstigen Bars glänzt das Romantikviertel **Albayzín** n der Plaza Nueva. Gute Studikneipen säumen u.a. den Río Darro, der Albayzín vom Alhambrahügel trennt. Die **Calderería Nueva** steckt voll verschachtelter *teterías* (Teehäuser), die mit Ornament, Tisch- und Stühlchen sehr arabisch wirken. Drumrum schwelgen Plaza Nueva und Calle

Elvira in ungeahnter Tapas-Vielfalt.
Im alten Zigeunerviertel **Sacromonte** stehen viele Nepp-Flamencobars, in denen Tourigruppen feierlich zur Geldbeutelschlachtung schreiten – aber natürlich gibt es noch authentische Häuser. Fragt nach im Hostel eurer Wahl, manche starten auch Tapas/Flamencotouren. Nachts geht frau hier nicht alleine rum.
„Die **Tetería El Banuelo** (Ecke Carnero/Banuelo, 500m nö) ist eine wunderschöne Oase. Ein wenig trinken, ein wenig essen, und viel Frieden – so steht es an der Tür, und es stimmt." (Lisa Keller)
„Die **Cervezeria Artesana** (Martinez Campos 19) braut selbst, diese Halben für 2 € waren die besten Biere unserer Reise." (Christine Hildebrandt)

Alhambra

Die ****Stadtburg auf dem gestreckten Hügel ö der Plaza Nueva verdanken wir den Mauren, die Granada anno 711 gründeten, 1256 zur Hauptstadt machten und erst 1492 als letzten iberischen Stützpunkt räumen mussten. Ausnahmsweise ein Lob für die *Reyes Católicos* Ferdinand und Isabel, die nach der Zerstörung vieler Moscheen und Synagogen *(die Muslims hatten unkatholische Toleranz walten lassen)* zumindest die Alhambra nicht antasteten. Ob Alcázaba (11. Jh.), Patio de Leones, Sala de dos Hermanas oder Generalife-Gärten mit Sommerpalast der Sultane: Jeder plane **4 Std** ein und besichtige **zuerst** in Ruhe die Paläste. Der Rest kann warten.
Zeiten & Preise. Anlage 8.30-20h, Nov-Feb -18h; Palacio Nazaríes auch Di-Sa 22-23.30h, Nov-Feb Fr/Sa 20-21.30h. Der **Königsweg** Calle Real von der Medina zum Palacio de Carlos V, seine Vorhöfe und die Plaza vor der Alcazaba sind **frei** zugänglich. Zu den tollen Teilen kommt man nur mit Ticket: tagsüber 12/ISIC 9 €, abends 12 €, Gärten 6 € <12 Jahren frei. Kassen öffnen 1/2 Std vor Toröffnung.

Planen. An der Alhambra wird gut der spanische Hang zur Über-Reglementierung deutlich. Wer folgenden Abschnitt nicht beachtet, läuft Gefahr, das Schönste zu verpassen. Ohne Vorbuchung sind im Sommer bis zu 2 Wochen Wartezeit normal!

Vorverkauf. Wegen des Andrangs gelten Kontingente: tgl. 7700 Tages- und 560 Abendkarten. **Jeder** nutze also, auch zur Nebensaison, den Vorverkauf (plus 1 €): alhambratickets.com (lustiges Dt.) oder T. 90 288 8001 (8-18h). Bezahlt wird per Kreditkarte, man erhält eine Buchungsnummer und holt damit *und* mit Ausweis das Ticket am Besuchstag ab. Darauf steht eine vorbestimmte 30-min-Spanne, innerhalb derer der Besuch beginnen *muss*. Wer drin ist, darf beliebig lang bleiben.
Tageskasse. VVK-Tickets gibt es bis zu einem Jahr im voraus, aber *nicht* für den aktuellen Tag. Dafür werden pro Tag 2000 Karten an der Alhambrakasse *(pabellón de acceso* mit Bushalt, Cafeteria und Garten-Resto) bereit gehalten. Von Apr-Okt sind sie spätestens um 11h, im Juli/Aug oft schon um 9h weg. Wer **nicht vorbestellt** hat ... „ist als Kurzbleibender schnell außen vor. Glücklicherweise konnte ich noch zu *Alhambra at night*. Ist aber auch super." (Marco Friedrich) ... „steht um 7h auf und frühstückt stilvoll in der Warteschlange." (Juliane Schneider)
Hinauf. Ab Plaza Nueva bieten sich schweißtreibende Fußmärsche (je 20 min) an: linksrum über die Cuesta de los Chinos oder rechtsrum über die Cuesta de Gomérez durchs Alhambrawäldchen. Wer schon ein Ticket besitzt, kann im Wäldchen nach einer scharfen Links-

kurve direkt rein, durch die Puerta de la Justicia. Die Minibusse 30/32 fahren ab Plaza Nueva von 7-23h alle 10 min zur Alhambrakasse.

Anschauen

Altstadt. Die aus dem Ruder geratene **Kathedrale** (Gran Vía. 10-13.30/16-20h. 3,50 €) beherbergt Isabellas Skulpturensammlung. In der **Capilla Real** (Oficios 3. 10.30-13/16-19h. 3,50 €) liegt die Königin samt Gemahl; unübersehbar, dass diese Kapelle das Mausoleum des Monarchenpaares werden sollte. Wen das zu katholisch dünkt, der findet schräg gegenüber im **Centro José Guerrero** (Oficios 8. Di-So 11-14/17-21h. 1 €) Abstraktes vom berühmtesten Künstler der Stadt.

Albayzín. Das Araberviertel nö der Plaza Nueva ist morgens wie abends herrlich, es spart nicht mit charmanten Gässchen, Plätzchen, Aussicht. Die schönste bietet sich vom Mirador San Nicolás neben der Mezquita. Wer flaniert ist, linst auch mal ins **Museo Arqueológico** (Carrera del Darro 43. Di-Sa 9-20.30h, So -14h. frei).

Termine. Die **Osterwoche** geht nicht ohne Prozessionen ab. Zur **Fería de Corpus Cristi** (neun Wochen nach Ostern) werden Tänze, Karussells & Stiere ausgepackt. Zum dreiwöchigen **Festival de Música** (Juni/Juli) gibt es Ballett in der Generalife und Klassik u.a. im Renaissancepalais Cerro del Sol.

Hin & weg

Vom **Bahnhöfle** (ave Andaluces. Bus 4/5 zur Plaza Isabel) (in Std) nach **Madrid** ZR*Alta* 9.45h, 18h (5), *R* 13.35h mit u/in Linares (7). **València** & **Barcelona** ZR*Hot* 21.55h (7/11½). **Sevilla** *Rs* 8.18h, 11.33h, 16.32h, 20.23h (3). Bobadilla & **Ronda** *Rs* 7.15h, 13.55h, 17.20h (2/3). *Y nada más!*

**RONDA

72 km s von Bobadilla. 35.800 Ew. 723m üNN. turismoderonda.es.

Auch wenn es längst vor Tagestouristen überquillt: Ich halte dieses Städtchen für das schönste in Andalusien. Rilke, Hemingway und Orson Welles (der hier begraben liegt) nicken zustimmend mit dem Kopf. Angaben ab der berühmten **Puente Nuevo** (900m s vom Bhf), die den tiefen Graben zwischen maurischer Ciudad und Neustadt (Mercadillo) überbrückt.

OT Ronda: Paseo de Blas Infante (150m n. T. 95 218 7119. 10-19h, Sa/So -14h).

OT Andalucía: Plaza de España (50m n. T. 95 287 1272. Mo-Fr 9-19h, Sa -14h).

Internet: Informatica Virtual (Sevilla 7. 400m nw. 10-14/17-20h. 1 €/Std).

Bikes. Wer gut bei Puste ist *(and I mean it!)*, mietet MTBs für 3/10 € pro Std/Tag bei Jesús Rosado (Plaza del Ahorro 1. 800m nö. T. 95 287 0221. Mo-Sa 10-14/17-20h). Auf kaum befahrenen Wegen gelangt man zu Römerresten, Bergketten, Höhlen, Korkeichenwälder – eine spektakuläre Gegend. Wasser mitnehmen.

Schlafen. Für den guten **Camping El Sur** (c-ra de Algeciras/A369. 1200m sw. T. 95 287 5939. campingelsur.com) taugen nur extraharte Häringe. 5,50 €/Zelt, 5 €/P, 2/4er-Bungalows ab 55 € Hübsche Lage, schön, ruhig, schattig.

Von der Neustadt-Arterie calle Sevilla geht die calle Almendra ab, in dieser Ecke stehen

viele Preiswert-Pensionen. **Rondasol** (Almendra 11. T. 95 287 4497) steigt bei 13/20 €ein, **Biarritz** (Almendra 7. T. 95 287 2910) packt im Dz ab 28 €ein Bad dazu. **Dona Carmen** (Naranja 28. 95 287 1994) stellt in ihre Dz (25 €, mit Bad 40 €) sogar Glotzen rein.
San Francisco (María Cabrera 18. 500m nw. T. 95 287 3299. hotelsanfranciscoronda.com) im Mercadillo kitscht am herzhaftesten. 24 Zimmer mit Bad 25/45 €
Die Vermieterin im **Hostal Andalucia** (Martinez Astein 19. T. 95 287 5450. 900m n. hostalandalucia.net) gegenüber vom Bhf spricht deutsch. Ez/Dz/3z mit TV, Klima und Bad 25/42/53 €. Einfach, charmant, nix für Karo-Allergiker.
Rundgang. Rondas Sehenswürdigkeiten sind nicht extravagant: **Plaza de Toros** samt Museum (200m n. 10-20h. 6/4 €) für Stierkampf-Enthusiasten. An der mächtigen *****Puente Nuevo** (18. Jh.) ein Centro de Interpretación (10-19h, Sa/So -15h. 2/1 €) zur Brücke, mit viel Geschichte(n). Im Palacio de Mondragón an der gleichnamigen Plaza das **Museo Municipal** (10-19h, Sa/So -15h. 2/1 €). Unterhalb der verwinkelten Altstadt **arabische Bäder** (300m sö. 10-19h, Sa/So -15h. 3/1,50 €) vor der Reconquista. Mitten im Ciudadgewirr die Iglesia de **Santa María La Mayor** (300m s. 10-20h. 4/1,50 €) mit maurischen Versatzstücken.
In der calle Armiñan verraten Museen über **Jagd** (#59. 11-18. 1,50 €) und **Banditen** (#65. 10-20h. 3 €), was die Rondeños in ihrer Freizeit so treiben.
Herrlich wird die Atmosphäre an den Klippen des wilden Tejo v.a. abends, wenn die Tourgruppen schon in Marbella prassen. An der **Casa del Rey Moro** (150m sö. 10-19h. 4/2 €) steigt man über 200 antike, teils schlüpfrige Felsstufen tief runter in die Schlucht; Gärten am Hang.

Schaulust. Im **Alameda del Tajo-Park** (400m n) hinter der Stierkampfarena freuen sich nicht nur Kinder über Spaniens schönsten Spielplatz, der erst an der 120m tiefen Abbruchkante endet. Die Aussichten hier und von der Puente Nuevo sind – *na, seht selbst!*

Hin & weg. Vom **Bhf** (ave Andalucía. Bus halbstl. zur Puente Nuevo) (in Std) **Malaga** *R* 7.12h (2), Bobadilla & **Granada** 9h, 14.11h, 17.35h (1/2½). **Córdoba** & Madrid *ZRAlta* 10h, 16.46h (1¾/4).

***SEVILLA

475 km s von Madrid. 720.000 Ew. 10m üNN. turismo.sevilla.org.
Von Madrid *kann,* von Andalusiens Hauptstadt *muss* man entflammt sein. Tag & Nacht brodelt die Lebensfreude, es gibt so viel zu sehen, zur Siesta locken kühle Parks, und stets sind günstige Betten in bester Lage frei. Außer im Juli/Aug ist das Klima angenehm. Das kompakte Zentrum besteht aus dem verwinkelten Barrio Santa Cruz (ö der Kathedrale), El Centro (n davon) und El Arenal (w bis zum Guadalquivir). Nach S läuft die Innenstadt in Parks aus. Außer der JH ist alles von Belang zu Fuß erreichbar. Angaben ab **Kathedrale** (1500m sw vom Bhf).

Kurz & knackig

Planen. Nirgends in Spanien werden **Semana Santa** (Karwoche) und **Fería** (letzte Aprilwoche) heißblütiger begangen. Wer´s erleben will, bucht Logis lang vorher. Im Juli/Aug wird die Hitze mörderisch, allein in Sevilla, der **heißesten Großstadt** Europas, fordert sie bis zu 40 Opfer. Am 1. Aug 2003 wurden 47,2° gemessen!

Oficinas de Turismo: im Bhf; beim Busbhf (Arcona 28); und bei der Kathedrale (ave de la Constitución 21b. 120m s. T. 95 478 7578. 9-19h). Hier oder in Hotels liegt *Welcome & Olé* aus: blöder Name für eine gute Broschüre (frei).

Bahnfragen: Renfe-Stadtbüro (Zaragoza 29. 500m nw. Mo-Fr 9-14/17-20h, Sa -14h).

Schließfächer: im Bhf (3-5 €). Gepäck wird wg. Terrorgefahr durchleuchtet.

Waschsalon: Cuesta (Cuesta del Rosario 6. 500m nö).

Internet: Ciber Alcázar (am sö Eck der Gärten. San Fernando 35. 400m s. 10-23h). Weitere Cybercafés für 2-3 €/Std stehen zigfach im Zentrum.

ÖPNV. Busse dürfen die immense Innenstadt nur auf zwei Routen schneiden. Also drehen die Busse C1/C2 (ab Bhf) und C3/C4 (ab Busbhf) ihre Runde drumrum, im bzw. gegen den Uhrzeigersinn auch zum Barrio de Santa Cruz, Ave de María Luisa und Triana. Tickets (1,20 €) kauft man an Bord, Bonobús mit zehn Fahrten (6 €) und **Tarjeta Turisticas** (4,50/8,50 € für ein/drei Tage) an jedem Kiosk, den Netzplan verschenken OTs und Infostände an großen Haltestellen. tussam.es.

Seit Apr 2009 ist eine Metro-Linie in Betrieb, für unsere Belange aber reizlos.

Taxis verlangen für die ersten 3 km 5 €, jeden weiteren km 1 € (22-6h plus 25%).

Mit **Sevilla Card** frei sind ÖPNV, fast alle Kulturgüter, Isla Mágica, Barrio-Führung, Rundfahrten mit Touri-Bussen und auf dem Guadalquivir. Eine Preisverdopplung (50/60/65 € für 24/48/72 Std) seit 2006 macht sie aber indiskutabel.

Schlafen & feiern

Camping. Die drei Plätze liegen arg ab vom Schuss und stehen auch bei Fliegen & Schnaken hoch im Kurs. Ihr billigster, **Sevilla** (N4, c-ra de Córdoba. 6 km ö. T. 95 451 4379), döst erst jenseits des Flughafens; ab Bushalt muss man 1 km zu Fuß am Autobahnzubringer entlang (!), sofern man nicht die freien Pendelbusse 18.30h und 22h ab ave Portugal nutzt. Zwei P mit Zelt 13-18 €, ganzjährig.

Herberge. Die moderne **JH Instalación Juvenil** (Isaac Peral 2. 2200m s. T. 95 505 6500. inturjoven.com) verbreitet gedämpfte Klinik-Atmo. 277 Betten, 2-3er-Dm mit sattem F, Bad, Balkon, großen Schränken und kleinen Fenstern 24 (Okt-Mär 22) €, <26 18 (16) €, ohne JH-Karte plus 3,50 €. Bus 34 ab Kathedrale an beiden Brücken vorbei, nächster Halt raus; oder Fußmarsch am ewigen Gradaus-Paseo de Delicias. „Mit Gepäck geht man 1 Std, dabei gibt´s zentral genug Hostales unter 25 €/P, und man ist nicht 3 km weg vom Leben." (Manuel Schäfer)

Hostels im Barrio Santa Cruz. Oasis (Plaza de Encarnación 29. 300m ö. T. 95 429 3777. oasissevilla.com) liegt mitten im Geschehen, an einer Nebengasse (Puente y Pellon) der Plaza. Luftige 4-8er-Dm mit F, Bad und Safe 18-22 (Fr/Sa 20-24) €, Dz 46 (50) €. Küche, Dachterrasse, lustige Aktivitäten. Bus 32 vom Bhf bis Endhalt.

Urbany (Dona Maria Coronel 12. 100m ö der Plaza de Encarnación 29. T. 95 422 7949. sevillaurbany.com) zählt zur neuen Generation neo-schicker, klimatisierter Hostels, der Preis hängt extrem vom Datum ab: 4-8er-Dm mit F, Bad und Safe 12-30 €, Dz 44-76 €. Keycard, Verkaufsautomaten, TV-Lounge.

Planen. Vor dem Einchecken in irgendeiner Unterkunft prüft man, ob **Ventilator** *(abanico)* bzw. **Klimaanlage** *(aire)* funktionieren. Im Juli/Aug geht´s kaum ohne – auch weil sonst zu viele Moskitos reinkommen! Die **Hauptsaison** legt jedes *hostal* anders fest, einig sind alle nur an Ostern: plus 50-100%.

Pensionen. Wiederum heißt das Lieblings-Barrio „Santa Cruz", auch wenn manche Tapete seltsam ausfällt. **El Patio de las Cruces** (calle de las Cruces 10. 250m ö. T. 95 422 6041. eurocheapo.com) adelt ein nettes Stadthaus um pflanzgrüne, kachelbunte Patios. 21 Zimmer, Ez/Dz mit Bad und teils Balkon 20-30/35-50 €
Gegenüber hat **San Pancracio** (#9. T. 95 441 3104) dieselbe Ruhe, freundliche Gastgeberinnen und größere Räume ab 20/30 € In derselben Liga liegen **Bienvenido** (Archeros 14. 300m ö. T. 95 441 3655) und zig weitere im Barrio.
Ein gutes Hostal im El Arenal, nahe Plaza Magdalena, ist **Lis II** (Olavide 5. 1100m n. T. 95 456 0228. pensionlisdos.com). Ez/Dz/3z/4z mit Bad 29/35-45/65/75 €, typisches andalusisches Stadthaus, farbenfroh, eng, kühl mit Fliesen und Patios.
Günstig für Nutzer des Busbhfs Plaza de Armas liegt das **Hostal Redes** (Redes 28. T. 95 490 1946. hostal-redes-sevilla.com). 17 Betten, Ez/Dz/3z mit Bad & Klima 29/56/75 € TV-Zimmer, alles ruhig und sauber. 150m nö vom Busbhf, 80m n vom Museo de Bellas Artes, 2500m w vom Bhf (Bus 32 bis Alfonso XII).
Abends pulsiert das Leben im **Centro** auf den Plazas San Francisco und Salvador (250 bzw. 500m n), ab 23h gibt es in mancher Gasse des **Barrio de Santa Cruz** kein Durchkommen mehr.
Zu den Spots der **Triana,** die sich an der calle Betis (400m w) am w Ufer des Guadalquivir aneinanderreihen, gesellen sich in Sommernächten zig temporäre *terrazas de verano:* Freiluftbars mit Live-Musik, viel Tanzplatz und Aussicht.
Ab Mitternacht regiert dann in den Barrios Santa Cruz und Triana die **Sevillana,** die den Flamenco an Erotik noch übertrifft. Die Zahl der Lokale ist unüberschaubar, im Santa Cruz ist oft ein Entreé von 12-18 €fällig, inkl. einem Getränk ...
Sevillana – wo? Zuerst spricht man in einer Triana-Bar mit den aufgeschlossenen Sevillaños. Gegen 24h steuert man die empfohlene Lokalität an und sollte auf alles gefasst sein, etwa in der **calle San Jacinto,** der w Fortsetzung der Puente Triana (Bus B2). Im Santa Cruz noch frei sind die Darbietungen (meist 23-3h) in der legendären **Carbonería** (Levíes 18. Di-So) und im **Tamboril** (Pza Santa Cruz).

Anschauen

☺ **Sparen.** Mehrere Museen sind für EU-Bürger **immer frei,** u.a. das Arqueológico und das Bellas Artes. Andere bieten immerhin **freie Tage:** Torre del Oro Di 10-14h, Cartujakloster Di 11-21h, Casa de Pilatos Do 13-17h, Kathedrale So 14-18h.

Catedral. Offenbar galt für die ****Kathedrale** (11-17h, So 14-18h. 8 €, <26 2 €) nur eine Maßgabe der Bauherren: „Errichtet diese Kirche so, dass künftige Generationen uns für übergeschnappt halten müssen." Das gelang eindrucksvoll: 126m lang, 82m breit, bis 30m hoch, wildes Innenleben, unregelmäßiger Grundriss.
Von der Maurenmoschee, auf deren Reste die Kathedrale 1401-1507 gepfropft wurde, blieb nur das Minarett übrig: Sevillas Wahrzeichen **La Giralda** (12. Jh.) haben die Christen nur mäßig verhunzt, zum Aufstieg (90m) über rossbreite Backsteinrampen gelangt man im nö Eck des Hauptschiffes.
Seit 2006 weiß man, dass die **Kolumbus-Grabstätte** in der Kathedrale nur 150g seiner Knöchelchen enthält; den Rest teilen sich wohl Havana und Santo Domingo. In jedem Fall bunkert das **Archivo General de Indias** (20m s. 9-16h, So 10-14h. frei) 80 Mio Akten zu

seiner „Entdeckung" und ihren grausamen Folgen. Wichtige Bilder, Karten, Dokumente werden ausgestellt – das ist spannender, als es klingt.

Alcázar. Zwischen begrünten Plazas und Kathedrale erstreckt sich der *****Real Alcázar** (9.30-19h, Nov-Feb -17h. 8 €, ISIC frei. Audioguide 3 €, auch dt.), begonnen 913 mit gotischen Elementen als Vorgeschmack auf Granada. Zu verdanken ist sein zauberhafter Palacio (14. Jh.) dem christlichen Eroberer. Zeitlebens galt Pedro I. nur als grausam & beschränkt, doch die Nachwelt rühmt ihn als Bauherr des Alcázar, weil er ausnahmsweise das filigrane Stilempfinden seiner Vorgänger kopieren und dafür sogar maurische Künstler engagieren ließ.

Ein Pflicht-Streifzug führt danach durchs alte Judenviertel **Santa Cruz** dahinter.

Grün & bunt. Bevor uns die Mittagshitze übermannt, schnüren wir das Ränzlein und spazieren durch die Gärten des Alcázar zum schattigen **Parque María Luisa** (500m s) zwischen Fluss & Plaza de España.

Wer jetzt Kulturdrang spürt, lustwandelt am Paseo Colon flussaufwärts. Im **Torre del Oro** (13. Jh.) zeigt ein Museum Modelle berühmter Boote (Di-So 10-14h. 1 €, Di frei). Durch Sevillas legendäre Stierkampfarena **Real Maestranza** (1761-1881) fegen alle 20 min Führungen auch in dt. (9.30-20h. 6 €).

Über den Guadalquivir hangeln sich drei gewagte Brücken zum Gelände der Expo 92 auf der Cartuja-Insel (Bus C1/C2). Ihre gewagteste, die 168m-Hängebrücke Barqueta, landet mitten im kindgerechten Vergnügungspark **Isla Mágica:** Apr-Juni Di-So 11-19/22h, Juli/Aug Di-Fr 11-23h, Sa/So -24h, Sep/Okt nur Sa/So 11-21h. Eintritt ganz/halbtägig (ab 6 Std vor Schließung) 25/18 €, im Juli/Aug 28/20 €

Hin & weg

Zum Thema Zuschläge siehe Córdoba.

Züge vom **Bhf Santa Justa** (ave Kansas City. Schalter 8-22h, Gepäcklager 6-24h) (in Std) nach **Córdoba** *R* 7.50h, 9h, 13.25h, 15h, 18.53h, 20h (1¼). **Córdoba** & **Madrid** *Arco* 8.20h mit u/in Linares-Baeza (1¼/7), ^{ZR}*Altas* 9.53h, 18.15h (1/3½), ^{ZR}*AVE* stdl. 6-21.45h (¾/2½). **Granada** ^{R}*IR* 7h, 11.50h, 16h, 17.40h (3). **Málaga** ^{R}*IR* 7.35h, 11h, 13h, 17h, 20.10h (2½). **Barcelona** ^{ZR}*Arco* 8.20h, ^{ZR}*Ht* 21h (12½/11). **Huelva** *R* 9.10h, 16.30h, 20.50h (1½).

Busse ab **Plaza de Armas** (800m nw) nach Huelva halbstdl. 6-21h (1½ Std. 7 €), Faro & Lagos 6.30h, 8h, 13.30h, 16h (2/4 Std. 16/24 €) – ab **Prado San Sebastián** bei Plaza de España (600m sö. alsa.es) nach Málaga & Granada stdl. (2½/3 Std. 14/18 €), València & Barcelona 9.30h, 16h, 22.30h (12/15 Std. ca. 50/80 €).

HUELVA

110 km w von Sevilla. Nichtssagende Etappenstadt (140.000 Ew) vor Portugal. Die **Oficina de Turismo** (ave de Alemania 12. T. 95 925 7403. Mo-Fr 9-19h, Sa -14h) liegt gegenüber vom Busbhf, 700m w vom Bhf. Wer knacken muss: Bus 6 fährt vom Bhf fast vor die Türe der komfortablen **JH Albergue Juvenil** (ave Marchena Colombo 14. 1700m n. T. 95 925 3793. inturjoven.com). 128 Betten im Ex-Internat, 2-4er-Dm mit Bad und F 24 (Sep-Juni 22) €, <26 18 (16) €

→**Hin & weg.** *R*-Züge nach Sevilla 7.10h, 14.25h, 18.50h, ^{ZR}*Alta* nach Madrid 7.45h ($1\frac{1}{2}$/5 Std). Unterwegs sieht man nix außer der Weite Andalusiens.

Nepper versuchen Interrailer überteuert zur Grenze (63 km von Huelva) zu schleppen. Nix da, es gibt Linienverkehr! In Portugal stellt man die Uhr eine Std zurück.

Nach Portugal. Busse (damas-sa.es) ab ave de Alemania (700m w vom Bhf) zum Grenzort Ayamonte zweistdl. 7.30-19.30h (1 Std. 4 €). Vom Busbhf **Ayamonte** (T. 95 932 1171) spaziert man 900m nw zum trägen Guadiana: Fähre nach Vila Real halbstdl. 9-21h (10 min. 1 €). Anti-Romantiker buchen in Huelva die Direttissima: Bus nach Vila Real & Faro 7.45h, 9.15h, 14.45h, 17.30h (1/2 Std. 9/11 €).
„Ein Lob der Globetrotter-Variante über Ayamonte: Per Fähre in Portugal ankommen ist wesentlich spektakulärer.“ (Martin Mois)

TSCHECHIEN

✆ 00420. 78.864 qkm. 10,5 Millionen Ew. BIP 19.534 €/Ew. czechtourism.com.
Zum Aufschwung der jungen Republik (*1993) trägt dank toller Burgen, Schlösser, Museen auch der Fremdenverkehr bei – obwohl sich acht von zehn Besuchern scheuen, jenseits von Prag zu stöbern. Schade, denn die Verbindungen sind gut, die Menschen freundlich, und viele tragen einen Schalk im Nacken. **Mit deutsch** & englisch kommt man gut durch, im Bahnwesen sieht´s damit mau aus.

Serviceteil

Zentrale für Tourismus: Friedrichstr. 206, 10969 Berlin, T. 030/204 4770. Herrengasse 17, 1010 Wien, T. 01/5332 1933. Wildenstr. 9, 8049 Zürich.
Botschaften in Prag: D: Vlasská 19, T. 257 113 111. A: Viktora Huga 10, T. 257 090 511. CH: Pevnostni 7, T. 220 400 611.
100 Kronen Kc = 3,96 € (xe.com). Banken öffnen Mo-Fr 8-18h; Kursvergleich lohnt, der Verzicht auf Wechselstuben auch. An jeder Ecke stehen Bankomaty (Visa, Mastercard, Plus, Maestro, Cirrus). Für Prag mind. 30 €/Tag mitbringen.
✆ Polizei & Notruf 112.
Beste Reisezeit: Mai-Sep. Auf **milde Sommer** folgen eiskalte Winter; kein Wunder, dass Tschechen so gut Eishockey spielen. Fast jede Sehenswürdigkeit bleibt **montags dicht.** Postämter öffnen 7-19h, Briefmarken gibt´s auch an Kiosken.

Bahn, Bus & Bike

Auslandszüge nach Prag (Hlavní oder Holesovice) (in Std) von **Nürnberg** *RE* 5.40h, 13.40h (5). **München** *RE* 8.44h, 12.44h, 16.44h (6). **Dresden** *EC* zweistdl. 7-19h (2¼). **Wien**-Süd *SC/EC* fast stdl. 6-19h (4½). **Pressburg** *SC* 5.39h (4), *EC* 8h, 9h, 12h, 16h, 18h (4½), *D* 23h (6½). **Budapest** *EC* 5.28h, 9.28h, 13.28h, 15.28h (7), *D* 20h (7½). **Warschau** *EC* 9.25h (8½), *D* 21h (10).
Ceské Dráhy. Das 9500 km lange Netz (ein Drittel elektrifiziert, nur 2000 km zweigleisig, einige Nebenstrecken privatisiert) wird so häufig befahren, dass fast alle Orte gut erreichbar sind. *SuperCity (Pendolino)* und *EC* wollen 7 €Zuschlag, *IC* ist selten, *expres, rychlík* und *spesny vlak* sind Zfrei und annehmbar, ein *osobni vlak* hält an jeder Milchkanne. Am Fr/So lohnt eine **Reservierung,** denn viele Züge sind gestopft voll. Platzkarten (0,60 €) und Zuschlag zahlt man an getrennten Schaltern im Bhf. Nur *SC/EC* und einige *Ex* führen Speisewagen.
Ins Ausland sind auch Schlafwagen *(luzkovy vuz)* und Liegewagen *(lehátko vuz)* im Einsatz. **Liegen** im 6/4er-Abteil kosten 5/7 €, Betten im 2er-Abteil 11-16 €, gemütlicher sind Logiskosten nicht zu sparen, man sollte aber bis zum Vortag im Bhf buchen. Am Fahrtag selbst bleibt nur der Gang zum Wagenschaffner.
Die Tarife sind degressiv gestaffelt, mit 0,70/4,80/22 €für 10/100/500 km bleibt die Bahn billig. Preisbeispiele ab Prag: nach Decin (Grenze Richtung Dresden) 5 €, Cheb (Nürnberg-Grenze) 8 €, Krumau 7 €. An Bord nachlösen kostet 1 €extra.

Die „Bahncard" **In-Karta zakasnik,** in jedem Bhf (mit Passfoto) und auf inkarta.cz zu haben, verschafft für 33 € drei (!) Jahre lang 25% Rabatt. Der sensationelle Junior Pass wurde 2008 abgeschafft, alle **<26 Jahren** zahlen aber weniger als den halben Normalpreis. Bei **Gruppen (skupinova sleva)** kriegen zwei Personen 25%, alle weiteren 50% Ermäßigung.
Statt **Interrail** (drei/vier/sechs/acht Tage binnen eines Monats 49/69/99/119 €, <26 Jahren 32/45/64/77 €) besorgt man besser vor Ort die Netzkarte **Sitova Jizdenka:** jeder Zug für jedermann 17 €/Tag (2-5 P 34 €), 46 €/Woche *(tydenni)* oder 163 €/Monat *(mesicni)*. Ähnlich spontan reist es sich mit **Kilometrická Banka:** 2000 Frei-km binnen sechs Monaten für 76 €, bis zu 3 gemeinsam Reisende, ideal für Fernreisen! Mit dem „Schönen Wochenende" **Sone+** können am Sa *oder* So max. zwei Erwachsene und drei Kinder alle Regionalzüge (5 €) nutzen.
Bahninfo: T. 224 614 030 (dt. 24 Std) und 972 211 111. cd.cz.

Interrailer zahlen je 7 € **Zuschlag** in *SC/EC*. Auf welchem Bahnsteig ein Zug einläuft, wird oft kurzfristig angezeigt.

Busse. CSAD bietet überland (100 km 3-4 €) die flotte Alternative zum Zug, aber ohne Buspass und seltener unterwegs. idos.cz hat den Bahn/Busfahrplan (auch dt.).
🚲 **Fahrräder** werden in etlichen kleinen Bhfen für 5-9 €/Tag vermietet. Mit Platzkarte (3 €) kommen sie in allen Zügen mit *(SC* mit Vorbehalt). Beim Verstauen legt man selbst Hand an. Der Versand kostet 2-4 €, ins Ausland ab 10 € – verpacken! In zwei *ECs* Berlin-Prag und im kleinen Grenzverkehr (8 €) darf das eigene Rad mit.

Schlafen

Camping. Wild zelten ist verboten, es täte sich aber ohnehin kaum lohnen, denn die 300 Zeltplätze (camp.cz) sind billig genug: zwei P mit Zelt zahlen 6-14 €
Hostels. Bis 1995 quollen Prags Parks in Sommernächten von Railern über. Darauf haben Hostelliers längst reagiert, jeder findet heute sein Bettchen. In Prag & Krumau machen **Backpackers** das Geschäft, andernorts muss es eine der 22 **Jugendherbergen** sein (czechhostels.com. alle 24 Std offen). Ihr Niveau variiert stark, ihr Dormpreis auch: 6-12 € im Landinternat, bis 20 € in Prag. Rabatt winkt mit JH-Karte, ISIC und Euro<26.
❐ **Zimmer.** im **Hotel ohne/mit Bad kosten ab 20/30 € In vielen Bhfen treten Privatzimmer in Gestalt ihrer Vermieter an Interrailer heran; wer die üblichen Regeln einhält, kommt unter 12 € davon. Prager Preise liegen 50% drüber.

***PRAG

350 km nw von Wien. 1,2 Millionen Ew. 192m üNN. prague-info.cz.
800 Hektar Denkmalschutz: als Gesamtkunstwerk steht Prag (tschech. Praha) einfach komplett auf der Liste des Weltkulturerbes. Wer vom Ost-Flair abschalten will, den begeistert die alte Hauptstadt des Heiligen Römischen Reiches mit Parks, Plätzen, Brücken und Hügeln, auf denen sich die großen Baumeister ihrer Zeit austoben durften. Angaben ab **Staromestské nám** (1 km nw vom Bhf Hlavní).

Kurz & knackig

Prazská Info Sluzba: T. 12 444. Büros mit Logisvermittlung, Stadtplänen, Touren, Karten-VVK und deutschsprachigem Personal: im Alten Rathaus (Staromestska nám 1. 9-19.30h); am Westturm der Karlsbrücke (400m w. 10-19h, Okt-Apr -18h); und im Bhf Hlavní (U-Eingang. 9-19h, Sa/So -16h).

Jugendreisebüro: GTS Travel (Ve Smeckách 33. 900m s. U Muzeum. gtstravel.cz. Mo-Fr 9-18h, Sa 10-15h) für Logis, Bahntickets & Ermäßigungen.

Waschsalons: Laundryland (Na prikope 12. 300m sö. 9-20h – Londynska 71. 1500m sö. U IP Pavlova. 8-22h – je 5 €/Ladung inkl. trocknen).

Cybercafés: zig im Zentrum für 2-4 €/Std. Zwei bieten viel mehr: **Bohemia Bagel** (Masná 2. 300m nö. 8-23h – Lazenska 19. Mala Strana. 7.30-19h) ist ein preiswert-liebevolles Kringel-Café mit amerikanischem F. **Batalion** (28.ríjna 3. 800m s. U Mustek. 24 Std) verwandelt sich *from dusk till dawn* in ein turbulentes Rock-Café mit TV-Fußball, Kunst, jeden Abend Bands und schnellen PCs im Oberstübchen.

Fahrräder vermietet fast jedes Hostel. Extra-gut: **City Bike** (Králodvorska 5. 300m ö. U nám Republiky. T. 0776 180 284. pragueonline.cz/citybike. 9-19h) hat Mongoose-MTBs ab 9 €/Tag und Gruppenfahrten (10h, 14h & zum Sonnenuntergang).

ÖPNV. In der Regie von **Dopravní podnik Praha** (T. 800 191817 (dt.). dpp.cz), dessen Infoschalter in den U-Bhfen Muzeum (7-21h), Mustek und Holesovice (je Mo-Fr 7-18h) auch Netzpläne in dt. und Nachtpläne *(nocní provoz)* verteilen.

Die **U-Bahn,** von den Sowjets 1969-74 errichtet, ist vorzüglich. Drei Linien ziehen von 5-24h über die Knoten Mustek (A/B), Muzeum (A/C) und Florenc (B/C) in die Vororte los, zur *rush hour* alle 2-3 min, ansonsten alle 4-10 min.

Prags **Tram** zeigt beispielhaft, wie effektiv Nostalgie sein kann. Unterstützt von Bussen, fährt sie tagsüber alle 10-20 min in den hintersten Winkel, von 24-5h halten Tram 51-59 und Bus 501-514 den Halbstundentakt ab Lazarská/Neustadt.

Die **Standseilbahn** von Ujezd (Talstation nahe Legii most-Brücke) auf den Petrinhügel (Spaziertipp gegenüber Hradschin) verkehrt von 9-23.30h im 15-min-Takt.

Fahrkarten *(jízdenka.* 1 €) kauft man am Kiosk, DPP-Schalter, im U-Bhf oder Reisebüro. Nach Entwerten an Bord gelten sie in Bus, Tram, U-Bahn, Nahverkehrszug und Petrínseilbahn von Mo-Fr 5-20h 75 min, sonst 90 min lang mit Umsteigen. Kurzstreckentickets (0,70 € max. 20 min. oder fünf U-Stationen) und **Tageskarten** *(sítová jízdenka.* 4/12/19 € für ein/drei/fünf Tage) gibt es in großen U-Bhfen und Verkehrsämtern. Rucksäcke über 70 cm Höhe und Bikes fahren für 0,35 € mit, in der U-Bahn sind sie jenseits der *rush hour* frei.

Obacht! Kontrolliert wird häufig. Wer schwarz oder ohne Rucksackkarte fährt, ist mit 9 resp. 3,50 € dabei, bei späterer Bezahlung 35 bzw. 7 € Als Wucherschutz lässt man sich dringend eine Quittung *(doklad)* geben.

Taxi. Manche Taxen zocken ab wie Ackermann. Darum besteht man auf Taxameter (Grundgebühr max. 1,50 € plus 1,10 €/km, Wartezeit 0,25 €/min) oder ordert bei einer zuverlässigen Zentrale, z.B. AAA (T. 221 111 111).

Schlafen

Prags Bettenengpass und pfiffige Mittel dagegen gaben früher kühne Railerstories her.

Inzwischen wird man im Sommer schon am Bhf angelabert: *Hallo, Bett ab 10 €.* Wer den Werbern nicht traut, findet im Bhf ein Verkehrsamt.

Camping. Rund um Prag stehen 21 Plätze (Liste samt Verbindungen bei PIS). **Kemp Dzbán** in Vokovice (Nad Lávkou. 4 km w. T. 235 358 554. campdzban.eu) ist preiswert und immer offen. 5 €/Zelt, 5 €/P (Okt-Apr minus 30%), 4er-Bungalows 45 €, Hostel ab 10 €/P. Das benachbarte Naturreservat lädt zum Wandern, Radeln & Baden. Tram 20/26 von U Dejvická bis Veleslavín, dann 10 min zu Fuß.

Im Stadtteil Troja, n der Moldau beim Zoo, lümmeln vier Autokemps. So schmal, dass es fast intim wirkt, ist nur **Camp Dana** (Trojská 129. 2 km n. T. 283 850 482. campdana.cz). 4,50 €/P und 3 €/Zelt, Dz/3z/4z mit F 35/46/54 €. Tram 5 vom Bhf Hlavní, 5/17/25 von Holesovice bis Trojská, dann 100m nach Westen.

Hostels. Mannmannmann, kaum haste dich umgedreht, hat schon wieder ein neues eröffnet. Aktuell nennen sich über 80 Unterkünfte „Hostel"! Von Nov-Apr winkt oft Rabatt, über Neujahr und Ostern wird **heftigst** aufgeschlagen.

Obacht! Viele Hostels neigen im Jul/Aug zum Überbuchen. Wer spät kommt, kriegt oft nur eine Matratze am Boden. Überall wird engl. gesprochen, also bucht man online und **bestätigt telefonisch;** manche Mails gehen ja flöten ... Meist wird rund um die Uhr eingecheckt. **Diebstähle** in Dorms sind nicht unbekannt!

@ Staré Mesto. Das **Travellers Hostel** (Dlouhá 33. 400m nö. T. 224 826 662. travellers.cz) kommt dem Altstadtgewusel erfrischend nah. 164 Betten in fünf Häusern, 4-12er-Dm 13-19 €, Ez/Dz/3z 44/52/60 €, inkl. gesundem F; JH-Rabatt. Geräumig, sauber, Schließfächer, Musikclub. Hier tobt bis 1h eine junge Kulturszene. Tram 5/8/14/26 bis Dlouhá trida, zehn Fuß-min vom Bhf.

@ Nové Mesto. Das **Apple Hostel** (nám Republiky 7-2°. 600m ö. T. 777 277 534. applehostel.cz) belegt die zweite Etage eines zentralen Bürogebäudes. 127 Betten (meist Etagen) mit dürrem F, 4-12er-Dm 14-19 €, Ez/Dz/3z ab 45/52/58 €. Für jeden ein Safe, moderne Küche, mäßige Duschen, nüchterne TV-Lederlounge bis 24h, alles Wichtige um die Ecke. U Republiky.

Golden Sickle (Vodickova 12. 600m s. T. 222 230 773. golden-sickle.prague-hostels.cz) bittet zur Zeitreise neben dem Wenzelsplatz. 6-10er-Dm 16 €, 2/3/4er-Apartments mit Bad 64/68/76 €, kein F. Hauch von Renaissance in vielen Details, moderne Küchen, Innenhof, Top-Lage. Nach 19h holt man den Schlüssel gegen Kaution an der Bar im Haus. Tram 9 vom Bhf bis Vodickova.

Hostel Jednota (Opletalova 38. 900m ö. T. 224 230 037. alfatourist.cz) neben dem Bhf Hlavní versteckt hinter Gardinen noch viel Ostblock-Charme. Unauffällig, zentral, billig: Ez/Dz/3z/4z mit F 22/32/48/60 €, alle Hostel-Features.

@ Zizkov. Clown & Bard (Borivojova 102. 2 km ö. T. 222 716 453. clownandbard.com) ist ein schmuddliger Ozzie-Klassiker im Partyviertel. 100 Betten, Dm klein/groß (bis 28 Betten) 13/10 €, Dz 38 €, mit Bad 53 €, inkl. F. Billige Bar, gute Musik, Kinonächte. Fünf Straßen von U Jiriho z Podebrad, oder Tram 5/9/26 vom Bhf bis Krasova (erster Halt), dann bergauf: Stress mit Gepäck.

@ Holesovice. Extol Inn (Prístavní 2. 2 km n. T. 220 875 258. extolinn.cz) im ruhigen Bezirk vergisst trotz Umbaus zum **Hotel seine JH-Herkunft nicht. Ez/Dz/3z mit F 31-55/53-110/76-115 €, mit Etagenbad & JH-Karte ab 28/42/60 €. Viele Annehmlichkeiten:

Sauna, Whirlpool etc. Tram 1/3 vom Bhf Holesovice.

Ums Eck erfreut **Sir Toby's** (Delnická 24. T. 283 870 635. sirtobys.com) mit Jugendstil, Melancholie und herzigem Interieur. 100 Betten, 8-10er-Dm (Etagenbetten) 13 €(Fr/Sa 15 €), geräumige 4-6er-Dm mit Bad 18 €, Ez/Dz/3z mit Bad 38/53/60 €, gutes F 2 €. Tolle Küche, netter Innenhof, sauber und sicher, prima ausgestattet, auf Nachtruhe bedacht. Von U Vltavska beliebige Tram nach Osten bis Delnická (zweiter Halt), auch viele Trams ab Zentrum (7 min). Tipp!

@ Podolí. Beim Schwimmbad am linken Moldauufer dümpelt das fast romantische **Botel Racek** (Na Dvorecké Louce. 3 km s. T. 241 431 628. botelracek.cz). Saubere Ez/Dz/3z mit F, Bad, Sat-TV und Aussicht 56/70/104 €. Tram 3/17 vom Zentrum bis Podolí. Auf der Moldau ankern weitere *Botels*.

❑Zimmer.. Viele Agenturen vermitteln Dz ab 50 €, einen guten Ruf verteidigt **AVE** im Bhf Hlavní (avetravel.cz. 6-22h). Wohnheimplätze gehen über **Alfa Tourist** im Hostel Jednota. In der Altstadt bleibt die Hotelklasse unter 80 €unbesetzt.

Feiern

Abends. Prags Jugend gibt sich an der **Karlsbrücke** (die aus Kafkas *Urteil)* ein Stelldichein oder wippt ihre Pferdeschwänze auf Discoboote (ab Rasínovokai Mi/Fr/Sa 20-2h. 3 €inkl. 3 Std Rundfahrt). Auch schön: billiges Bier am Kiosk holen, das Treiben am **Altstädter Ring** bei Flutlicht beobachten, Kontakte zu Ureinwohnern knüpfen – so umgeht man tonnenweise Touripreisen (oft plus 100%).

Wer gern Hunderte von *shots* oder Biere und dazu gute Musik um sich hat: das Nachtleben tobt besonders bar-barisch in vier Ecken – durchfragen. Sperrzeiten hängen hier dank einer liberalen Stadtverwaltung von der Tagesform ab.

@ Zizkov. Sprich *"Schischkow"* wie *J*ournal, nimm Metro A oder Tram 11 bis Jiriho z Podebrad. Im alten Arbeiterviertel zu Füßen des TV-Turmes stehen mehr gute Kneipen als in der ganzen Westschweiz. Startpunkt: **Blind Eye** (Vlkova 26, Ecke Krasova). Angesagter Kulturpalast: Im **Akropolis** (Kubelikova 27, Ecke Fibichova) traten schon die Toten Hosen auf, dazu protzt er mit DJ-Parties (bis 5h), Straßencafé und hoch gepriesenem Restaurant.

@ Smichov. Jenseits der Moldau (3 km sw. U Andel) konkurriert die Ultramoderne mit ihren kratzigsten Gegnern. **Hells Bells** (Na belidle 27. 15-3h, So 17-24h) bietet viele Rockgigs, der coole Designerclub **Angel** (Kmochova 5. 20-3h) hat angesagte DJs, viel Pop und acht Internet-PCs.

Schluck. *Jedno pivo, prosim!* Ein Bier bitte, z.B. Prags Hausmarke: **Staropramen** ist leicht, fast fruchtig. Eine Tour durch ihre Brauerei (Nádrazní 84) in Smichov dauert eine Std, dann folgt die Probe aufs Exempel.

@ Staré Mesto. Auch in der Altstadt verstecken sich junge Perlen. **Bloody Freddy** (Vejvodova 6, ab Michalská. 200m s) für Nippgetränke, **M1 Lounge** (Masna 1, ab Mala Stupartska. 400m nö) für Bar-Detektive, **Karlovy Lázne** (Novotného lávka 1. 21-5h. 6-15 €) an der Karlsbrücke für Abhotten auf drei Floors – dies ist einer von Europas größten Clubs.

@ Nové Mesto. Legendäres bläst auch rund um Wenzels Platz. Im **Reduta** (Národní 20. 1200m s. 9-3h), Mutter aller Jazzclubs seit 1958, polierte einst Bill Clinton sein Saxofon,

durch Redutas **Rock Café** (Mo-Fr 10-1h, Sa 20-3h) huschen Schwarzgewandete. Ins wunderbar-jugendstilige **Café Louvre** (Národní 22. 8-23h) zieht es seit 1902 Spät-Frühstücker wie Kafka oder Einstein; F-Varianten 4-6 €
Und wer mischt einzigartig Tanz, Pantomime, Musik, Licht ohne Worte, also für alle ein Vergnügen? Die **Laterna Magika** (Národní 4. Vorstellungen Mo-Sa 20h. Karten 20-30 €, ISIC 17 €) hat bei Avantgarde-Theater die Nase vorn.
Danach ab hinters Nationalmuseum: Im **Club Radost FX** (Belehradská 120. U IP Pavlova) zappeln die, die tagsüber andere tanzen lassen.

Anschauen & unternehmen

☺ **Sparen!** Mit der **PragueCard** (34 €, ISIC 23 €) kommt man vier Tage lang frei in alle genannten *sights* rein: gut für Vielgucker, aber kein ÖPNV-Rabatt. Schüler (<16) und Studenten (ISIC) zahlen überall den **halben Preis.**

Hradschin. Die Gebäude auf dem Burgberg (hrad.cz) öffnen 9-18h, die Anlage 5-24h. Das **Kombiticket** für Veitsdom, Königspalast, Georgsbasilika, Pulverturm, Goldenes Gässchen und Daliborturm kostet 10/5 €(Kamera 2 € Gemäldegalerie Mo 16-18h frei), die Gärten an der Südseite sind von 10-18h frei zugänglich.
Auf dem Berg um den Ex-Sitz der Könige, heute Sitz der Regierung, steht der ****Veitsdom.** 1344 auf Anordnung Karls IV. begonnen, wurde er erst 1929 vollendet. Für Überblick nach 287 Treppen sorgt sein Großer Turm. Im **Königspalast** passierte im Mai 1618 jener Fenstersturz, der zum Dreißigjährigen Krieg führte.
Neben der romanischen Georgsbasilika versammelt der **Georgskonvent** (2/1 €) alte tschechische Kunst, dahinter drängen sich schmale Häuschen ins **Goldene Gässchen.** Dessen #22 bewohnte 1916/17 Franz Kafka, der in seinem ruhelosen Leben (1883-1924) achtmal innerhalb Prags umzog, aber kaum je über die Stadtgrenzen kam. Traurige Zeiten waren das ohne Interrail.

Atmo. Obwohl bzw. weil alle Museen dicht und alle Touristen weg sind: Dreht um den Hradschin auch **abends** mal ´ne Runde! Dazu nimmt man ab U Malostranská die Tram 22 bergwärts bis Památník Písemnichtví (vierter Halt).

Hradschany. Im Viertelchen w der Burg treffen sich alte Adelshütten zum Augenschmaus. Im **Sternbergpalais** zeigt die Nationalgalerie (Di-So 10-18h. 2/1 €) Imressionisten und Meister seit dem 14. Jh.; mehr Cranach gibt´s nirgends. Auch die Militärgeschichte im **Schwarzenbergpalais** (1563) blickt auf den Burgplatz.
Über ein goldiges Gässchen gelangt man zur feist geschmückten ****Strahov-Bibliothek** (9-12/13-17h. 2/1 €) im gleichnamigen Kloster (1679). Nicht verpassen: Philosophensaal! Gegenüber erschlägt der **Lorettokonvent** (9-12/13-16.30h. 4 €) mit Gold, Perlen und jauchzenden Pilgergruppen.
Malá Strana. Die Kleinseite zwischen Burg und Moldau lässt aus vielen Palästen das stinkreiche Barock sprechen. Besonders diese Gässlein, Gärtlein, Kirchlein prägen Prags goldiges Image. Im **Brettfeldpalais** (Nerudova 33) gastierten schon Mozart und Casanova; beide kamen später vom rechten Weg ab, wie man hört. Das **Wallensteinpalais** (Valdstejnské nám) böte eine tolle Kulisse, ist aber vom Senat belegt; in seine manikürten Gärten (10-

18h. frei) gelangt man via Letenská 10.
Ein intensives Erlebnis bietet das **Musikmuseum (Karmelitska 2. 200m s des Malostranske nam. Mo 13-18h, Mi-So 10-18h. 4/2 €) im nüchtern-grandiosen Magdalenenkonvent: 100 historische Instrumente, skurrilste Eigenbauten seit 1600, alle mit Hörproben, bezaubernd auch für musikalische Analphabeten!

Karluv most. Vom Karma guter & schlechter Zeiten plaudert die **Karlsbrücke.** Dieser Marsch ist Pflichtstoff, und so herrscht Tag & Nacht frohes Geschiebe dank Straßenmusikern, Nippeshändlern, Kunstmalern. 1357 als erste und bis 1841 einzige Brücke über die Moldau errichtet, wurden ihre 30 Statuen im 18. Jh. hinzugefügt. Nur **Nepomuk** steht in Bronze seit 1683 an jener Stelle, von der er 290 Jahre zuvor in den Tod geworfen wurde. Als Beichtvater der Königin wollte er ihre Geheimnisse nicht ihrem Gemahl Wenzel IV. verklickern. Dafür musste er büßen.

Staré Mesto. 1120 erstmals erwähnt, flüstert die Altstadt vom leuchtenden Mittelalter. Den Über-Blick verschafft noch auf der Kleinseite der **Pulverturm** und in der Altstadt selbst der Turm am **Alten Rathaus** (beide 9-18h. 1 €). Vor dessen Astronomischer Uhr (1410) treffen sich Tourgruppen stündlich zum putzigen Figurenspiel, das Ziffernblatt zeigt die Uhrzeit und die Bewegung der Planeten.
Wem das nicht kurios genug ist: Wenige Türen weiter stellt die **Stadtgalerie** (Staromestské nám 1. Di-So 10-18h. 2/1 €) schräge Zeitgenossen aus.
Die Türme der **Tynkirche** (1365) sind nicht zu bekraxeln, dafür entschädigt himmlisches Innenleben, und auf dem Platz ist, zumal abends, sowieso die Hölle los.
Apropos Hölle: Unweit vom Rathausturm (!) stellt das rot umwölbte **Museum der Sexmaschinen** (Melantrichova 18. 10-23h. 10/6 €) 200 Lust-Objekte vor, deren Funktionsweise man nicht immer sofort kapiert. Beispiel: ein elektrischer Anti-Masturbator aus Paris 1915. Lust regiert auch im SM-Kino, dank spanischer Erotikfilme (no Porno) von 1928. Das ist teurer, aber lustiger als das **Wachsfigurenkabinett** (Melantrichova 5. 9-20h. 4/2 €). Sex beats wax.

Nové Mesto. Die Neustadt erzählt vom reichen Handel im 19. Jh., etwa am **Wenzelsplatz** mit langer Protestgeschichte, nicht nur 1968 gegen die Sowjets. Über einen Sechsspur-Boulevard erreicht man das opulente ***Nationalmuseum (U Muzeum. 10-18h. 4/2 €); wer sich in diesem Riesenkahn 3 Std treiben lässt, beginnt die Eigen-Art(en) dieses Landes zu begreifen. 800m sw erstreckt sich der grünere Karlsplatz mit dem **Dvorákmuseum** (Ke Karlovu 20. U IP Pavlova. Di-So 10-17h. 2/1 €).

Josefov. Im beeindruckenden **Ghetto** zwischen Altstadt & Moldau stehen das Jüdische Rathaus und vier Synagogen, darunter eine von 1270 – älter ist nur die in Toledo. Auf dem **Alten Friedhof (Siroka 3) wurden bis 1787 gut 100.000 Gräber in zwölf Lagen gestapelt, die surreale Atmosphäre leidet nur unter Tourgruppen. An der **Pinkassynagoge** erinnert ein Mahnmal an 77.297 tschechische Opfer des Holocaust. Alle Schauplätze der Josefsstadt gehören zum **Jüdischen Museum** (Kombi 11/7 €) und öffnen Mo-Fr/So 9-18h (Nov-März -16.30h). Männer dürfen nur mit Kopfbedeckung in die Gotteshäuser.

Zizkov. Aus welcher Richtung immer Du Dich Prag näherst – irgendwann stellt sich das Grauen ein: Was ist *das* für ein Riesending? Es ist der 216m hohe **TV-Turm** (Mahlerovy sady 1). Eine fernsehsüchtige Zeit pflanzte ihn 1985-92 Herrn Mahler in den Garten auf dem Zizkovhügel. Café & Lounge in 66m Höhe verfügen über Aussicht, noch besser wird sie im Besucherdeck (93m. 10-23h. 5/4 €). Metro A bis Jiriho z Podebrad.

Moldau. Für grüne Prag-Momente empfiehlt sich von Mai-Sep eine Bootstour mit **PPS**

(paroplavba.cz) ab Palackybrücke (U Karlovo nám). *Tgl.* 9/12/15h flussab bis Troja neben dem Zoo (1¼ Std. 4 €). *Sa/So* 9h flussauf dank Felsdurchbruch bis zur Slapy-Talsperre (37 km) und zurück (9 Std. 11 €). Am letzten *Sa* im Monat 7h mit **Radschaufeldampfer nach Melník (52 km) und zurück (14 Std. 18 €). Rabatt <12 Jahren.
Die üblichen Kreuzfahrten (6-20 €) mit Musik & Tüdelü starten an der Karlsbrücke, hier und an anderen Pieren kann man auch Ruder- und Tretboote mieten.

Gottland. Apropos Tüdelü: Ajgäntlich wollten wir zur Visite im **Gottland** (Do-So 10-18h. 5 €, <18 3 €) animieren. Das gibt´s sajt 2006 wirklich – aber lajder nur in **Karels Gott Villa** wajt ö von Prag, und die Verbindung dahin ist lausig (Bus 381/382 bis Vyzlovka). So blajbt uns nur ajnes: „Biene Maja" pfajfen und schnell abrajsen aus dieser Stadt Gottes.

Hin & weg

Bahnhöfe. **Hlavní** (U Hlavní) begrenzt die Neustadt nach Osten, **Holesovice** (3 km n. U Holesovice) ist v.a. fürs Ausland zuständig. In beiden gibt´s alles, was Reisende erfreut, dazu gelegentlich Taschendiebe.
Von Hlavní (in Std) nach **Budweis** stdl. 6.23-21.23h (2½. **Berlin** *EC* 6.29h, *D* 18.29h (5). **Nürnberg** *RE* 5.11h, 13.11h (5). **Wien**-Süd R*EC* 6h, 11h (4), R*D* 0.42h (6). **Pressburg** *EC* 5.28h, R*SC* 18.23h (4). **Budapest** *EC* 5.28h (7), *D* 21.40h (11), *EN* 0.42h (8). **Warschau** R*EC* 10.09h (8½), R*D* 21.09h (10).
Von Holesovice (alles *EC)* nach **Berlin**-Hbf zweistdl. 6.40-18.40h (4¾). **Wien**-Süd 8.30h, 12.30, 13.30h, 16.30h, 17.30h (4½). **Pressburg** zweistdl. 7.30-15.30h (4½). **Budapest** 7.30h, 11.30h, 15.30h (7).

**BUDWEIS

169 km s von Prag. 94.000 Ew. 384m üNN. visitceskebudejovice.cz.
Dank Silberminen und Salzstraße nach Linz musste der selbstbewusste Inbegriff Böhmens (1265 gegründet) nie am Hungertuch nagen. Der Dreißigjährige Krieg samt Brand von 1641 löschte Budweis (tschech. **Ceské Budejovice)** fast aus, doch dann gelang ihm im k.u.k.-Reich ein prächtiges Comeback. Angaben ab Hauptplatz **nám Premysl Otakar II** (900m w vom Bhf) in der kompakten Altstadt.
Tourist Info: im Rathaus (nám Premysl Otakar II 2 (T. 386 801 413. Mo-Fr 9-16h, Sa -13h), mit Zimmern, Guides, Stadtplänen, Theaterkarten, freiem Internet.
Gepäcklager: im Bhf (5-23h) und Busbhf.
Internet: X-files (Senovázné nám. 300m sö. 10-22h. 2 €/Std).
Schlafen. Zeltbesitzer spazieren zum guten **Autocamp Dlouhá Louka** (Stromovka 8. 2 km w. T. 387 203 601. dlouhalouka.cz) am w Stadtrand. Zwei P mit Zelt 14 €, saubere Bungalow-Dz mit Bad und TV ab 25 €. Viel Sport in der Nähe, Bus 16 vom Bhf. Zwei weitere Autocamps liegen ungünstiger.
Fast alle Interrailer steigen in Krumau ab, das erhöht in Budweis die Chance, junge Tschechen zu treffen. Das **Uni-Kolej K2** (Studentská 800/15. 1 km w. kam.jcu.cz. T. 387 774 401) steht Reisenden nur Juli/Aug offen. Dm 10 €, übers Verkehrsamt anfragen, da der K2-Manager kein Englisch spricht. Bus 3 bis Branisovska.

Die **Penzion V_stavisté** (U v_stavisté 17/484. 3 km w. T. 387 240 148. trpakdl@email.cz) freut sich über Backpacker. Nette Zimmerle 10 €/P, herzige Gastgeber, mäßige Lage. Bus 1 (0,30 €) vom Bhf bis U parku, dann 4 min zu Fuß. Tipp!
Im **Ubytovna u nadrazi** (Dvorakova 161/14. 800m ö. T. 972 544 648. ubytovna.vors.cz) beim Bhf ist fast immer was frei. Seelenloser Betonklotz, aber billig: 200 Betten, Ez/Dz/3z 16/25/33 €, viele Geschäftsleute, immer offen, Internet 2 €/Tag.

Schlucken. Die Brauerei, in der **Budvar** das trübe Licht einer durstigen Welt erblickt, liegt 1 km n im Gewerbegebiet an der Straße nach Prag (Karoliny Svetle 2. Bus 2). Nach 50-min-Führung (9-17h. 3/1,50 € auch dt.) folgt die Kostprobe, die Schankhalle schließt um 22h.

Marktplatz. Danach trifft man lauter angeschiggerte Touristen auf dem quadratischen Mega-Platz zu Ehren Ottokars II. Drumrum stehen das barocke, uhrbetürmte **Rathaus** (1731), die Kathedrale und unübersehbar der **Schwarze Turm** (1553), dessen Galerie in 72m schöne Aussichten eröffnet (Di-So 10-18h. 0,50 €).
Züge nach **Prag** stdl. 5-21h (2½Std). **Krumau** *Os* 8h, 10.34h, 12.24h, 15.14h, 17h, 19.09h, 22.46h (1).

**KRUMAU

30 km s von Budweis. 14.000 Ew. 399m üNN. visitceskykrumlov.cz.
Ein Happen Mittelalter aus dem Traumkatalog von Tourismusmanagern. Seit 1992 zählen das riesige ****Renaissanceschloss** und die übrigen Schönheiten in der doppelten Moldau-Schleife zum Weltkulturerbe, seither ist tagsüber in Krumau **(tschech. Cesky Krumlov)** der Teufel los. Viel Fußgängerzone, sehr viele Kneipen & Bars, rucksackweise Backpacker.
Infocentrum: am Hauptplatz (nám Svornosti 2. T. 38 070 4622. 9-19h), mit Logis, Führungen, Gepäcklager (0,30 €/Tag), Audioguides (3/5 € für 1/3 Std), Internet.
Hostels. Aus dem bunten Dutzend ragt seit Ewigkeiten **Hostel 99** (Vezni 99. T. 38 071 2812. hostel99.com) in der Stadtmauer heraus. Nicht nach Details fragen – buchen! Sonst schnappen andere Railer die 65 begehrten Betten weg. Dm 11 €, Dz 26-33 €, Küche, Grillstelle, gute Musik, viel Charme. Tipp!
Wenige Schritte weiter stehen die nächsten fröhlichen Absteigen. Preise wie bei 99 findet man im **Travellers Hostel** (Soukenicka 43. T. 38 071 1345. travellers.cz), der Partyadresse in der Gasse w vom Hauptplatz; im **Krumlov House** (Rooseveltova 68. T. 38 071 1935. krumlovhostel.com), dem ruhigen Charmeur fünf min sö davon; und bei **Skippy** (Plesivecká 123. T. 38 072 8380. skippy.wz.cz) am Ortsrand, mit überbordender Herzlichkeit und Terrasse überm Fluss.
Obacht. Um besser abzukassieren, beschloss Böhmens Schlösserverwaltung zwei Bosheiten: viele Einzel- statt eines Globaltickets, Ausländer zahlen für Führungen fast das Doppelte. Also picken wir uns *den* Bereich raus, in dem gerade keine Tourgruppe zugange ist. Stets gilt: **Apr-Okt offen, Mo dicht,** ISIC minus 50%.
Schloss. Von seiner Geschichte und Dimension her zählt Krumau, begonnen 1220, zu den bedeutendsten Schlössern Mitteleuropas. Besuchern steht es von Apr-Okt 9-17h, Juni-Aug - 18h offen. Führungen (1 Std, auch dt.) beginnen im dritten, die Karten gibt es im zweiten Hof.

Die **Schlossgärten** (8-19h) stehen jedem frei, sind also ab 10h kein Ort der Muße mehr. Das bescheidene **Lapidarium** (Hof I. 10-17h. 1,30 €) und die **Säulenhalle** (10-18h. frei), durch eine Kunstgalerie akzentuiert, sind auf eigene Faust begehbar. Von der Brücke zum zweiten Hof erkennt man, warum der **Bärengraben** so heißt. Den wuchtigen **Schlossturm** (Hof II. 9-16.30h. 1,80 €) beschrieb Karel Capek einst als „turmförmigsten Turm der Welt", nach 162 Stufen lassen sich Schloss, Ort und halb Böhmen überblicken.
Im dritten Hof beginnen zwei **Führungen.** Route 1 (9 €) kurvt durch Renaissance, Barock, Maskensäle, die reizlosere Route 2 (7 €) landet im 19. Jh. Im umfangreichen **Wenzelskeller** (Hof IV. Zugang bei Mantelbrücke. 10-17h. 2 €) steht Keramik herum. Und das Schönste zum Schluss: Die Führung durchs ****Barocktheater** (Hof V. stdl. 10-15h. 14 €) und seinen Fundus lebt von der Tagesform des Guides.

Outdoors. Rasant stieg Krumau zum Mekka der Adrenalinszene auf. Tandemgliding und Skysurfing über Südböhmen, Kanus (30 €/Tag) und Rafting (55 €/Tag für 4-5 P) auf der Moldau, Katamarane auf dem nahen Lipno-See, Reiten (9/75 € pro Std/Tag) oder Mountainbikes (12 €/Tag) durch die Wildnis – alles ist hier, und bezahlbar. Gebucht wird übers Hostel, das bringt oft Prozente.

✈**Hin & weg.** Vom Bhf (600m n der Innenstadt/Vnitrí Mesto) nach **Budweis** *Os* 6.37h, 8.38h, 12.25h, 14.46h, 18h, 20.05h (1 Std), dort u/in den Rest der Welt.

TÜRKEI

✆ 0090. 783.562 qkm. 72 Millionen Ew. BIP 9806 €/Ew. reiseland-tuerkei.info.
Weil sich Türken aus Überzeugung zum Westen rechnen, begrüßen sie Reisende wie alte Bekannte. Hinter Schnurrbart und heroischer Pose quillt die osmanische Fremdenfreundlichkeit hervor, von der wir uns eine Scheibe abschneiden könnten.

In eigener Sache. Die Türkei ist ein prima Reiseland. Dennoch ist dieses Kapitel auf Istanbul beschränkt: Die Bahn erreicht keine antike Ägäisstätte, keinen Trubelort à la Bodrum und kaum die Tuffdörfer Kappadokiens. Da Anreise & Binnenwege lang sind (Istanbul-Van 40 Std), taugt das Land kaum für eine befristete Interrailtour. Ausnahme: Wer ein Globalticket hat, **muss Istanbul sehen.** Punkt!

Serviceteil

Info-Dienst der Türkischen Botschaft: Rungestr. 9, 10179 Berlin, T. 030/275 850. Singerstr. 2, 1010 Wien, T. 01/512 2128. Talstr. 82, 8001 Zürich, T. 01/221 0810.
Konsulate in Istanbul: D: Inönü cad 16, Gümüssuyu, T. 0212/334 6100. A: Köybasi cad 46, Yeniköy, T. 262 4984. CH: Büyükdere cad 173, Levent, T. 283 1282.
1 Türk Lira = 0,46 € (xe.com). Banken öffnen Mo-Fr 8.30-12/13-17h, in Wechselstuben erfragt man die Gebühr. Bankomaten stehen zur Genüge rum. Für Istanbul kalkuliert man 30-40 €/Tag.
✆ Notruf 112, Polizei 155.

Gefahren? Die Zahl der Horrorstories liegt weit unter südeuropäischem Niveau. Schnell entdeckt man hinter der rauen Schale ein freundliches Volk, das über jedes Wort Türkisch begeistert ist. Zwei Themen bleiben aber aktuell:

Wer eine **Straße überqueren** will, schaue vorher nach rechts, links, vorn, hinten, oben, unten. Eigentlich kann von überall etwas kommen.
Für **alleinreisende Frauen** ist die Türkei ein angenehmes Reiseland, wenn sie auf Trampen, Schlafsäle in Uniheimen und öffentliches Schmusen verzichten. Das Interesse lästiger „Helfer" schwindet, je weiter geschnitten die Kleidung und je mehr Körper sie bedeckt. Zauberformel gegen Zudringlinge: **Defol!** *(Zisch ab!)*

Grenzerfahrungen

Thessaloniki – Istanbul. Der ***Tag-Zug*** (ab Th´niki 7.18h, ab I´bul 8.30h) hat oft „Verspätung", nach politischem Zoff zwischen GR und TR fällt er auch mal aus dem Fahrplan. Wenn er regulär fährt, gilt: Platzkarte und Zuschlag zahlen, sonst ist man am nächsten Bhf draußen. Am Grenz-Bhf Pithion wechselt man vom griechischen *IC* in den türkischen Zug und hat 2 Std Aufenthalt; alle Pässe werden eingesammelt. Proviant mitbringen, falls die Pause länger dauert; in Pithion sind nur wenige Häuser bewohnt und die Melonenfelder von anderen Railern geplündert. Alternative seit 2005: Der klimatisierte ***Dostluk Express*** (ab Th´niki 19.38h, ab I´bul 21h) ist ein reiner Schlafwagenzug.

Sofia – Istanbul. Dieser Nachtzug ist unter Railern ein Geheimtipp. Im türkischen Grenz-Bhf müssen alle zur Passkontrolle raus, oft ist nur ein Schalter offen, also 2-3 Std Aufenthalt. Die Bulgaren sind gnädiger, sammeln alle Pässe ein, dann 1 Std Warten. Eile lohnt nicht – dieser Zug kommt fast immer verspätet ins Ziel.

Durch die Ägäis. Wer den Landweg beschwerlich findet: Es gibt Fährverbindungen (kein Interrail-Rabatt) zwischen GR und TR mit Umstieg auf einer griechischen Insel, z.B. für Izmir auf Chios: *Hellenic Seaways* ab Piräus 12.30h, an Chios 19h, Tickets im Hafenbüro; am Anleger in Chios sind Zimmer (ab 12 €/P) ausgeschildert. Anderntags ab Chios 8.30h, an Cesme 9.30h, hier Busse in alle Richtungen.

Türkei per Bahn

Auslandszüge nach Istanbul (in Std) von **Thessaloniki** ᴿ7.18h, ᴿ19.38h (12½). **Bukarest** ᴿBosporus-Expr 12.16h (20). Belgrad & **Sofia** ᴿBalkan-Expr 7.50/19h (23½b/13). – Von Istanbul nach **Thessaloniki** ᴿ8.30h, ᴿ21h (12½). **Bukarest** ᴿ22h (20), mit Kurswagen nach Sofia und Belgrad (15/22).

Komfort. All diese Züge führen auch preiswerte Liege- und Schlafwagen. Zuschlag für Liege T6/Bett T3/T2 nach Sofia 15/11/17 €, Bukarest 11/29/44 €, Belgrad 11/20/33 €, Thessaloniki (nur Bett T2/T1) 33/56 € Rabatt mit Interrail.

Türkiye Cumhuryeti Devlet Demiryollar¡. Das Schienennetz ist mit 10.933 km mickrig, weder Schwarzes noch Mittelmeer sind gut erreichbar. Im europäischen Teil werden v.a. *mototren* und *ekspres* (Schnitt 60 km/h) eingesetzt, das Gleis Istanbul-Ankara ist seit 2010 in Teilen 250 km/h-tauglich. Für **Auslandszüge** reserviert man früh am *bilgisayar giseleri* (0,50 €). 100 km kosten 2-3 €, mit ISIC 20% weniger. **Interrail** kostet für drei/vier/sechs/acht Tage 49/69/99/119 €, <26 Jahren 32/45/64/77 €

TCDD: Sirkeci Gar, Istanbul, T. 0212/520 6575. tcdd.gov.tr.

Interrailer kommen ohne Zuschläge davon.

Schlafen & essen

Von Camping in freier Wildbahn ist abzuraten. Viele Städte bieten am Ortsrand schlichte *Kamps*, mit Toiletten & Duschen. Echte JHs existieren nicht, in ihrer Preisklasse spielen in Istanbul private **Hostels,** in anderen Städten Wohnheime *(lisé)*. Auch **Pansiyons** sind eine gute Lösung für zeltlos Reisende, aber: Duschen entpuppen sich oft als Waschzuber, Doppelbetten sind selten, vor der Zusage prüft man die Sauberkeit der Laken. Pärchen geben sich besser als verheiratet aus.

Türkisches **Essen** ist bekömmlich, vielfältig, ein Vorgeschmack auf Nahost. *Corbe* (scharfe Suppen) wecken auch den letzten Mann der Sultansgarde, *meze* sind bunte Vorspeisen, die eine Mahlzeit ersetzen. **Wasser** trinkt man nur aus selbst geöffneten Flaschen. **Raki** (Anisschnaps bis 50%) wollte schon mancher Sultan erfolglos verbieten; er wird *zum* Essen gekippt, man stößt damit auf die *Ehre* an.

****ISTANBUL

✆ 0212. 1350 km nö von Athen. 12,6 Millionen Ew. istanbul.com.

Hier endet Europa, und Asien beginnt. Istanbul ist ein Knäuel von Straßen & Gässchen, erfüllt von Dieselduft & Schweißgeruch, v.a. in Moscheen. Eben die Türkei im Kleinformat: alle Provinzen mischen sich im bunten Treiben. Seit Heerscharen reicher Russen die Preise verderben, dürfen sich Railer aber nicht mehr auf 10-Euro-Tage freuen. Angaben ab **Hagia Sofia** (800m s vom Bhf Sirkeci).

Gefahren? Istanbul ist turbulent wie kaum eine Metropole im Interrailreich, und so **sicher** wie keine andere. Es gibt wenige Bettler, keine Penner, kaum Diebe. Falls was schief geht: **Tourist Police** in Sultanahmet, Yerebatan caddesi 6, T. 527 4503.

Kurz & knackig

Verkehrsamt: Pavillon im Bhf Sirkeci (800m n. T. 511 5888); Sultanahmet, At Meydani, am nö Ende des Hippodrom (200m w); Karaköy, am Fähranleger Limani (1200m n); Taksim, am oberen Ende der Istiklâl cad (3 km n).

Jugendreisebüro Genctur: Istiklâl cad 212, Aznavur Pasaji 5, Galatasaray (3 km n. T. 244 6230. genctur.com), mit Bahnkarten, Postlager, ISIC/JH.

Cybercafés sprießen in Sultanahmet wie Pilze nach einem Herbstregen (1-2 €/Std). Alle genannten Hostels bieten Netzzugang.

ÖPNV. Bei diesen Distanzen gibt jeder Fußgänger irgendwann auf – und findet blanke Anarchie im Nahverkehr. Planlos wurden S/U-Bahnen aneinander gestückelt, aber die Hauptarbeit leisten Busse. Sie sind so voll, dass man kaum seine Füße sieht; Fahrscheine (0,50 €) an Haupthaltestellen, teurer an Kiosken.

Die Zahnradbahn **Tünel** (0,60 € 7-21h) klettert im Zehnminutentakt unterirdisch vom Galata-Brückenkopf zur Istiklâl cad. Zur Freude der Nachwuchssurfer wackelt dort die uralte, knallrote **Tram** (0,60 € 7-21h) vom Tünel durch die Fußgängerzone Istiklâl zum Taksimplatz.

Die moderne S-Bahn **Banliyö** (0,60 €) zwischen Yenikapi und Aksaray (weit w) tangiert bis auf Otogar und Kariye Camii kein Reisethema, umso wichtiger ist die rasende **Tramvay** (0,60 €) zwischen Eminönu, Bhf Sirkeci, Sultanahmet, Beyazit und Theodosiusmauer: oberirdisch und ungesichert fetzt sie durch die Fußgängerzone, wer die Schienen lebend überquert, kriegt Tickets an jeder Haltestelle.

Istanbuls 60.000 (!) gelbe **Taxen** verfügen über Taxameter: Grundgebühr 0,70 €, nachts 1 € (Tarif 2). Beim Einsteigen achtet man darauf, dass nicht der falsche Tarif klickt. Preise von Sultanahmet: nach Besiktas 5 €, Otogar 9 €, Taksim 3 €

Billiger sind **Dolmus** (Sammeltaxis) mit festgelegten Routen und Preisen, leider verdrängen japanische Minibusse zunehmend die uralten Buicks.

Bosporus. Riesige Fähren *(Vapur)* kämpfen mit dem Zeitplan zwischen Eminönü (Bhf Sirkeci), Karaköy (n der Galatabrücke), Besiktas (hinter Dolmabahce), Üsküdar und Kadiköy (asiatische Seite). Wertmünzen kauft man am Anleger, von Europa nach Asien kostet 1 €

Reihenfolge der **Eminönü-Anleger** von O nach W: **5** zu den Prinzeninseln; **1** nach Kadiköy und Bostanci 7.40-19.50h; **2** nach Üsküdar 6.30-23h; **3/4** nach Besiktas 6.30-23h; **5/6** Ausflugsboote. Vom Terminal **7** (Karaköy, jenseits Galatabrücke) zum Bhf Haydarpasa alle 20 min 6.30-20.30h, halbstdl. bis 24h.

Schlafen

Aus „Sicherheitsgründen" wurden alle Campings in 30 km Umkreis geschlossen.

Hostels. In bester Lage nehmen sich rund um Hagia Sophia zig Absteigen des Reisenden an. Jede ist jederzeit dienstbereit, auch für Wasserpfeifer, selten für Hobbyköche: Küche hat kaum eine. Dorms sind gemischt. Nov-Mär meist minus 20%.

Sterne zählen. Viele Hostels überlassen ab Mai ihre **Dachterrasse** Freiluftschläfern zum romantischen Preis, teils inkl. Matratze. Schlafsack sinnvoll.

@ Sultanahmet. Das **Istanbul Hostel** (Kutlugün sok 35. 200m s. T. 516 9380. istanbulhostel.net) verknüpft Top-Lage mit guter Laune. 6-9er-Dm 10-12 €, Dz 36-50 €. Bar, Café, Dachterrasse, Grillparties, TV-Lounge, Kinoabende mit Großbild.

Das knallrote **Antique Hostel** (Kutlugün sok 51. 200m s. T. 638 1637. antiquehostel.com) setzt die Party gleich fort. 33 Betten, 4-6er-Dm mit F 13-15 €, klimatisierte Ez/Dz/3z mit Bad und Marmarablick 30/50/60 €. Küche, Schließfächer, sauber und gemütlich. Tipp!

Das **Mavi Guesthouse** (Ishakpasa. Kutlugün sok 3. 180m sö. T. 516 5878. maviguesthouse.com) wird von Backgammon-Maniacs geführt. Einfache 4-7er-Dm 13-17 €, Dz/3z 50/60 €, inkl. F, „Himmelbett" auf Dachterrasse 10 €. Klein, nett.

Eine Ecke w der Kutlugün sokak hat das **Side Hotel** (Utangac sok 20. 180m s. T. 458 5870. sidehotel.com) fast die beste Terrasse von allen, und auch sonst viele gute Ideen. Pensions-Ez/Dz/3z einfach 30/40/55 €, mit Bad 40/50/70 €, brandneu im Hotel 50/70/85 €, jeweils mit F.

@ Cankurtaran. Das **Orient Hostel** (Yeni Akbiyik cad 13. 250m s. T. 518 0789. orienthostel.com) ist der ewige Railerfavorit. 120 Betten, 4-8er-Dm 13-16 €, Ez/Dz 32/37-55 €, jeweils inkl. F. Dachterrasse mit Bosporusblick 9 €. Billige Bar, topaktuelle Filme, Internet langsamer als in Cybercafés.

Das gemütliche **Bahaus** (Bayramfirin sok 11. Akbiyik cad. T. 638 6534. hostelworld.com) führt ein Viertel an, in dem jedes dritte Haus auf Railer wartet – kann laut werden. 68 Betten, 3-8er-Dm (getrennt möglich) mit F 13-17 €, Dz mit Bad 56 €. F und Grillabende auf Dachterrasse, alles sauber & sicher. Tipp!

Das **Sultan Hostel** (Terbiyik sok 3. Akbiyik cad 21. T. 516 9260. sultanhostel.com) bedient am liebsten Hardcore-Partyfreunde. 98 Betten, 6er-Dm mit Bad und F 14 €, Dz mit F 44-52 €, noch so ´ne Terrasse (10 €) für die Marmara-Sehensucht.

@ Kücükayafofia. Das blaue **Sinbad Hostel** (Demirci Resit sok 3. Kücükayasofya Mah. 900m sw. T. 518 2305. sinbadhostel.com) bietet 22 Räume mit wenig Platz in einer stillen Nebenstraße. 92 Betten, enge 6er-Dm (getrennt möglich) 11 €, Ez/Dz/3z mit Bad ab 30/36/51 €, inkl. F. Teure Bar, Schließfächer, Wäscheservice, prima Personal, nicht sehr sauber, kein Kneipenlärm.

Von der Dachterrasse des Hotels **Sultans Inn** (Mustafa Pasa sok 50. Kücükayasofya Mah. 1 km sw. T. 638 2562. sultansinn.com) ließe sich ein Panoramafilm drehen. 17 makellose Ez/Dz/3z mit Bad, Sat-TV, Fon, Fön, Ventilator und F-Buffet (auf Terrasse) 50-70/70-80/80-100 €. Wäscheservice.

@ Cemberlitas. Dies ruhigere Viertel grenzt w an Sultanahmet: weniger Cafés, nah genug an allem. Wer nicht Party in Permanenz braucht, preist den Tag, an dem das **Cordial House** (Divan Yolu. Peykane sok 29. 600m. T. 518 0576. cordialhouse.com) in dieser guten Lage eröffnete, fast am Tramvay-Halt Cemberlitas. Wirkt eher wie ein modernes

Hotel. 154 Betten, Dm 8 €, Ez/Dz/3z/4z 25/30/36/44 €, mit Bad 34/44/54/64 €, online buchen. F 3 € Tipp!

@ Beyoglu. Chillout (Balyoz sok 3a. Istiklal cad. 4 km n. T. 249 4784. chillouthostelcafe.com) ist das beste Hostel im modernen, nachtaktiven Teil von Taksim. 45 Betten mit F, 4-6er-Dm 9-13 €, Ez/Dz 30/36-50 €, preiswerte Mahlzeiten. 5 min vom Tünel nahe Pera-Palast.

Anschauen

Nicht So! Kenner nehmen sich keine Schauplätze für Sonn/Feiertage vor. Im Gedrängel entgeht zu viel Schönes dem Blick. Besser düst man am So mit *Vapur* und Taxi ins Grüne, etwa auf den Aussichtshügel **Camlica** im asiatischen Teil.

Fast alle Stätten öffnen **9-16.30h.** Jedem Besucher bietet Istanbul unglaublich viel Stoff für eigene Entdeckungen **(ISIC** meist 50%). Wo er auf seinesgleichen stößt:

Sultanahmet. Die *****Hagia Sophia** (Di-So. 6 €) ist *das* Symbol für die Größe von Byzanz. Anno 537 von Justinian eingeweiht, unter Mehmet dem Eroberer 1453 zur Moschee konvertiert und unter Atatürk 1932 zum Museum, heute einsturzgefährdet. Also nichts wie rein, auch wenn manch Baugerüst den Blick verstellt. In der **Galerie (Pause 11.30-13h) hängen noch vergoldete Mosaiken, die den Ansturm Mehmets überstanden.

An Sophiechens Nordseite führt die Sogukcesme sokak zur Hohen Pforte und erzählt, wie Istanbul zu Glanzzeiten war. W davon steht in der ****Basilika-Zisterne** (Yerebatan Sarnici. 50m w. 2 €) ein versunkener Palast: 336 Säulen im kristallklaren Nass, säuselnde Wassermusik, am Steg-Ende wartet eine Überraschung.

Die *****Blaue Moschee** (1609-19. frei), eine der grazilsten weltweit, hat als einzige sechs Minarette. Aus Respekt vor dem Zorn Mekkas spendierte ihr Erbauer Ahmet I. dem dortigen Heiligtum, bis dahin allein sechsfach bezinnt, ein siebentes Türmchen. Und wieso „blau"? Reingehen, staunen, Spende hinterlassen.

Moschee. In aller Regel ist der Zutritt zu Moscheen *(camii)* frei, die größten stehen ganztägig offen. Nicht-Muslime bleiben während der Gottesdienste aber draußen und beherzigen ansonsten drei Gebote: Haupt (nur Frauen), Arme & Beine bedecken, Schuhe ausziehen, nicht vor Betenden stehen. Wer es ernst meint, wäscht zuvor Hände & Füße in Zubern oder unterm Wasserhahn an der Moschee – was nicht verhindert, dass manche Moschee erbärmlich nach alten Socken duftet.

N der Blauen Moschee steht das ebenso reich geschmückte **Grabmal** von Sultan Ahmet und seinem Weibe (Mo/Mi-So). Ums **Hippodrom** pochte bis 1300 das Herz der Stadt, davon künden zwei eigenwillige Obelisken, Beutestücke aus Ägypten bzw. der Kreuzritter. Den Kitschbrunnen am nö Ende schenkte 1901 Schnäuzelchen Wilhelm II. dem Sultan.

An der Westseite des Hippodrom, im schönen Palast Ibrahim Paschas, zeigt das **Museum für Türkische und Islamische Kunst** (Di-So. 2/1 €) das Prächtigste zum Thema, von Selcuk bis Kurdistan. Wer edle Teppiche schätzt: Hierher!

Topkapi. Bis 1839 Sitz der Sultane, zählt dieser *****Palast** (Mo/Mi-So. 5 €) mit all seinen Gärten, Villen, Innenhöfen zu den größten Museen der Welt. Das Gedränge beginnt schon an den Kassen im Durchgang zum zweiten Hof. Obwohl die Führung durch den Harem (5

€) nur wenige der 400 opulent dekorierten Räume streift, bleibt sie ein Muss. Ausbüchsen unmöglich. Kostenlos spendiert das Café im hinteren Palastteil das Panorama über den Bosporus.
Unterhalb Topkapis zeigt das ****Archäologische Museum** (Tramvay Gülhane. Di-So. 4 €), wie man das Fach auch Nicht-Orientalisten schmackhaft bereitet: Hochkaräter der Griechen, Römer und vom Libanon. Im **Museum des Alten Orients** (Di-Fr. 4 €) gegenüber stehen Ergänzungen aus Mesopotamien & Anatolien.
Hamami. Seit jede Neubauwohnung ihr Bad hat, gerieten Badehäuser im alten Orientstil ins Hintertreffen. Doch es gibt sie noch, die byzantinischen Träume aus Marmor und heißen Aufgüssen, ums Eck von Sultanahmet. Leider schlagen ihre Schönsten, **Cemberlitas** (Divan yolu. 700m w) und **Cagaloglu** (Yerebatan cad 27. 400m nw) mit über 20 € zu Buche. Dann baden wir eben in Budapest…
Beyazit. Seit 1440 gibt es nichts, was im überdachten **Großen Basar** (Kapali Carsi. Tramvay Universite. Mo-Sa 8-19h) n der Divan yolu nicht zu kaufen wäre. Das Labyrinth von Gewölben & 4000 Laden ist nach Handelsobjekten aufgeteilt.
Dahinter schlängelt sich der **Ägyptische Basar** (Misir Carsi. Mo-Sa 8-19h) von Eminönü den Hügel hoch. Nach dem Beben 1943 restauriert, versammelt er alle Pülverchen von Gewürzen bis Aphrodisiaka. Unterwegs stolpert man über die Karawanserei Büyük Valide.

Auf ein Pfeifchen. Lokalitäten, in denen Reisende mit Einheimischen eine *nargile* schmauchen können, bietet Istanbul zuhauf. Keine ist reizender als das Teehaus im Innenhof der **Corlulu Ali Pasa Medrese** (1200m w). Zugang vor dem Großen Basar, n von Divan Yolu/Tramvay. Traumhaft, zumal nach Sonnenuntergang.

W vom Basar folgt die **Beyazit Camii** (1506) dem Grundriss Sophias. In ihrem Serail verbrachten Ex-Konkubinen ihre Rente. Hier rast die Tramvay durch jene Amüsierstraße, die erst **Divan yolu,** dann Yeniceriler, endlich Ordu heißt.
Die *****Süleymaniye Camii** (1557), Glanzstück der Architektenkoryphäe Mimar Sinan, ist eine Welt für sich, samt Friedhof mit den Gräbern Süleymans und seiner Sultanine Roxelana. 800m w steht Sinans Frühwerk **Schehzade Camii** (1543), knapp dahinter erstreckt sich der blendend erhaltene Valens-Aquädukt, den die Oströmer anno 378 vollendeten.
Goldenes Horn. Der Lange Marsch von der Galatabrücke über **Yeni Camii** (1597-1663) am Goldenen Horn (Halic) entlang zur **Mauer des Theodosius** (um 420. 5 km nw) verlässt bekannte Pfade, er führt direkt zu Pluderhosen und Schleiern. In den 1980ern war das Goldene Horn zur Industriekloake zwischen Fabrikruinen verkommen. Seit 1995 wird versucht, durch Sanierung und Grünanlagen um die **Eyüp Sultan Camii** (7 km nw) den legendären Ruf zurückzugewinnen.
Galata & Beyoglu. Um die **Galatabrücke** (1500m n) pulsiert das pralle Leben. Im Karaköyviertel am Wasser ist es auf die Flut russischer Touristen und Seeleute abgestimmt: viel Rotlicht. Unter den Pontonbögen der modernen, 500m langen Brücke drängeln sich keine Rakikneipen mehr, doch die Sazspieler treten noch auf.
Feine Aussichten gewährt am Weg zum Tünel (Zugang zur Partymeile Istiklal cad) der ****Galataturm** (1348. 3 km n), bulliger Überrest der genuesischen Präsenz bis 1556. Ein Fahrstuhl wummert ins hüftsteife Restaurant (abends Bauchtanz), hier sind´s noch zwei Treppenfluchten zum zugigen Panorama-Umlauf 61m überm Boden (9-19h, Okt-Mai -17h. 4 € lohnt sich).

Besiktas. Als den Sultanen ihr Topkapi zu eng wurde, entstand ****Dolmabahce** (Di-So 9-15h. Palast & Harem je 10 € Foto plus 10 €– lohnt nicht). Dieser Palast der Superlative öffnet sich mit mächtiger Außenfront zum Bosporus hin. Umschauen geht nur im Rahmen hastiger Führungen (engl.): je 1 Std Palast und/oder Harem, dennoch toll und mit Knallbonbon zum Schluss.

Kleinasien. Der erste Kontakt mit Asien erfolgt per *Vapur:* vom Anleger Eminönü nach Harem Iskelesi (1500m n vom Bhf Haydarpasa), von Dolmabahce nach **Üsküdar** – ein netter Ausflug, denn auch hier hat Sinan seine Moscheen hingesetzt.

Und wo verbrachten die prunksüchtigen Herrschaften den Sommer? Unter dem asiatischen Kopf der Bosporusbrücke, als an diese noch niemand zu denken wagte: im wenig beachteten ****Beylerbeyipalast** (Di-So. 2 € Foto plus 5 €– lohnt nicht).

Beylerbeyi. Hier nimmt der Führer sich noch Zeit und den Besucher, mit Plastikhülle am Schuh, mit in eine Zeit, da die französische Kaiserin dem Charme des Sultans erlag. *Ich finde,* dass das Leben rund um diesen Fähranleger zu Istanbuls Schoko-Seiten zählt: Feine Cafés, Verliebte beim Flanieren, kein Reisebus.

Bosporus. Seit Jahrhunderten lüften Istanbuler ihre Lungen an der Meerenge, die auf 30 km an so vielen Palästen vorüberführt. Am Sa/So bersten die Lokale und Bäder unterm Anstrom, unter der Woche aber lohnt der Abstecher. **Ausflugsboote** fahren von Eminönü (Bogaz Hatti) 10.30/12.30/14h über Besiktas, Sariyer, Rumeli Kavagi (**Palast) fast bis ans Schwarze Meer nach Anadolu Kavagi (2 Std. 4 €).

Hin & weg

Bahnhöfe. **Sirkeci** (800m n der Haghia Sofia. T. 0212/527 0050. Tramvay Sirkeci) ist für Europa zuständig, der turbulentere **Haydarpasa** für Anatolien. Vom riesigen **Otogar Esenler** (10 km nw. Banliyö ab Aksaray) starten Busse in alle Welt.

UNGARN

✆ 0036. 93.036 qkm. 10 Millionen Ew. BIP 14.219 €/Ew. ungarntourismus.de.

Wo es dem melancholischen Land an Höhe fehlt, helfen endlose Weiten der Puszta aus, und statt einer Meeresküste setzt sich der Plattensee als touristengerechte Badewanne in Szene. Budapest dagegen mit seinen k.u.k.-Monumenten nimmt es locker mit jeder Stadt Osteuropas auf.

Serviceteil

Ungarisches Tourismusamt: Wilhelmstr. 61, 10117 Berlin. Opernring 1/R7, 1010 Wien. Minervastr. 149, 8032 Zürich. Freie Hotline für alle: 00800/3600 0000.

Botschaften in Budapest: D: I/Úri útca 64-66, T. 01/488 3500. A: VI/Benczúr útca 16, T. 01/479 7010. CH: XIV/Stefánia útca 107, T. 01/460 7040.

1000 Forint = 3,72 € (xe.com). Forint wechselt man vor der Ausreise zurück. Banken öffnen Mo-Do 8-16/17h, Fr -13h; auch Hotels & Wechselstuben (im Bhf) sind dem Ankauf nicht abgeneigt. Bankomaten stehen an jeder zweiten Ecke. Ungarn ist preiswert (ab 30 €/Tag), sicher & fast ohne Bettler.

✆ Polizei 107, Notruf 104.

Bahn & Bike

Auslandszüge nach Budapest-Keleti (in Std) von **Berlin**-Hbf *EC* 7.42h, 11.42h (12). **München** *RJ* 9.28h, *EN* 23.44h (7/9½). **Wien**-West *EN* 6.10h, 8.38h, *RJ* 10h, 13.52h, 15.45h, *D* 20h (3). **Pressburg** *D* 6.27h, 7.16h, 12.31h, *EC* 11.51h, 16.50h, 20.50h (2½-3). **Prag** *EC* 7.37h, *D* 23h (7-9). **Ljubljana** *EC* 7.40h, 13.20h (8). **Zagreb** *D* 7.20h, *EC* 15.52h (7/5½). **Belgrad** *IC* 8.10h, *D* 22.15h (7). **Bukarest** *D* 6h, 16.50h, *EN* 18.52h (14). **Sofia** *D* 13.10h (17). **Thessaloniki** 0.04h (35).

☺ **Sparen.** Budapest bildet das Drehkreuz für den Balkan. Eine ᴿ**Platzkarte** nach Wien kostet 3 €, Prag 9 €, wer im ᴿpflichtigen Zug ohne erwischt wird, zahlt Strafe. Interrailer klären das im Bhf, *vor* der Abfahrt.

Magyar Államvasutak. Das 7523 km-Netz ist auf Budapest fixiert, kein Ort liegt über 4 Std entfernt. *EC/IC* und *IP* (InterPici) bieten Komfort, auch *gyorsvonat* (D) ist zu verkraften, der Schleicher *személyvonat* dagegen kaum. Buffetwagen hängen an jedem Schnellzug. Nur *ECs* nach Wien durchbrechen die 100 km/h-Marke. Nur **Nachtzüge** ins Ausland führen Schlaf- und Liegewagen, attraktiv ist z.B. der *EN 466* nach Zürich: Bett im 6/4er-Abteil mit Bahnpass 19/27 €.

100 km kosten 4 €, im Zug nachlösen macht es 2 €, im *EC/IC* 6 € teurer. **Interrail** (drei/vier/sechs/acht Tage 69/89/119/139 €, <26 Jahren 45/58/77/90 €) ist der einzige Bahnpass, Ungarn-Fans loben aber Tourinforms **Hungary Card** (22 €): Sie spart ein Jahr lang 50% auf sieben Zug-, sechs Fernbus- und sechs Bootsfahrten, dazu 25% in vielen Hotels und bis 70% in Museen.

Bahninfo: T. 01/371 9449 (auch engl.). mav.hu.

Zuschläge für Interrailer: *IC/IP* 2,50/1 €(plus Platzkarte 3 €), *RJ* nach Wien 3 €

Fahrräder sind in jedem Balaton-Bhf zu mieten (6/9/12 €für ein/zwei/drei Tage). Außer in *EC/IC* ist Mitnahme per Selbstverladung möglich, für 25% des Personentarifs. Das MAV-Heft *Utazzon együtt kerékpárjával* erklärt das Ganze mit Bildern.

Schlafen & essen

Camping. Die 250 Zeltplätze bleiben trotz Preisanstiegs eine Überlegung wert: Zwei P mit Zelt zahlen 5-8 €, bzw. 10-15 €auf den Riesenplätzen am Balaton, die oft auch Bungalows ab 15 €bieten. Tourinforms freie Broschüre *Camping in Hungary* listet alle Plätze auf. Wild zelten ist verboten.

Hostel. Klassische Hostels liegen meist zentral, oft in Villen mit Flair, öffnen ganzjährig und kennen weder Torschluss noch Alterslimit. Selten muss man Küche, Glotzecke oder Internet missen. **Sommer-JHs** sind eigentlich Uniwohnheime, in den 1960ern zweckgebaut, selten im Zentrum und für Reisende nur im Juli/Aug offen. Die stattliche Zahl von **Herbergen,** die hihostels.hu in 24 Städten auflistet, gehört oft zur letzteren Sorte; fast jede hat auch Dz & Küche. Dormbetten kosten ab 6 €, in Budapest 10-15 €. JH-Karte bringt selten Rabatt, ISIC oft.

Budapest ist längst im Griff unabhängiger **Hostels.** Im Sommer wimmeln die Züge von Wien vor Hostel-Schleppern; nicht jedes ihrer Worte ist die reine Wahrheit.

PrivatZimmer. geben sich als *szoba* oder gleich auf deutsch zu erkennen. Verkehrsämter vermitteln Dz ab 12 €, Ez sind rar. Bei Aufenthalten unter drei Tagen wird es 20-30% teurer. Viele Städte erheben eine „Touristensteuer" (ca. 1 €).

Hallo Vegetarier. Ungarn ist die letzte (auf Wunsch) fleischfreie Zone vor den Karnivoren jenseits der Puszta. Damit nix schief geht, fügen viele Restaurants ihrer Speisekarte eine deutsche Übersetzung oder Abbildungen der Speisen bei.

***BUDAPEST

✆ 01. 273 km ö von Wien. 1,7 Millionen Ew. 102m üNN. budapestinfo.hu.

Ihro Majestät bewacht von drei Hügeln aus den längsten Strom Europas. Aus vielen Epochen hat sie die schönsten Seiten übernommen, ihren Charakter aber stets bewahrt. Auch zu Ostblockzeiten war Budapest (relativ) wohlhabend, und so verzichtet es nobel darauf, seine Besucher arg zu schröpfen. „Die Budapester verdienen einen Preis für Hilfsbereitschaft. Auf unserer planlosen Hostelsuche sprachen uns immer wieder spontan Einheimische an – sehr nett!" (Timo Jakobi) Angaben ab **Deák tér** (Hauptplatz).

Distrikte. Die Numerierung der 23 Bezirke folgt ab Buda (Distr. I), w der Donau mit der Burg, von innen nach außen dem Uhrzeiger. Das Zentrum liegt ö der Donau in **Pest** (V). Straßennamen wird im Text der jeweilige Distrikt vorangestellt. Frei in Hostels & Tourist Infos: die **City Spy Map** ist der beste Helfer, überall.

Kurz & knackig

Tourist-Infos bietet jeder Bhf, sie sind zugleich Zimmervermittlungen und nehmen letzteres oft wichtiger.

Tourinform: V/Sütö utca 2 (50m sw. U Deák tér. T. 438 8080. 8-20h) und im Bhf Nyugati (1200m n. U Nyugati. 10-18h, Sa/So -16h). Hier gibt´s einfach alles.

Reisebüro: Ibusz (V/Ferenciek tere 10. 500m s. Mo-Fr 9-18h, Sa -13h), mit Geldwechsel, Logis, guten Infos, Bahntickets.

Internet bietet jedes Hostel, alle Hotspots nennt hotspotter.hu. Mit 50 PCs größtes und bestgelegenes Cybercafé ist **Ami Coffee** (V/Váci 40. 300m s. U Vörösmarty tér. 9-2h. 3 €/Std).

ÖPNV. Ist gut und billig. Die drei U-Linien, von 5-23.30h dienstbereit, kreuzen sich am Deák tér, die Schnellbahn *HÉV* bedient ab Batthyany tér das rechte Donauufer. Dazu gibt es Trams, Trolleys, Omnibusse (schwarz markiert) und Expressbusse (rot). Nachtbusse beackern halbstdl. 17 Routen, auch nach Buda. Fahrscheine kosten 1,10 €, mit Umsteigen 1,70 €, im 10er-Pack 10 €, man kauft sie in *Trafiken* oder Automaten und entwertet im Bhf (U/HÉV) oder an Bord (Bus/Tram). bkv.hu.

Da Sonderbestimmungen ein halbes Handbuch umfassen, empfiehlt sich ein ÖPNV-Pass: pro Tages/Dreitage/Wochenkarte *(touristajegy)* zahlt man in jedem U-Bhf 6/14/17 €. Vergesser sind mit 22 € sofort oder mit 44 € später dabei.

☺ **Sparen.** Die **Budapest Kártya** (24/29 € für 48/72 Std) öffnet viele Türen (ÖPNV, 60 Museen) und macht Touren, Thermalbäder und etliche Restos billiger.

Fahrräder vermieten mehrere Hostels, ihre Nutzung macht aber wenig Spaß. Die Luft ist dreckig, der Verkehr bekloppt, außer auf der autofreien Margareteninsel, an deren Zugangstor Mietbikes und Tandems warten.

Schlafen

In der Umgebung liegen zehn Zeltplätze, darunter zwei mit guter Anbindung. Im Sommer steigen Werber weit vor Budapest in den Zug und hauen müden Railern ihr Hostel um die Ohren. Schmeißt sie raus! Wirklich gute Hostels haben Bauerntricks nicht nötig, und angesichts der Überfülle findet jeder selbst sein Ding.

Camping. Mäßig ausgestattet, aber klein, ruhig & attraktiv mit Terrassen: **Zugligeti Niche** (XII/Zugligeti 101. 6 km nw. T. 200 8346. campingniche.hu) liegt in Budas Hügeln am Fuße des Sessellifts, der auf den János hegy schaukelt. 7 €/P, 6 €/Zelt. Gutes Resto. Bus 291 oder Tram 61 von U Moszkva tér bis Ende.

Budapests größter Platz, **Római** (III/Szentendrei 189. 8 km n. T. 368 6260. romaicamping.hu), taugt eher für Familienferien. 4 €/P, 9 €/Zelt, 2er-Bungalows 20-60 €. Schattiger Park, Pool, Postamt. Ganz nah am HÉV-Bhf Rómaifürdö.

MagLite! In vielen Treppenhäusern der Altstadt sucht man den Lichtschalter vergebens. Ausgeher nehmen also eine Taschenlampe mit. Zu meiden ist Budapest am **Formel 1-Wochenende** (meist Aug): alles quillt über, Quartiere erhöhen ihre Preise um 20-80%! Nov-Mär gibt´s dagegen oft bis zu einem Drittel Rabatt.

Hostels. Bis auf Sommer-JHs (Juli/Aug) in Uniheimen steht jedes der über 70 Häuser ganzjährig offen. Torschluss ist in dieser partyfrohen Stadt kein Thema. Da viele Hostels in umgebauten Privatwohnungen liegen, ergo schnell voll sind, unterhalten sie Kontakte zu Ausweich-B&Bs in der Nachbarschaft.

@ Pest. Marco Polo (VII/Nyár utca 6. 800m ö. T. 413 2555. marcopolohostel.com) ist der ewige Railerfavorit. Saubere 4-8er-Dm 17 €, Ez/Dz/3z 52/64/75 €, F-Buffet (bis 11h) 2 €. Alles professionell und gepflegt. Drei Straßen w von U Blaha Lujza.

Red Bus (V/Semmelweiss 14/1°. 200m sö. T. 266 0136. redbusbudapest.hu) spielt nach Anwohnerklagen die ruhige Nummer. 30 Betten, geräumige 4-5er-Dm 16 €, Ez/Dz/3z 40/40/53 €, inkl. Gemeinschafts-F. Nur drei Duschen, heller Innenhof, immer offen, Wäscheladung 4 €, Touren. Zwischen U Astoria und Deák tér. Tipp!

Das **Museum Guesthouse** (VIII/Mikszáth Kálman tér 4/1°. 900m sö. T. 266 7770. budapesthostel.com) hat´s nah zur Kneipenszene der Ráday utca. Drei enge 7er-Dm 19 €, nur eine Dusche für Dorms, Dz mit Etagenbad ab 60 €, Apartments mit Küche und Bad 24-30 €/P. Flippig, freundlich, winzig, Rezeption bis 24h. Eine Straße ö von U Kálvin tér.

Der Regenbogenfisch im Hechtteich: **Mandragora** (VIII/Krudy Gyula 12-1°, Whg 7. T. 789 9515. mandragorahostel.com) bringt einen Hauch Indien hinters Nationalmuseum. 18 Betten, 8/6er-Dm mit F und Bettzeug 16/18 €, Dz mit Bad 44-60 €. Charmant bis ins Detail, logieren wie bei Eso-Freunden, Wäscheladung 6 €. Tram 4/6 von Bhf Nyugati bis Baross (sechster Halt), dann 20m zurückgehen.

@ Buda ist aus Railersicht nicht die beste Lage. Wer herfindet, wird seine Weisheit aber lange preisen, dank Attila. **The Backpack** (XI/Takács Menyhért 33. 3 km sw. T. 385 8946. backpackbudapest.hu) bleibt in punkto Atmosphäre unschlagbar. Attila kam weit rum und weiß, was Backpacker erfreut: 4-11er-Dm 14-18 €, Dz 39 €, Zelten 11 €/P. Hängematten, Garten, Bier 1 €, Wäscheladung 6 €, Cavingtour 16 €, flexibler Checkout, gute Infos. Bus 7/173 (Bornemisza) von Bhf Keleti bis Tétényi út (fünfter Halt jenseits der Donau). Tipp!

Citadella (XI/Citadella sétány. 1 km sö. T. 466 5794. citadella.hu) behauptet seine einsame Lage auf dem Gellérthügel (Minus für alleinreisende Frauen), zeigt aber wie die Festung gewisse Alterserscheinungen. 58 Betten, 14er-Dm mit Bad 10 €, große Dz/4z mit Dusche 50/70 €. Vorbuchen! Bus 27 ab Móricz Zsigmond körter.

❑Zimmer. Um zentral unterzukommen (lohnt sich!), konsultiere man Tourinform oder Ibusz. Ez/Dz mit Familienanschluss gibt´s ab 24/36 €. Bei Anbietern am Bhf prüfe man sorgsam die Lage anhand des **eigenen** Stadtplans.

Anschauen & unternehmen

ISIC-Inhaber zahlen überall 50%.

Rundgang. Budapest hat eine kurze Geschichte, aber eine lange Vergangenheit. Erst 1873 ward es aus den Städten Buda, Obuda (2000 Jahre alt) und Pest zusammengefügt. Um all die Pracht verarbeiten zu können, lohnt eine **Absolute Tour** (16/14 €), die in 3½ Std Stadtpark, Pest & Schlossberg erobert, ab 9.30/13.30h vor der Lutherkirche am Deák tér. Hier starten auch am Mo/Mi/Fr/Sa/So die schräge **Hammer & Sickle Tour** (10.30h. 24/20 €) und der **Pub Crawl** (20.30h. 20/18 €).

Buda. Den ****Schlossberg** *(várhegy)* mit Künstlerviertel vergoldet die neogotische **Matthiaskirche** (9-18h. 1,50 €), in der Ungarns Könige gekrönt wurden. Die Ritterstatue dahinter ehrt deren ersten, den Hl. Stefan (977-1038). An ihr vorbei gelangt man zur **Fischerbastei** *(halászbástya)*, ein neoromanisches Zuckerbäcker-Gewese (1905) von Türmchen, Terrassen und Erkern am Abgrund – ideal für Sonnenuntergänge. Für Feststimmung sorgen Busladungen begeisterter Touristen.

Den **Königspalast** krönen feine Details: Im Stadtmuseum (Mi-Mo 10-18h. 3 €) frühe Fotos zu Budapest vor 1900, in der Nationalgalerie (Di-So 10-18h. 3 €) der ungarische Impressionismus.
Auf den Schlossberg gelangt man per **Zahnradbahn** *sikló* ab Clark Ádám tér (7-22h. rauf/runter 3/5 €) ab Széchenyi-Kettenbrücke oder per Bus 16 ab Deák tér.
Feine Panoramen bieten sich vom benachbarten **Gellértberg,** der 230m über der Donau thront und seinen Namen jenem Bischof verdankt, der die wilden Magyaren zum Kreuz bekehrte; zum Dank ward er 1046 von hier in einem Fass hinabgeschubst. Die **Citadella** (9-19h. 2 €), Symbol der k.u.k.-Repression nach dem Aufstand 1848, bietet wenig zu sehen. Hinauf nimmt man Bus 27 ab Móricz Zsigmond körtér, hinab gepflegte Pfade, die auslaufen in die Promenade entlang der Donau.

Baden, Baden. Hauptort jener Wasserlust, für die Budapest Ruhm gebührt, ist das **Gellértbad** (XI/Kelenhegyi 4. heilbaderbudapest.com. 6-19h, Sa -22h, So -20h). Im Hallenbad (12-14 €) freuen sich bei 44° alle, wenn das Glasdach geöffnet wird. Im Dampfbad beschlagen exotische Fliesen. Wer´s verpasst, ist selbst schuld.

Pest. Hier stehen lauter Postkartenmotive, etwa der hochglanz-renovierte **Stephansdom** (9-19h, So 13-16h. frei) mit der rechten Hand des Hl. Stefan, ehrlich! Die Schatzkammer (9-17h. 1 €) enthält den üblichen Monarchen-Zierat, schmuck ist auch die Aussicht vom Umlauf um die Domkuppel (Fahrstuhl 9.30-18h. 2 €).
Die zweite Wienkopie, das neogotische **Parlament** (1902), macht als Dimensionensprenger an der Donau schon von außen viel her, zumal bei Sonnenuntergang. Ohne Führung (7/3,50 €) kommt man nicht rein. Am Eingang (Kossuth Lajos tér 1) bei Tor X fragt man nach Terminen für deutsche Führungen.
Außergewöhnlich von außen & innen ist auch das **Nationalmuseum** (VIII/Múzeum körút 14. U Kálvin tér. Di-So 10-18h. 2,50 €). Wichtigeres zur Geschichte der Magyaren findet man nimmer, und der enorme Bau, errichtet 1837-47 als Glanzstück jener Epoche, in der Ungarns gefürchteter Nationalismus entstand, spielte eine Hauptrolle in der Revolution 1848-49. Von den Stufen des Museums herab wiegelte der Dichter Sandor Petöfi seine Landsleute auf.
Budapest schönster Beitrag zum Jugendstil: Im **Kunstgewerbemuseum** (IX/Üllöi 33-37. U Ferenc körút. Di-So 10-18h. 2 €) lässt sich zwischen toskanischen Majoliken, Adelsroben und Alhambrakopie (!) jeder Regentag vergessen.
Für Schloss Vajdahunyad im **Stadtpark** (U Hösök tere) wurden Baustile aus 800 Jahren zusammengekleistert, dazu bietet der entspannte Park ein Agrarmuseum, den Staatszirkus und einen dürftigen Zoo (9-18h. 6/5 €). Wen das nicht überzeugt, der kommt zum Fastnackig-machen: Das ****Széchenyibad** (XIV/Állatkerti 11. U Széchenyi. 6-22h. 10-12 €) im Park erwuchs aus Tiefbohrungen 1878 zu einem der größten Bäder Europas. Jugendstil regiert zwischen den neun Becken, die (bis auf eines) säuberlich Männ- von Weiblein trennen. Mittags oft Wartezeit.
Donau. Mitten im Strom erfreut die 2 km lange **Margareteninsel** mit Naherholung pur: Klösterruinen, Rosengarten, Cafés, Konzerte. Tram 4/6 ab Nyugati halten mitten auf der Brücke (Margit híd). Am n Inselende bestimmt postmoderner Chic das Geschehen im **Thermálbad** am Grand Hotel (7-20h. 8 € für Hotelgäste frei, aber die drücken ja 160 € fürs Dz ab).

Angenehm auf Körper & Geist wirkt auch das **Királybad** (II/Fö út 82. U Batthyány tér. 8 €) in Buda, 300m w der Margit híd. Dieses türkische Bad (1570) mit hoher Sonnenkuppel öffnet für Frauen Mo/Mi/Fr 7-18h, Männer Di/Do/Sa 9-20h; Heteros sind oft in der Minderheit. Prima Massagen (15-30 min) kosten 7-14 €

Musik. Das sechstägige **Sziget Festival** (erste Aug-Hälfte. sziget.hu) bringt Rock, Hiphop, World & Jazz auf 60 (!) Bühnen auf Obudai, nördlichste der drei Donauinseln in Budapest. Über 300.000 Besucher, viele Railer, coole Leute, riesige Zeltstadt. Gepäckabgabe, Duschen und Internet frei. Boote ab Margit híd in Pest.

Ein Abend muss sein in der **Staatsoper** (VI/Andrássy 22. Karten 12-40 €), schon allein um k.u.k.-Prunk zu erleben. Die zweite Klassikeinheit erlebt man in der bezaubernden **Liszt-Akademie** (VI/Liszt Ferenc tér 30) mit 2800 Plätzen! Karten für Musik, Theater usw. vertickt **Ticket Express** (VI/Andrássy 18. eventim.hu).

Caving. Budapest kann abstinken in Sachen Bergsport, das weiß jeder. Wenige aber wissen, dass es als einzige Metropole Europas auf verzweigten Höhlen sitzt. Für 10-12 €bieten The Backpack (Termine nach Bedarf) und Yellow Zebra (Mo/Mi/Fr 15.45h ab Bhf Nyugati, Bussteig 6) 3 Std Gekrabbel durch die **Mátyáshöhlen** in den Budahügeln. Deren 5 km-Labyrinth ist für die Öffentlichkeit gesperrt, mit Guide aber auch ohne Kraxelerfahrung zu überleben.

Ja dann ... Mit Interrail **frei** sind die Museen für Verkehr (XIV/Városligeti körút 11. Di-Fr), Straßenbahn (V/Deák tér. Di-So) und Postwesen (VI/Andrássy 3. Di-So).

Hin & weg

Bahnhöfe. Alle drei *pályaudvar* haben U-Anschluss. **Déli pu** (3 km w) übernimmt den Süden & Balaton. **Nyugati pu** (1600m n) kümmert sich um Puszta, Donauknie und die Slowakei. **Keleti pu** (2 km ö) bedient das Ausland. *Und Winnie Pu?*

Von Keleti pu (in Std. tagsüber meist *ECs)* nach **Berlin**-Hbf 6.50h, 10.50h (11½). **München** 13.15h, *EN* 20.30h (7½/10). **Wien** 6h, 6.20h, 9.20h, 13.10h, 15.50h, 17.50h, 19.25h, 20.30h (3). **Zürich** *EN* 17.50h (12½). **Pressburg** & Prag 6.50h, 10.50h, 14.30h (2½/7), *Ds* 12h, 17h (3/-), 19.55h (3½/10). **Warschau** *D* 17h (15). **Zagreb, Ljubljana** & Venedig *IC* 8.25h (6/8/14), *D* 15.15h (7/-/-), *EN* 17.30h (6/8/14). **Kronstadt** & Bukarest *D* 8.15h, *ENs* 18h, 23h (11/14). **Belgrad, Sofia** & Thessaloniki *IC* 13.35h (7/-/-), *D* 23.25h (7/18/35). Zuschläge vor Ort klären!

Von Déli pu nach **Ljubljana** *IC* 12.55h (8½). **Sarajewo** *D* 17.40h (12).

BALATONSEE

Mitteleuropas größten See (balaton.net) umzingeln liebliche Weinberge & Dörfchen. Während sein Südufer eine platte Familiensache mit 77 km Sand ist, beweist die Nordseite Charakter: stille Hügelketten, tiefe Wasser, viel Geschichte. Attraktiv gerieten die Städtchen Balatonfüred und Keszthely. Auf den 50 Campingplätzen zahlen zwei P mit Zelt 8-16 €, überall sind freie *szoba* angezeigt. **Wer segeln, radeln oder reiteln will:** die Anbieter warten schon. Und wer auf die Spesen schaut, wanderlt eben ein bisserl. „Im Sep gleicht der Balaton schon einer Geisterstadt, damit hatten wir nicht gerechnet. War aber erholsam." (Alexander Duplang)

Züge. Von Budapest-Déli (in Std) im 3-Std-Takt nach **Keszthely** (Südufer) *D* 7.13-19.13h (3½, teils u/in Balatonszentgyörgy), **Balatonfüred** und **Tapolca** (Nordufer) *D* 6.18-18.13h (2½/4). Von Keszthely nach Tapolca stdl. 6-20h (½).

Seefahrt. Sehr preiswert: **Balatoni** (balatonihajozas.hu) hält von Apr-Okt zwischen den See-Enden Balatonkenese und Keszthely (77 km. 4-5 Std. 6 €) in jedem Nest mit Bootssteg. Hinzu kommen vielerorts betuliche Ausflugsboote.

BALATONFÜRED

✆ 087. 132 km von Budapest, am Nordufer. 14.000 Ew. balatonfured.hu.

Dank seiner Kurbäder, die Patienten vorbehalten sind, wirkt B´füred nobler als der Rest. Gesunde Besucher erquicken sich am Hafentreiben, drei **Stränden** und dem Fenyvespark entlang der Promenade. Das **Mór Jókai-Museum** (Di-So 10-18h. 1 €) neben der Rundkirche zeigt, wie ungarische Patrizier in der guten alten Zeit ihre Sommer verbrachten. Bhf und Busbhf liegen 800m nw vom Zentrum.

Tourinform: beim Bhf (Petöfi Sándor utca 68. T. 580 480. 9-19h, So -13h).

Schlafen. **Camping Füred** (Széchenyi 24. 2 km sw vom Bhf. T. 342 872), riesig und mit Sandstrand, erhielte Bestnoten, wenn er nicht im Juli/Aug seine Preise verdoppelte: zwei P mit Zelt 29 €, 4-6er-Bungalows 80-92 €, Ausritte. Tourinform vermitteln **Privat-Dz** und Pensionen ab 30 €.

Tihany. Ein schöner Ausflug führt ins **Zuckerdörfchen:** Tihany (11 km sw. 1400 Ew. tihany.hu) krönt ein halbinsliges Mini-Gibraltar voll vogelreicher, wanderstarker Schilfseen. Kein Bhf, aber stdl. Busse (ab B´füred 2 €). Tihanys Anleger *(belsö kikötö)* unterhalb des Dorfes liegt zudem auf der Balatoni-Linie (ab B´füred 2 €).

KESZTHELY

✆ 083. 190 km von Budapest. 22.000 Ew. 112m üNN. keszthely.hu.

Der Plattenstöpsel am Südzipfel (sprich *Kesstej)* hat mehr drauf als Strände und Gulaschhäuser. Hier wird noch gelebt, gehandelt (ansehnlicher Wochenmarkt) und gefeiert, etwa im unglaublichsten Palast der Region. Bhf (Gepäcklager 24 Std) und Busbhf liegen 500m w vom Fährsteg und 1 km s vom Hauptplatz Fö tér (Fußgängerzone), vorbei am angenehmen Helikonpark.

Tourinform: am Hauptplatz (Kossuth Lajos 28. T. 314 144. Mo-Sa 9-20h).

Schlafen. **Camping Zala** (Ernszt Géza sétány. 2 km s. T. 312 782. balatontourist.hu) beim Helikonstrand liegt okay, wenn man v.a. Baden im Sinn hat. Zwei P mit Zelt 9 €, 3z mit Dusche 14 €, nettere 4er-Apartments mit Kochecke & Terrasse 32 €, Juli/Aug alles plus 50%. Genug Schatten, Tennis, vieles wirkt verlebt.

Tourinform nennt **Privat-Dz** ab 25 €. Die Parallel-utcas Móra Ferenc und Apát (800m ö) in Strandnähe sind gepflastert mit ruhigen **Pensionen** für 12-15 €/P. Unser Favorit: **Iris** (Apát 17. T. 311 014. zimmerinfo.hu) mit liebenswerten, deutschsprachigen Gastgebern.

Anschauen. **Festetics** ist nicht der Name einer Fitnessdiät, sondern des protzigen ****Palais** (9-18h. 8/4 €) am oberen Ende der Fußgängerzone. Von 100 Räumen sind nur die barocke Helikonbibliothek, der Rokokosalon und einige Museumssäle zugänglich, die Führung (1

Std. 24 €/Gruppe) öffnet weitere Türen.

1797 von Graf Festetics gegründet, nun zum Landwirtschaftsmuseum umstaffiert, war das **Georgikon** (Bercsényi Miklós 67. 500m w. 10-17h. 2 €) Europas erstes Agrarkolleg. Wer auf den Zug warten muss, erfährt 200m w vom Bhf im **Balatonmuseum** (Mártírok útja. Di-So 9-18h. 1 €), wer früher zur Sommerfrische herkam.

Seefahrt. Balatoni Hajázási (T. 312 093) bietet kurze Promenadenfahrten um 11/13/15/17h (1 Std. 5 €). Am *Sa* folgt die große Runde: 9.30h für 3 Std, 17h für zwei Std (10/7 €), sofern sich 15 Passagiere zur Relaxeinheit einfinden.

INDEX